भारतीय सेना में नेतृत्व

भारतीय सेना में नेतृत्व

बारह सैनिकों की जीवनी

मेजर जनरल वी.के. सिंह

SAGE | bhasha

Los Angeles | London | New Delhi
Singapore | Washington DC | Melbourne

Originally Published in 2005 in English by
SAGE Publications India Pvt Ltd as *Leadership in the Indian Army: Biographies of Twelve Soldiers*

This edition published in 2018 by

SAGE Publications India Pvt Ltd
B1/I-1 Mohan Cooperative Industrial Area
Mathura Road, New Delhi 110 044, India
www.sagepub.in

SAGE Publications Inc
2455 Teller Road
Thousand Oaks, California 91320, USA

SAGE Publications Ltd
1 Oliver's Yard, 55 City Road
London EC1Y 1SP, United Kingdom

SAGE Publications Asia-Pacific Pte Ltd
3 Church Street
#10-04 Samsung Hub
Singapore 049483

Published by Vivek Mehra for SAGE Publications India Pvt Ltd, typeset in 13/15 pt Kokila by AG Infographics, Delhi and printed at Repro India Ltd., Mumbai.

ISBN: 978-93-515-0689-8 (PB)

Translator: Sachin Rathore
SAGE Team: Syed Husain Naqvi, Vinayak Dubey

विषय सूची

संक्षेपाक्षरों की सूची

2/Lt	Second Lieutenant
2ic	Second-in-Command
AA & QMG	Assistant Adjutant & Quarter Master General
ADC	Aide-de-Camp
AFHQ	Armed Forces Headquarters
AG	Adjutant General
AOC	Air Officer Commanding *or* Army Ordnance Corps
AOC-in-C	Air Officer Commanding-in-Chief
AQMG	Assistant Quarter Master General
AREN	Army Radio Engineered Network
AVSM	Ati Vishisht Seva Medal
BAOR	British Army on the Rhine
BCF	British Commonwealth Force
BIO	Brigade Intelligence Officer
BJP	Bharatiya Janata Party
BM	Brigade Major
BOR	British Other Rank(s)
BSF	Border Security Force
CDS	Chief of Defence Staff
CFI	Custodian Force in India
CGS	Chief of General Staff
C-in-C	Commander-in-Chief
CO	Commanding Officer
COAS	Chief of Army Staff
COS	Chief of Staff
COSC	Chiefs of Staff Committee
CPV	Chinese People's Volunteers
CRPF	Central Reserve Police Force
DAAG	Deputy Assistant Adjutant General
DAA & QMG	Deputy Assistant Adjutant & Quarter Master General
DAQMG	Deputy Assistant Quarter Master General
DCB	Ditch-cum-Bund
DCGS	Deputy Chief of General Staff
DEP	Delhi and East Punjab Command
DMI	Director of Military Intelligence
DMO	Director of Military Operations
DSI	Director of Signal Intelligence
DSO	Distinguished Service Order
DTL	Deep Trench Latrine
DVC	Damodar Valley Corporation
ECO	Emergency Commissioned Officer
FOO	Forward Observation Officer

FFR	Frontier Force Regiment
GCB	Knight Grand Cross of the Order of Bath
GCSI	Knight Grand Commander of the Most Exalted Order of Star of India
GHQ	General Headquarters
GOC	General Officer Commanding
GOC-in-C	General Officer Commanding-in-Chief
GS	General Staff
GSO 1	General Staff Officer, Grade 1 (Lieutenant Colonel)
GSO 2	General Staff Officer, Grade 2 (Major)
GSO 3	General Staff Officer, Grade 3 (Captain)
HLI	Highland Light Infantry
HQ	Headquarters
IAF	Indian Air Force
IAS	Indian Administrative Service
IB	Intelligence Bureau, International Border
ICO	Indian Commissioned Officer
ICS	Indian Civil Service
IESL	Indian Ex Servicemen's League
IGP	Inspector General of Police
IMA	Indian Military Academy
INA	Indian National Army
IOM	Indian Order of Merit
IOR	Indian Other Rank(s)
IPS	Indian Police Service
JAKF	Jammu and Kashmir Force
JCO	Junior Commissioned Officer
JSSC	Joint Services Staff College
KC	Kirti Chakra (formerly Ashoka Chakra Class II)
KCIO	King's Commissioned Indian Officer
KCMG	Knight Commander of the Order of St. Michael and St. George
KPVA	Korean People's Army
MBE	Member of (the Order of) the British Empire
MC	Military Cross
MCTE	Military College of Telecommunication Engineering
MES	Military Engineering Service
MLI	Mahratta (now Maratha) Light Infantry
MI	Military Intelligence
MNA	Mizo National Army
MO	Military Operations
MVC	Maha Vir Chakra
NCO	Non Commissioned Officer
NDA	National Defence Academy

NDC	National Defence College
NEFA	North East Frontier Agency
NNRC	Neutral Nations Repatriation Commission
NWFP	North West Frontier Province
OBE	Officer of (the Order of) the British Empire
ONUC	Organisation des Nations Unies au Congo
OP	Observation Post
OR	Other Rank(s)
PBF	Punjab Boundary Force
POW	Prisoner of War
PRC	Permanent Regular Commission
PVSM	Param Vishisht Seva Medal
PVC	Param Vir Chakra
PWRIMC	Prince of Wales Royal Indian Military College
QMG	Quarter Master General
QVOLI	Queen Victoria's Own Light Infantry
RIMC	Rashtriya Indian Military College
RQMS	Regimental Quarter Master Sergeant
SC	Shaurya Chakra (formerly Ashoka Chakra Class III)
SD & WE	Staff Duties & Weapons and Equipment
SHBO	Special Helicopter-Borne Operation
SITREP	Situation Report
TSIC	Temporary School for Indian Cadets
UNCIP	United Nations Commission for India and Pakistan
UO	Under Officer
UPASI	United Planters' Association of South India
VC	Victoria Cross
VCO	Viceroy's Commissioned Officer
VrC	Vir Chakra
VSM	Vishisht Seva Medal

आमुख

परंपरागत वाक्य से शुरुआत करने के लिए क्षमा मांगे बिना मैं यही कहना चाहूंगा कि यह आमुख लिखना मेरे लिए बेहद प्रसन्नता एवं सौभाग्य की बात है, क्योंकि यह सत्य है। प्रसन्नता इसलिए क्योंकि पुस्तक के लेखक एक ऐसी शख्सियत हैं, जिनकी प्रतिभा और मित्रता मुझे बेहद पसंद है। सौभाग्य इसलिए, क्योंकि इस पुस्तक का मकसद बेहद प्रशंसनीय है।

अक्सर हमारे नायक सफेदपोश लोग होते हैं, जबकि कठिन परिश्रम करने वालों को अनदेखा कर दिया जाता है। सैनिक की उपयोगिता को युद्ध के मैदान तक ही सीमित रखने की अपेक्षा की जाती है, उसी प्रकार उसके सम्मान भी। दुर्भाग्य से, लिखित इतिहास शायद ही कभी सटीक होता है, और राष्ट्र निर्माण में ऐसे लोगों के योगदान को अक्सर ढक दिया जाता है। इसके अलावा, फौजी की छवि एक सांचे में जकड़ी हुई है, जिसका मानवीय चेहरा अक्सर मेस-हॉल की कहानियों में देखा जा सकता है, लेकिन सैन्य दायरे के बाहर कभी नहीं।

ऐतिहासिक परिप्रेक्ष्य को सही ढंग से स्थापित करने, उनके ऐसे गुणों का सही विश्लेषण जो उनकी नेतृत्व क्षमता और उनकी दूरदर्शिता दोनों के लिए इन लोगों को सम्मान का अधिकार दे, जहां उचित हो वहां उन्हें उपयुक्त श्रेय देना और सबसे जरूरी चीज सैन्य मुखौटे के पीछे छिपे मानवीय चेहरे को उजागर करने का लेखक ने यहां सफल प्रयास किया है। यह बहुत जरूरी है क्योंकि सच्चाई को जाने बिना इतिहास सिर्फ मामूली कहानी बनकर रह जाता है, विशेषकर उनके लिए जो बीते समय से सबक लेकर अपने भविष्य को संवारना चाहते हैं।

यह कार्य आसान भी नहीं रहा होगा। ऐसी जानकारियां जुटाना जिनको कभी संग्रहीत नहीं किया गया, एक चुनौतीपूर्ण कार्य होता है। इसमें ऐसे लोगों की पहचान करना, उनको खोजना, संपर्क करना और उनका साक्षात्कार करना शामिल होता है, जो देश भर में या फिर विश्व में बिखरे हुए हैं। और फिर उतना ही कठिन कार्य होता है, प्राप्त जानकारी को पुनः जांचना। यह एक दुष्कर एवं दीर्घकालिक कार्य है! इस प्रक्रिया में पूरे पांच साल लग गए!

मुझे यह पूरा विश्वास है कि यह पुस्तक शिक्षाविदों के लिए अनमोल साबित होगी और हर उस भारतीय के लिए भी जो देश के इतिहास को संवारने वालों के बारे में अनजान तथ्य और पहलुओं को जानकर और अधिक बेहतर ढंग से मातृभूमि की सेवा करना चाहते हैं। इसके अलावा, अगर यह पुस्तक देश के युवाओं को उन लोगों के पदचिह्नों पर चलने की

प्रेरणा देती है, जिनकी जीवनियां यहां समाहित हैं, तो लेखक द्वारा की गई कड़ी मेहनत सफल सिद्ध होगी।

लेफ्टिनेंट जनरल (से.नि.) अजय सिंह, पीवीएसएम, एवीएसएम
राज्यपाल, असम
राज भवन
गुवाहाटी

प्राक्कथन

प्राचीन काल में इतिहास केवल राजाओं और सेनापतियों के बीच हुए युद्धों का संकलन होता था। मानव सभ्यता पर किसी भी मानवीय या दैवीय क्रियाकलाप की तुलना में युद्धों के गहरे प्रभाव होते थे। युद्ध और उनको निर्देशित करने वाले, जनता के भाग्य का निर्णय करते थे। सैन्य योद्धा श्रद्धा के पात्र होते थे और लोग उनसे भय खाते थे। उनकी वीरगाथाएं पीढ़ी दर पीढ़ी सुनाई जाती थीं, जो इतिहास लेखन के लिए आधार बन जाती थीं। विज्ञान, प्रौद्योगिकी, व्यापार, उद्योग और अर्थव्यवस्था के विकास ने युद्धों और योद्धाओं के महत्व को कम कर दिया। दो सौ वर्ष पहले हुई औद्योगिक क्रांति और हाल ही में हुई तकनीकी व आर्थिक क्रांति के बाद इस तरह के विचार स्थापित होते चले गए। हालांकि, दुनिया ने पिछली सदी में दो भीषण युद्ध देखे, जो तकरीबन 10 साल तक चले। यहां तक कि आज भी युद्ध का खतरा टला नहीं है। और जब तक युद्ध रहेंगे, तब तक युद्ध में लड़ने वाले सैनिक रहेंगे। अंततः यह सैनिक और उनका नेतृत्व करने वाले ही हैं, जो लोगों और राष्ट्रों के भाग्य को तय करेंगे।

भारतीय सेना 250 साल से ज्यादा पुरानी है। हालांकि, सेना में भारतीय नेतृत्व का आना और उसका पूर्ण भारतीयकरण 50 साल पहले ही हुआ। किसी राष्ट्र या सेना के इतिहास की दृष्टि से 50 साल बहुत बड़ा समय नहीं होता है। लेकिन राष्ट्रों और सेनाओं के छोटे काल भी रहे हैं और 50 साल दो मानव पीढ़ियों के बराबर होते हैं। आज, सैनिक और आम आदमी के बीच बढ़ती दूरी के कारण आम जनता के बीच सैन्य नेतृत्व और देश की एकता को अखंड रखने में उनके योगदान के बारे में जागरूकता का अभाव है। यह ध्यान रखना आवश्यक है कि सैन्य नेतृत्व ने न केवल युद्ध के दौरान अपितु शांति काल में भी स्थिरता और सद्भाव बनाए रखने में महत्वपूर्ण योगदान देकर देश की सेवा की है। भारतीय केवल अपने पड़ोसी देशों को देखकर ही यह अंदाजा लगा सकते हैं कि सैनिक लोकतंत्र के रक्षक ही नहीं बल्कि उसको लूटने वाले भी हो सकते हैं। इस मामले में भारतीय सेना का इतिहास एकदम निष्कलंक है और इसका श्रेय करियप्पा जैसे सेनानायकों को जाना चाहिए, जिन्होंने सेना को राजनीति से बिल्कुल अलग रखा और एक ऐसी शक्ति के रूप में जोड़ा जो राष्ट्रीय एकता का प्रतीक बन गई है। भारत की जनता को अपने सैन्य नेतृत्व के उस शानदार योगदान को पहचानना चाहिए जो केवल देश की संप्रभुता की ही रक्षा नहीं करते, बल्कि उसके सामाजिक ताने-बाने, सांस्कृतिक पहचान और लोकतांत्रिक परंपराओं की भी।

इस पुस्तक में सेना के जिन जनरलों को शामिल किया गया है, वे सभी सेनानायक थे। यह स्मरण रखना चाहिए कि सरकार जनरलों की नियुक्ति करती है, जबकि सेनानायक को स्वयं को साबित करना होता है। सभी जनरल सेनानायक नहीं होते—अगर वे होते तो

नॉर्मन डिक्सन को अपनी पुस्तक *On The Psychology of Military Incompetence* के लिए विषय खोजने में काफी मशक्कत करनी पड़ती। अन्य उद्यमों के विपरीत, सैन्य व्यवसाय में खुद को सिद्ध करने के लिए, एक सक्षम नायक को उतना ही आदर्श मंच उपलब्ध कराती है, जितना एक अक्षम अधिकारी को उजागर करने में। एक गुण जो इन सभी नायकों में समान रूप से मिलता है, वह है चारित्रिक बल, एक गुण जो सर्व है, लेकिन सार्वजनिक जीवन में लुप्त हो गया है; यहां तक कि सैनिकों में भी अवशेष ही रह गये हैं। आशा है कि उनकी कहानियां हमारी तरुण पीढ़ी को प्रेरित करेंगी, खासतौर से उनको जो सैन्य सेवाओं में जाने के इच्छुक हैं।

मैं यह अवश्य स्वीकार करना चाहूंगा कि अधिक कठिनाई यह निर्णय लेने में नहीं हुई कि किस जनरल को पुस्तक में शामिल करना है, बल्कि यह हुई कि किसको छोड़ा जाए। अगर अच्छे नेतृत्व और चारित्रिक बल को ही मानदंड माना जाए, तो ढेरों ऐसे नाम हैं जो इसमें शामिल होने योग्य हैं। इस सूची को छोटा रखने के पीछे मैं एक ही कारण कह सकता हूं, वह है जगह और समय की कमी। जिनको इस पुस्तक में स्थान नहीं मिल पाया, उन्हें और उनके प्रशंसकों को मैं यही कहना चाहूंगा कि इससे उनकी नेतृत्व क्षमता और भारतीय सेना में उनकी प्रतिष्ठा पर कोई फर्क नहीं पड़ता। मुझे पूर्ण विश्वास है कि उनके बहुमूल्य योगदान को भी पहचान मिलेगी और उन पर लिखा जाएगा, यदि ऐसा नहीं हुआ है तो।

इस पुस्तक पर 10 साल पहले काम शुरू किया गया था और ऐसे सेनानायकों के बारे में जानकारी प्राप्त करना आसान काम नहीं था, जो इस दुनिया में नहीं हैं। क्योंकि इसके पीछे केवल पेशेवर जीवनी लिखने की मंशा नहीं थी, बल्कि विशिष्ट लक्षणों को भी उजागर करना था। इसलिए लिखित दस्तावेजों जैसे रेजिमेंट का इतिहास, युद्ध डायरियों आदि के अलावा ऐसे लोगों के व्यक्तिगत अनुभवों पर निर्भर होना पड़ा जो उन सेनानायकों को जानते थे। बेशक करियप्पा, थिमैया और भगत की जीवनियां लिखी जा चुकी हैं और थोरट और सिन्हा की आत्मकथा भी। इनका भी सहारा लिया गया और उद्धृत किया गया है। लेकिन बाकी सब जो भी इस पुस्तक में है वह विभिन्न स्रोतों से चुना गया है, जिनमें पुस्तकें, लेख और व्यक्तिगत वृत्तांत शामिल हैं। इनमें से कुछ सेनानायक प्रख्यात व्यक्तित्व हैं और उनका पराक्रम भारतीय सेना की कहावतों का हिस्सा है। इस पुस्तक में वर्णित तमाम घटनाएं एवं उपाख्यान उन कहानियों पर आधारित हैं जो कई दशकों से मेस-हॉल और बैठकों में कही-सुनी जाती रही हैं। जो सेनानायक जीवित हैं, उनसे उन कहानियों की प्रामाणिकता को भी सुनिश्चित किया गया। अन्यथा, उन कहानियों को ऐसे लोगों से प्रमाणित कराने का प्रयास किया गया, जिन्होंने उन सेनानायकों के साथ काम किया था या उनको अच्छी तरह जानते थे। फिर भी, कुछ अशुद्धियां हो सकती हैं, जिनके लिए केवल मैं ही जिम्मेदार हूं, और उनके लिए हृदय से क्षमा प्रार्थी हूं।

हालांकि यह सुनने में अटपटा लगेगा, लेकिन लिखित दस्तावेजों के बजाय व्यक्तिगत अनुभवों पर विश्वास करने के पीछे एक अन्य कारण था—सत्यता। ज्यादातर रेजिमेंटों के इतिहास बटालियनों और व्यक्तियों के कारनामों का महिमामंडन करने का प्रयास करते हैं। इसलिए सफलताओं को तो उजागर किया जाता है, लेकिन विफलताओं का कम ही जिक्र होता है। युद्ध के दौरान, अंतिम सैनिक तक लड़ने वाली यूनिटों के मामलों की उनसे तुलना की जाती है, जहां यूनिटें टूट गईं और बेहतरीन नेतृत्व देने वालों के साथ अयोग्य नेतृत्व की तुलना होती है। इसमें हैरानी की बात नहीं, कुछ को पदक और पदोन्नति मिलती है, जबकि अन्य को बर्खास्त कर दिया जाता है। किसी भी दो-तरफा मैच की तरह युद्ध जीतने और हारने की बराबर संभावना होती है और इस पद्धति के अनुरूप यूनिटों और कमांडरों के प्रदर्शन की अपेक्षा की जा सकती है। सैन्य पेशे में हमेशा विजय से ज्यादा वीरता को महत्व दिया जाता रहा है। भारत के मामले में यह विशेष रूप से उल्लेखनीय है, जहां सबसे प्रख्यात सेनानायक—पोरस, पृथ्वी राज चौहान, राणा प्रताप, और रानी लक्ष्मी बाई—अपने युद्ध हार गए थे। फिर भी उनकी कहानियां किंवदंतियों का हिस्सा हैं और भारतीय पीढ़ियों को प्रेरणा देती हैं। दुर्भाग्य से, आज सैन्य इतिहासकार अलग दृष्टिकोण रखते हैं और युद्ध में विफलता को एक दाग और अपराध बोध के रूप में देखा जाता है, जो सर्वथा अनुचित है। आज, आत्म-गर्व और इज्जत की गलत धारणा के चलते यूनिटें अपनी गलतियों और विफलताओं को छिपाती हैं, और उपलब्धियों को बढ़ाचढ़ा कर पेश करती हैं। कई मामलों में जब मैंने वरिष्ठ फॉर्मेशन कमांडर या स्टाफ ऑफिसरों के साक्षात्कार किये तो पाया कि उनकी बातों और रेजिमेंट के लिखित इतिहास में अंतर था। शायद रेजिमेंट के कर्नलों को इस पहलू को नजदीक से देखने की आवश्यकता है। अगर इसको ठीक नहीं किया गया तो यह स्वतंत्रता उपरांत के सैन्य इतिहास की प्रामाणिकता पर गहरी चोट पहुंचा सकता है।

इस पुस्तक में चयनित सेनानायक भारतीय सेना के वृहद ढांचे का प्रतिनिधित्व करते हैं। 12 में से 9 इन्फैंट्री से हैं, एक-एक कैवेलरी, इंजीनियर्स और सिग्नल्स से हैं। तीन सेना प्रमुख हैं (करियप्पा, थिमैय्या और मानेकशॉ); चार सेना कमांडर (नथू सिंह, थोरट, भगत और सिन्हा); तीन कोर कमांडर (सगत, बख्शी और हनूत); एक आर्म प्रमुख (बत्रा); और एक ब्रिगेड कमांडर (उस्मान)। अगर कोई वीरता के हिसाब से देखना चाहे तो सात ऐसे हैं जिनको शौर्य पुरस्कार प्रदान किये गए। एक विक्टोरिया क्रॉस प्राप्त हैं (भगत); तीन महावीर चक्र प्राप्त हैं (बख्शी, हनूत और उस्मान); दो डीएसओ हैं (थिमैय्या और थोरट); एक वीर चक्र प्राप्त हैं (बख्शी); और एक मिलेट्री क्रॉस (मानेकशॉ)।

अधिकांश देशों में प्रख्यात सैन्य नेतृत्व के योगदान के लिए राष्ट्रीय पुरस्कार प्रदान किये जाते हैं। ब्रिटेन में उन्हें राजसी पद या नाइट की उपाधि प्रदान की जाती है। यहां तक कि भारतीय सैन्य नेतृत्व को भी ऐसे पुरस्कार दिये गये, उदाहरण के लिये, करियप्पा और

बत्रा को ऑर्डर ऑफ ब्रिटिश एम्पायर (ओ.बी.ई.) से नवाज़ा किया गया। स्वतंत्रता प्राप्ति के उपरांत, पुरस्कारों की नई श्रेणी स्थापित की गई। सर्वोच्च सम्मान भारत रत्न से शुरू होकर पद्म विभूषण, पद्म भूषण और पद्मश्री पुरस्कार अस्तित्व में आए। जिन सैन्य अधिकारियों की जीवनियां इस पुस्तक में समाहित हैं, उनमें मानेकशॉ और सगत को पद्म विभूषण से सुशोभित किया गया; थिमैय्या को पद्म भूषण और थोरट को पद्मश्री से नवाज़ा गया। यह सोच कर अजीब लगता है कि किसी भी सैन्य अधिकारी को भारत रत्न नहीं प्रदान किया गया। क्या करियप्पा और मानेकशॉ का देश के प्रति योगदान किसी भी दृष्टि से उन राजनीतिज्ञों, वैज्ञानिकों, शिक्षाविदों, उद्योगपतियों और संगीतकारों से कम है, जिनको सर्वोच्च नागरिक सम्मान प्रदान किया गया? सैनिकों के बारे में यह कहावत कि विपदा के समय उनकी याद आती है, उसके बाद उनको बहुत जल्द भुला दिया जाता है, सही प्रतीत होती है।

मेजर जनरल वी.के. सिंह
नई दिल्ली
मार्च 2004

आभार

उन सभी लोगों के नामों को दर्ज करना या याद रखना वास्तव में असंभव है, जिन्होंने इस पुस्तक में शामिल व्यक्तित्वों के बारे में किस्से बताए या उनसे जुड़ी छोटी-छोटी जानकारियां प्रदान कीं। मैं उन सब लोगों में से प्रत्येक का आभारी हूं जो इस प्रयास में मेरी मदद करने के लिए आगे आए। विशेष रूप से मैं उन जीवनियों और आत्मकथाओं के लेखकों का आभार व्यक्त करना चाहूंगा, जो पुस्तक के कई प्रालेखों का आधार बनीं। ये हैं हंफ्रे इवांस (थिमैय्या ऑफ इंडिया); ब्रिगेडियर सी.बी. खंडूरी (फील्ड मार्शल करियप्पा-हिज़ लाईफ एंड टाइम्स); लेफ्टिनेंट जनरल एस.के. सिन्हा (ए सोल्जर रिकॉल्स); लेफ्टिनेंट जनरल एस.पी.पी. थोरट (फ्रॉम रेवली टू रिट्रीट); और लेफ्टिनेंट जनरल मैथ्यू थॉमस और जसजीत मानसिंह (लेफ़्टिनेंटजनरल पी.एस. भगत, पीवीएसएम, वीसी)। मैं विशेष रूप से ऋणी हूं श्रीमती प्रियो बत्रा का, जिन्होंने स्वर्गीय लेफ्टिनेंट जनरल आर.एन. बत्रा से जुड़े दस्तावेज़ मुझे दिये; लेफ्टिनेंट जनरल प्रकाश गोकर्ण का, जिन्होंने स्वर्गीय लेफ्टिनेंट जनरल आर.एन. बत्रा की जीवनी पर कार्य शुरू कर दिया था और तमाम लोगों से पत्राचार के माध्यम से प्राप्त हुई जानकारी मुझे प्रदान की; श्रीमती मोहिनी भगत का, उनके विचारों और प्रेम भगत को समर्पित बॉम्बे सैपर्स न्यूजलेटर का संस्मरण विशेषांक मुझे सौंपने के लिए; और ठाकुर अमरजीत सिंह और कर्नल महाराज गुमान सिंह का, जिन्होंने मुझे स्वर्गीय लेफ्टिनेंट जनरल नथू सिंह से जुड़े कागज गुड्डे भेजे; और यूनेस्को पारज़ोर प्रोजेक्ट से जुड़े लेफ्टिनेंट जनरल ए.एम. सेठना, डॉ. शेरनाज़ कामा और ब्रिगेडियर आदि साहूकार का, जिन्होंने मुझे फील्ड मार्शल एस.एच.एफ.जे. मानेकशॉ के 90वें जन्मदिवस के अवसर पर प्रकाशित स्मारिका और फिल्म की कॉपी मुझे प्रदान की।

अंत में मैं हार्दिक आभार व्यक्त करना चाहता हूं फील्ड मार्शल एस.एच.एफ.जे. मानेकशॉ, लेफ्टिनेंट जनरल सगत सिंह, लेफ्टिनेंट जनरल ज़ेड.सी. बख्शी, लेफ्टिनेंट जनरल एस.के. सिन्हा और लेफ्टिनेंट जनरल हनूत सिंह का, जिन्होंने अपना कीमती समय देकर पुस्तक का मसौदा पढ़ा और त्रुटियों को ठीक किया। दुःखद पक्ष यह रहा कि पुस्तक के प्रकाशन से पहले ही लेफ्टिनेंट जनरल सगत सिंह का निधन हो गया।

इन 'बारह सैनिकों' के जीवन से जुड़ी अनभिज्ञ जानकारी प्राप्त करने के लिए मैंने तमाम लोगों के साथ पत्राचार, व्यक्तिगत साक्षात्कार और टेलीफोन के माध्यम से संपर्क किया। मैं उनमें से हर एक का हृदय से आभार व्यक्त करता हूं। जिन लोगों के नाम पहले आ चुके हैं, उनके अलावा इसमें निम्नलिखित लोग शामिल हैं:

लेफ्टिनेंट जनरल एम.एन. बत्रा
लेफ्टिनेंट जनरल आई.डी. वर्मा, पीवीएसएम

लेफ्टिनेंट जनरल ए.एम. सेठना, पीवीएसएम, एवीएसएम
लेफ्टिनेंट जनरल अजय सिंह, पीवीएसएम, एवीएसएम
वाइस एडमिरल आर.एन. बत्रा, पीवीएसएम
मेजर जनरल जे. मायादास, पीवीएसएम
मेजर जनरल बी.एस. पैंटल
मेजर जनरल एस.सी सिन्हा, पीवीएसएम
मेजर जनरल निरंजन प्रसाद
रीयर एडमिरल आर.वी. सिंह
ब्रिगेडियर टी.बी. कपूर, एवीएसएम
ब्रिगेडियर लखपत सिंह
ब्रिगेडियर अपार सिंह, एमबीई
ब्रिगेडियर एन.एस. पठानिया
कर्नल महाराज गुमान सिंह
कर्नल मुस्तसद अहमद
कर्नल ए.बी. जाधव
कर्नल पी.एन. लूथरा, पद्म भूषण
लेफ्टिनेंट कर्नल राम सिंह
लेफ्टिनेंट कर्नल तेजा सिंह
कमांडर आर.एन. बत्रा, वीएसएम
श्रीमती गुड्डो दीवान
श्रीमती मीरा पैंटल
श्रीमती प्रेमिंदा लंगर
श्री वाई.एस.पी. थोरट
श्री हर मंदर सिंह
ठाकुर अमरजीत सिंह
श्री जी.एच. केसवानी
श्री उपेंद्र सूद

1 फील्ड मार्शल के.एम. करियप्पा, ओबीई

भारत के प्रथम कमांडर-इन-चीफ

कोडन्डेरा मडप्पा करियप्पा सेना के प्रथम भारतीय कमांडर-इन-चीफ़ थे। भारतीय पीढ़ियों द्वारा सैन्य नेतृत्व के प्रतिमान माने जाने वाले ऐसे अधिकारी, जिन्हें आज की आधुनिक भारतीय सेना की बुनियाद रखने का श्रेय जाता है। उन्हें प्यार से लोग किप्पर पुकारते थे और वे 'पक्का' साहब थे, ब्रिटिश अधिकारियों से भी ज्यादा पक्के। भले ही कुछ भारतीय उन्हें WOG (Westernised Oriental Gentleman) मानते हों, लेकिन वे एक प्रचंड देशभक्त थे। कठोर अनुशासन, सत्यनिष्ठा और बेबाक विचारों के कारण उनके चाहने वालों की बड़ी संख्या थी। हालांकि, जिस चीज के लिए उन्हें सबसे अधिक जाना जाता था, वह था भारतीय जवानों के प्रति उनका प्रेम। इसमें कोई आश्चर्य नहीं कि जवान उनको प्यार करते थे, पूजते थे। एक सैन्य लीडर के लिए इससे बड़ा सम्मान नहीं हो सकता।

किप्पर का जन्म 28 जनवरी 1900 में दक्षिण भारत के पश्चिमी तट पर एक छोटे से राज्य मडिकेरी (मेरकारा), कोडागा (कूर्ग) में हुआ। कोडावू नामक लड़ाकू प्रजाति का निवास स्थान कोडागा (कूर्ग) प्राकृतिक सौंदर्य से भरपूर है और यह क्षेत्र कॉफी की पैदावार के लिए प्रसिद्ध है। करियप्पा एक समृद्ध किसान परिवार से थे, जो कोडेन्डेरा वंश में आता था। उनके पिता मडप्पा राजस्व विभाग में अधिकारी थे, जो मडिकेरी में लाइम कॉटेज नाम के घर में रहते थे। मडप्पा के चार पुत्र थे—अय्यप्पा, करियप्पा, नन्जप्पा व बोपैय्या और दो बेटियां थीं, जिनमें बड़ी का नाम बोल्लू था। वर्ष 1917 में मेडिकेरी के सेंटर स्कूल से स्कूली शिक्षा पूर्ण करने के उपरांत करियप्पा ने मद्रास के प्रेसिडेंसी कॉलेज में प्रवेश लिया। यहीं पर उन्हें ज्ञात हुआ कि भारतीय सेना में कमीशन हेतु भारतीयों का चयन किया जा रहा है। उस समय, भारतीय सेना का नेतृत्व ब्रिटेन में प्रशिक्षण प्राप्त ब्रिटिश अधिकारी किया करते थे। सैंडहर्स्ट में स्थित रॉयल मिलेट्री कॉलेज ब्रिटिश व भारतीय सेना के अलावा अन्य उपनिवेशों के अधिकारियों को कमीशन पूर्व प्रशिक्षण देने वाला प्रमुख संस्थान था। सैंडहर्स्ट में सफलतापूर्वक कोर्स पूरा करने के उपरांत अधिकारियों को किंग्स कमीशन प्रदान किया जाता था। प्रथम विश्व युद्ध के दौरान भारतीय सेना में अधिकारियों की कमी पूरी करने

के लिए ब्रिटिश सरकार ने युद्ध काल के लिए इंदौर स्थित डेली कॉलेज में टेंपरेरी स्कूल फॉर इंडियन कैडेट्स (टीएसआईसी) खोलने का निर्णय लिया। प्रतिभागियों का चयन ऐसे परिवारों से किया जाना था, जिन्होंने क्राउन के प्रति अपनी निष्ठासाबित की थी, विशेषकर ऐसे समय जब सैनिकों की भर्ती युद्ध के लिए की जा रही थी। इसके लिए आयु सीमा 25 वर्ष रखी गई और एक लिखित परीक्षा ली जानी थी, उसके बाद साक्षात्कार। प्रशिक्षण काल अधिकतम एक वर्ष का रखा गया, जिसके उपरांत कैडेट्स को अंतरिम किंग्स कमीशन दिया जाना था। प्रोत्साहन के तौर पर यह निर्दिष्ट किया गया कि युद्ध समाप्ति के बाद ये अधिकारी स्थायी कमीशन प्राप्त करने के लिए योग्य होंगे। पहले बैच में 50 कैडेट्स को चुना जाना था, फिर छह माह के उपरांत इतनी ही संख्या का एक और बैच चुना जाना था।

हमेशा से सैनिक बनने की इच्छा रखने वाले करियप्पा ने आवेदन करने का निर्णय लिया। 50 रिक्तियों में केवल एक कूर्ग के लिए आरक्षित थी। 70 प्रतिभागियों ने आवेदन किये, जिसमें से 42 का चयन हुआ और उन्हें प्रवेश दिया गया। भाग्य से, करियप्पा उनमें से एक थे और उन्होंने टीएसआईसी में प्रवेश ले लिया जिसे डेली कैडेट कॉलेज भी कहा जाता था। कॉलेज की तमाम गतिविधियों में गहरी रुचि रखने वाले करियप्पा ने वहां अच्छा प्रदर्शन किया। हालांकि अपने शर्मीले और मितभाषी स्वभाव के कारण वे अपने संगी-साथियों से बहुत घुल-मिल नहीं पाए। लेकिन ऐसा इस वजह से भी हुआ होगा कि ज्यादातर कैडेट रईस परिवारों से थे, जिनमें जामनगर, जींद, कपूरथला और बड़ौदा जैसी भारतीय रियासतों के शासकों के बेटे शामिल थे। धन और जीवनशैली के मामले में उनके साथ कोई मेल न होने के बावजूद करियप्पा ने हॉकी व क्रिकेट समेत प्रशिक्षण से जुड़ी सभी गतिविधियों में बेहतरीन प्रदर्शन किया। जब वे वहां से पास होकर निकले तो समग्र मेरिट लिस्ट में उनका स्थान सातवां था।

शुरुआती योजना में प्रशिक्षण छह माह का रखा गया था। किंतु प्रथम विश्व युद्ध की समाप्ति के उपरांत प्रशिक्षण काल को एक वर्ष बढ़ा दिया गया। अतः दिसंबर 1918 के बजाय करियप्पा के बैच का प्रशिक्षण 1 दिसंबर 1919 को समाप्त हुआ और पास होने वाले 39 कैडेट्स को अस्थायी कमीशन प्रदान किया गया। बाद में 9 सितंबर 1922 को जारी की गई एक गजट अधिसूचना के द्वारा उनमें से 33 छात्रों को 17 जुलाई 1920 से स्थायी कमीशन प्रदान कर दिया गया (एक की मृत्यु हो गई, दो को अनुपयुक्त पाया गया और तीन ने त्यागपत्र दे दिया था)। कमीशन प्रदान करने के लिए इस तारीख को वॉर ऑफिस द्वारा जानबूझकर चुना गया था ताकि इंदौर का बैच उस बैच से कनिष्ठ (जूनियर) रहे, जो 16 जुलाई 1920 को सैंडहर्स्ट से पास होकर निकला था। वस्तुतः भारतीय सेना में 17 दिसंबर 1919 को सैंडहर्स्ट के 27 अधिकारियों; 29 जनवरी 1920 को वेलिंगटन के 104 अधिकारियों और 16 जुलाई 1920 को सैंडहर्स्ट के 57 अधिकारियों को कमीशन प्रदान किया गया। कमीशन की तारीख में देरी करने से भारतीय अधिकारी उन 188 ब्रिटिश

अधिकारियों से कनिष्ठ हो गये थे, जो उनके बाद पास आउट हुए थे। यह इस वजह से किया गया कि सैंडहर्स्ट में प्रशिक्षित अधिकारियों को ढाई साल का प्रशिक्षण प्राप्त था, जबकि इंदौर वाले बैच को डेढ़ साल का प्रशिक्षण मिला था। इस निर्णय से प्रभावित अधिकारियों ने जोरदार विरोध किया, क्योंकि उन्हें लगता था कि निर्णय पक्षपातपूर्ण और अनुचित था। उनमें से कुछ ने तो इस्तीफा भी दे दिया। इस घटनाक्रम में, इंदौर से पास आउट होने वाला करियप्पा का बैच एक मात्र था क्योंकि उसके बाद सभी बैच सैंडहर्स्ट में प्रशिक्षित किये गये। इससे पहले, इंडियन कैडेट कोर में सेवारत ऐसे नौ भारतीयों को, जिन्होंने युद्ध में सेवाएं प्रदान की थीं, अगस्त 1917 में किंग्स कमीशन प्रदान किया गया था। उनके नाम इस प्रकार हैं- ज़ोरावर सिंह, कुंवर अमर सिंह, आगा कासिम शाह, खान मोहम्मद अकबर खान, मलिक मुम्ताज़ मोहम्मद खान, कुंवर प्रिथी सिंह, बाला साहेब डाफले, राणा जोधा जंग बहादुर और कंवर सवाई सिंहजी। जनवरी 1919 में सैंडहर्स्ट में जाने वाले प्रथम भारतीय बैच में पांच कैडेट थे, जिनमें से दो की मृत्यु हो गई और एक को वापस बुला लिया गया। 16 जुलाई 1920 को जो दो कैडेट पास होकर निकले, वे थे सैयद इस्कंदर अली मिर्ज़ा और इक़बाल अली बेग़। बेग़ ने सैनिक सेवा ज्वाइन नहीं की। एकमात्र बचे सैयद इस्कंदर अली मिर्ज़ा ज्यादा लंबे समय तक सेना में नहीं रहे, बल्कि उनका राजनीतिक सेवा में तबादला हो गया।

करियप्पा की पहली पोस्टिंग 88वीं कर्नाटिक इंफैन्ट्री की सेकंड बटालियन में हुई, जो उस समय बम्बई छावनी में थी। तीन माह के भीतर उनका तबादला 2/125 नेपियर राइफल्स में कर दिया गया, जो 1920 में मैसोपोटामिया चली गई। करियप्पा का पुनः 7वें प्रिंस ऑफ वेल्स ओन डोगरा रेजिमेंट में तबादला कर दिया गया। उस समय यह बटालियन वजीरिस्तान के खिर्गी में तैनात थी, जहां उसका मुख्य कार्य कबिलाई पठानों को नियंत्रण में रखकर कानून व्यवस्था बनाए रखना था। वहां पहुंचने के कुछ महीनों के अंदर ही करियप्पा की अग्निपरीक्षा की घड़ी आ गई। करियप्पा जब एक दिन 20 लॉरियों के काफिले का नेतृत्व कर रहे थे, तो चौकी से कुछ मील की दूरी पर घात लगाकर बैठे लोगों ने उन पर हमला कर दिया। अपने सब लोगों को एकत्रित कर, करियप्पा ने उन कबिलाई लोगों पर धावा बोल दिया जो पहाड़ी के ऊपर से गोलियां दाग रहे थे। अंततः उनका दल हमलावरों को भगाने में कामयाब रहा। करियप्पा की त्वरित सोच और कार्रवाई के कारण उनके काफिले को बहुत कम नुकसान हुआ और जब तक अतिरिक्त सैन्यदल मौके पर पहुंचा तब तक करियप्पा ने स्थिति को अपने नियंत्रण में ले लिया था।

वर्ष 1923 में कैवेलरी की दो यूनिटों (7वीं लाइट कैवेलरी और 16वीं कैवेलरी) और इंफैन्ट्री की छह यूनिटों (2/1 मद्रास पायनियर्स, 4/19 हैदराबाद, 5/5 मराठा लाइट इंफैन्ट्री, 1/7 राजपूत, 1/14 पंजाब और 2/1 पंजाब) के नामितिकरण के साथ सेना का भारतीयकरण शुरू हुआ। इनमें भारतीय अधिकारियों को तैनात किया जाना था। जून 1923 में करियप्पा का तबादला 7वीं राजपूत रेजिमेंट (क्वीन विक्टोरियाज़ ओन लाइट इंफैन्ट्री) की प्रथम

बटालियन में कर दिया गया, जिसे 1/7 राजपूत (2QVOLI) भी कहा जाता था। यह उनकी पैरेंट यूनिट बन गई। बटालियन तभी वजीरिस्तान पहुंची थी और यह अपने कंधों पर उसी प्रकार का दायित्व लिये थी, जैसा करियप्पा की पहली यूनिट पर था। सरहद पर जिंदगी नीरस जरूर थी लेकिन जोखिमों से भरी थी। कबिलाई लोग सतर्कता में हुई जरा सी लापरवाही का भी फायदा उठा ले जाते थे, और अक्सर होने वाली मुठभेड़ों में कई घायल हो जाते थे या कई की जान चली जाती थी। नॉर्थ वेस्ट फ्रंटियर (एनएफडब्ल्यू) नए अधिकारियों के लिए एक बेहतरीन प्रशिक्षण क्षेत्र था, और करियप्पा ने वहां बिताए तीन सालों में अपने पेशे की बुनियादी चीजों पर महारत हासिल कर ली थी। उन्होंने क्षेत्र के बारे में पैनी नज़र विकसित की और उत्कृष्ट प्रशासन के महत्व को समझा, यह दोनों ही चीजें आगे चलकर उन्हें एक अच्छी स्थिति में पहुंचाने वाली थीं।

वर्ष 1925 में करियप्पा ने एक ग्रैंड टूर (विश्व यात्रा) पर जाने का निर्णय लिया। उन्होंने पर्याप्त धन बचा लिया था और दिल्ली स्थित जनरल हेडक्वार्टर्स ने न केवल उनको इसके लिए अनुमति प्रदान की बल्कि जहां भी संभव हो सकता था, वहां उनके लिए ब्रिटिश यूनिट के साथ ठहरने की व्यवस्था भी की। करियप्पा ने यूरोप, यूएसए, जापान, चीन और कई अन्य देशों की यात्रा की, जहां उन्होंने बड़ी संख्या में विभिन्न देशों के सैनिकों और आम नागरिकों से मुलाकात की। वह स्वयं यह देख पा रहे थे कि क्यों कुछ देश कई क्षेत्रों में भारत से बहुत आगे थे। यह यात्रा उनके लिए अत्यंत शिक्षाप्रद थी और वे पहले से कहीं ज्यादा बेहतर और समझ वाले व्यक्ति के तौर पर लौटे। वे पुनः अपनी बटालियन पहुंचे जो अब फतेहगढ़ पहुंच चुकी थी। करियर के दौरान पहली बार करियप्पा के जीवन में यहां ठहराव आया। फतेहगढ़ में ही उनको 'किप्पर' उपनाम मिला। कहा जाता है कि एक ब्रिटिश अधिकारी की पत्नी को उनका नाम लेने में कठिनाई होती थी, इसलिए वह उन्हें किप्पर कहकर पुकारने लगीं।

एक युवा अधिकारी के तौर पर करियप्पा ने अपने कार्य को पूरी गंभीरता से लिया। नियमों का ख्याल रखने वाले करियप्पा, शायद ही किसी परेशानी में पड़े। करियप्पा और मसूरी के बारे में एक रोचक किस्सा है। मसूरी उस समय ब्रिटिश अधिकारियों के लिए छुट्टी मनाने का एक लोकप्रिय स्थल था। करियप्पा ने मसूरी घूमने के लिए कुछ दिनों की छुट्टी की अर्ज़ी लगाई थी। जब उनके कमांडिंग ऑफिसर (सीओ) को इस बारे में पता चला तो उन्होंने करियप्पा से कहीं और घूमने जाने के लिए कहा। करियप्पा को हैरानी हुई और उन्होंने इसके पीछे कारण जानना चाहा। तब 'ओल्ड मैन' (आर्मी में कमांडिंग ऑफिसर या कमांडर के लिए शिष्टोक्ति) ने बताया कि मसूरी बदनाम महिलाओं से भरा हुआ है और यह रेजिमेंट की परंपरा है कि अविवाहित लोग वहां नहीं जाते। करियप्पा ने उनके शब्दों को बहुत गंभीरता से लिया और तब तक मसूरी नहीं गए जब तक शादी के बाद उनको एक बेटा नहीं हो गया।

उन दिनों शांतिपूर्ण स्थलों पर छावनी का जीवन बहुत सुकून और इत्मीनान से भरा होता था। उसका मकसद सरहद की थका देने वाली गतिविधियों से थोड़ा आराम देना होता था।

ऐसे स्थलों पर पड़ाव अल्पकाल के लिए होता था और जब अधिकारियों और जवानों को वहां तैनाती मिलती, तो वे जमकर इसका आनंद उठाते। फतेहगढ़ बहुत छोटा सा शहर था, जहां मनोरंजन या घूमने के लिए बहुत कुछ नहीं था। इसलिए करियप्पा के पास भरपूर समय था, जिसमें उन्होंने खूब पुस्तकें पढ़ीं, जिनमें इतिहास और युद्ध नीति के अलावा कुछ क्लासिक्स शामिल थीं। उन्होंने सैनिक पत्रिकाओं और अखबारों के लिए लिखना भी शुरू किया। इससे न केवल उन्हें अपना छपा हुआ नाम पढ़ने की सुखद अनुभूति मिली बल्कि कुछ अतिरिक्त आय भी होने लगी। उनको संगीत और थिएटर बहुत पसंद था और वे पृथ्वीराज कपूर, के.एल. सहगल और एम.एस. सुब्बुलक्ष्मी के बड़े फैन थे। बल्कि पृथ्वीराज कपूर तो उनके घनिष्ठ मित्र बन गए और बाद के वर्षों में कई बार करियप्पा के साथ दिल्ली और कूर्ग में ठहरे।

करियप्पा मितव्ययी थे और सब काम संतुलन में करते थे। उनके लिए इंग्लैण्ड की एक कंपनी खासतौर से सिगरेट तैयार करती थी, जिस पर अंग्रेजी का अक्षर 'सी' उभरा हुआ होता था। बाद के वर्षों में उन्होंने सिगरेट छोड़ दी और सिगार पीने लगे, फिर उसके बाद पाइप का शौक रखा। वे बेहद संयमित ढंग से मदिरापान करते थे और औपचारिक समारोहों में भी कभी दो पेग से अधिक नहीं लेते थे। कपड़ों के बारे में बहुत मीन-मेख रखने वाले करियप्पा हमेशा त्रुटिहीन ढंग से कपड़े पहनकर तैयार रहते थे। वे कभी बेढंगे कपड़े नहीं पहनते थे, यहां तक कि अपने घर में भी नहीं। वे समयपालन, शिष्टाचार और टेबल मैनर्स को लेकर बहुत तुनुक मिजाज़ थे और इन चीजों को लेकर उनके जुनून के बारे में कई किस्से और कहानियां हैं।

वर्तमान की तरह ही उन दिनों भी स्टाफ कॉलेज को सेना में उच्च पद प्राप्त करने की पहली सीढ़ी माना जाता था। कैंबर्ली स्थित स्टाफ कॉलेज ब्रिटिश सेना के अधिकारियों को प्रशिक्षण प्रदान करता था, जबकि क्वेटा में मुख्य तौर पर भारतीय सेना को प्रशिक्षण देने के लिए कॉलेज स्थापित किया गया था। जब भारतीय अधिकारियों को कमीशन मिलना शुरू हुआ, तब उनके लिए क्वेटा में कुछ रिक्तियां निर्धारित कर दी गईं, लेकिन वे खाली ही रहीं, क्योंकि भारतीय अधिकारी अभी भी बहुत कनिष्ठ (जूनियर) थे और किसी ने भी प्रवेश परीक्षा उत्तीर्ण नहीं की थी। जुलाई 1931 में करियप्पा को मुख्यालय पेशावर डिस्ट्रिक्ट में डीएक्यूएमजी के पद पर तैनात किया गया। यह एक गैर वर्गीकृत स्टाफ नियुक्ति थी, और इससे उन्हें उच्च मुख्यालय में प्रशासनिक स्टाफ के कामकाज का थोड़ा अनुभव मिला। उनके वरिष्ठ अधिकारियों और सहकर्मियों ने उनसे स्टाफ कॉलेज की परीक्षा देने का आग्रह किया और इसके लिए थोड़ी कोचिंग प्रदान करने की भी पेशकश की। उनके एक मित्र के प्रयास से वे जनवरी 1932 में रॉयल यूनाइटेड सर्विस इंस्टीट्यूशन (RUSI) से कोचिंग लेने के लिए इंग्लैंड चले गए। उनको ब्रिटिश बटालियन-कोल्डस्ट्रीम गार्ड्समें एक महीने का अटैचमेंट भी मिल गया। साथ ही, अपनी तैयारी पूर्ण करने के लिए उन्होंने स्मॉल आर्म्स

स्कूल और रॉयल आर्टिलरी स्कूल में दो अल्पकालिक कोर्स भी किये। अपनी कड़ी मेहनत के दम पर करियप्पा ने प्रवेश परीक्षा पास कर ली और क्वेटा स्थित स्टाफ कॉलेज में प्रवेश पाने वाले वे पहले भारतीय अधिकारी बने।

स्टाफ कॉलेज में करियप्पा की उपस्थिति को उनके साथ वाले मजाक के तौर पर लेते थे। ब्रिटिश अधिकारियों में उपनिवेश के लोगों के प्रति तिरस्कार और नफरत की प्रवृत्ति थी। करियप्पा ने उनके तानों और पक्षपातपूर्ण रवैये का बड़ी ही आसानी से सामना किया और शायद ही कभी उनको चुनौती दी। हालांकि एक बार वे खुद को रोक नहीं पाए। प्रशिक्षण के अंत में आयोजित एक बड़े जलसे में छात्र अधिकारियों को कोर्स के बारे में टिप्पणी करने और सुधार हेतु सुझाव देने के लिए आमंत्रित किया गया। करियप्पा ने उल्लेख किया कि स्टाफ कॉलेज मे भारतीय अधिकारियों के लिए निर्धारित रिक्तियों की संख्या बहुत कम थी। इससे कई योग्य भारतीय अधिकारी इस कोर्स से वंचित रह जाते हैं। अंततः इससे इंपीरियल आर्मी की गुणवत्ता पर विपरीत असर पड़ेगा और किसी बड़े युद्ध के दौरान ये विनाशकारी भी सिद्ध हो सकता था। कमांडेंट समेत वहां मौजूद सब लोग एक भारतीय अधिकारी के इस दुस्साहस को देखकर निस्तब्ध रह गये।

बाद में, कमांडेंट ने करियप्पा को बुलाया और कहा कि उनकी वह टिप्पणी राजनीति से प्रेरित लगती थी। करियप्पा को सलाह दी गई कि वे अपने विचारों में उदारता लाएं और सेना के बारे में संपूर्णता में सोचें, क्योंकि केवल 'भारतीयकरण' की बात करने में संकीर्णता झलकती है। कोर्स के उपरांत करियप्पा ने लंदन स्थित इंडिया हाउस या वॉर ऑफिस में नियुक्ति की मांग की जो उनको नहीं दी गई। वर्ष 1934 में पुनः वे कोहट स्थित अपनी यूनिट में आकर जुड़े। उत्तर-पश्चिमी सरहद पर रेजिमेंटल सर्विस का यह उनका तीसरा कार्यकाल था।

स्टाफ कोर्स को सफलतापूर्वक पूर्ण करने के बाद आमतौर पर अधिकारियों को स्टाफ नियुक्तियां प्रदान की जाती थीं, जिसमें अधिक वेतन शामिल होता था। करियप्पा ने भी स्टाफ नियुक्ति के लिए प्रयास किया। लेकिन उनको इसमें दो साल लग गए और मार्च 1936 में उनको डेक्कन एरिया का स्टाफ कैप्टन बनाकर सिकंदराबाद तैनात किया गया। अंततः 1938 में उनकी पदोन्नति मेजर के पद पर हुई और उसी मुख्यालय में उनको डीएए और क्यूएमजी के तौर पर नियुक्ति मिली। वर्ष 1938 में जब द्वितीय विश्वयुद्ध प्रारंभ हुआ तब उनको ब्रिगेड मेजर के तौर पर डेराजाट स्थित 20 इंडियन ब्रिगेड में तैनात किया गया। यहां करियप्पा और जनरल के.एस. थिमैय्या के बीच तुलना किये बिना कोई रह नहीं सकता। दोनों ऐसे समय सेना से जुड़े जब बहुत कम भारतीयों के पास कमीशन रैंक थीं और उनके व ब्रिटिश अधिकारियों के बीच पदोन्नति व नियुक्तियों को लेकर भेदभाव आम बात थी, भले ही यह अधिकृत तौर पर स्वीकृत नहीं था। थिमैय्या ने हमेशा ऐसे भेदभाव का विरोध किया और जो उनको मिलना चाहिए था, वह प्राप्त भी किया। जबकि दूसरी तरफ करियप्पा ने कभी अपनी महत्वाकांक्षा जाहिर नहीं की और जो भी उनको मिला उसे स्वीकार कर लिया।

जब करियप्पा सिकंदराबाद में थे, तब 1937 में उनका विवाह मुत्थु मछैया से हुआ, जो एक वन अधिकारी की बेटी थीं। मुत्थु भी करियप्पा की ही तरह कोडावु (कूर्ग) थीं और बेहद पढ़ी-लिखी और मिलनसार लड़की थीं। उस समय तक करियप्पा एक कैप्टन ही थे। उनकी उम्र 37 वर्ष थी और उनकी पत्नी उनसे तकरीबन आधी उम्र यानि 20 वर्ष की थीं। मुत्थु देखने में काफी खूबसूरत थीं और उन्हें कूर्ग की आवा गार्डनर कहा जाता था। उनके विवाह के शुरुआती कुछ वर्ष बहुत सुखद थे और उनको दो बच्चे हुए, एक बेटा और एक बेटी। उनके बेटे के.सी. करियप्पा, जिसे प्यार से नंदा कहते थे, का जन्म 4 जनवरी 1938 को हुआ, और फिर उनकी बेटी नलिनी 23 फरवरी 1943 को जन्मी। नंदा बाद में भारतीय वायु सेना से जुड़े और एयर मार्शल के पद तक पहुंचे। दुर्भाग्य से करियप्पा और मुत्थु एक बेमेल जोड़ी साबित हुई। मुत्थु बहिर्मुखी थीं, जिन्हें पार्टियों और डांस का शौक था, जबकि करियप्पा के पास इन तुच्छ चीजों के लिए कोई वक्त नहीं था। जल्द ही उनके वैवाहिक जीवन में दरार आने लगी। करियप्पा के बार-बार तबादले और साथ में पेशे के प्रति उनके संपूर्ण समर्पण के कारण उनके बीच का मनमुटाव और अधिक बढ़ता गया। मुत्थु खुद को उपेक्षित महसूस करने लगीं। वह अपने असंतोष और दर्द को शांत करने के लिए शराब पीने लगीं। अलगाव की भावना शीघ्र की कड़वाहट में बदल गई और सितंबर 1945 में दोनों अलग हो गए। कोई औपचारिक तलाक नहीं हुआ- मुत्थु बच्चों को करियप्पा के पास छोड़कर अलग अपने एक मित्र के साथ रहने लगीं। हालांकि उनकी जिंदगी ज्यादा लंबी नहीं चली। तीन साल बाद वह एक जानलेवा दुर्घटना की शिकार हो गईं। करियप्पा ने दोबारा विवाह नहीं किया और अपने बच्चों के साथ अकेले रहना बेहतर समझा। बाद के वर्षों में, जब वे दिल्ली में कमांडर-इन-चीफ बने और बाद में ऑस्ट्रेलिया के उच्चायुक्त, तब करियप्पा की बहन बोलु चेंगप्पा या उनकी बेटी सागरी अक्सर बतौर अधिकारिक हॉस्टेस उनके साथ रहती थीं।

वर्ष 1939 में तमाम भारतीयों की मांग और असेंबली व काउंसिल ऑफ स्टेट्स में तीखी बहस के जवाब में सरकार ने भारतीय सेना में अधिकारी रैंकों के भारतीयकरण को लेकर एक समिति बनाई थी, जिसका नाम स्कीन समिति था। समिति ने 1919 के बाद कमीशन प्राप्त करने वाले अधिकारियों को एक लंबी प्रश्नावली जारी करके भारतीयकरण की प्रगति पर अपने विचार देने को कहा। उनमें से बहुतेरों को समिति के समक्ष गवाही देने के लिए बुलाया गया। उनमें से एक थे मेजर के.एम. करियप्पा, जिनको जून 1939 में 26वें गवाह के तौर पर बुलाया गया। वे तब 19 वर्षों की सेवा के साथ एक वरिष्ठ भारतीय अधिकारी थे और समिति ने कई दिनों तक उनके साथ इस मुद्दे पर विस्तृत चर्चा की।

करियप्पा भारतीयकरण की गति से असंतुष्ट थे और उन्होंने यह बात स्पष्ट शब्दों में व्यक्त कर दी। पिछले 20 वर्षों में सिर्फ 250 भारतीयों को कमीशन प्रदान किया गया था, जिसमें सैंडहर्स्ट के किंग्स कमीशन्ड इंडियन ऑफिसर्स (KCIOs) और देहरादून के इंडियन कमीशन्डऑफिसर्स (ICOs) शामिल थे। उनको लगता था कि आईसीओज़,

केसीआईओज़ से बेहतर रेजिमेंटल अधिकारी साबित होते थे और भारतीय सेना के लिए ज्यादा उपयुक्त थे। प्रवेश के प्रकार पर उनको लगता था कि 'ओ' (ओपन एंट्री) कैडेट अन्य दो प्रकार के कैडेट से कहीं बेहतर थे। बाकी दो प्रकार के कैडेट में सिपाहियों की रैंक से आने वाले 'ए' कैडेट और राजकीय परिवारों से आने वाले 'एस' कैडेट शामिल थे। 'एस' कैडेट ऐसे लोगों को पिछले दरवाजे से प्रवेश प्रदान करते थे, जिनको खुली प्रतियोगिता के द्वारा एडमिशन नहीं मिल पाता था। परिणामस्वरूप निम्न गुणवत्ता और अधिक आयु वर्ग के अधिकारियों को प्रवेश मिल जाता था, जिन्हें आवश्यकता पड़ने पर बटालियन का नेतृत्व नहीं दिया जा सकता था।

करियप्पा आठ यूनिट स्कीम के भी खिलाफ थे, जिसके बारे में उनको लगता था कि वह पृथक करने वाली योजना थी। यूनिटों के शीर्ष पर अत्यंत वरिष्ठ पदों पर ब्रिटिश अधिकारी होते थे और सभी भारतीय बहुत कनिष्ठ। यह अधिकारियों के बीच सौहार्द और सामंजस्यपूर्ण संबंधों में बाधक बनता था। उससे भी बद्तर यह कि इन यूनिटों को न केवल सेना के भीतर बल्कि नागरिकों के बीच भी तुच्छ और निम्न समझा जाता था। उन्होंने टिप्पणी दी:

> "इन यूनिटों पर बहुत ज्यादा अलोचनात्मक नजरें रहती हैं और यह स्वाभाविक ही है-लेकिन क्या यह युवा भारतीयों के साथ उचित हो रहा है? इन परिस्थितियों में उनको औसत माने जाने के लिए शत् प्रतिशत सर्वश्रेष्ठ बनना होगा—यह असंभव ही है"।

जब अच्छे केडेट्स की कमी के बारे में प्रश्न किया गया जो करियप्पा ने सुझाया कि ऐसा इसलिए है क्योंकि लोगों में सेना में करियर की संभावनाओं के बारे में जानकारी का अभाव है। जब यह पूछा गया कि विषयों को बेहतर बनाने के लिए क्या किया जाए तो उन्होंने कहा, '...अभी तक किसी भी भारतीय को जिम्मेदारी वाला पद नहीं दिया गया है, जहाँ वे यह प्रदर्शित कर पाएं कि वे इस कार्य को कर सकते हैं या नहीं।' अन्य बिंदु जिसपर चर्चा होनी थी वह था प्लाटून कमांडर के तौर पर वायसरॉय'स कमीशन्ड ऑफिसर (VCOs) के स्थान पर आईसीओज़ का प्रयोग; जबकि दूसरी तरफ केसीआईओज़ को कंपनी ऑफिसर्स के तौर पर नियुक्त किया जाता था। करियप्पा ने इस पर कहा कि यह फोर्ड कार के बजाय रॉल्स रॉयस इस्तेमाल करने जैसा है। केसीआईओ और आईसीओ के वेतनमान में अंतर को लेकर भी उनके तीक्ष्ण विचार थे। अन्य विसंगतियां विदेश और विवाह भत्तों को लेकर थीं, जिनके लिए केवल केसीआईओ हकदार थे। केसीआईओ से आधे से भी कम वेतन लेने वाले आईसीओ को उसी मेस और उसी दाम में भोजन करना पड़ता था, जिसमें केसीआईओ करते थे। इसके कारण आईसीओ की वित्तीय स्थिति पर गहरा दबाव पड़ता था। इस सब पर आईसीओज़ को वे सब कार्य भी करने पड़ते थे जो गैर-भारतीयकृत यूनिटों में केवल VCOs किया करते थे, इससे आईसीओज़खुद को केसीआईओज़ के समक्ष निम्न महसूस करते थे। स्कीन समिति 24 अगस्त 1939 को स्थगित हुई, लेकिन द्वितीय विश्व युद्ध

छिड़ जाने के कारण फिर दोबारा नहीं मिल पाई। हालांकि, उसकी विवेचना के रिकॉर्ड में रुचिपूर्ण जानकारी मिलती है और उस दौरान करियप्पा के मन और विचारों के बारे में अच्छी अंतर्दृष्टि प्रदान करती है।

जनवरी 1941 में करियप्पा 10 इंडियन डिविजन के डीएक्यूएमजी के पद पर तैनात थे, जो उस समय इराक में थी। जब करियप्पा ने बगदाद जाकर ज्वाइन किया तो उनके जनरल ऑफिसर कमांडिंग (जीओसी) 'बिल' स्लिम की खुशी का ठिकाना नहीं रहा। द्वितीय विश्व युद्ध शुरू हो चुका था और डिविजन ने अगला एक वर्ष इराक, ईरान, सीरिया और उत्तरी अमेरिका में बिताया। जब एक बार यह डिविजन सीरिया के एक शहर डीयर एज़ जोर से होकर गुजर रही थी तब वहां के मेयर करियप्पा से आकर मिले और उनसे पूछा कि क्या शहर की महिलाओं का बाहर निकलना सुरक्षित होगा। यह सुनकर करियप्पा थोड़े प्रसन्न भी हुए और नाराज़ भी। उन्होंने मेयर को बताया कि भारतीयों ने कभी महिलाओं के साथ दुर्व्यवहार नहीं किया और अगर एक भी ऐसी घटना हुई तो दोषी को सख्त सजा दी जाएगी। कुछ दिनों बाद मेयर ने पुनः करियप्पा से मिलकर माफी मांगी। जैसा कि करियप्पा का अनुमान था, महिलाओं के साथ दुर्वव्यवहार की एक भी ऐसी घटना नहीं घटी, जिसमें भारतीय शामिल हों।

मार्च 1942 में करियप्पा को सेकंड इन कमांड के तौर पर 7 राजपूत मशीन गन बटालियन में तैनात किया गया, जो कि फतेहगढ़ में नई खड़ी हुई थी। 15 अप्रैल 1942 को उनकी पदोन्नति लेफ्टिनेंट कर्नल के पद पर कर दी गई और उनको बटालियन की कमांड सौंपी गई, इस प्रकार वे भारतीय सेना में किसी बटालियन की कमांड संभालने वाले प्रथम भारतीय बने। एक प्रकार से उनकी यह पदोन्नति इस बात का संकेत था कि अंततः अंग्रेजों ने भारतीयों को अधिकारी काडर में स्वीकार कर लिया था। अब भारतीयों के लिए सेना में शीर्ष स्तर तक पहुंचने का रास्ता खुल गया था, और करियप्पा की नियुक्ति को व्यापक प्रशंसा मिली, न केवल उनके हमवतनों द्वारा बल्कि कई अंग्रेज अधिकारियों द्वारा भी, जिसमें स्लिम भी शामिल थे। स्लिम अब 15 कोर की कमांड संभाल रहे थे, जो तभी बर्मा से लौटी थी। मेजर (बाद में जनरल) महाराज राजेंद्र सिंहजी, जिनको 14 जुलाई 1921 को सैंडहर्स्ट से सेकेंड लैंसर्स में कमीशन प्रदान किया गया था और उनका करियप्पा के बाद 1953 में कमांडर-इन-चीफ बनना तय था, लिखते हैं: '....विक्टोरिया क्रॉस और DSOs एक क्षणिक सफलता होते हैं। थोड़ा सा नसीब अच्छा हो, तो ये मिल जाते हैं। लेकिन बटालियन की कमांड केवल नसीब से नहीं मिलती।'

करियप्पा की बटालियन के सैनिकों में मुस्लिम और राजपूत थे। अधिकारियों में दो तिहाई अंग्रेज थे और एक तिहाई भारतीय। यूनिट के पास विकर्स मशीन गन थीं, जिनको संभालने के लिए पर्याप्त कौशल की जरूरत होती थी। एक निर्माणाधीन बटालियन को जड़ से शुरुआत करनी होती है, न केवल प्रशासन और प्रशिक्षण के मामले में बल्कि एक दल

की भावना पैदा करने में भी। करियप्पा ने शीघ्र ही अपने जवानों को एक प्रभावी लड़ाकू शक्ति के तौर पर जोड़कर खड़ा किया। वे जमकर काम लेने वाले मुखिया थे और अपने दल को प्रशिक्षित और प्रोत्साहित करने के लिए हमेशा अपने पैरों पर खड़े रहते थे। तीन महीने के उपरांत यूनिट को पुनः नामित करते हुए 52 राजपूत नाम दिया गया और 43 इंडियन आर्मर्ड डिविजन के अंग के तौर पर लाहौर भेज दिया गया। लेकिन यह अधिक दिन तक नहीं चला, और केवल दो महीने के अंतराल पर यूनिट को फिर से पैदल सेना में ले लिया गया और उसको 17/7 राजपूत नाम देते हुए डेक्कन में सिकंदराबाद भेज दिया गया। दो महीनों के अंदर दो बदलाव और दो संचलन से यूनिट और उसके सीओ भ्रमित और थक गये थे। सिकंदराबाद पहुंचकर उन्होंने राहत की सांस ली थी।

एक अप्रैल 1943 को, करियप्पा ने अपनी बटालियन की कमांड सौंप दी और ईस्टर्न कमांड मुख्यालय के असिस्टेंट क्वार्टर मास्टर जनरल (एक्यूएमजी) का पद संभाला। भले ही उनको बटालियन की कमांड सौंप दी गई थी, लेकिन जर्मनी या जापान के विरुद्ध युद्ध में उस बटालियन का नेतृत्व करने का मौका उनको नहीं मिलना था। कई अन्य भारतीयों जैसे राजेंद्र सिंहजी, थिमैय्या, थोरट और सेन को यह अवसर मिला था। थिमैय्या ने तो बर्मा में एक ब्रिगेड की कमांड भी संभाली। परिणामस्वरूप, अधिकतर अन्य लोगों की तरह करियप्पा को कोई सैन्य अलंकरण नहीं मिल सका। यह अफसोसजनक था और करियप्पा के मन में इस अन्याय के प्रति कड़वाहट रही, हालांकि हमेशा की तरह उन्होंने इसे भी स्वीकार कर लिया।

ईस्टर्न कमांड के एक्यूएमजी के तौर पर करियप्पा कई फार्मेशन के शासन प्रबंध में शामिल रहे, जिसमें वह 14वीं आर्मी भी शामिल थी, जिसकी कमांड अब स्लिम संभाल रहे थे। करियप्पा स्टाफ कार्य जैसे आरामदायक कामों को लेकर बहुत प्रसन्न नहीं थे, जबकि तमाम अन्य लोग सक्रिय सेवा में थे। उनको पता था कि युद्ध क्षेत्र का अनुभव बहुत जरूरी था, न केवल निजी संतोष के लिए, बल्कि आगे की पदोन्नति में भी। अगस्त 1943 में, साउथ ईस्ट एशिया कमांड को गठित किया गया और 14वीं आर्मी को इस कमांड के तहत लगा दिया गया। कई बदलाव हुए और करियप्पा ने सक्रिय स्थापना में सेवा प्रदान करने की पेशकश की। उनको फिर से एक्यूएमजी के तौर पर तैनात किया गया और इस बार 26 इंडियन डिविजन में यह कार्य मिला, जो बर्मा में बुथिडांग के निकट स्थित थी। यह स्टाफ कार्य था, लेकिन कम से कम यह युद्ध भूमि में था। डिविजन की कमांड मेजर जनरल सी.ई.एन. लोमाक्स के हाथ में थी, जो वास्तव में करियप्पा से जूनियर थे। डिविजन लड़ाई का केंद्र थी और अराकान से जापानियों को खदेड़ने में उसकी मुख्य भूमिका थी। करियप्पा ने यहां उत्कृष्ट कार्य किया और उनको ऑर्डर ऑफ ब्रिटिश अंपायर (ओबीई) से अलंकृत किया गया। हालांकि इसकी तुलना डीएसओ या एमसी से नहीं की जा सकती, जो शौर्य के लिए प्रदान किये जाते थे। लेकिन ये उनकी मेहनत का कुछ इनाम जरूर था।

एक नवंबर 1944 को करियप्पा को पदोन्नति प्रदान करते हुए ब्रिगेडियर बना दिया गया। हालांकि, उनको ब्रिगेड की कमांड नहीं सौंपी गई, जिसकी उनको अपेक्षा थी और जिसके वे हकदार भी थे। बल्कि उनको रिऑर्गनाइज़ेशन कमेटी (पुनर्गठन समिति) का सदस्य बना दिया गया। करियप्पा ने मिलेट्री सेक्रेट्री के पास इसका विरोध दर्ज किया, लेकिन कोई फायदा नहीं हुआ। यहां फिर से थिमैय्या के साथ तुलना किये बिना नहीं रहा जा सकता। एक बार जब बीमारी से उठने के बाद थिमैय्या को बताया गया कि उनको ब्रिगेड वापस नहीं भेजा जा रहा है, तो उन्होंने हंगामा खड़ा कर दिया और इस्तीफे की पेशकश कर डाली; उनको कमांड वापस दे दी गई, हालांकि वे कार्यवाहक ब्रिगेड कमांडर ही बने। पदोन्नति और पद स्थापन जैसे निजी मसलों को करियप्पा मुद्दा बनाने में यकीन नहीं करते थे। जो उन्हें चाहिए होता था, वह अगर एक निर्दिष्ट चैनल के माध्यम से उनको मिलता तो ठीक; अगर नहीं मिल पाता, तो एक अच्छे सैनिक की तरह उसको स्वीकार कर लेते थे।

करियप्पा ने रिऑर्गनाइज़ेशन कमेटी में तकरीबन एक वर्ष बिताया, जिसमें छह ब्रिटिश अधिकारी और एक भारतीय अधिकारी थे और लेफ्टिनेंट जनरल सर हेनरी विलकॉक्स उसके अध्यक्ष थे। दिल्ली में तैनाती होने के कारण उनको जनरल मुख्यालय और वायसरॉय सचिवालय के कामकाज को करीब से देखने का अवसर मिला। जब चार साल बाद उन्होंने कमांडर-इन-चीफ के तौर पर कार्यग्रहण किया तब यह अनुभव उनके लिए बहुमूल्य साबित हुआ। इससे ब्रिटिश पदानुक्रम में शामिल वायसरॉय लॉर्ड वैवेल और कमांडर-इन-चीफ फील्ड मार्शल औकिनलेक को करियप्पा का आकलन करने का भी मौका मिला। यह समिति औकिनलेक के दिमाग की उपज थी, जिनको पता था कि युद्ध के बाद सेना को पुनर्गठित करने की जरूरत पड़ेगी। वे चाहते थे कि यह समिति अगले 15–20 वर्षों में सेना का भारतीयकरण करने की दिशा में भावी योजना तैयार करे। जब समिति ने अपनी रिपोर्ट दी तो पता चला कि केवल 50 प्रतिशत भारतीयकरण की सिफारिश की गई थी, और वह भी 1960 तक। भारतीय सेना में विशेष दर्जा रखने वाले वीसीओ को भी हटाया जाना था। करियप्पा इन सिफारिशों से सहमत नहीं थे और उन्होंने अपनी असहमति लिखित में दर्ज कराई। औकिनलेक भी रिपोर्ट से खुश नहीं थे और उनको लगा कि मुद्दों की उचित गहराई में जाकर पड़ताल नहीं की गई। हालांकि, किसी भी कार्रवाई से पहले यह मुद्दा कई घटनाओं में घिर गया और पुनर्गठन के बजाय भारतीय सेना को देश के साथ बंटना पड़ा।

नवंबर 1945 में करियप्पा को अंततः एक ब्रिगेड की कमांड सौंप दी गई और उनको वज़ीरिस्तान में बन्नू फ्रंटियर ब्रिगेड के कमांडर के तौर पर तैनात किया गया। युवा अधिकारी के तौर पर एनडब्ल्यूएफपी (NWFP) में सेवाएं प्रदान करने की वजह से करियप्पा इस इलाके से परिचित थे, साथ ही वहां रहने वाले कबिलाई पठानों से भी। क्योंकि करियप्पा ने अंग्रेजों द्वारा पठानों को बल प्रयोग से दबाने का प्रयास असफल होते देखा था, इसलिए उन्होंने एक नया रास्ता चुनने का निर्णय लिया। उन्होंने मित्रता का हाथ बढ़ाकर कबिलाई

लोगों के दिलो-दिमाग को जीतने का निर्णय लिया। करियप्पा को पता था कि यदि उन लोगों के साथ सम्मान और बराबरी का व्यवहार किया जाये तो वे सेना के प्रति उत्साहित और सत्कारशील हो सकते हैं।

एक दिन एक गांव से गुजरते वक्त उन्होंने कुछ पठान महिलाओं को पानी के घड़े ले जाते देखा। जब उन्हें पता चला कि उन महिलाओं को हर रोज कई मील चलकर दूसरे गांव से पानी लाना पड़ता था, तो करियप्पा ने तुरंत उनके गांव के नजदीक ही एक कुंआ खुदवाने का आदेश दिया। इस कदम से पठान बिल्कुल अभिभूत हो गए और करियप्पा को 'ख़लीफ़ा' कह कर पुकारने लगे। बाद में जब क्षेत्र साम्प्रदायिक दंगों से ग्रस्त था, तब बन्नू में शांति बनी रही, यह करियप्पा द्वारा स्थापित सद्भावना का ही परिणाम था। जब अंतरिम सरकार के मुखिया के तौर पर जवाहरलाल नेहरू बन्नू के दौरे पर आए तो करियप्पा ने उनके लिए एक जनसभा का आयोजन किया, जिसमें तमाम कबिलाई नेता भी शामिल हुए। उसके अगले दिन जब नेहरू रज़माक गये, जहां एक अन्य ब्रिगेड की छावनी थी, तो वहां के कबिलाई लोगों ने नेहरू पर गोलिया चलाईं और उनका दौरा रद्द करना पड़ा। करियप्पा के नेतृत्व गुण और कबिलाई लोगों के साथ रिश्ते देखकर नेहरू बहुत प्रभावित हुए।

स्थानीय लोगों का दिल जीतने का प्रयास करने के साथ-साथ, करियप्पा ने अपने जवानों के रहन-सहन पर भी ध्यान दिया। उन्होंने जवानों के लिए स्वास्थ्य और कैंटीन सुविधाओं को बेहतर किया और यह सुनिश्चित किया कि उनको खेल एवं मनोरंजन के लिए भरपूर समय और अवसर मिले। उनके द्वारा शुरू की गईं नवीन प्रक्रियाओं में से एक थी वीसीओज़ के लिए अलग मेस स्थापित करना। स्वतंत्रता प्राप्ति के बाद वीसीओ को जूनियर कमीशन्ड ऑफिसर्स (JCOs) कहा जाने लगा। जब करियप्पा प्रथम भारतीय कमांडर-इन-चीफ बने तो उन्होंने बन्नू में शुरू की गई जेसीओज़ के लिए अलग मेस व्यवस्था बनाए रखी और वह आज भी कायम है।

फरवरी 1946 में उनको इंडियन नेशनल आर्मी (आईएनए) के सदस्यों पर मुकदमा चलाने के लिए बनाई गई जनरल कोर्ट मार्शलों में से एक का प्रिसाइडिंग ऑफिसर (पीठासीन अधिकारी) नियुक्त किया गया। मुकदमा चलाने से पहले उन्होंने कुछ सैन्य शिविरों का दौरा किया जहां कैदियों को रखा गया था। करियप्पा ने पाया कि बिना मुकदमा चलाए कैद रखने व दुर्व्यवहार के कारण वे अंग्रेजों के प्रति विद्रोह और घृणा से भरे थे। करियप्पा उनकी दुर्दशा देखकर द्रवित हो गए और उन्होंने एडजुटेंट जनरल को लिखकर निवेदन किया कि मुकदमे की कार्यवाही तेजी से चलाई जाए। उन्होंने शाह नवाज़ खान, जीएस ढिल्लों और पी.के. सहगल जैसे कुछ कैदियों को माफी देने की भी सिफारिश की। करियप्पा ने उल्लेख किया कि कैदियों के प्रति ऐसे राजनीतिक नेताओं में काफी संवेदना एवं सहयोग का भाव है, जो आने वाले समय में देश पर शासन करने वाले हैं। करियप्पा को लगता था कि आईएनए के

कैदियों के साथ किये गए व्यवहार का उन नेताओं के भारतीय सेना के प्रति रवैये पर असर पड़ेगा और सरकार को इस चीज को ध्यान में रखना चाहिए। यह मानना उचित ही होगा कि अंग्रेजों द्वारा अधिकांश कैदियों को छोड़ने के निर्णय के पीछे करियप्पा और नथू सिंह जैसे सैनिकों की शांत याचिकाओं का भी उतना ही असर था, जितना कि आम जनता और राजनीतिज्ञों की तीव्र प्रतिक्रियाओं का।

अपनी भावनाओं के बावजूद, करियप्पा ने कोर्ट मार्शल के दौरान बिना किसी भय और पक्षपात के अपने कर्तव्य का निर्वहन किया। उनकी अदालत में 2/10 बलूच रेजिमेंट के कैप्टन बुरहानुद्दीन नाम के एक अधिकारी पर मुकदमा चला। वह दोषी पाया गया और करियप्पा को सात वर्ष सश्रम कारावास की सजा सुनानी पड़ी। सजा सुनाने के बाद वे दोषी के पास गए और उससे व उसके वकील से हाथ मिलाया। इस पर तमाम लोगों की त्योरियां चढ़ गई और बाद में एडजुटेंट जनरल द्वारा करियप्पा से अपने इस व्यवहार पर स्पष्टीकरण मांगा गया। करियप्पा को लगता था कि उन्होंने कुछ गलत नहीं किया। उन्होंने कहा, 'अदालत का अध्यक्ष होने के नाते मैंने उसको सजा सुनाई और जेंटलमैन होने के नाते मैंने उससे हाथ मिलाया।'

जनवरी 1947 में करियप्पा को यूनाइटेड किंग्डम स्थित इम्पीरियल डिफेंस कॉलेज भेजा गया, साथ में जेएन चौधरी भी गए, जो उस समय सिर्फ कर्नल ही थे। यह पहली बार हुआ था कि भारतीय अधिकारियों को इस प्रतिष्ठित कोर्स में भाग लेने का अवसर प्रदान किया गया, इसके पीछे औकिनलेक की दूरदृष्टि थी। 'औक' को पता था कि अंग्रेज जल्द ही भारत छोड़ेंगे और सरकार व सेना में वरिष्ठ पदों को भरने के लिए भारतीय अधिकारियों को प्रशिक्षित करने की आवश्यकता को प्रोत्साहित किया। करियप्पा के पुराने कमांडर व गुरु बिल स्लिम इम्पीरियल डिफेंस कॉलेज के कमांडेंट थे। स्लिम करियप्पा के अंदर भारतीय सेना का भावी कमांडर-इन-चीफ देखते थे और अक्सर करियप्पा को उपमहाद्वीप में उस समय की परिस्थित पर चर्चा करने के लिए बुलाते थे।

इम्पीरियल डिफेंस कॉलेज में करियप्पा के समक्ष एक बहुत बड़ा कैनवास था, उससे कहीं ज्यादा बड़ा, जो अब तक उन्होंने देखा था। उनको एहसास हुआ कि विकसित देशों के स्तर पर आने के लिए भारतीय सेना के अधिकारियों को अभी बहुत लंबा सफर तय करना बाकी था। इसी समय के दौरान भारत और भारतीय सेना के विभाजन के बारे में चर्चाओं का बाजार गर्म था। करियप्पा को सेना के विभाजन से होने वाले खतरे का आभास था और वरिष्ठ स्तर पर बैठे अधिकारियों की अनुभवहीनता का भी। उन्होंने कहा कि बिना ब्रिटिश अधिकारियों की मदद के अपने पैरों पर खड़े होने में भारतीय सेना को कम से कम पांच वर्ष का वक्त लगेगा। यह बात मीडिया ने पकड़ ली और भारत में इसको लेकर तीव्र रोष प्रकट किया गया। मुस्लिम लीग के लियाकत अली खान को लगा कि करियप्पा द्वारा सेना को

अविभाजित रखने की मंशा संदेहास्पद है और उन्होंने यह मुद्दा लॉर्ड माउंटबैटन के समक्ष उठाया। करियप्पा को लंदन स्थित इंडिया हाउस में तलब किया गया, जहां माउंटबैटन के चीफ ऑफ स्टाफ लॉर्ड इस्मे मौजूद थे। करियप्पा ने कहा कि उन्होंने यह सुझाव केवल इसलिए दिया क्योंकि उनको लगता था कि एक अविभाजित सेना दो नए स्वतंत्रता प्राप्त देशों की शुरुआती समस्याओं से उबरने में कारगर सिद्ध हो सकती है। करियप्पा को चेतावनी के साथ इस विचार को अपने दिमाग से हटाने और दुबारा ऐसी बात न कहने की हिदायत दी गई। माउंटबैटन को 4 मई 1947 को भेजे गए तार में इस्मे ने लिखा, 'यह जान पाना कठिन है कि करियप्पा द्वारा यह विचार सरलता और अनजाने में दिया गया या फिर कपटपूर्ण और खतरनाक मंशा से या फिर दोनों तरह से।' करियप्पा ने सलाह को स्वीकार किया और फिर इस बारे में कोई बात नहीं की। हालांकि, केवल वह अकेले ही नहीं थे जो सेना के विभाजन के विरुद्ध थे। करियप्पा की रेजिमेंट के ही ब्रिगेडियर नथू सिंह ने कई माह पहले ही यह मुद्दा रक्षा मंत्री सरदार बलदेव सिंह के समक्ष उठाया था। करियप्पा इम्पीरियल डिफेंस कॉलेज में अपना कोर्स पूर्ण नहीं कर पाए क्योंकि विभाजन से पहले सेना के पुनर्गठन का पर्यवेक्षण करने के लिए उनको जुलाई में वापस बुला लिया गया। वापस आते ही तुरंत उन्होंने नेहरू को पत्र लिखा और सेना का विभाजन रोकने के लिए एक और अपील की। नेहरू के जवाब में कोई ठोस आश्वासन नहीं मिला। एक बार एक सामाजिक कार्यक्रम के दौरान करियप्पा ने जिन्नाह को रोककर उन्हें स्पष्ट रूप से बताया कि यदि सेना का विभाजन हुआ, तो भारत और पाकिस्तान दोनों पर बाहरी हमले की आशंका है। जिन्नाह ने इस बात को हंसकर टाल दिया, और कहा कि अगर ऐसा होगा, तो दोनों देश मिलकर बाहरी दुश्मन का मुकाबला करेंगे।

पन्द्रह अगस्त 1947 को जिस दिन भारत स्वतंत्र हुआ, करियप्पा को मेजर जनरल के पद पर पदोन्नत कर दिया गया और आर्मी हेडक्वार्टर में डिप्टी चीफ ऑफ जनरल स्टाफ (डीसीजीएस) नियुक्त किया गया। देश के विभाजन के बाद घटी दर्दनाक घटनाओं को उन्होंने नजदीकी से देखा। भारतीय सेना का भी बंटवारा किया गया, और रेजिमेंटों, सैन्य प्रतिष्ठानों व हथियारों को बांटने में काफी तकरार और नाराजगी हुई। लेकिन इससे बद्तर स्थिति बाद में आने वाली थी। 22 अक्टूबर 1947 को पाकिस्तानी कबिलाई फौज कश्मीर में घुस आई। कुछ दिन तक दुविधाग्रस्त रहने के बाद, महाराजा हरी सिंह ने 26 अक्टूबर को परिग्रहण पत्र पर हस्ताक्षर कर दिये और इससे पहले की हमलावर शहर पर कब्जा कर पाते भारतीय जवानों को हवाई मार्ग से श्रीनगर पहुंचा दिया गया। इसके बाद हमलावरों को कश्मीर से धकेल कर बाहर निकालने का लंबा और कठिन अभियान शुरू हुआ।

नवंबर 1947 में करियप्पा ने लेफ़्टिनेंट जनरल सर फ्रांसिस टूकर को कार्य मुक्त करते हुए ईस्टर्न कमांड के जीओसी-इन-सी का दायित्व संभाला। एक माह से कुछ अधिक समय के लिए वे रांची में थे। ज्यों ही कश्मीर की स्थिति बिगड़ने लगी उनको लेफ़्टिनेंट जनरल डडले

रसेल का स्थान लेने के लिए भेज दिया गया। कश्मीर में प्रवेश न दिये जाने के कारण रसेल ने दिल्ली एवं पूर्वी पंजाब (डीईपी) के जीओसी-इन-सी के पद से इस्तीफा दे दिया था, क्योंकि कश्मीर उनकी कमांड में आता था। डीईपी मुख्यालय उस समय दिल्ली में स्थापित था और करियप्पा द्वारा उठाए गए शुरुआती कदमों में था, इस कमांड का नाम बदलकर पश्चिमी कमांड रखना। उन्होंने जल्द स्थिति को अपने नियंत्रण में लिया और J&K (जम्मू एंड कश्मीर) फोर्स के जीओसी कलवंत सिंह की जगह श्रीनगर में थिमैय्या को भेजा। जम्मू एंड कश्मीर फोर्स का नाम श्री डिविजन (बाद में 19 डिविजन) कर दिया गया। आत्मा सिंह को जम्मू में जम्मू डिविजन (बाद में 25 डिविजन) का जीओसी नियुक्त किया गया। करियप्पा ने अपना मुख्यालय भी जम्मू बना लिया और जम्मू और कश्मीर के सभी ऑपरेशनों की कमांड संभालने के लिए श्रीनागेश के अधीन उधमपुर में कोर हेडक्वार्टर स्थापित किया।

कश्मीर में संचालन के दौरान करियप्पा ने कुछ बेहतरीन क्षणों का अनुभव किया। करियप्पा द्वारा बनाई गई ऑपरेशन किप्पर की योजना में नौशेरा और झांगर पर सफलतापूर्वक कब्जा कर लिया गया। इसके बाद पुंछ से जोड़ने के लिए ऑपरेशन ईज़ी चलाया गया और फिर ज़ोजिला और कारगिल पर कब्जा करने के लिए ऑपरेशन बाइसन। अगर करियप्पा को थोड़ा अतिरिक्त बल व आवश्यक अनुमति मिल जाती तो वे पाकिस्तानियों को कश्मीर से खदेड़ने में कामयाब हो जाते और इसके लिए योजना भी तैयार थी। दुर्भाग्य से, भारत द्वारा अपील करने के बाद संयुक्त राष्ट्र के हस्तक्षेप के कारण ऐसा हो न सका। नेहरू ने सशस्त्र बलों से परामर्श किये बगैर संयुक्त राष्ट्र सुरक्षा परिषद में अपील करने का निर्णय ले लिय।।

यूएन चार्टर के अनुच्छेद 35 के तहत 1 जनवरी 1948 को भारत की रिपोर्ट संयुक्त राष्ट्र सुरक्षा परिषद में दायर की गई। 15 जनवरी को पाकिस्तान ने संयुक्त राष्ट्र में जवाब देते हुए उन आरोपों को नकार दिया कि वह हमलावरों को सहायता प्रदान कर रहा है। कई बैठकों के उपरांत सुरक्षा परिषद ने 21 अप्रैल 1948 को एक प्रस्ताव पारित किया, जिसमें संघर्ष विराम, जनमत संग्रह और एक आयोग गठित करने की बात कही गई। भारत और पाकिस्तान दोनों ने ही इस प्रस्ताव को ठुकरा दिया, लेकिन आयोग के लिए सहमत हो गए। इसके उपरांत भारत और पाकिस्तान के लिए संयुक्त राष्ट्र आयोग (यूएनसीआईपी—यूनाइटेड नेशन्स कमीशन फॉर इंडिया एंड पाकिस्तान) गठित कर दिया गया। यूएनसीआईपी ने एक प्रस्ताव पारित किया जिसमें दोनों देशों से संघर्षविराम करने और जनमत संग्रह पर आगे विमर्श करने के लिए युद्धविराम समझौता करने के लिए कहा गया। भारत ने इस प्रस्ताव को स्वीकार कर लिया, जबकि पाकिस्तान ने ठुकरा दिया।

छह जुलाई 1948 को सेना मुख्यालय ने निर्देश जारी किये कि बिना उसकी संस्तुति के कोई बड़ा ऑपरेशन न चलाया जाए। करियप्पा से वर्तमान स्थिति को स्थिर बनाए रखने पर ध्यान केंद्रित करने और अतिरिक्त बल की अपेक्षा न करने को कहा गया, क्योंकि हैदराबाद ऑपरेशन और देश की समग्र परिस्थिति को देखते हुए किसी को भी नहीं भेजा जा सकता

था। करियप्पा ने इसका विरोध किया कि ऐसी रक्षात्मक नीति हानिकारक सिद्ध होगी, क्योंकि दुश्मन टिथवाल, पुंछ और हाजीपीर दर्रे में आक्रामक था। लेह को खतरा था, और अगर वह हाथ से जाता तो कारगिल में सैन्य सहायता नहीं पहुंच सकती थी, जिससे कश्मीर घाटी के लिए गंभीर खतरा उत्पन्न हो जाता। उन्होंने कारगिल, डोमेल और मीरपुर पर कब्जा करने के लिए आक्रामक ऑपरेशन जारी रखने की अनुमति देने का निवेदन किया और दो अतिरिक्त ब्रिगेड की मांग रखी। बहुत अनिच्छा से उनको अनुमति प्रदान कर दी गई, लेकिन केवल कारगिल तक आगे बढ़ने के लिए। इस कार्य हेतु उन्हें एक ब्रिगेड प्रदान की गई। स्थिति को और बद्तर बनाते हुए, भारतीय वायु सेना द्वारा सीमा के निकट स्थित अधिष्ठानों पर हमला निषिद्ध कर दिया गया, ताकि यूएनसीआईपी से प्रतिकूल रिपोर्ट न मिले।

अपनी ही सरकार द्वारा लगाए गए प्रतिबंध और सैन्य दल के मामले में सहयोग के अभाव को देखते हुए करियप्पा द्वारा अर्जित सफलताएं सचमुच सराहनीय हैं। राजनीतिक विचारों के कारण सेना पर रक्षात्मक नीति थोप दी गई। लेकिन करियप्पा के द्वारा इस नीति को रक्षात्मक मानसिकता में तब्दील नहीं होने देना एक बड़ी उपलब्धि थी। इस नीति के परिणामस्वरूप भारत ने उरी और टिथवाल सेक्टरों में कई प्रमुख लक्ष्यों को खो दिया। क्योंकि ज़ोजिला, द्रास और कारगिल पर कब्जा किये बगैर लद्दाख के मार्ग को नहीं खोला जा सकता था, करियप्पा ने आगे बढ़ने का निर्णय लिया और करके भी दिखाया। सभी आक्रामक ऑपरेशनों को प्रतिबंधित करने वाले आदेश की अवमानना करते हुए उन्होंने बहुत बड़ा जोखिम उठाया। लेकिन अगर उन्होंने ऐसा नहीं किया होता तो लद्दाख आज भारत का हिस्सा नहीं होता। इस घटनाक्रम में, शानदार पैंतरे अपनाते हुए इन सभी लक्ष्यों पर कब्जा कर लिया गया। ऐसा पहली बार हुआ जब इतनी ऊंचाई पर टैंकों का प्रयोग किया गया। करियप्पा ने जो जोखिम उठाया, उसका देश पर एक अनंत ऋण है। अगर वे विफल हो जाते तो उनका करियर हर हालत में समाप्त हो जाता।

कश्मीर में हुए ऑपरेशनों के दौरान की तमाम ऐसी घटनाएं हैं जो करियप्पा के गुणों से जुड़ी अंतर्दृष्टि प्रदान करती हैं। पूर्ण रूप से निडर करियप्पा बार-बार मोर्चों का दौरा करते थे। एक बार श्रीनगर से उरी जाते वक्त उनकी जीप चला रहे ब्रिगेडियर एल.पी. 'बोगी' सेन ने सलाह दी कि दुश्मन के निशाने पर आने से बचने के लिए झंडा और स्टार प्लेट हटा ली जाएं। करियप्पा ने इस सुझाव को ठुकराते हुए कहा कि आर्मी कमांडर को भय के कारण बिना झंडे के चलते हुए देखकर जवानों के मनोबल पर बुरा असर पड़ेगा। जैसा कि डर था, उनकी जीप पर थोड़ी देर बाद गोलियां दागी गईं, लेकिन सौभाग्य से कोई हताहत नहीं हुआ। करियप्पा ने कहा कि निशानची असली कबिलाई नहीं रहा होगा। जिनसे करियप्पा एनडब्ल्यूएफपी के दिनों में परिचित थे, वे इतने खराब निशानेबाज नहीं थे। वापसी के वक्त पठानों ने फिर उनकी जीप पर फायर किया और एक टायर पंक्चर करने में सफल रहे, लेकिन करियप्पा को विचलित नहीं कर पाए।

एक अन्य दौरे पर जब वे टिथवाल गए, तब भी उन्होंने दुश्मन की गोलीबारी की उसी प्रकार अवहेलना की। इस बार करियप्पा एक पहाड़ी पर चढ़ गए जो दुश्मन की निगरानी में थी और स्थानीय कमांडर को परेशानी में डालते हुए अपने लाल टैब्स और लाल बैंड वाली पीक कैप लगाए खड़े हो गए। ऐसा करते वक्त वे पूरी तरह दुश्मन के दायरे में थे। वहां से उनके हटने के कुछ मिनट बाद ही उनके खड़े होने के स्थान पर बम का गोला आकर गिरा। करियप्पा अविचलित रहे और घटना को हल्के में लेते हुए कहा कि दुश्मन के गोले ने भी जनरल का सम्मान किया!

आर्मी कमांडर का दायित्व संभालने के बाद उन्होंने नौशेरा का दौरा किया, जो 50 पैराशूट ब्रिगेड के पास था और ब्रिगेडियर मोहम्मद उस्मान उसके कमांडर थे। करियप्पा ने उस्मान से कहा कि उनको एक तोहफा चाहिए। जब उस्मान ने उनसे पूछा कि क्या चाहिए तो करियप्पा ने कहा कि 'मैं चाहता हूं कि आप कोट पर कब्जा करें।' यह क्षेत्र नौशेरा तावी घाटी के ऊपर था और नौशेरा की रक्षा के लिए अहम भी था। उस्मान ने अपने आर्मी कमांडर द्वारा दिये गए कार्य को खुशी से स्वीकार कर लिया और कोट पर कब्जा किया। जब कुछ दिनों बाद नौशेरा पर हमलावरों ने धावा बोला, तब कोट में भारतीय सैनिक तैनात थे और इसने इलाके की सफलतापूर्वक रक्षा करने में अहम भूमिका निभाई। करियप्पा ने कई वर्ष एनडब्ल्यूएफपी में बिताए थे, इसलिए उनकी जमीनी समझ बहुत अच्छी थी। कोट को देखते ही उनको उसका सामरिक महत्व समझ आ गया था।

करियप्पा के अन्य बेहतरीन गुणों में थी, उनकी उदारवादी मानसिकता। वे सभी सैनिकों के साथ समान व्यवहार करते थे और संकीर्ण सोच नहीं रखते थे। नौशेरा के युद्ध के बाद उन्होंने 1 राजपूत का दौरा किया, जिसको भारी नुकसान हुआ था और कई अलंकरण जीते थे। जब उनसे मिलने के लिए कतार में खड़े अधिकारियों और जेसीओज़ से करियप्पा हाथ मिला रहे थे, तब सीओ, लेफ़्टिनेंट कर्नल गुमान सिंह ने कहा; 'श्रीमान यह आपकी बटालियन है,' (क्योंकि करियप्पा राजपूत रेजिमेंट से थे)। करियप्पा ने जवाब दिया; 'यहां के सारे जवान भी मेरे हैं।'

इसी अवधि के दौरान, एयर कमोडोर मेहर सिंह ने हथियारों से भरे डकोटा को पुंछ में उतारकर एक अद्वितीय उपलब्धि का प्रदर्शन किया, और वह भी रात में। कुछ महीनों बाद उन्होंने लेह में डकोटा उतारा, जिसमें थिमैय्या भी सवार थे। करियप्पा ने व्यक्तिगत तौर पर मेहर सिंह के लिए महावीर चक्र (एमवीसी) की सिफारिश की और यह भी सुनिश्चित किया कि वह अवश्य प्रदान किया जाए। अजीब बात यह रही कि वायु सेना के अधिकारी 'बाबा' मेहर से बहुत खुश नहीं थे और उनको इसके बाद कोई भी पदोन्नति नहीं मिली।

जब 15 अगस्त 1947 को भारत स्वतंत्र हुआ, तो फील्ड मार्शल क्लाउड औकिनलेक को सुप्रीम कमांडर नियुक्त किया गया और जनरल सर रॉब लॉकहार्ट को भारतीय सेना का कमांडर-इन-चीफ बनाया गया। भारत सरकार के निवेदन पर महत्वपूर्ण पदों पर बैठे तमाम

अंग्रेज अधिकारी कुछ और वर्षों तक सेवाएं प्रदान करने के लिए सहमत हो गए। 1 जनवरी 1948 को जनरल सर रॉय बुचर ने कमांडर-इन-चीफ का कार्यभार संभाला। उनका एक वर्ष का कार्यकाल जनवरी 1949 को समाप्त होना था और सरकार ने उनकी जगह किसी भारतीय को दायित्व सौंपने का निर्णय लिया। उस समय तीन वरिष्ठ अधिकारी थे करियप्पा, राजेंद्र सिंहजी और नथू सिंह। तीनों ही लेफ्टिनेंट जनरल और आर्मी कमांडर थे। राजेंद्र सिंहजी करियप्पा से एक साल कनिष्ठ लेकिन आयु में छह माह बड़े थे। नथू सिंह सेवा और आयु दोनों में ढाई साल कनिष्ठ थे। सबसे वरिष्ठ होने के नाते कमांडर-इन-चीफ के पद पर नियुक्ति के लिए करियप्पा एक स्वभाविक विकल्प होने चाहिए थे, लेकिन ऐसा नहीं था। वास्तव में, 1946 की अंतरिम सरकार के रक्षा मंत्री सरदार बलदेव सिंह ने नथू सिंह, जो उस समय सिर्फ ब्रिगेडियर ही थे, को बताया था कि प्रथम भारतीय कमांडर-इन-चीफ पद के लिए उनको चयनित किया गया था। करियप्पा और नथू सिंह एक ही रेजिमेंट से थे, लेकिन उनमें बहुत कम समानता थी, यहां तक कि अंग्रेजों के बारे में भी उनके विचार भिन्न थे। कहा जाता है कि नथू सिंह ने इस प्रस्ताव को ठुकरा दिया क्योंकि उनको लगता था कि इस पद पर करियप्पा का ज्यादा अधिकार था। 1948 में सबसे गंभीर प्रत्याशी के रूप में राजेंद्र सिंहजी सामने थे, जो गुजरात के एक शाही परिवार से आते थे। उनका एक बेहतरीन युद्ध रिकॉर्ड था और उन्होंने डिस्टिंग्युइश्ड सर्विस ऑर्डर (डीएसओ) भी जीता था। एक और कारण, जिसकी वजह से कुछ लोग करियप्पा को वह प्रतिष्ठि नियुक्ति प्रदान करने के पक्ष में नहीं थे, यह था कि करियप्पा अंग्रेजीकृत होने के साथ-साथ बहुत दृढ़ और मुखर थे। पाकिस्तानी अधिकारियों के साथ उनके मेलजोल को लेकर भी उनकी आलोचना होती थी। जब भी वे पाकिस्तान जाते तो अपने पुराने साथियों के साथ ठहरते और वहां से भारत आने वाले उनके साथी भी ऐसा ही करते थे। स्वाभाविक तौर पर कुछ लोगों में यह गुस्से का कारण था, यहां तक कि कुछ एक ने तो उनकी देशभक्ति पर भी संदेह जताया। सौभाग्य से करियप्पा की योग्यता और वरिष्ठता के साथ-साथ उनके साथियों के सहयोग के कारण परिस्थितियां उनके पक्ष में गईं। राजेंद्र सिंहजी ने भी करियप्पा के सम्मान में प्रतिष्ठित नियुक्ति को ठुकरा दिया और 4 दिसंबर 1948 को सरकार ने यह घोषणा की, कि करियप्पा अगले कमांडर-इन-चीफ होंगे।

पन्द्रह जनवरी 1949 को करियप्पा ने जनरल सर रॉय बुचर के बाद चीफ़ ऑफ़ आर्मी स्टाफ़ (सीओएएस) और कमांडर-इन-चीफ यानी भारत के थलसेनाध्यक्ष का कार्यभार संभाला ('कमांडर-इन-चीफ' का पदनाम 1 अप्रैल 1955 के बाद बंद कर दिया गया)। ठीक प्रातः 9 बजे करियप्पा ने साउथ ब्लॉक स्थित कमांडर-इन-चीफ के दफ्तर में प्रवेश किया। जनरल सर रॉय बुचर ने उनका स्वागत किया और उनको कुर्सी तक लेकर गए। दोनों ने हाथ मिलाया और उसके बाद जनरल बुचर वहां से प्रस्थान कर गए। इसके अलावा कोई अन्य समारोह नहीं हुआ। करियप्पा ने संपूर्ण जनरल की रैंक के बैज पहन रखे थे और उनका 49वां

जन्मदिन 13 दिन बाद ही था। तकरीबन 200 साल की अंग्रेजों की गुलामी के बाद किसी भारतीय ने भारतीय सेना की कमांड संभाली थी और इसी ऐतिहासिक अवसर के उपलक्ष्य में 15 जनवरी भारत का आधिकारिक सेना दिवस बन गया।

उनके कमांडर-इन-चीफ बनते ही नेहरू ने करियप्पा से कहा कि उनके लिए अनेक कार्यों में से एक महत्वपूर्ण काम है सेना और आम लोगों के बीच की दूरी को घटाना। ब्रिटिश शासन काल में सेना शक्ति का साधन थी और जानबूझकर उसे लोगों से दूर रखा गया। करियप्पा ने नेहरू के विचारों से सहमति जताई और इस दिशा में कई कदम उठाए। राष्ट्रीय कैडेट कोर (एनसीसी) अक्टूबर 1948 में अस्तित्व में आ चुकी थी, लेकिन ये करियप्पा ही थे जिन्होंने एनसीसी को उसके शुरुआती सालों में खुले दिल से सहारा दिया। और यह उन्हीं के प्रयासों का परिणाम था कि 1949 में टेरिटोरियल आर्मी की स्थापना हुई। करियप्पा ने मार्शल रेसेस (सामरिक जातियां) की संकल्पना को भी हटा दिया, और उनके पदभार संभालने के दो सप्ताह के अंदर ही भर्ती के लिए निश्चित प्रतिशत को समाप्त कर दिया गया, यह केवल नवनिर्मित बटालियनों के लिए लागू किया गया और पुरानी यूनिटों को इससे दूर रखा गया। 1949 में ब्रिगेड ऑफ गार्ड्स की स्थापना हुई, जिसमें सभी वर्गों के लिए प्रवेश खोल दिये गए। वह एक विशिष्ट वर्गीय बल था, जिसमें चुनिंदा सैनिक शामिल थे। यह यूके के कोल्डस्ट्रीम गार्ड्स के मॉडल पर आधारित था, जिसके साथ करियप्पा 1932 से जुड़े हुए थे। भारतीय सेना की चार वरिष्ठतम बटालियनों को गार्ड्स में तब्दील कर दिया गया, जिसे इंफैन्ट्री की सबसे वरिष्ठ रेजिमेंट बनाया गया।

स्वतंत्रता प्राप्ति के वक्त भारत के पास तीन पैराशूट बटालियनें थीं, लेकिन कोई पैराशूट रेजिमेंट नहीं थी। वर्ष 1952 में पैराशूट रेजिमेंट का स्थापन हुआ। हालांकि करियप्पा पैराट्रूपर नहीं थे, लेकिन उनके प्रति प्रशंसा और सम्मान का भाव रखते थे। 1950 में आगरा दौरे के समय उन्होंने एक छलांग (जंप) देखी। दिल्ली लौटकर उन्होंने सैन्य प्रशिक्षण के निदेशक मेजर जनरल एच.जे. विलकिन्सन से कहा कि उनके लिए प्री-जंप प्रशिक्षण का कार्यक्रम तैयार करें, फिर उसके बाद जंप का। सेना मुख्यालय में घबराहट फैल गई और चिकित्सा सेवाओं के निदेशक मेजर जनरल शर्मा को यह कार्य सौंपा गया कि वे सेनाध्यक्ष को समझाएं कि उनको ऐसा करने की सलाह नहीं दी जा सकती। करियप्पा ने अपने चिकित्सा सलाहकार की एक नहीं सुनी। अगले दिन विलकिन्सन ने पुनः प्रयास किया, लेकिन उनके निर्णय को बदलने में विफल रहे। अंततः उन्होंने करियप्पा को बता दिया कि यदि ऐसा करने में कोई दुर्घटना हो गई, तो इसका मतलब होगा कि उनका करियर समाप्त और फिर कमांडर-इन-चीफ के तौर पर जो वे करना चाहते हैं, वह सपने पूरे नहीं हो पाएंगे। यह बात करियप्पा को समझ आई और उन्होंने छलांग लगाने का विचार त्याग दिया।

करियप्पा ने कमांडर-इन-चीफ के तौर पर चार वर्ष सेवाएं प्रदान कीं और 14 जनवरी 1953 को सेवानिवृत्त हो गए। उनकी सबसे बड़ी उपलब्धि थी कि उन्होंने सेना में राजनीति

को नहीं घुसने दिया और स्वस्थ परंपराओं की स्थापना की। पाकिस्तान और बर्मा के विपरीत, जिन्होंने लगभग उसी दौरान ब्रिटिश शासन से स्वतंत्रता प्राप्त की, भारतीय सेना हमेशा राजनीति से दूर रही, यहां तक कि संकटकाल में भी। इसका मुख्य श्रेय करियप्पा को जाना चाहिए। वास्तव में, मुख्य रूप से इसी कारण उन्होंने आईएनए के लोगों को वापस लेने से इंकार कर दिया—उनको लगता था कि वे लोग सेना में राजनीति ले आएंगे। करियप्पा के ऊपर बहुत दबाव था कि उन लोगों को सेना में शामिल कर लिया जाए और नेहरू तभी नरम पड़े जब करियप्पा ने इस मुद्दे पर इस्तीफा देने की धमकी दे डाली। हालांकि, उन्होंने आईएनए के नारे 'जय हिंद' को स्वीकार कर लिया, जिसका प्रयोग वे अपनी सभी बातों के अंत में किया करते थे और जल्द ही वह भारतीय सेना का नारा बन गया और साथ ही उसने जवानों और अधिकारियों के बीच अभिवादन का स्वरूप भी ले लिया। जब अन्य सरकारी सेवाओं की तरह सेना में अनुसूचित जाति एवं जनजातियों के लिए आरक्षण लागू करने की बात उठी, तो उन्होंने इसका भी विरोध किया।

अपनी सेवानिवृत्ति से पहले करियप्पा ने अपने बेटे और बेटी के साथ राजपूत रेजिमेंट सेंटर का विदाई दौरा किया। दोनों बच्चों को कमांडेंट के घर तक एक निजी कार से ले जाया गया, जहां उन्होंने दिनभर के दौरे के दौरान समय बिताया। नियमानुसार बच्चों को अधिकारियों के मेस में आने की अनुमति नहीं होती, और नियमों के पक्के करियप्पा एक भी नियम की अवहेलना नहीं करते थे, भले ही वे थलसेनाध्यक्ष थे। वापसी में रेलवे स्टेशन जाते वक्त वे यह देखकर हैरान और भावुक हो गए कि शहर का पूरा पुलिस बल और हजारों आम लोग सड़क के दोनों ओर उनका अभिवादन करने के लिए खड़े थे। स्टेशन पहुंचकर वे अपनी कार से उतरे और अपने सैलून में चले गए। फिर जब उनको याद आया कि वे विदाई अभिवादन करना भूल गए तो वे बाहर आए और देखा कि जिलाधिकारी श्री विरेंद्र कुमार और पुलिस अधीक्षक श्री अली कदीर प्लेटफॉर्म पर खड़े थे। करियप्पा ने उनका आभार व्यक्त किया और फिर वहां मौजूद सब लोगों से हाथ मिलाकर वापस अपने सैलून में वापस चले गए।

वैसे तो वे पक्के 'राजपूत' थे, लेकिन करियप्पा ने अपनी रेजिमेंट का पक्ष लेते हुए कभी कोई कदम नहीं उठाया। उनके सेवानिवृत्ति से पहले, सेंटर एडजुटेंट मेजर (बाद में लेफ्टिनेंट कर्नल) मुस्तसद अहमद, रेजिमेंट की नई टोपी का अनुमोदन कराने के लिए दिल्ली गए। करियप्पा ने उनको दोपहर के भोजन पर बुलाया और बातचीत के दौरान मुस्तसद के मुंह से निकल ही गया: 'सर, अब जब आप अवकाश प्राप्त करने जा रहे हैं, हमें लगता है कि आपने अपनी रेजिमेंट के लिए कुछ विशेष नहीं किया।'

करियप्पा मुस्कुराए और कहा: 'तो आप सब ऐसा सोचते हो।' पंद्रह साल बाद, 1968 में वे एक बार फिर दिल्ली में मिले। इस मौके पर मुस्तसद ने बताया कि क्योंकि नए सेनाध्यक्ष

तोपची थे, इसलिए तोपखाने (आर्टिलरी) को जमकर विदेशी असाइनमेंट दिये जा रहे थे। करियप्पा ने तुरंत पुरानी बात का जवाब दियाः 'आपको याद है, आपने एक बार कहा था कि मैंने अपनी रेजिमेंट के लिए कुछ खास नहीं किया। अगर मैंने किया होता तो आज लोग मेरे बारे में यही कह रहे होते।'

करियप्पा अपने अदम्य व्यक्तित्व के लिए जाने जाते थे। वे अपने वरिष्ठों और मातहतों के साथ पेश आते वक्त बिल्कुल स्पष्ट, सीधे और सपाट रहते थे। सबसे बड़ी बात, वे निष्पक्ष थे और नियमों में कभी ढील नहीं देते थे, न अपने लिये और न किसी अन्य के लिए। न उनका कोई पसंदीदा था और किसी के प्रति दुर्भाव था। उब उनको कमांडर-इन-चीफ बनाने की घोषणा की गई, तो वे वेस्टर्न कमांड मुख्यालय में उनके स्टाफ अधिकारी रहे मेजर (बाद में लेफ्टिनेंट जनरल) एस.के. सिन्हा को अपने साथ सैन्य सहायक के तौर पर दिल्ली ले जाना चाहते थे। इस पर सैन्य सचिव ने उल्लेख किया कि यह नियुक्ति केवल लेफ्टिनेंट कर्नल रैंक के लिए मान्य है, जो न्यूनतम साढ़े छह वर्ष की सेवा के उपरांत प्रदान की जाती है। सिन्हा की सेवा सिर्फ पांच वर्ष की थी। जाहिर है, सेनाध्यक्ष होने के नाते करियप्पा चाहते तो नियमों में ढील दे सकते थे। जब करियप्पा ने यह सुना तो उन्होंने यह विचार त्याग दिया; वे किसी के पक्ष में नियमों को मोड़कर एक खराब मिसाल नहीं पेश करना चाहते थे। उन्होंने सिन्हा को संदेश भेजा और पूरी परिस्थिति समझाते हुए खेद व्यक्त किया कि वे उनकी इच्छित नियुक्ति दिलाने में असमर्थ हैं।

थलसेनाध्यक्ष बनने के बाद उन्होंने मद्रास का दौरा किया। उनके एक नजदीकी मित्र रहे जनरल अधिकारी ने अनौपचारिक तौर पर उनके साथ अपने भविष्य की नियुक्ति के बारे में चर्चा करने का प्रयास किया। करियप्पा ने बड़े रूखे शब्दों में उनसे कहा, 'कृपया इस बारे में सैन्य सचिव से बात करें।' असल में, करियप्पा की अनुशासन और औचित्य के प्रति समर्पित छवि के कारण उनके करीबी मित्र भी उनके साथ खुलकर अनौपचारिक बातें करने में झिझकते थे। थिमैय्या उनके रिश्तेदार थे और युद्ध के दौरान, फिर उसके बाद कश्मीर में उनके साथी भी रहे थे। श्रीनगर के एक दौरे के समय, जब करियप्पा आर्मी कमांडर थे, तो वे दोनों एक ही कार से चल रहे थे। थिमैय्या ने सिगरेट जलाई और पहला कश लिया ही था कि करियप्पा ने उनको याद दिलाया कि सैन्य वाहन में सिगरेट पीना मना था। थिमैय्या ने जल्दी से उसे खत्म किया और ऐसे बातें करने लगे मानो कुछ हुआ ही नहीं। अपनी आदत के चलते थोड़ी देर बाद फिर से थिमैय्या ने एक सिगरेट निकाली, लेकिन करियप्पा की फटकार याद करके उसे वापस रख लिया। करियप्पा ने इस चीज को देखा तो उन्होंने ड्राइवर से गाड़ी रोकने के लिए कहा ताकि थिमैय्या सिगरेट पी सकें।

जिस दिन उनकी कमांडर-इन-चीफ के पद पर नियुक्ति की घोषणा हुई थी, करियप्पा ब्रिटिश उच्चायुक्त के साथ दिल्ली जिमखाना क्लब की बालकनी में बैठे थे। क्लब में एक

पार्टी का आयोजन था और कई अन्य सैन्य अफसर भी वहां उपस्थित थे। ब्रिगेडियर सारदा नंद सिंह वहां उपस्थित थिमैय्या के पास गए और सुझाव दिया कि वे बैंड से 'For he's a jolly good fellow' बजाने के लिए कहें और वहां उपस्थित वरिष्ठ अधिकारी के तौर पर थिमैय्या कोरस का नेतृत्व करें। लेकिन थिमैय्या ने यह कहते हुए इंकार कर दिया कि करियप्पा को यह भी अनुशासनहीनता लग सकती है!

करियप्पा को जल्द गुस्सा आ जाता था, लेकिन एक तूफान की तरह वह थोड़ी देर में गायब भी हो जाता था। गुस्से में भी वे तर्क करने के लिए तैयार रहते थे और गलत होने पर गलती ठीक करने के लिए भी। 1951 में करियप्पा बैनर प्रदान करने के लिए उन्होंने राजपूत रेजिमेंट सेंटर का दौरा किया, जिसे वर्ष का सर्वश्रेष्ठ प्रशिक्षण सेंटर चुना गया था। इस बात को लेकर संशय था कि निशानों की तरह बैनर को भी परेड में एस्कॉर्ट किया जाए या नहीं। सेंटर कमांडेंट, कर्नल गुमान सिंह ने इस बारे में आए आदेशों को देखने के बाद निर्णय लिया कि बैनर एस्कॉर्ट का हकदार नहीं है। जब करियप्पा वहां पहुंचे और यह देखा कि उनके नाम के बैनर को ठीक से एस्कॉर्ट नहीं किया गया था, तो वे गुस्से से लाल हो गए। उनके गुस्से का पहला शिकार बने लेफ्टिनेंट जनरल ठाकुर नथू सिंह, जो ईस्टर्न कमांड के जीओसी इन चीफ थे। उन्होंने अपने नीचे एडजुटेंट, मेजर मुस्तसद अहमद को फटकार लगाई। अहमद वहां खड़े गुमान सिंह की ओर देखने के सिवा कुछ नहीं कर सकते थे, जो ठाकुर नथू सिंह के दामाद भी थे। गुमान सिंह ने बिना एक पल गंवाए सेनाध्यक्ष को बताया कि उन्होंने ध्यानपूर्वक नियमों को पढ़ा था, और नियमानुसार बैनर एस्कॉर्ट का हकदार नहीं था। करियप्पा तुरंत शांत हो गए और फिर से उसी मनोहर अंदाज में वापस आ गए।

स्वतंत्र भारत के प्रथम सैन्य प्रमुख के पद का दायित्व संभालते ही करियप्पा के कंधों पर बहुत भारी जिम्मेदारी थी। सत्ता में बैठे राजनीतिज्ञों को रक्षा मामलों का अनुभव नहीं था, क्योंकि अंग्रेज शासकों ने सेना को जनता की नजरों से दूर रखा था। यह करियप्पा के ऊपर था कि वे सैन्य बलों, नौकरशाही और सत्ता में बैठे राजनीतिज्ञों के बीच अच्छे कार्य संबंध स्थापित करें। हालांकि उनको नौकरशाही और राजनीतिज्ञों दोनों से ही दिक्कत थी। रक्षा सचिव एचएम पटेल हमेशा शस्त्रबलों पर नौकरशाही की सर्वोच्चता प्रदर्शित करने के अवसर खोजते रहते थे। एक बार रक्षा सचिव ने तीनों सेना प्रमुखों से उस सम्मेलन में आने को कहा जिसकी अध्यक्षता उनको करनी थी। क्योंकि सभी सेना अध्यक्ष वरीयता में सचिव से वरिष्ठ होते हैं, इसलिए करियप्पा ने स्वयं जाने से इंकार कर दिया और अपनी जगह अपने चीफ ऑफ जनरल स्टाफ को भेज दिया। बाकी दोनों सेना अध्यक्षों को भी उन्होंने ऐसा ही करने की सलाह दी।

करियप्पा की नेहरू के साथ भी कुछ अप्रिय तकरार हुई। चीनी खतरे को पहले से भांप लेने के कारण करियप्पा चाहते थे कि सीमाओं की रक्षा और अधिक प्रभावी ढंग से की

जाए। मई 1951 में उन्होंने नॉर्थ ईस्ट फ्रंटियर एजेंसी (नेफा) की रक्षा के लिए एक योजना की रूपरेखा प्रस्तुत की। नेहरू ने यह कहते हुए उसको खारिज कर दिया कि कमांडर-इन-चीफ का कार्य प्रधानमंत्री को यह बताना नहीं है कि देश की रक्षा कैसे की जाए। उन्होंने करियप्पा से केवल पाकिस्तान और कश्मीर की चिंता करने को कहा; जहां तक नेफा का प्रश्न है, चीन खुद हमारी सीमाओं की रक्षा करेगा! करियप्पा बुरी तरह आहत हुए! लेकिन एक अच्छे सैनिक की तरह उन्होंने प्रधानमंत्री की फटकार को सह लिया। बाद के वर्षों में करियप्पा को अपनी गलती का एहसास हुआ। अगर उन्होंने और अधिक सशक्त तर्कों और तथ्यों के साथ अपनी बात पर अडिग रहते हुए नेहरू की कल्पनाओं का प्रतिकार किया होता तो शायद 1962 में हमें पराजय का सामना नहीं करना पड़ता।

करियप्पा से जुड़े प्रसिद्ध किस्सों में से एक है उनका हिंदुस्तानी ज़ुबान का अपर्याप्त ज्ञान, जिसकी वजह से कई लोग उन्हें ब्राउन साहिब कहकर भी पुकारते थे। स्वतंत्रता प्राप्ति के थोड़े समय बाद, एक बार अग्रिम क्षेत्रों (फॉर्वर्ड एरियाज़) के दौरे के समय उनके द्वारा जवानों को संबोधित किया जाना था। वे उनको बताना चाहते थे कि देश आजाद होने के साथ, वे सब भी आजाद हैं। लेकिन जो उन्होंने कहा वह कुछ इस प्रकार था, 'इस वक्त आप मुफ़्त, हम मुफ़्त, मुल्क मुफ़्त, सब कुछ मुफ़्त है।' (हिंदुस्तानी में मुफ़्त शब्द का अर्थ निःशुल्क या बिना किसी दाम के होता है। अंग्रेजी के फ्रीडम शब्द के लिए आज़ाद शब्द का प्रयोग होता है।)

करियप्पा परिवार नियोजन के सबसे पहले समर्थकों में से थे। उनको यह आभास था कि भारत के पिछड़ेपन में कुछ हद तक उसकी बढ़ती आबादी भी जिम्मेदार थी। 1951 में उन्होंने डॉ. सत्यवती द्वारा इस विषय पर लिखी गई पुस्तक की प्रस्तावना भी लिखी। वे अपने भाषणों में भी जवानों और उनके परिवारों से छोटे परिवार रखने की आवश्यकता पर जोर दिया करते थे। अपने 'दरबार' के समय भी वे जवानों को नसबंदी कराने के निर्देश देते थे, जिसके लिए सभी सैन्य अस्पतालों में व्यवस्था की गई थी। एक बार शिलांग के एक अस्पताल का दौरा करते वक्त उन्होंने एक जवान से उसके रोग के बारे में पूछा। जवान का जवाब था 'मैं आपके दिये हुए रोग से ग्रसित हूं'। करियप्पा को कुछ समझ नहीं आया बाद में उनको बताया गया कि जवान की अभी-अभी नसबंदी हुई थी। एक अन्य अवसर पर जब वे अमृतसर स्थित परिवार कल्याण केंद्र में बड़ी संख्या में आईं जवानों की पत्नियों को संबोधित कर रहे थे, तो उन्होंने कहा, 'माताओं और बहनों। हम चाहता है कि आप दो बच्चा पैदा करो, एक अपने लिये, एक मेरे लिये'। वे कहना यह चाहते थे कि उनके दो बेटे होने चाहिए, जिनमें से एक परिवार के साथ रहे और दूसरा सेना में सेवा करे।

करियप्पा बहुत ही कुशल मेज़बान थे और उससे भी ज्यादा कुशल मेहमान। सेवानिवृत्ति के उपरांत भी करियप्पा कभी अपने स्वागत कक्ष में बिना औपचारिक परिधान पहने नहीं जाते थे। एक बार जब वे सेनाध्यक्ष थे, तो ईस्टर्न कमांड के तत्कालीन आर्मी कमांडर

लेफ्टिनेंट जनरल ठाकुर नथू सिंह उनके घर में मेहमान थे। एक ही रेजिमेंट में सेवा प्रदान करने की वजह से नथू सिंह उनके सहकर्मी भी थे और मित्र भी। करियप्पा की टांग खिंचाई करने की इच्छा से नथू सिंह कुर्ता पयजामा पहनकर स्वागत कक्ष में बैठ गए और करियप्पा का इंतजार करने लगे। थोड़ी देर बाद जब करियप्पा वहां आए तो उन्होंने तुरंत उनके परिधान पर आपत्ति जताई। नथू सिंह ने जवाब दिया कि उन्होंने जो पहना था वह राष्ट्रीय पोशाक था और करियप्पा को इसकी आदत डाल लेनी चाहिए। एक अन्य अवसर पर सेवानिवृत्ति के उपरांत जब करियप्पा एक बार लखनऊ गए तो उनको एक सेवानिवृत्त केसीआईओ ब्रिगेडियर वीडी जयाल, ने रात्रि भोज पर आमंत्रित किया। भोजन के दौरान नौकर ने उनकी दाईं ओर से भोजन परोसा। करियप्पा ने नौकर को सही तरीका बताते हुए भविष्य में बाईं तरफ से भोजन परोसने के लिए कहा। उन्होंने जयाल को भी कहा कि वे अपने नौकरों को सही प्रशिक्षण दें।

करियप्पा केवल अपने परिधानों के प्रति ही नहीं बल्कि मेस एटिकेट्स (शिष्टाचार) के सभी पहलुओं के मामले में तुनकमिज़ाज थे। वे संयमित मदिरापान करते थे और इस बात पर बल देते थे कि रात्रि में 9 बजे भोजन परोस दिया जाए ताकि रात्रि 11 बजे तक सब अपने घर पहुंच जाएं। यात्रा के दौरान वे अपने खान-पान का बिल अदा करने को लेकर बहुत सजग रहते थे। सेनाध्यक्ष के तौर पर एक बार उन्होंने फतेहगढ़ स्थित राजपूत रेजिमेंट सेंटर का दौरा किया। वहां से निकलने से पहले उनके एडीसी ने मेस बिल मांगा। जब मेस सचिव ने कमांडर-इन-चीफ और रेजिमेंट के कर्नल होने के नाते करियप्पा को सम्मानित अतिथि बताते हुए बिल देने से इंकार किया तो उनको सख्ती के साथ यह बता दिया गया कि करियप्पा ने इस बारे में बहुत स्पष्ट आदेश दे रखे थे। अगर उनको किसी मेस पार्टी या किसी अधिकारी के निवास पर आमंत्रित किया जाए तब वे अपने मेजबान द्वारा प्रदत्त खान-पान को अनुग्रहपूर्वक स्वीकार करेंगे। लेकिन उनके ठहरने के स्थान पर जो भी खर्च होगा, उसे वे स्वयं भरेंगे। सेंटर कमांडेंट कर्नल गुमान सिंह करियप्पा और उनके गुस्से से भली-भांति परिचित थे। उन्होंने तुरंत मेस बिल तैयार करवाया, जिसका भुगतान भी तत्काल हो गया।

करियप्पा व्यक्तिगत ईमानदारी पर बहुत जोर देते थे और नैतिक भ्रष्टता के किसी भी मामले को बिना सजा दिए नहीं छोड़ते थे। ईस्टर्न कमांड के जीओसी इन चीफ बनते ही उन्होंने ऐसे दो अधिकारियों की बरख़ास्तगी के आदेश जारी कर दिये जिनकी दो बीवियां थीं। कमांडर-इन-चीफ बनने के बाद उन्होंने तीन अधिकारियों से उनके 'अनअधिकारी' ('unofficer like') जैसे बर्ताव के कारण सेवानिवृत्त हो जाने के लिए कह दिया। उनकी विदाई का अन्य अधिकारियों पर लाभदायक असर हुआ। करियप्पा ने सभी अधिकारियों को दो व्यक्तिगत पत्र लिखे जिसमें ये दिशानिर्देश थे कि जवानों के साथ और अन्य कर्तव्यों में किस प्रकार पेश आएं। पहले पत्र में वेस्ट प्वाइंट पर कैडेट की प्रार्थना थी और सभी

अधिकारियों को अपनी वर्दी में सामने की जेब में दोनों की प्रतियां रखनी थीं। दूसरे पत्र में अधिकारियों के आचरण संबंधी सलाह थी।

करियप्पा के उत्कृष्ट चरित्र की कोई भी मिसाल उनके बेटे, नंदा करियप्पा से जुड़ी एक घटना से बेहतर नहीं हो सकती। नंदा एक लड़ाकू पायलट थे और 1965 के युद्ध में उनका विमान पाकिस्तान द्वारा गिरा दिया गया। फील्ड मार्शल अयूब खान ने करियप्पा को संदेश भेजा कि उनका बेटा सुरक्षित है और उसका पूरा ख्याल रखा जाएगा। अगर करियप्पा की इच्छा हो तो उन्होंने उसको छोड़ने का भी प्रस्ताव रखा। करियप्पा ने जवाब दिया, 'मैं अपने बेटे के लिए ऐसी कोई सहायता नहीं मांगूंगा जो मैं भारतीय सेना के सभी जवानों को न प्रदान कर सकूं। उन सभी का ख्याल रखना। वे सभी मेरे बेटे हैं।'*

करियप्पा का भारतीय जवान के प्रति प्रेम और स्नेह जगजाहिर था। वे अक्सर कहते थे, 'हमारे जवान सच्चे हीरे हैं'। सेवा निवृत्ति के उपरांत जब वे मर्करा में अपने घर रोशनारा चले गए तो वे अपने मैन्टलपीस के ऊपर अपने पिता की तस्वीर के निकट एक जवान की मूर्ति रखते थे। करियप्पा अपना दिन इन दोनों को सिर नवाने के बाद शुरू किया करते थे। वे भारतीय सेना या जवान की आलोचना बर्दाश्त नहीं कर सकते थे, और तुरंत उनके बचाव में उतर आते थे। एक बार उन्होंने भारतीय सेना के प्रति अपमानजनक शब्दों का प्रयोग करने के खिलाफ एक अखबार पर मानहानि का मुकदमा ठोक दिया। जब संपादक ने माफी मांगी और अपने शब्दों को वापस लेते हुए अखबार में प्रकाशित किया तो उन्होंने मुकदमा वापस ले लिया।

भले ही करियप्पा अत्यंत अनुशासित थे, लेकिन वे अत्यंत विनोदपूर्ण भी थे और काफी दिलकश और मजाकिया हो जाते थे। करियप्पा का यह पहलू हरजीत मलिक द्वारा लिखित एक लेख 'द जनरल डांस्ड' में उजागर किया गया, जिसको 3 जून 1993 के टाइम्स ऑफ इंडिया में प्रकाशित किया गया। सेनाध्यक्ष के पद पर रहते हुए करियप्पा एक बार फ्रांस के दौरे पर गये, जहां भारतीय राजदूत एचएस मलिक ने उन्हें राजदूतावास में ठहरने का निमंत्रण दिया। जब करियप्पा ने सुना कि फ्रांसीसी लोग सड़कों पर नृत्य करके क्वाटोज़ जूलियट (Quatorze Juillet) का जश्न मनाते हैं, तो उन्होंने भी जश्न में भाग लेने की इच्छा जताई। दूतावास और वहां के स्टाफ में बहुत घबराहट थी, लेकिन करियप्पा ने हठ ठान लिया। मलिक दंपति, उनकी बेटी हरजीत और जनरल लैटिन क्वार्टर की ओर बढ़ गए, जहां सौभाग्य से फुटपाथ पर बने एक कैफे में उनको एक खाली मेज मिल गई। करियप्पा थोड़ी देर वहां सीधे बैठकर वहां का नजारा देखते रहे। हजारों पेरिसवासी दुनिया से अनजान वहां आलिंगनबद्ध या अकेले खुशी से नाचते-झूमते नजर आ रहे थे। फिर वहां का संगीत और

*नंदा कुछ समय उपरांत सुरक्षित वापस लौट आए और एयर मार्शल के पद तक पहुंचे और दक्षिण पश्चिमी वायु कमांड के एयर ऑफिसर कमांडिंग-इन-चीफ के तौर पर सेवानिवृत्त हुए।

उत्सव का माहौल उनके लिए कुछ ज्यादा ही हो गया और फिर वे खड़े हुए और हरजीत से नृत्य करने के लिए कहा। थोड़ी देर में ही वहां लोगों ने लंबे-लंबे बालों और कम कपड़े पहनी बोहिमियाई भीड़ के बीच में सुशोभित परिधान पहने एक धीर-गंभीर बुजुर्ग को एक नौजवान लड़की के साथ फॉक्सट्रॉट नृत्य करते हुए देखा।

करियप्पा के सेवानिवृत्त होने के कुछ समय बाद प्रधानमंत्री नेहरू ने उन्हें ऑस्ट्रेलिया में भारतीय उच्चायुक्त बनाकर भेजने का प्रस्ताव दिया। कुछ विचार-विमर्श के बाद उन्होंने इसे स्वीकार कर लिया और जुलाई 1953 में समुद्री मार्ग से सिडनी के लिए प्रस्थान कर गए। उनकी भतीजी सागरी ने उनके साथ आने की स्वेच्छा जताई ताकि घर की देखभाल हो सके। जब करियप्पा कैनबेरा पहुंचे तो गवर्नर जनरल, फील्ड मार्शल स्लिम प्रोटोकॉल तोड़कर करियप्पा से मिलने उनके आवास पर पहुंचे, जबकि करियप्पा ने अपने प्रत्यय-पत्र भी प्रस्तुत नहीं किए थे।

ऑस्ट्रेलिया में उनका कार्यकाल घटनाओं से परिपूर्ण था, और जल्द ही सब वहां भारतीय उच्चायुक्त के बारे में चर्चा करने लगे। अपने एक दौरे में उन्होंने एक उपेक्षित युद्ध स्मारक देखा, जिसके चारों तरफ झाड़ियां उग आई थीं। करियप्पा ने कार रोक ली और स्मारक के पास जाकर स्वयं अपने हाथों से झाड़ियों को साफ करने लगे। वहां भीड़ इकट्ठी हो गई और इस घटना को मीडिया में काफी उल्लेख किया गया। इससे ऑस्ट्रेलियाई लोगों को शर्मिंदगी का एहसास हुआ कि एक विदेशी व्यक्ति को उन्हें यह दिखाना पड़ा कि शहीदों का किस प्रकार सम्मान किया जाए।

एक अन्य अवसर पर जब करियप्पा को पूर्व सैनिकों द्वारा आयोजित एक समारोह में जाना था, तो उनकी कार रास्ते में खराब हो गई। करियप्पा वहां से गुजर रहे एक ट्रक में बैठ गये। रास्ते में ट्रक चालक ने उनका परिचय पूछा। जब करियप्पा ने बताया कि वे भारतीय उच्चायुक्त हैं, तो वह खूब हंसा और बोला, 'और मैं नेपाल का राजा हूं।' जब वे अपने मंजिल पर पहुंचे तो करियप्पा ने उतरते हुए कहाः 'महाराजा का शुक्रिया।' लेकिन जब चालक ने करियप्पा के मेजबानों को देखा तब उसको यह एहसास हुआ कि वह भारतीय उच्चायुक्त के साथ चल रहा था और फिर उसने क्षमा मांगी।

ऑस्ट्रेलिया में करियप्पा का कार्यकाल बिना विवादों का नहीं रहा। एक बार उन्होंने गोरे नस्ल के अप्रवासियों के प्रति पक्षपात करने वाली ऑस्ट्रेलिया की प्रवासी नीति पर कुछ टिप्पणी कर दी। इससे मीडिया में बखेड़ा खड़ा हो गया और यह मांग उठने लगी कि दूसरे देश के अंदरूनी मामलों में दखल देने के लिए उनको वापस बुला लिया जाए। लेकिन करियप्पा शांत रहे। उनको पता था कि वे सही थे और यह भी पता था कि तमाम लोग उनके विचार से सहमत थे। अंततोगत्वा, इस मुद्दे पर जनमत के दबाव में ऑस्ट्रेलियाई सरकार को अपनी प्रवासी नीति पर पुनर्विचार करना पड़ा और उसको उदार बनाना पड़ा।

वर्ष 1956 में करियप्पा भारत वापस लौट आए और अपने घर रोशनारा में रहने लगे। लेकिन सेना से जुड़े सभी मामलों में गहरी रुचि दिखाते रहे। जब चीन ने 1962 में भारत पर हमला कर दिया तो वे स्थानीय भर्ती कार्यालय पहुंचे और स्वयं को एक सिपाही के तौर पर भर्ती करने का प्रस्ताव दिया। 1965 में संघर्ष विराम के उपरांत, उन्होंने मोर्चे पर तैनात जवानों से मिलने की इच्छा जताई। जब वे खुद के द्वारा 1942 में स्थापित 17 राजपूत बटालियन का दौरा करने पहुंचे तो जवानों ने उनसे बात करने के बाद अपना युद्धघोष लगाया। उधर पाकिस्तानी बटालियन का कमांडर ये आवाजें सुनकर परेशान हो गया और उसने अपने जवानों से मोर्चा संभालने का आदेश दे दिया। इसके बाद उसने पुरजोर विरोध दर्ज किया। जब उसको युद्धघोष के पीछे का कारण बताया गया तो वह तुरंत सामने आया और करियप्पा को सलामी दी और उनसे अपने जवानों से मिलने का भी निवेदन किया ताकि वे उस महान जनरल को देख सकें।

भले ही करियप्पा चार वर्षों तक भारतीय सेना के कमांडर-इन-चीफ रहे, लेकिन अपनी सेवानिवृत्ति के वक्त वे केवल 53 वर्ष के थे। आज सेनाध्यक्ष 62 वर्ष की उम्र में सेवानिवृत्त होते हैं। करियप्पा की तरह ही उस दौर के कई अन्य वरिष्ठ अधिकारियों का भी बहुत छोटा कार्यकाल रहा। नथू सिंह 51 वर्ष की आयु में सेवानिवृत्त हुए और थिमैय्या व थोरट 55 साल की अवस्था में। ये नेहरू सरकार की सबसे बड़ी भूल थी, जिसके तहत स्वतंत्रता प्राप्ति के उपरांत भी ब्रिटिश अधिकारियों को इस आधार पर रखने पर जोर दिया गया कि भारतीय अधिकारियों के पास अनुभव की कमी थी। और ऐसे ही समय में करियप्पा, नथू सिंह, थिमैय्या और थोरट जैसे अपने सबसे अधिक अनुभवशाली अधिकारियों को बहुत कम उम्र में सेवानिवृत्त होने दिया, जिसके कारण देश ऐसे समय में उनकी सेवाओं से वंचित रह गया, जब उसको उनकी सबसे अधिक आवश्यकता थी। जब चीन ने 1962 में भारत पर हमला किया तो थिमैय्या और थोरट दोनों ने सिर्फ एक वर्ष पहले ही वर्दी उतारी थी।

इस बात पर यकीन नहीं होता कि करियप्पा ने उस प्रस्ताव का समर्थन किया, जिसमें सेनाध्यक्ष और आर्मी कमांडर का अधिकतम कार्यकाल चार वर्ष तक सीमित किया गया था। शायद उन्होंने इसलिए सहमति प्रदान कर दी होगी क्योंकि वह नियम सीधे उनको प्रभावित करता था और उनको लगा होगा कि अगर वे नहीं मानते हैं तो उनको स्वार्थी समझा जाएगा। और एक जेंटलमैन होने के नाते, यही वह अंतिम चीज थी, जिसके लिए वो खुद को दोषी नहीं ठहराना चाहते थे। घटनाक्रम में उन्होंने प्रस्ताव की सिफारिश कर दी और नेहरू ने बिना उसके निहितार्थ में जाए उसको स्वीकार कर लिया। अगर उन्होंने इसका विरोध कर दिया होता तो शायद भारतीय सेना के सिर पर 1962 का कलंक नहीं लगता। क्योंकि नेहरू और कृष्णा मेनन को 'न' कहने के लिए थिमैय्या और थोरट दोनों ही वहां

होते, बिल्कुल उसी प्रकार, जिस प्रकार सैम मानेकशॉ ने इंदिरा गांधी को अप्रैल 1971 में कहा था, जब वे पाकिस्तान के साथ युद्ध छेड़ना चाहती थीं।

पूर्व सैनिकों का कल्याण हमेशा करियप्पा का प्रमुख चिंता का विषय रहता था। 1964 में उन्होंने फेडरेशन और एसोसिएशन को एकीकृत कर इंडियन एक्स-सर्विसमेन्ज़ लीग (आईईएसएल) यानी भारतीय पूर्व सैनिक संघ की स्थापना की। इससे पहले फेडरेशन और एसोसिएशनविरोधी संस्थाएं थीं और अक्सर गलतफहमी में कार्य करती थीं। पुनर्वास निदेशालय बनाने में भी करियप्पा का ही योगदान था। 1957 में उन्होंने मेजर जनरल तारा सिंह बाल की तरफदारी की, जिनको सरकार ने अन्यायपूर्ण ढंग से सेवानिवृत्त कर दिया था, और उनको बहाल कराया। आईईएसएल को राजनीति से दूर रखना भी उनकी प्रमुख उपलब्धि थी।

वर्ष 1971 की शुरुआत में करियप्पा ने राजनीति में भी एक संक्षिप्त यात्रा की। इस बात से आश्वस्त होकर कि देश वर्तमान चुनावी व्यवस्था से नहीं चल सकता, उन्होंने 1971 में प्रस्तावित आम चुनावों को स्थगित कर कुछ वर्षों के लिए राष्ट्रपति शासन लगाने की सिफारिश की और इस दौरान संविधान को निलंबित रखने का प्रस्ताव दिया। अशांत राज्यों में राजनीतिक पार्टियों को समाप्त कर मार्शल लॉ लगा दिया जाए। एक बार जब स्थिति नियंत्रण में आ जाए तो फिर पुनः चुनाव कराये जाएं, लेकिन यूके या यूएस की तरह सिर्फ दो या तीन पार्टियां ही हों। जैसा कि अनुमानित था, राजनीतिक पार्टियों ने उग्र प्रतिक्रियाएं दीं और गृह मंत्री वाई.बी. चव्हाण को 'पूर्व कमांडर-इन-चीफ द्वारा सैन्य शासन' की मांग को लेकर संसद में निंदा करनी पड़ी। करियप्पा ने चव्हाण को गुस्से से भरा एक पत्र लिखा जिसमें उन्हें सदन को गुमराह करने को लेकर फटकारा और उनसे माफी मांगने को कहा, लेकिन वह नहीं मांगी गई।

उनके कई मित्र और प्रशंसक उन्हें राजनीति में आकर चुनाव लड़ने के लिए मना रहे थे, ताकि वे देश के विकास में योगदान दे सकें। गहन चिंतन के बाद वे तैयार हो गए और उन्होंने उत्तर-पूर्वी बंबई से चुनाव लड़ने का निर्णय लिया। लेफ्टिनेंट जनरल एस.पी.पी. थोरट और कई अन्य सेवानिवृत्त अधिकारी प्रचार में उनका सहयोग करने के लिए सामने आए। कई विख्यात उद्योगपति और मैसूर के पूर्व महाराजा ने भी सहयोग किया। करियप्पा ने किसी भी राजनीतिक पार्टी से जुड़ने से इंकार कर दिया और एक निर्दलीय उम्मीदवार के तौर पर चुनाव में खड़े हुए। दुर्भाग्य से उनके दो प्रतिद्वंद्वी थे वी.के. कृष्णा मेनन और आचार्य जेबी कृपलानी, दोनों ही दिग्गज राजनीतिज्ञ। हालांकि करियप्पा व्यापक रूप से सम्मानित थे लेकिन राजनीति की कठोर दुनिया के लिए नए थे। उन्होंने वोट पाने के लिए धनबल और बाहुबल का प्रयोग करने से इंकार कर दिया और अपने प्रचार भाषणों में वे सम्मान, ईमानदारी और सत्यनिष्ठा की बातें करते थे। ये सब चीजें उनके श्रोताओं के लिए अस्पष्ट

थीं। अधिकांश श्रोता उनके सम्मेलनों में अपने 'फौजी हिंदुस्तानी' की बातों पर हंसने और मनोरंजन के लिए आते थे, जिसे बम्बई में कम ही लोग समझ पाए। इसमें कोई हैरानी की बात नहीं कि करियप्पा अपने उन दो मंझे हुए विरोधियों से हार गए, जिनके पास कई दशकों का अनुभव था और अपनी-अपनी पार्टियों का आधार और संसाधन भी। अनुभव की कमी के अलावा, करियप्पा ने अपना निर्वाचन क्षेत्र चुनने में भी गलती की। अगर वे अपने मूल स्थान कूर्ग से खड़े होते, तो अवश्य जीते होते।

वर्ष 1986 में सरकार ने उन्हें फील्ड मार्शल नियुक्त करने का निर्णय लिया। तकनीकी रूप से एक फील्ड मार्शल कभी सेवानिवृत्त नहीं होता, इसलिए सेवानिवृत्त अधिकारियों को यह रैंक नहीं दी जा सकती। हालांकि यह निर्णय भारतीय समाज के विभिन्न वर्गों में करियप्पा के प्रति गहरे सम्मान और श्रद्धा के भाव से निकला था। करियप्पा ने शालीनतापूर्वक इस सम्मान को स्वीकार कर लिया। 28 अप्रैल 1986 को राष्ट्रपति भवन में आयोजित एक विशेष समारोह में राष्ट्रपति जैल सिंह ने उन्हें फील्ड मार्शल की बैटन से अलंकृत किया। उनकी 86 वर्ष की आयु की मर्यादा को देखते हुए, उनके प्रशस्ति पत्र पाठन के दौरान उन्हें एक कुर्सी पर बैठने का आग्रह किया गया। लेकिन अपने स्वभाव के अनुसार करियप्पा ने इस प्रस्ताव को ठुकरा दिया और पूरी रस्म के दौरान छड़ी की तरह सीधे खड़े रहे।

वर्ष 1991 के पश्चात करियप्पा का स्वास्थ्य गिरने लगा। उनको अर्थराइटिस और हृदय की कमजोरी की शिकायत हो गई, जिसके लिए उन्हें निरंतर चिकित्सकीय देखरेख चाहिए थी। उन्हें बैंगलोर स्थित कमांड अस्पताल के कॉटेज में शिफ्ट कर दिया गया। 15 मई 1994 को वह अंतिम घड़ी आई जब करियप्पा का निद्रावस्था में ही निधन हो गया। दो दिन के उपरांत उनके पार्थिव शरीर का उनके पैतृक निवास मेडिकरी में अंतिम संस्कार किया गया। एक फील्ड मार्शल के अनुरूप उनका अंतिम संस्कार पूरे रस्म और वैभव के साथ किया गया। जब उनके पुत्र नंदा करियप्पा ने उनको मुखाग्नि दी तो तीनों सेनाओं के प्रमुखों के साथ-साथ फील्ड मार्शल सैम मानेकशॉ भी उपस्थित थे। बिगुलों से मातमी धुन की आवाजें निकली और शस्त्रों को उनके सम्मान में उल्टा झुका दिया गया। जिस व्यक्ति ने हमेशा जवानों से अपने बेटों की तरह व्यवहार किया और जिनको भारतीय सेना का जनक कह कर पुकारा जाता था, ऐसे महान सपूत को अंतिम विदाई देने आए तमाम सैन्य अधिकारियों और जनसामान्य की आंखों में आंसू छलक आए।

किप्पर अब इस दुनिया में नहीं हैं। लेकिन पुराने सैनिकों के बारे में यह कहावत कि वे कभी मरते नहीं, सिर्फ धुंधले पड़ जाते हैं, करियप्पा के मामले में सटीक बैठती है। वे सर्वोच्च सैन्य पद पर पहुंचने से पहले ही जीवित किंवदंती बन गए थे। हर व्यक्ति की अपनी कुछ कमियां होती हैं, शायद करियप्पा में भी कुछ होंगी। लेकिन उनको खोज पाना कठिन है। जो लोग उनको खुलकर पसंद नहीं करते वे भी उनका सम्मान करते हैं, भले ही बेमन से। उनका

मजबूत चरित्र और मूल्य ऐसे गुणों का प्रतिनिधित्व करते हैं, जिनको आज भी खोज पाना मुश्किल है। एक सख्त अनुशासक होते हुए भी वे न्यायपूर्ण और निष्पक्ष थे, जो लोग उनके दंड का शिकार बने, वे भी इस बात का समर्थन करेंगे। भारत देश उनके असंख्य योगदानों का ऋणी है। जाहिर है, यदि करियप्पा होते तो वे इस बात को यह कहते हुए खारिज कर देते कि उन्होंने जो किया वह उनका कर्तव्य था। भले ही वे अपनी आदतों और व्यवहार में थोड़े अंग्रेजीदां थे, लेकिन वे एक सच्चे देशभक्त थे, जो अपने देश के हितों को सर्वोच्च स्थान देते थे और उसके बाद एक सैनिक को। भारतीय सैन्य अकादमी से अंतिम चरण में पास आउट होते वक्त प्रत्येक भारतीय सैन्य अधिकारी को फील्ड मार्शल लॉर्ड चीटवोड के अमर शब्द की याद दिलाए जाते हैं:

> आपके देश की सुरक्षा, सम्मान और कल्याण सदैव और हर समय सर्वप्रथम है; आपके द्वारा कमांड किये जाने वाले जवानों का सम्मान, कल्याण और आराम उसके बाद आता है; सबसे अंत में आता है आपकी स्वयं की सुविधा, आराम और सुरक्षा, हमेशा और हर बार।

जिन चुनिंदा लोगों ने इन शब्दों का अक्षरशः पालन किया, उनमें से एक थे, के.एम. करियप्पा।

2 लेफ्टिनेंट जनरल ठाकुर नथू सिंह

एक निर्भीक राष्ट्रवादी

महाराज राजेंद्र सिंह जी के बाद, ठाकुर नथू सिंह सैंडहर्स्ट से पासआउट होकर भारतीय सेना में तीन स्टार रैंक प्राप्त करने वाले दूसरे भारतीय अधिकारी थे। हालांकि सेना से बाहर वे बहुत प्रसिद्ध नहीं हैं, लेकिन हमारे सैन्य नेतृत्व में वे सबसे ज्यादा रंगीन अधिकारियों में से थे। उन्होंने भले ही अपने करियर में दूसरी सबसे ऊंची रैंक और नियुक्ति प्राप्त की, लेकिन यह उनका स्वयं का चयन था। वे चाहते तो देश के प्रथम भारतीय कमांडर-इन-चीफ बन सकते थे, लेकिन उन्होंने करियप्पा के सम्मान में उस पद को ठुकरा दिया, क्योंकि करियप्पा उनसे वरिष्ठ थे। भले ही उनका प्रशिक्षण अंग्रेजों द्वारा किया गया था, लेकिन वे एक सच्चे भारतीय थे और उन्होंने इस बात को कभी किसी को भूलने नहीं दिया। एक कट्टर राष्ट्रवादी और अपने ब्रिटिश विरोधी विचारों के कारण वे बार-बार परेशानियों में पड़ते थे। सत्ता के साथ उनके तमाम झगड़े थे, लेकिन यह अंग्रेजों की निष्पक्षता और न्याय की भावना ही थी, कि उनकी वर्दी नहीं छीनी गई।

नथू सिंह का जन्म सन् 1900 (हालांकि उनके स्कूली दस्तावेजों में उनकी जन्मतिथि 10 मई 1902 दर्ज है) में राजपुताना के डूंगरपुर स्थित गुमानपुरा रियासत में हुआ था। वे गुमानपुरा के ठाकुर हमीर सिंहजी की इकलौती संतान थे, जो डूंगरपुर राज्य के एक जागीरदार थे। दुर्भाग्य से सात वर्ष की आयु पूर्ण करने से पहले ही नथू सिंह के माता-पिता चल बसे। एक बार जब वे अपने गांव गए तो डूंगरपुर रियासत के राजा महारावल विजय सिंहजी उनकी बुद्धिमत्ता और हाज़िर जवाबी देखकर प्रभावित हुए और उन्होंने इस बालक को अपने संरक्षण में रख लिया। अनाथ नथू की शिक्षा महारावल के अपने पुराने संस्थान, अजमेर स्थित प्रतिष्ठित मेयो कॉलेज से हुई, जिसमें राजपूत घरानों के अन्य वंशज पढ़ते थे। स्कूल में वे अपनी कक्षाओं में शीर्ष पर रहते थे और उनकी मुखरता और स्पष्टवादिता के कारण उनके साथी उन्हें 'बाग़ी' कहकर पुकारते थे।

महारावल उदयपुर शाही परिवार की वरिष्ठ शाखा के वंशज थे—उनके एक पूर्वज, जयमुल की मृत्यु अकबर के विरुद्ध चित्तौड़ की रक्षा करते वक्त हुई थी—और वे स्वयं भी बहुत देशभक्त थे। यह महारावल ही थे जिन्होंने नथू सिंह के दिल में राष्ट्रवाद के बीज बोये, जिनकी जड़ें गहरी होती गईं और बड़े होने के साथ-साथ निखरने लगीं। वर्ष 1911 में

सम्राट जॉर्ज पंचम के राज्याभिषेक के लिए आयोजित विशाल दरबार में भाग लेने के लिए वे दिल्ली आए। ठाठ-बाट और आडंबर से प्रभावित होने के बजाय नथू सिंह सिंहासन के प्रति श्रद्धा प्रदर्शित करने के लिए एकत्रित हुए भारतीय शासकों की अधीनता देखकर शर्म और घृणा से भर गए। इस घटना ने उनके किशोर मन पर गहरी छाप छोड़ी, जहां से उनके अंदर राष्ट्रवाद की पहली हिलोर उठी। इसी दौरान दिल्ली में उनका संपर्क नेहरू परिवार से भी हुआ। पंद्रह वर्ष की आयु के उपरांत उन्होंने राष्ट्रीय मामलों में भी रुचि लेना प्रारंभ कर दिया और अखिल भारतीय कांग्रेस कमेटी की कुछ बैठकों में भी भाग लिया। वर्ष 1915 में पहली बार वे जवाहरलाल नेहरू से और बाद में उनके पिता मोतीलाल नेहरू से भी मिले।

नथू सिंह की पृष्ठभूमि और विरासत—वे राठौर राजपूतों के मैर्तिया वंश से थे, जो अपनी बहादुरी के लिए प्रख्यात थे। इससे स्वभाविक तौर पर उनका रुझान सेना में जाने के लिए बना। उनके अभिभावक महारावल भी चाहते थे कि वे अपने पूर्वजों की तरह युद्ध परंपरा का अनुसरण करें और सेना में जाएं। दुर्भाग्य से 1918 में महारावल का निधन हो गया, तब नथू सिंह अपनी स्कूली शिक्षा ले रहे थे। इस कारण वे इस दुनिया में अकेले रह गए, बिना किसी मार्गदर्शक या मित्र के। वर्ष 1920 में स्कूली शिक्षा पूरी करके लौटते ही उनकी अंग्रेजों के साथ पहली तकरार हो गई। डूंगरपुर का राजनीतिक अधिकारी पक्का साम्राज्यवादी था, जो सभी भारतीयों को इंग्लैंड के सिंहासन (ब्रिटिश क्राउन) का गुलाम मानता था। उसने नथू सिंह को कुछ ऐसे आदेश मानने के लिए कहा जो राजमाता की इच्छा के विपरीत थे। नथू सिंह ने इंकार कर दिया और वहां हंगामा खड़ा हो गया। हालांकि, बाद में अंग्रेजों का वो राजनीतिक अधिकारी इस तेजतर्रार युवक को पसंद करने लगा और उसने राजमाता को सलाह दी कि वे नथू सिंह को रॉयल मिलेट्री कॉलेज भेज दें, जिसमें भारतीयों के लिए प्रवेश खुला ही था। नथू सिंह सैनिक बनना चाहते थे, लेकिन अंग्रेजों के अधीन नहीं। वे तो राजपुताना की किसी रियासत में सेना या फिर पुलिस में भी सेवा करने को प्राथमिकता देते थे। लेकिन ऐसा होना नहीं था। उन्होंने अपने अभिभावक की इच्छा का मान रखते हुए रॉयल मिलेट्री कॉलेज के लिए आवेदन कर दिया। वे असाधारण रूप से प्रतिभावान छात्र थे, इसके अलावा अपनी पृष्ठभूमि के कारण उन्होंने पहले लिखित परीक्षा उत्तीर्ण की और फिर कमांडर-इन-चीफ और वायसरॉय के साथ हुआ साक्षात्कार भी। जुलाई 1921 में कुमार श्री किशनसिंहजी और गुरबचन सिंह के साथ वे समुद्री मार्ग से इंग्लैंड पहुंचे। बाद में उनके साथ बर्मा से चार्ल्स बा थीन भी जुड़ गए।

नथू सिंह ने डेढ़ वर्ष सैंडहर्स्ट में बिताए। राजपुताना से एकमात्र अन्य कैडेट कुंवर शिवदत्त सिंह, जो वहां छह माह पूर्व ही आए थे, उनके मार्गदर्शक और करीबी मित्र बन बए। नथू सिंह ने सभी गतिविधियों में बेहतरीन प्रदर्शन करते हुए अपनी उन्नति में कठोर परिश्रम किया। उनके अंग्रेज प्रशिक्षक और सहकर्मी उनकी बुद्धिमत्ता से प्रभावित तो थे, लेकिन वे उनका साहस और उनमें उस दासता का अभाव देखकर हैरान थे, जिसकी वे आमतौर पर भारतीयों

से अपेक्षा करते थे। नथू सिंह अंग्रेजों को पसंद नहीं करते थे, और उन्होंने इसको छिपाने का कोई प्रयास भी नहीं किया। उस दौर के अधिकांश अन्य भारतीयों के विपरीत वे हीन भावना से ग्रसित नहीं थे और वे खुद को बेहतर न सही, पर कम से कम अंग्रेजों के बराबर मानते थे। इसका कोई भी अंदाजा लगा सकता है कि अपने विचारों के कारण उन्हें सैंडहर्स्ट में कितनी कठिनाई का सामना करना पड़ा होगा। वास्तव में, पूरी सेवा के दौरान उनका अंग्रेज विरोधी रवैया बार-बार उनको परेशानी में डालता रहा। अंग्रेज उनको बाग़ी मानते थे, लेकिन उनके भारतीय साथियों ने जल्द ही उनका नाम फौजी गांधी रख दिया, एक ऐसा नाम जो खुद नथू को पसंद नहीं था। उस समय महात्मा गांधी भारत में अपना असहयोग आंदोलन छेड़ चुके थे और नथू उनके पदचिह्नों पर चलते नजर आ रहे थे। भले ही वे गांधी को उनकी देशभक्ति के लिए पसंद करते थे, लेकिन नथू उनके अहिंसा के मार्ग से सहमत नहीं थे और असयोग के माध्यम से आजादी प्राप्त करने के उनके तरीकों को अव्यावहारिक मानते थे। उनको लगता था कि इस प्रकार की रणनीति विलंबकारक होने के साथ-साथ अंग्रेजों को और अधिक नाराज करेगी, जिससे उनका रवैया और सख्त हो जाएगा। भारतीयों के लिए बेहतर रणनीति यह हो सकती थी कि वे सैन्य और प्रशासनिक दोनों प्रकार की सेवाओं में अपनी मजबूत उपस्थिति दर्ज कराएं। इससे वे ब्रिटिश तंत्र को अंदर से कमजोर बनाकर, सही मौका आने पर सत्ता परिवर्तन कर सकते थे।

सैंडहर्स्ट में प्रशिक्षु कैडेटों को संबोधित करते हुए भारतीय सेना के जनरल जैकब ने कहा, क्योंकि अंग्रेजों को भारत में लंबे समय तक रहना होगा, इसलिए उनमें से सर्वश्रेष्ठ लोगों को भारतीय सेना से जुड़ना चाहिए। नथू सिंह ने तुरंत कमांडेंट के साथ मुलाकात का वक्त मांगा और उनको बता दिया कि अगर अंग्रेजों की भारत छोड़ने की मंशा न हो, तो उनको अपना कमीशन प्राप्त करने में कोई रुचि नहीं थी।

इंग्लैंड में रहते हुए उनकी मुलाकात सुभाष चंद्र बोस से भी हुई, जो उस समय भारतीय सिविल सेवा (आईसीएस) में थे। अंग्रेजी शासन के प्रति नफरत और उससे छुटकारा पाने की इच्छा के कारण उन दोनों के मिलने का आधार समान था। हालांकि, इस लक्ष्य को प्राप्त करने के लिए सबसे उचित तरीका क्या हो, इसको लेकर उनमें मतभेद थे। दोनों ही मजबूत व्यक्तित्व थे और उनकी बार-बार होने वाली चर्चाओं से उस राष्ट्रवाद की ज्वाला को और हवा मिलती थी, जो दोनों देशभक्तों के दिलों में जल रही थी। उनकी मुलाकातों से आपसी सम्मान और प्रशंसा का भाव भी जागृत हुआ। दो दशकों बाद जब ब्रिटिश सरकार ने इंडियन नेशनल आर्मी पर मुकदमा चलाने का आदेश दिया तो सेना में जिन चंद लोगों ने इसका विरोध किया उनमें नथू सिंह भी थे।

सैंडहर्स्ट से पास आउट होने के बाद नथू सिंह को 1 फरवरी 1923 को कमीशन प्रदान किया गया और उनको 1/7 राजपूत रेजिमेंट में नियुक्ति दी गई। सभी नए कमीशन प्राप्त भारतीय अधिकारियों को ब्रिटिश बटालियन के साथ अटैचमेंट करना होता था। सेकंड

लेफ्टिनेंट नथू सिंह को द्वितीय बटालियन, दि प्रिंस ऑफ वेल्स वॉलंटीयर्स के साथ अटैच किया गया, जो मध्य भारत के महू में स्थित थी। नथू सिंह के कमांडिंग ऑफिसर लेफ्टिनेंट कर्नल बी. रिची को उनमें एक पैना और ऊर्जावान अधिकारी नजर आया, जो अधिकारियों और जवानों दोनों के बीच लोकप्रिय था। सेना में उनके प्रतिधारण की सिफारिश करते हुए उन्होंने लिखाः 'मैं प्रमाणित करता हूं कि मेरे विचार से द्वितीय बटालियन दि प्रिंस ऑफ वेल्स वॉलंटीयर्स के साथ अटैच सेकंड लेफ्टिनेंट ठाकुर नथू सिंह 1/7 राजपूत रेजिमेंट का प्रतिधारण हर प्रकार से वांछनीय है और सेना के लिए लाभकारी सिद्ध हो सकता है....।' ऐसा लगता है कि सेंट्रल प्रोविंस डिस्ट्रिक्ट के मेजर जनरल एलआर वॉगन की भी ऐसी ही राय थी। 28 अगस्त 1924 को वार्षिक गोपनीय रिपोर्ट में सेकंड लेफ्टिनेंट नथू सिंह के बारे में अपनी टिप्पणियों के समर्थन में उन्होंने लिखाः 'वे बहुत ही होनहार भारतीयों में से एक हैं। अगर वे सतत प्रयास करते रहे, तो बहुत अच्छे सिद्ध होंगे।'

ब्रिटिश बटालियन में एक वर्ष बिताने के बाद उनको अपनी मूल यूनिट 1/7 राजपूत, जिसे क्यूवीओएलआई भी कहा जाता है, में तैनात कर दिया गया, जो उस समय एनडब्ल्यूएफपी के दारदोनी में स्थित थी। उन्होंने बटालियन में 1923 से 1926 तक सेवाएं प्रदान कीं। इन तीन वर्षों में उन्होंने मूलभूत चीजों को सीखने के लिए जमकर मेहनत की। हालांकि, अन्य कनिष्ठ अफसरों की तरह उन्होंने इस उक्ति का अनुसरण नहीं किया कि नज़र आएं, पर सुने न जाएं। उनके अपने मजबूत विचार थे, जिनको व्यक्त करने में वे कतई नहीं झिझकते थे। अंग्रेजों और उनके तौर-तरीकों के प्रति उनका बैर छिपा नहीं रह सका, जिसके चलते जल्द ही अपने वरिष्ठ अधिकारियों के साथ उनकी तकरार होने लगी।

नथू सिंह का अपने अधिकारियों के साथ पहला विवाद मेस में भोजन करने को लेकर हुआ। वे उच्च वर्ण के हिंदू थे और शुरुआत में उन्होंने मेस में अन्य अधिकारियों के साथ भोजन करने से इंकार कर दिया। उन्होंने सबको बता दिया कि उनके अपने घर डूंगरपुर में उनके माता पिता उन्हें किसी अंग्रेज के साथ एक ही मेज़ पर बैठकर खाने नहीं देते, चाहे वह किसी भी स्तर का हो और वे अपनी धार्मिक आस्था से हटना नहीं चाहते। स्वभाविक था, इस कारण हंगामा खड़ा हो गया और इसके लिए उन्हें मानो अंगारों पर चलना पड़ा। हालांकि वे मेस में भोजन करने को तैयार हो गए, लेकिन उन्होंने यह एक रियायत के तौर पर किया। उनके कमांडिंग ऑफिसर, लेफ्टिनेंट कर्नल ए.एच. मैकलेवरटी ने 1 फरवरी 1925 को लिखाः

> अपने काम में तत्पर और समझदार और पेशेवर तौर पर अपनी रैंक के मानकों के अनुरूप; खेलों में निपुण। सभी मायनों में एक मानक ब्रिटिश अधिकारी बनने के लिए इनको अपने विचारों में थोड़ा उदार होना चाहिए... मैं इनको रेजिमेंट के लिए बहुत ज्यादा उपयुक्त नहीं पाता हूं... इनमें धर्म के प्रति अत्यधिक आस्था है, जो हर प्रश्न पर संदेह करती है.... मेस इनको

> कष्टप्रद लगती है और कहते हैं कि वह अपने घर पर यूरोप के लोगों के साथ बैठकर भोजन नहीं करते... मुझे लगता है कि अपने पेशे के प्रति इनका दिल नहीं लगता है क्योंकि कई बार यह बोल चुके हैं कि उनका उद्देश्य अपने राज्य में सेवा करना है... इनकी पत्नी पर्दा करती हैं, जिससे रेजिमेंट के सामाजिक पक्ष पर विपरीत असर पड़ता है....

उस समय की प्रचलित प्रथा के अनुसार, एक अधिकारी को सेवा में बने रहने के लिए उसके कमांडिंग ऑफिसर के अलावा दो अन्य अधिकारियों को भी अपनी सिफारिश देनी होती थी। तीन फरवरी 1925 को, मेजर बी.एस.ए.एफ. ग्रेविले ने लिखाः

> मेरा मत है कि सेकंड लेफ्टिनेंट नथू सिंह को भारतीय सेना की 1/7 राजपूत रेजिमेंट में रखना अवांछनीय है... अपने उच्च हिंदू सिद्धांतों के कारण वे यह जताते हैं कि अपने अधिकारियों के साथ मेस में भोजन करके वे उन पर एहसान कर रहे हैं... सभी मायनों में अपने ब्रिटिश अधिकारियों के समान बनने और उनका स्थान लेने में इन्हें बहुत कठिनाई होगी... दूसरी तरफ मैं यह भी मानता हूं कि इन्हें अपने पेशे के बारे में बहुत अच्छा ज्ञान है और दूसरों को सिखाने की अच्छी क्षमता भी। खेल में इनकी गहरी रुचि है और बहुत अच्छी अंग्रेजी बोलते हैं।

यही मत उनकी बटालियन के अन्य अधिकारी मेजर ई.एम.सी. ब्रांडर का भी था, जिन्होंने लिखाः

> यह देखते हुए कि सेकंड लेफ्टिनेंट ठाकुर नथू सिंह का प्रशिक्षण सैंडहर्स्ट में हुआ, फिर भी उनके विचार बहुत पिछड़े हुए हैं, जिससे न केवल उनके लिए चीजें कठिन हो जाती हैं, बल्कि अन्य अधिकारियों के लिए भी तकलीफदेह होता है... वे मेस में भोजन तो कर रहे हैं, लेकिन उनके धार्मिक सिद्धांतो के हिसाब से उनके लिए यह अरुचिकर है... ऐसा लगता है कि उनका धर्म उन पर पूरी तरह हावी है... मैं इनको भारतीय सेना में रखने की सिफारिश नहीं करता। इसका मुझे खेद है, क्योंकि पेशेवर तौर पर वे बहुत सक्षम हैं। वे बुद्धिमान हैं, चीजों को बहुत जल्दी सीखते हैं और बहुत अच्छे खिलाड़ी हैं।

नथू सिंह के कमांडिंग ऑफिसर और अन्य दो अधिकारियों की सिफारिशों की श्रृंखला के अन्य वरिष्ठ अधिकारी ने भी समर्थन किया। उन्होंने कड़े शब्दों का प्रयोग किया। वजीरिस्तान जिले के जीओसी मेजर जनरल ए.एल. जैकब ने लिखाः

> यह अधिकारी रेजिमेंट के लिए पूरी तरह अनुपयुक्त है। इस अधिकारी का यह मानना कि, अन्य अधिकारियों के साथ मेस में भोजन करके वह कृपा करता है, यह चीज अपने आप में बहुत कुछ कहती है। पूछताछ में पता चलता है कि वह व्यक्तिगत तौर पर सैंडहर्स्ट नहीं जाना चाहता था.... इस अधिकारी की इच्छा है कि वह अपने गृह राज्य की सेना या पुलिस में सेवा प्रदान करे, और मैं उसको ऐसा करने की इजाजत देने की पुरजोर सिफारिश करता हूं।

अंत में, उत्तरी कमांड के जीओसी-इन-सी जनरल क्लाउड डब्ल्यू जैकब ने लिखा: 'जितनी जल्द इस अधिकारी को भारतीय सेना से हटाया जाए, उतना बेहतर होगा।' इसी के साथ ऐसा प्रतीत हुआ कि नथू सिंह का भाग्य का फैसला हो गया। उनको आर्मी कमांडर के साथ अंतिम साक्षात्कार के लिए बुलाया गया, जहां उनके कमांडिंग ऑफिसर भी मौजूद थे। जनरल जैकब नथू सिंह के पारिवारिक और शैक्षिक पृष्ठभूमि और उनकी स्पष्ट बुद्धि देखकर प्रभावित हुए। उन्होंने नथू सिंह को एक और मौका देने का निर्णय लिया और सैन्य जीवन के साथ तारतम्य बैठाने की हिदायत देकर ऑफिस के बाहर भेज दिया। फिर उन्होंने नथू सिंह के कमांडिंग ऑफिसर की इस बात को लेकर फटकार लगाई कि उन्होंने इस युवा भारतीय अधिकारी के प्रभावी गुणों को नहीं पहचाना और उसको ठीक से नहीं संभाला। दरवाजे के बाहर खड़े नथू सिंह ने पूरी बातचीत सुन ली, जिसे उन्होंने बाद के वर्षों में कई बार सुनाया।

जब उनके बारे में पहली रिपोर्ट लिखी गई तब बटालियन में आए उन्हें महज तीन सप्ताह हुए थे। एक साल के बाद, उनके कमांडिंग ऑफिसर व अन्य अधिकारियों का उनके बारे में अलग नज़रिया था। जाहिर तौर पर नथू सिंह ने आर्मी कमांडर की सलाह को गंभीरता से लिया था और वे अपने विचारों और व्यवहार में नरम हो गए थे। एक अप्रैल 1926 को, बटालियन की कमांड संभाल रहे लेफ्टिनेंट कर्नल बी.एस.ए.एफ. ग्रेविले ने लिखा:

> एक लगनशील, मेहनती अधिकारी, जिसकी अपने काम में गहरी रुचि है... पिछले वर्ष की प्रतिकूल टिप्पणी के संदर्भ में उनमे सभी मायनों में काफी सुधार आया है और उन्होंने अपने विचारों में काफी उदारता प्रदर्शित की है... मेस में उनका व्यवहार अब संतोषजनक है और भोजन व्यवस्था में अब उनको कोई कठिनाई नहीं होती.... इससे पता चलता है कि सैन्य जीवन में वे सुखद एवं प्रसन्नता की अनुभूति करते हैं।

अपने धार्मिक विचारों के अलावा, नथू सिंह द्वारा मेस में भोजन न करने की इच्छा के पीछे एक अन्य तथ्य भी था, कि वे विवाहित थे और उन दिनों उनकी पत्नी अधिकांश राजपूत महिलाओं की तरह पर्दा करती थीं, इसलिए वे उन्हें घर पर अकेले छोड़कर मेस में भोजन करने में झिझकते थे। नथू सिंह का विवाह बहुत कम आयु में सूर्य कुमारी से हो गया था, जो मेवाड़ के प्रमुख राजपूत घराने के ठाकुर लक्ष्मण सिंह की पुत्री थीं। नथू सिंह की दो पुत्री और तीन पुत्र हुए, इनमें से दो बेटे सेना से जुड़े। सबसे बड़ी बेटी चंद्र कुमारी का जन्म नवंबर 1927 में हुआ और एक पुलिस अधिकारी के साथ उनका विवाह हुआ। दूसरी बेटी का जन्म मार्च 1929 में हुआ। इनका विवाह मेजर गुमान सिंह के साथ हुआ, जिन्होंने 1947–48 के जम्मू एवं कश्मीर के ऑपरेशन में अपने ससुर की बटालियन 1/7 राजपूज की कमांड संभाली। इस ऑपरेशन में बटालियन ने अदम्य साहस का प्रदर्शन किया और काफी जवान शहीद भी हुए। नथू सिंह के बड़े पुत्र प्रताप सिंह का जन्म 1931 में हुआ। उन्होंने एक सर्वोत्कृष्ट कैवेलरी रेजिमेंट में कमीशन प्राप्त किया, लेकिन अस्वस्थता के कारण कुछ वर्ष के उपरांत छोड़ना

पड़ा। उनके दूसरे पुत्र रण विजय सिंह का जन्म दिसंबर 1932 में हुआ। वे भारतीय नौसना में शामिल हुए और डार्टमाउथ में प्रशिक्षण प्राप्त किया, जहां से 1952 में उत्तीर्ण हुए। वे रीयर एडमिरल के पद से सेवानिवृत्त हुए। तीसरे पुत्र अमरजीत सिंह का जन्म दिसंबर 1935 में हुआ और वे एक चाय कंपनी के साथ जुड़े।

वर्ष 1926 में नथू सिंह 10/7 राजपूत में तैनात थे, जो संयुक्त प्रांत के फतेहगढ़ में रेजिमेंट की प्रशिक्षण बटालियन थी। वर्ष 1929 में अपनी मूल बटालियन में पुनः तैनाती मिलने तक वे वहां तीन वर्ष तक रहे। फतेहगढ़ में रहने के दौरान उन्होंने कांग्रेस के नेताओं के साथ अपना मेल-मिलाप बनाए रखा, जिनमें नेहरू, जिन्नाह और सरोजनी नायडू शामिल थीं। स्कीन समिति के समक्ष साक्ष्य प्रस्तुत करने के दौरान इन नेताओं के साथ उनका संपर्क हुआ था। वर्ष 1926 में सर एंड्र्यू स्कीन की अध्यक्षता में बनी इस समिति का गठन एक भारतीय सैंडहर्स्ट स्थापित करने की संभावनाओं को समझने के लिए किया गया था। कई अन्य सदस्यों के अलावा इसमें पं. मोतीलाल नेहरू और मो. अली जिन्नाह भी सदस्य थे। समिति ने 122 गवाहों के विचार सुने, जिनमें कमांडिंग ऑफिसर, केसीआईओज़, उनके माता-पिता और वीसीओज़ शामिल थे। किंग्स कमीशन प्राप्त जिन भारतीय अधिकारियों ने गवाही दी उनमें करियप्पा और नथू सिंह भी शामिल थे। मार्च 1926 में समिति से इस्तीफा देने वाले पं. मोतीलाल नेहरू को इसी दौरान नथू सिंह की सेना छोड़ने की इच्छा के बारे में पता चला। एक कट्टर राष्ट्रवादी होने के कारण नथू सिंह उस भारतीय सेना में खुश नहीं थे, जो अंग्रेजों की शक्ति का साधन थी। मोतीलाल नेहरू ने फतेहगढ़ स्थित नथू सिंह के निवास पर कुछ शामें बिताई थीं, वहां वे कुछ अंग्रेज अफसरों और उनके परिवारों से भी मिले थे। मोतीलाल नेहरू ने नथू सिंह को सलाह दी कि राष्ट्रीय आंदोलन या भारत सरकार के राजनीतिक विभाग से जुड़ने या फिर डूंगरपुर रियासत की सेवाओं से जुड़ने के बजाय वे सेना में बने रहें। नथू सिंह ने उनकी इस सलाह का पालन किया और सेना में सेवा करते रहे, भले ही उनका दिल वहां नहीं लग रहा था।

फतेहगढ़ में कार्यकाल के दौरान नथू सिंह की बटालियन में सी-इन-सी फील्ड मार्शल सर विलियम बर्डवुड का आगमन हुआ। सभी अधिकारी उनसे परिचय करने के लिए पंक्तिबद्ध खड़े थे। नथू सिंह ने सामान्य विनियमन हैट के बजाय साफा पहन रखा था। नथू सिंह ने जब से कमीशन प्राप्त किया तब से साफा ही पहनते थे, और अचरज की बात यह कि कभी किसी ने आपत्ति नहीं की थी। जब कमांडर इन चीफ़ नथू सिंह के पास पहुंचे तो उनको लगा कि वे वीसीओ हैं, जो आमतौर पर इस प्रकार का शिरस्त्राण पहनते थे। हाथ मिलाते हुए उन्होंने हिंदुस्तानी भाषा में पूछाः 'कैसा है साहिब?'। वीसीओ को आमतौर पर 'साहिब' कहकर पुकारा जाता था, जैसा कि भारतीय सेना में जेसीओ को आज भी साहिब कहा जाता है। बिना पलक झपकाए नथू सिंह ने भी हिंदुस्तानी में जवाब दियाः 'बहुत अच्छा है साहिब'।

अब तक कमांडिंग ऑफिसर यह गफलत समझ चुके थे और उन्होंने उनका परिचय मिस्टर नथू सिंह के तौर पर सी-इन-सी से कराया। चीफ तुरंत बोलेः 'हाउ डू यू डू, नथू सिंह?' नथू सिंह ने पुनः उत्तर दियाः 'वेरी वेल सर।'

वर्ष 1929 में नथू सिंह पुनः 1/7 राजपूत बटालियन में आ गए, जो वज़ीरिस्तान के रज़माक में थी। वर्ष 1930 में बटालियन पेशावर चली गई और उसके अगले वर्ष नथू सिंह को पदोन्नति प्रदान कर कैप्टन बना दिया गया। इसके बाद एक बार फिर सी-इन-सी फील्ड मार्शल बर्डवुड ने बटालियन का दौरा किया। उन्होंने वहां तैनात भारतीय अधिकारियों की संख्या के बारे में पूछा। जब उन्हें बताया गया कि एक मात्र नथू सिंह हैं, तो बर्डवुड उनके पास गए और बोलेः 'आपकी प्रगति कैसी चल रही है? याद रखिए एक दिन आपको इस बटालियन का नेतृत्व करना होगा। इसलिए अभी सीखिए, ताकि युद्ध में आप बेहतर कर सकें।'

उस समय, भारतीय अधिकारी भले ही अफसरों के मेस के सदस्य थे, लेकिन उन्हें क्लब की सदस्यता नहीं दी जाती थी। उसमें केवल यूरोपीय लोगों को प्रवेश था। इससे अजीब सी स्थिति पैदा हो गई, जिससे बचने के लिए भारतीय अधिकारियों को माननीय सदस्यता प्रदान कर दी गई। 1933 में पेशावर क्लब के माननीय सदस्यों में से तीन भारतीय अधिकारियों ने स्थायी सदस्यता के लिए आवेदन किया, जिसको अस्वीकार कर दिया गया। जब नथू सिंह को इस बारे में पता चला तो उनको बहुत गुस्सा आया। वे अपनी माननीय सदस्यता पहले ही त्याग चुके थे, अब उन्होंने बाकी भारतीय अधिकारियों को भी ऐसा करने की सलाह दी। परिणामस्वरूप, सभी भारतीयों ने सामूहिक इस्तीफा दे दिया। इस कदम से आतंक मच गया और क्लब के अध्यक्ष ने 21 नवंबर 1932 को नथू को पत्र लिखाः

> क्लब समिति को उम्मीद है कि आप क्लब के माननीय सदस्य बनने का निमंत्रण स्वीकार करेंगे, क्योंकि उनको लगता है कि जब उचित समय पर स्थायी सदस्यता का मुद्दा पुनः चर्चा के लिए आएगा, तो उन्हें इस पर विचार करने में आसानी होगी। आपके द्वारा एक वर्ष पहले क्लब की सदस्यता से इस्तीफा दिये जाने का समिति को खेद है।

क्लब द्वारा पत्र की प्रतियां अन्य भारतीय अधिकारियों को भी भेजी गईं। नथू सिंह का गुस्सा उनके पत्र की उस टिप्पणी में स्पष्ट नजर आया, जिसको 'नितांत व्यक्तिगत' चिह्नित किया गयाः

> अगर मुझ पर छोड़ा जाए, तो मैं उस बार को गधों या फिर बेहतर नस्ल के खच्चरों से जुतवाना ज्यादा पसंद करूंगा, जहां स्थायी सदस्यता के लिए आवेदन करने वाले सरकारी कर्मचारियों की अर्जी अस्वीकार करने का षडयंत्र रचा गया।

इसके बाद जल्द ही, मोहमंद ऑपरेशन के संतोषजनक समापन का जश्न मनाने के लिए क्लब में एक रात्रि भोज का आयोजन किया गया। इस ऑपरेशन के लिए बाद में नथू सिंह

का नाम प्रेषणों* (डिस्पेचेज़) में उल्लेख किया गया। नथू सिंह ने इस रात्रि भोज का बहिष्कार करने का निर्णय लिया और अन्य भारतीय अधिकारियों ने भी ऐसा ही किया। इसको लेकर काफी शोर-शराबा हुआ। छुट्टी पर गए नथू सिंह के कमांडिंग ऑफिसर लेफ्टिनेंट कर्नल वी.आर. मुन्टन ने 16 नवंबर 1933 को इंग्लैंड से लिखाः

> ब्लैक्सलैंड ने मुझे बताया कि उन्होंने आपका नाम 'मेंशन' के लिए चुना है और मैं कल जनरल कोलेरिज से मिला, उन्होंने बताया कि आपका नाम आगे भेज दिया गया है, तो मुझे उम्मीद है कि आपको सम्मान मिल जाएगा। मैं आपको बधाई देता हूं। लेकिन क्लब में रात्रि भोज प्रकरण के बारे में, जनरल कोलेरिज ने मुझे बताया, इस संपूर्ण बहिष्कार के पीछे आपका दिमाग था। मेरे लिए इतनी दूर से पूरे प्रकरण को समझ पाना और उस समय के वातावरण को भांपना मुश्किल है—मैं इस मसले को वापस आकर देखूंगा। लेकिन इतना तो मुझे लगता है कि रात्रि भोज में न जाना अत्यंत मूर्खतापूर्ण था। बल्कि, अगर आप मानें तो रेजिमेंट एक पवित्र वस्तु होती है, और इसे 100 वर्षों की परंपरा और खून से प्रतिष्ठित किया गया है। एक निजी समस्या के लिए इसे नीचा दिखाना बहुत ही क्षुद्र प्रतीत होता है। संभवतः आपकी यह मंशा नहीं होगी, लेकिन इसमें असहयोग की गंध आती है—और सेना के अंदर असहयोग नितांत विनाशकारी है। जिद्दी रवैया अख्तियार करने से बहुत लाभ होने वाला नहीं। इस तथ्य के अलावा, अगले मोर्चे पर अगर बटालियन पीछे छूट जाए, तो आपका अपना सैन्य करियर प्रभावित हो सकता है। एक सफल स्टाफ अधिकारी को शिष्टाचार और संवेदना दिखाने की जरूरत होती है, और उसे मध्य पथ पर चलने के लिए तैयार रहना चाहिए।

इंग्लैंड से वापस आने के बाद लेफ्टिनेंट कर्नल मुन्टन ने मामले की जांच की, तब उनको पता चला कि गड़बड़ नथू सिंह ने नहीं, बल्कि कुछ अंग्रेज अफसरों ने की थी। अवश्य ही नथू सिंह ने रात्रि भोज में जाने से इंकार किया, लेकिन यह तीन भारतीय अधिकारियों के आवेदन अस्वीकार कर दिये जाने की प्रतिक्रिया थी। वास्तव में अपने भारतीय साथियों के साथ खड़े होने से नथू सिंह का सम्मान उन अंग्रेज अधिकारियों के मन में बढ़ गया, जो मानते थे कि क्लब के नियम अनुचित थे।

वर्ष 1934 में 1/7 राजपूत बटालियन दक्खन में सिकंदराबाद चली गई। अब तक नथू सिंह और बटालियन एक दूसरे के आदी हो चुके थे। आज की भांति उस समय भी स्टाफ कॉलेज को सेना में उच्च रैंक प्राप्त करने की पहली सीढ़ी माना जाता था और

* टेलिग्राफ और टेलिफोन के आविष्कार से पहले सेना नायक रण भूमि से, राजा या कमांडर-इन-चीफ़ को लिखित रिपोर्ट भेजते थे। इन्हें 'डिस्पेचेज़' कहा जाता था। आज उन वीरतापूर्ण कार्यों, जो गैलेंट्री पुरस्कार के योग्य नहीं होते, उनका उल्लेख 'डिस्पैचेज़' में किया जाता है। 'मेंशन ईन डिसपैचेज' छोटे गैलेंट्री पुरस्कार के समान ही है, बस इसमें प्राप्तकर्ता को औपचारिक रूप से मेडल/क्रॉस प्रदान नहीं किया जाता।

सभी अधिकारी योग्यता प्राप्त करते ही उसकी प्रवेश परीक्षा पास करने का प्रयास करते थे। हालांकि, इसके लिए पहले उन्हें अपने कमांडिंग अफसर की सिफारिश लेनी होती थी। नथू सिंह के मामले में यह महज एक महत्वाकांक्षा नहीं थी, जिसने उन्हें प्रेरित किया, बल्कि अंग्रेजों के समक्ष यह सिद्ध करने की तीव्र इच्छा भी थी कि वे उससे कहीं ज्यादा बेहतर हैं, जितना वे उनको समझते हैं।

तीन सालों तक नथू सिंह को स्टाफ कॉलेज की परीक्षा में बैठने की सिफारिश इस आधार पर नहीं दी गई कि उनका अनुभव कम था। स्वभाविक तौर पर वे अत्यंत क्रोध में थे, खासतौर से यह देखकर कि उनके कनिष्ठ अधिकारियों को अनुमति प्रदान कर दी गई। हालांकि वे इंतजार करने के अलावा कुछ नहीं कर सकते थे। फिर एक नए कमांडिंग अफसर आए और 1935 में नथू सिंह को आवश्यक अनुमति प्रदान कर दी गई। नथू सिंह ने प्रवेश परीक्षा दी और न केवल परीक्षा उत्तीर्ण की बल्कि प्रतिस्पर्धी रिक्त स्थान भी प्राप्त किया। वास्तव में उन्होंने स्ट्रेटजी के पेपर में 1000 में से 915 अंक प्राप्त किये, एक ऐसा रिकॉर्ड जिसकी आज तक कोई बराबरी नहीं कर पाया है। बिना किसी मार्गदर्शन या कोचिंग के यह सफलता प्राप्त करने पर उनके कमांडिंग अफसर ने उनकी सराहना की। नथू सिंह के लिए यह सफलता खासतौर पर बहुत सुखद थी, क्योंकि उनके पहले कमांडिंग अफसर ने उनको अनुभवहीन और परीक्षा में बैठने के लिए बहुत अच्छा नहीं समझा था।

क्वेटा में उनके एक प्रशिक्षक थे बीएल मोंटगोमरी, जिन्होंने बाद में एल अलामिन के विजेता के तौर पर ख्याति प्राप्त की। 'मॉन्टी' नथू सिंह की तीक्ष्ण बुद्धि और सामरिक समस्याओं की समझ से अत्यधिक प्रभावित थे, और उन्होंने कहा था कि नथू सिंह अपने पेशे में बहुत आगे जाएंगे। मॉन्टी का झुकाव भारत विरोधी था और भारतीयों व उनकी बौद्धिक क्षमता के बारे में उनकी खराब राय थी। बताया जाता है कि उन्होंने एक बार कहा, 'मुझे भारतीय चीजें पसंद नहीं', जिस पर नथू सिंह ने तुरंत जवाब दियाः 'सर, फिर आप यहां क्या कर रहे हैं?'

वर्ष 1937 में क्वेटा स्थित स्टाफ कॉलेज में सफलतापूर्वक कोर्स समाप्त करने के उपरांत नथू सिंह को नौशेरा ब्रिगेड में स्टाफ कैप्टन के तौर पर तैनात किया गया। द्वितीय विश्व युद्ध छिड़ जाने के उपरांत उनको मेजर रैंक पर पदोन्नति प्रदान कर, उसी ब्रिगेड में ब्रिगेड मेजर नियुक्त किया गया। नथू के अपने ब्रिगेड कमांडर ब्रिगेडियर नाइ के साथ बहुत अच्छे संबंध रहे, जो बाद में इम्पीरियल जनरल स्टाफ के वाईस चीफ बने। हलांकि, नथू सिंह अपने कांग्रेस समर्थक विचारों के कारण नाइ के बाद आए उनके उत्तराधिकारी के साथ विवादों में रहे। वर्ष 1942 में उनका तबादला चतुर्थ ब्रिटिश कोर में जनरल स्टाफ अफसर-2 (रसायनिक युद्ध पद्धति) के तौर पर इम्फाल कर दिया गया। यहां उनका मुख्य कार्य उन शरणार्थियों को निकालना था, जो बर्मा पर जापान के आक्रमण के परिणामस्वरूप भारत

आ गए थे। उन्होंने सचमुच ऐसे हजारों शरणार्थियों को बचाया जिनकी मृत्यु निश्चित थी और उनके इस योगदान को पहचानकर उनको 2/7 राजपूत बटालियन में सेकंड-इन-कमांड के तौर पर स्थानांतरित किया गया।

अब तक नथू सिंह सेना में 20 वर्ष की सेवाएं प्रदान कर चुके थे और उनको लेफ्टिनेंट कर्नल के पद पर पदोन्नति प्रदान कर बटालियन की कमांड सौंप दी जानी चाहिए थी। लेकिन शायद उनके राष्ट्रवादी रुख के कारण, उनकी पदोन्नति को तकरीबन एक वर्ष लंबित रखा गया और वे 2/7 राजपूत बटालियन के सेकंड-इन-कमांड बने रहे। 1942 में भारत छोड़ो आंदोलन के दौरान उन्हें आंदोलन को दबाने के निर्देश दिये गए। जिस रास्ते से होकर रैली को गुजरना था, वहां उन्होंने एक सैन्य दल लगा दिया, अपने परिचित कांग्रेस नेताओं को समझाकर नथू सिंह ने उन्हें दूसरा मार्ग अपनाने को राजी कर लिया। अगले दिन कमांडिंग अफसर ने पुनः उन्हें आंदोलनकारियों को रोकने के निर्देश दिये। नथू सिंह ने इस बार यह कहकर विरोध किया कि देश के लिए आजादी मांग रहे अपने ही देशवासियों पर गोली चलाने को उन्हें कहना अनुचित था। उन्होंने कमांडिंग अफसर से यह कार्य किसी अन्य अफसर को सौंपने का निवेदन किया, लेकिन उनकी बात खारिज कर दी गई। साथ ही हिदायत भी दी गई कि अगर वे आदेश की अवज्ञा करेंगे तो उनका कोर्ट मार्शल किया जाएगा।

नथू सिंह ने आदेश मानने से इंकार कर दिया और मामले को जिला कमांडर मेजर जनरल ब्रूस स्कॉट के समक्ष उठाया गया। अधिकांश अंग्रेज अफसर यह सोचकर अपनी मुस्कुराहट छिपा नहीं पा रहे थे कि 'हठीला' आखिर फंस ही गया। जब नथू सिंह जनरल स्कॉट के समक्ष पेश हुए तो उन्होंने एक 'कर्तव्यनिष्ठ विरोधकर्ता' के तौर पर खुद का बचाव किया और उन्होंने आयरलैंड में इसी प्रकार के मामलों का हवाला दिया। सौभाग्य से स्कॉट आयरलैंड वासी निकले। उन्होंने नथू सिंह द्वारा उठाए गए कदम की सराहना की और उनको छोड़ दिया।

20 अक्टूबर 1943 को उन्हें लेफ्टिनेंट कर्नल बना दिया गया और छिंदवाड़ा में 9/7 राजपूत बटालियन की कमांड सौंप दी गई। जब उन्होंने कार्यभार संभाला, तब बर्मा में जापानियों के हाथों हार जाने के कारण बटालियन को 'युद्ध के लिए अनुपयुक्त' ग्रेड दिया गया था। नथू सिंह ने ऐसे काम किया मानो सिर पर भूत सवार हो और कुछ महीनों के अंदर ही उन्होंने बटालियन को बदल कर रख दिया। वे ऊर्जा और दृढ़ता से लबरेज़ थे और उनकी कड़ी मेहनत रंग लाई। अगले निरीक्षण के दौरान, ब्रिगेड कमांडर को बटालियन में न के बराबर कमियां मिलीं और बटालियन को अब 'युद्ध के लिए उपयुक्त' ग्रेड प्रदान कर दी गई। वास्तव में उसे डिविजन की सर्वश्रेष्ठ बटालियन घोषित किया गया और 14वीं भारतीय डिविजन के जीओसी मेजर जनरल 'टाइगर' कर्टिस ने पूरी डिविजन के सामने एक परेड में

उनको बधाई दी। विडंबना ही थी कि यह उपलब्धि उन नथू सिंह ने अर्जित की जिनको 20 वर्ष पहले उनके कमांडिंग अफसर द्वारा नाकाबिल समझा गया था, लेकिन उन्होंने अपने वरिष्ठ अंग्रेज अधिकारियों व सहयोगियों पर गहरी छाप छोड़ी।

डिविजन कमांडर, 'टाइगर' कर्टिस को बहुत मुश्किल से प्रसन्न होने वाला माना जाता था। एक बार नथू सिंह को डिविजन के समस्त अधिकारियों के समक्ष प्रदर्शन करने के लिए कहा गया। कर्टिस नथू सिंह के प्रदर्शन से इतने प्रसन्न हुए कि उन्होंने सबके सामने उन्हें सैल्यूट किया। एक अधीनस्थ अधिकारी, वह भी भारतीय, के लिए यह एक दुर्लभ सम्मान था। इसके बाद नथू सिंह जीओसी की आंख के तारे बन गए। 109 इंडियन इंफैन्ट्री ब्रिगेड के कमांडर और नथू सिंह के वरिष्ठ अधिकारी ब्रिगेडियर टालबॉट को यह बुरा लगा। हालांकि वे भी नथू सिंह की पेशेवर क्षमताओं के प्रशंसक थे। एक दिन, जब नथू सिंह बटालियन छोड़ चुके थे, तब ब्रिगेडियर टालबॉट 9/7 राजपूत बटालियन के दौरे पर आए। नथू सिंह के बारे में बात करते हुए उन्होंने कहाः 'रौबीली मूंछों वाले आपके पूर्व कमांडिंग अफसर कुछ भी कर सकते थे।'

तकरीबन तीन वर्ष बाद नथू सिंह को इटली में 3 मराठा लाइट इंफैन्ट्री के कमांडिंग अफसर के तौर पर तैनाती के आदेश मिले। उनको बहुत हैरानी हुई और क्रोध भी आया, क्योंकि उन्हें अपनी ही बटालियन 1/7 राजपूत की कमांड मिलने की उम्मीद थी। सक्रिय बटालियन की कमांड उनको त्वरित पदोन्नति का हकदार बना सकती थी, और शायद उनको रण क्षेत्र में ब्रिगेड की कमांड संभालने का मौका भी मिल जाता और ऐसा करने वाले वे पहले भारतीय होते। लेकिन नथू सिंह को अपनी ही बटालियन की कमांड चाहिए थी, और कुछ भी नहीं। उन्होंने सी-इन-सी जनरल ऑकिनलेक के यहां अपील दायर की, जिनके अधीन उन्होंने उत्तर पश्चिमी सीमांत प्रांत में सेवाएं प्रदान की थीं और उनको वे अपना मार्गदर्शक भी मानते थे। वर्ष 1933 के मोहमंद ऑपरेशन के दौरान 1/7 राजपूत ब्रिगेडियर ऑकिनलेक की ब्रिगेड का हिस्सा थी। नथू सिंह बटालियन के एडजुटेंट थे और भारी गोलाबारी के बीच उनको एक कंपनी से दूसरी कंपनी के बीच आदेश और निर्देश लेकर दौड़ते हुए देखा जा सकता था। ऑकिनलेक नथू सिंह के साहस को देखकर प्रभावित हुए और उन्होंने उनका जिक्र डिस्पैच में किया। यहीं से नथू सिंह और 'ऑक' के बीच लंबे रिश्ते की शुरुआत हुई।

ऑक ने उनके स्थानांतरण आदेश को तुरंत निरस्त कर दिया और नथू सिंह ने 17 सितंबर 1944 को 1/7 राजपूत बटालियन की कमांड संभाली। जब द्वितीय विश्व युद्ध समाप्त हुआ तब वे अंडमान में बटालियन की कमांड संभाल रहे थे। दक्षिण पूर्वी एशिया के सर्वोच्च अलाइड कमांडर की तरफ से उन्होंने अंडमान और निकोबार द्वीप समूह में जापानी सैनिकों का आत्मसमर्पण वाइस एडमिरल तीजो हारा से स्वीकार किया। अंडमान से ही उन्होंने ऑकिनलेक को वह प्रसिद्ध पत्र लिखा, जिसमें आईएनए पर

चलाए जा रहे मुकदमों का विरोध था। अपने आठ पृष्ठ लंबे और कठोरतम भाषा में लिखे इस पत्र में उन्होंने मुकदमों में हो रहे अन्याय और उसकी प्रतिक्रिया के बारे में क्रोध और पीड़ा व्यक्त की थी।

सत्रह दिसंबर 1945 को लिखे पत्र में नथू सिंह ने एक नोट संलग्न किया, जिसका शीर्षक था 'आईएनए ट्रायल्स का सेना में एक भारतीय के मन पर असर'। उन्होंने पत्र में निम्न मुख्य कारण गिनाए जिनकी वजह से आईएनए का गठन हुआः

1. भारतीय अधिकारियों के साथ सामान्य व्यवहार, जिसमें मेस के अंदर भारतीय भोजन न देना, और भारतीय परिधान पहनने की स्वतंत्रता न देना, भारतीय संगीत या मातृभाषा में बातचीत करने की आजादी का न होना।
2. जपानियों द्वारा भारतीय युद्ध बंदियों का ब्रेन वॉश, अधिप्रचार और अत्यधिक उत्पीड़न करना।
3. ब्रिटिश सरकार ने सेना के भारतीयकरण की मांग को शांत करने के लिए सैंडहर्स्ट में प्रवेश खोला और प्रिंस ऑफ वेल्स रॉयल मिलेट्री कॉलेज (अब इसका नाम राष्ट्रीय इंडियन मिलेट्री कॉलेज है) की स्थापना की। लेकिन सैंडहर्स्ट में सिर्फ पांच रिक्तियां देकर और प्रत्याशियों को तैयार करने के लिए सिर्फ एक स्कूल खोलना, एक छल था।
4. 8 यूनिट स्कीम, जिसमें यह सुनिश्चित किया गया कि ब्रिटिश अधिकारियों को भारतीयों के नीचे काम न करना पड़े, प्रभावी ढंग से उन्हें अलग-थलग करती है।
5. आर्टिलरी, नौसेना और वायु सेना में भारतीयों को नगण्य संख्या में प्रतिबंधित रखना।
6. इंडियन मिलेट्री अकादमी का खुलना भारतीयकरण की दिशा में एक कदम होना चाहिए था। लेकिन केसीआईओज़ को जहां कंपनी अधिकारी बनाया गया, वीसीओज़ को हटाकर आईसीओज़ को प्लाटून की कमांड सौंप दी गई। अतः ब्रिटिश अधिकारियों की संख्या में कोई कमी नहीं आई।
7. आईएमए की स्थापना के बाद भारतीयों को किंग्स कमीशन प्रदान करना बंद हो गया और उनको भारतीय कमीशन दिये जाने लगे। इससे यह भाव उत्पन्न हुआ कि भारतीय अधिकारी निम्न स्तर के थे और प्रांतीय सिविल सेवा के बराबार थे, जो आईसीएस के अधीनस्थ थी। आईसीएस की तुलना केसीआईओज़ के साथ की जाती थी। जिसके परिणामस्वरूप उच्च्च वर्ग ने अपने बच्चों को सेना में भेजना बंद कर दिया और आईसीएस को तरजीह दी।
8. केसीआईओ और आईसीओ के बीच वेतन के मामले में भेदभाव, जबकि दोनों समान कार्य करते थे और उन्हें समान जीवन स्तर बनाकर रखना होता था।

9. यूनिटों में आईसीओ ने वीसीओ का स्थान ले लिया, जिससे वीसीओ की रिक्तियां घट गईं।
10. ज्यों ही द्वितीय विश्व युद्ध प्रारंभ हुआ, भारतीयकरण को इस आधार पर ठंडे बस्ते में डाल दिया गया कि भारतीय अधिकारियों के नेतृत्व वाली यूनिटों पर विश्वास नहीं किया जा सकता।

नथू सिंह को लगा कि यदि इन सभी कारकों को जोड़ कर देखा जाए, तो ये गहरा संदेह उत्पन्न करते हैं कि अंग्रेज सेना के भारतीयकरण के प्रति सचमुच गंभीर थे या फिर जनता व बाहरी दुनिया को प्रभावित करने के लिए ये महज एक दिखावा है। भले ही दो युद्धों में 25 लाख भारतीयों ने लड़ाई में हिस्सा लिया, लेकिन एक भी भारतीय जनरल की रैंक तक नहीं पहुंच सका। ऑपरेशन से जुड़ी महत्वपूर्ण नियुक्तियां उनको नहीं दी जातीं और मुट्ठी भर भारतीयों को यूनिट की कमांड सौंपी जाती थीं। सोवियत संघ, जो तकरीबन उसी समय बना जब भारत में भारतीयकरण प्रारंभ हुआ, उसके साथ तुलना करने पर अंतर स्पष्ट दिखता था। हालांकि, नथू सिंह की सबसे तीखी टिप्पणी भारतीयों के साथ होने वाले अन्यायपूर्ण व्यवहार पर थीः

> इंडियन नेशनल आर्मी (आईएनए) का गठन केवल बोस जैसे नताओं का काम नहीं था या फिर जापान की मौकापरस्ती नहीं थी। आईएनए का गठन और उसकी वृद्धि के पीछे सीधा कारण था सेना में भारतीय अफसरों के साथ लगातार अन्यायपूर्ण व्यवहार। यह भारतीय सेना में विभिन्न तत्वों पर वर्षों के असंतोष, निराशा और घृणा की स्वभाविक धरोहर है। आईएनए के वर्तमान सदस्यों को उनके आचरण के लिए दोष देना चाहिए, लेकिन उतना ही दोष सेना में विद्यमान उन साम्राज्यवादी भारत विरोधी तत्वों का भी है, जिन्होंने अपनी बातों और कार्यों से वफादार भारतीय मस्तिष्क में रंजिश पैदा कर दी। और आखिरी दोष, पूर्वी एशिया में ब्रिटिश द्वारा पलट जाने का भी है, जिसमें भारतीय सैनिकों को उनके भाग्य के भरोसे छोड़ दिया गया।
>
> समय नाज़ुक है, और इस मोड़ पर कई बड़े मुद्दे दांव पर लगे हैं। महत्वपूर्ण निर्णय लेने होंगे, और इन्हीं पर भविष्य के भारत-ब्रिटिश संबंध निर्भर करेंगे। आईएनए के उन लोगों की पूर्व सेवाओं पर नर्म रुख अपनाया जाए, जिन्होंने दुश्मन के कब्जे में आने से पहले वास्तव में ब्रिटिश के लिए लड़ाई लड़ी। बुद्धिमानी और दूरदृष्टि कहती है कि आईएनए सदस्यों के अपराधों को माफ कर दिया जाए।

इतने संवेदनशील राजनीतिक मुद्दे पर एक लेफ्टिनेंट कर्नल द्वारा सी-इन-सी को लिखे गए इतने भड़काऊ खत पर कोई भी अचंभित हो सकता है। ऑक का जवाब भी कम आश्चर्यजनक नहीं रहा। अपमान महसूस करने के बजाय उन्होंने समझा कि नथू सिंह द्वारा व्यक्त की गई भावनाएं उनकी राष्ट्रवादी व्यग्रता से निकली हैं, न कि विद्रोही स्वभाव के

कारण। न केवल उन्होंने इस तथ्य को नजरंदाज किया कि नथू सिंह ने सीधे सी-इन-सी को लिखकर प्रोटोकॉल तोड़ा था, बल्कि अपने हाथ से खत का जवाब भी दिया। वे नथू सिंह के दिल में हो रही पीड़ा को समझ सकते थे और उनके साथ हमदर्दी भी रखते थे। हालांकि, सिंह के पत्र में भरी कड़वाहट से वे बहुत विचलित और आहत हुए। उन्होंने नथू सिंह को चेताते हुए गंभीर सलाह दी, मानो स्कूल का हेडमास्टर अपने सबसे प्रिय छात्र को झिड़क रहा हो। पत्र में भारतीय सेना के प्रति ऑक का लगाव और भारतीय अधीनस्थों के प्रति उनका लगाव झलकता है।

उन्नीस फरवरी 1946 को ऑक द्वारा हस्तलिखित पत्र जिस पर 'पर्सनल एंड प्राइवेट' चिह्नित था, इस प्रकार हैः

> मैं जानता हूं कि आपके द्वारा व्यक्त किये गए कई विचार तथ्यों पर अधारित हैं। वहीं मुझे यह भी लगता है कि आपके द्वारा पुरानी गलतियों को कुरेदते रहना और कड़वाहट गलत है और मैं जानता हूं आपकी कई राय अतिरंजित और अनुचित हैं। मैं कहता हूं कि मैं यह *जानता* हूं और यह सोचकर मुझे दुःख होता है कि जिसको मैं अपना पुराना मित्र समझता हूं, उसे जानबूझकर पुरानी गलतियों और गलतफहमियों को उभारना चाहिए.... आप उन लोगों में से हैं जिन पर मैं भरोसा रखने की उम्मीद करता हूं.... मैं अत्यधिक विचलित हूं और मैं यह कह सकता हूं कि आपके द्वारा नोट में प्रदर्शित सामान्य नज़रिये से निराश हूं, लेकिन फिर भी मुझे उम्मीद है कि यह आपके मन के स्थायी स्वरूप को नहीं दर्शाता है, क्योंकि इससे मुझे बहुत दुःख होगा.... कहने की आवश्यकता नहीं, मैं आपको आश्वस्त करता हूं कि यह हमारे बीच का व्यक्तिगत मामला है। आपका नोट किसी अन्य के द्वारा नहीं देखा जाएगा और न ही आपकी आधिकारिक स्थिति पर इसका फर्क पड़ेगा। जहां तक मेरा प्रश्न है, क्योंकि मुझे अहसास है कि अगर आपका मेरी नेक नीयत और मित्रता पर पूरा भरोसा न होता तो आप मुझे इस प्रकार पत्र नहीं लिखते... मैं आपके द्वारा मेरे प्रति इस तरह पूरी स्वतंत्रता और खुलेपन से लिखे जाने की कद्र करता हूं....

मई 1946 में नथू सिंह कर्नल बने और उनको सेना मुख्यालय के एडजुटेंट जनरल की शाखा में कार्मिक सेवा में उपनिदेशक के पद पर तैनात किया गया। यह कार्यालय उस समय मेरठ में स्थित था। जल्द ही उनके और निदेशक ब्रिगेडियर ड्यूक के बीच मतभेद पैदा हो गए, जिसके कारण दोनों में से एक का तबादला करना आवश्यक हो गया। सामान्य परिस्थितियों में नथू सिंह को जाना चाहिए था, लेकिन ऑक ने ब्रिगेडियर ड्यूक का तबादला करने का निर्णय लिया और नथू सिंह को ब्रिगेडियर रैंक पर पदोन्नति देकर ड्यूक की जगह निदेशक नियुक्त किया। नथू सिंह ने सी-इन-सी को अर्जी भेज कर ड्यूक के बजाय अपना तबादला करने का निवेदन किया, लेकिन ऑक नहीं माने। शायद उनको लगा कि नथू सिंह अपनी जगह सही थे या फिर शायद उनका नथू सिंह के प्रति लगाव था, जिसके चलते उन्होंने यह निर्णय लिया।

नथू सिंह की ऑक के साथ नजदीकी का अंदाजा इसी बात से लगाया जा सकता है कि जब ऑक को उनके ब्रिगेडियर ड्यूक के साथ हुए मतभेदों के बारे में पता चला तो उन्होंने नथू सिंह को दिल्ली बुलाया और अपने निवास में ठहरने का निमंत्रण दिया। इस निवास का नाम बाद में तीन मूर्ति भवन रखा गया और नेहरू के जमाने में यह प्रधानमंत्री का घर बना। ऑक नथू सिंह को अपने साथ इंग्लैंड भी ले गए ताकि वे ब्रिटिश आर्मी में अधिकारियों की चयन प्रक्रिया का अध्ययन कर सकें। जब नथू सिंह का वापस मेरठ लौटने का वक्त आया तो उन्होंने एडीसी से उन ड्रिंक्स का बिल देने को कहा, जो उन्होंने सी-इन-सी के साथ ठहरने के दौरान लिये। एडीसी ने उनसे सी-इन-सी से बात करने को कहा, जो उन्होंने की। ऑक ने इस पर जवाब दियाः 'नथू बेवकूफी की बात मत करो। आप मेरे अतिथि हैं'। इस पर नथू सिंह ने जवाब दयाः 'सर, काश आपने पहले बताया होता। मैं थोड़ी और ज्यदा ड्रिंक्स ले लेता।'

निदेशक बनने के बाद, नथू सिंह ने सेना और अधिकारी संवर्ग के पुनर्गठन पर एक पेपर प्रस्तुत किया, जिस पर ऑक ने अनुमोदन प्रदान कर दिया। इमरजेंसी कमीशन प्राप्त अधिकारियों (ईसीओज़) के लिए योल में एक प्रशिक्षण विद्यालय को त्वरित मंजूरी दी गई ताकि उनको स्थायी नियमित कमीशन (पीआरसी) दिया जा सके। इससे तकरीबन 4000 ईसीओज़ को सेना में आईसीओज़ के तौर पर सम्मिलित होने में मदद मिली। इसी दौरान नथू सिंह को स्वतंत्रता के बाद सी-इन-सी के पद की पेशकश की गई। अंतरिम सरकार के रक्षा मंत्री सरदार बलदेव सिंह ने एक चाय पार्टी के दौरान तमाम नेंताओं की उपस्थिति में यह प्रस्ताव रखा, तब वहां पंजाब और एनडब्ल्यूएफपी के प्रधान भी मौजूद थे। इसके बाद 22 नवंबर 1946 को रक्षा मंत्री ने एक पत्र भी लिखाः

> आपके द्वारा 21 नवंबर को लिखा गया पत्र मुझे प्राप्त हो गया है। तीनों रक्षा सेवाओं की कमांड के साथ भारत के प्रथम सी-इन-सी पद के लिए आपके नाम का चयन किया गया है। मुस्लिम लीग द्वारा 'अंतरिम सरकार' से जुड़ने के बाद यह निर्णय हुआ और इसमें सरकार के अंदर शामिल सभी राजनीतिक पार्टियों की सहमति है। इसमें वर्तमान सी-इन-सी की अनुशंसा और गवर्नर जनरल, वायसरॉय का अनुमोनदन है, और शायद महारानी की सरकार का भी। आपके वरिष्ठ अधिकारियों के अनुमोदन की आवश्यकता नहीं है।

पत्र में नथू सिंह द्वारा उठाए गए कई अन्य प्रश्नों के भी उत्तर थे, जैसे राष्ट्रीयकरण को गति प्रदान करना, तीनों सेनाओं का एकीकरण, देश को 'स्वतंत्र उपनिवेश का दर्जा' और लॉर्ड वॉवेल के बाद किसी भारतीय को अगला गवर्नर जनरल नियुक्त करना। बलदेव सिंह ने यह भी स्पष्ट किया कि 'सत्ता हस्तांतरण' के बाद सी-इन-सी रक्षा मंत्रालय के प्रति जवाबदेह होंगे। बताया जाता है कि नथू सिंह ने इस प्रस्ताव को ठुकरा दिया था, क्योंकि उनको लगता था कि इस नियुक्ति के सही हकदार करियप्पा हैं, जो उनके वरिष्ठ थे। वास्तव में नथू सिंह द्वारा बलदेव सिंह को लिखे गए अगले पत्र में पदोन्नति का बिल्कुल जिक्र ही नहीं किया

गया। बल्कि उसमें बहुत महत्वपूर्ण विषय था—भारत का विभाजन। 24 नवंबर 1946 के पत्र में लिखा था:

> हमारे मामले में, जब तक हम कॉमनवेल्थ के साथ रहते हैं, भले ही साल दो साल के लिए, यह स्पष्ट है कि कैबिनेट मिशन के आंचलिक समूह के नये सुझाव के अनुसार, उन्होंने देश को तीन टुकड़ों में बांटना सुनिश्चित करके भारत और उपमहाद्वीप पर नियंत्रण करना सुनिश्चित कर लिया होगा। क्योंकि इसमें उन्हें कोई संदेह नहीं कि वे हमारे ऊपर कहर बरपाएंगे। मैं पंडित नेहरू को जानता हूं और उनके माध्यम से कांग्रेस अंग्रेजों को उनका स्थान दिखाने का प्रयास कर रही है। लेकिन इससे पहले कि मुस्लिम लीग और अन्य साम्प्रदायिक ताकतों को मजबूत करके भारत टूट जाए, सावधान हो जाएं। सिखों की खालिस्तान की मांग है, राजघरानों द्वारा संघ का प्रयास और हैदराबाद व जम्मू-कश्मीर द्वारा अन्य प्रतिक्रियावादियों के संग हाथ मिलाकर आजाद होने को प्रोत्साहित किया जा सकता है...

रक्षा मंत्री ने 27 नवंबर 1946 को पत्र का जवाब दिया:

> चौबीस तारीख को लिखा गया आपका पत्र मुझे प्राप्त हुआ। पं. जवाहर लाल जी, सरदार पटेल, और मुस्लिम लीग के सदस्यों समेत कार्यकारी परिषद में मेरे अन्य साथियों द्वारा उसकी विषय सामग्री को सराहा गया है.... मुझे पता है कि वर्तमान में लगातार बदलते राजनीतिक घटनाक्रम, जो ब्रिटिश साम्राज्यवादियों और जिन्नाह व अन्य नेताओं से प्रभावित हैं, उनसे आप स्वयं को दूर रखे हुए हैं और मैं आपसे अपेक्षा करता हूं कि आप इन लोगों द्वारा प्रभावित समुदायों पर विशेष नजर बनाए रखें.... मैं समझता हूं कि आप राष्ट्रीयकरण के त्वरण पर एक पेपर तैयार कर रहे हैं... इससे पहले की आप गोपालस्वामी राष्ट्रीयकरण समिति के अनुमोदनार्थ अपने प्रस्ताव को अंतिम रूप प्रदान करें, मैं इस अत्यंत महत्वपूर्ण मुद्दे पर आपसे चर्चा करना चाहूंगा...

नथू सिंह और सरोजिनी नायडू ने एक ही दिन स्कीन समिति के समक्ष गवाही दी थी और उसके बाद करीबी मित्र बन गए थे। सरोजिनी ने नथू से उनको मां (माता) पुकारने के लिए कहा था, और नथू को लिखे पत्रों के अंत में वह यही शब्द लिखती थीं। दोनों के बीच अक्सर पत्राचार होता था और यहां नथू ने उन्हें देश की समस्याओं और सेना के राष्ट्रीयकरण के बारे में लिखा। अपने जवाब में 9 जनवरी 1947 को सरोजिनी नायडू ने लिखा:

> प्रिय नथू सिंह,
> अंधकार में रोशनी भरा पत्र भेजने के लिए बहुत आभार। तुम्हारा पत्र वर्तमान परिस्थिति में हर तरफ से सही तस्वीर प्रस्तुत करता है।
>
> ...क्योंकि देश की सुरक्षा पूरी तरह से सेना पर निर्भर है, इसलिए सेना इस चीज पर आधारित नहीं होनी चाहिए कि देश अपनी सुरक्षा के लिए कितना समर्थ है। छोटे शस्त्र

बल पर निर्भर रहना हानिकारक होगा, भले ही वह कितना ही कुशल और आधुनिक उपकरणों से लैस क्यों न हो; क्योंकि भारत का हर हिस्सा लाखों की संख्या में धोखेबाजों और देशद्रोहियों से भरा होने के कारण देश असुरक्षित है। हम अपने संभावित शत्रुओं और तथाकथित मित्रों का चरित्र और ईमानदारी समझते हैं।

हमारे नेताओं को सेना व अन्य शाखाओं में कार्यरत हम भारतीयों से सलाह लेनी चाहिए... और उन ठेकेदारों से नहीं जो अपनी कुल्हाड़ी पैनी करने में लगे हैं...

और एक अन्य बात, शायद तुमने ध्यान दिया हो, लेकिन जिक्र नहीं किया, कि किस प्रकार उस 'स्टील फ्रेम'* के कारण सेना घाटे में है, जो सेना से जुड़े हर मसले पर अपनी बात मनवाना चाहता है। उस स्टील फ्रेम को चले जाना चाहिए।

एक बार फिर अंधकार में रोशनी भरा पत्र लिखने के लिए बहुत-बहुत आभार।

तुम्हारी
मां

फरवरी 1947 में नथू सिंह को सशस्त्र बल राष्ट्रीयकरण समिति के समक्ष गवाही देने के लिए बुलाया गया। नवंबर 1946 में गठित समिति के अध्यक्ष सर गोपालस्वाभी अय्यंगर थे, जबकि पं. हृदय नाथ कुंजरू, मो. इस्माइल खान, सरदार संपूर्ण सिंह, मेजर जनरल डीएएल वेड, ब्रिगेडियर के.एस. थिमैय्या, विंग कमांडर मेहर सिंह और कमांडर एचएमएस चौधरी उसके सदस्य थे, और लेफ्टिनेंट कर्नल बीएम कौल उसके सचिव थे। ऑकिनलेक ने संकेत किया था कि सेना के 22,000 अधिकारियों में से 8,500 भारतीय थे। इनमें भी, अधिकांश ईसीओज़ थे, जिनके पास बहुत कम अनुभव था। अगर भारतीय सेना का तुरंत राष्ट्रीयकरण किया जाए, तो नौ वर्ष से भी कम अनुभव के अधिकारी बटालियनों को कमांड कर रहे होंगे। युद्ध काल में तो यह फिर भी स्वीकार्य होता, लेकिन शांति काल में यह बेहिसाब नुकसान पहुंचाता, जब अधिकारियों को अपना निर्णय, बुद्धिमत्ता, धैर्य और मानवीय प्रकृति का ज्ञान प्रयोग करना होता है, जो केवल अनुभव से प्राप्त किया जा सकता था। उन्होंने कम अनुभव वाले अधिकारियों को सेना की कमांड सौंपने से होने वाले खतरों के खिलाफ चेताया, खासतौर से ऐसी परिस्थिति में जब विघटनकारी ताकतें जनता की राय को प्रभावित कर रही थीं।

नथू सिंह को जब समस्या से जुड़े विविध आयामों पर प्रश्नों की सूची मिली, तब वे मेरठ में थे। आठ फरवरी 1947 को उन्होंने समिति के सदस्य थिमैय्या को एक व्यक्तिगत पत्र लिखा, जिसमें सुझाव दिया कि इससे पहले भारतीय अधिकारी अपनी गवाही दें, प्रत्येक मुद्दे पर सेना को पहले आपस में चर्चा कर लेनी चाहिए। अगर ऐसा नहीं किया जाता तो समिति गुमराह हो सकती है, क्योंकि अधिकांश अधिकारियों में जानकारी और अनुभव की

* इंडियन सिविल सर्विस को ब्रिटिश साम्राज्य के 'स्टील फ्रेम' के नाम से जाना जाता था।

कमी थी, और उनके पास आवश्यक सामग्री नहीं थी, जिससे वे किसी निष्कर्ष पर पहुंच सकें। उन्होंने सुझाव दियाः

> राष्ट्रीयकरण समिति द्वारा चयनित अनुभवशाली भारतीय अधिकारियों को समिति के समक्ष प्रस्तुत होने से पहले प्रत्येक समस्या पर गहन मंथन करना चाहिए। इस प्रकार समिति को अच्छी तरह विमर्शित राय मिलेगी, ताकि वे अपनी अंतिम सिफारिशें कर सकें।

जब नथू सिंह समिति के समक्ष प्रस्तुत हुए, तब तक ब्रिटिश प्रधानमंत्री सत्ता हस्तांतरण की तिथि जून 1948 घोषित कर चुके थे। नथू सिंह ने सुझाव दिया कि उस तिथि तक सेना में भारतीयों का पूर्ण नियंत्रण होगा, और यह लक्ष्य प्राप्त करने के लिए उन्हें सीधे जिम्मेदार पदों को संभालना शुरू कर देना चाहिए। उन्होंने समिति के इस सुझाव को पुरजोर ढंग से खारिज कर दिया कि सत्ता हस्तांतरण के बाद एक मिलेट्री मिशन को जारी रखा जाए। इसके बजाय नथू सिंह ने सुझाव दिया कि ऐसे सलाहकार नियुक्त किये जाएं जो वॉर ऑफिस की जगह भारत सरकार के प्रति जिम्मेदार हों, जैसा कि मिलेट्री मिशन के मामले में होता। उन्होंने इस सुझाव पर भी आपत्ति जताई कि महत्वपूर्ण नियुक्तियों के लिए भारतीय अधिकारियों को एप्रेंटिस के तौर पर रखा जाए। इसके बजाय उन्होंने तर्क दिया कि भारतीय अधिकारियों को डिप्टी बनाया जाए, इससे उन्हें अधिकार भी मिलेंगे और जिम्मेदारी भी। एक से अधिक राज्यों में सत्ता हस्तांतरित होने पर सेना के बंटवारे के प्रश्न पर नथू सिंह का जवाब था कि वे इसके जबरदस्त विरोधी थे। दरअसल उन्होंने बताया कि सेना को बांटना मुमकिन नहीं था। उन्होंने यह कहते हुए बात समाप्त कीः 'मेरा सुझाव है कि सशस्त्र बल मुख्यालय (एएफएचक्यू) की भविष्य की योजना बनाने में भारतीयों की सलाह ली जाए। अतीत में ऐसा नहीं किया गया है। जल्द ही बच्चा हमारी गोद में होगा। हमें विश्वास में लेना आवश्यक है।'

12 मई 1947 को सशस्त्र बल राष्ट्रीयकरण समिति ने अपनी रिपोर्ट पेश की। हालांकि, इस समय तक सत्ता हस्तांतरण की तिथि को आगे बढ़ाकर 15 अगस्त 1947 कर दिया गया था, और समिति की सिफारिशें बेमानी हो गईं। नथू सिंह ने विभाजन के बारे में रक्षा मंत्री का प्रसारण पढ़ने के बाद 31 मई 1947 को पुनः उनको लिखा। इस समय तक उनका तबादला डेरा इस्माइल खान में डेराजाट बल में हो चुका था। सरदार बलदेव सिंह के नाम पत्र में उन्होंने लिखा:

> ...मैं अखबार में सेनाओं को बांटने की संभावना को लेकर आपका प्रसारण पढ़कर अचंभित और हतप्रभ रह गया। एक भारतीय होने के नाते मुझे इससे घृणा है। मेरी धारणा है कि भारत का विभाजन अपनी मातृभूमि के साथ बलात्कार करने जैसा है और सेनाओं को बांटने का मतलब होगा कुछ ही वर्षों में गृह युद्ध की स्थिति... आने वाले समय में चीजों को अंतिम रूप देने में आपकी अहम भूमिका होगी। आपके द्वारा सेनाओं के सभी वर्ग और समुदाय में

से कुछ चुनिंदा वरिष्ठ अधिकारियों को इकट्ठा करके, असम्मत नेताओं को ब्रिटिश साम्राज्य में संयुक्त भारत के तौर पर रहने को विवश करने वाले विचार का क्या हुआ...

रक्षा मंत्री ने 12 जून 1947 को जवाब दियाः

...मैं आपसे पूरी तरह सहमत हूं कि भारत का विभाजन मातृभूमि के साथ बलात्कार करने जैसा है और सेनाओं के विभाजन से मिलेट्री पर गहरा असर पड़ेगा। अगर हमारी राजनीतिक समस्या के सामने देश के विभाजन के सिवा दूसरा कोई समाधान नहीं है, तो सेना का विभाजन अवश्यंभावी है, और यही मैंने अपने कथन में कहा है... मैंने कुछ अधिकारियों के बारे में आपके सुझावों को नोट कर लिया है। अभी हमारे सामने बहुत सारी समस्याएं हैं और हमें भारतीय अधिकारियों की मदद की आवश्यकता होगी, लेकिन अंतिम निर्णय तभी होगा जब बंगाल और पंजाब राज्य बंटवारे को लेकर अपना फैसला सुना दें।

नथू सिंह का सरदार बलदेव सिंह के साथ पत्राचार भारत की एकता एवं अखंडता की चिंता को स्पष्ट रूप से दर्शाता है। नथू सिंह को लगता था कि अंग्रेज जानबूझकर भारत को कमजोर बनाने के लिए उसका विभाजन कर रहे थे, यहां तक कि उम्मीद कर रहे थे कि भारतीय शासन अयोग्य हो जाएगा और लड़ने वाले गुट उन्हें यहीं रोकने पर मजबूर हो जाएंगे। उनको लगता था कि धर्म और सामप्रदायिकता के जहर से अप्रभावित सशस्त्र बल देश को एकजुट बनाए रखकर बंटवारा रोकने में सक्षम थे। विभाजन स्वीकार करने का निर्णय लेने से पहले सशस्त्र बलों से सलाह न लेने या उन्हें विश्वास में लिए बिना कदम उठाने को लेकर नथू सिंह ने नेहरू को कभी माफ नहीं किया। उस समय वे उत्तर पश्चिमी मोर्चे पर तैनात थे, जहां से वे पत्र लिखने के सिवा कुछ नहीं कर सकते थे। साथ ही वे महज ब्रिगेडियर थे, और भले ही वे किंग कमीशन प्राप्त भारतीय अधिकारियों (केसीआईओ) में सबसे अधिक मुखर थे, लेकिन वे सबसे वरिष्ठ नहीं थे। अगर वे होते तो अधिक प्रभाव डाल पाते और शायद घटनाएं कुछ अलग मोड़ लेतीं। यह ध्यान देने वाली बात है कि जनवरी 1947 में करियप्पा को यूके स्थित इंपीरियल डिफेंस कॉलेज भेजा गया था, जहां से उनको जुलाई में वापस बुलाया गया, और इस प्रकार वे भी उस महत्वपूर्ण समय में अनुपस्थित थे, जब भारतीय सेना के भाग्य का निर्णय किया जा रहा था।

जैसा कि पहले बताया गया, जब भारत को स्वतंत्रता प्राप्ति हुई, तो नथू सिंह के पास डेरा इस्माइल खान में डेराजाट बल की कमांड थी। न केवल उन्होंने विभाजन का भयानक रूप देखा बल्कि शरणार्थियों को निकालने में अहम भूमिका भी निभाई। नथू सिंह वहां कुछ सिविल सेवा के ब्रिटिश अधिकारियों का रवैया देखकर हैरान थे, जो स्थानीय मुस्लिम आबादी को भड़का रहे थे कि वे हिंदुओं को धमकाएं और भारत चले जाने का दबाव बनाएं। उन्होंने इसे रोकने का भरपूर प्रयास किया, और राजनीतिक नेताओं के संज्ञान में

यह मामला लाये, लेकिन नेताओं ने अपनी विवशता जाहिर कर दी। इस मसले पर उनका अपने डिविजन कमांडर मेजर जनरल डब्ल्यू फ्लेमिंग के साथ भी झगड़ा हो गया, साथ ही आर्मी कमांडर सर फ्रैंक मैसर्वी के साथ भी तकरार हुई, जिन्होंने उनका 6 सितंबर 1947 को कैम्पटी सब एरिया कमांडर के तौर पर तबादला करा दिया। अपना नया कार्यभार संभालते ही उनका अपने जीओसी-इन-सीलेफ्टिनेंट जनरल गोड्डार्ड के साथ मनमुटाव हो गया। नथू सिंह को पता चला कि सिंकदराबाद में सेना को घटाया जा रहा था। यह अनुमान लगाते हुए कि बाद में हैदराबाद ऑपरेशन के लिए जवानों की आवश्यकता पड़ेगी, उन्होंने तत्काल इस पर रोक लगा दी। गोड्डार्ड आगबबूला हो गया और उसने हैदाराबाद को सीधे अपनी कमांड में ले लिया। उसने भी नथू सिंह का तबादला करा दिया। इस बार नथू सिंह को कुरुक्षेत्र स्थित शरणार्थी शिविर की देखभाल के लिए भेज दिया गया, जो विभाजन के बाद वहां लगाया गया था। शिविर में तकरीबन 20 हजार लोग थे और इन उत्तेजित लोगों को शांत रख पाना आसान नहीं था। एक बार जब शिविर क्षेत्र को साफ रखने के बारे में लोगों को समझाने के उनके सभी प्रयास विफल हो गए, तो उन्होंने अपने पूरे स्टाफ को इकट्ठा किया और उनके साथ सभी शरणार्थियों के समक्ष स्वच्छता का निरूपण किया। इसके बाद शिविर के निवासियों ने सहयोग करना प्रारंभ कर दिया और उनको इस वजह से फिर कोई दिक्कत नहीं हुई।

एक बार जब वे शरणार्थी शिविर में थे, तब एडविना माउंटबैटन वहां दौरे पर आईं। वे प्रभावित हुईं और उन्होंने नथू सिंह से कहाः 'आप अत्यंत प्रतिभाशाली हैं।' उन्होंने कहा कि उनको इस शिविर में महात्मा गांधी को बुलाना चाहिए, और उन्होंने ऐसा किया भी। जब नथू सिंह गांधी जी से मिले तो उनकी अहिंसा पर चर्चा हुई। उन्होंने गांधी जी से पूछा कि वर्तमान परिस्थितियों में उनके अहिंसा के सिद्धांत किस प्रकार काम करेंगे। उन्होंने यह भी पूछाः '1921 में आपने कहा था कि हमें एक वर्ष के अंदर आजादी मिल जाएगी। उसका क्या हुआ? आपने कहा था, देश का विभाजन मेरी लाश पर होगा। और देश विभाजित हो गया।' गांधी जी के पास कोई जवाब नहीं था।

बहुत जल्द उनको पुनः पदोन्नति प्रदान की गई, क्योंकि भारत की स्वतंत्रता के बाद बड़ी संख्या में ब्रिटिश अधिकारी चले गए थे। उनको मेजर जनरल बनाया गया और दक्खन एरिया का जीओसी नियुक्त किया गया। यहां वे हैदराबाद ऑपरेशन की योजना में लग गये। वहीं से उन्हें जम्मू और कश्मीर में शुरू हो चुके ऑपरेशन की कमांड देने से पहले ब्रीफिंग के लिए दिल्ली बुलाया गया। लेकिन किसी कारणवश वे समय से दिल्ली नहीं पहुंच पाए और सैन्य मुख्यालय में तैनात ऑपरेशन के निदेशक ब्रिगेडियर कलवंत सिंह, जो परिस्थिति से परिचित थे, को मेजर जनरल पद पर उन्नति प्रदान कर जम्मू और कश्मीर का जीओसी बना कर भेज दिया गया।

जब नथू सिंह दिल्ली पहुंचे तो वे ऑपरेशन रूम में गए, जहां उनको पूरी घटना की जानकारी दे दी गई। परिस्थितयों को भांपने के बाद वे प्रधानमंत्री से मिलने गए, जैसा कि उस समय वरिष्ठ सैन्य अधिकारियों के लिए प्रथा थी। उन्होंने प्रधानमंत्री को लॉन में कुछ मंत्रियों और सिविल अधिकारियों के साथ चर्चा करते हुए पाया। तभी नेहरू खड़े हुए और अंदर चले गए। बाकी लोगों ने नथू सिंह से कश्मीर समस्या से निपटने के लिए उनके विचार जानने चाहे। नथू सिंह ने जवाब दिया कि अगर उनकी बात मानी जाए तो वे दर्रों को संभालने के लिए न्यूनतम फौज लगाएंगे और अधिकतम ताकत से लाहौर पर हमला करके कब्जा करेंगे। इससे पाकिस्तान पीछे हटने को मजबूर हो जाएगा और जम्मू और कश्मीर में कब्जाई समस्त जमीन को खाली कर देगा। वहां बैठे सिविल अधिकारी उनके तर्क से प्रभावित हुए, और जब नेहरू वापस आए तो उन्होंने उनको बताया कि आक्रमणकारियों से छुटकारा पाने के लिए जनरल ने एक अच्छी योजना सुझाई थी। जब नेहरू ने नथू सिंह से अपनी योजना दोहराने के लिए कहा तो वे हिचकने लगे, क्योंकि उन्हें पता था कि प्रधानमंत्री ऐसी योजना के पक्ष में नहीं होंगे। लेकिन जब नेहरू ने ज्यादा दबाव डाला तो नथू सिंह ने अपनी योजना उनके सामने दोहरा दी। नेहरू ने यह कहते हुए क्रुद्ध प्रतिक्रिया दी कि वे हैरान हैं कि नथू सिंह के समान एक जिम्मेदार वरिष्ठ अधिकारी इतनी मूर्खतापूर्ण योजना कैसे सुझा सकता था, जिससे अंतर्राष्ट्रीय संकट पैदा हो जाए। यहां पर यह बताना दिलचस्प होगा कि 1965 में तत्कालीन प्रधानमंत्री लाल बहादुर शास्त्री ने ऐसी ही योजना को संस्तुति प्रदान की थी, और वह लाहौर पर आक्रमण की धमकी ही थी, जिसने कश्मीर को पाकिस्तानी आक्रमण से बचा लिया था।

दिसंबर 1947 में नथू सिंह को जीओसी यूपी एरिया के तौर पर लखनऊ तैनात किया गया। यूनाइटेड प्रोविन्सेस की राज्यपाल नियुक्त हो जाने के बाद सरोजिनी नायडू भी लखनऊ में थीं। एक प्रख्यात देश भक्त और स्वतंत्रता सेनानी होने के साथ-साथ वे एक जानीमानी कवियत्री भी थीं और उनको 'भारत की कोकिला' कहा जाता था। वे महात्मा गांधी व अन्य कांग्रेस नेताओं की काफी नजदीकी थीं, और स्वतंत्रता संग्राम में उन्होंने अहम भूमिका निभाई थी। नथू सिंह ने उनके साथ भारतीय सुरक्षा और सैन्य बलों की समस्याओं पर चर्चा की। नथू सिंह ने अपने विचार एक कागज पर लिख लिये थे, जिसका शीर्षक था 'राष्ट्रीय सुरक्षा पर नोट', जिसकी एक कॉपी उन्होंने नायडू को भी दी। नायडू ने उसे नेहरू को भेज दिया और उनसे पेपर पढ़ने को कहा। उस पेपर पर नेहरू की टिप्पणी रोचक थी। एक जनवरी 1948 को अपने हाथ से लिखे नोट में उन्होंने लिखाः

> ...यह स्वयं सिद्ध है कि भारत को सैन्यरूप से शक्तिशाली होना चाहिए। वरना वह तरक्की नहीं करेगा या टूट जाएगा। विभिन्न क्षेत्रों में किस प्रकार शक्ति बढ़ाई जाए यह संसाधनों के संतुलन का प्रश्न है......ताकत, और सिर्फ सैन्य ताकत, पहले की तुलना में आज हमारे

औद्योगिक विकास और वैज्ञानिक शोध पर निर्भर करती है। यह आंतरिक सामंजस्य और औद्योगिक शांति आदि पर भी निर्भर करती है। और यह बढ़ती जटिलताओं की राजनीतिक व आर्थिक समस्या है और इसे केवल सेना या पुलिस के तरीकों से नहीं निपटाया जा सकता।

...रक्षा का संपूर्ण प्रश्न पूरी तरह से अंतर्राष्ट्रीय प्रश्नों और आर्थिक प्रश्नों के साथ गुंथा हुआ है। नोट (जनरल नथू सिंह द्वारा लिखित) में भले ही अंतर्राष्ट्रीय मसलों का हवाला दिया गया है, लेकिन उनमें अंतर्राष्ट्रीय व्यवस्था या आर्थिक प्रश्नों की गहरी जानकारी नहीं दिखती, जो आज अत्यंत महत्वपूर्ण हैं, आंतरिक रूप से भी और विदेश के मामले में भी।

...भारतीय सेना में 31.3.1948 के बाद कोई भी अंग्रेज अधिकारी ऑपरेशनल कमांड में नहीं रहेगा।

...नोट में प्रदर्शित कुछ दृष्टिकोण विवादास्पद हैं। वे हमें कठिनाई में डाल सकते हैं। लेकिन सामान्यतौर पर मेजर जनरल नथू सिंह का नोट उपयोगी है। और यह वांछनीय है कि वरिष्ठ अधिकारियों और देश की राजनीतिक नियति के लिए जिम्मेदार लोगों को इस पर गहन विचार करना चाहिए।

(हस्ताक्षर)
जे. नेहरू
1.1.48

नेहरू और नथू सिंह के बीच विचारों का अंतर जाहिर है। नेहरू के अतिप्रिय सिद्धांत और उनके द्वारा देखी गई भारत की अंतर्राष्ट्रीय भूमिका की समझ भी नजर आती है। हालांकि, नेहरू का पत्र पढ़कर किसी को भी यही लगेगा कि वे उसी प्रकार उपदेश दे रहे थे जैसे किसी छात्र के निबंध पर एक स्कूल मास्टर देता है। उनके द्वारा अंतर्राष्ट्रीय मामलों में नथू सिंह की अनभिज्ञता के बारे में टिप्पणी अशिष्ट थी। यह देखते हुए कि नेहरू को स्वयं कार्यभार संभाले हुए महज पांच महीने हुए थे, उनको स्वयं को भी कम ही अनुभव था – जिसके बारे में नथू सिंह ने बाद में उन्हें इसकी याद दिलाई थी। अंग्रेज अधिकारियों को 31 मार्च 1948 के बाद कमांड से बाहर करने के अपने अभिकथन में भी वे एक वर्ष विलंबित रहे।

नथू सिंह का लखनऊ में कार्यकाल छोटा लेकिन घटनाओं से भरा था। उनको इलाहबाद और झांसी में हुए दो विद्रोहों को दबाना पड़ा। उन्हें बढ़ने से पहले ही दबाकर उन्होंने यह सुनिश्चित किया कि इससे बाकी सेना पर कोई असर न पड़े। इसी दौरान एक परेड में अनुपस्थित होने के कारण उनकी जवाहरलाल नेहरू के साथ एक दुर्भाग्यपूर्ण गलतफहमी हो गई। हालांकि वे नेहरू के साथ लंबे समय से परिचित थे, लेकिन उनके रिश्तों में खटास आ गई और फिर संबंध स्नेहपूर्ण नहीं रहे। जनवरी 1948 में कार्यभार संभालते ही उन्होंने 'भारत की रक्षा का मूल्यांकन' शीर्षक से एक पेपर तैयार कर उसे सैन्य मुख्यालय भेज दिया था। वे कमांडर-इन-चीफ के कार्यालय से आए एक निर्देश को लेकर बहुत परेशान थे, जिसमें

सेना का आकार घटाने की मांग थी। द्वितीय विश्व युद्ध में जिस सेना की संख्या 25 लाख थी, उसको अगले तीन वर्षों तक 45 करोड़ रुपये के बजट में 1.5 लाख तक घटाने की बात थी। पेपर की प्रस्तावना में उन्होंने लिखाः

> हमें सैनिक होने के नाते अपने नेताओं के पास जाना चाहिए और अपनी न्यूनतम आवश्यकताओं को रखते हुए यह स्पष्ट कर देना चाहिए कि यदि ऐसी सेना के लिए आवश्यक धन नहीं प्रदान किया गया तो जिम्मेदारी उनकी होगी। वैसे तो सैनिक देश का सेवक ही होता है। लेकिन उसे अपने पूरे ओजपूर्ण कथन से रक्षा कवच में किसी भी कमजोरी को बताना चाहिए। सही मूल्यांकन करने के लिए हमें सैन्य और संबद्ध कारक दोनों पर विचार करना चाहिए और आदर्शों के विचारों में नहीं बहना चाहिए या हमारे निर्णय पर राजनीतिक विचारों का असर नहीं पड़ना चाहिए...
>
> **एक नया देश, जिसने अभी-अभी 200 साल से अधिक के विदेशी शासन की गुलामी से छुटकारा पाया है, जन्म लेते ही फिर से पीछे जाने का जोखिम नहीं उठा सकता।**
>
> ...हमें अपनी सेनाओं के आकार का निर्णय आर्थिक क्षमता के आधार पर **नहीं** लेना चाहिए, बल्कि निम्न विचारों के आधार पर यह सोचना चाहिए कि एक आधुनिक सेना के रूप में हमारी क्या आवश्यकताएं हैं:
>
> 1) भारत के वर्तमान और संभावित शत्रुओं की क्या ताकत और शस्त्र-अस्त्र (युद्धसामग्री) हैं?
> 2) इस खतरे से निपटने के लिए भारत को किस प्रकार के बल की आवश्यकता है?
> 3) ऐसी सेना के रख-रखाव पर कितनी लागत आएगी?
> 4) अपनी सेनाओं के भुगतान के लिए देश अधिकतम कितना खर्च कर सकता है?
> 5) हमारे देश की सुरक्षा के अनुरूप ऊपर दिये गए 2, 3 और 4 बिंदुओं में बीच का रास्ता हमारे देश की सुरक्षा से संगत होना चाहिए.
>
> उपरोक्त को ध्यान में रखते हुए, भारत को कितनी थल सेना रखनी चाहिए, यह संलग्न मूल्यांकन में दिया गया है। यह केवल मेरे प्रथम विचार हैं।

नथू सिंह ने भारतीय सेना के भविष्य की रूपरेखा पर आगे चर्चा की। आज के मानकों के हिसाब से वह अत्यंत अनुदार थे—उन्होंने एक कोर मुख्यालय, एक आर्मर्ड डिविजन, दो इंफैन्ट्री डिविजन, एक पैराशूट ब्रिगेड, एक आर्मर्ड ब्रिगेड और इनसे संबद्ध आर्टिलरी, इंजीनियर्स और सिग्नलस की मांग रखी। भले ही उन्होंने इंफैन्ट्री बटालियन की संख्या को 28 पर सीमित रखा, लेकिन उन्होंने बड़ी टेरीटोरियल सेना की वकालत की, जो द्वितीय रक्षा पंक्ति प्रदान करेगी और युद्ध के दौरान सेना के संसाधनों में वृद्धि करेगी।

अप्रैल 1948 में उनको लेफ्टिनेंट जनरल रैंक पर पदोन्नति प्रदान कर रांची में पूर्वी कमांड का जीओसी-इन-सी बनाया गया। कई अन्य भारतीय अधिकारियों की तरह वे तीन वर्ष के

अंदर ही लेफ्टिनेंट कर्नल से लेफ्टिनेंट जनरल रैंक तक पहुंच गए थे। वे राजनीतिक और सैन्य नेतृत्व को एक शक्तिशाली सेना तैयार करने के बारे में लगातार समझाते रहे। जब सैन्य मुख्यालय ने सेना के बारे में सारांश पूछा, तो उन्होंने 24 अक्टूबर 1950 को यह उत्तर दिया:

> ...सैन्य दृष्टि से आज देश के सामने पहले से बद्तर नहीं तो तकरीबन वही स्थिति है, क्योंकि भले ही पाकिस्तान बाहर से हमारे देश के साथ दोस्ताना नजर आता है, लेकिन हाल ही में वहां के नेताओं द्वारा दिये गए भाषणों को सुनकर इसमें कोई संदेह नहीं रह जाता कि वे इस मुद्दे पर हमारे साथ युद्ध की तैयारी कर रहे हैं।
>
> ...*साम्यवादी चीन* की **क्वोमिनटांग** में पूर्ण सफलता और वहां पीपुल्स सरकार की स्थापना, उनकी हाल की गतिविधियां, तिब्बत की आजादी पर उनकी घोषित नीति और तिब्बत का हाल ही का मिशन, भविष्य के बारे में स्पष्ट संकेत दे रहा है। *साम्यवादी खतरा* धीरे-धीरे भारत की सीमाओं की तरफ बढ़ रहा है।
>
> ...अपनी सीमाओं और राज्य की सुरक्षा सुनिश्चित करने के लिए, भारत-पाकिस्तान के बीच सेना का अनुपात 2:1 होना चाहिए। अगर इसको घटाया गया तो हमेशा के लिए हम अपने देश को एक बड़े युद्ध के खतरे में डाल देंगे।

नथू सिंह की टिप्पणी, विशेषकर पाकिस्तान और चीन के संदर्भ में, अंतर्राष्ट्रीय मसलों पर उनकी परख दर्शाती है, जो उस समय के बहुत कम भारतीयों में थी। यहां तक कि आजादी के बाद दो दशकों तक विदेश नीति का संचालन करने वाले नेहरू भी उन बारीकियों को नहीं समझ पाये, जिनका अंदाजा नथू सिंह को था। परिणामस्वरूप, रक्षा बलों को उपेक्षित कर दिया गया, जिसका विनाशकारी परिणाम 1962 में सामने आया। नथू सिंह ने शक्तिशाली सेना रखने के बारे में राजनीतिक और सैन्य नेतृत्व को पुरजोर ढंग से समझाने का प्रयास किया। उन्होंने ऐसी बड़ी सेना की कल्पना नहीं की थी जो एक सफेद हाथी साबित हो, बल्कि ऐसी सेना जो अच्छी तरह प्रशिक्षित और संसाधनों से लैस हो। दुर्भाग्य से स्वयं के ख्याली किलों में जकड़े नेताओं को अपने देश की समस्याओं के बजाय दुनिया की समस्याएं सुलझाने की अधिक चिंता थी। नेहरू एक महान बुद्धिजीवी और देशभक्त थे। स्वतंत्रता संग्राम के दौरान उनके त्याग की कहानियां हमारे देश के इतिहास में सबसे गौरवशाली अध्यायों में से एक है। तथापि एक राजनेता के तौर पर उनकी उपलब्धियां उनकी विफलताओं से मेल नहीं खातीं। जो लोग देश की जनता के भाग्य का फैसला करते हों, उनके लिए सैन्य मामलों की गहरी जानकारी होना आवश्यक है। उनके समकालीन, जैसे चर्चिल, स्टालिन, चियांग काई शेक, रूज़वेल्ट, आयजनहॉवर, टीटो और नासिर में, नेहरू उन चंद लोगों में थे जिन्होंने कभी वर्दी नहीं पहनी थी।

स्वतंत्रता प्राप्ति के कुछ समय बाद ही प्रधानमंत्री ने वरिष्ठ सैन्य अधिकारियों की एक बैठक बुलाई जिसमें ब्रिटिश अधिकारियों को सलाहकार के तौर पर रखने के बारे में उनको

विचार रखने थे। नेहरू को लगता था कि इतनी बड़ी सेना की जिम्मेदारी संभालने के लिए भारतीय अधिकारियों के पास अनुभव की कमी थी और इसलिए ब्रिटिश अधिकारियों को लंबे समय तक रोकना चाहते थे, जैसा कि पाकिस्तान ने किया था। वहां उपस्थित सभी लोग नेहरू के साथ सहमत थे, लेकिन नथू सिंह ने आपत्ति दर्ज करते हुए कहा-

> यहां बैठे अधिकारी 25 वर्ष से ज्यादा सेवाएं प्रदान कर चुके हैं और सेनाओं में वरिष्ठ नियुक्तियां संभालने में सक्षम हैं। जहां तक अनुभव का प्रश्न है, तो सर, क्या मैं आप से पूछ सकता हूं कि प्रधानमंत्री के पद पर बैठने के लिए आपके पास कितना अनुभव है?

वहां निःस्तब्ध शांति छा गई, और नेहरू ने जवाब नहीं दिया। अंत में नेहरू का प्रस्ताव स्वीकार कर लिया गया।

नथू सिंह हमेशा से एक तूफानी पितरेल की तरह थे। उनकी रैंक और उम्र का कभी उनकी उत्कंठा पर कोई फर्क नहीं पड़ा। उनके उतने ही प्रशंसक थे, जितने उनके विरोधी। उनके अधिकांश वरिष्ठ अधिकारी उनको एक कठिन अधीनस्थ मानते थे। उनके अंदर कई शानदार गुण थे, लेकिन जिन दो गुणों की उनमें कमी थी, वे थे—विनम्रता और अल्पभाषिता। यहां तक कि करियप्पा जो उसी रेजिमेंट से थे, उनकी ईमानदारी, कर्तव्य निष्ठा, जवानों के कल्याण की चिंता और प्रशासनिक क्षमताओं की सराहना करते हुए भी, खुद को यह कहने से नहीं रोक पाते कि वे मुखर और अभिमानी थे। उनका करियप्पा के साथ घनिष्ठ संबंध शायद ही कभी उनके लिए बाधा बना। उन्होंने वही किया जो उनको उचित लगा। करियप्पा नियमों का पालन सख्ती से करते थे, पर उन्होंने अपनी रेजिमेंट के प्रति निष्ठा का अपने व्यवहार पर असर नहीं पड़ने दिया और इस कारण दोनों 'राजपूतों' के बीच कई बार तकरार हुई। लेकिन वे घनिष्ठ मित्र भी थे और नथू सिंह 'किप्पर' की टांग खिंचाई का मौका छोड़ते नहीं थे।

एक बार जब वे पूर्वी कमांड के जीओसी-इन-सी थे, तब वे दिल्ली स्थित व्हाइट गेट्स में मेहमान बने, जहां सी-इन-सी करियप्पा का निवास था। इस घटना की चर्चा करियप्पा पर लिखे अध्याय में भी है। नथू सिंह को पता था कि उनके मेजबान पहनावे को लेकर सख्त थे, लेकिन वे उनको चिढ़ाना चाहते थे। तो उन्होंने कुर्ता पयजामा पहना और जाकर बैठक में बैठ गए। जब कुछ देर बाद करियप्पा कमरे में पहुंचे तो उन्होंने तुरंत इस चीज को पकड़ लिया और नथू सिंह से पूछा कि उन्होंने उचित परिधान क्यों नहीं पहने। नथू सिंह का उत्तर था कि, उन्होंने राष्ट्रीय पोशाक पहनी है, जो अब औपचारिक समारोह में भी स्वीकृत है।

करियप्पा ने 15 जनवरी 1949 को सी-इन-सी का पद ग्रहण किया और ठीक चार वर्ष बाद 14 जनवरी 1953 को सेवानिवृत्त हो गए। उस समय तीन आर्मी कमांडर थे—महाराज राजेंद्र सिंहजी, ठाकुर नथू सिंह और एसएम श्रीनागेश। राजेंद्र सिंहजी, जिन्हें तीन महीने पहले सेवानिवृत्त हो जाना चाहिए था, उन्हें सेवा विस्तार दे दिया गया, शायद इसलिए कि वे करियप्पा के उत्तराधिकारी बन सकें। वर्ष 1950 में लागू हुए एक नये नियम के

कारण, अधिकारी कमांड में चार साल रहने के उपरांत सेवानिवृत्त हो जाते थे। जब करियप्पा सेवानिवृत्त हुए तब महज 53 साल के थे। वास्तव में राजेंद्र सिंह जी, भले ही उनसे एक वर्ष कनिष्ठ थे, लेकिन आयु में उनसे छह माह बड़े थे। नथू सिंह राजेंद्र सिंहजी से डेढ़ साल कनिष्ठ थे, लेकिन आयु में तीन साल कम थे। आखिरकार राजेंद्र सिंह जी को सी-इन-सी नियुक्त कर दिया गया। नथू सिंह ने पहले ही कुछ ऐसी लहरें पैदा कर दी थीं जिन्होंने सर्वोच्च पद के लिए उनके नाम पर विचार करने की सभावनाओं को खतरे में डाल दिया था। मार्च 1948 में जब वे यूपी एरिया के जीओसी थे, तब उन्होंने इस बात को लेकर विरोध किया था कि उनको लेफ्टिनेंट जनरल की रैंक पर पदोन्नत करने पर सिर्फ इसलिए विचार नहीं किया जा रहा था क्योंकि उनके आर्मी कमांडर लेफ्टिनेंट जनरल राजेंद्र सिंहजी ने उन्हें 'उत्कृष्ट' ग्रेड नहीं दी थी। राजेंद्र सिंहजी ने इस गलती में तुरंत सुधार किया था। 1951 में उन्होंने सी-इन-सी को पत्र लिखकर मेजर जनरल हीरा लाल अटल के खिलाफ कुछ आरोप लगाए थे, जो उस समय सैन्य मुख्यालय में एडजुटेंट जनरल थे। नथू सिंह को लगता था कि एडजुटेंट जनरल द्वारा राजकीय बलों के जवानों के चयन में अपनाए गए तरीके गलत थे और इसके परिणामस्वरूप तमाम ऐसे उत्कृष्ट अधिकारियों और जवानों का विस्थापन हो गया, जिन्होंने द्वितीय विश्व युद्ध में अतुलनीय सेवाएं प्रदान कीं। उनको ऐसा भी लगता था कि चार वर्ष कार्यकाल की व्यवस्था अटल द्वारा प्रस्तावित थी, जो प्राथमिक तौर पर पर आर्मी कमांडर के तौर पर अपनी पदोन्नति चाहते थे।

नथू सिंह का पत्र प्रधानमंत्री के संज्ञान में लाया गया और उन्होंने आरोपों को खारिज कर दिया। इसमें हैरानी की बात नहीं, क्योंकि अटल कश्मीरी थे और नेहरू के नजदीकी भी। जहां तक नथू सिंह का प्रश्न था, उन्हें दूसरे अधिकारी के चरित्र और सैन्य प्रतिष्ठा को धूमिल करने पर भारत सरकार की 'अप्रसन्नता' जता दी गई थी। बाद में 1952 में, उन्होंने अपनी सेवा विस्तार को लेकर सीधे रक्षा मंत्री को अपना अभिवेदन भेज दिया।

नथू सिंह के पत्रों और अभिवेदनों से उस समय के नौकरशाहों और राजनीतिज्ञों में नथू सिंह के प्रति कोई स्नेह नहीं था। इसके विपरीत, ब्रिटिश सरकार ने उनके द्वारा 1946 में तत्कालीन सी-इन-सी को लिखे पत्र पर कोई संज्ञान नहीं लिया था, जिसमें उन्होंने आईएनए के कैदियों पर मुकदमा चलाने का विरोध किया था। हालांकि, नथू सिंह अंग्रेजों को नापसंद करते थे, लेकिन तब वे अंग्रेजों के निष्पक्ष व्यवहार की प्रशंसा करने से खुद को नहीं रोक पाए। भारत के बारे में कुछ भी अपमानजनक कहने पर हमेशा अंग्रेजों से लड़ने को तैयार रहने वाले नथू सिंह ने माना:

> अगर आप उनमें से सबसे श्रेष्ठ को लें, तो हमने उनके जैसा एक भी अधिकारी तैयार नहीं किया। मैं ऐसे किसी भी ब्रिटिश अधिकारी को नहीं जानता जिसने देश के हितों से पहले अपने हित रखे हों और शायद ही मैं किसी ऐसे भारतीय अधिकारी को जानता हूं, जिसने ऐसा न किया हो।

नथू सिंह द्वारा अभिवेदनों के औचित्य के बारे में कोई कुछ कहे, लेकिन उनके तर्कों को खारिज कर पाना मुश्किल है। चार साल के नियम ने यह सुनिश्चित किया कि वरिष्ठ अधिकारी तुलनात्मक रूप से कम आयु में सेवानिवृत्त हो जाएं—करियप्पा 53 में, नथू सिंह 51 में और थिमैय्या और थोरट 55 वर्ष की आयु में सेवानिवृत्त हो गए। यह ऐसे समय में हुआ जब भारतीय सेना को अनुभवशाली अधिकारी चाहिए थे और ब्रिटिश अधिकारियों को कुछ वर्ष रोकने पर भी विचार किया जा रहा था। वास्तव में इंजीनियर्स और सिग्नलस जैसी तकनीकी शाखाओं के अंग्रेज प्रमुखों—मेजर जनरल हैरॉल्ड विलियम्स और ब्रिगेडियर सीएचआई ऐकहर्स्ट—ने स्वतंत्रता प्राप्ति के सात वर्ष बाद तक सेवाएं दीं और ऐसे ही नौसेना के सी-इन-सी वाइस एडमिरल सीटीएम पिजी के मामले में भी हुआ। चार साल के नियम से केवल सेना अध्यक्ष और आर्मी कमांडर प्रभावित हुए। ये ऐसे पद थे जिन पर अनुभव की सबसे ज्यादा आवश्यकता थी।

नथू सिंह 1 फरवरी 1953 को सेवानिवृत्त हुए, करियप्पा के सी-इन-सी के पद से सेवानिवृत्त होने के ठीक 15 दिनों बाद। उन्हें इस बात का मलाल नहीं था कि महाराज राजेंद्र सिंहजी को सी-इन-सी बनाया गया। लेकिन उनको सेवा विस्तार न दिया जाना उन्हें अन्याय जरूर लगा। अगर उनका कार्यकाल बढ़ा दिया जाता तो वे स्वतः राजेंद्र सिंहजी के उत्तराधिकारी बनते, जब वे मार्च 1955 में सेवानिवृत्त हुए। उनकी सेवानिवृत्ति के उपरांत तीव्र अफवाह फैल गई कि उनको किसी राज्य का राज्यपाल बनाया जा रहा था। आखिरकार उनकी आयु सिर्फ 51 वर्ष थी, यानि उनके जीवन का चर्मोत्कर्ष। एक सिद्ध राष्ट्रवादी, जिनकी ईमादारी और निष्ठा आलोचना से परे थी। उनके तमाम प्रशंसकों में सरोजिनी नायडू भी थीं। वे अब भी यूनाइटेड प्रोविन्सेस की राज्यपाल थीं और उन्होंने नथू सिंह के साथ राज्यपाल के पद पर नियुक्ति संबंधी चर्चा भी की। लेकिन अब तक नथू सिंह का नेहरू के साथ मनमुटाव आगे बढ़ चुका था। नेहरू उनके निर्भीक और मुखर तौर-तरीकों से परिचित थे और वे एक ऐसे हठी राज्यपाल को नियुक्त करके जोखिम नहीं उठा सकते थे, जो बताई गई चीजों को करने के बजाय, खुद को सही लगने वाले काम करे।

सेवानिवृत्ति के उपरांत नथू सिंह नेहरू व अन्य नेताओं को विभिन्न मुद्दों पर लिखते रहे। जिस घटना के कारण थिमैय्या ने इस्तीफा दिया और उसके बाद नेहरू ने संसद में जो बयान दिया, उस पर नथू सिंह बहुत क्रोधित थे। नथू सिंह को लगता था कि थिमैय्या के साथ बुरा बर्ताव हुआ और सेना में बढ़ रही अनैतिकता से वे बहुत चिंतित थे। उन्होंने नेहरू को पत्र लिख कर निवेदन किया कि एक समिति का गठन करें, जो सेना की वर्तमान हालत का पुनरीक्षण करे और सुधार के सुझाव दे। नेहरू ने उनको आश्वस्त किया कि वे ऐसा जरूर करेंगे। जब ऐसा नहीं हुआ तो नथू सिंह ने एक गुस्से भरा पत्र प्रधानमंत्री को लिखा, जिसमें उन्होंने सैन्य बलों को हाशिए पर रखने और देश को छद्म सुरक्षा के सपनों में रखने

के खिलाफ चेताया। अपने स्वंय की पहल पर उन्होंने 'ओल्ड गार्ड' का फोरम बनाया जो राष्ट्रीय सुरक्षा से जुड़े प्रमुख मुद्दों पर सरकार को सलाह दे सके। फोरम को करियप्पा समेत अधिकांश सेवानिवृत्त जनरलों का समर्थन प्राप्त था। दुर्भाग्य से नेहरू ने इन चेतावनियों को नजरंदाज कर दिया।

कुछ समय उपरांत, उनको डूंगरपुर के महारावल लक्ष्मण सिंह ने राजनीति में जाने के लिए प्रेरित किया। नथू सिंह महारावल का बहुत सम्मान करते थे, और उनको अपना 'प्रमुख' मानते थे। उन्होंने स्वतंत्र पार्टी की सदस्यता ली, जिसके अध्यक्ष आजाद भारत के प्रथम गवर्नर जनरल राजगोपालाचारी (राजाजी) थे। वर्ष 1964 में उन्होंने राजस्थान के भीलवाड़ा से उपचुनाव लड़ा, लेकिन कांग्रेस प्रत्याशी से हार गए। राजनीतिज्ञों के तौर-तरीकों से अपरिचित, वे अक्सर अपने विरोधियों के संग मंच साझा कर लेते थे। वे जनता को बताते कि अगर वे उनको वोट देंगे, तो वह केवल अपने चुनावी क्षेत्र के लिए नहीं बल्कि पूरे देश के लिए कार्य करेंगे। तो अगर वे अपने जिले के लिए कुछ करना चाहते हैं, तो वे उनकी जगह उनके विरोधी को वोट दें।

सेवानिवृत्ति के उपरांत भी नथू सिंह ने राष्ट्रीय मसलों में सक्रिय रुचि रखना जारी रखा, विशेषकर सेना के मामले में। वे सैन्य कर्मियों के स्तर में धीरे-धीरे आ रही गिरावट और देश में घट रहे नैतिक स्तर से बहुत परेशान थे। उन्होंने इन मुद्दों पर सभी से विभिन्न चर्चाएं कीं और देश के सभी प्रधानमंत्रियों और रक्षा मंत्रियों, यहां तक कि राष्ट्रपतियों को भी लिखते रहे। वर्ष 1993 में पुस्तक लेखक ने जोधपुर के सैन्य अस्पताल में दो सप्ताह बिताए थे, जहां साथ वाले कक्ष में जनरल नथू सिंह भी भर्ती थे। वे मानसिक रूप से पूरी तरह चुस्त थे और जहां भी जाते, अपने साथ एक फाइलों और पुस्तकों का पुलिंदा रखते थे। वे देश के साथ-साथ सेना में हो रहे भ्रष्टाचार, चापलूसी और नैतिक मूल्यों के क्षरण से बेहद व्यथित थे। उन्होंने कहा कि देश को चरित्रवान लोगों की जरूरत है—एक ऐसा गुण, जो नेताओं की वर्तमान नस्ल में गायब था। नैतिकता के सर्वोच्च पैमानों पर जीवन व्यतीत करने वाले नथू सिंह देश में चल रहे हालातों को समझ नहीं पा रहे थे।

चारित्रिक बल, व्यक्तिगत नैतिकता और कर्तव्य निष्ठा में नथू सिंह करियप्पा के समान थे, भले ही अन्य मामलों में वे अलग-अलग ध्रुवों पर थे। वर्ष 1947 में जब वे ब्रिगेडियर थे, तो सैन्य मुख्यालय स्थित सैन्य सचिव के कार्यालय गए। सैन्य सचिव पर तैनाती और पदोन्नति की जिम्मेदारी होती थी। उनके दामाद मेजर गुमान सिंह की पदोन्नति होनी थी और उन्हें 7वीं राजपूत रेजिमेंट की एक बटालियन में कमांडिंग अफसर तैनात किया जाना था। रजमाक स्थित 1/7 राजपूत को जल्द ही जम्मू और कश्मीर में भेजे जाने की संभावना थी, जबकि अन्य खाली बटालियन 4/7 राजपूत बिहार के रामगढ़ में थी। सैन्य सचिव ने नथू सिंह से पूछा कि वे अपने दामाद को कहां तैनात कराना चाहेंगे। नथू सिंह ने जवाब दिया

कि योग्य अफसरों की तैनाती का चयन करना सैन्य सचिव का काम है, उनका नहीं। लेकिन जब रेजिमेंट के वरिष्ठ अधिकारी होने के नाते उनके विचार पूछे, तो उन्होंने कहा कि वे अपने दामाद की 1/7 राजपूत में तैनाती चाहेंगे, ताकि वह कुछ सक्रिय सेवा देख सकें और दुश्मन से लड़ते हुए देश की सेवा करें।

नथू सिंह साधारण अभिरुचि के व्यक्ति थे और खाने-पीने में हमेशा संयत थे। लेकिन उनको काम का नशा था और वे खाली नहीं बैठ सकते थे। वे भोर में सुबह उठकर लंबी सैर पर जाया करते थे और इस आदत को उन्होंने सेवानिवृत्ति के उपरांत भी बनाए रखा। वे हमेशा अपने पास एक नोट पैड और पेंसिल रखते थे, जैसे ही कोई विचार आता, वे उसमें लिख लेते थे। वे सोते वक्त भी एक नोट पैड अपने तकिए के नीचे रखते थे, और कभी-कभी बीच रात में या भोर में उठकर नोट लिखा करते थे। उनका अपनी नौकरी या हाथ में मिले काम के प्रति संपूर्ण समर्पण था और वे जरा सी देर के लिए भी अपना ध्यान नहीं भटकने देते थे। उनकी निर्भीकता और मुखर प्रकृति के कारण अक्सर वरिष्ठ अधिकारी नाराज हो जाते थे, लेकिन इस कारण उन्होंने अपना बोलना नहीं छोड़ा। वे अत्यंत तीक्ष्ण बुद्धि के स्वामी थे, और उनके कटु आलोचक भी इस बात को मानते हैं। वे मजाकिया भी थे और उनकी हाज़िर जवाबी के किस्से सुनाए जाते हैं।

एक बार जब नथू सिंह युवा अधिकारी थे, तो उनके अंग्रेज कमांडिंग अफसर ने गुस्से से कहाः 'लानत है इस देश पर और यहां के लोगों पर'। नथू सिंह ने तुरंत जवाब दियाः 'जब मैं इंग्लैंड में था, तो मुझे वह पसंद नहीं आया और मैं लौट आया, आप भी क्यों नहीं लौट जाते?' एक अन्य अवसर पर, एक अंग्रेज अधिकारी ने उनसे पूछा कि क्या वे राजपुताना से हैं। जब नथू सिंह ने हामी भरी तो अधिकारी ने आगे कहाः 'मैने सुना है कि तुम्हारे पूर्वज डाकू थे?' नथू सिंह ने इस पर कहाः 'हो सकता है कि वे डाकू हों। लेकिन उस समय आपके पूर्वज तो पेड़ों पर रह रहे होंगे।'

अपनी मृत्यु से कुछ दिन पूर्व उन्होंने मेयो कॉलेज में आयोजित एक पुरस्कार समारोह में भाग लिया। वे 94 वर्ष के थे, लेकिन फिर भी उन्होंने समारोह में पहुंचने का प्रयास किया, क्योंकि वे टीएन शेषन से मिलना चाहते थे, जो समारोह में मुख्य अतिथि थे। उन्होंने अपने पुराने स्कूल में तीन दिन बिताये और सभी कार्यक्रमों में भाग लिया। उन्होंने तीनों दिन लोगों को प्रेरित करने का कार्य किया और लड़कों से देश के हितों के लिए लड़ने की सलाह दी। कुछ दिनों बाद वे नसीराबाद स्थित सैन्य अस्पताल में स्वास्थ्य जांच के लिए गये। अस्पताल द्वारा फिट घोषित करने के एक दिन बाद हृदय गति रुकने के कारण 5 नवंबर 1994 को अस्पताल में ही उनकी मृत्यु हो गई। अगले दिन उनका पार्थिव शरीर उदयपुर के निकट उनके पैतृक गांव ले जाया गया, जहां उनका अंतिम संस्कार हुआ। भले ही उन्होंने अपना पूरा जीवन सेना में बिताया था और आर्मी कमांडर के तौर पर सेवानिवृत्त हुए, फिर भी उन्हें

पुलिस गार्ड ऑफ ऑनर प्रदान किया गया, जिन्होंने उनके अंतिम संस्कार पर अपने शस्त्रों को उल्टा किया। चार्ल्स वोल्फ द्वारा सर जॉन मूर के लिए श्रद्धांजलि स्वरूप लिखी गई पंक्तियां, नथू सिंह के ऊपर सबसे ज्यादा सटीक बैठती हैं:

न नगाड़ों का शोर, न कोई मातमी धुन,
जब उनके शव को हम किले की दीवार तक ले गए,
न किसी जवान ने दागीं सलामी गोलियां,
उस समाधि पर जहां हमने अपने नायक को दफन कर दिया।

करियप्पा और थिमैय्या की तरह नथू सिंह आधुनिक भारतीय सेना के संस्थापकों में से थे। भले ही वे अन्य दोनों की तरह विख्यात नहीं हैं, लेकिन चारित्रिक बल में वे उन्हीं के समान थे और राष्ट्रवादी उत्साह में उनसे आगे। कई लोगों ने उन्हें स्वच्छंद कहा, कुछ ने पाखण्डी या फिर विद्रोही। वे अत्यधिक व्यक्तिपरक थे, जिनमें सत्ता के प्रति बहुत कम सम्मान था। वे अपने विचार व्यक्त करने में हिचकते नहीं थे, चाहे उनके वरिष्ठ अधिकारी उनसे सहमत हों या नहीं। हालांकि उनकी पेशेवर क्षमताओं, व्यक्तिगत निष्ठा, परिश्रम या नैतिक व शारीरिक साहस में कभी कोई कमी नहीं निकाल सकता था। हो सकता है कि उनके अंदर कुछ कमियां थीं, लेकिन उनके शानदार गुण और उनकी गहरी राष्ट्रीय गौरव की भावना उन कमियों से कहीं ज्यादा थे। एक बहुरंगे व्यक्तित्व वाले ठाकुर नथू सिंह को आसानी से नजरंदाज नहीं किया जा सकता था और न ही उनको आसानी से भुलाया जा सकेगा।

3 जनरल के.एस. थिमैय्या, डीएसओ

टिम्मी साहिब, भारत के सबसे लोकप्रिय जनरल

कोडन्डेरा सुबैय्या थिमैय्या भारत के सेना नायकों में शायद सबसे ज्यादा जाना पहचाना नाम है। हालांकि न तो वे देश के पहले और न सबसे सफल चीफ थे, फिर भी वे सबसे चर्चित और प्रशंसनीय थे। टिम्मी के नाम से विख्यात थिमैय्या द्वितीय विश्वयुद्ध के दौरान रणभूमि में ब्रिगेड की कमांड संभालने वाले पहले भारतीय अधिकारी थे और अपने कार्यकाल में वे एक जीवंत मिसाल बन गए थे। कोरिया में सौंपे गये कार्य को पूर्ण करने के उपरांत वे न केवल भारत में बल्कि पूरे विश्व में विख्यात हो गए। वे एक मात्र ऐसे भारतीय सेनाध्यक्ष हैं, जिनकी जीवनी एक विदेशी पत्रकार ने लिखी। उनकी हाज़िर जवाबी, ज़िंदादिल व्यवहार, जल्दी क्रोध आने की प्रवृत्ति और निर्भीकता के चर्चे उनके वर्दी पहनते ही होने लगे थे, और थिमैय्या की ख्याति का उद्भव होता चला गया। एक ऐसे करिश्माई नेताजो अधिकारियों और जवानों दोनों के बीच लोकप्रिय थे। जवान उनको 'जनरल टिम्मी' या फिर सिर्फ 'टिम्मी साहिब' कहकर पुकारते थे।

टिम्मी का जन्म 31 मार्च 1906 को कूर्ग स्थित मेरकारा में एक कॉफी उत्पादक परिवार में हुआ। करियप्पा की तरह थिमैय्या भी कोडन्डेरा गोत्र से थे। उनके पिता का नाम थिमैय्या था और उनके जन्म पर उनका नाम सुबैय्या रखा गया। परंपरा के अनुसार उनका नाम कोडन्डेरा थिमैय्या सुबैय्या लिखा जाना चाहिए था, लेकिन जब वे स्कूल पढ़ने गए तो यह बदल गया। उनकी मां सीतम्मा जिले के एक अग्रणी कॉफी उत्पादक चेप्पुदीरा सोमैय्या की पुत्री थीं। सीतम्मा एक सुशिक्षित एवं दक्ष महिला थीं, साथ ही एक सामाजिक कार्यकर्ता भी। उनकी सामाजिक सेवा को देखते हुए ब्रिटिश सरकार ने उनको 'कैसर-ए-हिंद' पदक से अलंकृत किया था। दंपति के तीन बेटे और तीन बेटियां थीं। सबसे बड़े पुत्र का नाम पोनप्पा था, उसके बाद सुबैय्या (टिम्मी) और फिर सोमैय्या । तीनों भारतीय सेना में अधिकारी बने। परिवार एक बड़े घर में रहता था, जिसका नाम 'सनीसाइड' था और उसके स्वामी टिम्मी के नाना चेप्पुदीरा सोमैय्या थे।

जब उनको पढ़ने के लिए सेंट जोसेफ कॉलेज भेजा गया तब टिम्मी 6 और पोनप्पा 8 वर्ष के थे। यह स्कूल आयरिश बंधुओं द्वारा कुन्नूर में चलाया जाता था। इस स्कूल में प्रवेश

पाने वाले वे पहले भारतीय थे, क्योंकि तब तक उसमें केवल ब्रिटिश या फिर एंग्लो-इंडियन ही पढ़ते थे। शायद इसीलिए उसमें उनका उपनाम सुबैय्या की जगह थिमैय्या लिखा गया। आयरिश बंधु बहुत कड़े अनुशासन वाले थे और डंडे का खुलकर प्रयोग करने में विश्वास रखते थे। स्कूल का रहन-सहन बहुत सख्त था, भोजन खराब और जीवन निर्वाह असहज था। थिमैय्या ने छह वर्ष सेंट जोसेफ में बिताए और उनके कष्टों का अंत तब हो सका जब यह पता चला कि स्कूल के अंदर गिरजाघर में टूटे कांच पर घुटनों के बल बैठना लड़कों के लिए एक आम सजा थी। थिमैय्या ने कभी शिकायत नहीं की, लेकिन जब वे छुट्टियों में घर गए, तो उनके घुटनों पर कटे निशानों ने सारी कहानी बयां कर दी। उनके निस्तब्ध माता-पिता ने तुरंत सेंट जोसेफ से लड़कों को निकालने का निर्णय लिया और उन्हें बैंगलोर स्थित बिशप कॉटन स्कूल भेज दिया।

बिशप कॉटन सेंट जोसेफ की तुलना में एक स्फूर्तिदायक बदलाव था। रहन-सहन की परिस्थितियां बेहतर थीं और भोजन अच्छा व पर्याप्त मिलता था। अनुशासन सख्त था, लेकिन सजा कम व मानवीय दी जाती थी। छड़ी से हल्की पिटाई अधिकतम सजा थी। शिक्षक गंभीर होने के साथ दयालु और प्रीतिकर थे। थिमैय्या पढ़ाई लिखाई में बहुत तेज़ नहीं थे, लेकिन इसकी जगह खेलों और अन्य गतिविधियों में वे प्रवीण थे। वे हॉकी, फुटबॉल और टेनिस खेलते थे, साथ ही एक लगनशील स्काउट भी थे। वे औग्ज़ीलियरी फ़ोर्स के साथ भी जुड़े, और यहीं से उनके मन में सेना के प्रति आकर्षण पैदा हुआ, जो बाद में उनका जुनून बन गया।* वे अक्सर खाकी वस्त्र पहने ब्रिटिश सैनिकों के दस्ते को शानदार ढंग से मार्च करते हुए देखते, और अपनी साइकिल पर मीलों तक उनका पीछा करते थे। जब 15 वर्ष की आयु में उन्होंने स्कूल छोड़ा, तो वे एक लंबे और गठीले बदन वाले किशोर हो चुके थे, जिसके मन में सैनिक बनने का पक्का इरादा था।

वर्ष 1921 में थिमैय्या ने स्कूली शिक्षा पूरी की और प्रिंस ऑफ वेल्स रॉयल इंडियन मिलेट्री कॉलेज (पीडब्ल्यूआरआईएमसी) चले गए, जो भारतीय कैडेट्स को सैंडहर्स्ट के लिए प्रशिक्षित करने हेतु उसी समय देहरादून में खुला था। पांच भारतीयों का प्रथम बैच 1919 में सैंडहर्स्ट गया, लेकिन उनमें से केवल दो पास आउट होकर निकले। भले ही हर छह माह पर शुरू होने वाले बैच के लिए 10 का कोटा था, लेकिन योग्य कैडेट्स कम ही होते

*1857 के विद्रोह के बाद एक वॉलंटियर फोर्स बनाई गई, जिसका प्राथमिक कार्य भारत में रह रहे अंग्रेज परिवारों की सुरक्षा करना था। वॉलंटियर फोर्स को बाद में ऑक्ज़ीलियरी फोर्स इंडिया (एएफआई) में समाहित कर लिया गया। इसका गठन आंतरिक सुरक्षा सेवा के लिए 1920 में हुआ। सेवा के मामले में यह बल यूके की टेरिटोरियल आर्मी की तरह था। द्वितीय विश्वयुद्ध के दौरान भारतीय सेना को अधिकारी प्रदान करने वाला एएफआई 1947 में समाप्त कर दिया गया और उसकी यूनिटों को टेरिटोरियल आर्मी में समाहित कर लिया गया।

थे, और जो प्रवेश पाते, उनमें से भी सब पासआउट नहीं हो पाते थे। पहले दो वर्षों में चार बैचों में सिर्फ 15 कैडेट्स ने प्रवेश पाया और उनमें से केवल 8 उत्तीर्ण हो सके। यह देखने में आया कि भारतीय आवेदकों का सामान्य स्तर खराब था, मुख्यतः शिक्षा के अभाव के कारण। ब्रिटिश और भारतीय कैडेट्स के बीच शिक्षा और पृष्ठभूमि के अंतर को देखते हुए, भारत में एक स्कूल खोलने का निर्णय हुआ, ताकि सैंडहर्स्ट के लिए संभावित उम्मीदवारों को तैयार किया जा सके। इसी उद्देश्य से फरवरी 1922 में देहरादून में पी डब्ल्यू आर आई एम सी स्थापित किया गया। प्रथम बैच का चुनाव बहुत सावधानीपूर्वक किया गया, जिसमें सिर्फ 32 कैडेट थे। मद्रास एरिया के लिए सिर्फ एक स्थान रखा गया, जिसमें कूर्ग आता था। तथापि थिमैय्या को चयन में कोई दिक्कत नहीं हुई। वे अच्छी अंग्रेजी बोलते थे, शानदार कद-काठी के साथ अच्छे खिलाड़ी भी थे और उनमें ब्रिटिश समाज में उठने बैठने के लिए आवश्यक सामाजिक शिष्टाचार भी थे।

पीडब्ल्यूआरआईएमसी का निर्माण वनीय परिवेश हुआ था और ब्रिटिश पब्लिक स्कूल की परंपरा का पालन करते हुए उसके कैडेट्स को आरामदायक छात्रावासों में रखा जाता था। कमांडेंट, सिख रेजिमेंट के कर्नल जे.एल. स्टॉटन, की भांति सभी हाउस मास्टर और शिक्षक अंग्रेज थे। कैडेट्स विभिन्न पृष्ठभूमियों से आए थे, जिनमें से कई राजसी या सैन्य परिवारों से थे। खेलकूद में प्रवीणता को शैक्षिक उपलब्धियों से अधिक महत्त्वपूर्ण माना जाता था और थिमैय्या को अपनी कक्षा में शीर्ष के आसपास रहने में कोई परेशानी नहीं हुई। एक बार जब चीफ ऑफ जनरल स्टाफ जनरल क्लाउड जैकब दौरे पर आए तो उनके सम्मान में एक क्रिकेट मैच आयोजित किया गया। थिमैय्या ने बेहद उत्कृष्ट बल्लेबाजी करते हुए एक छक्का लगाया, जो जनरल के सिर के पास जाकर गिरा। सौभाग्य से जनरल क्लाउड भी क्रिकेट के बहुत शौकीन थे औरउन्होंने न केवल थिमैय्या को बधाई दी, बल्कि कई वर्ष बाद तक उन्हें याद रखा।

भले ही पीडब्ल्यूआरआईएमसी एक प्रदायक संस्थान था, लेकिन इसमें प्रवेश पा लेना सैंडहर्स्ट में प्रवेश की गारंटी नहीं थी। हालांकि, उसको 'कॉलेज' कहा जाता था, लेकिन वहां पर छह-सात वर्ष बिताकर निकलने वाले लड़कों को एक स्कूल सर्टिफिकेट तक नहीं दिया जाता था। तमाम भारतीयों ने इसे सिर्फ एक छलावा माना, जिसमें सेना में भारतीयकरण को गति प्रदान करने की संभावना नहीं थी। 19 फरवरी 1925 को असेम्बली में हुई बहस के दौरानएक सदस्य ने इसकी तुलना होली रोमन साम्राज्य से की थी, जो न तो पवित्र था, न ही रोमन और न ही साम्राज्य। किसी कारणवश अंग्रेज मानते थे कि अभिजात वर्ग या जमींदारी की पृष्ठभूमि से आए लड़के ही कमीशन प्राप्त करने योग्य थे, इसलिए अंग्रेज उम्मीदवारों का चयन करने में बहुत सतर्क थे। परिणामस्वरूप, शुरुआती वर्षों में प्रवेश पाने वाले ज्यादातर लड़के अत्यंत कुलीन घरानों से थे, लेकिन उनमें शिक्षा के साथ-साथ मानसिक

और शारीरिक मजबूती की कमी थी। डेढ़ वर्ष बीतने के बाद थिमैय्या के बैच में सिर्फ पांच कैडेट्स बचे थे; बाकी या तो उत्तीर्ण नहीं हो सके या फिर बीच में छोड़ कर चले गए।

अगली बाधा थी रौंडहर्स्ट की प्रवेश परीक्षा। थिमैय्या का शैक्षिक रिकॉर्ड बहुत अच्छा नहीं था, और वे जानते थे कि पास होने के लिए कड़ी मेहनत की आवश्यकता थी। साथ ही उनके माता-पिता ने उन्हें पीडब्ल्यूआरआईएमसी में भेजने के लिए काफी पैसा खर्च किया था। वहां सैन्य अधिकारियों के बेटों के लिए शुल्क रु. 5000 था और अन्य लोगों के लिए रु. 10,000 और अगर वे उत्तीर्ण नहीं हो पाते तो सारा पैसा बर्बाद हो जाता। वर्तमान परिस्थिति में जहां कमीशन पूर्व प्रशिक्षण निःशुल्क होता है, उस जमाने में सैंडहर्स्ट में प्रशिक्षण के लिए भी माता-पिता को खर्च करना पड़ता था, जिसका शुल्क सैन्य अधिकारियों के बेटों के लिए रु. 7000 और अन्य लोगों के लिए रु. 11,000 था। शिमला में एक कठिन लिखित परीक्षा थी, जिसके लिए कई हफ्तों की तैयारी चाहिए थी और उसके बाद मौखिक परीक्षा। थिमैय्या को उर्दू में कुछ कठिनाई थी, जिस में वे दक्ष नहीं हो पाए, लेकिन फिर भी वे पास हो गये क्योंकि अन्य विषयों में उन्होंने अच्छा प्रदर्शन किया। उसके बाद उन्हें चीफ ऑफ जनरल स्टाफ के साथ साक्षात्कार के लिए बुलाया गया। जनरल जैकब को वह किशोर थिमैय्या याद थे, जिसने दो वर्ष पहले छक्का मारा था, और कुछ ही मिनटों में साक्षात्कार पूरा हो गया। इसके बाद केवल एक बाधा पार करनी थी—स्वयं वायसरॉय के साथ साक्षात्कार।

लिखित परीक्षा और चीफ ऑफ जनरल स्टाफ के साथ साक्षात्कार में 60 उम्मीदवारों का चयन हुआ था। उनमें से अधिकांश राजघरानों या जमींदारों के वर्ग से थे, जिनको ब्रिटिश सरकार के प्रति वफादारी के लिए चुना गया था। अंत में केवल छह को सैंडहर्स्ट के लिए चुना गया। थिमैय्या और उनके चचेरे भाई बोपैय्या का एक ही दिन वायसरॉय के साथ साक्षात्कार हुआ और दोनों का ही चयन हो गया। उनकी खुशी का ठिकाना नहीं रहा, जब वे वापस कूर्ग पहुंचे तो इस सफलता का जश्न मनाने के लिए एक बड़ा आयोजन रखा गया। थिमैय्या के बड़े भाई पोनप्पा के साथ-साथ करियप्पा, जो कोडन्डेरा होने के नाते उनके रिश्ते में लगते थे, वहां उपस्थित थे। वे दोनों सबआल्टर्न थे और उन्होंने दोनों सफल उम्मीदवारों से सैंडहर्स्ट के जीवन और वहां की संभावित कठिनाइयों और खतरों से बचने के बारे में चर्चा की। छहों लड़के जून 1924 में पानी के जहाज से इंग्लैंड के लिए रवाना हुए। उनमें से एक थे पी.एन. थापर, जो 1961 में सेना अध्यक्ष के तौर पर थिमैय्या के उत्तराधिकारी बने।

सैंडहर्स्ट में, थिमैय्या ने पहली बार अंग्रेजों के पूर्वाग्रह और दंभ का सामना किया और अधिकारियों के साथ उनके कई बार अप्रिय विवाद हुए। उनके अंग्रेज कर्नल अभिभावक ने भारतीय कैडेट्स पर स्थानीय लड़कियों के साथ नृत्य करने पर रोक लगा रखी थी। थिमैय्या एक नृत्य के दौरान अंग्रेज लड़की से मिले और उसके साथ उनकी मित्रता हो गई। एक बार उस लड़की द्वारा थिमैय्या को लिखा गया पत्र कर्नल ने पकड़ लिया और उन्होंने आदेश के

खिलाफ अंग्रेज लड़की के साथ नृत्य करने पर थिमैय्या को फटकार लगाई। थिमैय्या को जब यह पता चला कि कर्नल ने उनका पत्र पढ़ लिया था, तो वे क्रोधित हो उठे, और कर्नल को उसी लहजे में जवाब दिया। छात्रों के पासआउट होने की पूर्व संख्या पर बॉल (नृत्य) आयोजित किया जाता था, जिसमें परंपरागत तौर पर भारतीय शामिल नहीं होते थे। थिमैय्या ने न केवल बॉल में जाने का निर्णय लिया, बल्कि अपने साथ उन दो अंग्रेज लड़कियों को भी ले गए, जिनके पिता भारत में सेवाएं प्रदान कर चुके थे और थिमैय्या के पिता से भी परिचित थे। उम्मीद के मुताबिक, अगले दिन सुबह उनका अपने अभिभावक के साथ जबरदस्त झगड़ा हुआ। टिम्मी ने कर्नल को बता दिया कि उनके व्यवहार के बारे में निर्णय करने का अधिकार वे अपने परिवार के अलावा किसी को नहीं देते। जब कर्नल ने उनको यह मामला भारतीय कार्यालय और उनके माता-पिता को बताने की धमकी थी, तो टिम्मी का जवाब था—भाड़ में जाओ।

सैंडहर्स्ट की एक और घटना, जो थिमैय्या अक्सर याद करते थे, वह सैनिक की किस्मत से जुड़ी थी। एक बार व्यायामशाला में चल रहे सैन्य प्रशिक्षण के दौरान उन्होंने दाहिना मोड़ ठीक से निष्पादित नहीं किया। यह एडजुटेंट ने देख लिया और उन्होंने उनकी ढिलाई की शिकायत कर दी। थिमैय्या को कंपनी कमांडर के पास ले जाया गया, लेकिन उनको चेतावनी देकर छोड़ दिया गया, क्योंकि वह उनका पहला साधारण अपराध था। कुछ माह उपरांत एक परेड के दौरान कमांडेंट ने उनकी वर्दी पर एक बटन की ओर इशारा किया, जिस पर पॉलिश नहीं थी। थिमैय्या को एक बार फिर कंपनी कमांडर के सामने ले जाया गया और इस बार उन्हें कड़ी सज़ा की पूरी उम्मीद थी। लेकिन चमत्कारिक ढंग से कंपनी कमांडर पिछली घटना को भूल चुके थे और एक बार फिर उन्हें चेतावनी के साथ छोड़ दिया गया। जब वे कंपनी कमांडर के कार्यालय से बाहर आ रहे थे, तब सार्जेंट मेजर ने थिमैय्या से कहा: 'आप भाग्यशाली हैं सर। और भाग्यशाली होना एक जवान का सबसे महत्वपूर्ण गुण होता।'

थिमैय्या 4 फरवरी 1926 को, तीन अन्य भारतीयों के साथ सैंडहर्स्ट से उत्तीर्ण हुए। ये तीन थे—सुशील कुमार घोष, तारा सिंह बाल और प्राण नाथ थापर। थिमैय्या ने भारत लौटने से पहले एक सप्ताह पेरिस में बिताने का निर्णय लिया। जब मॉरिस शेवालियर ने मॉलिन रूज नामके एक प्रसिद्ध नाइट क्लब में अपना पहला शो किया तब थिमैय्या वहां मौजूद थे। अतुलनीय नायिका मिस्टंगेट ने दर्शकों से मॉरिस शेवालियर का परिचय कराया और उन्होंने वह गीत गाया जिसमें एक इत्र की छह विभिन्न पुष्प गंधों का विज्ञापन था। गीत के बाद छह लड़कियां तकरीबन नग्नावस्था में केवल इत्र की छह अलग-अलग गंध लगाए दर्शकों के बीच पहुंचीं और उन्हें गंध की खुशबू पहचानने के लिए आमंत्रित करने लगीं। जब उनमें से एक लड़की ने थिमैय्या को उसकी जांघ के अंदरूनी हिस्से को सूंघने के लिए आमंत्रित किया तो वे शर्म से लाल हो गए। उनकी असहजता किसी से छिपी नहीं रही और लोग हंसने

लगे। आखिरकार थिमैय्या ने किसी तरह खुशबू वाले फूल का नाम बता दिया और सही अंदाजा लगाने के लिए जब उनको इत्र की एक बोतल दी गई तो वे हैरान रह गए।

थिमैय्या पिगाले घूमने भी गए, जहां लड़कियां मॉलिन रूज से भी कम कपड़े पहनती थीं। यह स्थान महिला वेश्याओं और पुरुष वेश्याओं से भरा था, और यूरोपीय समाज के पतन का प्रतीक था। भाग्य से उनको एक अमरीकी परिवार मिला, जिसके साथ उन्होंने शाम व्यतीत की। अगले दिन भारत जाने को जहाज पकड़ने के लिए साउथहैम्पटन निकलने से पहले उनको पता चला कि उन्हें खसरा हो गया था। इस कारण उनका प्रस्थान 10 दिन विलंबित हो गया। उन्होंने मार्च 1926 के प्रारंभ में बॉम्बे के लिए जहाज से प्रस्थान किया। जहाज में सैंडहर्स्ट के उनके कई साथी थे, जो भारत, ऑस्ट्रेलिया या न्यूज़ीलैंड जा रहे थे। बॉम्बे में उतरने के बाद उन्होंने यह जानने का प्रयास किया कि उनकी तैनाती कहां हुई थी। उनको यह देखकर हैरानी हुई कि उनका नाम सूची में नहीं था। उन्होंने दिल्ली में सैन्य मुख्यालय से जानकारी प्राप्त करने का प्रयास किया कि क्या गड़बड़ थी। जिस क्लर्क ने उनका फोन उठाया उसने गलती पर खेद व्यक्त किया और उनसे ही पूछ लिया कि वे एक वर्ष के लिए किस ब्रिटिश बटालियन से जुड़ना चाहेंगे। थिमैय्या ने कहा कि यदि बैंगलोर मिले तो उचित रहेगा, क्योंकि वह उनके घर के पास था। क्लर्क ने उनको बताया कि उनका नसीब अच्छा है—द्वितीय बटालियन, हाइलैंड लाइट इंफैन्ट्री (एचएलआई), तभी बैंगलोर पहुंची थी। अगले दिन सुबह थिमैय्या ने बैंगलोर के लिए रेलगाड़ी पकड़ ली।

थिमैय्या 26 मार्च 1926 को बैंगलोर पहुंचे। एचएलआई के दो अफसरों ने स्टेशन पर उनकी अगवानी की—सेकंड लेफ्टिनेंट ग्रे और ब्लैक। उन्होंने विनम्रता से उनका अभिभावदन किया और उन्हें मेस में ले गए, जहां कई अधिकारी लंच से पहले ड्रिंक्स ले रहे थे। थिमैय्या का उनसे परिचय कराया गया और लंच के बाद वे अपने कक्ष में आराम करने चले गए और सो गए। मगर बार-बार कोई न कोई अधिकारी बीच-बीच में यह पूछने के लिए उनका दरवाजा खटखटाता रहा कि सब ठीक था कि नहीं। आखिरकार थिमैय्या ने उनसे पूछ ही लिया कि मामला क्या है, तब उन्होंने बताया कि पहली बार कोई भारतीय अधिकारी बटालियन में आया था और वे यह सुनिश्चित करना चाहते थे कि उन्हें कोई असुविधा न हो।

थिमैय्या बहुत जल्द स्कॉट्स के साथ घुलमिल गए और स्कॉट्स उनसे। उन्होंने पाया कि अधिकारियों के पास अधिक काम नहीं था और वे अपना समय या तो खेलने में बिताते थे या फिर सामाजिक मेलजोल में। कमांडिंग अफसर, लेफ़्टिनेंट कर्नल सर रॉबर्ट सीग्रेव्ज़, उदासीन परन्तु न्यायपूर्ण व्यक्ति थे और एक खुशहाल टीम चलाते थे। थिमैय्या को मेजर सर टेल्फर स्मॉलेट की कमांड वाली कंपनी में रखा गया, जो जल्द ही उनके गुरु और मार्गदर्शक बन गए। टेल्फर स्मॉलेट लोकप्रिय व्यक्ति थे, जो एक आदर्श अधिकारी और सज्जनता के प्रतीक थे। उनकी पत्नी भी उतनी ही सुशील व मोहक थीं और थिमैय्या जल्द ही उनके घर पर नियमित रूप से आने-जाने लगे। बहुत जल्द ही थिमैय्या सभी जवानों को ठीक प्रकार

से पहचानने लगे। उनकी हॉकी व फुटबॉल में प्रवीणता ने उनकी लोकप्रियता व बटालियन में उनकी स्थिति को और बल प्रदान किया। वे बैंगलोर में कई भारतीय और एंग्लो इंडियन परिवारों को जानते थे, जिनमें से कुछ के साथ उनका परिचय बिशप कॉटन के दिनों में हुआ था और कुछ अन्य से वे अपने माता-पिता के कारण परिचित थे, जो बार-बार लंबे दौरे पर बैंगलोर आते रहते थे। वे ग्रे और ब्लैक के भी करीबी मित्र बन गए।

थिमैय्या के बटालियन में आने के थोड़े दिन बाद ही एडजुटेंट, कैप्टन रॉस स्किनर ने उनसे यूनाइटेड सर्विस क्लब की सदस्यता हेतु आवेदन करने के लिए कहा। थिमैय्या ने उनसे कहा कि भारतीय होने के नाते, सदस्यता लेना मुमकिन नहीं था। रॉस स्किनर हैरान रह गए और उन्होंने कमाडिंग अफसर से बात की, जो थिमैय्या का नाम आने पर क्लब समिति से बात करने को तैयार हो गए। हालांकि, इसका कोई लाभ नहीं हुआ और थिमैय्या का नाम स्वीकार नहीं किया गया। स्कॉट्स में गुस्सा व्याप्त हो गया और सब अधिकारियों ने विरोध में इस्तीफा देने की पेशकश कर डाली। लेकिन थिमैय्या ने सबको रोक लिया, क्योंकि उन्हें लगता था कि उनकी वजह से बाकी सबको मनोरंजन सुविधाओं से वंचित करना उचित नहीं था। बहरहाल, थिमैय्या एंग्लो इंडियन के क्लब बाऊरिंग इंस्टीट्यूट के सदस्य थे और सेंचुरी क्लब के भी, जो भारतीयों के लिए था और इस प्रकार उनके पास स्कॉट्स से अधिक मनोरंजन के अवसर थे, क्योंकि वे केवल यूनाइटेड सर्विस क्लब में जा सकते थे।

भारतीयों को क्लब सदस्यता से वंचित रखने की ब्रिटिश नीति एक दुःखद मुद्दा थी और उन भारतीयों के लिए एक सजा थी, जिन्होंने किंग कमीशन प्राप्त किया था और सभी मामलों में ब्रिटिश अधिकारियों के समान माने जाते थे। नथू सिंह को भी ऐसे ही पूर्वाग्रह का सामना करना पड़ा था और 1933 में जब वे पेशावर में कैप्टन थे, तो उन्होंने इसको मुद्दा बनाया था। भारतीयों को किंग कमीशन प्रदान करने का निर्णय जब पहली बार लागू हुआ था, तब 1919 में सी-इन-सी द्वारा दिये गए निर्देशों के बावजूद यह पक्षपात जारी रहा। सभी कमांडेंट को भेजे गए पत्र में सी-इन-सी ने लिखा थाः

> इस नई शुरुआत की सफलता सुनिश्चित करने के लिए कमांडर-इन-चीफ को पूरा विश्वास है कि वे ब्रिटिश अधिकारियों की कर्तव्यनिष्ठा, सम्मान और निष्पक्षता के जज़्बे पर भरोसा कर सकते हैं। सभी ग्रेड के कमांडरों को अपेक्षित मानकों और सिद्धांतों का पालन करते हुए भारतीय अधिकारियों को उनके नए करियर में अपनी सलाह, ज्ञान और उदाहरण के माध्यम से सहयोग करना चाहिए और यह याद रखा जाना चाहिए कि इन अधिकारियों को किंग कमीशन प्राप्त है और इस कमीशन के सम्मान को उत्साहपूर्वक संरक्षित करना होगा; भारतीय होने के कारण इस कमीशन का कोई भी अपमान, जैसे इस आधार पर क्लब से बहिष्कृत करना, सेना का अपमान समझा जाना चाहिए।

थिमैय्या का स्कॉट्स के साथ शानदार वर्ष बीता और उन्होंने अधिकारियों की पत्नियों व बेटियों के संग जी भरकर नृत्य किया। हैरानी वाली बात यह थी कि स्कॉट्स में भारतीयों के

प्रति कोई पूर्वाग्रह नहीं था। एक तरह से उनके और कूर्ग लोगों के बीच कई समानताएं थीं, जैसे कि परिधान (स्कॉटिश किल्ट की तुलना कूर्ग कुपया के साथ की जा सकती थी।), कुलों की परंपरा, नृत्य के प्रति प्रेम और सामरिक परंपराएं। जब थिमैय्या का परिवार बैंगलोर आता तो स्कॉट्स उनसे मिलने उनके घर जाते, और कुछ लोग सामाजिक अवसरों और पार्टियों में शामिल होने उनके घर मेरकारा भी गए। जब उन्होंने 26 मई 1927 को बटालियन छोड़ी तो वे अधिकारियों और जवानों के प्रिय हो चुके थे। जवानों ने उनको अपने कंधों पर बिठाया और परेड ग्राउंड के चक्कर लगाकर एक दुर्लभ सम्मान दिया।

बैंगलोर में अपेक्षाकृत निष्क्रिय समय व्यतीत करने के बाद थिमैय्या को कुछ सैनिक सक्रियता की खोज थी। उनकी मांग पर उन्हें 4/19 हैदराबाद रेजिमेंट में तैनात कर दिया गया, जो उस समय बगदाद में थी। यह भारतीय सेना की आठ यूनिटों में से एक थी, जिसका 'भारतीयकरण' हो चुका था, इसमें पहले से ही कई भारतीय अधिकारी कार्यरत थे। इनमें सबसे वरिष्ठ थे कोटा के कैप्टन कुंवर दौलत सिंह। अन्य दो थे लेफ्टिनेंट हर बिशेन सिंह बरार जो अगस्त 1923 में सैंडहर्स्ट से पासआउट थे और लेफ्टिपेंट इश्फ़ाकुल मजीद, जो अगस्त 1924 में उत्तीर्ण हुए थे । इन अधिकारियों व इनके ब्रिटिश सहकर्मियों के बीच रिश्ते बहुत सौहार्दपूर्ण नहीं थे और अक्सर नोकझोंक होती रहती थी। ये मुख्यता दौलत सिंह की वजह से होती थी, जो अंग्रेजों से घृणा करते थे और उनकी हर चीज में कमी निकालते थे। कमांडिंग अफसर, लेफ़्टिनेंट कर्नल हैमिल्टन-ब्रिटन शराबी थे और गठिया से पीड़ित थे। एक रूखे और एकाकी व्यक्ति जो जवानों या अधिकारियों को प्रेरित करने में असफ़ल थे। थिमैय्या के कंपनी कमांडर कैप्टन जेफरी बुल की स्थिति और भी बद्तर थी। बटालियन का वातावरण हाइलैंड लाइट इंफैन्ट्री की सहज खुशमिज़ाजी और सौहार्द के ठीक विपरीत था, और थिमैय्या अपनी बाकी की सेवा 4/19 हैदराबाद में बिताने की बात सोचकर दुःखी हो जाते थे।

बटालियन की मिश्रित संरचना थी और चारों कंपनियों में अलग-अलग क्षेत्रों के जवान थे। एक में कुमाउंनी, दूसरी में राजपूत, तीसरी में जाट और चौथी, जिसमें थिमैय्या थे, वह अहीरों की थी, जो दिल्ली के दक्षिणी क्षेत्र के मुस्लिम जाट थे। वे साधारण ग्रामीण लोग थे, जिनमें अंग्रेज जवानों जैसे कोई व्यसन नहीं थे, जैसे थिमैय्या ने स्कॉट्स के साथ बिताए समय में देखे थे। वे अत्यंत ईमानदार थे, शराब से दूर रहते थे, और वेतन की एक-एक पाई गांव में अपने परिवार के लिए बचाते थे। अनुशासनहीनता के मामले नगण्य थे और उनका मनोरंजन मात्र समूहों में बैठकर गीत गाना या चुटकुले सुनाना था। उनको थिमैय्या पर पूरा विश्वास था और उनके प्रति वफादार थे। थिमैय्या जल्द ही उनको पसंद करने लगे और उनकी संगति से उन्हें गर्व था।

थिमैय्या ने एक वर्ष बगदाद में बिताया, जहां उनकी सबसे उल्लेखनीय उपलब्धि थी मृत्यु से एक मामूली मुठभेड़। उनकी कंपनी पर किंग फैसल प्रथम की सुरक्षा का भी दायित्व

था, जिसमें गेट पर एक गार्ड लगाया जाता था और महल की परिधि में गश्त दी जाती थी। एक दिन घोड़े पर गश्त के दौरान थिमैय्या ने महल से एक महिला के चीखने की आवाज सुनी और बिना सोचे थिमैय्या ने मैदान में घोड़ा दौड़ा दिया। उन पर तुरंत तलवार खींचे दो अरबी लोगों ने हमला कर दिया। अपने घोड़े की फुर्ती के कारण वे उस हमले में बच पाए। बाद में उनको पता चला कि वे तकरीबन राजा के हरम में प्रवेश कर चुके थे और अपने सौभाग्य से अभी तक जीवित थे।

सी ओ लेफ़्टिनेंट कर्नल हैमिल्टन-ब्रिटन मूल रूप से कर्नाटिक रेजिमेंट से थे और उन्होंने एक कूर्ग लड़की से शादी की थी, जिसने बाद में उन्हें छोड़ दिया। उनके मुताबिक उनके जीवन के सबसे अच्छे दिन कूर्ग में बीते, और जब उनको पता चला कि थिमैय्या कूर्ग से थे, तो उनके प्रिय हो गए। थिमैय्या हैमिल्टन-ब्रिटन परिवार के करीबी हो गए और अक्सर उनके घर पर मेहमान बनते थे। बैंगलोर की तरह ही, बसरा क्लब में भारतीयों का प्रवेश वर्जित था। कर्नल ने इस मुद्दे को क्लब समिति के समक्ष उठाने का निर्णय लिया। उनके प्रयासों और इस तथ्य के कारण कि क्लब छावनी में स्थित था, भारतीयों को पूर्ण सदस्यता प्रदान कर दी गई और वे क्लब की सुविधाओं का लाभ उठाने लगे। इससे अधिकारियों को बगदाद के बदनाम देह व्यापार से दूर रखने का उपयोगी उद्देश्य भी पूर्ण हो गया। कुछ समय बाद, कर्नल हैमिल्टन-ब्रिटन ने थिमैय्या को सहायक प्रोवोस्ट मार्शल नियुक्त करने की सिफारिश की, जो जवानों में अनुशासन बनाए रखने के लिए जिम्मेदार होता है, खासतौर पर तब, जब वे शहर में जाएँ। यह बहुत जिम्मेदारी का पद था और थिमैय्या को भी चेताया गया कि उन्हें विभिन्न प्रकार के गलत कामों को नज़रंदाज़ करने के लिए दबाव और प्रलोभन को झेलना पड़ सकता है। थिमैय्या ने अपना काम बहुत निपुणता से किया और बटालियन के अन्य अधिकारियों ने उन्हें काफी सहयोग प्रदान किया। इसने ब्रिटिश और भारतीय अफसरों को एक दूसरे के नजदीक आने का भी अवसर दिया। जब बटालियन ने बगदाद छोड़ा तो कमांडिंग अफसर ने थिमैय्या से कहाः 'मुझे तुम पर गर्व है, मेरे बच्चे।'

वर्ष 1928 में थिमैय्या की बटालियन इलाहबाद आ गई, जहां उनको अगले चार वर्ष बिताने थे। इलाहबाद आते वक्त, थिमैय्या कुछ दिनों के लिए बॉम्बे में रुके। वहां वे सरोजिनी नायडू से मिले, जिन्होंने उनकी मुलाकात मोहम्मद अली जिन्नाह से करवाई। राष्ट्रवादी नेताओं के संग थिमैय्या की यह पहली मुलाकात थी और उनको यह अनुभव थोड़ा उलझन भरा लगा। एक भारतीय होने के नाते उन्हें उनके उद्देश्य के साथ सहानुभूति थी। लेकिन एक सैनिक के तौर पर उन्होंने ब्रिटिश शासन के प्रति निष्ठा की शपथ ली थी। दोनों परिस्थितियों में सामंजस्य बिठाने को लेकर वे अनिश्चित थे। इलाहबाद में वे नेहरू परिवार के नजदीकी संपर्क में आ गए और अक्सर आनंद भवन में अतिथि बनते थे, जहां उनका नेहरू की बहनों विजय लक्ष्मी पंडित और कृष्णा (बैटी) हठीसिंह से परिचय हुआ। वे डॉ. कैलाश नाथ काटजू और सर तेज बहादुर सप्रू से भी मिले, साथ ही इलाहबाद के कई अन्य नागरिकों से

भी। उन्होंने महात्मा गांधी की पहली झलक भी देखी, जब वे एक जनसभा को संबोधित करने इलाहबाद आए थे। सविनय अवज्ञा आंदोलन की शुरुआत हो चुकी थी और जनता में राष्ट्रवादी भावनाओं की आम लहर थी। थिमैय्या की बटालियन को अक्सर कानून व्यवस्था बनाए रखने और फ्लैग मार्च निकालने की जिम्मेदारी दी जाती थी। एक अवसर पर कृष्णा हठीसिंह के कहने पर उन्होंने अपनी पीक कैप को विदेशी सामान की होली में फेंक दिया और जिससे वह मुश्किल में पड़ सकते थे।

थिमैय्या उस समय देश में फैले राष्ट्रवादी उत्साह और लोगों के बलिदानों से काफी प्रभावित थे। एक बार वे और उनके कुछ अन्य भारतीय अधिकारी अपने पदों को त्याग कर राष्ट्रवादियों के साथ जुड़ना चाहते थे। मोतीलाल नेहरू ने उन्हें ऐसा न करने की सलाह दी। उनको लगता था कि कड़े प्रयासों के बाद सेना का भारतीयकरण हो सका था। जब भारत आजाद होगा, तब उसे अपनी सेना के लिए प्रशिक्षित अधिकारियों की आवश्यकता होगी और थिमैय्या व उनके साथी अधिकारी काडर के आधार होंगे। 'कांग्रेस में हम बहुत हैं; हमें सेना में अधिक लोग चाहिए,' मोतीलाल ने कहा। थोड़े अन्तर्दर्शन के बाद, थिमैय्या को लगा कि बड़े नेहरू ठीक थे। कुछ वर्ष पहले मोतीलाल नेहरू ने यही सलाह नथू सिंह को भी दी थी, जब वे सेना को छोड़ने का विचार कर रहे थे। यह बात रोचक है कि उस समय के अधिकांश नेताओं का यही मत था। 1926 में, लाला लाजपत राय ने सैंडहर्स्ट से नया-नया कमीशन प्राप्त एसपीपी थोरट को भी यही सलाह दी थी, जब वे एक ही जहाज से भारत लौट रहे थे। 1942 में पीएस भगत ने महात्मा गांधी से पूना की जेल में मुलाकात की और उनसे पूछा कि वे किस प्रकार राष्ट्रवादी उद्देश्य में योगदान दे सकते थे। गांधी जी ने भी उन्हें ऐसा ही जवाब दिया था।

थिमैय्या के लिए व्यक्तिगत तौर पर इलाहबाद का कार्यकाल प्रोत्साहनों से भरा था। लेफ़्टिनेंट कर्नल हैमिल्टन-ब्रिटन ने उनको उत्कृष्ट रिपोर्ट दी थी और जब नये कमांडिंग अफसर लेफ़्टिनेंट कर्नल निकोलस आए तो भारतीयों के बारे में अपने अल्प ज्ञान के चलते उन्हें थिमैय्या पर काफी निर्भर रहना पड़ा। सितंबर 1930 में थिमैय्या को एडजुटेंट नियुक्त किया गया—एक ऐसा पद जो सामान्यतः वरिष्ठ कैप्टन या मेजर को दिया जाता था—जबकि वे अभी सबार्लटन ही थे और कैप्टन रैंक में पदोन्नति के लिए परीक्षा पास करनी बाकी थी। तीन अन्य भारतीय बटालियन में शामिल हुए थे—नरंजन सिंह गिल, जो सितंबर 1925 में थिमैय्या से पहले कमीशन हुए थे, गणपत राम नागर, जो फरवरी 1928 में उत्तीर्ण थे; और कुंवर यदुनाथ सिंह, जिन्होंने 1928 में कमीशन प्राप्त किया था। भारतीयों के लिए क्लब सदस्यता की समस्या अभी भी अनसुलझी थी। कर्नल हैमिल्टन-ब्रिटन द्वारा इस नियम को बदलवाने के प्रयासों के बावजूद इलाहबाद क्लब ने उन्हें पूर्ण सदस्य स्वीकार करने से इंकार कर दिया। सेना में भारतीयों को आए तकरीबन 10 साल हो चुके थे और वे अपनी-अपनी रेजिमेंट के अधिकारी मेस के सदस्य भी थे। लेकिन सभी स्टेशनों के क्लब

1947 तक अंग्रेजों के संरक्षण में ही रहे, कुछ स्थानों पर तो आजादी के कई वर्ष बाद तक भी। तमाम अंग्रेजों के लिए क्लब उनके साम्राज्य के अंतिम गढ़ का प्रतिनिधित्व करते थे और वे तब तक उनका समर्पण करने के लिए तैयार नहीं थे, जब तक इतिहास के घटनाक्रमों ने उन्हें समर्पण के लिए मजबूर नहीं कर दिया।

वर्ष 1931 में बटालियन उत्तर पश्चिमी सीमा पर फोर्ट सैंडेमैन चली गई। रास्ते में क्वेटा में ट्रेन बदलने के दौरान, थिमैय्या अपने मित्रों के साथ एक पार्टी में चले गए और उनकी ट्रेन छूट गई। परिणामस्वरूप वे फोर्ट सैंडेमैन विलंब से पहुंचे, जहां उनके कमांडिंग अफसर, लेफ्टिनेंट कर्नल ल्युइस बेसब्री से उनका इंतजार कर रहे थे। उनको स्थायी एडजुटेंट का कार्यभार संभालना था—अब तक वे केवल कार्यवाहक थे—उनके विलंब के कारण एक गश्त को स्थगित करना पड़ा, जिस पर बटालियन को उसी दिन जाना था। थिमैय्या को उनकी लापरवाही के लिए कड़ी फटकार लगी, और अगर वे एडजुटेंट नहीं होते तो शायद उन पर अनुशासनात्मक कार्रवाई भी होती। इस अशुभ शुरुआत के बाद, थिमैय्या को अहसास हुआ कि भविष्य में परेशानी से बचने के लिए उनको सतर्क रहना होगा। साथ ही, जब महत्वपूर्ण कार्यों की जिम्मेदारी का मामला हो तो वे ब्रिटिश अधिकारियों को भारतीयों की विश्वसनीयता पर प्रश्न लगाने का कोई मौका नहीं देना चाहते थे।

ब्रिगेड की अन्य दो बटालियन थीं सिक्ख और गुरखा । तीनों यूनिटों में काफी प्रतिद्वंद्विता थी, खासतौर से खेल के मौदान पर। हैदराबाद को हॉकी में सिक्खों और फुटबॉल में गोरखों के हाथों हार का सामना करना पड़ता था। भारतीय अधिकारियों की एकमात्र बटालियन होने के कारण उन्हें उपहास और तिरस्कार का भी सामना करना पड़ता था। थिमैय्या ने यह सब बदलने का निर्णय लिया और बटालियन की हॉकी टीम को स्वयं प्रशिक्षण देने की जिम्मेदारी ली। हैदराबादियों को सामान्यतः कई दर्जन गोल से हरा देने वाले सिक्ख जब उनसे हार गए तो वे हैरान रह गए, यह थिमैय्या द्वारा हैदराबादियों को दी गई लड़ने की भावना का परिणाम था। उन्होंने बटालियन के बैंड को तब तक प्रशिक्षण दिया जब तक वे गोरखों के समान नहीं हो गए, जिनको एनडब्ल्यूएफपी में सर्वश्रेष्ठ ब्रास बैंड की ख्याति प्राप्त थी।

लेफ्टिनेंट कर्नल ल्युइस उन सर्वश्रेष्ठ अधिकारियों में से थे, जिनसे थिमैय्या अब तक मिले थे और वे जल्द ही बटालियन के सभी अधिकारियों के लिए आदर्श बन गए। ब्रिटिश और भारतीय दोनों अधिकारियों के साथ बेहद निष्पक्ष ल्युइस अत्यंत पेशेवर थे जिन्होंने अपने साथ-साथ बटालियन के लिए भी उच्च मानदंड रखे हुए थे। एडजुटेंट के तौर पर थिमैय्या उनके सबसे करीबी थे, और इस कार्यकाल में उन्होंने बहुत कुछ सीखा। बहुत जल्द बटालियन हर क्षेत्र में बेहतर प्रदर्शन करने लगी और पूरी ब्रिगेड में उसने सम्मान अर्जित किया। इसी दौरान सैंडहर्स्ट से पासआउट होकर आए कई अन्य भारतीय भी बटालियन में शामिल हुए, इनमें मोहिंदर सिंह वडालिया, मोहम्मद आज़म खान और कंवर बहादुर सिंह

थे। थिमैय्या से वरिष्ठ कैप्टन (बाद में जनरल) एस.एम. श्रीनागेश भी बटालियन में आ गए। वे मद्रास पायनियर्स से थे, जिसको भंग कर दिया गया था। बड़ी संख्या में किंग कमीशन प्राप्त भारतीय अधिकारियों की उपस्थिति से जवानों की नजरों में भारतीय अधिकारियों की इज्जत और बढ़ गई। जवानों को लगने लगा कि भारतीय अधिकारी अगर बेहतर नहीं तो कम से कम ब्रिटिश अधिकारियों के बराबर तो थे।

वर्ष 1934 में नये कमांडिंग अफसर आए। ये कर्नल ल्युइस के बिल्कुल विपरीत थे और बटालियन की गतिविधियों में उनकी कम ही रुचि थी। उन्होंने तकरीबन सबकुछ थिमैय्या पर छोड़ दिया और वे कार्यालय में बहुत कम समय बिताते थे। बटालियन जल्द क्वेटा चली गई, जहां शहर के व्यस्त जीवन और उनकी आकर्षक पत्नी ने कमांडिंग अफसर को पूरी तरह व्यस्त रखा, जिससे सभी चीजों का भार थिमैय्या के कंधों पर आ गया। क्वेटा उस समय भारत की सबसे बड़ी छावनियों में से था, जहां एक हजार से अधिक अधिकारी थे। कुछ न कुछ चलता ही रहता था और थिमैय्या काफी व्यस्त रहने लगे। वे तकरीबन 28 वर्ष के हो चुके थे और कैप्टन पद पर उनकी पदोन्नति होनी बाकी थी। उन्होंने सोचा कि अब विवाह करके घर बसा लेना चाहिए।

जनवरी 1935 में बैंगलोर में छुट्टियों के दौरान, थिमैय्या की मुलाकात नीना करियप्पा (के.एम. करियप्पा से कोई संबंध नहीं) से हुई, जो उनके दूर के रिश्ते में लगती थी। थिमैय्या ने उनके बारे में सुन रखा था, लेकिन कभी उनसे मिल नहीं पाए थे, क्योंकि नीना का ज्यादातर बचपन पेरिस में बीता था। यह पहली नजर का प्यार था और जल्द ही उनकी सगाई हो गई। बैंगलोर में एक माह बाद उनकी शादी हो गई। थिमैय्या के घर मेरकारा में कुछ दिन और फिर कुछ दिन बैंगलोर में बिताने के बाद थिमैय्या दंपति बॉम्बे चले गये, और वहां से जहाज के माध्यम से कराची। एक छोटी सी यात्रा के उपरांत, जिसमें उनका हनीमून भी हो गया, थिमैय्या अपनी दुल्हन को क्वेटा ले आए। वे घरेलू जीवन का आनंद उठाने लगे, लेकिन एक भूकंप से अवरोध आ गया, जिसने 31 मई 1935 को क्वेटा को तबाह कर दिया, और जिसमें तकरीबन 60 हजार लोगों की मौत हुई। सौभाग्य से कोई सैनिक हताहत नहीं हुआ और उन्होंने कई हफ्तों तक राहत कार्यों में हाथ बंटाया।

इसके कुछ समय बाद ही थिमैय्या ने मद्रास में यूनिवर्सिटी ट्रेनिंग कोर की 50वीं मद्रास बटालियन में एडजुटेंट के तौर पर तैनाती मांगी, जहां उनके मामा कैप्टन पोनप्पा अपना कार्यकाल पूरा करने वाले थे। नीना को प्रसव काल के लिए मेरकारा में छोड़कर वे उस दौरे पर चले गए, जिसे ब्रिटिश अधिकारियों की शीतकालीन यात्रा कहा जाता था। उन्होंने दिल्ली के आसपास उन गांवों का दौरा किया जहां से उनकी कंपनी के जवानों की भर्ती की गई थी। वे जहां भी गए उनका स्वागत सभाओं और उत्सवों से किया गया और इस यात्रा ने उन्हें अपने जवानों के और भी ज्यादा करीब ला दिया। फिर अपने बच्चे के जन्म के समय वे अपनी पत्नी के साथ रहने के लिए अवकाश पर चले गए। 20 मार्च 1936 को नीना ने

एक बेटी को जन्म दिया, जिसका नाम मिरेल रखा गया। बेटी के जन्म के एक माह उपरांत, थिमैय्या ने मद्रास में अपना नया कार्य संभाल लिया।

हालांकि थिमैय्या विवाहित थे और तकरीबन 30 वर्ष के हो चुके थे, लेकिन उनकी मस्ती का अंदाज अब भी कायम था। मद्रास में उनका एक कार्य फोर्ट सेंट जॉर्ज के मास्टर गनर की भूमिका निभाना भी था, जिसमें उनका एक तोपखाने पर नियंत्रण था और इसमें औपचारिक सलामी देने के लिए छह आर्टिलरी तोपें थीं। एक शाम अपने घर पर आयोजित पार्टी के दौरान उन्होंने देखा कि एक युवती, जिसने उस दिन सुबह गवर्नर की एक झलक देखी थी, बड़ी भावुक हो रही थी। थिमैय्या ने युवती से कहा कि उसका महत्व गवर्नर से भी ज्यादा था। क्योंकि वह ज्यादा समझदार थी, समाज में अधिक योगदान दे सकती थी और साथ ही ज्यादा सुंदर भी दिखती थी। बल्कि गवर्नर की तरह उसको भी 31 तोपों की सलामी मिलनी चाहिए और अगले दिन सुबह जब वह अपने कॉलेज जाएगी तो उसके सम्मान में ऐसा ही होगा। सबको लगा कि थिमैय्या मजाक कर रहे थे, लेकिन अगले दिन सुबह पूरे शहर ने 31 तोपों की धमाकेदार सलामी की आवाज सुनी। थिमैय्या ऐसा इसलिए कर पाए क्योंकि वे अभ्यास के लिए कुछ राउंड चलाने को अधिकृत थे और इसलिए किसी आदेश का उल्लंघन नहीं कर रहे थे। हालांकि, स्थानीय लोगों को यह पता नहीं था, और उनको लगा कि थिमैय्या ने अपने अंग्रेज वरिष्ठों की अवज्ञा की थी।

मद्रास में चार वर्ष व्यतीत करने के बाद थिमैय्या को फिर से अपनी पुरानी बटालियन में जाने का आदेश हुआ। जब द्वितीय विश्व युद्ध प्रारंभ हुआ तब 4/19 हैदराबाद्स को सिंगापुर भेज दिया गया। अपनी पत्नी और बेटी को बैंगलोर में छोड़कर, थिमैय्या ने सिंगापुर में अकेले दो वर्ष बिताए। लगातार अक्षम कमांडिंग अफसरों के आने के कारण बटालियन का मनोबल गिरा हुआ था और भारतीय व अंग्रेज अफसर आपस में बहुत कम बातचीत करते थे। अहीरों की कंपनी ने विद्रोह कर दिया था, अगले दिन जाट भी उनमें शामिल हो गए। थिमैय्या अब एक मिश्रित कंपनी की कमांड संभाल रहे थे और उन्हें बगावत से दूर रखने में सफल रहे। जवानों को शांत करने में उन्होंने अहम किरदार निभाया और आखिरकार विद्रोह थम गया। लेकिन अब तक थिमैय्या तंग आ चुके थे और उन्होंने स्थानांतरण मांग लिया। अगस्त 1941 में उनको आगरा में 8/19 हैदराबाद रेजिमेंट में स्थानांतरित कर दिया गया, जिसकी स्थापना की जा रही थी। दो महीने बाद उनको 10/19 हैदराबाद रेजिमेंट भेज दिया। इसका भी आगरा में निर्माण किया जा रहा था।

जुलाई 1942 में थिमैय्या को बटालियन का सेकंड-इन-कमांड नियुक्त कर दिया गया। जब वे आगरा में थे, तब कांग्रेस द्वारा बम्बई में भारत छोड़ो आंदोलन का प्रस्ताव पारित हो जाने के बाद हिंसक प्रदर्शन होने लगे। थिमैय्या की बटालियन को छह अवसरों पर हिंसक भीड़ से निपटने के लिए बुलाया गया। हर बार थिमैय्या ने प्रदर्शनकारियों से बात की, जिनमें अधिकांश छात्र थे, और गोली चलाने की नौबत नहीं आने दी। थोड़े दिनों बाद पूरे शहर में

पोस्टर नजर आने लगे, जिन पर लिखा था 'हैदराबादस से डरें नहीं—वे कभी गोली नहीं चलाते।' थिमैय्या के सीओ लेफ़्टिनेंट कर्नल चार्ल्स एट्टफील्ड नाराज हो गये और उन्होंने थिमैय्या से पूछा कि वे गोली चलाने से क्यों बच रहे हैं। थिमैय्या ने जवाब दिया कि जब भी उन्होंने भीड़ को चेतावनी दी, भीड़ तितर-बितर हो गई, तो फिर गोली चलाने की जरूरत कहां थी?

आगरा में थोड़ा समय बिताने के बाद फरवरी 1943 में थिमैय्या स्टाफ कॉलेज कोर्स करने के लिए क्वेटा चले गए। कुल 140 छात्रों में से थिमैय्या उन छह भारतीयों में शामिल थे, जिन्होंने इस कोर्स में प्रवेश पाया। जब छह माह के उपरांत उन्होंने उपाधि प्राप्त की तो मेरिट लिस्ट में उनका दूसरा स्थान आया। कोर्स के उपरांत उनको 25 इंडियन डिविजन मुख्यालय में जीएसओ-2 (ऑप्स) की प्रतिष्ठित नियुक्ति प्रदान की गई। सम्मानित 'ऑप्स' कार्य को प्राप्त करने वाले वे पहले भारतीय थे, और यह उन्हें तभी मिला जब उन्होंने 'स्टाफ कार्य' करने से इंकार कर दिया। उनके मुताबिक 'सैन्य मुख्यालय के आसपास अधिक वेतन और अधिक पदोन्नतियां प्राप्त चपरासियों के साथ बैठने' से बेहतर था कि वे अपनी बटालियन लौट जाएं।

थिमैय्या मद्रास में 25 इंडियन डिविजन में शामिल हो गए, लेकिन उसको जल्द बर्मा जाना था। जीओसी, मेजर जनरल डेवीज ने अपने जीएसओ 3, जो कि एक ब्रिटिश कैप्टन थे, को जीएसओ 2 पर पदोन्नत कराने का प्रयास किया था, लेकिन सैन्य मुख्यालय ने अनुमति नहीं प्रदान की और उनकी जगह थिमैय्या को वह पद मिला। परिणामस्वरूप, जब थिमैय्या वहां पहुंचे तो जनरल का उनके प्रति बहुत अधिक रुझान नहीं था। साथ ही जनरल बहुत गुस्सैल भी थे, जिसके बारे में उनके अन्य स्टाफ सदस्य कहते थे कि जिगर खराबी के कारण ऐसा था, और सह लेते थे। लेकिन जब जनरल ने दूसरी बार थिमैय्या पर गुस्सा किया, तो थिमैय्या का धैर्य जवाब दे गया और उन्होंने स्थानांतरण मांग लिया। जनरल डेवीज ने उनको चर्चा के लिए ड्रिंक पर बुलाया। उन्होंने थिमैय्या को बताया कि वह 'अत्यधिक संवेदनशील' हैं और उनको नाक पर बैठे गुस्से पर लगाम कसनी चाहिए। अगर वे चाहें तो जा सकते हैं, लेकिन जनरल उनको एक अच्छा अधिकारी मानते थे और अगर वे रुकते हैं, तो उन्हें प्रसन्नता होगी। यह सुनकर थिमैय्या का गुस्सा कुछ कम हुआ और उन्होंने स्थानांतरण का निवेदन वापस ले लिया।

जल्द ही, 25 इंडियन डिविजन बर्मा चली गई और 5 इंडियन डिविजन का स्थान लिया, जिसने अराकन में लड़ाई लड़ी थी। मद्रास से वे रेलगाड़ी से चटगांव पहुंचे और वहां से सड़क मार्ग लेकर मोंग्डॉ तक। मई 1944 में थिमैय्या को पदोन्नत कर लेफ़्टिनेंट कर्नल बना दिया गया और उन्हें 8/19 हैदराबाद की कमांड सौंपी गई, जिसकी स्थापना के समय उन्होंने आगरा में सेवा दी थी। बटालियन रक्षात्मक भूमिका में थी, और तकरीबन प्रतिदिन जापानियों के हाथों जवान हताहत हो रहे थे। जापानियों का ठिकाना एक पहाड़ी की चोटी

पर था, जहां से भारतीय रक्षा ठिकाने नजर आते थे। थिमैय्या हमला करना चाहते थे, लेकिन डिविजनल कमांडर ने एक ब्रिटिश बटालियन को नामित किया और उसको भारी नुकसान उठाना पड़ा। थिमैय्या पर दुश्मन के ठिकानों का गलत आंकलन करने का अरोप लगाया गया। अपनी स्थिति को सिद्ध करने के लिए थिमैय्या ने बिना आदेश के हमला कर दिया और पहाड़ी पर कब्ज़ा कर लिया, जिसमें तकरीबन 100 से अधिक जापानी मारे गए और थिमैय्या का एक भी जवान हताहत नहीं हुआ और कोर कमांडर के द्वारा उनकी सराहना की गई। हमले के लिए मना करने वाले डिविजन कमांडर मेजर जनरल डेवीज ने इस सफलता को अनदेखा करना उचित समझा। हालांकि उन्होंने कहाः 'तुमने बहुत बड़ा ख़तरा उठाया, थिमैय्या। बहुत जोखिमभरा काम था। तुम भाग्यशाली लोगों में हो।' थिमैय्या को याद आया कि सार्जेंट मेजर ने सैंडहर्स्ट में उनसे कहा था कि एक सैनिक के लिए भाग्य सबसे महत्वपूर्ण गुण होता है।

थिमैय्या की बटालियन 8/19 हैदराबाद 'ऑल-इंडियन' 51 ब्रिगेड का हिस्सा थी। उसका ऐसा नाम इसलिए था क्योंकि उसकी प्रत्येक बटालियन और तीनों कमांडिंग अफसर भारतीय थेः 16/10 बलूच की कमांड एल.पी सेन के पास थी और 2/2 पंजाब को एस.पी. पी थोरट कमांड करते थे। दिसंबर 1944 में ब्रिगेड को मोंग्डॉ से बुथिडांग जाने का आदेश हुआ। जनवरी 1945 में, ब्रिगेड ने कंग्वा के प्रसिद्ध युद्ध में भाग लिया, जिसके लिए ब्रिगेड कमांडर और तीनों कमांडिंग अफसरों को डीएसओ से सम्मानित किया गया। 25 मार्च 1945 को थिमैय्या को 36 इंफैन्ट्री ब्रिगेड की कमांड सौंपी गई, जो 26 इंडियन डिविजन का हिस्सा थी और वे युद्ध-क्षेत्र में ब्रिगेड की कमांड संभालने वाले पहले भारतीय बन गए।

थिमैय्या की ब्रिगेड ने सबसे पहले रंगून में प्रवेश किया, जिसे जापानियों ने 10 दिन पहले ही खाली किया था और शहर को आईएनए के हाथों सौंप दिया था। आईएनए के बंदी बनाये गए अधिकारियों में थिमैय्या के बड़े भाई भी थे। गंभीर हेपेटाइटिस के कारण थिमैय्या को कलकत्ता के अस्पताल में भर्ती करना पड़ा और वे कार्रवाई में भाग नहीं ले सके थे। जब वे ठीक हुए तो उनको स्टाफ नियुक्ति प्रदान की गई, जिसके लिए उन्होंने मना कर दिया। उन्होंने अपनी ब्रिगेड की कमांड न दिये जाने पर इस्तीफा देने की धमकी दे डाली, बाद में उनको अपनी ब्रिगेड की कमांड मिल गई। जब जापानियों ने सिंगापुर में आत्मसमर्पण किया, थिमैय्या उस समारोह में शामिल हुए। बाद में उन्होंने एक बंदी शिविर का दौरा किया, जहां जापानियों ने उनकी पुरानी बटालियन 4/19 हैदराबाद के सैनिकों को कैद कर रखा था। इस बटालियन के बंदी बनने से दो सप्ताह पहले ही थिमैय्या ने उसे छोड़ा था। थिमैय्या अपने पुराने साथियों की हालत देखकर अचंभित रह गए। सब बिल्कुल दुर्बल हो चुके थे और अपना मानसिक संतुलन खो चुके थे । थिमैय्या के लिए वह युद्ध का सबसे दुःखद क्षण था और सबके सामने वह फूट फूट कर रोये।

द्वितीय विश्व युद्ध के बाद, थिमैय्या को 268 ब्रिगेड की कमांड सौंपी गई, जिसे ब्रिटिश कॉमनवेल्थ फोर्स के तौर पर जापान भेज दिया गया। जब थिमैय्या वहां पहुंचे, तो वे वहां हुए विनाश को देखकर हतप्रभ रह गए, खासतौर से हिरोशिमा में, जहां पहले परमाणु बम ने पूरे शहर को लगभग ध्वस्त कर दिया था। उनकी ब्रिगेड मतस्यू में थी, जो कई छोटे द्वीपों से घिरा छोटा सा शहर था। वहां करने के लिए बहुत अधिक काम नहीं था, और जवानों को व्यस्त रखना उनका सबसे बड़ा सिरदर्द था। जापानी महिलाएं खूबसूरत थीं और युद्ध के उपरांत पुरुषों की कमी के कारण संयुक्त कार्य बलों के साथ संबंध

स्थापित करने में काफी रुचिकर दिखती थीं। परिणामस्वरूप, बहुत तेजी से यौन रोग फैलने लगे और नियंत्रण के लिए सख्त कदम उठाने पड़े। भारतीय जवानों वाली थिमैय्या की ब्रिगेड में यौन रोग का एक भी मामला नहीं आया, लेकिन जब उन्होंने इस बात की जानकारी दी तो किसी ने भी विश्वास नहीं किया। थिमैय्या के जवानों की जांच करने के लिए अमरीकियों ने अपनी खुद की टीम भेजी। जब उनको भी कोई मामला नहीं मिला, तब उन्होंने भारतीयों से पूछा कि रोग को नियंत्रित करने के लिए क्या वे कोई जादूई घुट्टी इस्तेमाल कर रहे थे! थिमैय्या ने मतस्यू में एक अच्छा वर्ष व्यतीत किया और दिसंबर 1946 में उनको भारतीय सशस्त्र बल राष्ट्रीयकरण समिति में कार्य करने के लिए वापस भारत भेज दिया गया।

तीनों सशस्त्र सेनाओं के राष्ट्रीयकरण की प्रक्रिया को गति प्रदान करने के सुझावों पर सिफारिश के लिए समिति का गठन 13 नवंबर 1946 को हुआ था। अब तक यह तय हो चुका था कि ब्रिटिश सरकार भारतीयों को 1948 में सत्ता हस्तांतरित कर देगी। समिति को यह विचार करना था कि क्या उस समय तक सशस्त्र बलों का भारतीयकरण हो सकेगा। ब्रिगेडियर नथू सिंह जैसे कुछ भारतीयों को लगता था कि भारतीय सभी नियुक्तियों को संभालने में सक्षम थे, और जून 1948 के बाद ब्रिटिश अधिकारियों को रोकने की कोई जरूरत नहीं थी। दूसरों को लगता था कि इस कार्य में पांच वर्ष लगेंगे। वरिष्ठ ब्रिटिश अधिकारी इस बात पर जोर दे रहे थे कि सशस्त्र बलों के पूर्ण भारतीयकरण में कम से कम 15 वर्ष का समय लगेगा। मुद्दे को राजनीतिक बनते देर नहीं लगी। कुछ ब्रिटिश जनरलों ने भारतीय नेताओं को भारतीय अधिकारियों को कमांड सौंपने के खिलाफ सलाह देते हुए चेतावनी दी कि इससे उसी प्रकार का विद्रोह हो सकता है, जिसकी कोशिश बर्मा में की गई थी। अंततः भारतीय अधिकारी राजनीतिक नेतृत्व को यह समझाने में सफल रहे कि उनकी कोई राजनीतिक महत्वाकांक्षा नहीं थी और यह निर्णय हुआ कि ब्रिटिश अधिकारियों को एक-दो साल के लिए सलाहकार के तौर पर रख लिया जाए। अंततोगत्वा, सत्ता हस्तांतरण उम्मीद से पहले ही हो गया और समिति की सिफारिशें निरर्थक हो गईं।

जब देश के विभाजन का निर्णय हो गया, तो यह स्पष्ट हो गया कि पंजाब में बड़े स्तर पर लोगों का विस्थापन होगा। उनके आवागमन के निरीक्षण और हिंसा रोकने के

लिए एक डिविजन पर आधारित सीमा बल (बाउंडरी फोर्स) बनाया गया, जिसकी कमांड मेजर जनरल टी.डब्ल्यू. रीस को सौंपी गई और मुख्यालय लाहौर रखा गया। थिमैय्या को अमृतसर स्थित 5 ब्रिगेड का कमांडर नियुक्त किया गया, जो इस बल का ही हिस्सा थी। वापस अपनी ब्रिगेड में जाने से पहले उनको कुछ समय के लिए सशस्त्र बल विभाजन उपसमिति की बैठक हेतु दिल्ली बुलाया गया। थिमैय्या की रीस के साथ पहली मुलाकात बहुत स्नेहपूर्ण नहीं रही। रीस का कहना था कि थिमैय्या के 20 वर्षों की तुलना में उनके पास 30 वर्षों का अनुभव था, इसलिए उन्हें थिमैय्या के सुझावों की आवश्यकता नहीं थी। थिमैय्या वहां से चले गए और फिर कभी रीस से नहीं मिले। वास्तव में उन्होंने पाया कि ब्रिटिश अधिकारी उदासीन थे और उनकी उपद्रव को रोकने में बहुत रुचि नहीं थी। जब प्रधानमंत्री जवाहरलाल नेहरू अपने रक्षा मंत्री सरदार बलदेव सिंह के साथ लाहौर गए तो थिमैय्या ने यह मुद्दा उनके साथ उठाया और सीमा बल में ब्रिटिश अधिकारियों के स्थान पर भारतीय अधिकारियों को तैनात करने की सिफारिश की। नेहरू ने यह सुझाव स्वीकार कर लिया और अगले दिन यह मसला सर्वोच्च परिषद की बैठक में रखा। पाकिस्तानियों को लगा कि उनके पास ब्रिटिश अधिकारियों की जगह लेने के लिए अनुभवी अफसर नहीं थे। मगर भारतीयों ने आगे बढ़ने का निर्णय लिया और ब्रिटिश अधिकारियों ने सीमा बल से इस्तीफे देने शुरू कर दिये। सी-इन-सी जनरल लॉकहार्ट थिमैय्या से बहुत नाराज हुए कि उन्होंने उनसे या अपने वरिष्ठ जनरल रीस से सलाह किये बगैर नेहरू को यह सुझाव कैसे दे दिया। रीस की उपस्थिति में थिमैय्या ने लॉकहार्ट को रीस के साथ हुए पहली और एकमात्र बातचीत के बारे में बताते हुए स्पष्ट किया कि इसलिए उनको यही करना ठीक लगा। जब लॉकहार्ट उनसे सहमत नहीं हुए, तो थिमैय्या ने इस्तीफे की पेशकश कर दी। लॉकहार्ट तुरंत शांत हो गए और थिमैय्या से सब कुछ भूल जाने को कहा।

कुछ महीनों के उपरांत, थिमैय्या का स्थनांतरण जालंधर स्थित 11 ब्रिगेड में हो गया जो सीमा बल का ही हिस्सा थी। थोड़े दिनों बाद, रीस को वापस दिल्ली बुला लिया गया और थिमैय्या को मेजर जनरल की रैंक में सीमा बल की कमांड सौंप दी गई। विभाजन के दौरान हुए अत्याचार और हिंसा से वे हतप्रभ रह गए। उनके जवानों पर कानून व्यवस्था बनाए रखने के साथ-साथ, राहत कार्यों की भी जिम्मेदारी थी, जिसमें शवों का अंतिम संस्कार करना भी शामिल था। निर्मम हत्याओं से उनको गहरा आघात लगा, जो उनकी स्मृति पर गहरे निशान छोड़ गया।

स्वतंत्रता प्राप्ति के बाद वे एक बार अपने समकक्ष मेजर जनरल इफ्तिखार से मिलने अतिथि के तौर पर लाहौर गए। उन्होंने वहां कुछ पाकिस्तानी अधिकारियों को गुलमर्ग और पहलगाम में रेजिमेंट स्थापित करने की बात करते सुना। उनको हैरानी हुई, क्योंकि कश्मीर ने अभी तक भारत या पाकिस्तान में सम्मिलित होने का निर्णय नहीं लिया था। अक्टूबर 1947 में पाकिस्तानी हमलावर कश्मीर घाटी में घुस गए। जब महाराजा हरी सिंह ने विलय संधि पर

हस्ताक्षर कर दिये तब भारतीय सेना को वहां भेजा गया। श्रीनगर को समय रहते बचा लिया गया और हमलावरों को वहां से खदेड़ दिया गया। धीरे-धीरे पाकिस्तान की तरफ से हमले बढ़ते गए, जिसके चलते भारतीय जवानों की संख्या बढ़ने लगी और मेजर जनरल कलवंत सिंह की कमांड में जम्मू और कश्मीर बल गठित किया गया, जिसमें दो ब्रिगेड शामिल थीं। यह बल दिल्ली स्थित दिल्ली व पूर्वी पंजाब (डीईपी) कमांड के अधीन था। जनवरी 1948 में करियप्पा ने सी-इन-सी, डीईपी कमांड का प्रभार संभाला और उसे जम्मू ले गए। अप्रैल 1948 में थिमैय्या ने कलवंत सिंह से जम्मू और कश्मीर (जेएके) बल के जीओसी का प्रभार ग्रहण किया। कुछ दिनों के बाद बल को विभाजित करके दो डिविजन गठित की गईं। श्री डिविजन को श्रीनगर में रहना था और कश्मीर घाटी की सुरक्षा संभालनी थी, जबकि जम्मू में स्थित अन्य डिविजन को जम्मू क्षेत्र की सुरक्षा देखनी थी। थिमैय्या को श्री डिविजन की कमांड सौंपी गई और वे 4 मई 1948 को श्रीनगर चले गए।

थिमैय्या की कमांड में दो ब्रिगेड थीं। ब्रिगेडियर एलपी 'बोगी' सेन के अधीन 161 इंफैन्ट्री ब्रिगेड उरी सेक्टर संभाल रही थी, जबकि ब्रिगेडियर हरबख्श सिंह के अधीन 163 इंफैन्ट्री ब्रिगेड हंदवाड़ा-कुपवाड़ा क्षेत्र में थी। 13 मई 1948 को थिमैय्या ने गर्मियों की आक्रामक योजना साझा करने के लिए एक बैठक बुलाई। 161 इंफैन्ट्री ब्रिगेड को मुख्य हमले के लिए 20 मई 1948 को ब्रिगेडियर नायर की 77 पैराशूट ब्रिगेड द्वारा कार्यमुक्त किये जाने के बाद डोमेल की तरफ बढ़ना था। 77 पैराशूट ब्रिगेड पहले ही घाटी में पहुंच चुकी थी। शत्रु को झांसा देने के लिए 163 इंफैन्ट्री ब्रिगेड को दूसरी तरफ से 18 मई को हमला शुरू करना था और टिथवाल की तरफ बढ़ना था। जून 1948 के अंत तक नस्ताचुन दर्रे पर कब्ज़ा कर लिया गया और किशनगंगा नदी तक का क्षेत्र 163 इंफैन्ट्री ब्रिगेड द्वारा आक्रमणकारियों से मुक्त करा दिया गया। उरी सेक्टर में 161 इंफैन्ट्री ब्रिगेड ने पीरकांठी और लेडी गली पर कब्ज़ा कर लिया था। उत्तरी कश्मीर के राजधंगन दर्रे पर भी कब्ज़ा कर लिया गया। इस मोड़ पर सरकार ने आक्रामक ऑपरेशनों पर विराम लगाने का निर्णय लिया, क्योंकि मुद्दा संयुक्त राष्ट्र में भेज दिया गया था। डोमेल पर अभी तक कब्ज़ा नहीं हो सका था, लेकिन 350 वर्ग मील से अधिक क्षेत्र दुश्मन के कब्जे से छुड़ा लिया गया था।

आक्रामक ऑपरेशन को स्थगित करने का निर्णय चौंकाने वाला था और करियप्पा ने सरकार के समक्ष कड़ा विरोध किया, विशेषकर इसलिए क्योंकि पाकिस्तान ने यूएन प्रस्ताव को स्वीकार नहीं किया था और अपने ऑपरेशन जारी रखे हुए था। आखिरकार, सरकार ने मंजूरी देते हुए कहा कि लेह और पुंछ के साथ संपर्क स्थापित करने के लिए ऑपरेशन चलाया जा सकता था, क्योंकि उन पर हर हालत में कब्ज़ा करना था। इनको रक्षात्मक ऑपरेशन के रूप में किया जाना था। हालांकि, लेह मार्ग को तभी खोला जा सकता था जब द्रास, ज़ोजिला और कारगिल को हथिया लिया गया हो, जिन पर दुश्मन कब्ज़ा जमाए बैठा था। इस लक्ष्य को प्राप्त करने के ऑपरेशन का कूटनाम था 'डक'। हालांकि इसको शुरू करने

से पहले कुछ पुनर्गठन किया गया। क्षेत्र के सभी ऑपरेशन संभालने के लिए एक नया कोर मुख्यालय बनाया गया। सैन्य मुख्यालय में एडजुटेंट जनरल पद पर कार्यरत मेजर जनरल एस.एम. श्रीनागेश को पदोन्नति देकर लेफ़्टिनेंट जनरल बना दिया गया और सितंबर 1948 में जीओसी XV कोर नियुक्त किया गया। इस समय तक, 10 माह लंबी घेरेबंदी और कश्मीर राज्य बल के कर्नल शेर जंग थापा की कमांड में घिरी सेना को छुड़ाने के तमाम असफल प्रयास के बाद स्कर्दू दुश्मन के हाथ में चला गया।

उस समय, लेह में एक कमजोर बटालियन थी। उसकी रक्षा एक साहसी कदम के कारण हो सकी, जिसका श्रेय थिमैय्या को जाना चाहिए, जिन्होंने उसका सुझाव दिया। 22 मई 1948 को दुश्मन ने खलात्से में एक पुल पर हमला कर दिया और उसकी सुरक्षा कर रही राज्य बलों की टुकड़ी लेह वापस आ गई। अगले दिन, लेह में तैनात मेजर प्रिथी चंद ने तत्काल संदेश भेजा कि परिस्थिति नाजुक थी और यदि अगले दिन तक अतिरिक्त सैन्य सहायता नहीं पहुंची तो लेह को खाली करना पड़ेगा। लेह में पहले कभी कोई हवाई जहाज नहीं उतरा था, लेकिन इलाके को बचाने के लिए यही एक उपाय था। थिमैय्या एयर कमोडोर मेहर सिंह के पास गए, जो भारतीय वायु सेना के नं. 1 (ऑपरेशन) ग्रुप के कमांडर थे, और उनसे पूछा क्या वे जोखिम उठा सकते थे। 'बाबा' मेहर (वह तेजस्वी सिख इसी नाम से जाने जाते थे), परीक्षण लैंडिंग के तौर पर एक डकोटा उड़ाने के लिए तैयार हो गए। थिमैय्या ने उनके साथ जाने का निर्णय लिया और 24 मई 1948 को लेह में विमान उतार करके दोनों ने अपना नाम विमानन के इतिहास की किताबों में दर्ज करा दिया। स्थानीय लोगों ने कभी हवाई जहाज नहीं देखा था, उन्होंने उसे कोई 'दिव्य घोड़ा' समझा और उसे खिलाने के लिए घास ले आए! यह बताने की आवश्यकता नहीं, लेह को बचा लिया गया और अगले कुछ दिनों तक नियमित जवानों को भेजा जाता रहा। स्थानीय लोगों के मनोबल पर भी चमत्कारिक असर पड़ा, जिन्होंने अपने शहर का भाग्य भी बारामुला, मीरपुर और स्कर्दू की तरह मान लिया था।

ज़ोजिला पर कब्ज़ा एक अन्य घटना थी, जिसने थिमैय्या को ख्याति दिलवाई। उन्होंने इस 16,000 फीट ऊंचे दर्रे पर कब्ज़ा करने का कार्य 77 पैराशूट ब्रिगेड को सौंपा, जिसकी कमांड के.एल. अटल के पास थी। 3 सितंबर 1948 को ऑपरेशन 'डक' शुरू किया गया, लेकिन भारी बर्फबारी और दुश्मन की मजबूत रक्षा प्रणाली के कारण विफल हो गया। अधिक तोपों के साथ दूसरा प्रयास 14 सितंबर 1948 को किया गया, लेकिन यह भी विफल रहा, जिसमें कई सैनिक हताहत हुए। इससे काफी निराशा थी और जवान हताश थे। सर्दियां जल्द आने वाली थीं और दर्रा बंद होने वाला था, जिससे वाहनों का आवागमन नामुमकिन हो जाता। समय तेजी से बढ़ रहा था और सफलता प्राप्त करने के लिए विभिन्न उपायों को आजमाना जरूरी था।

23 सितंबर 1948 को श्रीनगर में एक बैठक हुई। करियप्पा की अध्यक्षता में हुई इस बैठक में थिमैय्या, श्रीनागेश और अटल भी उपस्थित थे। विफलता के कारणों का विश्लेषण करने के उपरांत यह निर्णय हुआ कि दुश्मन की रक्षा प्रणाली को काबू करने के लिए 'फ्लैट ट्रैजेक्ट्री' हथियार की आवश्यकता थी, जबकि इंफैन्ट्री ढलानों पर हमला कर रही थी। ऊंचाई पर अत्यधिक कवर होने के कारण विमानों और तोपों का कम असर होता था और दुश्मन अपने हमलावरों पर भारी गोलीबारी कर सकते थे। तब ज़ोजिला में टैंकों का इस्तेमाल करने का निर्णय हुआ। यह स्पष्ट नहीं है कि यह सुझाव किसने दिया, लेकिन इसका श्रेय थिमैय्या को दिया जाता है, जिसे करियप्पा ने स्वीकार कर लिया। निर्णय को अंतिम रूप देने से पहले 7 कैवेलरी की कमांड संभाल रहे लेफ़्टिनेंट कर्नल राजिंदर सिंह 'स्पैरो' को बुलाया गया और उनसे सलाह ली गई। करियप्पा ने ऑपरेशन का नाम डक से बदलकर 'बाईसन' रखने का भी निर्णय लिया।

7 कैवेलरी के स्टीवर्ट टैंकों का एक स्क्वाड्रन जम्मू से श्रीनगर और फिर बालटाल ले जाया गया। इंजीनियर्स द्वारा कई पुलों को सुदृढ़ किया गया या फिर से बनाया गया। गोपनीयता बनाए रखने के लिए टैंकों के टरेट्स को हटा दिया गया और उन्हें अलग से ले जाया गया। जब कॉलम शहर से गुजर रहा था तब श्रीनगर में कर्फ्यू लगा दिया गया। परिणामस्वरूप टैंकों की आवा जाही का किसी को पता नहीं चला और वे 15 दिनों के भीतर 260 मील की दूरी तय करते हुए बालटाल पहुंच गए। ऑपरेशन 20 अक्टूबर 1948 को प्रारंभ किया जाना था। लेकिन 18 अक्टूबर को बर्फबारी हो जाने के कारण उसको 25 अक्टूबर तक स्थगित कर दिया गया और फिर 1 नवंबर तक। बर्फ के कारण दर्रा अवरुद्ध होकर सर्दियों में बंद हो जाने से पहले अग्रिम स्थानों पर संग्रहण करने के लिए, 1 नवंबर ऑपरेशन शुरू करने के लिए अंतिम संभावित दिन था।

जब हमला किया गया, तो टैंक देखकर दुश्मन हैरान और हतोत्साहित रह गया। थिमैय्या स्वयं सबसे आगे वाले टैंक में सवार होकर हमले का नेतृत्व कर रहे थे। एक डिविजनल कमांडर के लिए ऐसा करना असामान्य था, लेकिन थिमैय्या कोई साधारण कमांडर नहीं थे और वस्तुतः कुछ भी कर सकते थे। ऑपरेशन पूर्ण रूप से सफल रहा और रात्रि समाप्त होने तक ज़ोजिला पर कब्ज़ा कर लिया गया। उसके थोड़े समय बाद द्रास और कारगिल भी प्राप्त कर लिये गये और 24 नवंबर 1948 को लेह से एक कॉलम निकालकर संपर्क स्थापित कर लिया गया। इसी के साथ लेह और पूरे लद्दाख का खतरा पूर्ण रूप से समाप्त हो गया। जब पाकिस्तान ने उस यूएन प्रस्ताव को स्वीकार कर लिया, जिसे पहले अस्वीकार किया था, तब 1 जनवरी 1949 को सर्दियां आ जाने के बाद संघर्ष विराम का आदेश दे दिया गया। तकरीबन 15 महीने की कठिन लड़ाई के उपरांत, कश्मीर का युद्ध अधिकारिक तौर पर समाप्त हो गया।

अब तक थिमैय्या का नाम भारत के घर-घर में प्रसिद्ध हो चुका था। उनको एक योद्धा के तौर पर कश्मीर के साथ-साथ लद्दाख का उद्धारक माना गया। सेना में वे पहले से ही काफी लोकप्रिय थे, लेकिन ज़ोजिला में मिली सफलता ने उनकी ख्याति और बढ़ा दी। उनका उपनाम 'टिम्मी' केवल उनके वरिष्ठों एवं सहयोगियों द्वारा नहीं प्रयोग किया जाता था, बल्कि उनके अधीनस्थ भी उन्हें इस नाम से पुकारते थे। यहां तक कि जवान भी उनको 'टिम्मी साहिब' कहकर पुकारते थे, जिससे पता चलता है कि उनके मन में थिमैय्या के प्रति कितना लगाव और आदर था। थिमैय्या का एक दौरा गिरते मनोबल को उठाने का पुख्ता उपाय था, और इसको 'टिम्मी टॉनिक' कहा जाने लगा। उन यूनिटों के लिए यह निर्धारित इलाज बन गया, जिनका किसी विफलता या भारी नुकसान के बाद मनोबल कम हो जाता था।

संघर्ष विराम रेखा को स्थापित करने और उसको देखने के लिए कश्मीर में संयुक्त राष्ट्र बल तैनात किया गया, जिसमें अर्जेंटीना, कोलंबिया, चेकोस्लोवाकिया, बेल्जियम और यूएसए के सैनिक थे। इसके बाद जल्द ही यूएन के तत्वाधान में संघर्ष विराम रेखा और दोनों तरफ सैनिकों की तैनाती को लेकर भारत और पाकिस्तान के कमांडरों के बीच बैठक हुई। यह बैठक श्रीनगर से मुज़फ्फराबाद जाने वाले मार्ग पर 53वें मील के पत्थर पर हुई। पाकिस्तानियों ने भोजन और बीयर मुहैया कराई और भारतीय ताजे सेब लेकर आए। जब वे मिले तो यूएन के अधिकारी दोनों देशों के अधिकारियों के बीच गर्मजोशी और बैर का अभाव देखकर हैरान रह गए, कोई कह नहीं सकता था कि ये दोनों पक्ष कुछ दिन पहले आपस में लड़ रहे थे। थिमैय्या अधिकांश पाकिस्तानी अधिकारियों को जानते थे। जमकर पीठें थपथपाई गईं और हंसी मज़ाक हुआ। आधे घंटे के अंदर उनका अधिकारिक कार्य समाप्त हो गया और सबने मिलकर शानदार भोजन किया।

थिमैय्या नवंबर 1949 तक श्रीनगर में रहे। वे अपना मुख्यालय बारामुला से श्रीनगर ले आए थे, जहां उनकी पत्नी भी साथ रहने आ गईं। यूएन अधिकारियों की मौजूदगी के कारण वहां काफी मेलजोल होता रहता था, थिमैय्या दम्पति को बहुत कम अकेले शाम बितानी पड़ती थी। इस मौके का पूरा इस्तेमाल करते हुए वे कश्मीर की प्रख्यात सैरगाहों में भी घूमे और उन खूबसूरत नज़ारों का लुत्फ उठाया जिनके लिए यह क्षेत्र आज भी प्रसिद्ध है। नवंबर 1949 में उनको आदेश प्राप्त हुए कि उन्हें देहरादून स्थित राष्ट्रीय रक्षा अकादमी के कमांडेंट के तौर पर स्थानांतरित किया गया था। यह नया पद भार सँभालने से पहले, वे सी-इन-सी, जनरल करियप्पा के साथ इम्पीरियल जनरल स्टाफ के प्रमुखों के कॉमनवेल्थ सम्मेलन में भाग लेने इंग्लैंड गए। यात्रा के दौरान थिमैय्या सैंडहर्स्ट भी गए, जहां से वे 23 वर्ष पहले उत्तीर्ण हुए थे। उन्होंने कुमाऊं रेजिमेंट के पुनर्मिलन में भी हिस्सा लिया, और यह देखकर बहुत प्रभावित हुए कि ब्रिटिश अधिकारियों में अब भी अपनी रेजिमेंट के साथ गहरा लगाव था। हालांकि, उनमें से कुछ की अज्ञानता पर उनको हैरानी हुई, जिन्होंने जानना चाहा कि

ऑफिसर्स मेस अब भी चल रही थी कि नहीं, और वर्दी को बदलकर धोती कुर्ता तो नहीं कर दिया गया था।

राष्ट्रीय रक्षा अकादमी में थोड़े समय रहने करने के बाद 1951 में वे क्वार्टर मास्टर जनरल (क्यूएमजी) के तौर पर दिल्ली चले गए। क्यूएमजी बनने के बाद उनके सबसे पहले कामों में था ठेकेदारी प्रथा को समाप्त करना, जो सदियों से सेना में चली आ रही थी। कुछ ठेकेदार बहुत रईस और प्रभावशाली थे। उन्होंने थिमैय्या को रोकने का भरसक प्रयास किया, लेकिन वे अडिग रहे। इस प्रकार वे सर्वव्यापी ठेकेदारों से छुटकारा पा गए, जिन्होंने सैनिकों का सालों तक शोषण किया। अब यूनिटें स्वयं अपने दर्जी, नाई आदि नियुक्त सकती थीं।

थिमैय्या के सबसे अच्छे गुणों में से एक था उनका हास्य प्रिय स्वभाव। फरवरी 1952 में लखनऊ में एक सामरिक अभ्यास किया गया। अभ्यास के बाद थिमैय्या और उनके साथ लेफ़्टिनेंट जनरल श्रीनागेश और मेजर जनरल एस.पी.पी थोरट, सरदानंद सिंह और एम.एस. चोपड़ा, भारतीय वायु सेना के दो इंजन वाले डेवॉन हवाई जहाज से दिल्ली के लिए रवाना हुए। एक इंजन में आग लग गई और हवाई जहाज को लखनऊ से कुछ मील की दूरी पर क्रैश लैंड करना पड़ा। चमत्कारिक रूप से कोई भी घायल नहीं हुआ। जहाज सवार सभी लोग सड़क की तरफ तकरीबन सात मील पैदल चले। तब तक लखनऊ में अधिकारियों को हवाईजहाज की क्रैशलैंडिंग के बारे में पता चल चुका था और जब ये लोग सड़क पर पहुंचे तो वहां कई एम्बुलेंस घायलों को ले जाने के लिए कतार में खड़ी थीं। उनकी तरफ हाथ हिलाते हुए थिमैय्या ने कहाः 'माफ करना, आज आपका नसीब अच्छा नहीं है। आपको निराश करने के लिए क्षमा चाहते हैं।'

जनवरी 1953 में थिमैय्या को लेफ़्टिनेंट जनरल रैंक पर पदोन्नति प्रदान कर पश्चिमी कमांड के जीओसी-इन-सी के तौर पर तैनात किया गया। उनके सुझाव पर मुख्यालय दिल्ली से हटाकर शिमला ले जाया गया। लेकिन उन्होंने अभी वहां ठीक से काम संभाला भी नहीं था कि मई 1953 में उनको कोरिया में Neutral Nations Repatriation Commission (एनएनआरसी) का अध्यक्ष नियुक्त किये जाने के आदेश मिल गए। दक्षिण कोरिया से अमेरिकी सेना के चले जाने के बाद, उत्तरी कोरिया की सेना ने 38वीं समानांतर रेखा को पार कर लिया, जिसे कोरियाई युद्ध के बाद दोनों देशों के बीच सीमा माना गया था। संयुक्त राष्ट्र ने 16 देशों से तैयार की गई एक बड़ी सेना भेजी, जिसने उत्तरी कोरिया को वापस पीछे धकेला और उत्तरी कोरिया में प्रवेश कर गई। इसी समय साम्यवादी चीन ने दक्षिणी कोरिया में यूएन सेना की आपूर्ति लाइन बंद कर दी। आखिरकार संघर्ष विराम घोषित किया गया और संधि के लिए वार्ता शुरू हो गई। यूएन सेना ने 170,000 चीनी और उत्तरी कोरियाई कैदियों को पकड़ रखा था, जबकि उत्तरी कोरिया के पास यूएन सेना के 100,000 कैदी थे। यूएन सेना द्वारा पकड़े गए साम्यवादी कैदियों की बड़ी संख्या ने स्वदेश जाने से इंकार कर दिया, जबकि चीन और उत्तरी कोरिया उनकी वापसी चाहते थे। इस मुद्दे को सुलझाने के लिए

एनएनआरसी का गठन किया गया। तटस्थ देश होने के कारण भारत को समिति के अध्यक्ष के तौर पर आमंत्रित किया गया। साम्यवादी सदस्यों को पोलैंड और चेकोस्लोवाकिया से आना था और गैर-साम्यवादी सदस्यों को स्वीडन और स्विट्ज़रलैंड से।

कोरिया जाने से पहले थिमैय्या को प्रधानमंत्री नेहरू ने कुछ हिदायतें दीं और कहा कि उनको आधिकारिक स्तर के साथ-साथ अपने व्यक्तिगत मसलों में बिल्कुल तटस्थ रहना था। थिमैय्या को जल्द इस सलाह का महत्व पता चला, क्योंकि उनके हर निर्णय को साम्यवादी या गैर-साम्यवादी बता दिया जाता था, जिसका पड़ला हल्का पड़ता वह आरोप लगा देता। उत्तर कोरिया और यूएन सेना के बीच दुश्मनी और कैदियों के अधिकारों के बारे में धारणा के मतभेद की वजह से यह बहुत कठिन काम था। यूएन अधिकारी मानते थे कि उन कैदियों की इच्छा का सम्मान किया जाना चाहिए जो वापस नहीं जाना चाहते और उनको ज़बरदस्ती स्वदेश न भेजा जाए। साम्यवादियों का तर्क था कि हर सैनिक का अपनी मातृभूमि और परिवार के प्रति कुछ दायित्व था और ये उसके व्यक्तिगत रुझान से ऊपर आते थे। उन्होंने यूएन सेना पर कैदियों को बहकाने और उनको स्वतंत्र रूप से अपनी पसंद न बताने देने का भी आरोप लगाया। आखिरकार, यूएन सेना द्वारा पकड़े गए कैदियों में से 4 प्रतिशत ने स्वदेश वापसी का चयन किया, जबकि बाकी बचे हुए 22,000 ने मना कर दिया। दूसरी तरफ साम्यवादियों द्वारा पकड़े गए यूएन के कैदियों में से 359 ने प्रत्यावर्तन के लिए मना कर दिया। थिमैय्या ने अपना कार्य अप्रैल 1954 में पूर्ण किया, और वापस भारत आ गए। दोनों पक्षों ने माना कि वे तटस्थ और ईमानदार थे, और इससे न केवल उनका बल्कि भारत का भी मान बढ़ा। प्रधानमंत्री नेहरू ने व्यक्तिगत तौर पर थिमैय्या की सराहना की और उनको पद्म भूषण प्रदान किया गया।

मई 1955 में थिमैय्या को दक्षिणी कमांड का जीओसी-इन-सी नियुक्त किया गया। पाकिस्तान द्वारा राजस्थान के चाड बेट क्षेत्र में घुसपैठ के प्रयास को छोड़ दिया जाए, तो यहां थिमैय्या का कार्यकाल शांत ही रहा। इस घुसपैठ का एक मोटराइज्ड बटालियन द्वारा प्रभावी ढंग से मुकाबला किया गया। सितंबर 1956 में वे पूर्वी कमांड में चले गए, और इस प्रकार वे भारत की तीनों युद्धक्षेत्र सेनाओं की कमांड संभालने वाले पहले अधिकारी बने। पूर्वी कमांड में उनको नागा जनजाति के विद्रोह से निपटना पड़ा। उस समय जनरल एस.एम. श्रीनागेश थल सेनाध्यक्ष थे। उनको मई 1957 में सेवानिवृत्त होना था, और पद के कई दावेदार थे। लेफ़्टिनेंट जनरल संत सिंह और कलवंत सिंह सैंडहर्स्ट के एक ही बैच से थे, जो 29 जनवरी 1925 को उत्तीर्ण हुआ था। अन्य दो अधिकारी थे थिमैय्या और पी.एन. थापर, जो 4 फरवरी 1926 को एक साथ सैंडहर्स्ट से उत्तीर्ण हुए थे। मेरिट लिस्ट में थिमैय्या का नाम 15वें स्थान पर था और थापर का 18वें स्थान पर। इसलिए तकनीकी रूप से वे थापर से वरिष्ठ थे। हालांकि, सबसे महत्वपूर्ण कारक था, थिमैय्या का प्रभावशाली युद्ध रिकॉर्ड—वे डीएसओ से सम्मानित थे और युद्ध में ब्रिगेड को कमांड करने वाले वे एक मात्र भारतीय थे।

अन्य दावेदारों के पास कोई उल्लेखनीय उपलब्धियां नहीं थीं। थिमैय्या को शीर्ष पद के लिए चुना गया और 8 मई 1957 को उनकी पदोन्नति कर जनरल बनाया गया और उन्होंने थल सेनाध्यक्ष का कार्यभार संभाला। उन्होंने लेफ़्टिनेंट जनरल संत सिंह और लेफ़्टिनेंट जनरल कलवंत सिंह जो उनसे वरिष्ट थे, को पीछे छोड़ दिया। फलस्वरूप, लेफ़्टिनेंट जनरल संत सिंह ने इस्तीफा दे दिया, जबकि कलवंत सिंह ने बने रहने का निर्णय लिया।

थिमैय्या जब सेनाध्यक्ष बने तो वे सिर्फ 51 वर्ष के थे। अगर सरकार ने संत सिंह या कलवंत सिंह, जो थिमैय्या से वरिष्ठ थे, को सेनाध्यक्ष बनाया होता तो घटनाएं किस प्रकार मोड़ लेतीं, यह देखना रोचक होता। शायद थिमैय्या को जनरल बनने से पहले दो या तीन साल और इंतजार करना पड़ता। अध्यक्ष के लिए अधिकतम कार्यकाल चार वर्ष तय था, हालांकि महाराज राजेंद्र सिंहजी सिर्फ दो वर्ष चार माह तक सेनाअध्यक्ष रहे और श्रीनागेश केवल दो वर्ष। तो थिमैय्या शायद मई 1961 तक अध्यक्ष बनते। अगर ऐसा होता तो क्या 1962 की लड़ाई का परिणाम वैसा ही होता, जैसा हुआ?

जब थिमैय्या ने सेनाध्यक्ष के तौर पर अपना कार्यकाल प्रारंभ किया, तो प्रधानमंत्री नेहरू के साथ उनके करीबी संबंध हो गए और उनका सेना के भीतर और बाहर बहुत सम्मान था। एनएनआरसी के अध्यक्ष के तौर पर वे एक अंतर्राष्ट्रीय हस्ती बन गए थे। जब उन्होंने दिल्ली स्थित व्हाइट गेट्स (आर्मी हाउस) में प्रवेश किया, तब वे शीर्ष पद पर अपने लिए एक संतोषजनक कार्यकाल देख रहे थे। लेकिन ऐसा होना नहीं था। सेनाध्यक्ष बनने के थोड़े समय बाद ही उनके और रक्षा मंत्री वीके कृष्णा मेनन के बीच मतभेद हो गए। मेनन नेहरू के विश्वासपात्रों में से थे। मेनन अपने अहम् और कड़वी जुबान के लिए जाने जाते थे, और उनको लगता था कि उनका बौद्धिक ज्ञान सामरिक मामलों की जानकारी के मामले में पर्याप्त था। जल्द ही उनको यह अहसास हो गया कि थिमैय्या उतने दब्बू नहीं थे, जैसा वे सोच रहे थे। चीफ ऑफ जनरल स्टाफ मेजर जनरल बी.एम. कौल की उपस्थिति से स्थिति और ख़राब हो गई। कौल एक मेधावी अधिकारी थें, लेकिन उनके पास युद्ध का अनुभव नहीं था, फिर भी उनके अंदर अनियंत्रित महत्वाकांक्षा भरी थी। वे नेहरू और मेनन के आश्रित बन गए और सेना अध्यक्ष बनने की अपनी लालसा पूरी करने के लिए वे थिमैय्या और थोरट के विरुद्ध नेहरू और मेनन के दिमाग में जहर भरने लगे। थोरट के विरुद्ध इसलिए क्योंकि थिमैय्या के बाद थोरट के सेना अध्यक्ष बनने की संभावना थी।

वर्ष 1959 में 31 अगस्त को, उस समय पानी नाक से ऊपर चढ़ गया जब थिमैय्या ने इस्तीफा दे दिया। प्रधानमंत्री ने थिमैय्या को बुलाया और उनकी भावनाओं के साथ खेलते हुए इस्तीफा वापस लेने के लिए मना लिया। उन्होंने यह भी वादा किया कि वे उनके और मेनन के बीच सब कुछ ठीक कर देंगे। लेकिन यह हो न सका। थिमैय्या के इस्तीफे की खबर किसी प्रकार प्रेस में लीक हो गई और 1 सितंबर 1959 को सभी अखबारों में जबरदस्त सुर्खियां बनीं। यह मुद्दा संसद में भी उठा, और कई सदस्यों ने रक्षा मंत्री से बयान देने की मांग

की। क्योंकि पाकिस्तान के राष्ट्रपति फील्ड मार्शल अयूब खान उस दिन भारत आ रहे थे, और प्रधानमंत्री उनकी अगवानी करने हवाई अड्डे गए हुए थे, इसलिए वे संसद में उपस्थित नहीं थे। तथापि संसदीय कार्य मंत्री द्वारा यह बता दिया गया कि प्रधानमंत्री स्वयं अगले दिन इस मसले पर बयान देंगे।

दो सितंबर 1959 को नेहरू ने संसद में बयान दिया। उन्होंने थिमैय्या द्वारा उठाए गए महत्वपूर्ण मुद्दों की अनदेखी करके उन को मामूली बताया। उन्होंने यह भी कहा कि दिक्कत तुनकमिज़ाज़ी के कारण थी और उन्होंने जनरल थिमैय्या को रक्षा मंत्री से बात करने की सलाह दी थी, जो उन्होंने कर भी ली थी। पदोन्नतियों के मामले में उन्होंने रक्षा मंत्री के कदमों का बचाव किया, जिसको लेकर ज्यादा परेशानी थी। उन्होंने इस बात को जोर देकर कहा कि सही प्रक्रिया का पालन किया जा रहा था। अंत में उन्होंने कृष्णा मेनन का गुणगान करते हुए उनकी ऊर्जा और उत्साह की जमकर प्रशंसा की।

नेहरू के बयान से सदन संतुष्ट नहीं हुआ। आचार्य कृपलानी, एनजी रंगा, फ्रैंक एंथनी और अशोक मेहता जैसे कई प्रमुख सदस्यों ने अप्रसन्नता जताई और उनको लगा कि नेहरू ने थिमैय्या को छोटा करके आंका और कृष्णा मेनन की प्रशंसा कर एक गलत व्यक्ति को बधाई दे दी। लेकिन नेहरू अडिग रहे और जब उन्होंने सदन को आश्वस्त किया कि मामला सुलझा लिया गया है तो स्पीकर ने बहस को समाप्त करा दिया। व्यापक राय यह थी कि नेहरू इस मामले में निष्पक्ष नहीं थे। उन्होंने थिमैय्या का अपमान किया और मेनन का बचाव किया। सेना के शीर्ष अधिकारी चकित रह गए, उनको उम्मीद थी कि थिमैय्या पद छोड़ने पर अड़े रहेंगे। हैरानी तब हुई जब उन्होंने ऐसा नहीं किया। परिणामस्वरूप उनकी प्रतिष्ठा और अधिकारों पर बुरा असर पड़ा, और वे पहले वाले व्यक्ति नहीं रह पाए। दूसरी तरफ, मेनन की ताकत पहले से कहीं ज्यादा बढ़ गई। थिमैय्या ने अपने कार्यकाल के अंतिम दिन एक टूटे हुए व्यक्ति के तौर पर बिताए, उस जोशीले 'टिम्मी' की परछाईं की तरह, जिससे भारतीय सेना के अधिकारी और जवान बहुत प्यार करते थे और सम्मान करते थे।

एक वर्ष बाद थिमैय्या एक और विवाद में फंसे। 1954 में कोरिया से लौटने के उपरांत उनकी मुलाकात भारत दौरे पर आए अमेरिकी लेखक हम्फ्रे इवांस से हुई थी। थिमैय्या ने इवांस को बताया था कि वे सेना में अपने अनुभवों के बारे में पुस्तक लिखने पर विचार कर रहे थे। इवांस ने बातचीत के दौरान नोट्स लिख लिये थे और उनका सार न्यू यॉर्क में बैठे अपने एजेंट को भेजा था, जिसने तुरंत वापस तार भेजकर उनसे कोरिया में थिमैय्या के अनुभवों के बारे में पुस्तक लिखने के लिए कहा। इवांस और थिमैय्या ने अगले चार महीनों तक पांडुलिपि पर कार्य किया, लेकिन जब भारत सरकार से अनुमति मांगी गई तो वहां से इंकार कर दिया गया। क्योंकि थिमैय्या अभी सेवारत थे, इसलिए बिना अनुमति के कोई पुस्तक नहीं प्रकाशित कर सकते थे। हालांकि, इवांस पर ऐसा कोई प्रतिबंध नहीं था।

इवांस ने वापस यूएसए जाकर पुस्तक प्रकाशित की जिसका शीर्षक था 'थिमैय्या ऑफ़ इंडिया—अ सोल्ज़र्स लाइफ़'।

पुस्तक का प्रकाशन 1960 में हुआ। कई भारतीय अखबारों ने पुस्तक की समीक्षा छापी और प्रकाशन का मुद्दा संसद में उठ गया। कई साम्यवादी सदस्यों को लगता था कि थिमैय्या द्वारा ऐसी पुस्तक का लिखा जाना गलत था। रक्षा मंत्री ने स्पष्ट किया कि पुस्तक थिमैय्या द्वारा नहीं लिखी गई थी, बल्कि हम्फ्रे इवांस द्वारा लिये गए उन नोट्स पर आधारित थी, जब वे दोनों उस पुस्तक पर साथ कार्य कर रहे थे, जिसे जनरल लिखना चाहते थे। एक सदस्य को लगा कि कश्मीर के ऑपरेशनों का वर्णन करके उन्होंने भारतीय रणनीति को जगजाहिर कर दिया, खासतौर से ज़ोजिला का हमला, जिसमें टैंक इस्तेमाल किये गये थे। जब इसके बारे में पूछा गया, तो थिमैय्या ने इस बात की पुष्टि कर दी कि उन्होंने पुस्तक के प्रकाशन के लिए किसी को अधिकृत नहीं किया और उसके बारे में उनको तभी पता चला जब उन्होंने अखबारों में समीक्षा देखी। इसके बाद मुद्दा शांत हो गया, हालांकि बाद में कई अवसरों पर इसकी चर्चा होती रही।

आठ मई 1961 को थिमैय्या सेवानिवृत्त हो गए। हालांकि उन्होंने लेफ़्टिनेंट जनरल एस.पी.पी. थोरट के उत्कृष्ट सेवा रिकॉर्ड को देखते हुए अपना उत्तराधिकारी बनाने की सिफारिश की थी, लेकिन सरकार ने उनकी सलाह को अनदेखा कर दिया और पी.एन. थापर को नियुक्त किया, जो सैंडहर्स्ट में थिमैय्या के ही बैच में थे। वह एक दुर्भाग्यपूर्ण चयन था, क्योंकि थापर न तो मेनन के सामने टिक सकते थे और न कौल की निरंकुश महत्वाकांक्षाओं को नियंत्रित कर सकते थे, जिन्होंने सेना को अपनी जागीर समझना शुरू कर दिया था। 1962 के भारत-चीन युद्ध के बाद सारा दोष थापर के सिर मढ़ दिया गया और उन्होंने इस्तीफा दे दिया। अपनी सेवानिवृत्ति की पूर्व संध्या पर थिमैय्या ने अपने जवानों को जो शब्द कहे वे भविष्यवाणी साबित हुए। उन्होंने कहा थाः 'मैं उम्मीद करता हूं कि मैं आपको चीन की तोपों के चारे के रूप में नहीं छोड़ रहा हूं... ईश्वर आप सभी का भला करे।'

थिमैय्या के बारे में कोई भी कहानी उनके अर्दली राम सिंह का जिक्र किये बिना पूरी नहीं हो सकती। राम सिंह कुमाऊं रेजिमेंट में उसी प्रकार प्रसिद्ध था, जैसे थिमैय्या सेना में। जब थिमैय्या ने बर्मा में 8/19 हैदराबाद की कमांड संभाली, तो उन्होंने सूबेदार मेजर से कहा कि वे 'सबसे बड़े मूर्ख' को उनके अर्दली के तौर पर लाएं। उनको जो अर्दली मिला, वह था राम सिंह, हरियाणा के सोनीपत का रहने वाला लंबा, तगड़ा जाट। 1961 में थिमैय्या के सेवा निवृत्त होने तक, 20 साल राम सिंह उनके साथ रहा। राम सिंह और उसके स्वामी के बारे में तमाम कहानियां हैं। दोनों ही यह समझते थे कि वे एक दूसरे के लिए अपरिहार्य हैं। राम सिंह हमेशा थिमैय्या की परछाईं की तरह उनके साथ रहता था और खुद को उनका रक्षक मानता था। एक बार अचनाक हुए तोपों की गोलाबारी के दौरान जब थिमैय्या ने एक खाई में पनाह

ली, तो राम सिंह उनके ऊपर कूद गया और उनको तकरीबन दबा ही दिया। जब उससे इस हरकत के बारे में पूछा गया तो राम सिंह ने मासूमियत से जवाब दिया कि कमांडिंग अफसर थिमैय्या का जीवन उसके जीवन से ज्यादा कीमती है।

जब थिमैय्या को बर्मा में डीएसओ प्रदान किया गया, तो पूरी बटालियन में खुशी की लहर दौड़ गई। केवल एक व्यक्ति जो खुश नहीं नजर आ रहा था, वह था राम सिंह। थिमैय्या ने जब उसके लटके हुए चेहरे का कारण पूछा तो राम सिंह ने उनको बताया कि वह इसलिए निराश है, क्योंकि उसको लगता था कि उसे भी मेडल मिलेगा। 'आखिरकार, मैं सभी जगह आपके साथ था', उसने थिमैय्या से कहा। जब थिमैय्या सेनाध्यक्ष बने, तो राम सिंह भी उनके साथ दिल्ली स्थित आर्मी हाउस, व्हाइट गेट्स में चला गया। एक बार 4 कुमाऊं की कमांड संभाल रहे लेफ़्टिनेंट कर्नल (बाद में ब्रिगेडियर) तेग बहादुर कपूर थिमैय्या से मिलने पहुंचे। राम सिंह ने गर्मजोशी से उनका अभिवादन किया और सेनाध्यक्ष को उनके आगमन की सूचना देने अंदर चला गया। मगर, उनको अंदर प्रवेश कराने से पहले उसने कहा, 'देखिए साहिब, थिमैय्या साहिब जेरनल बन गया, और चीफ भी बन गया, पर उसने मन्ने सूबेदार तिक बनाया कोणी।'

राम सिंह से जुड़ा एक और किस्सा थिमैय्या और उनके स्नान के बारे में है। अक्सर राम सिंह नहाने के लिए टब में पानी भर देता था, लेकिन जब तक थिमैय्या उसमें नहाने उतरते पानी पूरा ठंडा हो जाता था और बेचारे अर्दली को तगड़ी फटकार लगती थी। एक दिन राम सिंह ने थिमैय्या को बताने से पहले यह सुनिश्चित कर लिया कि पानी बिल्कुल खौल रहा हो। जैसे ही थिमैय्या उसमें नहाने उतरे वो तकरीबन झुलस गए। उन्होंने चीखकर राम सिंह को आवाज लगाई, जो मुस्कुराते हुए अंदर आया। जब थिमैय्या ने अपना पूरा गुस्सा उतार लिया तब राम सिंह ने मासूमियत से कहाः 'देखिए साहिब, कभी आप कहते हो कि पानी ठंडा है, और आज जब मैंने इस बात का ख्याल रखा कि पानी गर्म रहे, तो आप कह रहे हो यह बहुत गर्म है। आप पानी में कूदने से पहले खुद हाथ डाल कर जांच क्यों नहीं लेते?'

थिमैय्या को कुमाऊं रेजिमेंट से बहुत गहरा लगाव था, जिसके वे कर्नल रहे थे। वास्तव में उन्होंने अपनी नौकरी का अंतिम दिन अपने प्रिय 'कुमाउंनियों' के संग रानीखेत रेजिमेंटल सेंटर में बिताया था। उन्होंने रेजिमेंट के पूर्व सैनिकों और युद्ध में विधवा हुई महिलाओं के लिए कई कल्याणकारी योजनाएं चलाईं थीं। उन्होंने कुमाऊं के रहने वाले उत्तर प्रदेश के तत्कालीन मुख्यमंत्री गोविंद बल्लभ पंत को नैनीताल के नजदीक कमोला में रेजिमेंटल फार्म बनाने के लिए 550 एकड़ जमीन देने के लिए मना लिया। (जिम कॉर्बेट भी नजदीक ही काला ढूंगी में रहते थे।) बाद में फार्म का नाम थिमैय्या बाग पड़ गया और उससे होने वाली आय को कुमाऊं रेजिमेंट स्कूल और युद्ध स्मारक छात्रावास शुरू करने में लगाया गया। युद्ध में शहीद हुए कुमाउंनियों की विधवाओं व बच्चों को इनमें सहारा दिया जाता है। जब वे

दिल्ली में थे तो अक्सर अपने मित्रों को एक शांत सप्ताहांत बिताने या शिकार के लिए फार्म पर लाते थे। उनके मित्रों में राजनयिक भी शामिल होते थे। उस समय के कुमाऊं रेजिमेंट के लेफ्टिनेंट कर्नल राम सिंह याद करते हैं कि टिम्मी हमेशा अपने और अपने मेहमानों के आतिथ्य पर हुआ खर्च अदा कर देते थे।

सेवानिवृत्ति के उपरांत थिमैय्या अपनी पत्नी नीना और बेटी मिरेल के साथ मेरकरा स्थित अपने घर सनीसाइड में जाकर रहने लगे। 1962 की पराजय के उपरांत सरकार ने परिस्थितियों का जायजा लेने के लिए एक रक्षा परिषद गठित करने का निर्णय लिया, ताकि वह रक्षा और सुरक्षा मामलों में सरकार को सलाह दे सके। परिषद में 31 सदस्य थे और थिमैय्या उन चंद सदस्यों में से थे, जो सैन्य पृष्ठभूमि से आए थे। पहली बैठक में परिषद ने उनके ज्ञान और अनुभव पर भरोसा जताते हुए उनसे विवरण देने का अनुरोध किया। नक्शे और चित्रों का प्रयोग करते हुए थिमैय्या ने सबके समक्ष अपने विचार रखे और उनका प्रस्तुतिकरण परिषद के सदस्यों को यह समझाने में बहुमूल्य साबित हुए कि किस प्रकार जवान उन दुर्गम इलाकों में समस्याओं का सामना करते हैं, जहां संचार या संपर्क की न्यूनतम या शून्य सुविधाएं हों। हालांकि, उनको जल्द यह एहसास हो गया कि सरकार परिषद के सुझावों को लागू करने में बहुत ज्यादा गंभीर नहीं थी, और परिषद जल्द ही निष्क्रिय हो गई।

सेवानिवृत्ति के कुछ समय बाद ही थिमैय्या को यूनाइटेड प्लांटर्स एसोसिएशन ऑफ साउथ इंडिया (यूपीएएसआई) का उपाध्यक्ष बनने का निमंत्रण मिला। जून 1964 में संयुक्त राष्ट्र महासचिव यू. थांट ने उनको साइप्रस में संयुक्त राष्ट्र बलों का कमांडर बनने के लिए आमंत्रित किया। तुर्की के तट से लगभग 60 किलोमीटर के दूरी पर स्थित साइप्रस एक छोटा सा द्वीप है, जिसमें ग्रीक और तुर्कों की मिश्रित आबादी रहती है। 1878 में जब अंग्रेज शासन शुरू हुआ, तब तक वह तुर्की के नियंत्रण में था। वह 1960 में आजाद हुआ और आजाद होते ही दोनों गुटों में लड़ाई शुरू हो गई। साइप्रस के राष्ट्रपति आर्चबिशप मकारियस ने संयुक्त राष्ट्र से अपील की, और वहां शांति बहाली सेना भेज दी गई। भारत के मेजर जनरल पी.एस. ज्ञानी सेना को कमांड कर रहे थे, लेकिन वे आगे वहां रहना नहीं चाहते थे, इसलिए उन्होंने कार्य मुक्त करने का निवेदन किया था। थिमैय्या पहले ही कोरिया में सेवाएं प्रदान कर चुके थे और उपलब्ध कमांडरों में सबसे ज्यादा अनुभवी थे। वे संयुक्त राष्ट्र से परिचित थे और स्वयं भी विख्यात व व्यापक रूप से सम्मानित थे। उन्होंने नियुक्ति को स्वीकार करने का निर्णय लिया और 30 जून 1964 को न्यू यॉर्क होते हुए साइप्रस के लिए रवाना हुए।

साइप्रस में संयुक्त राष्ट्र शांति सेना में 6,000 सैनिक थे, जो कनाडा, डेनमार्क, आयरलैंड, स्वीडन, ब्रिटेन और ऑस्ट्रेलिया से आए थे। राजनीतिक माहौल बिगड़ा हुआ था, और हर कार्रवाई को मुस्लिम-समर्थक या पश्चित-समर्थक नजरिए से देखा जाता था। संयुक्त राष्ट्र बल की संरचना ने थिमैय्या के कार्य को कठिन बना दिया और उनको बहुत सावधानी बरतनी

पड़ी। निष्पक्षता के लिए उनकी स्थापित प्रतिष्ठा के बावजूद पाकिस्तान की तरफ से आरोप लगे कि वे मुसलमान तुर्कों के हितों के खिलाफ काम कर रहे थे। थिमैय्या आलोचनाओं से विचलित नहीं हुए, क्योंकि कोरिया में उनके साथ पहले भी ऐसा हुआ था और बेधड़क लेकिन निष्पक्ष ढंग से कार्य करते रहे। उनका तीन महीने का कार्यकाल ज्यों ही समाप्त होने वाला होता, हर बार बढ़ा दिया जाता। आर्चबिशप मकारियस उनका अत्यधिक सम्मान करते थे और धीरे-धीरे तुर्क भी, जिन्होंने शुरुआत में थिमैय्या की प्रामाणिकता पर संदेह किया था, बेमन से ही सही, लेकिन मानने ही लगे कि वे निष्पक्ष थे।

अठारह दिसंबर 1965 को थिमैय्या का निकोसिया में दिल का दौरा पड़ने से निधन हो गया। विडंबना यह थी कि साइप्रस में यूएन मैंडेट जो 26 दिसंबर को समाप्त हो रहा था, उसे थिमैय्या की मृत्यु से कुछ घंटे पहले ही तीन माह के लिए बढ़ा दिया गया था। उनकी मृत्यु ने साइप्रस के साथ भारत में भी सबको चौंका दिया। एक दिन के लिए उनका पार्थिव शरीर निकोसिया स्थित संयुक्त राष्ट्र सेना के मुख्यालय में सम्मान के साथ रखा गया, जहां आर्चबिशप मकारियस और उनके कैबिनेट के सहयोगियों के अलावा कई देशों के प्रतिनिधियों ने उन्हें श्रद्धांजलि अर्पित की। उनका पार्थिव शरीर को संयुक्त राष्ट्र बल के 10 जवानों के गार्ड ऑफ ऑनर के साथ एक विशेष यूएन विमान में निकोसिया से बेरूत भेजा गया, जहां भारतीय राजदूत ने औपचारिक रूप से दायित्व संभाला। बेरूत से उनके पार्थिव शरीर को एयर इंडिया के विमान से बम्बई लाया गया, जहां परंपरागत ढंग से अगवानी की गई और फिर अंततः भारतीय वायुसेना के विमान से बैंगलोर भेज दिया गया। बैंगलोर में थिमैय्या की पत्नी और बेटी ने पार्थिव शरीर की अगवानी की और उनके साथ बड़ी संख्या में शोकाकुल लोग उमड़ पड़े, जिनमें जनरल करियप्पा भी शामिल थे। पूरे सैन्य सम्मान और 17 तोपों की सलामी के साथ उनके पार्थिव शरीर को लाल बाग गार्डन में दफनाया गया।

छह फुट से अधिक लंबे थिमैय्या एक आकर्षक व्यक्तित्व थे, जैसा कि एक लेखक ने लिखाः 'जैसे अपने 200 पाउंड वजन के बावजूद एक चीता मनोहर ढंग से चलता हो।' कड़क और भव्य थिमैय्या अमेरिकी लोगों को वाइल्ड वेस्ट की याद दिलाते थे और उनका कॅरियर किसी हॉलीवुड फिल्म का विषय हो सकता था। हंसी मज़ाक से भरपूर थिमैय्या हर पार्टी का केंद्र बन जाते थे। लेकिन वे सख्त और स्पष्ट भी थे, किसी भी मामले में अपना मत रखने में झिझकते नहीं थे। सबसे बड़ी बात वे एक ऐसे सैनिक थे, जिन्होंने वही किया जो उनको सही लगा। यह बड़े दुःख की बात है कि उनको उस समय अनुपयुक्त अपमान सहना पड़ा, जब वे अपने कार्यक्षेत्र के शिखर पर थे। थिमैय्या की निष्ठा को लेकर कुछ आक्षेप लगे, और कुछ लोगों ने कहा कि वे तख्तापलट की योजना बना रहे थे। इस्तीफे के प्रकरण के बाद नेहरू ने माउंटबैटन से थिमैय्या के बारे में बात की, तब माउंटबैटन ने उनसे कहा कि वे थिमैय्या की निष्ठा पर पूर्ण रूप से भरोसा कर सकते हैं। उन्होंने नेहरू को भरोसा दिलाया

कि थिमैय्या कभी अपने पद का दुरुपयोग नहीं करेंगे या तख्तापलट जैसी किसी चीज के बारे में विचार नहीं करेंगे। बल्कि माउंटबैटन ने नेहरू को बताया कि उन्हें थिमैय्या से बेहतर व्यक्ति नहीं मिल सकता, न तो सेनाध्यक्ष के तौर पर और न ही बाद में चीफ ऑफ डिफेन्स स्टाफ के तौर पर। माउंटबैटन को लगता था कि नेहरू को चीफ ऑफ डिफेन्स स्टाफ का पद सृजित करना चाहिए था।

टिम्मी अब इस दुनिया में नहीं हैं, लेकिन उनके देशवासियों ने उनको नहीं भुलाया है। करियप्पा और मानेकशॉ के साथ वे भारत के सबसे लोकप्रिय सेना नायकों में से हैं। उनके व्यावहारिक दृष्टिकोण, हास्य के अंदाज और नैतिक साहस के लिए उन्हें भारतीय जवान का प्यार और सम्मान प्राप्त है। उनके लिए वे हमेशा वही 'टिम्मी साहिब' हैं, जिनसे वे एक बड़े भाई की तरह प्यार और सम्मान करते हैं। उनके प्रभारी होने पर जवानों को पता होता था कि सफलता पक्की थी और यह भी कि वे कभी उनको ऐसी कठिनाई या जोखिम में नहीं डालेंगे जिससे वे स्वयं नहीं गुजर सकते। यूनिटों में थिमैय्या का दौरा जवानों की निराशा दूर करने का सबसे पुख्ता उपाय था यह कोई छोटी उपलब्धि नहीं थी, जो भारत और विदेश के कम ही जनरलों को प्राप्त थी। एक 'सैनिक के जनरल', वे अपनी मातृभूमि के सच्चे सपूत थे और उसी के सम्मान के लिए लड़ते हुए अंत में अपना बलिदान दे दिया।

4 लेफ़्टिनेंट जनरल एस.पी.पी. थोरट, केसी, डीएसओ

एक निष्ठावान पेशेवर

द्वितीय विश्वयुद्ध के दौरान और उसके बाद शंकरराव पांडुरंग पाटिल थोरट एक ऐसा नाम था, जो सैन्य समुदाय में खासा विख्यात था। किंग कमीशन प्राप्त वरिष्ठतम भारतीय अधिकारियों में शामिल थोरट अपनी पेशेवर कुशाग्रता, त्रुटिहीन आचरण और स्पष्ट विचारों के लिए प्रसिद्ध और सम्मानित थे। देश-विदेश में तमाम महत्वपूर्ण पदों पर रहकर एक शानदार कॅरियर बिताने के उपरांत वे 1961 में आर्मी कमांडर के तौर पर सेवानिवृत्त हुए। करियप्पा और थिमैय्या के साथ वे भी भारतीय सेना के प्रमुख वास्तुकारों में थे। थिमैय्या की तरह ही, उनका भी चिड़चिड़े कृष्णा मेनन के साथ झगड़ा रहा और उनकी सलाह को नजरंदाज किया गया, जिसके परिणामस्वरूप 1962 की पराजय और अपकीर्ति मिली। 1947 में जब भारत स्वतंत्र हुआ, तब थोरट ने सभी ऐतिहासिक घटनाक्रमों को बेहद करीब से देखा। उन्हें आधुनिक भारत के संस्थापकों नेहरू और पटेल जैसे नेताओं के निकट संपर्क में रहने का अनूठा अवसर मिला। यह उनकी प्रतिष्ठा के लिए सम्मान की ही बात है कि राजनेताओं के साथ नजदीकियों के बावजूद एक अधिकारी और सज्जन पुरुष के तौर पर उनके बारे में कोई अफवाह या कानाफूसी नहीं होती थी।

थोरट का जन्म 12 अगस्त 1906 में उस समय की कोल्हापुर रियासत के वडगांव कस्बे में हुआ था। उनके पिता राव बहादुर डॉ. पांडुरंग चिमनजी पाटिल थोरट गांव के मुखिया थे, जो बाद में पूना स्थित कृषि कॉलेज के प्राचार्य बने और सेवानिवृत्ति के उपरांत कोल्हापुर रियासत में कृषि एवं शिक्षा मंत्री बने। थोरट चार बच्चों में सबसे बड़े थे, जिनमें एक बहन भी थी। उनकी प्राथमिक शिक्षा गांव के विद्यालय में हुई और फिर विभिन्न स्थानों पर जहां-जहां उनके पिता तैनात रहे उनकी शिक्षा चलती रही। 1914 में डॉ. थोरट का तबादला पूना हो गया, जहां वे अपना पूरा परिवार साथ ले गए। थोरट को पहले पूना हाई स्कूल में प्रवेश दिलाया गया और बाद में उन्हें नूतन मराठी विद्यालय भेजा गया, जहां से उन्होंने 1923 में मैट्रिक पास किया। थोरट ने इसके बाद न्यू पूना कॉलेज में प्रवेश लिया, जिसका नाम बाद में बदलकर सर परशुराम भाऊ कॉलेज कर दिया गया।

थोरट परिवार ने इस नौजवान के लिए सैन्य कॅरियर नहीं सोचा था। किंतु, सिर्फ तीन वर्ष पहले ही भारतीय कैडेट्स का पहला बैच सैंडहर्स्ट गया था और इसने महत्वाकांक्षी नौजवानों के लिए एक नया मार्ग खोल दिया। थोरट ने अपना भाग्य आजमाने का निर्णय लिया और शैक्षिक और अवकाश खर्च के लिए निर्दिष्ट रु. 20,000 जमा कराते हुए आवेदन कर दिया। चयन प्रक्रिया बहुत कठिन थी। प्रांतीय गवर्नरों द्वारा प्रारंभिक संवीक्षा के बाद पूरे भारत और बर्मा से केवल 10 उम्मीदवारों को शिमला में होने वाली लिखित परीक्षा में बैठने की अनुमति प्रदान की गई। इसके बाद साक्षात्कारों का सिलसिला था, जिसकी शुरुआत चयन आयोग (सिलेक्शन बोर्ड) से होती थी। यहां से पार होने के उपरांत, थोरट का साक्षात्कार कमांडर-इन-चीफ फील्ड मार्शल सर विलियम बर्डवुड से हुआ। उनका अंतिम साक्षात्कार भारत के वायसरॉय लॉर्ड रीडिंग के साथ था, और थोरट इतने ज्यादा प्रभावित थे कि उन्होंने वायसरॉय को 'योर मैजेस्टी' कहकर संबोधित किया। लॉर्ड रीडिंग बहुत कम मुस्कुराते थे, लेकिन इस बार वे मुस्कुराए। साक्षात्कार के अंत में उन्होंने थोरट से हाथ मिलाया और कहा कि उन्हें उम्मीद है कि थोरट एक अच्छे अधिकारी सिद्ध होंगे।

थोरट उन पांच लड़कों में से थे, जिनका सैंडहर्स्ट स्थित रॉयल मिलेट्री कॉलेज के लिए चयन हुआ। अन्य नाम थे दिगंबर सिंह बरार, गुरबचन सिंह भगोवाल, आगा महमूद रज़ा और एच.ए. फ्रांसिस। ये पांचों दिसंबर 1924 में बम्बई से पी & ओ जहाज़ *कैलेडोनिया* पर सवार होकर जलमार्ग से 14 दिन के सफर के उपरांत इंग्लैंड पहुंचे। उन्होंने जनवरी 1925 में तीन सत्रों के प्रशिक्षण में से पहले के लिए सैंडहर्स्ट में प्रवेश किया। थिमैय्या और थापर वहां पहले से ही थे, जिन्होंने छह माह पहले प्रवेश पाया था। राजेंद्र सिंहजी और ठाकुर नथू सिंह क्रमशः 1921 और 1923 में पहले ही उत्तीर्ण हो चुके थे, जबकि करियप्पा को दिसंबर 1919 में इंदौर स्थित कैडेट कॉलेज से उत्तीर्ण होने के बाद कमीशन प्राप्त हुआ था। थोरट ने स्वयं को थिमैय्या की कंपनी में ही पाया और यहीं से दोनों के बीच जीवनपर्यंत मित्रता और नजदीकी रिश्तों की शुरुआत हुई।

थिमैय्या की शिक्षा तो पब्लिक स्कूल में हुई थी, लेकिन थोरट कभी यूरोपीय लोगों के साथ घुलेमिले नहीं थे, इसलिए शुरुआती दिनों में उनको थोड़ी हीन भावना महसूस होती थी। लेकिन राइफल और घोड़े की काठी पर अपने कौशल के कारण उन्होंने अपनी झिझक को जीत लिया। निशानेबाज़ी में उनका प्रदर्शन बेहतरीन था और वे उन 12 कैडेट्स में से थे जिनको 'मार्क्समेन' (निशानेबाज) वर्ग में रखा गया, और वे अपनी वर्दी के आस्तीन पर प्रतिष्ठित 'मार्क्समैन' बैज पहन सकते थे। उन्होंने घुड़सवारी में भी श्रेष्ठ प्रदर्शन किया और पहले टर्म में ही उनको 'स्पर्स' का पुरस्कार मिल गया, जो उन दिनों में बहुत दुर्लभ उपलब्धि थी। इन पुरस्कारों के कारण उनके अंग्रेज साथी उनका सम्मान करने लगे और उनके साथ समानता का व्यवहार रखने लगे। उन्होंने पढ़ाई व अन्य खेलों में भी अच्छा प्रदर्शन किया। जल्द ही उनके मित्रों का दायरा काफी बढ़ गया।

प्रथम टर्म के अंत तक, थोरट में इतना आत्मविश्वास उत्पन्न हो चुका था कि वे लंबी छुट्टियों पर जा सकें। उन्होंने स्कॉटलैंड, आयरलैंड और इंग्लैंड का वृहद दौरा किया, और अंत में कुछ सप्ताह लंदन में बिताए। यह 1925 की ग्रीष्म ऋतु का समय था और लंदन का मनोरंजन सीज़न अपने पूरे शिखर पर था। एक सैंडहर्स्ट कैडेट के तौर पर, थोरट को वहां तकरीबन हर रोज होने वाले सामाजिक कार्यक्रमों में भाग लेने में कोई कठिनाई नहीं हुई। हालांकि, ब्रिटेन उस समय अपनी शक्ति के चर्मोत्कर्ष पर था और अश्वेत लोगों के प्रति पूर्वाग्रह बहुत आम था, थोरट ने पाया कि भारतीय होने ने वास्तव में उन्हें वहां घुलने-मिलने में मदद की। उन दिनों केवल रईस भारतीयों, उनमें भी ज्यादातर रजवाड़ों के लोग ही इंग्लैंड जाने की क्षमता रखते थे और उनके साथ वहां शिष्टाचार के साथ व्यवहार होता था, केवल होटलों और दुकानों में ही नहीं, बल्कि उच्च वर्ग के अंग्रेज समाज में भी। जाहिर है एक भद्रपुरुष दिखने के लिए व्यक्ति को हमेशा सूट, बोलर टोपी या हैट और एक छड़ी के साथ उपयुक्त परिधानों में होना जरूरी होता था।

द्वितीय टर्म के अंत में हुई एक घटना ने थोरट के ऊपर गहरा प्रभाव छोड़ा। एक नौका दौड़ के उपरांत, कुछ शरारती कैडेट्स ने सब नौकाओं को कॉलेज की झील में डुबो दिया। शाम को कमांडेंट मेजर जनरल कोचरन ने कैडेट्स से पूछा कि यह शरारत किसने की। बिना किसी झिझक के थोरट समेत सारे हाथ उठ गए। 'बहुत अच्छा', कमांडेंट ने कहा। 'तो कृपा करके अब आप उन्हें बाहर निकालने का कष्ट करेंगे?' ठंड बहुत ज्यादा थी, झील के ऊपर बर्फ की परत जमी हुई थी। दोषी कैडेट्स ने रात में दांत किटकिटाते हुए नौकाओं को पानी से बाहर निकाला। अगले दिन सुबह, कमांडेंट ने उनको बताया कि उन्हें इस घटना के लिए जिम्मेदार हर कैडेट का नाम पता था। अगर किसी ने अपनी गलती को स्वीकार नहीं किया होता, तो उसको बर्खास्त कर दिया जाता, नौकाएं डुबोने के लिए नहीं, बल्कि अपनी गलती स्वीकारने का साहस न दिखा पाने के लिए। उन्होंने आगे कहा: 'जब आपको कमीशन प्राप्त हो तब यह बात याद रखें। आप केवल अधिकारी के रूप में नहीं जाने जाएंगे, बल्कि अधिकारी एवं जेंटलमेन कहलाएंगे और कभी आपने जेंटलमेन वाला भाग भूलना नहीं है। यह भी याद रखें कि जो व्यक्ति सत्य कहने में डरता है वह नैतिक रूप से एक कायर होता है और कोई भी कायर सफल अधिकारी नहीं बन सकता।' थोरट कभी इन शब्दों को भूले नहीं। एक युवा अधिकारी के तौर पर खुद को बचाने के लिए जब भी उनके अंदर सत्य को छिपाने का प्रलोभन आया, तो कोचरन की सलाह ने हमेशा उनको ऐसा करने से रोक लिया।

थोरट के तीसरे और अंतिम टर्म में, भारत सरकार द्वारा नियुक्त स्कीन समिति की उपसमिति ने सैंडहर्स्ट का दौरा किया ताकि भारत में भी इस प्रकार के कॉलेज को शुरू करने की संभावना का जायज़ा लिया जा सके। उस उपसमिति में मोहम्मद अली जिन्नाह, सर फिरोज़ सेठना और मेजर ज़ोरावर सिंह (एमसी) शामिल थे। स्कीन समिति की सिफारिशों के आधार पर बाद में देहरादून में भारतीय सैन्य अकादमी (आईएमए) की स्थापना की गई।

30 अगस्त 1926 को थोरट औसत से अधिक ग्रेड और 'अनुकरणीय' चरित्र के साथ सैंडहर्स्ट से उत्तीर्ण हुए। जिन 32 कैडेट्स को कमीशन प्राप्त हुआ उनमें सिर्फ तीन भारतीय थे। मेरिट सूची में थोरट 15वें, बरार 17वें और गुरबचन सिंह 32वें स्थान पर थे। थोरट और उनके दो भारतीय साथी सितंबर 1926 में पी एंड ओ जहाज़ *'कैसर-ए-हिंद'* पर सवार होकर जलमार्ग से भारत के लिए रवाना हुए। यात्रियों में दो विख्यात भारतीय भी थे—लाला लाजपत राय और मोहम्मद अली जिन्नाह। जैसा कि थोरट अपने संस्मरणों में लिखते हैं, दोनों नेताओं ने उन नवोदित अधिकारियों के प्रति पिता की तरह रुचि दिखाई। लाजपत राय ने थोरट को अपनी नई पुस्तक 'अनहैप्पी इंडिया' के प्रूफ चेक करने के लिए दिये। एक दिन थोरट ने उनसे पूछाः 'सर, जिस भारतीय सेना के दम पर अंग्रेज हम पर शासन करते हैं, क्या आपको लगता है कि हमने उससे जुड़कर कोई गलती की है?' लाला जी ने थोड़ी देर सोचा और फिर उत्तर दियाः 'नहीं, मुझे ऐसा नहीं लगता। अंग्रेज हम पर कितने दिनों तक शासन करेंगे? एक दिन भारत को आजाद होना है और तब हमें आपके जैसे प्रशिक्षित अधिकारियों की जरूरत होगी। इसलिए जमकर मेहनत कीजिए और उस पल के लिए खुद को तैयार रखिए।'

परंपरा के अनुसार, थोरट को आठ में से एक भारतीयकृत यूनिटों में तैनात होने से पहले एक वर्ष तक ब्रिटिश बटालियन के साथ अटैच रहना था। उन्होंने अपना अटैचमेंट मिडिलसेक्स रजिमेंट की द्वितीय बटालियन के साथ किया, जो उस समय अहमदनगर में थी। उस यूनिट में सेवा प्रदान करने वाले वे पहले भारतीय थे, लेकिन क्योंकि अन्य ब्रिटिश अधिकारियों की तरह उनको किंग कमीशन प्राप्त था, इसलिए उनको अधिकारियों और जवानों द्वारा तुरंत अपना लिया गया। थोरट को एक प्लाटून की कमांड सौंपी गई और जल्द ही वे अपने जवानों को अच्छे से पहचानने लगे। थोरट और उनके कंपनी कमांडर फिल व्रे के अंदर शिकार के प्रति एक समान जुनून था और रविवार की कई दोपहरियां उन्होंने तीतर, बटेर और बाट तीतर का शिकार करते हुए बिताईं। कभी-कभी वे काले हिरण या चिंकारा का भी शिकार करते। व्रे ने थोरट को शिकार के कुछ नियम और अदब भी सिखाए, जैसे बैठी हुई चिड़िया या जिस मादा के संग उसके बच्चे हों उन पर निशाना न लगाना। थोरट ने विभिन्न पशु पक्षियों के शिकार के प्रतिबंध काल और पीछा करने की कला के बारे में भी जाना। इससे उनको बाद के वर्षों में काफी मदद मिली जब उन्होंने बड़े जंगली जानवरों का शिकार करना आरम्भ किया।

अक्टूबर 1927 में उनका मिडिलसेक्स रेजिमेंट के साथ अटैचमेंट समाप्त हुआ और उनको 1/14 पंजाब रेजिमेंट में तैनाती मिली, जिसे 'शेर-ए-दिल की पल्टन' भी कहा जाता था और उस समय एनडब्ल्यूएफ़पी के मनज़ई में थी। उनको एक पठान कंपनी की कमांड सौंपी गई और उन्होंने पहली बार सीमा पर जिंदगी का अनुभव किया। पठान बहुत ही अड़ियल कौम थी, जिनके तमाम कबीले आपस में या फिर अंग्रेजों से लड़ते रहते थे।

खूनी रंजिशें आम थीं, जो कभी समाप्त नहीं होती थीं और पीढ़ी दर पीढ़ी चलती रहती थीं। हालांकि, थोरट ने पाया कि पठान सच्चे मित्र भी हो सकते थे। एक बार, राजनीतिक अधिकारी ने एक छोटे कबीले के प्रमुख मलिक अब्दुल रहमान को गिरफ्तार कर लिया और उसे थोरट की बटालियन की हिरासत में सौंप दिया। एक दिन रहमान ने थोरट से अपनी पत्नी से मिलने की इजाज़त मांगी, जो उसके पहले बच्चे को जन्म देने वाली थी। थोरट ने पैरोल की आवश्यक कार्रवाई पूरी की और रहमान बच्चे के जन्म के बाद वापस आने का वादा करके चला गया। वह तीन दिन बाद समाचार लेकर लौटा कि उसकी पत्नी ने बेटे को जन्म दिया था। उसकी पत्नी ने एक संदेश भेजा था कि अब से वह थोरट को अपना भाई मानेगी। तकरीबन आठ साल बाद जब थोरट को दोबारा एनडब्ल्यूएफ़पी में तैनाती मिली, तो रहमान उनसे मिलने आया। उसके साथ बेटा भी था और उसका परिचय 'आपका भतीजा' कहकर करवाया। रहमान अपने साथ एक बड़ा सा टोकरा भी लेकर आया था, और कहा-यह 'आपकी बहन' की तरफ से। टोकरे में दर्जनों उबले हुए अंडे, 50 बटेर और संपूर्ण बर्रा (अजन्मे भेड़ का गोश्त) रखा था। बर्रे को एक बहुज ही लज़ीज पकवान माना जाता था। थोरट एक अन्य उपहार, तावीज़ को देखकर बहुत प्रभावित हुए, जिसे उनकी रक्षा के लिए उनकी 'बहन' ने किसी फकीर से प्राप्त किया था।

एक वर्ष बाद दिसंबर 1928 में, सीमा पर दो वर्षों का कार्यकाल पूर्ण होने पर बटालियन को औरंगाबाद जाने के आदेश मिले। औरंगाबाद पहुंचने पर कुछ अन्य भारतीय अधिकारी भी बटालियन में जुड़े। उनमें सेकंड लेफ्टिनेंट मोहम्मद अयूब खान भी शामिल थे, जो बाद में पाकिस्तान के सी-इन-सी बने और फिर राष्ट्रपति। थोरट उनको औसत पेशेवर क्षमताओं वाला गजब का रूपवान अधिकारी मानते थे। शिकार के प्रति अपने जुनून को उन्होंने यहां भी जारी रखा और पहली बार तेंदुए और फिर एक शेरनी का शिकार किया। उन्होंने अपनी पहली कार भी खरीदी, एक पुरानी फोर्ड, जिसकी कीमत रु. 450 थी।

अक्टबूर 1931 में दिल्ली स्थित 14वीं पंजाब रेजिमेंट की टेरिटोरियल आर्मी बटालियन के एडजुटेंट के तौर पर कार्यभार संभालने से पहले थोरट ने तीन वर्ष रेजिमेंटों के कार्यनिर्वाहन में बिताए। थोरट ने अपनी पुरानी फोर्ड कार से यात्रा करने का निर्णय लिया। अपने वाहक के साथ वे दिसंबर 1931 में दिल्ली के लिए चले। सड़कें पक्की थीं, लेकिन डामर नहीं था और खूब गड्ढे थे। पंचर सुधरवाने की कोई सुविधा नहीं थी और पेट्रोल चार गैलन के ड्रम में बेचा जाता था और वह भी कुछ निश्चित घंटों तक। पायाब ज्यादातर गहरी होती थीं और उन्हें पार करने के लिए अक्सर कारों को बैलों से खिंचवाया जाता था। हैरानी की बात नहीं, उनको औरंगाबाद से दिल्ली तक 1,100 किलोमीटर का सफर तय करने में 11 दिन लगे।

वर्ष 1934 में वापस 1/14 पंजाब में वापस लौटने से पहले, थोरट ने टेरिटोरियल बटालियन के साथ तकरीबन तीन वर्ष बिताए। 1/14 पंजाब तब तक झेलम पहुंच चुकी थी। 1935 में उसे घलानाई ऑपरेशन में भाग लेने के लिए पेशावर जाने के आदेश मिले। अब

तक कई अन्य किंग कमीशन प्राप्त भारतीय अधिकारी बटालियन में जुड़ चुके थे, जैसे खान अता मोहम्मद खान, राजिंदर सिंह कल्हा, महाबीर सिंह ढिल्लों और राजेंद्र नाथ नेहरा। इसके अलावा, हाल ही में देहरादून में स्थापित हुए आईएमए से भी उत्तीर्ण होकर कुछ अन्य भारतीय अधिकारी जुड़े। इनमें मोहन सिंह और शाह नवाज़ शामिल थे, जो बाद में जापानी मदद से सुभाष चंद्र बोस द्वारा स्थापित इंडियन नेशनल आर्मी से जुड़ गए।

सीमा पर हुए घलानाई ऑपरेशन में थोरट ने पहली बार असली लड़ाई में हिस्सा लिया और अपना लहू भी बहाया। ऑपरेशन दो महीने चला और इसमें ब्रिगेडियर (बाद में फील्ड मार्शल) सर क्लाउड ऑकिनलेक की कमांड में दो ब्रिगेड के बल शामिल थे। थोरट को एक बार बड़ी घात लगाने का कार्य सौंपा गया, जिसका लक्ष्य पठान कबिलाइयों के एक दल को समाप्त करना था, जो सेना के मुख्यालय को परेशान कर रही थी। तकरीबन सौ जवानों के साथ थोरट ने रात के वक्त उस रास्ते पर घात लगाई, जिसे कबिलाई अक्सर इस्तेमाल करते थे। लंबे इंतजार के बाद कबिलाई लोग घात में घुस गए और आमने-सामने भीषण लड़ाई हुई, जिसमें थोरट ने खुद अपनी खुखरी से दुश्मन के कई लोगों को जख्मी कर दिया। पठानों के 17 आदमी मारे गए, जबकि थोरट की कंपनी में आठ लोगों की मृत्यु हुई। मुठभेड़ सफल रही और ऑकिनलेक ने थोरट और उनके कमांडिंग अफसर को स्वयं बधाई देने के लिए बुलाया।

दिल्ली में निवास के दौरान, थोरट की मुलाकात लीला से हुई जो लेडी हार्डिंग मेडिकल कॉलेज से डाक्टरी की पढ़ाई कर रही थीं। वे एक बुद्धिमान छात्रा थीं, साथ ही खेलों व नाट्य कला में निपुण थीं और महात्मा गांधी की बहुत बड़ी प्रशंसक भी। उनके पिता बख्शी भगतराम आनंद अमृतसर के अग्रणी अधिवक्ता था। नवयुगल को आपस में प्रेम हो गया और दोनों ने विवाह करने का निर्णय लिया। अब तक लीला ने अपनी अंतिम परीक्षा उत्तीर्ण कर ली थी और लेडी हार्डिंग अस्पताल में इंटर्नशिप कर रही थीं। थोरट भी अगस्त 1935 में कैप्टन की रैंक पर पदोन्नत हो गए थे। लेकिन एक छोटी सी अड़चन थी। थोरट परंपरागत मराठी परिवार से आते थे, जबकि लीला पंजाबी थीं। आखिरकार दोनों ने अपने माता-पिता के विरोध को सहमति में बदल लिया और 29 जनवरी 1936 को विवाह बंधन में बंध गए। थोरट के पिता डॉ. पी.सी. पाटिल अमृतसर में हुए भव्य विवाह समारोह में शामिल हुए। लीला को विदेश जाने की छात्रवृत्ति मिल गई थी, लेकिन उन्होंने विवाह के लिए उसको छोड़ दिया।

वर्ष 1936 में विवाह के जल्द बाद थोरट को फिरोजपुर स्थित प्रशिक्षण बटालियन में तैनात कर दिया, जहां दो वर्ष रहने के बाद 1938 में एडजुटेंट बनकर वापस अपनी बटालियन लौट आए। तब तक 1/14 पंजाब बटालियन वजीरिस्तान स्थित बन्नू पहुंच चुकी थी। हालांकि यह सीमा की तैनाती थी, लेकिन बन्नू में परिवार रखने की अनुमति थी। लीला न केवल थोरट के साथ रहीं, बल्कि कांटेदार तारों और कड़ी सुरक्षा से घिरे कैंप के आसपास के गांवों में चिकित्सा का कार्य भी करने लगीं। एक दिन जब थोरट दोपहर के भोजन के लिए

घर आए तो पता चला कि सुबह एक डिलिवरी केस देखने गईं उनकी पत्नी अभी तक लौटी नहीं थीं। जब वे देर शाम लौटीं तब तक थोरट उनकी सुरक्षा को लेकर बहुत चिंतित हो चुके थे, पत्नी के साथ आए दो पठानों को उन्होंने फटकार लगाते हुए कहाः 'मुझे लगा तुम लोगों ने इनकी हत्या कर दी होगी।' उनमें से एक हंसकर बोलाः 'हम उसकी हत्या क्यों करेंगे, जो हमारी औरतों और बच्चों की जान बचाती है? हम खुशी से आपका सिर कलम कर सकते हैं, लेकिन इनका नहीं?'

वर्ष 1939 में द्वितीय विश्वयुद्ध प्रारंभ हो चुका था। सितंबर 1940 में, 1/14 पंजाब बटालियन को सिकंदराबाद भेजा गया ताकि वह नई बनी 11 इंडियन ब्रिगेड में शामिल हो सकें, जिसे मलाया जाना था। हालांकि, थोरट के भाग्य में बटालियन के साथ जाना नहीं था। उनका चयन स्टाफ कोर्स के लिए हुआ और उन्हें क्वेटा जाना पड़ा। 1941 में कोर्स पूर्ण करने के उपरांत उन्हें सैन्य मुख्यालय के स्टाफ ड्यूटी निदेशालय में तैनात किया गया, जो उस समय शिमला में स्थित था। उनके सेक्शन, एसडी 2बी, पर हथियारों और उपकरणों की जिम्मेदारी थी। भारतीय सेना उस समय प्राथमिकता में नीचे थी और हथियारों और गोला बारूद की भारी कमी थी। अधिकांश यूनिटों के पास अपने कोटे से आधी से भी कम राइफलें थीं, और उससे भी कम मोर्टार व अन्य सर्विस हथियार थे। कार्य का भार अधिक था, लेकिन बहुत नीरस और उबाऊ था। थोरट ने तबादले के लिए प्रयास करना शुरू किया, लेकिन स्टाफ प्रशिक्षित अधिकारियों की संख्या बहुत कम होने के कारण उनका निवेदन खारिज कर दिया गया। जब कुछ भारतीय राज्य बलों को नियमित यूनिटों में तब्दील करने का निर्णय हुआ तब उनके भाग्य ने करवट ली। उनमें से एक थी, कोल्हापुर रियासत की राजाराम राइफल्स और उनकी तैनाती इस यूनिट में हो गई, क्योंकि वे कोल्हापुर के ही रहने वाले थे।

उन्होंने तकरीबन एक वर्ष तक राजाराम राइफल्स में सेवाएं प्रदान कीं, लेकिन वे बहुत खुश नहीं थे। वे एक सक्रिय यूनिट में सेवा प्रदान करना चाहते थे, किसी ऐसी यूनिट में नहीं, जिसके युद्ध में जाने की संभावना ही नहीं थी। क्योंकि उनकी अपनी बटालियन 1/14 पंजाब पर जापानियों ने कब्जा कर लिया था, इसलिए उन्होंने 14वीं पंजाब रेजिमेंट की किसी भी बटालियन में तबादले की मांग की। आखिरकार, काफी परेशान होने के बाद वे 4/14 पंजाब में तैनाती पाने में सफल रहे, जो 7वीं इंडियन डिविजन की 114 ब्रिगेड का हिस्सा थी और उस समय जापानियों को नागा पहाड़ियों से बाहर खदेड़ने में लगी थी। जब कोहिमा का प्रसिद्ध युद्ध हुआ उस समय थोरट दीमापुर के प्रबलन (रिइंफोर्समेंट) शिविर में थे, लेकिन उन्होंने बाद में कोहिमा से जापानियों के सफाये के लिए चलाए गए ऑपरेशन में भाग लिया। उसके थोड़े समय बाद इंफाल स्थित 9/14 पंजाब में बतौर सेकंड-इन-कमांड तैनात किया गया। यह बटालियन 20 इंडियन डिविजन का हिस्सा थी।

उस समय 20 इंडियन डिविजन, दो अन्य डिविजनों के साथ इंफाल में फंसी थी और उनको चारों तरफ से जापानियों ने घेर रखा था। डिविजनें अपनी आपूर्ति और हताहतों को

निकालने के लिए भारतीय वायु सेना पर निर्भर थीं। थोरट को एक मालवाहक जहाज में लिफ्ट मिली जो जवानों के लिए जिंदा बकरियां ले जा रहा था, जिन्हें 'मीट ऑन हूफ' भी कहा जाता है। उन्होंने अपने सीओ से कुछ दिनों के लिए कंपनी की कमांड सौंपने के लिए निवेदन किया, ताकि उनको जमीनी हकीकत और जवानों के बारे में अंदाजा लग सके। सीओ तैयार हो गए और उन्हें एक कंपनी की जिम्मेदारी सौंप दी गई। हालांकि, कुछ ही दिनों बाद सीओ को स्थान छोड़ना पड़ा और थोरट ने बटालियन की कमांड संभाल ली।

थोरट अपने अर्दली नंदू से जुड़ा एक रोचक किस्सा बयां करते हैं, जो बेहद निर्भीक था। एक हमले के दौरान, थोरट और आर्टिलरी फॉरवर्ड ऑब्ज़र्वेशन ऑफिसर (एफओओ) ने सुविधाजनक स्थान की ओर बढ़ना शुरू किया, उनके पीछे-पीछे नंदू था, जो अपने सिर पर बिस्तरबंद लेकर चल रहा था। अचानक उन पर जापानी तोपों ने गोलाबारी कर दी और पांच-छह गोलों की बौछार उनके आसपास आकर गिरी। थोरट और एफओओ ने छिपने के लिए छलांग लगा दी, लेकिन नंदू ने चलना जारी रखा। थोरट चिल्लाए: 'नंदू, मूर्ख, तुम बिस्तरबंद फेंक कर छिपते क्यों नहीं?' 'बिस्तरबंद नीचे फेंक दूँ?' नंदू ने चिल्लाकर जवाब दिया: 'फिर इसके अंदर रखे थर्मस का क्या होगा? दूसरी तरफ जाकर आपको चाय कैसे मिलेगी?'

नवंबर 1944 में, 20 इंडियन डिविजन को बर्मा में अंतिम चढ़ाई के लिए चिंदविन नदी के पश्चिम में एकत्रित होने के आदेश मिले। थोरट अपने जवानों के साथ उस इलाके से गुजरे जिस पर भारतीय जवानों ने बर्मा से लौटते वक्त घनी बारूदी सुरंगें बिछा दी थीं। बारूदी सुरंगों की सघन सफाई के बावजूद जब तक वे चिंदविन पर पहुंचे, कई लोग हताहत हो चुके थे। तभी थोरट को अराकन में पदोन्नति के साथ 2/2 पंजाब का सीओ बनाए जाने का सिग्नल मिला। इस बटालियन को 69 वीं पंजाबीज़ भी कहा जाता था।

उस समय मोंगडॉ में 2/2 पंजाब बुथिडांग के प्रसिद्ध युद्ध में बुरी तरह पराजित होने के बाद उबरने का प्रयास कर रही थी। सीओ लेफ्टिनेंट कर्नल मिडल्टन-स्टुअर्ट और कई अन्य जवान गश्त की डिब्रीफिंग के दौरान हुई एक दुर्घटना में मारे गए थे। इसके साथ, बुथिडांग युद्ध में हुईं मौतों और घायलों के कारण यूनिट का मनोबल गिरा हुआ था। इस 200 साल पुरानी बटालियन की कमांड संभालने वाले थोरट पहले भारतीय अधिकारी थे और वे जानते थे कि उनके लिए अपने जवानों और अधिकारियों का विश्वास जीतना बहुत जरूरी था। ऐसा करने का सबसे अच्छा तरीका यही था कि वे किसी सफल कार्रवाई में उनका नेतृत्व करें और यह मौका उनको जल्द ही मिल गया।

बटालियन 51 भारतीय इंफैन्ट्री ब्रिगेड का हिस्सा थी, जिसकी कमांड ब्रिगेडियर आर.ए. हट्टन के पास थी। इसको 'ऑल इंडिया ब्रिगेड' (संपूर्ण भारतीय ब्रिगेड) भी कहा जाता था, क्योंकि जहां अन्य ब्रिगेडों में कम से कम एक ब्रिटिश या गुरखा बटालियन जरूर होती थीं, वहीं इसमें सभी बटालियनें भारतीय थीं। थोरट की कमांड वाली 2/2 पंजाब के अलावा,

8/19 हैदराबाद की कमांड लेफ्टिनेंट कर्नल के.एस. थिमैय्या के पास थी और 16/10 बलूच की कमांड कर्नल एल.पी. सेन संभाल रहे थे। जनवरी 1945 में ब्रिगेड ने कंगाव के प्रसिद्ध युद्ध में हिस्सा लिया, जो तीन सप्ताह तक चला और 2,000 जानें गंवानी पड़ीं, लेकिन उसने जापानियों की कमर तोड़ दी। माउंटबैटन ने इसको 'अराकन के सबसे खूनी युद्ध' का नाम दिया। युद्ध की समाप्ति पर ब्रिगेड के कमांडर और तीनों भारतीय कमांडिंग अफसरों को डीएसओ से अलंकृत किया गया।

कंगाव के युद्ध में 51 इंडियन ब्रिगेड के 800 जवान शहीद हुए, जबकि जापानी सेना के तकरीबन 2,000 जवान मारे गये या घायल हुए। इसके बाद निर्णय हुआ कि ब्रिगेड को आराम और उबरने के लिए वापस भारत भेज दिया जाए और फरवरी 1945 में थोरट अपनी बटालियन के साथ दक्षिण भारत के पोल्लाची चले गए। इसके उपरांत जल्द ही मलाया पर हमले की संयुक्त योजना बनाई गई। हमला करने वाली सेना में दो कोर शामिल थीं, XV व XXXIV और सितंबर 1945 में सात डिविजनों को पोर्ट स्विट्टनहम पर उतरना था। ऑपरेशन प्रारंभ तो हुआ, लेकिन सैन्य बलों के उतरने से पहले ही जापान ने आत्मसमर्पण कर दिया और 5 अगस्त 1945 को युद्ध समाप्त हो गया। चढ़ाई करने वाला सैन्य बल, जिसमें 25 डिविजन के अधीन 51 इंडियन ब्रिगेड भी शामिल थी, मलाया में उतरने के बाद ओक्यूपेशन बल बन गया। कुआला लंपुर में कुछ माह व्यतीत करने के बाद थोरट की बटालियन मलाया के पूर्वी तट पर स्थित क्वांटन चली गयी। उन्होंने उस युद्धभूमि का दौरा किया जहां 1941 में उनकी मूल बटालियन 1/14 पंजाब को जापानियों ने रौंदकर कब्जा लिया था। बड़ी तादाद में उसके जवान जापानी सैन्य बल के हिस्से के रूप में भारतीय राष्ट्रीय सेना (आईएनए) से जुड़ गए थे और उन्होंने भारतीय जवानों के विरुद्ध लड़ाई लड़ी।

थोड़े समय बाद थोरट को एए एवं क्यूएमजी के तौर पर डिविजन मुख्यालय बुला लिया गया। बड़ी संख्या में जापानियों को युद्ध बंदी बनाया गया था और थोरट को युद्ध बंदी शिविरों की देखभाल का दायित्व सौंपा गया। एक जापानी बटालियन को युद्ध के दौरान नष्ट हुए एक हवाई मैदान की सफाई व मरम्मत का कार्य सौंपा गया। एक बार थोरट जब शिविर का दौरा कर रहे थे, तब ब्रिगेडियर रैंक के बैज लगाए एक बुजुर्ग जापानी अधिकारी उनके पास दौड़ता हुआ आया और उन्हें जोशीले ढंग सलामी दी। जब थोरट ने उनसे दौड़कर आने का कारण पूछा तो उन्होंने बताया कि सर्वोच्च कमांडर ने सभी बंदियों से दौड़ते हुए काम करने का आदेश दिया है। थोरट ने जीओसी से बात की और आदेश को रद्द करवा दिया। अगली बार जब थोरट शिविर में गए तो वही ब्रिगेडियर फिर से उनके पास आया और कहाः 'कर्नल, आपने जो किया मैं उसके लिए आपका आभार व्यक्त करना चाहता हूं। मैं और मेरा देश कभी इस बात को नहीं भूलेगा।' और वह अपने शब्दों पर खरा उतरा। दस साल बाद जब थोरट संरक्षक बल (कस्टोडिअन फोर्स) के कमांडर के तौर पर कोरिया गए, तो उनका अपनी पत्नी के साथ टोक्यो जाना हुआ और वे इम्पीरियल होटल में ठहरे थे। जब वे अपनी

कार में अपने होटल से बाहर निकले तो उनकी कार को रास्ता देने के लिए पूरा ट्रैफिक रुकवा दिया गया था। थोरट को बहुत हैरानी हुई। पूछने पर उनको पता चला कि उसी ब्रिगेडियर के आग्रह पर टोक्यो पुलिस ने उनको यह सम्मान दिया था।

जब थोरट बर्मा में युद्ध में व्यस्त थे, तब लीला भी खाली नहीं थीं। हालांकि उनके ऊपर एक बच्चे की जिम्मेदारी थी, पर वे कमीशन प्राप्त अधिकारी के तौर.पर भारतीय चिकित्सा सेवा से जुड़ीं और लाहौर स्थित सैन्य अस्पताल में उत्कृष्ट कार्य किया। युद्ध के बाद जब थोरट दिल्ली आए तो लीला ने डुपलेक्स लेन स्थित अपने घर के अस्तबल में एक निःशुल्क क्लीनिक स्थापित किया और उनका साथ दिया, सीजीएस लेफ्टिनेंट जनरल सर आर्थर स्मिथ की पत्नी लेडी मोनिका स्मिथ ने। जल्द ही क्लीनिक बहुत लोकप्रिय हो गया और जब मरीजों की संख्या काबू से बाहर हो गई तब सेना के परिवारों से कई अन्य महिलाएं मदद के लिए जुड़ गईं। ऑकिनलेक ने उन्हें बड़ी मात्रा में जापानियों से कब्जाई गई दवाएं और चिकित्सा उपकरण प्रदान कर दिये। लीला ने अपने मरीजों को परिवार नियोजन के बारे में भी जानकारी देनी शुरू की, जिसके कारण उनका स्वास्थ्य मंत्री राजकुमारी अमृत कौर के साथ टकराव भी हुआ। कौर को लगता था कि यह कार्य उनके विभाग का विशेषाधिकार है और उन्होंने लीला से इस क्षेत्र में अपनी गतिविधियां बंद करने को कहा। लीला ने उन्हें अपने कार्य से मतलब रखने की सलाह देते हुए अपना काम जारी रखा। एक मात्र व्यक्ति जिसने उन्हें प्रोत्साहित किया वे थे जनरल करियप्पा, जिनको परिवार नियोजन का महत्व पता था और अपने सभी भाषणों में वे इसकी जरूरत पर बल देते थे।

थोरट दंपति के तीन बच्चे थे, दो बेटियां और एक बेटा। सबसे बड़ी बेटी कुसुम का जन्म 16 जून 1937 को अमृतसर में हुआ। उन्होंने बाद में एक पंजाबी सी.एन. कपूर से विवाह किया, जो भारतीय रेल में कार्यरत थे। दूसरी बेटी कुमुद का जन्म 30 सितंबर 1942 को दिल्ली में हुआ। उन्होंने एक बंगाली आर.के. बोस से विवाह किया, जो डनलप कंपनी में कार्यरत थे। उनके बेटे यशवंत का जन्म 11 नवंबर 1947 को रांची में हुआ। इनका विवाह एक दक्षिण भारतीय लड़की ऊषा के साथ हुआ, जिनके पिता एम. रामचंद्रन सिविल सेवा में थे। यशवंत, जिनको प्यार से सब भैया पुकारते हैं, भारतीय रिजर्व बैंक में कार्यरत हैं और मुंबई में रहते हैं। संयोग से यशवंत और पुस्तक के लेखक झांसी के सेंट फ्रांसिस कॉन्वेंट स्कूल में एक साथ पढ़ते थे, जहां यशवंत उनसे तीन साल जूनियर थे। लेखक को 1954 में फ्लैग स्टाफ हाउस में आयोजित वह बर्थडे पार्टी अभी तक याद है, जब यशवंत सात वर्ष के हुए और लेखक की अवस्था 10 वर्ष से कुछ ज्यादा थी। यशवंत के पिता कोरिया से लौटे थे और अपने साथ ढेर सारे खिलौने और एक बड़ा गुब्बारा लेकर आए थे, ऐसी चीजें जो पहले किसी ने देखी नहीं थीं।

वर्ष 1946 में थोरट को ब्रिगेडियर रैंक पर पदोन्नत कर राष्ट्रीय युद्ध स्मारक समिति (नेशनल वॉर मेमोरियल कमेटी) का सचिव नियुक्त किया गया। इस समिति का गठन

अमेरिका के वेस्ट प्वाइंट स्थित यूनाइटेड स्टेट्स मिलेट्री अकादमी की तर्ज पर एक मिलेट्री अकादमी स्थापित करने के लिए किया गया था। उस समय, द्वितीय विश्व युद्ध में भारतीय जवानों के योगदान को श्रद्धांजलि अर्पित करने के लिए एक उपयुक्त युद्ध स्मारक के निर्माण को लेकर विभिन्न प्रस्तावों पर चर्चा चल रही थी। धन की कोई कमी नहीं थी क्योंकि सुडान की सरकार ने भारत के वायसरॉय को 1941 में 100,000 पाउंड दान दिये थे। प्रथम विश्व युद्ध के बाद बने स्मारक (अब इंडिया गेट) जैसे किसी भवन या तोरण द्वार के बजाय प्रशिक्षण संस्थान बनाने का सुझाव देने का श्रेय ब्रिगेडियर ए.ए. रुद्र को जाता है, जो उस समय दिल्ली स्थित जनरल मुख्यालय में निदेशक मनोबल थे। यह सुझाव सी-इन-सी फील्ड मार्शल ऑकिनलेक द्वारा स्वीकार कर लिया गया और उन्होंने तत्कालीन लॉर्ड वैवेल को लिखकर सिफारिश भेजी कि अमेरिका के वेस्ट प्वाइंट में स्थित यूनाइटेड स्टेट्स मिलेट्री अकादमी की तर्ज पर एक सैन्य अकादमी स्थापित की जाए, जहां न केवल थल सेना, बल्कि नौसेना और वायु सेना के कैडेट्स को भी बुनियादी प्रशिक्षण प्रदान किया जा सके। उनको लगता था कि यह एक बेहतरीन राष्ट्रीय स्मारक होगा और उनकी सलाह को स्वीकार कर लिया गया।

राष्ट्रीय युद्ध स्मारक समिति का गठन 2 मई 1945 को किया गया जिसके अध्यक्ष ऑकिनलेक थे और इलाहबाद विश्वविद्यालय के कुलपति डॉ. अमर नाथ झा उपाध्यक्ष थे। अन्य सदस्यों में जनरल स्टाफ के प्रमुख; फ्लैग ऑफिसर कमांडिंगभारतीय नौसेना; भारत सरकार के युद्ध विभाग के सचिव; सरकार के शिक्षा सलाहकार; जयपुर रियासत के प्रधानमंत्री सर मिर्जा इस्माइल; जोधपुर के राव राजा नरपत सिंह; पंजाब के मियां अफ़ज़ल हुसैन; पूना इंजीनियरिंग कॉलेज के मिस्टर विलियम ज़ेवियर मैस्करेनहास और दून स्कूल के प्रधानाचार्य मिस्टर ए.ई. फुट शामिल थे। सचिव का दायित्व शुरुआत में लेफ्टिनेंट कर्नल पी.सी. गुप्ता के पास था, लेकिन बाद में उनकी जगह ब्रिगेडियर एस.पी.पी. थोरट को दे दिया गया।

वैसे तो समिति हर दो महीने पर औपचारिक बैठक करती थी, लेकिन अनौपचारिक चर्चाएं अक्सर हो जाती थीं। प्रधानमंत्री पं. जवाहरलाल नेहरू ने इस परियोजना में गहरी रुचि दिखाई और आमतौर पर बैठकों में उपस्थित रहते थे। समिति के महत्वपूर्ण निर्णयों में से एक था कि तीनों सेनाओं के कैडेट्स को एक साथ प्रशिक्षण दिया जाए, ऐसा और कहीं नहीं होता था। वेस्ट प्वाइंट की अकादमी में भी केवल थलसेना और वायु सेना के कैडेट्स को प्रशिक्षित किया जाता था, जबकि नौसेना के कैडेट्स को प्रशिक्षण के लिए एन्नापोलिस जाना पड़ता था। अन्य निर्णय था प्रस्तावित अकादमी को स्थापित करने के स्थान को लेकर। हर महत्वपूर्ण नेता उसे अपने क्षेत्र या प्रान्त में स्थापित करवाना चाहता था। पंजाब के मुख्यमंत्री मलिक खिज़्र हयात खान ने पंजाब की सिफारिश की; डॉ. राजेंद्र प्रसाद ने पटना का सुझाव दिया; और सरदार बलदेव सिंह को रांची ज्यादा उपयुक्त लगता था।

ऑकिनलेक ने व्यक्तिगत तौर पर बैंगलोर, भोपाल, बेलगाम, देवलाली, देहरादून, जबलपुर, विशाखपट्टनम, सिकंदराबाद, कराची और खड़कवासला का दौरा किया। अंततोगत्वा, समिति ने खड़कवासला को चयनित किया जो पूना के नजदीक था, वहां पर्याप्त जमीन और एक झील भी थी। झील का प्रयोग नौसेना के कैडेट्स को प्रशिक्षित करने के लिए किया जा सकता था।

समिति ने अपनी सिफारिशों को 1946 में अंतिम रूप प्रदान किया। प्रस्तावित अकादमी का नाम राष्ट्रीय युद्ध अकादमी से बदलकर राष्ट्रीय रक्षा अकादमी (एनडीए) कर दिया गया। प्रशिक्षण की समयावधि चार वर्ष और प्रवेश की आयु 16 से 19 वर्ष के बीच रखी गई। न्यूनतम शैक्षिक अहर्ता मैट्रिक पास रखी गई, और दाखिला पाने के लिए प्रवेश परीक्षा को पास करना और उसके बाद सिलेक्शन बोर्ड द्वारा परीक्षण और एक स्वास्थ्य जांच अनिवार्य की गई। कैडेट्स की भर्ती पूर्णतयाः योग्यता के आधार पर होनी थी और उसमें किसी भी प्रकार के आरक्षण का प्रावधान नहीं था, पूर्व सैनिकों के बेटों के लिए भी नहीं। ट्यूशन, आवास, भोजन और वस्त्रों समेत पूरा खर्च सरकार को उठाना था। प्रशिक्षण समाप्त होने के बाद कैडेट्स को विशेष प्रशिक्षण के लिए अपनी-अपनी सेनाओं के प्रशिक्षण संस्थानों में जाना था। वे एक डिप्लोमा के साथ उत्तीर्ण होते, जिसे विश्वविद्यालयों द्वारा डिग्री के रूप में मान्यता देनी थी (ऐसा हो नहीं सका और कैडेट्स को डिग्री दिलाने के लिए बाद में शैक्षिक योग्यता को संशोधित करके 12वीं पास कर दिया गया और उसके साथ प्रवेश की आयु भी दो वर्ष बढ़ा दी गई)। तीनों सेनाओं में कमीशन रैंक पर प्रवेश करने के लिए यही मुख्य मार्ग था, लेकिन यह निर्णय लिया गया कि प्रवेश के अन्य माध्यमों को भी जारी रखा जाए। यूओटीसी योजना के तहत विश्वविद्यालयों के माध्यम से और रैंकों से होने वाले प्रवेश को जारी रखा गया, भले ही उनकी संख्या कम थी।

जब खड़कवासला में चिह्नित की गई 12000 एकड़ भूमि को हस्तांतरित करने का प्रश्न आया तो एक अड़चन खड़ी हो गई। बम्बई प्रांत (अब महाराष्ट्र) के मुख्यमंत्री बालासाहेब खेर चाहते थे कि अकादमी इस भूमि को खरीदे, जबकि थोरट को लगता था कि बंबई सरकार यह जमीन उपहार में दे। थोरट ने सरदार पटेल से मुलाकात की, जो वायसरॉय की कार्यकारी परिषद के सदस्य थे और उनको पूरा मामला समझाया और इससे बम्बई प्रांत को होने वाले फायदे भी बताए। पटेल ने पूरी बात धैर्यपूर्वक सुनी, लेकिन कोई आश्वासन नहीं दिया। हालांकि कुछ ही दिनों में थोरट के पास बम्बई से एक फोन आया और उनको जानकारी दी गई कि 'बम्बई सरकार को अकादमी के लिए आवश्यक जमीन निःशुल्क उपहार में देकर प्रसन्नता होगी।'

थोरट सरदार पटेल से जुड़ी कुछ अन्य घटनाओं को भी याद करते हैं। 1947 की शुरुआत में थोरट को रांची स्थित 161 ब्रिगेड की कमांड सौंपी गई। कुछ समय पश्चात ब्रिगेड को साम्प्रदायिक दंगों को नियंत्रित करने के लिए कलकत्ता रवाना कर दिया गया। दंगे के दौरान

एक लांस नायक के नेतृत्व में जा रही गश्त की हथियारबंद गुंडा दल के साथ मुठभेड़ हो गई। गश्त के साथ चल रहे पुलिस उप निरीक्षक ने लांस नायक से फायर करने को कहा और उसने कर दिया। परिणामस्वरूप गुंडा दल के एक सदस्य की मौत हो गई। हालांकि, बाद में लांस नायक पर हत्या का आरोप लगा दिया गया। थोरट ने आरोप हटवाने का प्रयास किया, लेकिन पश्चिम बंगाल सरकार ने लांस नायक के ऊपर मुकदमा चलाने पर बल दिया, हालांकि यह वादा भी किया कि उसको बाद में छोड़ दिया जाएगा। थोरट को संतोष नहीं हुआ। उनको लगा कि लांस नायक ने जो भी किया वह अपना कर्तव्य निभाने के लिए किया, ऐसे में हत्या का मुकदमा चलाने से होने वाली बदनामी का जवानों के मनोबल पर बुरा असर पड़ेगा। जब एक बार थोरट का दिल्ली जाना हुआ तो वे सरदार पटेल से मिलने गए, जो उस समय गृह मंत्री थे। जब थोरट ने पूरा मामला उनको समझाया, तो पटेल ने आरोप हटवा दिये।

पंद्रह अगस्त 1947 को भारत ब्रिटिश शासन से आजाद हो गया और कुछ समय बाद ही थोरट को दिल्ली स्थित सैन्य मुख्यालय में निदेशक, स्टाफ ड्यूटी और हथियार व उपकरण (स्टाफ ड्यूटीज़ एंड विपन्स एंड इक्विपमेंट—एसडी-एंड-डब्ल्यूई) के पद पर तैनात किया गया। इस पद पर उनका एक दायित्व भारत व पाकिस्तान के बीच सैन्य संपत्ति को 3:1 अनुपात में बांटना भी था। पाकिस्तान को उसके हिस्से के हथियार और उपकरण भेजना भी उनकी जिम्मेदारी थी। जल्द ही उनको अहसास हो गया कि उनमें से अधिकांश का इस्तेमाल कश्मीर में भारतीय जवानों के खिलाफ किया गया। थोरट ने पाकिस्तान को भेजे जाने वाले हथियार व गोला बारूद की आपूर्ति को रोकने या कम से कम गति धीमी करने का प्रयास किया, लेकिन सी-इन-सी जनरल बुचर आपूर्ति जारी रखने पर अड़ गये। थोरट ने सरदार पटेल से मिलने का समय मांगा, जो उस समय उप प्रधानमंत्री भी थे। थोरट की बात सुनने के बाद सरदार मुस्कुराए और बोलेः 'आप मेरे पास क्यों आए हैं? आपको प्रधानमंत्री के पास जाना चाहिए था।' फिर जवाब की प्रतीक्षा किये बगैर उन्होंने कहाः 'ठीक है। अपने कर्तव्य निर्वहन के प्रति इतनी तत्परता मत दिखाइये।' थोरट समझ नहीं पाये और कहाः 'सर ये कमांडर-इन-चीफ के आदेश हैं। जब उनको पता चलेगा, तो मैं उनको क्या जवाब दूंगा?' पटेल मुस्कुराए और कहाः 'निश्चित रूप से आप देरी के लिए कोई सत्य सदृश झूठ बोल सकते हैं? मैं आपके साथ हूं।' इसके बाद पाकिस्तान को भेजे जाने वाले हथियार और गोला बारूद में तीव्र गिरावट आई और भार को संतुलित करने के लिए अहानिकारक वस्तुओं में तीव्र वृद्धि हुई।

महात्मा गांधी की हत्या के अगले दिन 31 जनवरी 1948 को थोरट को मेजर जनरल की रैंक पर पदोन्नत कर दिल्ली एरिया का जीओसी बना दिया गया। दिल्ली की परिस्थितयां ठीक नहीं थीं और पाकिस्तान से विस्थापितों का आना जारी था। थोरट को दिल्ली के साथ-साथ पंजाब के आसपास के क्षेत्रों और राजस्थान की कई रियासतों में मुसलमानों को भी सुरक्षा प्रदान करनी थी। इसके अलावा, उन्हें अल्वर में सिविल प्रशासन स्थापित करने

में सहयोग करना था, जहां के महाराजा को 'सुरक्षात्मक हिरासत' में ले लिया गया था। यही कार्य भरतपुर में भी किया गया, जहां के शासक ने उनके आगमन को शिष्टाचार के साथ स्वीकार कर लिया और उनको वार्षिक बत्तख के शिकार में आने का न्यौता दिया, जिसके लिए भरतपुर विख्यात था। सर्दियों में साइबेरिया से हजारों प्रवासी पक्षी भरतपुर झील में आते हैं। वार्षिक बत्तख के शिकार होने तक वहां बत्तख मारने की अनुमति नहीं होती थी। इस आयोजन में वायसरॉय और सैकड़ों अन्य मेहमानों को आमंत्रित किया जाता था। थोरट ने इस आयोजन के बारे में सुना जरूर था, लेकिन कभी देखा नहीं था। कुछ महीनों बाद, लेफ्टिनेंट जनरल राजेंद्र सिंहजी और कुछ महाराजाओं समेत कई अन्य मेहमानों के साथ थोरट भरतपुर गए। थोरट ने तकरीबन 100 बत्तखों का शिकार किया, जबकि कुल संख्या कई हजारों में थी। चिड़ियों के भाग्य से यह अंतिम 'शाही शिकारों' में से था, संरक्षणविदों ने जल्द संसद का दरवाजा खटखटाया और इस पर पूर्णतया प्रतिबंध लगवा दिया। उस झील को अब एक अभ्यारण्य में तब्दील कर दिया गया है और आगंतुक चिड़ियों को शूट तो कर सकते हैं, लेकिन सिर्फ कैमरे से।

इस दौरान, दिल्ली के आसपास चल रहे शरणार्थी शिविरों में बड़ी संख्या में शरणार्थी रह रहे थे। कर्नल ए.बी. जाधव इस बारे में थोरट से जुड़ी एक रोचक घटना याद करते हैं। शिविर की जरूरत को देखते हुए बड़ी संख्या में डीप ट्रेंच लैट्रीन (डीटीएल) बनवाई गई थीं, जैसे कि युद्धभूमि में जवानों द्वारा प्रयोग की जाती हैं। एक बार सुबह की सैर पर उन्होंने देखा कि शरणार्थी डीटीएल का प्रयोग न करके खुले में शौच जा रहे थे। हैजा और हेपटाइटिस जैसी बीमारियां पहले ही बढ़ती जा रही थीं, इसलिए थोरट चिंतित हो उठे। अपने स्टाफ के माध्यम से उन्होंने शरणार्थियों को डीटीएल के प्रयोग करने के लिए समझाने का प्रयास किया, लेकिन वे नहीं माने और खुले में ही शौच जाना जारी रखा। परिणामस्वरूप, जल्द ही शिविर में गंदगी फैलने लगी। थोरट को पता था कि उन्हें जल्द ही कोई कदम उठाना होगा। एक दिन उन्होंने शिविर के सब बच्चों को इकट्ठा किया और उनसे कहा कि अगर वे किसी को डीटीएल की जगह खुले में शौच करते हुए देखें तो उसकें चारों तरफ खड़े हो जाएं, अपने दोनों हाथ ऊपर उठाएं और जोर से चिल्लाएंः 'ओये, ओये ओये'। उन्होंने इस काम के बदले उन्हें हर रोज चार आने देने का वादा किया। बच्चे तैयार हो गए और अगली सुबह से ही अपने काम पर लग गए। कुछ ही दिनों में डीटीएल का प्रयोग शुरू हो गया।

दिल्ली एरिया में छह माह बिताने के बाद थोरट को थिमैय्या के स्थान पर पूर्वी पंजाब का कार्यभार संभालने के लिए कहा गया, क्योंकि थिमैय्या को कश्मीर भेजा जा रहा था। थोरट जलंधर स्थित अपने नए मुख्यालय चले गए, जहां शरणार्थियों, खाली संपत्तियों और सीमा की रक्षा जैसी समस्याओं ने उनको काफी व्यस्त रखा और कई बार लाहौर भी जाना पड़ा। पाकिस्तानी सेना के सी-इन-सी जनरल ग्रेसी, सैंडहर्स्ट में थोरट के अभिभावक रहे थे और सीजीएस मेजर जनरल हट्टन बर्मा में उनके ब्रिगेड कमांडर थे। परिणामस्वरुप थोरट

को पाकिस्तान में अति विशिष्ट व्यक्ति के तौर पर लिया जाता था और वाघा चेक पोस्ट पर उनको औपचारिक गार्ड ऑफ ऑनर दिया जाता था। हर दौरे पर वे अपनी मूल बटालियन 1/14 पंजाब के जवानों से मिलने जरूर जाते थे। यह बटालियन कश्मीर में लड़ रही थी, लेकिन उसकी एक टुकड़ी लाहौर में थी।

मार्च 1950 में थोरट को दिल्ली स्थित सैन्य मुख्यालय में सीजीएस का कार्यभार संभालने को कहा गया। थोरट को इस नियुक्ति पर हैरानी हुई, क्योंकि आमतौर पर इस पद पर किसी वरिष्ठ लेफ्टिनेंट जनरल को तैनात किया जाता था। जबकि वे केवल एक मेजर जनरल थे, और वह भी कनिष्ठ स्तर पर। फिर भी सी-इन-सी जनरल करियप्पा ने उनका चयन किया था और उनको जाना ही पड़ा। उस समय सेना की संख्यात्मक शक्ति 500,000 की थी, जिसे रक्षा मंत्रालय के नौकरशाह घटाकर 300,000 करना चाहते थे। सैन्य मुख्यालय के जबरदस्त विरोध के बावजूद, रक्षा सचिव और वित्तीय सलाहकार इस प्रस्ताव को स्वीकार कराने के लिए कैबिनेट को राजी करने में सफल रहे। जैसे ही यह प्रक्रिया प्रारंभ हुई पाकिस्तान ने भारत के खिलाफ जहरीला दुष्प्रचार शुरू कर दिया। सैन्य मुख्यालय एहतियात के तौर पर आर्मर्ड डिविजन को अमृतसर भेजना चाहता था, लेकिन नेहरू तैयार नहीं हुए। अंततः जनरल करियप्पा राष्ट्रपति डॉ. राजेंद्र प्रसाद से मिलने गए, उनके साथ थोरट भी थे। डॉ. प्रसाद ने उनकी पूरी बात सुनी और नेहरू से इस प्रस्ताव पर पुनर्विचार करने को कहा। मुद्दे पर चर्चा करने के लिए एक बैठक बुलाई गई, लेकिन नेहरू का मूड अच्छा नहीं था। अंत में उन्होंने कहाः 'मैं इस बात को मानने से इंकार करता हूं कि पाकिस्तान युद्ध के लिए जाएगा। जब मैं स्वयं पूरे विश्व में शांति कायम करने का प्रयास कर रहा हूं, तो मैं युद्ध जैसा रुख कैसे अपना सकता हूं?'

थोरट ने प्रधानमंत्री से सुनवाई के लिए निवेदन किया। उन्होंने नेहरू को पंजाब का नक्शा दिखाते हुए ब्यास नदी के रणनीतिक महत्व को समझाया। यदि पाकिस्तान अमृतसर पर कब्जा करने का निर्णय लेता है, तो वहां अतिरिक्त सैन्य बल भेज पाना कठिन होगा क्योंकि ब्यास नदी पर केवल एक ही पुल था और उसकी क्षमता भी सीमित थी। नेहरू को स्थिति समझ में आ गई और उन्होंने अपने पहले निर्णय को निरस्त कर दिया। अमृतसर में जवानों की संख्या पूरी कर दी गई और पाकिस्तान का दुष्प्रचार अपनी मौत मर गया।

फरवरी 1952 में थोरट मौत के मुंह से बाल-बाल बचे, जिसे कोई दैवीय चमत्कार ही कहा जा सकता है। लखनऊ में एक सामरिक अभ्यास आयोजित किया गया था और श्रीनागेश व थिमैय्या समेत कई वरिष्ठ अधिकारियों के साथ थोरट ने भारतीय वायु सेना के दोहरे इंजन वाले डेवन विमान से दिल्ली के लिए उड़ान भरी। वापसी के वक्त विमान के एक इंजन में आग लग गई, जो तेजी से विमान के ढांचे की ओर बढ़ने लगी। पेट्रोल की टंकी में धमाका होने की बहुत संभावना थी, जिसके बाद आग पूरे केबिन में फैल जाती। पायलट ने विमान का रुख सीधे जमीन की ओर कर दिया, इस उम्मीद के साथ कि आग फैलने से पहले

विमान उतर जाएगा। तभी जलता हुए इंजन टूट कर गिर गया, क्योंकि उसका फ्रेम आग की तीव्र गर्मी से पिघल गया था। आग तो शांत हो गई, लेकिन विमान अब नियंत्रण से बाहर जा चुका था। और अंततः कुछ चिंताग्रस्त क्षणों के बाद विमान लखनऊ के पारा खेतों में उतर गया। चमत्कारिक रूप से किसी को कोई नुकसान नहीं पहुंचा और सभी अधिकारी अपने हैट व बेंत लेने के बाद वरिष्ठता के क्रम में विमान से बाहर निकले! जल्द ही उनको गांव वालों ने मदद पहुंचाई और अगले दिन सुबह वे वापस लखनऊ पहुंच गए। उनके परिवारों ने राहत की सांस ली, जिन्होंने केवल यही सुना था कि विमान लापता था और वे पूरी रात खबर आने का इंतजार करते रहे। जब डॉ. राजेंद्र प्रसाद को इस घटना की सूचना मिली तो उन्होंने सभी अधिकारियों को दिल्ली वापस लाने के लिए अपना विमान भेज दिया।

इस दौरान, थोरट और उनका परिवार नई दिल्ली के 16 अकबर रोड पर रहता था। लीला को बागबानी का बहुत शौक था। घर के आगे के हिस्से में फूलों से भरा एक बगीचा था और पिछले हिस्से में एक बड़ा सा किचन गार्डन। एक बार उनके यहां कद्दू और भिंडी की बढ़िया पैदावार हुई, और दोनों में से एक सब्जी दोपहर के भोजन में और दूसरी रात के भोजन में परोसी जाती थी। एक दिन शाम को थोरट ने अपनी पत्नी से कहाः 'लीला, कनॉट प्लेस में 'क्वालिटी' नाम से एक नया रेस्तरां खुला है। क्यों न आज बच्चों को बाहर ले चलें और भोजन वहीं करें?' कुसुम, कुमुद और यशवंत की खुशी का ठिकाना नहीं रहा। जब थोरट परिवार रेस्तरां पहुंचा तो लीला और बच्चों ने चना भठूरे और पिज्जा जैसे व्यंजनों का ऑर्डर देने में देर नहीं लगाई। लेकिन थोरट ने काफी सोच विचार के बाद कद्दू और भिंडी का ऑर्डर दिया। बाकी सदस्यों ने उनकी ओर हैरानी से देखा, तब थोरट ने समझाया कि वे एक अच्छी आदत को छोड़ना नहीं चाहते। लीला इशारा समझ गईं और परिवार को जल्द ही रोज-रोज कद्दू और भिंडी की सब्जी से राहत मिल गई।

वर्ष 1953 में थोरट को भारत की कस्टोडियन फोर्स (सीएफआई) के कमांडर के तौर पर कोरिया भेजा गया। थिमैय्या को पांच देशों के 'तटस्थ राष्ट्र प्रत्यावर्तन आयोग' (एनएनआरसी) का अध्यक्ष नियुक्त किया गया था। सीएफआई एक सैन्य बल था और दोनों तरफ के कैदियों की सुरक्षा की जिम्मेदारी उसके कंधों पर थी। वह एनएनआरसी के निर्देशों पर कार्य करता था। सीएफआई में 190 इंफैन्ट्री ब्रिगेड शामिल थी, जिसकी कमांड ब्रिगेडियर आर.एस. पैंटल के पास थी। उसमें तीन इंफैन्ट्री बटालियनें और एक इंजीनियर कंपनी थी। बाद में दो और बटालियनें और एक महार मशीन गन कंपनी को भी उसमें जोड़ दिया गया। थोरट ने ब्रिगेडियर गुरबख्श सिंह, डीएसओ को डिप्टी कमांडर चुना। जब जुलाई 1953 में युद्धविराम संधि पर हस्ताक्षर किये जा रहे थे, तब संयुक्त राष्ट्र की कमांड ने लगभग 30 हजार उत्तर कोरियाई और चीनी कैदियों को बंदी बना रखा था। कोरियन पीपल्स आर्मी और चायनीज पीपल्स वॉलंटियर्स कमांड ने कई सौ ब्रिटिश, अमेरिकी और दक्षिण कोरियाई कैदियों को बंधक बना रखा था। युद्धविराम के बाद प्रत्यर्पण से इंकार कर देने के

कारण इन सभी को थोरट के अधीन सीएफआई के संरक्षण में सौंप दिया गया। ऐसी उम्मीद थी कि तटस्थ सीएफआई के संरक्षण में कुछ समय बिताने के बाद उन पर दुष्प्रचार और दिमाग को बहकाने का असर समाप्त हो जाएगा और कैदी प्रत्यर्पण के लिए तैयार हो जाएंगे।

सीएफआई की पहली टुकड़ी मद्रास से 18 अगस्त 1953 को समुद्र मार्ग से चली और 14 सितंबर को इंचॉन पहुंची। पांचवीं और अंतिम टुकड़ी 5 सितंबर को निकली और 28 सितंबर को पहुंची। इनको तीन समूहों में बांट दिया गया और टॉन्ग-जॉन्ग-नी नामक स्थान पर तंबुओं में ठहराया गया। थोरट ने उसका नाम हिंदनगर रखा, जो जल्द की विख्यात हो गया। कैदियों को घेरों के अंदर रखा गया था, प्रत्येक घेरे में तकरीबन 500 कैदी थी। इनमें रहने, रसोई, भोजनालय और शौचालयों के लिए अलग-अलग टेंट थे। उनके चारों तरफ दोहरे तार की बाड़ थी और दो बाड़ों के बीच में गश्त देने की जगह छोड़ी गई थी। कुछ घेरों को मिलाकर एक बड़ा घेराव बनाया गया था, उसके चारों तरफ भी दोहरे तार की बाड़ लगाई गई थी। शुरुआत में, दोनों पक्षों के कैदी उनकी सुरक्षा में तैनात भारतीय सैनिकों के साथ काफी मित्रवत थे। लेकिन यह स्थिति तब बदल गई जब कुछ कैदी प्रत्यर्पण की मांग करने लगे। उनमें से कुछ इसका विरोध करते थे और आत्मसमर्पण करने की इच्छा प्रकट करने वाले कैदियों को पीटते थे, कभी-कभी हत्या भी कर देते थे। भारतीय जवान ऐसी घटनाओं को रोकने का प्रयास करते थे, और इस कारण उनका उन कैदियों के साथ विवाद हो जाता था, जो प्रत्यर्पण के विरोध में थे।

पच्चीस सितंबर 1953 को एक शिविर में भारत-विरोधी प्रदर्शन किया गया। थोरट कुछ अधिकारियों के साथ शिविर में आए और कैदियों के साथ बातचीत करने के बाद वहां से जाने लगे। जब वे वहां से जा रहे थे, तब कैदियों ने उनके दुभाषिए मेजर एच.एस. ग्रेवाल को पकड़ लिया और उनको हाथों में उठाकर वापस घेरे में ले आए। थोरट मुड़कर वापस आए और तेजी से वहां पहुंचे उनके पीछे-पीछे दर्जनभर भारतीय जवान भी थे। कैदियों ने दरवाजे बंद कर दिये और अंदर बंधक बनाए गए भारतीयों पर लक्कड़ों और पत्थरों से हमला कर दिया, जिससे कई भारतीयों को चोटें आईं। कैदियों की भारी संख्या को देखते हुए थोरट ने अपने जवानों को सख्त आदेश दिये की जवाबी कार्रवाई न करें। उन्होंने बाहर उपस्थित ब्रिगेड कमांडर को भी फायर न करने के आदेश दिये, क्योंकि इससे बड़ा जनसंहार हो जाता और भारत के लिए अपना बचाव करना मुश्किल हो जाता।

थोरट को वहां एक युद्ध बंदी मिला जो अंग्रेजी जानता था, थोरट ने उसके माध्यम से कैदियों के साथ बात करनी शुरू की। थोरट ने उनसे मेजर ग्रेवाल को छोड़ने के लिए कहा, लेकिन वे नहीं माने। थोरट ने फिर अपना सिगरेट केस निकाला, लेकिन वह खाली था। उन्होंने कहाः 'आप लोग किस तरह के चीनी हो? मैं और मेरे जवान पिछले एक घंटे से तुम्हारे मेहमान हैं, लेकिन आप लोगों ने एक कप चाय के लिए भी नहीं पूछा, यहां तक कि एक सिगरेट के लिए भी नहीं। क्या यही आप लोगों की परंपरागत मेहमान नवाज़ी और

संस्कार हैं, जिसके लिए आपकी कौम जानी जाती है?' यह टिप्पणी सुनकर कैदी उलझन में पड़ गए, लेकिन फिर उन्होंने चिल्लाकर कुछ आदेश दिये। जल्द ही वहां चाय के मग और सिगरेट के पैकेट पहुंच गए।

स्थिति ऐसी बदली मानो कोई जादू हो गया हो। चीनियों ने क्षमा मांगी और ग्रेवाल को वापस लाकर थोरट को सौंप दिया। थोरट ने उनका विरोध पत्र स्वीकार कर लिया और उसे तटस्थ राष्ट्र प्रत्यावर्तन समिति को भेजने का वादा किया। उन्होंने गार्ड ऑफ ऑनर की मुद्रा में खड़े होकर जाते हुए थोरट व उनके जवानों की जयजयकार की। इस घटना को विश्वभर की मीडिया में व्यापक प्रचार मिला। वापस भारत लौटने के बाद थोरट को उनके साहस, धैर्य और उनके सोचने में तत्परता के लिए अशोक चक्र श्रेणी द्वितीय (अब कीर्ति चक्र) और पद्मश्री प्रदान किया गया। थोरट ने एक ऐसी खतरनाक स्थिति से बचाया था, जिसमें कई जानें जा सकती थीं।

पंद्रह अक्टूबर 1953 को एक्सप्लेनेशंस (व्याख्या) प्रारंभ हुए। यूएन कमांड द्वारा पकड़े गए उत्तर कोरियाई और चीनी कैदियों में से बड़ी संख्या ने स्वदेश लौटने से इंकार कर दिया। केपीवीए-सीपीवी कमांड ने दावा किया कि यह स्थिति इसलिए थी क्योंकि कैदियों के मन में उनके देश की परिस्थितियों के बारे में भ्रामक जानकारी भर दी गई थी। उन्होंने तर्क दिया कि अगर उनको चीजों को समझाने का मौका दिया जाए तो कैदी अपना मन बदल सकते थे। यह कार्य मूल देशों के दल द्वारा किया जाना था, जिनको एक बंद कमरे में प्रत्येक कैदी के साथ बात करने की अनुमति दी जाती। प्रत्येक कैदी को 'व्याख्या' की प्रक्रिया से गुजरना था, लेकिन स्वदेश वापस लौटने का निर्णय लेने के लिए हर कैदी स्वतंत्र था।

जब व्याख्या शुरू हुई तो कैदियों ने अपने घेरों से बाहर आने से इंकार कर दिया। थोरट और उनके जवानों को उन्हें उनकी टीम से मिलने के लिए तैयार करने में काफी कठिनाई का सामना करना पड़ा। कभी-कभी कैदियों को व्याख्या तंबू तक ले जाने के लिए उनको बल प्रयोग भी करना पड़ा। कैदी अक्सर व्याख्या टीम के सदस्यों पर थूक देते थे या फिर उनको पीटने लगते थे। कभी-कभी वे अपने गार्डों पर भी हमला कर देते थे। अगर जवान बल प्रयोग करते तो एनएनआरसी में स्विस और स्वीडन के सदस्यों द्वारा निंदा की जाती, जिनके लिए ये मानवाधिकार का उल्लंघन होता। अगर वे बल प्रयोग नहीं करते तो चेक और पोलिश सदस्य उन पर आरोप लगाते कि वे व्याख्या टीम को पर्याप्त सुरक्षा नहीं प्रदान कर रहे। आखिरकार, चेक और पोलिश सदस्यों की ज़िद पर, जिन्होंने बल प्रयोग न करने की स्थिति में छोड़ने की धमकी दे दी, यह मामला भारत सरकार को भेजा गया। यह निर्णय लिया गया कि कोई बल प्रयोग नहीं किया जाना चाहिए, और यह भी कि कैदियों के अनुरोध करने पर ही व्याख्या दी जाए। 90 दिन की व्याख्या अवधि समाप्त हो जाने के बाद सीएफआई ने कैदियों को उस पक्ष को दे दिया जिसने उनको बंधक बनाया था। यूएन कमांड ने जनवरी 1954 में अपने कैदियों को छोड़ दिया। केपीवीए-सीपीवी कमांड ने शुरुआत में कैदियों को

लेने से इंकार कर दिया, लेकिन बाद में मान गये। बाद में कैदियों के साथ क्या हुआ, यह कभी पता नहीं चल सका।

वर्ष 1954 की शुरुआत में सीएफआई वापस भारत लौट आई। जनरल मैक्सवेल द्वारा उनको विदाई दी गई और 8वीं यूएस सेना द्वारा गार्ड ऑफ ऑनर प्रदान किया गया। मद्रास पहुंचने पर उनका उत्साहपूर्ण स्वागत किया गया। जब थोरट और उनके जवानों का जहाज तट पर पहुंचा तो मुख्यमंत्री सी. राजगोपालाचारी और उनका पूरा मंत्रीमंडल उनकी अगवानी करने के लिए वहां मौजूद था। एक विशेष रेलगाड़ी से वे सभी दिल्ली के लिए रवाना हुए और रास्ते में जितने भी स्टेशन पड़े सभी जगह उनका स्वागत फूलों और मिठाइयों से किया गया। नागपुर में राज्य के मुख्यमंत्री अपने मंत्रियों के साथ उपस्थित थे। जब उनकी रेलगाड़ी ने दिल्ली में पहुंची तो रेलवे स्टेशन पर भारी भीड़ ने उनका अभिवादन किया, जिसमें प्रधानमंत्री नेहरू भी शामिल थे।

मई 1954 में भारत की कस्टोडियन फोर्स को भंग कर दिया गया और थोरट को झांसी में 5 इंफैन्ट्री डिविजन की कमांड सौंप दी गई। 1955 में डिविजन को फिरोज़पुर जाने के आदेश प्राप्त हुए। डिविजन रोहतक तक पैदल ही गई और थोरट ने भी उसके साथ मार्च किया। रोहतक से डिविजन रेलगाड़ी में सवार होकर फिरोज़पुर के लिए रवाना हुई, जहां उसे हाल ही में स्थापित 11 कोर से जुड़ना था। इसके बाद जल्द ही थोरट को लेफ्टिनेंट जनरल की रैंक पर पदोन्नत कर 11 कोर की कमांड सौंप दी गई, जिसका मुख्यालय जालंधर में था। उस समय भारतीय सेना में 11 कोर एक मात्र प्रहार सैन्य दल (स्ट्राइक फोर्स) था और थोरट के अधीन दो इंफैन्ट्री डिविजन, एक आर्मर्ड ब्रिगेड और एक स्वतंत्र इंफैन्ट्री ब्रिगेड थी।

जालंधर में अपने कार्यकाल के दौरान थोरट का सामना दो दुर्घटनाओं से भी हुआ। जनरल मैक्सवेल टेलर दिल्ली के दौरे पर थे और थोरट से मिलना चाहते थे। थोरट अपनी स्टाफ कार से दिल्ली के लिए रवाना हुए। दोपहर के भोजन के बाद उनको हल्की झपकी आ गई थी जब कार दुर्घटनाग्रस्त हो गई। थोड़े समय के लिए उनकी याद्दाशत चली गई और बाद में पता चला उनकी रीढ़ की हड्डी में भी चोट थी। एक महीने तक उनको अस्पताल में रहना पड़ा और उससे भी लंबे समय तक प्लास्टर चढ़ाया गया। उनके भाग्य ने उनको बचा लिया—कार का एकतरफ का हिस्सा पूरी तरह तहस-नहस हो चुका था। दूसरी दुर्घटना उस वक्त हुई जब एक अभ्यास के दौरान थोरट मेजर जनरल बहादुर सिंह, जीओसी 4 इंफैन्ट्री डिविजन और वरिष्ठ स्टाफ अफसर ब्रिगेडियर एम.एस. पठानिया के साथ एक असाल्ट बोट में बैठकर यमुना नदी पार कर रहे थे। तीनों के पास मछली पकड़ने का साजो-सामान था और वे मछली पकड़ने का प्रयास कर रहे थे। तभी उनकी नाव नदी के ऊपर बांधी गई रस्सी से टकरा कर पलट गई। बहादुर सिंह और पठानिया ने अपनी-अपनी मछली पकड़ने की रॉड को छोड़ दिया और किनारों की तरफ तैरने लगे। लेकिन थोरट ने एक हाथ से अपनी मछली

पकड़ने की रॉड को थामे रखा और दूसरे हाथ से तैरने लगे। जब वे अपनी कीमती प्रिय रॉड छड़ी को पकड़े किनारे पर पहुंचे तो सभी को सुखद आश्चर्य हुआ।

एक ईमानदार और अति सावधान सैनिक के तौर पर थोरट अपने वरिष्ठों और अधीनस्थों के साथ व्यवहार में हमेशा सही रहते थे। अपने वरिष्ठ अधिकारियों से वे बहुत कम उलझते थे। लेकिन एक बार 1956 में जब वे 11 कोर की कमांड संभाल रहे थे, तब उनसे आर्मी कमांडर नाराज हो गये। मूसलाधार बारिश के कारण जालंधर और अमृतसर जिलों में बाढ़ आ गई थी। ग्रांड ट्रंक रोड के ऊपर 5 फीट पानी था। एक नहर टूट जाने के कारण फिरोज़पुर के नज़दीक कासु बेगू स्थित तोपखाना यूनिट को भी खतरा था। थोरट ने दिल्ली स्थित वायुसेना मुख्यालय फोन किया और एक हवाई टोह लेने का निवेदन किया ताकि यह सुनिश्चित किया जा सके कि कहीं और तो नहर नहीं टूटी थी। इस पर आर्मी कमांडर लेफ्टिनेंट जनरल कलवंत सिंह बहुत नाराज हो गए और उपयुक्त प्रक्रिया का पालन न करने के लिए थोरट के विरुद्ध अनुशासनात्मक कार्रवाई करने की धमकी दी। लेकिन थोरट अडिग रहे और जब उनसे स्पष्टीकरण मांगा गया तो उन्होंने जवाब दिया कि उनके जवानों और प्रतिष्ठानों की सुरक्षा खतरे में थी और वे शिमला स्थित कमांड मुख्यालय से संपर्क नहीं कर पा रहे थे, इसलिए उनके पास वायुसेना मुख्यालय से संपर्क करने के अलावा और कोई विकल्प नहीं था। उन्होंने आर्मी कमांडर को यह भी बताया कि अगर वे कार्रवाई करने का निर्णय लेते हैं, तो थोरट से ज्यादा उनको दिक्कतें आ सकती थीं। आखिरकार मामले को छोड़ दिया गया।

जब जनरल एस.एम. श्रीनागेश मई 1957 में सेवानिवृत्त हुए, तब चीफ ऑफ आर्मी स्टाफ पद के लिए थिमैय्या को नामित किया गया। पूर्वी सेना की कमांड संभाल रहे लेफ्टिनेंट जनरल संत सिंह और पश्चिमी कमांड में लेफ्टिनेंट जनरल कलवंत सिंह की वरिष्ठता को नजरंदाज कर दिया गया। कलवंत ने सेवा में बने रहने का निर्णय लिया, लेकिन संत सिंह ने सेवानिवृत्ति लेना उचित समझा। थोरट को पूर्वी कमांड का जीओसी-इन-सी नियुक्त किया गया, जिसका मुख्यालय उन दिनों लखनऊ में स्थित था और वर्तमान का मध्य और पूर्वी कमांड का क्षेत्र उसके अधीन था। थोरट को जल्द ही नवाबों के शहर लखनऊ से प्यार हो गया और वहां के लोगों से भी, जो अब भी अपने पूर्वजों की तरह शुद्ध उर्दू में बात करते थे। लखनऊ अपनी तहज़ीब, मेहमान नवाज़ी और इत्मीनान की ज़िंदगी के लिए प्रसिद्ध था। वह शास्त्रीय नृत्य और संगीत का भी केंद्र था और थोरट जल्द ही ठुमरी, दादरा और कथक के कद्रदान बन गए।*

लेकिन थोरट को लखनऊ का लुत्फ उठाने का ज्यादा समय नहीं मिला, क्योंकि उनको ऑपरेशनल और प्रशासनिक मामलों में काफी व्यस्त रहना पड़ता था। पूर्वी कमांड बहुत बड़ी थी—इसके अधीन पूरा पूर्वी और मध्य भारत आता था। नागा जनजातियां विद्रोह

*ठुमरी तथा दादरा गायन के प्रकार हैं और कथक शास्त्रीय नृत्य की एक शैली है।

कर रही थीं और पूर्वोत्तर में चीन के साथ सीमा विवाद शुरू होने लगा था। थिमैय्या और थोरट उत्तर पूर्व सीमांत एजेंसी (नेफा) में सुरक्षा की स्थिति को लेकर चिंतित थे और उनको सुधारने का भरसक प्रयास कर रहे थे। हालांकि यह होना नहीं था। जब थिमैय्या ने चीफ ऑफ आर्मी स्टाफ का दायित्व संभाला था, तभी वी.के. कृष्णा मेनन रक्षा मंत्री बने थे। जल्द ही मेनन और थिमैय्या के बीच मतभेद उत्पन्न हो गए, जिसके कारण थिमैय्या ने त्यागपत्र दे दिया, जिसे बाद में वापस ले लिया गया। थोड़े समय बाद ही भारत-चीन सीमा की सुरक्षा के नियोजन के प्रश्न पर थोरट का भी मेनन के साथ मतभेद हो गया। उस समय नेफा की रक्षा की जिम्मेदारी केंद्र सरकार के अधीन कार्यरत अर्धसैनिक बल असम राइफल्स पर थी। तकनीकी दृष्टि से इस मामले में सेना की कोई जिम्मेदारी और अधिकार नहीं था। लेकिन थोरट को यह एहसास हुआ कि यदि कोई दिक्कत हुई तो सेना को बीच में आना पड़ेगा क्योंकि उसके कंधों पर पूरे देश की रक्षा का भार था। इसलिए उन्होंने अनुरोध किया कि नेफा की सुरक्षा को पूर्वी कमांड के ऑपरेशनल कार्यों में शामिल किया जाए।

जब थोरट ने देखा कि नेहरू और मेनन समस्या को गंभीरता से नहीं ले रहे, तो उन्होंने लिखित में निवेदन सौंपने का निर्णय लिया। 8 अक्टूबर 1959 को थोरट ने नेफा की सुरक्षा पर एक पेपर प्रस्तुत किया और उसे चीफ ऑफ आर्मी स्टाफ को भेज दिया। उसे आगे रक्षा मंत्रालय को भेज दिया गया, लेकिन कृष्णा मेनन ने वह पेपर नेहरू को नहीं दिखाया और थोरट पर भय फैलाने और युद्धोन्मादी होने का आरोप लगाया। इसके बाद मार्च 1960 में 'लाल किला' कोड नाम से एक अभ्यास रखा गया, जिसमें सेना प्रमुख समेत सैन्य मुख्यालय के सभी प्रिंसिपल स्टाफ अफसर शामिल हुए। इस कवायद अभ्यास में स्पष्ट रूप से बताया गया कि उस समय उपलब्ध जवानों, हथियारों और उपकरणों के दम पर चीनी हमले का सामना नहीं किया जा सकता और यह भी दर्शाया गया कि जिस 'फॉर्वर्ड पॉलिसी' की वकालत मेनन और कौल द्वारा की जा रही थी, वह व्यवहारिक नहीं थी। थोरट ने यह दिखाने के लिए टाइमटेबल भी दिया कि यदि चीन हमला करता है तो रक्षा व्यवस्था किस प्रकार दिन-ब-दिन गिरती जाएगी। क्यूएमजी के तौर पर अभ्यास में शामिल हुए कौल के विचार भिन्न थे। इस समय तक, थिमैय्या की स्थिति कमजोर पड़ चुकी थी और वे अपना पूरा प्रभाव खो चुके थे। मई 1961 में थिमैय्या व थोरट दोनों सेवानिवृत्त हो गये और कौल को चीफ ऑफ जनरल स्टाफ नियुक्त किया गया। थापर के सैन्य प्रमुख होने के चलते कौल को अपने विचार लागू करने की खुली छूट थी।

जब थिमैय्या मई 1961 में सेवानिवृत्त हुए, तो थोरट को सैन्य प्रमुख बनाया जाना चाहिए था। वे अत्यंत अलंकृत अधिकारी थे, युद्ध का अनुभव था, और सेना में उनका उच्च सम्मान था। सबसे बड़ी बात, वे पूर्वी कमांड के जीओसी-इन-सी थे और चीन के साथ लगने वाली सीमा के साथ भलीभांति परिचित थे। लेकिन सरकार ने थापर को नामित किया, जो उनसे वरिष्ठ जरूर थे, लेकिन इससे अधिक कोई सराहनीय पक्ष नहीं था। थोरट

को दरकिनार करने के पीछे कई कारणों का उल्लेख किया गया। एक कारण था कुमाऊं रेजिमेंट सेंटर द्वारा जनरल थिमैय्या के लिए आयोजित विदाई भोज में थोरट द्वारा दिया गया प्रशंसात्मक भाषण। एक अन्य कारण था कि इंटेलिजेंस ब्यूरो के सर्वशक्तिमान निदेशक बी. एन. मलिक ने उनके नाम की सिफारिश नहीं की थी। हकीकत में तो मलिक ने ही सरकार को सुझाया था कि थिमैय्या तख्तापलट की योजना बना रहे थे और थोरट उस साजिश के सक्रिय भागीदार थे। कारण जो भी हो, लेकिन थिमैय्या और थोरट दोनों की ही कृष्णा मेनन के साथ नहीं बनती थी। स्वाभाविक तौर पर कृष्णा मेनन ने थोड़े लचीले थापर को अध्यक्ष के लिए प्राथमिकता दी।

जब मई 1961 में थोरट सेवानिवृत्त हुए तब उनकी आयु 55 वर्ष होने में तीन माह बाकी थे। इसी प्रकार करियप्पा 53 वर्ष की आयु में सेवानिवृत्त हुए, नथू सिंह 51 वर्ष और थिमैय्या 55 वर्ष में सेवानिवृत्त हो गये। यह इसलिए हुआ क्योंकि स्वतंत्रता प्राप्ति के उपरांत एक नियम बनाया गया, जिसमें अध्यक्ष और आर्मी कमांडर का कार्यकाल चार वर्ष तक सीमित कर दिया गया। यह निर्णय दुर्भाग्यपूर्ण था, क्योंकि इसके कारण भारतीय सेना के शीर्ष नेतृत्व को एक ऐसी आयु में हटा दिया गया जब उनके जीवन के तमाम उपयोगी वर्ष बचे हुए थे और देश को उनके अनुभवों का लाभ मिल सकता था। यह नियम सिविल नौकरशाही या फिर नौसेना या वायु सेना पर लागू नहीं होता था। थल सेना में भी यह केवल सेनाध्यक्ष और आर्मी कमांडरों पर लागू था, तकनीकी शाखा और सेवाओं के प्रमुखों पर यह लागू नहीं था। यदि थिमैय्या और थोरट मई 1961 में सेवा निवृत्त नहीं होते तो उनकी सेवानिवृत्ति के एक वर्ष बाद हुए घटनाक्रम ने शायद अलग मोड़ लिया होता।

आठ मई 1961 को लखनऊ में थोरट को औपचारिक विदाई दी गई। अंतिम बार अपनी वर्दी पहनकर उन्होंने गार्ड ऑफ ऑनर का निरीक्षण किया और फिर एक खुली जीप पर सवार हो गए, जिसे 'Auld Lang Syne' की धुन पर पूर्वी कमांड के अफसर अपने हाथों से खींच रहे थे। बड़ी संख्या में सैन्य और सिविल अधिकारी उनको स्टेशन पर विदा करने आए और जब वे अपने रेलवे सैलून में प्रवेश कर रहे थे, उनकी आंखें भर आई थीं। जब उन्होंने पूर्वी कमांड के ध्वज को झुकते हुए और बिगुल से 'रिट्रीट' की आवाज सुनी तो वे सावधान खड़े हो गए और ध्वज को सलामी दी। फिर उन्होंने अपनी सैम ब्राउन बेल्ट से तलवार को खोला और उसे अपने बेटे यशवंत को सौंप दिया।

सैलून के अंदर सोफे पर बैठी लीला ने थोरट को तिरछी निगाहों से देखा और पूछा कि उन्होंने तलवार भैया को क्यों दे दी। 'मुझे लगता था कि सैनिक कभी सेवानिवृत्त नहीं होता। आप तो हमेशा यही कहते थे?' लीला ने पूछा। थोरट हंसे और कहा: 'चिंता मत करो। अगर मुझे सेवा के लिए फिर से बुलाया गया, तो मैं फिर से तलवार धारण कर लूंगा।'

सेवा निवृत्ति के उपरांत, थोरट कोल्हापुर में रहने लगे। सेवा निवृत्ति से पहले थोरट को लखनऊ विश्वविद्यालय का कुलपति बनने का प्रस्ताव दिया गया था, जिसको उन्होंने ठुकरा

दिया। क्योंकि उनको लगता था कि उनके पास एक ऐसे पद की योग्यता नहीं थी, जिस पर एक उत्कृष्ट विद्या विषयक व्यक्ति को होना चाहिए। इसके थोड़े समय बाद हिंदुस्तान स्टील के अध्यक्ष ने उनसे निदेशक के तौर पर कंपनी के साथ जुड़ने का निवेदन किया। थोरट मान गए, और इस प्रस्ताव को इस्पात मंत्री सरदार स्वर्ण सिंह ने मंजूरी प्रदान कर दी। हालांकि बाद में, जैसा कि थोरट को पता चला, कृष्णा मेनन की सलाह पर नेहरू ने इसके लिए इंकार कर दिया था।

कोल्हापुर में आगमन के थोड़े दिन बाद ही थोरट को बताया गया कि महाराष्ट्र के मुख्यमंत्री यशवंत राव चव्हाण उनसे मिलना चाहते थे। थोरट सर्किट हाउस पहुंचे, जहां चव्हाण ठहरे थे और अभिवादन करने के बाद उनसे बुलाने का कारण पूछा। चव्हाण ने थोरट को एक सीलबंद लिफाफा सौंपते हुए कहाः 'जनरल साहब, इस लिफाफे के अंदर एक औपचारिक पत्र है, जिसमें आपसे पांच वर्ष के लिए महाराष्ट्र राज्य लोक सेवा आयोग के अध्यक्ष का पद स्वीकार करने का निवेदन किया गया है। अगर प्रस्ताव आपको पसंद हो तो लिफाफे को खोलिए, वरना फाड़ दीजिए।'

थोरट ने जवाब दियाः 'चव्हाण जी आप जानते हैं कि मैं पंडित जी की अच्छी गिनती में नहीं आता हूं'। चव्हाण ने कहा, 'जनरल साहब, उसकी चिंता मत कीजिए। महाराष्ट्र दिल्ली से बहुत दूर है।' थोरट ने फिर कहा कि उन्हें और उनकी पत्नी को बंगले में रहने की आदत थी और बंबई के अंदर फ्लैट में रहना उनको पिंजरे जैसा लगेगा। चव्हाण ने उनसे कहा कि उनको फ्लैट में नहीं रहना पड़ेगा, बल्कि उनको एक बड़ा बंगला दिया जाएगा। फिर थोरट अपनी सबसे महत्वपूर्ण शर्त पर आएः वे यह पद तभी स्वीकार करेंगे जब उनको काम करने की स्वतंत्रता दी जाएगी। जिस दिन भी उनको लगेगा कि उन पर किसी मंत्री या राजनीतिज्ञ का दबाव है, तो वे इस्तीफा दे देंगे। चव्हाण ने उनकी यह शर्त भी आसानी से मान ली।

तब थोरट ने फिर कहा कि वे हाल ही में लखनऊ से आए हैं और उनकी पत्नी अभी सामान खोलकर घर को सजा ही रही हैं। इसलिए वे अपनी पत्नी के साथ चर्चा करके अंतिम जवाब देंगे। चव्हाण ने यह भी स्वीकार कर लिया और थोरट बिना खुला लिफाफा लेकर वहां से चले गए। लीला के साथ चर्चा करने के बाद उन्होंने प्रस्ताव स्वीकार करने का निर्णय लिया और चव्हाण को अपनी पुष्टि भेज दी। उनके नियुक्ति पत्र के साथ चव्हाण ने यह निर्देश भी जारी किये कि कोई भी मंत्री, सचिव या पार्टी कार्यकर्ता आयोग के क्रियाकलापों में न तो कभी भी किसी भी प्रकार का कोई दबाव बनाएगा और न ही हस्तक्षेप करेगा। यह आदेश तब भी लागू रहे जब चव्हाण को कृष्णा मेनन की जगह रक्षा मंत्री के तौर पर दिल्ली बुला लिया गया और वसंतराव नाइक महाराष्ट्र के मुख्यमंत्री बने।

थोरट की महाराष्ट्र राज्य लोक सेवा आयोग में नियुक्ति के थोड़े दिन बाद ही त्रिवेंद्रम में कांग्रेस पार्टी के वार्षिक सत्र के दौरान चव्हाण की मुलाकात कृष्णा मेनन से हुई। मेनन ने यूं ही टिप्पणी करते हुए कहा कि चव्हाण ने इतना महत्वपूर्ण पद थोरट को देकर गलती

की थी और उनको इस पर पुनर्विचार करने की सलाह दी। चव्हाण मुस्कुराए और कहाः 'मेनन जी, मैंने आपके रक्षा मामलों को संभालने को लेकर कभी कोई हस्तक्षेप या राय नहीं दी। जहां तक मेरे राज्य के मामलों का प्रश्न है, मैं भी आपसे उसी सम्मान की अपेक्षा करता हूं।'

वर्ष 1962 में जब चीनी सेना ने नेफा में रक्षा तंत्र को रौंद डाला, तब युद्ध में एक ठहराव सा था, जो बिल्कुल उसी तरह हुआ जैसा कि थोरट ने पूर्वानुमान लगाया था। नेहरू ने उनको बुलाया और पूछाः 'थोरट, ऐसा कैसे हो सकता था? आप तो पूर्वी कमांड में थे। क्या आपको इस विनाश का कोई अंदाजा था?' थोरट ने जवाब दियाः 'जी हां। इसकी संभाव्यता हमें हो चुकी थी और हमने मंत्रालय को चेताया भी था।' जब नहेरू ने वह पत्र देखा जो थोरट ने उन्हें अक्टूबर 1959 में भेजा, तो वे हैरान रह गए। 'यह पत्र मुझे क्यों नहीं दिखाया गया?' नेहरू ने पूछा। थोरट ने सुझाया, शायद इस प्रश्न का उत्तर रक्षा मंत्री दे सकते थे। इस पर नेहरू भड़क गएः 'मेनन, मेनन! आपका निशाना उनकी तरफ ही क्यों रहता है? आप लोगों को अंदाजा भी है कि मेनन कितने बड़े बुद्धिजीवी हैं।'

थोरट ने कहाः 'अगर वे बुद्धिजीवी हैं, तो मुझे इस मामले में उनके बुद्धिजीवी होने का कोई प्रमाण नहीं मिलता।' नेहरू कुछ पलों के लिए उनकी तरफ गुस्से से देखते रहे। फिर मुस्कुराए और बोलेः 'तुमको पता है थोरट, तुम मराठी लोग बिल्कुल खच्चर की तरह होते हो। आमतौर पर तुम अच्छे और विनम्र होते हो, लेकिन अपनी बात पर अड़ जाओ तो डिगा पाना मुश्किल होता है।' तनाव खत्म हो गया और नेहरू ने चाय लाने का आदेश दिया। वे फिर से वही मृदुभाषी नेहरू बन गये, जिनको थोरट ने विभाजन के दंगों और कोरिया से वापसी के दिनों में देखा था।

फिर नेहरू ने थोरट के साथ एकतरफा युद्धविराम करने वाले चीन द्वारा ब्रह्मपुत्र घाटी में घुसने की आशंकाओं जैसे विभिन्न मुद्दों पर चर्चा की। थोरट ने उनको बताया कि चीन द्वारा ऐसा करने की संभावना कम थी नहीं, क्योंकि उसकी संचार रेखाएं पहले से ही बहुत ज्यादा तनाव में थीं, और उनके अपने तोपखाने व टैंक हिमालय को पार नहीं कर सकते थे। इस पर नेहरू खड़े हो गए और थोरट को राष्ट्रीय रक्षा परिषद का सदस्य बनने का निमंत्रण दिया। नेहरू इस प्रकार की परिषद का गठन करने पर विचार कर रहे थे।

थोरट को परिषद का सदस्य नियुक्त किया गया, जिसकी अध्यक्षता स्वयं प्रधानमंत्री करते थे। उसमें कुछ वरिष्ठ कैबिनेट सदस्य और विभिन्न राज्यों के मुख्यमंत्री शामिल थे। हैरानी की बात यह थी कि नेहरू ने अपने दो विश्वस्त रक्षा विशेषज्ञों कृष्णा मेनन और कौल को परिषद का सदस्य नहीं बनाया। घटनाक्रम में परिषद ने बहुत कुछ हासिल नहीं किया, लेकिन थोरट को लगा कि उनका सम्मान उन्हें पुनः वापस मिल गया। कृष्णा मेनन और कौल का उन पर आरोप था कि थोरट ने उनकी फॉर्वर्ड पॉलिसी को लागू नहीं किया। वे दोनों इस पॉलिसी की बहुत वकालत करते थे और वह बुरी तरफ विफल रही।

वर्ष 1967 में चव्हाण ने थोरट को संसदीय चुनाव में कांग्रेस पार्टी के उम्मीदवार के तौर पर खड़े होने के लिए मना लिया। उनके नामांकन भरने के कुछ दिन बाद ही कोल्हापुर की महारानी ने घोषणा कर दी कि वे भी उसी निर्वाचन क्षेत्र से चुनाव लड़ेंगी। चव्हाण ने थोरट से अपना चुनावी क्षेत्र बदलने की सलाह दी और उनको सतारा सीट से टिकट की पेशकश की, लेकिन थोरट ने इंकार कर दिया। क्योंकि उन्होंने पहले पर्चा भर दिया था, इसलिए उनको लगता था कि महारानी को अपनी सीट बदलनी चाहिए थी। वे चुनाव हार गये और उन्होंने फिर दोबारा कभी चुनाव न लड़ने का निर्णय लिया।

थोरट अपने विचारों में उदार और सार्वत्रिक थे, यह उनके पारिवारिक जीवन में भी झलकता था। वे मराठी थे, जबकि उनकी पत्नी पंजाबी। उनके बेटे यशवंत ने दक्षिण भारतीय अय्यर लड़की से विवाह किया। उनकी दो बेटियों कुसुम और कुमुद ने भी अपने राज्य से बाहर विवाह किया: एक ने अपना जीवनसाथी पंजाब से चुना और दूसरी ने बंगाल से। कोल्हापुर में थोरट परिवार का घर जिसका नाम 'इंदु निकेतन' था जल्द ही अनुग्रहशील जीवन का प्रतीक बन गया, जिसमें भारत के हर हिस्से की जुबान सुनाई देती थी। हालांकि थोरट हमेशा से एक अच्छे खिलाड़ी रहे, लेकिन उन्होंने कभी गोल्फ नहीं खेला था। इसकी शुरुआत उन्होंने 73 वर्ष की आयु में की। अगले 12 सालों तक वे नियमित रूप से गोल्फ कोर्स जाते थे। जब तक वे अपने नाइन होल्स का दौरा करते, लीला क्लब-हाउस में बैठकर किताब पढ़तीं या बुनाई करतीं या कभी-कभी लॉन में टहलने लगतीं।

थोरट का मजबूत चरित्र और उनके उत्कृष्ट गुण पूरे परिवार को विरासत में मिले थे। 1986 में उनकी पोती कंचन का विवाह हुआ। कोल्हापुर के इंदु निकेतन में आयोजित समारोह में तकरीबन 300 अतिथि पहुंचे थे। लीला को तेज बुखार चढ़ा था और ताप 105 डिग्री तक पहुंच रहा था। लेकिन उन्होंने घर के पोर्च में घुसते हुए अतिथियों का स्वागत करने की जिद की। फिर उनकी बेटियां उन्हें अंदर ले गईं और उन्हें बिस्तर पर लेटा दिया। इसके तुरंत बाद वे कोमा में चली गईं। परिवार इस खुशी के अवसर को खराब नहीं करना चाहता था, इसलिए जब तक अंतिम अतिथि ने विदा नहीं ले ली, परिवार के सब सदस्य पूरी शाम मुस्कुराते रहे। मध्य रात्रि के वक्त थोरट अपनी पत्नी को मिराज में एक अस्पताल लेकर पहुंचे। उनको दिमागी बुखार था और उन्हें खतरे से बाहर आने में दो सप्ताह लग गए। विवाह में आए किसी भी अतिथि को इस बात का अंदाजा नहीं लगा कि पार्टी के दौरान परिस्थिति कितनी गंभीर थी।

ऐसी ही घटना उस समय घटी जब थोरट की बेटी कुमुद का दुःखद निधन हुआ। जब कुमुद बीमार पड़ीं और उन्हें हिंदुजा अस्पताल ले जाया गया, तब थोरट बम्बई में थे। दो दिन संघर्ष करने के बाद उनका निधन हो गया। उस समय कोल्हापुर में लीला अकेली थी और हाल ही में उनकी बीमारी ने उन्हें शारीरिक और मानसिक तौर पर शक्तिहीन कर दिया था। यह सोचकर कि वे अकेले इस सदमे को नहीं झेल पाएंगी, थोरट ने उन्हें टेलीफोन पर

यह दुःखद समाचार नहीं दिया। अपनी बेटी के क्रियाकर्म के तुरंत बाद वे अपने बेटे के साथ कोल्हापुर गये। जब उनकी कार पोर्च में पहुंची तो उनके अप्रत्याशित आगमन से हैरान लीला दौड़कर बाहर आईं। उन्होंने अपने पति से पूछा कि वे क्यों वापस आए, क्या कोई समस्या थी। थोरट उन्हें अंदर ले गए और उनको एक कुर्सी पर बिठाकर आराम से बताया कि कुमुद नहीं रही। लीला रोने लगीं; जब वे शांत हो गईं तब उन्होंने कुमुद के अस्पताल में भर्ती होने और निधन की पूरी जानकारी दी।

वर्ष 1987 में यशवंत को बैंक ऑफ इंग्लैंड में नियत अवधि के लिए कार्य करने के लिए जाना था। इंग्लैंड जाने से पहले उन्होंने थोरट से कहा कि वे सैंडहर्स्ट को देखना चाहते हैं, जिसकी यादों में थोरट अक्सर खो जाते थे। थोरट हंसे और बोलेः 'भैया, मैंने 61 वर्ष पहले सैंडहर्स्ट छोड़ दिया था। मुझे नहीं लगता कि उनको मेरे बारे में याद होगा। फिर भी मैं उनको लिखूंगा।' उन्होंने पत्र लिखा और वहां के कमांडेंट से त्वरित जवाब आया कि उनके बेटे को कॉलेज दिखाने में उनको प्रसन्नता होगी। यशवंत उस पत्र के साथ अपने पिता की आत्मकथा 'फ्रॉम रिवेली टू रिट्रीट' की प्रति अपने साथ लेकर इंग्लैंड रवाना हो गये।

लंदन में यशवंत अपने काम में मशगूल हो गये और अपनी यात्रा के अंतिम पड़ाव तक सैंडहर्स्ट को तकरीबन भूल ही गये थे। आखिर में उन्होंने रॉयल मिलेट्री कॉलेज को फोन करके अपने आगमन की सूचना दी। जब वे कैम्बर्ले पहुंचे तो उनकी अगवानी एक ब्रिटिश कर्नल ने की, जो उनको स्टाफ कार तक लेकर गये जिस पर रॉयल मिलेट्री कॉलेज के ध्वज के साथ भारत का ध्वज भी लगा था। एक मोटरसाइकिल एस्कॉर्ट ने उनको पायलट किया। ऐसी अगवानी देखकर यशवंत अभिभूत थे, जिससे यह स्पष्ट झलकता था कि उनके पिता की मूल संस्था में थोरट के प्रति कितने उच्च स्तर का सम्मान था। पूरा कॉलेज दिखाने के बाद यशवंत को भारतीय संग्राहलय ले जाया गया, जहां उन्होंने देखा कि उनके पिता का नाम द्वितीय विश्वयुद्ध के नायकों में लिखा था, उसके साथ उनके द्वारा बर्मा के युद्ध में प्रदर्शित अदम्य साहस का वर्णन था, जिसके लिए उन्हें डीएसओ प्रदान किया गया। बाद में अधिकारियों ने यशवंत के सम्मान में एक दोपहर भोज रखा, जिसमें कमांडेंट ने एक भाषण दिया और थोरट के कॅरियर के विविध आयामों का जिक्र किया। यशवंत को वहां से लौटते वक्त यह आभास हो रहा था कि सैंडहर्स्ट के लोग उनके पिता के बारे में उनसे अधिक जानते थे। यशवंत अपने सैंडहर्स्ट दौरे को अपने जीवन का सबसे यादगार लम्हा मानते हैं।

एक गुण जिसके लिए अधिकारी और जवान दोनों थोरट की प्रशंसा करते थे, वह था उनकी जवानों के कल्याण के प्रति चिंता और उनके प्रति मानवीय व दयालु रवैया। वे अपने अधीनस्थों के साथ हमदर्दी रखते थे और हमेशा उनके साथ गर्मजोशी और आदर के साथ व्यवहार करते थे। उनके एक सहयोगी कैप्टन हर मंदर सिंह, जो बाद में सिविल सेवा में चले गए, याद करते हैं कि किस प्रकार अपनी पहली मुलाकात में ही थोरट ने उनको घर जैसा वातावरण दिया था। केवल सिंह ही नहीं उनका परिवार भी थोरट के घर का हिस्सा बन गया।

नए अधिकारियों के प्रति थोरट का रवैया वैसा ही था जैसा पिता का पुत्र के प्रति और थोरट की बेटियां उनके सहयोगियों के साथ भाइयों जैसा ही व्यवहार करती थीं। जब भी वे अपनी कार से जाते वक्त किसी नए अधिकारी को पैदल जाता देखते तो हमेशा रुक जाते और उससे पूछते कि कहीं उसे लिफ्ट की जरूरत तो नहीं। वे अपने सहयोगियों से कभी छोटे काम नहीं कराते थे, जैसे बैग उठाना, दरवाजा खोलना या ड्रिंक बनाना। रैंक की परवाह किये बगैर वे हर सैनिक के साथ सम्मान का व्यवहार करते और उसे कभी छोटा महसूस नहीं होने देते थे।

थोरट एक अच्छे वक्ता और पढ़ने केअत्यंत शौकीन थे। उनका दार्शनिक जैसा मस्तिष्क था और संस्कृत के अच्छे जानकार थे। हालांकि वे जवानों को हमेशा हिंदुस्तानी में ही संबोधित करते थे, लेकिन अपनी बात को जोरदार ढंग से रखने के लिए अक्सर संस्कृत श्लोकों का भी प्रयोग करते थे। महिलाओं के साथ थोरट का व्यवहार एकदम निष्कलंक था और धूम्रपान को छोड़कर उनमें अन्य कोई अवगुण नहीं था। वे अपनी सिगरेट एक पतले से केस में रखते थे। वे अपनी सिगरेट को होठों के बीच रखकर जलाने से पहले तीन बार ठोकते थे। उनके इस अनोखे अंदाज की अक्सर युवा अधिकारी नकल करते थे, जिनको लगता था कि ऐसा करने से वे ज्यादा शिष्ट और जिंदादिल लगेंगे।

दस अगस्त 1992 को कोल्हापुर में थोरट का निधन हुआ। वे 86 वर्ष के थे। उनके निधन पर न केवल महाराष्ट्र में अपितु पूरे देश में सैनिकों और आम लोगों ने शोक मनाया। कोरिया में अपने कार्यकाल के कारण भारत से बाहर भी उनकी अच्छी पहचान थी, और तकरीबन सभी राष्ट्रीय अखबारों में उनके निधन का समाचार प्रकाशित हुआ। उनके तमाम मित्र और प्रशंसक थे और उनके लंबे और उत्कृष्ट कॅरियर में ऐसा एक भी उदाहरण खोजना कठिन था जब उन्होंने ऐसा व्यवहार किया हो जो एक अधिकारी व जेंटलमेन से अपेक्षित न हो।

यह दुर्भाग्यपूर्ण ही था कि जब चीन ने 1962 में हमला किया तब थिमैय्या और थोरट दोनों ही सेवानिवृत्त हो चुके थे। अगर वे उस वक्त सक्रिय होते तो शायद देश उस अपकीर्ति और अपमान से बच जाता, जो मुख्यतः एक महत्वपूर्ण पड़ाव पर शीर्ष सैन्य नेतृत्व में साहस, अनुभव और निर्णयक्षमता के अभाव का परिणाम था। भले ही थोरट सर्वोच्च रैंक तक नहीं पहुंच पाए, लेकिन भारतीय सैन्य इतिहास में उनका स्थान पक्का है। एक अत्यंत सम्मानित सैनिक, अपनी ईमानदारी और सज्जनता के लिए सुविख्यात, जो सेना में पेशेवर दक्षता के सर्वोच्च मानकों के प्रतीक थे।

5 ब्रिगेडियर मोहम्मद उस्मान, एमवीसी

पराक्रम के प्रतिमान

कहते हैं कि 'जिनसे ईश्वर प्रेम करता है, वे इस दुनिया से जल्दी चले जाते हैं।' बहादुर लोगों की आयु कम होती है और ऐसा ही मोहम्मद उस्मान के मामले हुआ। जब उन्होंने अपनी मातृभूमि के लिए प्राण न्योछावर किये तब वे अपने 36वें जन्मदिन से केवल 12 दिन दूर थे। लेकिन अपनी छोटी सी आयु में उन्होंने उन लोगों से कहीं ज्यादा अर्जित किया, जो उनसे दोगुने या ज्यादा जीते हैं। कृतज्ञ राष्ट्र ने उनको महावीर चक्र (एमवीसी) से अलंकृत किया और राजकीय सम्मान के साथ उनका अंतिम संस्कार किया गया, जो सैन्य अधिकारी के लिए बेहद दुर्लभ होता है। 1948 की भयंकर बाधाओं में जब एक नवजात राष्ट्र युद्ध में अपनी पहली परीक्षा दे रहा था, तब उस्मान की वीरता, साहस और दृढ़ता ने महत्वपूर्ण भूमिका निभाई थी। उनके कारनामे अब नौशेरा और झांगर में किंवदंतियों का हिस्सा बन चुकी हैं। एक सच्चे राष्ट्र भक्त और युद्ध नायक के तौर पर भारतीय सेना के इतिहास में उनका नाम हमेशा प्रतिष्ठापित रहेगा।

उस्मान का जन्म 15 जुलाई 1912 को संयुक्त प्रांत में आजमगढ़ जिले के बीबीपुर गांव में हुआ। उनके पिता काज़ी मोहम्मद फारूख़ एक पुलिस अधिकारी थे, जो बाद में बनारस के कोतवाल बने। उनको ब्रिटिश सरकार द्वारा 'खान बहादुर' की पदवी दी गई थी। हालांकि उस्मान का नाम शेख मोहम्मद उस्मान रखा गया था, लेकिन बाद में 'शेख' उपसर्ग हटा दिया गया। उस्मान की तीन बड़ी बहनें और दो भाई थे। एक भाई गुफ़रान सेना से जुड़े और ब्रिगेडियर की रैंक तक पहुंचे, दूसरे भाई सुभान पत्रकार थे। उस्मान की शिक्षा बनारस के हरीश चंद्र हाई स्कूल से संपन्न हुई। किशोरावस्था में ही उनके अंदर शौर्य के लक्षण नजर आते थे, जिनकी बदौलत बाद में उनको युद्ध नायक की कीर्ति मिली। एक बार 12 साल की उम्र में वे एक गांव से गुजर रहे थे। वहां उन्होंने एक कुएं के पास भीड़ देखी। जब उनको पता चला कि एक बच्चा कुएं में गिरा था, तो उन्होंने बिना झिझके छलांग लगा दी और बच्चे को बचा लिया।

उस्मान को बोलने में थोड़ी बाधा थी, जिसके कारण वे हकलाते थे। उनके पिता को लगा कि इसकी वजह से उन्हें सिविल सेवा में दिक्कत होगी, इसलिए निर्णय लिया कि उस्मान को पुलिस बल में भेजेंगे। वे उस्मान को अपने एक वरिष्ठ अंग्रेज अफसर से मिलवाने ले गए, जो स्वयं भी हकलाते थे। अंग्रेज अफसर ने उस्मान से कुछ प्रश्न पूछे, और जब उन्होंने जवाब

दिये तो अंग्रेज को लगा कि लड़का उनका मज़ाक उड़ा रहा है और इससे वे नाराज़ हो गये। इस कारण पुलिस की नौकरी में जाने की उम्मीद कम हो गई। उनके पिता बहुत निराश हुए, लेकिन उस्मान नहीं। वे हमेशा से भारतीय सेना से जुड़ना चाहते थे, जिसके बारे में उन्होंने स्कूल में अपने दोस्तों से चर्चा की थी।

वर्ष 1920 से सेना में कमीशन प्राप्त अधिकारी के तौर पर भारतीयों की भर्ती शुरू हो चुकी थी, हालांकि प्रतियोगिता बहुत कठिन थी और अभिजात वर्ग या उच्च वर्ग की पृष्ठभूमि के जवानों को प्राथमिकता दी जाती थी। उस्मान ने अपना भाग्य आजमाने का निर्णय लिया और सैंडहर्स्ट के लिए आवेदन कर दिया। उनका चयन हो गया और वे जुलाई 1932 में जलमार्ग से इंग्लैंड के लिए रवाना हुये। वास्तव में भारतीयों के लिए सैंडहर्स्ट में वह अंतिम पाठ्यक्रम था और उसके बाद के सभी बैचों को उसी वर्ष देहरादून में खुली भारतीय सैन्य अकादमी में भर्ती होना था। उस्मान सैंडहर्स्ट से 10 अन्य भारतीयों के साथ 1 फरवरी 1934 को उत्तीर्ण हुए, जिनमें आपजी रणधीर सिंह और आर.एन. नेहरा शामिल थे। संयोगवश उत्तीर्ण होने वाले 45 कैडेट्स में आपजी का नाम मेरिट लिस्ट में प्रथम था, उस्मान का 30वां और नेहरा का 34वां स्थान था। भारतीय सैन्य अकादमी में जाने वाले भारतीय कमीशन प्राप्त अधिकारियों के प्रथम बैच ने लगभग उसी समय वहां प्रवेश किया जब उस्मान का बैच सैंडहर्स्ट गया था, और उस बैच में सैम मानेकशॉ, स्मिथ डन और मोहम्मद मूसा शामिल थे, जो बाद में भारत, बर्मा और पाकिस्तान के सैन्य प्रमुख बने। इस बैच को 1 फरवरी 1935 को कमीशन प्रदान किया गया और रॉयल मिलेट्री कॉलेज और भारतीय सैन्य अकादमी में प्रशिक्षण काल में अंतर के कारण उनकी वरिष्ठता एक वर्ष बढ़ा दी गई थी। तथापि यह सुनिश्चित करने के लिए कि वे किंग्स कमीशन प्राप्त भारतीय अधिकारियों से कनिष्ठ रहें, भारतीय कमीशन प्राप्त अधिकारियों को 4 फरवरी 1934 से वरिष्ठता प्रदान की गई थी। अतः मानेकशॉ का बैच उस्मान के बैच से तीन दिन कनिष्ठ था।

कमीशन प्राप्ति के उपरांत परंपरानुसार उस्मान को एक वर्ष के लिए ब्रिटिश बटालियन से संलग्न किया गया। 19 मार्च 1935 को वे 10वीं बलूच रेजिमेंट की 5वीं बटालियन (King George's Own) से जुड़े, जिसको जैकब्स राइफल्स भी कहा जाता था। रेजिमेंटल सेवाओं की अवधि पूर्ण करने के बाद उन्होंने युद्धकालीन स्टाफ पाठ्यक्रम उत्तीर्ण किया और स्टाफ कार्यकाल किया। जब द्वितीय विश्वयुद्ध समाप्ति की ओर था, तब उनकी तैनाती 16/10 बलूच में सेकंड-इन-कमांड के तौर पर कर दी गई। उस समय बटालियन बर्मा के अराकन में थी और 25इंडियन डिविजन के अधीन 51 इंफैन्ट्री ब्रिगेड का हिस्सा थी। कमांडिंग अफसर लेफ्टिनेंट कर्नल जॉन फेयरले उन ब्रिटिश अधिकारियों में से थे जो भारतीय अधिकारियों को पसंद करते थे और भारतीयों की क्षमताओं के बारे में उनकी अच्छी राय थी। यह शायद इसलिए था क्योंकि उन्होंने आईएमए, देहरादून में प्रशिक्षक के तौर पर अपनी सेवाएं दी थीं और भारतीयों को नजदीक से देखा था। ज़ेड.सी. 'ज़ोरू' बख्शी भी एक युवा अधिकारी के

तौर पर उसी बटालियन में थे, जो बाद में लेफ्टिनेंट जनरल बने और भारतीय सेना के सबसे अलंकृत सैनिकों में से थे।

ज़ोरू बख्शी के बटालियन में भर्ती होने के बाद एक बार उन्हें अपनी कंपनी के कुछ जवानों के साथ एक गश्त पर भेजा गया, जिनमें पठान शामिल थे। वापसी के बाद ज़ोरू ने जानकारी दी कि उन्हें एक ऐसी पहाड़ी दिखी, जिस पर जापानियों का कब्जा था। हालांकि कमांडिंग अफसर का अगले दिन स्थानांतरण होना था, उन्होंने तत्काल पहाड़ी पर कब्जा करने के आदेश दिये। यह कार्य ज़ोरू को सौंपा गया, जिनसे पठान कंपनी के बजाय डोगरा कंपनी ले जाने को कहा गया। कर्नल फेयरले ने अपनी जीवन यात्रा डोगरों के साथ शुरू किया था, इसलिए उन्हें डोगरों के साहस पर अधिक भरोसा था। ज़ोरू इसको लेकर बहुत प्रसन्न नहीं थे, लेकिन वे कुछ कर नहीं सकते थे। प्लाटून को मजबूत करने के लिए मेस में कार्यरत जवानों को भी एकत्र किया गया। इनमें से एक थे सिपाही भंडारी राम।

अगली रात, ज़ोरू डोगरा कंपनी के साथ आगे बढ़े और एक-एक प्लाटून का उपयोग करते हुए पहाड़ी पर तीन तरफ से हमला बोल दिया। भीषण लड़ाई के उपरांत पहाड़ी पर कब्जा कर लिया गया। यह पहली बार था जब भंडारी राम ने लड़ाई में हिस्सा लिया था, लेकिन उन्होंने अत्यंत वीरता का परिचय दिया। कई गोलियां लगने के अलावा वे एक ग्रेनेड से बुरी तरह घायल हो गये जो बिल्कुल उनके सामने फटा था। ऑपरेशन के बाद ज़ोरू ने भंडारी राम की बहादुरी की चर्चा उस्मान से की, जो कमांडिंग अफसर का कार्य संभाल रहे थे, क्योंकि फेयरले की जगह नियुक्त हुए नये कमांडिंग अफसर लेफ्टिनेंट कर्नल एल.पी. 'बोगी' सेन ने अभी अपना कार्यभार नहीं संभाला था। उस्मान ने निर्णय लिया कि भंडारी राम को विक्टोरिया क्रॉस मिलना चाहिए और अगले दिन जब नए कमांडिंग अफसर ने कार्यभार संभाला, तो उस्मान ने इस पदक के लिए नाम आगे बढ़ाने का निवेदन किया।

विक्टोरिया क्रॉस सर्वोच्च वीरता पुरस्कार था और अदम्य साहस के लिए प्रदान किया जाता था। क्योंकि बोगी सेन ने अभी-अभी कमांड संभाली थी, वे इतनी जल्दी विक्टोरिया क्रॉस की सिफारिश करने को लेकर अनिश्चितता की स्थिति में थे। उनको लगा कि ब्रिगेड कमांडर इंडियन ऑर्डर ऑफ मेरिट (आईओएम) की सिफारिश पर विचार करने के लिए ज्यादा तत्पर होंगे। उस्मान बहुत खफा हुए, और उनको लगा कि यह भंडारी राम के साथ अन्याय होगा। उन्होंने तर्क दिया कि लड़ाई के दिन कमांड उनके पास थी, इसलिए उनकी राय को महत्व दिया जाना चाहिए। लेकिन सेन नहीं माने और अपनी सिफारिश बदलने से इंकार कर दिया।

उस्मान आसानी से हार मानने वालों में से नहीं थे। वे ब्रिगेड कमांडर के पास पहुंच गए और उन्हें पूरी परिस्थिति के बारे में जानकारी दी। कमांडर ब्रिगेडियर आर.ए. हट्टन ने उस्मान के साथ सहमति जताई। उन्होंने सिफारिश को वापस बटालियन मुख्यालय भेज दिया और यह टिप्पणी लिखी कि पूरा उद्धरण पढ़ने के बाद उनको लगा कि वह कृति आईओएम के

बजाय विक्टोरिया क्रॉस का हकदार थी। इसके बाद सेन को एक नई सिफारिश भेजने में कोई झिझक नहीं हुई और भंडारी राम को विक्टोरिया क्रॉस प्रदान किया गया, जिसके वे काबिल थे। लेकिन अगर उस्मान ने उनका पक्ष मजबूती से न रखा होता, तो शायद ऐसा नहीं होता।

घटनाक्रम में, 51 इंफैन्ट्री ब्रिगेड बाद में 'ऑल इंडिया ब्रिगेड' के तौर पर विख्यात हो गई, क्योंकि ब्रिगेड की तीनों बटालियनों की कमांड भारतीयों के पास थी। लेफ्टिनेंट कर्नल एस.पी.पी. थोराट 2/2 पंजाब की कमांड संभाल रहे थे, लेफ्टिनेंट कर्नल के.एस. थिमैय्या के पास 9/19 हैदराबाद की कमांड थी और लेफ्टिनेंट कर्नल एल.पी. सेन 16/10 बलूच के कमांडिंग अफसर थे। जनवरी 1945 में हुए कंगाव के युद्ध में तीनों कमांडिंग अफसरों को डीएसओ से सम्मानित किया गया। द्वितीय विश्वयुद्ध के उपरांत, 25 इंडियन डिविजन को भंग कर दिया गया और जब झांगर में लड़ते वक्त उस्मान की मृत्यु हुई, उसके कई वर्षों बाद तक उसका पुनः निर्माण नहीं हुआ था। आज, उसी डिविजन पर उस सेक्टर की रक्षा की जिम्मेदारी है।

ज़ोरू द्वारा पहाड़ी पर कब्जा कर लिये जाने के बाद, अलग उद्देश्य के साथ एक और हमला किया गया। यह हमला एक वरिष्ठ सबआल्टर्न ने किया, जिन्होंने पहले कभी किसी हमले का नेतृत्व नहीं किया था और उस्मान को लगा कि उन्हें अनुभव की जरूरत थी। लेकिन वह अधिकारी कार्रवाई के दौरान बुरी तरह विफल रहा और अपने जवानों के सामने उसकी खेदजनक स्थिति बन गई। उस्मान बहुत ज्यादा नाराज़ थे और उस अधिकारी का कोर्टमार्शल करना चाहते थे, लेकिन कमांडिंग अफसर तैयार नहीं हुए। फिर उस्मान ने तय किया कि वे जल्द से जल्द उस अधिकारी से छुटकारा पाने का प्रयास करेंगे।

जब बर्मा में कार्रवाई बंद हो गई, तो बटालियन को आराम और स्वास्थ्य लाभ के लिए वापस भारत भेज दिया गया। बटालियन को मद्रास के नजदीक पोल्लाची में रखा गया। अधिकांश अधिकारी और जवानों को छुट्टी पर भेज दिया गया। उस्मान, ज़ोरू और वरिष्ठ सबआल्टर्न, केवल यही तीन अधिकारी बचे थे। एक दिन उनको संदेश मिला, जिसमें पैराशूट ड्यूटी के लिए वॉलंटियर मांगे गये थे। उस्मान ने ज़ोरू से कहा कि वे उस अधिकारी को जाने के लिए सलाह दें, लेकिन उसने मना कर दिया। उस्मान ने उस अधिकारी से कहा कि अगर वह कागज पर हस्ताक्षर नहीं करेगा, तो वह दुश्मन के सामने कायरता दिखाने के मामले में उसका कोर्टमार्शल करा देंगे। अधिकारी ने दस्तखत कर दिये और जल्द ही पैराशूट प्रशिक्षण के लिए उसका सामान बंध गया। उस्मान ने राहत की सांस ली कि अब उनका उस अधिकारी से सामना नहीं होगा। लेकिन उनको नहीं पता था कि बहुत जल्द उनको भी पैराशूट सैन्यदल में भर्ती होना पड़ेगा।

बटालियन अधिक दिनों तक भारत में नहीं ठहरी; जल्द ही उसे बाकी डिविजन के साथ मलेशिया भेज दिया गया। हालांकि, जैसे ही वे वहां पहुंचे जापानियों ने हिरोशिमा और नागासाकी की बमवर्षा के बाद आत्मसमर्पण कर दिया। उस्मान को लेफ्टिनेंट कर्नल की रैंक

पर पदोन्नत कर दिया गया और उन्हें 14/10 बलूच की कमांड सैंपी गई, जो उसी डिविजन का हिस्सा थी। क्योंकि युद्ध समाप्त हो चुका था, तो बहुत कुछ करने के लिए नहीं था, हालांकि वापस भारत आने से पहले सैन्यदल मलेशिया में लगभग एक वर्ष तक रहा। 1946 की समाप्ति के समय उस्मान सेकंड एयरबोर्न डिविजन (द्वितीय विमानवाहित डिविजन) में बतौर जीएसओ 1 पर तैनात किया गया। इस डिविजन का भारतीयकरण किया जा रहा था। द्वितीय विश्वयुद्ध की समाप्ति के बाद अंग्रेजों पर भारतीयकरण की गति बढ़ाने का दबाव बढ़ गया था। 1922 में आठ यूनिट योजना आ जाने के बाद, केवल एक डिविजन (चतुर्थ इंडियन डिविजन) और एक कैवेलरी ब्रिगेड का भारतीयकरण हुआ था। सेकंड एयरबोर्न डिविजन का भी भारतीयकरण करने का निर्णय लिया गया, जो उस समय कराची में थी। पहले इसका नाम 44वीं एयरबोर्न डिविजन था और इसमें तीन पैराशूट ब्रिगेड थीं—क्वेटा में स्थित 50वीं ब्रिगेड; मालिर में स्थित 77वीं और 14वीं ब्रिगेड। प्रत्येक ब्रिगेड में एक ब्रिटिश, एक गोरखा और एक भारतीय पैरा बटालियन थीं। पुनर्गठन के उपरांत सभी ब्रिटिश और गोरखा सैन्यदलों को हटा लिया गया और उनकी जगह भारतीयों को लगाया गया। दिसंबर 1944 में निर्मित भारतीय पैराशूट रेजिमेंट को भंग कर दिया गया और भारतीय थलसेना की कुछ नामित रेजिमेंटों से पैरा बटालियनों को नियमित यूनिट बनाया जाना था।

उस समय महरट्टा (अब मराठा) लाइट इंफैन्ट्री की 3 पैरा बटालियन में कैप्टन के तौर पर कार्य कर रहे मेजर जनरल एस.सी. सिन्हा याद करते हैं कि उस्मान की तैनाती सभी को हैरान करने वाली थी। कुछ माह पहले, जब सेंकड एयरबोर्न डिविजन के जीओसी के पद पर कार्यरत एक ब्रिटिश अधिकारी मेजर जनरल डाउन्स को बाहर पोस्टिंग मिली, तब उन्होंने अपनी डिविजन के अधिकारियों को विदाई भाषण दिया। अधिकांश अधिकारी अंग्रेज थे और डाउन्स ने उन्हें आश्वत करते हुए कहा कि ब्रिटिश अधिकारियों को अपना काम भारतीयों के हाथ में जाते देख चिंता नहीं होनी चाहिए, क्योंकि भारतीयों को अपेक्षित मानकों पर पहुंचते-पहुंचते कई साल लगेंगे। अपनी बात को सिद्ध करने के लिए उन्होंने बताया कि वे जीएसओ 1 पर नियुक्ति के लिए कई भारतीयों का साक्षात्कार ले चुके हैं, और उनमें से केवल एक को ही उन्होंने इस पद के लिए उपयुक्त पाया। अपने मत को सुदृढ़ करने के लिए उन्होंने कहा कि वह अधिकारी पैराशूट ड्यूटी का वॉलंटियर नहीं था। जाहिर था कि जनरल डाउन्स ने उस्मान के बारे में नहीं सुना था, जिन्हें बाद में इस कार्य के लिए चुना गया। सौभाग्य से नए जीओसी मेजर जनरल सी.एच. बाउचर गोरखा रेजिमेंट से थे और उनको भारतीय अधिकारियों के प्रति कोई पूर्वाग्रह नहीं था। वे स्वयं भी पैराटूपर नहीं थे और 31 मार्च 1946 को डिविजन की कमांड संभालने से पहले उन्होंने चकलाला में एक फाउंडेशन पैरा कोर्स किया और छलांग लगाई।

पुनर्गठन की प्रक्रिया कई महीनों तक चलती रही। ब्रिटिश और गुरखा बटालियनों को भारतीय यूनिटों द्वारा प्रतिस्थापित कर दिया गया। जनवरी 1947 तक, 14 पैरा ब्रिगेड में

6 राजपुताना राइफल्स (Outram's) की 4 पैरा बटालियन, फ्रंटियर फोर्स रेजिमेंट की 1 पैरा बटालियन और 16 पंजाब रेजिमेंट की 3 पैरा बटालियन शामिल थीं; 50 पैरा ब्रिगेड में 1 पंजाब रेजिमेंट की 3 पैरा बटालियन, बलूच रेजिमेंट की 3 पैरा बटालियन और मद्रास रेजिमेंट की 2 पैरा बटालियन शामिल थीं; जबकि 77 पैरा ब्रिगेड में 2 पंजाब रेजिमेंट की 1 पैरा बटालियन, मराठा लाइट इंफैन्ट्री की 3 पैरा बटालियन और राजपूत रेजिमेंट की 3 पैरा बटालियन शामिल थीं। ये यूनिटें पूरे देश में फैली थीं और उनको एक साथ लाना किसी चमत्कार से कम नहीं था। ये भारतीय सेना की सबसे पुरानी रेजिमेंटों से संबंध रखती थीं और अपनी रेजिमेंट के चिह्नों और अलंकरणों को पहनती थीं। हालांकि पैराट्रूपर की अलग पहचान के तौर पर उन्होंने मरून बेरेट या पगड़ी और दाहिनी भुजा पर विशिष्ट 'पंख' पहनना शुरू कर दिया।

फरवरी 1947 में ब्रिटिश सरकार ने घोषणा कर दी कि भारत जून 1948 तक स्वतंत्र हो जाएगा। घोषणा के बाद पंजाब और उत्तर पश्चिमी सीमांत प्रांत में बड़े स्तर पर साम्प्रदायिक दंगे भड़क उठे। क्योंकि दंगों को सिविल प्रशासन नहीं संभाल सकता था, इसलिए सेना बुलानी पड़ी और सेंकड एयरबोर्न डिविजन ने दंगों का शमन करने में महत्वपूर्ण भूमिका निभाई। उस्मान अत्यंत व्यस्त थे, जहां भी स्थिति संकटपूर्ण होती वे अपने जवानों को वहां भेजते—मुल्तान, जैकबाबाद, लाहौर, अंबाला, रावलपिंडी और पंजाब में कई स्थानों पर हालत नाज़ुक थी। द्वितीय विश्वयुद्ध के बाद हवाई मार्ग से जवानों को तैनाती पर भेजने के मामले में यह भारत का सबसे बड़ा ऑपरेशन था। पैरा यूनिटों ने अपना कार्य बेहद अनुकरणीय ढंग से पूर्ण किया और लोगों को आश्वस्त करने के लिए प्रभावित क्षेत्रों का दौरा करने आए नेहरू जैसे नेताओं ने उनके कार्य की सराहना की। वाइसराय की पत्नी एडविना माउंटबैटन ने भी शरणार्थी शिविरों व अस्पतालों का दौरा किया और जवानों द्वारा किये गये कार्य की सराहना की। धीरे-धीरे स्थिति में सुधार आया और दंगे समाप्त हो गये। हालांकि, वृहद पैमाने पर हुई हिंसा और क्रूरता को देखकर माउंटबैटन यह जरूर मान गये कि साम्प्रदायिक विभक्ति बहुत ज्यादा गहरी था, जो लंबे समय तक दबी नहीं रहेगी और उन्होंने तत्कालिक निर्णय लेते हुए सत्ता हस्तांतरण की तिथि आगे बढ़ाते हुए 15 अगस्त 1947 कर दी। उन्होंने भारतीय राष्ट्रीय कांग्रेस को भी देश के विभाजन के लिए राजी कर लिया।

विभाजन समझौते के तहत सेंकड एयरबोर्न डिविजन को भी बांट दिया गया। डिविजन मुख्यालय और 50 व 77 पैरा ब्रिगेड भारत को दी गईं, जबकि 14 पैरा ब्रिगेड पाकिस्तान को मिली। पैरा बटालियनें अपने-अपने ब्रिगेड मुख्यालय के साथ नहीं गईं, बल्कि अपनी मूल रेजिमेंट के साथ गईं। इसलिए पहली व 15वीं पंजाब, बलूच और फ्रंटियर फोर्स रेजिमेंटों की पैरा बटालियनें पाकिस्तान को मिलीं, जबकि बाकी बची हुई भारत के हिस्से में आईं। यूनिटों के अलावा, सभी अधिकारियों, वायसरॉय कमीशन प्राप्त अधिकारियों और अन्य रैंकों को भी भारतीय या पाकिस्तानी सेना में से एक को चुनने का विकल्प दिया गया। उस्मान

उस समय इंग्लैंड में थे और उनकी तैनाती 77 पैराशूट ब्रिगेड के कमांडर के तौर पर थी। ब्रिगेड को आंतरिक सुरक्षा कार्यों के लिए क्वेटा से मुल्तान भेज दिया गया था। क्योंकि वे एक वरिष्ठ मुस्लिम अधिकारी थे, तो ऐसा अनुमान था कि वे पाकिस्तान को चुनेंगे। लेकिन उन्होंने भारतीय सेना चुनकर सभी को हैरान कर दिया। उस्मान की अपनी बलूच रेजिमेंट से बड़ी संख्या में अधिकारियों ने उनके निर्णय पर प्रश्न उठाए और उन्होंने रेजिमेंट के प्रति वफादारी के आधार पर अपने निर्णय पर पुनर्विचार करने को कहा। मोहम्मद अली जिन्नाह और लियाकत अली खान दोनों ने उनका निर्णय बदलवाने का प्रयास किया, जल्द पदोन्नति देने का वादा भी किया, लेकिन उस्मान अपने निर्णय पर अडिग रहे। वे अपने वतन वापस लौट आए और 77 पैराशूट ब्रिगेड के साथ अमृतसर चले गये।

विभाजन के उपरांत, सेकंड एयरबोर्न डिविजन का मुख्यालय देहरादून चला गया, जहां उसे निलंबित स्थिति में रखा गया। दोनों पैरा ब्रिगेड मेजर जनरल टी.डब्ल्यू. रीस की नेतृत्व वाली संयुक्त सीमा बल के अधीन कर दी गईं और उन्हें शरणार्थियों को निकालने के कार्य में लगा दिया गया। जब 1 सितंबर 1947 को सीमा बल को निरस्त किया गया, तब शरणार्थियों की सुरक्षा की जिम्मेदारी दोनों देशों की सरकारों के कंधों पर आ गई। ब्रिगेडियर के तौर पर मेजर जनरल रीस के सलाहकार रहे के.एस. थिमैय्या को पदोन्नति प्रदान करते हुए 4 इंडियन डिविजन का जीओसी बना दिया गया। बल के कमांडर के तौर पर रीस के स्थान पर उनके कंधों पर शरणार्थियों को निकालने की जिम्मेदारी आ गई। उस समय ब्रिगेडियर वाई.एस. परांजपे की कमांड में 50 पैरा ब्रिगेड गुरदासपुर में थी, जबकि उस्मान के अधीन 77 पैरा ब्रिगेड अमृतसर में थी, जो सीधे उस रास्ते पर पड़ती थी जो दोनों दिशाओं से भारी संख्या में आने-जाने वाले शरणार्थियों ने चुना था। उस्मान भले ही मुस्लिम थे, लेकिन उनमें धार्मिक पूर्वाग्रह नहीं था और उन्होंने निष्पक्ष, न्यायोचित और धर्मनिर्पेक्ष दृष्टिकोण अपनाकर अपने अधीन जवानों के समक्ष उत्कृष्ट उदाहरण पेश किया। उन दिनों में, साम्प्रदायिक जुनून सिर चढ़कर बोल रहा था, और कभी-कभी बहुत अनुभवी सैनिकों को भी उस उन्माद का शिकार होने से बचने में कठिनाई हो रही थी। अमृतसर से कुछ ही दूरी पर एक घटना घटी, जिसमें 3 पैरा बलूच शामिल थी। उसने हिंदुओं और सिखों के शरणार्थी शिविरों पर 3 इंच के मोर्टार दागे थे।

अक्टूबर 1947 से कश्मीर में समस्याएं शुरू हो गईं। जम्मू और कश्मीर की चतुर्थ बटालियन मुजफ्फराबाद में स्थित थी। उसमें दो कंपनियां मुस्लिमों की थीं और दो डोगरों की। 22 अक्टूबर को मुस्लिमों ने डोगरों पर हमला कर उनकी हत्या कर दी, जिससे आक्रमणकारियों के लिए कश्मीर में आने का रास्ता खुल गया। 26 अक्टूबर को कबिलाई लोग श्रीनगर के बाहरी क्षेत्र में पहुंच चुके थे और उसके अगले दिन भारतीय जवानों को हवाई जहाज से कश्मीर में उतारा गया। 27 अक्टूबर को श्रीनगर में भेजी गई पहली बटालियन थी 1 सिख, उसके बाद 29 अक्टूबर को 1 पैरा कुमाऊं (अब 3 पैरा) को भेजा

गया। उसी समय गुरदासपुर स्थित 50 पैरा ब्रिगेड को भी जम्मू जाने के आदेश मिले। ब्रिगेड में केवल दो बटालियनें थीं, 1 पैरा पंजाब (अब 1 पैरा) और 3 पैरा राजपूत। दोनों यूनिटों ने हाल ही में अपनी मुस्लिम कंपनियों को छोड़ा था और उन्हें आंतरिक सुरक्षा में लगाया गया था। थिमैय्या ने ब्रिगेड की तैनाती का पूर्वानुमान लगा लिया था और जैसे ही उन्हें कश्मीर की स्थिति के बारे में जानकारी मिली उन्होंने ब्रिगेडियर परांजपे को क्षेत्र का सैनिक सर्वेक्षण करने के लिए भेज दिया। 28 अक्टूबर को 50 पैरा ब्रिगेड ने कश्मीर के लिए कूच करना शुरू कर दिया और 4 नवंबर तक जम्मू में एकत्रित हो गई। उस पर जम्मू से श्रीनगर जाने वाले मार्ग की सुरक्षा का भार था और साथ ही कानून व्यवस्था बनाए रखने में सहयोग करना भी। उसके जम्मू पहुंचने के कुछ समय बाद ही, 1 पैरा पंजाब को श्रीनगर में उतारा गया, जहां स्थिति गंभीर बन चुकी थी। मध्य नवंबर तक शालाटेंग की लड़ाई के बाद घाटी में स्थिति सुधर गई और बटालियन जम्मू लौट आई।

इसी दौरान, उस समय की जम्मू और कश्मीर रियासत की सीमाओं पर राजकीय बलों की तैनाती थी। मीरपुर, जम्मू और पुंछ में एक-एक ब्रिगेड थी। मीरपुर ब्रिगेड का मुख्यालय झांगर में था, जिसकी एक बटालियन कोटली में, दों कंपनियां नौशेरा में और एक कंपनी मीरपुर में थी। इन जवानों के पास कोई तोपखाना नहीं था और बटालियन के पास 400 और कंपनी में 100 जवान थे। नवंबर की शुरुआत तक पाकिस्तान ने सेक्टर में पूरी ताकत से चढ़ाई कर दी। सीमा के नजदीक होने के कारण मीरपुर को घेर लिया गया, झांगर पर भी घेरा डाल लिया गया और कोटली पर खतरा मंडरा रहा था। 7 नवंबर को राजौरी पर कब्जा कर लिया गया और 30,000 हिन्दू या तो मारेगए, घायल हुए या फिर अगवा कर लिए गए। चिंगास में 1500 शरणार्थियों को मार दिया गया। जम्मू और कश्मीर के सैन्य सलाहकार ने रक्षा मंत्री से और रियासत के प्रधानमंत्री मेहर चंद महाजन ने जवाहरलाल नेहरू से उत्कट अपील की, कि वे कोटली और मीरपुर को बचाकर रियासत के जवानों और हजारों नागरिकों को जनसंहार से बचा लें। जवानों की कमी और कश्मीर में चल रहे ऑपरेशनों के कारण तब तक बहुत ज्यादा मदद नहीं की जा सकी, जब तक 13 नवंबर 1947 को भारतीय बलों ने उरी पर कब्जा नहीं कर लिया।

उस समय, मेजर जनरल कलवंत सिंह जेएके डिविजन के जीओसी थे। जब 50 पैरा ब्रिगेड 13 नवंबर को अखनूर पहुंच गई, तब कलवंत ने 16 नवंबर को नौशेरा, झांगर, मीरपुर, कोटली और पुंछ को राहत देने के आदेश दिये। उनकी योजना के मुताबिक, 50 पैरा ब्रिगेड को, नौशेरा को 16 नवंबर तक, झांगर को 17 नवंबर तक, कोटली को 18 नवंबर तक और मीरपुर को 20 नवंबर तक मुक्त कराना था। उरी से ब्रिगेडियर एल.पी. सेन के अधीन 161 इंफैन्ट्री ब्रिगेड की दो बटालियनों के एक अन्य सैन्य दल को 16 नवंबर को उरी-पुंछ अक्ष रेखा पर चलते हुए उसी दिन पुंछ पहुंचना था। 268 इंफैन्ट्री ब्रिगेड द्वारा संचार लाइन की सुरक्षा का जिम्मा उठाया जाना था।

कलवंत की योजना महत्वाकांक्षी थी, लेकिन उसमें कुछ कमियां थीं। इस बात का उल्लेख कार्यवाहक सी-इन-सी एफ.आर.आर. बुचर द्वारा किया गया, जिनको लगा कि दो सैन्य दलों का आगे बढ़ना 'निश्चित रूप से खतरनाक' था और दुश्मन की मौजूदगी में उरी रो पुंछ के लिए एक सैन्यदल को भेजना 'लगभग दुस्साहसिक' था। 50 पैरा ब्रिगेड की कमांड संभाल रहे ब्रिगेडियर वाई.एस. परांजपे को भी कई आपत्तियां थीं। तारीखों के अव्यावहारिक होने के अलावा, उनको लगता था कि झांगर में मजबूत आधार बनाने के बाद मीरपुर को पहले मुक्त कराया जाए, ताकि कोटली की तरफ बढ़ते वक्त दुश्मन से खतरा न हो सके। 350 से 400 जवानों के साथ उनकी दोनों बटालियनें 1 पैरा पंजाब और 3 पैरा राजपूत अपनी क्षमता से कम थीं। मगर उनकी आपत्तियों को कलवंत ने खारिज कर दिया और अपनी योजना को डीईपी कमांड के जीओसी-इन-सीलेफ्टिनेंट जनरल डडले रस्सेल से मंजूरी दिला दी। 16 नवंबर 1947 को ऑपरेशन शुरू कर दिया गया।

एक छोटी लड़ाई के बाद नौशेरा पर 18 नवंबर को कब्जा कर लिया गया। परांजपे के पास केवल 3 कंपनियां थीं और वे आगे बढ़ने से पहले बाकी सैन्य दल आने का इंतजार करना चाहते थे। लेकिन, कलवंत कोटली तक पहुंचने की जल्दबाजी में लग रहे थे और उन्होंने परांजपे को कार्यवाही जारी रखने का आदेश दे दिया। अपनी इच्छा के विपरीत परांजपे 19 नवंबर को फिर से आगे बढ़े और उसी दिन झांगर पर कब्जा कर लिया। झांगर से दो सड़कें जाती थीं, एक मीरपुर और दूसरी कोटली के लिए। परांजपे कोटली जाने से पहले मीरगुर को मुक्त कराने के पक्ष में थे, ताकि उनके दोनों पार्श्व सुरक्षित रहें। परन्तु कलवंत नहीं माने और उन्हें कोटली जाने का आदेश दिया। परांजपे 20 नवंबर को झांगर से आगे बढ़े, लेकिन तकरीबन 15 मील के बाद दुश्मन के निशानेबाजों और हमलावरों द्वारा रास्ता बंद कर देने के कारण उनकी बढ़त में बाधा खड़ी हो गई। कुछ जगहों पर बाधाएं हटाने के लिए बख्तरबंद गाड़ियां और फील्ड गन मंगवानी पड़ीं। 47 मार्ग बाधाओं को पार करते हुए आखिरकार 26 नवंबर को वे कोटली को मुक्त कराने में सफल हुए, जहां उन्हें कश्मीर रियासत के हतोत्साहित जवानों की दो कंपनियां और तकरीबन 9000 नागरिक मिले। हालांकि, इस समय तक मीरपुर का भाग्य लिखा जा चुका था। उसको मुक्त नहीं कराया जा सका, दुश्मन ने उसे खाली कराकर आग लगा दी थी। तकरीबन 400 जवान और 10 हजार शरणार्थी झांगर भागने में सफल हुए। मीरपुर में पठानों ने तमाम जवानों और नागरिकों को मार डाला और सैकड़ों महिलाओं को अगवा कर लिया जिन्हें युद्ध में लूटे गये माल के रूप में सीमा पर ले जाया गया। रास्ते में, उल्लसित कबिलाइयों द्वारा उनमें से तमाम महिलाओं को झेलम की सड़कों पर नग्न परेड कराकर 150 रुपयों में बेच दिया गया।

कोटली को मुक्त कराने के एक दिन बाद 27 नवंबर को कलवंत ने निर्णय लिया कि संचार रेखा की संवेदनशीलता के मद्देनजर कोटली पर कब्जा बनाए रखना मुनासिब नहीं होगा, और उन्होंने जवानों को वापस झांगर लौटने के आदेश दिये। यह कार्य 28 नवंबर को

पूर्ण कर लिया गया। कलवंत द्वारा मीरपुर को कब्जाकर अपने पार्श्व को सुरक्षित किये बिना कोटली कूच करने का निर्णय यदि आश्चर्यजनक था, तो कोटली पर कब्जाकर तुरंत वापस झांगर लौटने का निर्णय उससे भी ज्यादा चकित करने वाला था। इस घटनाक्रम में मीरपुर हाथ से चला गया। इसके साथ एक किस्सा भी जुड़ा है। महाराजा के एक एडीसी की पत्नी कोटली में रहती थीं, कहा जाता है कि वह महाराजा की रखैल भी थीं। ऐसी अफवाह थी कि रियासत का एक बड़ा खजाना कोटली में रखा गया था। कलवंत सिंह द्वारा कोटली को मुक्त कराने की जल्दबाजी सामरिक कारणों के बजाय शायद इन दो कारणों की वजह से थी। उस महिला और खजाने को भले ही बचा लिया गया था, लेकिन कई सौ जवानों की जिंदगियां और कई हजार महिलाओं की आबरू नहीं बच सकी। जाहिर तौर पर कलवंत सिंह ने मीरपुर के नुकसान के लिए कोटली पर कब्ज़ा करने में हुई देरी को जिम्मेदार ठहराते हुए कहा कि यदि परांजपे से अधिक ऊर्जावान कमांडर होता, तो दोनों को बचाया जा सकता था।

कोटली से वापस आने के बाद, 50 पैरा ब्रिगेड ने झांगर और नौशेरा के नगर क्षेत्रों पर कब्जा कर लिया:1 पैरा पंजाब को झांगर पर कब्जा रखने के लिए कहा गया, जबकि ब्रिगेड मुख्यालय और द्वितीय बटालियन नौशेरा में थी। नौशेरा वापस आने के तुरंत बाद ब्रिगेडियर परांजपे को अस्पताल में भर्ती होना पड़ा और उनकी जगह किसी अन्य को तैनात किया जाना था। गुरदासपुर में लगी चोट के बाद उनका स्वास्थ्य खराब चल रहा था। उस समय 77 पैरा ब्रिगेड की कमांड संभाल रहे ब्रिगेडियर मोहम्मद उस्मान को परांजपे की जगह 50 पैरा ब्रिगेड के कमांडर के तौर पर स्थानांतरित कर दिया गया।

50 पैरा ब्रिगेड भले ही नौशेरा पर कब्जा किये हुए थी, लेकिन दुश्मन ने उसके आसपास कई ठिकानों पर कब्जा किया हुआ था, खासतौर पर उत्तर दिशा में। उस्मान ने नौशेरा के नजदीक दुश्मन की उपस्थिति में छिपे खतरे को भांप लिया था और दुश्मन को हटाने और चिंगास को जाने वाले रास्ते को साफ करने के लिए कई प्रयास किये। लेकिन उनके पास उपलब्ध जवानों की संख्या काफी कम थी, इसलिए उनको सफलता नहीं मिली। झांगर की स्थिति भी चिंताजनक थी। सिर्फ 450 जवानों वाली 1 पैरा पंजाब के अलावा गैरिसन में 7 कैवेलरी का एक सैन्यदल और महार मध्यम मशीन गनरों की एक प्लाटून थी। सिग्नल और फील्ड एम्बुलेंस के भी कुछ जवान थे।

दुश्मन कोटली और मीरपुर दोनों तरफ से चढ़ाई कर सकता था और 50 पैरा ब्रिगेड को न केवल इन दोनों मोर्चों को संभालना था, बल्कि नौशेरा के मार्ग को भी। कोटली से झांगर जाने वाले मार्ग के साथ-साथ पहाड़ियों की एक पंक्ति चलती थी और नौशेरा तक जाती थी। मीरपुर को जाने वाले मार्ग पर पीर मतल्सी पर्वतश्रेणी का वर्चस्व था और झांगर की रक्षा के लिए उस पर कब्जा जरूरी था। 1 पैरा पंजाब की कमांड संभाल रहे लेफ्टिनेंट कर्नल जी.आई.एस. कुल्लर ने अपनी बटालियन से मीरपुर और कोटली के दोनों पहुंच मार्गों की रक्षा करने को कहा, जबकि बटालियन मुख्यालय को बीच में चौराहे की रक्षा करनी थी।

कंपनियों में दूरी के कारण, दोनों मोर्चों को पारस्परिक सहारा नहीं था, और दुश्मन ने जब झांगर पर हमला किया तब यह चीज गंभीर साबित हुई।

दिसंबर की शुरुआत से दुश्मन झांगर पर मोर्टार और छोटे हथियारों से गोलीबारी कर गैरीसन को परेशान कर रहा था, लेकिन उनकी ताकत को मापना मुश्किल था। स्पष्ट जानकारी के लिए कुल्लर ने 9 दिसंबर को मीरपुर मार्ग पर एक कंपनी भेजी और पीर मतल्सी पर कब्जा जमाई कंपनी को उनका बचाव करने के लिए कहा। कंपनी मुश्किल से 750 मीटर आगे बढ़ी होगी कि वह गोलीबारी की चपेट में आ गई और एक जवान की मृत्यु हो गई। कंपनी को वापस लौटने का आदेश दिया गया और उसके तुरंत बाद दुश्मन ने हमला कर दिया। हमलावर सैन्यदल पीर मतल्सी की रक्षा रेखा के 50 मीटर दायरे में घुस आया, तब उनको मार भगाया गया, जिसमें 40 मौतें हुईं। हमले के दौरान, कुल्लर पीर मतल्सी पर थे और उनकी बगल में लेफ्टिनेंट कर्नल रविंद सिंह ग्रेवाल (मिलेट्री क्रॉस) खड़े थे। ग्रेवाल 3 पैरा मराठा लाइट इंफैन्ट्री की कमांड संभाल रहे थे, जो 77 पैरा ब्रिगेड का हिस्सा थी। जैसे ही उस्मान को 77 से 50 पैरा ब्रिगेड भेजा गया था, तब ग्रेवाल ने अपने अधिकारियों को चेताया था कि वे 50 पैरा ब्रिगेड से जुड़ने के लिए तैयार रहें, क्योंकि उन्हें अंदाजा था कि उनके पूर्व कमांडर उन्हें ऐसा करने के लिए कह सकते थे। स्थिति का सीधे जायजा लेने के लिए वे स्वयं झांगर गये, और उन्होंने जो वहां देखा वह बहुत उत्साहजनक नहीं था। वापस आते ही वे जम्मू स्थित ऑफिसर्स मेस में सीधे मेजर जनरल कलवंत सिंह के पास गये। कलवंत प्रसन्नचित्त दिख रहे थे और उन्होंने ग्रेवाल से 1 पैरा पंजाब द्वारा झांगर पर कब्जा करने की संभावनाओं के बारे में पूछा। जब ग्रेवाल ने उनको बताया कि अपनी घटती हुई शक्ति को देखते हुए संभावना बहुत कम थी, तब कलवंत बहुत नाराज हुए।

सैन्यदलों की कमी के अलावा, दुश्मन के बारे में खुफिया जानकारी के बिना ब्रिगेड बुरी तरह बाधाग्रस्त थी। उनके लिए जानकारी का मुख्य स्रोत शरणार्थी थे, जो बहुत बढ़ा-चढ़ाकर बोलते थे, और इसलिए विश्वसनीय नहीं थे। डोगरा शासकों द्वारा लंबे समय से अनदेखी किये जाने के कारण स्थानीय मुस्लिम आबादी विमुख हो चुकी थी और पाकिस्तानी दुष्प्रचार के कारण उनकी वफादारी संदेह के दायरे में थी, क्योंकि उनको लगने लगा था कि हमलावर उन्हें आजाद करा देंगे। कश्मीर घाटी के अलावा हैदराबाद परेशानी का सबब बन गया था और वहां भी सैन्यदलों की आवश्यकता थी। इसका मतलब था कि जम्मू सेक्टर की रक्षा के लिए भेजने के लिए शायद ही कोई सैन्यदल बचा था। इसमें कोई हैरानी की बात नहीं थी कि स्थानीय कमांडरों द्वारा बार-बार अतिरिक्त सैन्य बल भेजने का आग्रह दिल्ली से इसीलिए ठुकरा दिया गया। झांगर का भाग्य उस पर हमला होने से पहले ही लिखा जा चुका था।

उस समय दुश्मन की संख्या तकरीबन 1500 थी। उन्होंने क्रिसमस से एक दिन पहले 24 दिसंबर की भोर में हमला किया। 25 दिसंबर को जिन्नाह का जन्मदिन भी था। झांगर

को जन्मदिन के तोहफे के तौर पर कायदे आज़म को पेश करने की योजना थी। हमले से एक दिन पहले उस्मान ने ब्रिगेड में शामिल हुई 1 राजपूत की कंपनी से झांगर में बलवृद्धि करने का निर्णय लिया। जैसा कि ग्रेवाल का अनुमान था, उन्होंने 3 पैरा एमएलआई की मांग की थी, लेकिन वह बटालियन अभी तक नौशेरा नहीं पहुंची थी। 1 राजपूत कंपनी की एक टुकड़ी 23 दिसंबर की सुबह नौशेरा से चली, 7 कैवेलरी की दो बख्तरबंद बंद गाड़ियां उसका अनुरक्षण कर रही थीं। नौशेरा से 4 मील की दूरी पर टुकड़ी की मुठभेड़ हो गई और उसको रुकना पड़ा। दो बख्तरबंद गाड़ियां, जो टुकड़ी को आधे रास्ते लेने के लिए झांगर से चली थीं, उनके साथ भी यही हुआ—जहां पहली मुठभेड़ हुई उससे केवल एक किलोमीटर की दूरी पर यह दूसरी मुठभेड़ हुई। यह सुनिश्चित करने के लिए कि टुकड़ी न आगे बढ़ सके और न पीछे लौट सके, दुश्मन ने मुठभेड़ स्थल के दोनों छोरों पर स्थित पुलों को उड़ा दिया।

मुठभेड़ में घिरी कंपनी को छुड़ाने के लिए, उस्मान ने बची हुई 1 राजपूत को भेजा, जो कामयाब रही, लेकिन सात जानें गंवानी पड़ीं। हालांकि, जब दुश्मन ने झांगर पर हमला किया तो, 1 राजपूत वहां मौजूद नहीं थी। दुश्मन ने पहला हमला पीर मतल्सी पर किया। उसकी रक्षा में तैनात कंपनी द्वारा बहादुरी से मुकाबला करने के बावजूद उसे एक घंटे में दुश्मन ने जीत लिया । मीरपुर मार्ग की रक्षा कर रही दूसरी कंपनी भी थोड़ी देर बाद हार गई और कुल्लर ने सड़क के आसपास छोटे स्थानों को घेरे हुए अपने रक्षा मोर्चों में थोड़ा बदलाव किया। कुछ घंटों बाद दुश्मन ने फिर हमला किया और इस बार वे पश्चिमोत्तर से आए। नौशेरा का रास्ता बंद होने के कारण सैन्य सहायता भेज पाना मुमकिन नहीं था और खराब मौसम के कारण वायु सेना भी झांगर की रक्षा कर रहे जवानों की मदद नहीं कर सकती थी। कुल्लर ने समझदारी दिखाते हुए नौशेरा से वापस आने का निर्णय लिया और सभी उपलब्ध परिवहन वापस भेज दिये। उनको यह नहीं पता था कि मार्ग बंद था, क्योंकि सुबह 7:30 बजे हुए दूसरे हमले के बाद नौशेरा के साथ वायरलेस संपर्क टूट गया था।

जैसे ही उस्मान को झांगर पर हुए हमले का पता चला, उन्होंने मार्ग बंद होने के बावजूद सैन्य सहायता भेजने का निर्णय लिया। उन्होंने नौशेरा के लिए दूसरे रास्ते से 1 राजपूत को भेजा, जिसमें एक कंपनी कम थी, और उसके साथ एक-एक सेक्शन पहाड़ी तोपें और मध्यम मशीन गन भी भेजीं। हालांकि, काफी देर हो चुकी थी। झांगर की रक्षा मोर्चों को पहले ही तबाह कर दिया गया था और दुश्मन नौशेरा के दरवाजे पर दस्तक दे रहा था। राहत टुकड़ी बंद मार्ग पर पहुंची, लेकिन तीन किलोमीटर आगे बढ़ने के बाद ही उसे रुकना पड़ा। राजपूतों द्वारा अपना रास्ता बनाने के प्रयास दुश्मनों ने विफल कर दिये। दुश्मन ने कोठी धार पर कब्जा कर रखा था, जहां से बंद मार्ग सीधे दिखता था। दोपहर तक, झांगर से वापस चले जवान बंद मार्ग तक पहंच गये और उन्होंने राहत टुकड़ी की मदद से लड़ते हुए नौशेरा की तरफ अपना मार्ग बना लिया। पीछे रह गये लोगों का अगले दो-तीन दिनों तक नौशेरा में आते रहे।

झांगर का नुकसान भारतीय सेना के लिए बहुत बड़ी चोट थी। जम्मू और कश्मीर ऑपरेशन में वह पहली बड़ी पराजय थी—1 पैरा पंजाब के 101 लोग हताहत हुएः 55 मृत्यु और 46 घायल। दुश्मन की तरफ लगभग 1000 लोग हताहत हुए, लेकिन यह एक छोटी सांत्वना थी। हालांकि, इस हार के कुछ सकारात्मक नतीजे भी मिले। देश के शीर्ष नेतृत्व द्वारा रणनीतिक मोर्चों पर रक्षा की अनदेखी के खतरों को भांप लिया गया। जल्द ही, जेएके डिविजन को एक अतिरिक्त ब्रिगेड प्रदान की गई; प्रशासनिक ढांचे में सुधार किया गया; खुफिया विभाग स्थापित करने की दिशा में कदम उठाए गये; और वीरता पुरस्कार शुरू करने का निर्णय लिया गया।

झांगर पर कब्जे के बाद जाहिर था कि दुश्मन का अगला लक्ष्य नौशेरा होना था, क्योंकि इससे उसे जम्मू की तरफ ऑपरेशन चलाने के लिए मजबूत आधार मिल जाता। अपने कब्जे के उपक्रम में दुश्मन ने शहर को चारों तरफ से घेरना शुरू कर दिया। जनवरी के पहले सप्ताह तक नौशेरा को जाने वाले चारों रास्तों पर दुश्मन का वर्चस्व था। 27 दिसंबर को 3 पैरा एमएलआई ने पहुंचना शुरू कर दिया और 3 जनवरी तक पूरी बटालियन अंदर पहुंच चुकी थी। वह अभी वहां अपने पांव जमाने की प्रक्रिया में ही थी, कि उसे एक झटके का सामना करना पड़ा। 4 जनवरी 1948 को उस्मान ने बटालियन को आदेश दिया कि वह झांगर मार्ग स्थित भजनोवा को दुश्मन से मुक्त कराए। दुश्मन वहां अच्छी तरह स्थापित था और हमला तोपों के बिना किया गया। आश्चर्य की बात नहीं, हमला विफल हो गया। बटालियन के सात लोग हताहत हुए। इनमें कमांडिंग अफसर लेफ्टिनेंट कर्नल रविंद सिंह ग्रेवाल भी थे, जो घायल हो गये थे और उनको बाहर ले जाया गया। उनकी जगह लेफ्टिनेंट कर्नल हरबंस सिंह विर्क, डीएसओ, को भेजा गया। उन्होंने 7 जनवरी 1948 को कार्यभार संभाला।

4 जनवरी को 3 पैरा एमएलआई के हमले की विफलता से दुश्मन के हौसले बुलंद हो गये और उसी दिन शाम को उसने नौशेरा पर हमला बोल दिया, इस बार वे दक्षिण-पश्चिम की ओर से आए। हालांकि, तोपों और मोर्टार की मदद से भारतीयों ने हमलावरों को खदेड़ दिया। दो दिन बाद पश्चिमोत्तर की तरफ से दिनदहाड़े एक और हमला कर दिया गया। इस हमले को भी नाकाम कर दिया गया। दुश्मन ने फिर उसी दिन दोपहर में तोपों से समर्थित 5000 की संख्या में हमला बोला। भीषण लड़ाई के बाद भारतीयों ने इस हमले को भी खदेड़ दिया, लेकिन गैरिसन के सभी संसाधन समाप्त होते रहे।

नौशेरा के आसपास कई जगह दुश्मन के हाथों में चले जाने और सिर पर बड़े हमले की तलवार लटके होने के कारण, 50 पैरा ब्रिगेड अनिश्चितता की स्थिति में थी। गैरिसन का मनोबल न्यूनतम स्तर पर था। विभाजन के दौरान कड़वे साम्प्रदायिक उन्माद के बाद कुछ जवानों को एक मुस्लिम कमांडर की निष्ठा के बारे में संशय था। 1 पैरा पंजाब के जवानों द्वारा दुश्मन के बारे में बढ़-चढ़कर बताई गई बातों से स्थिति में कोई सुधार नहीं आया, इससे उन्हें

दुश्मन अजेय लगने लगा। उस्मान के कंधों पर एक चुनौतीपूर्ण कार्य था। उन्हें न केवल दुश्मन के षडयंत्र को विफल करना था, बल्कि अपने जवानों का विश्वास भी जीतना था। उन्होंने वास्तविक जोश के साथ इस काम को हाथ में लिया और उनके दमदार व्यक्तित्व, बेहतरीन व्यक्ति प्रबंधन व पेशेवर समझ ने जल्द ही परिस्थिति को बदल दिया। उन्होंने ब्रिगेड में 'जय हिंद' अभिवादन को लागू किया और कमांड के सभी स्तरों पर सभी आदेश व ब्रीफिंग हिंदी में देने के निर्देश दिये। 1 पैरा पंजाब की लंबी-चौड़ी कहानियां सुनकर नौशेरा में बाकी यूनिटों का मनोबल न गिरे इसलिए उसे बेरिपट्टन भेज दिया गया। दुश्मन से हार जाने के बाद भी एक स्वतंत्र कार्य के लिए भरोसा दिखाये जाने से यूनिट का भी भला हुआ।

नौशेरा की रक्षा पर यथोचित ध्यान केंद्रित किया गया। परिधि के अलावा उन सभी महत्वपूर्ण पहाड़ियों व स्थानों पर पहरा लगा दिया गया जो शहर में अंदर आने वाले रास्तों के ऊपर प्राबल्य और नज़र रख सकते थे। दुश्मन द्वारा बेरिपट्टन की संचार लाइनों को अक्सर काट दिया जाता था और इससे आपूर्ति और सैन्य सहायता भेजने में बाधा होती थी। रास्ता साफ करने के लिए दोनों दिशाओं से रास्ता खुलवाने वाली पार्टियां भेजनी होती थीं। उस्मान उनमें से नहीं थे, जो निष्क्रिय होकर दुश्मन का इंतजार करें। उन्होंने 'रेकोन्नैसंस इन फ़ोर्स' की शुरुआत की, जिससे आवश्यकता होने पर दुश्मन पर कभी भी धावा बोला जा सके। ऐसी सीमित कार्रवाई के लिए इंफैन्ट्री को मुक्त रखने के लिए, उन्होंने वाहन चालकों जैसे प्रशासनिक तत्वों को दिन में परिधि पर पहरा देने में इस्तेमाल किया। ऐसी ही एक आक्रामक कार्रवाई में उन्होंने कोट और पथराडी पर कब्जा कर लिया, इस प्रकार नौशेरा के रक्षा घेरे के एकदम नजदीक से दुश्मन का सफाया हो गया और संचार लाइन पर मंडरा रहा खतरा बेरिपट्टन तक सिमट किया। कोट को क्यों या कैसे जीता गया, इसकी कहानी रोचक है।

जनवरी 1948 में लेफ्टिनेंट जनरल के.एम. करियप्पा ने लेफ्टिनेंट जनरल सर डडले रस्सेल से डीईपी कमांड (बाद में पश्चिमी कमांड) संभाली थी। कमांड संभालने के कुछ दिन बाद ही उन्होंने नौशेरा का दौरा किया। अपने साथ मेजर (बाद में लेफ्टिनेंट जनरल) एस.के. सिन्हा को लेकर वे दो सीट वाले ऑस्टर से नौशेरा की हवाई पट्टी पर उतरे। उस्मान ने आर्मी कमांडर की अगवानी की और उन्हें ब्रिगेड दिखाई। वापस जाते वक्त, करियप्पा उस्मान की तरफ मुड़े और कहा कि उन्हें एक तोहफा चाहिए: वे चाहते थे कि उस्मान कोट पर कब्जा करें, जो पहाड़ी शृंखला में सबसे ऊंचा स्थान था और वहां से नौशेरा घाटी सीधे नजर आती थी। दुश्मन नौशेरा पर हमले की तैयारी कर रहा था और इसलिए हमला होने से पहले यह जरूरी था कि दुश्मन से कोट हथिया लिया जाए। उस्मान ने करियप्पा को आश्वासन दिया कि वे अगले कुछ दिनों में उस स्थान पर कब्जा कर लेंगे।

कोट नौशेरा के पूर्वोत्तर में तकरीबन नौ किलोमीटर की दूरी पर था और वहां से नौशेरा तावी घाटी उत्तर, दक्षिण और दक्षिण-पश्चिम की तरफ 10 किलोमीटर तक सीधे नजर आती थी। यह दुश्मन के लिए एक पारवहन शिविर का काम करता था, क्योंकि वह उनके राजौरी

से सियोट जाने वाले मार्ग पर पड़ता था। दुश्मन की बटालियन की अनुमानित संख्या लगभग 500 जवानों की थी, उनमें से ज्यादातर रियासती सेनाओं के भगोड़े और भारतीय सेना से सेवानिवृत्त लोग थे। जानकारी के मुताबिक उनके पास चार लाइट मशीन गनों और लगभग 400 राइफलों के साथ-साथ दो या तीन इंच के मोर्टार और एक या दो मध्यम मशीन गन थीं। कोट के मोर्चों को पथराडी स्थित दुश्मन के ठिकानों का परस्पर सहयोग प्राप्त था।

कोट पर कब्जा करने के ऑपरेशन का कूट नाम 'किप्पर' रखा गया, सेना में प्यार से करियप्पा को इसी नाम से पुकारा जाता था। उस्मान ने ऑपरेशन की योजना बेहद सावधानीपूर्वक बनाई। उन्होंने दोनों पहाड़िओं पर एक-एक बटालियन भेजकर एक साथ हमला करने का निर्णय लिया। जहां 3 पैरा एमएलआई को दांई तरफ बढ़ते हुए पथराडी और उपरला डांडेसर पर कब्जा करना था, वहीं ऑपरेशन के लिए उन्हें प्रदान की गई 2/2 पंजाब को बाईं तरफ से हमला करके कोट पर कब्जा करना था। 7 कैवेलरी की एक स्क्वाड्रन, महार मशीन गनर की एक कंपनी, जिसमें एक प्लाटून कम थी और फील्ड आर्टिलरी की दो बैटरी द्वारा हमले में सहयोग किया जाना था। भारतीय वायु सेना से आवश्यकता पड़ने पर उनके जम्मू बेस से सहयोग करने को कहा गया था। दुश्मन को यह अंदाजा देने के लिए कि जल्द ही झांगर की तरफ बढ़ने की तैयारी थी, एक छल भी किया गया था। खच्चर व टट्टू किराये पर लिये गये और यह बात फैला दी गई कि झांगर जाने के लिए उनकी आवश्यता पड़ेगी।

दुश्मन को आश्चर्य चकित करने के लिए उस्मान ने मूक हमले का निर्णय लिया था। 31 जनवरी की रात को चलकर 3 पैरा एमएलआई के जवान अगली सुबह की पहली किरण से पहले अपने लक्ष्य पर पहुंचने ही वाले थे कि पथराडी गांव में एक कुत्ते ने भौंकना शुरू कर दिया और दुश्मन सजग हो गया। दुश्मन के पास जो भी हथियार थे, उन्होंने उनसे फायर खोल दिये। हमला करने गये जवानों ने आगे बढ़कर दुश्मन पर धावा बोल दिया और मराठों का विख्यात युद्ध घोष सुनाई दिया—बोल श्री छत्रपति शिवाजी महाराज की जय। आमने-सामने का युद्ध हुआ और संगीनों का प्रभावी इस्तेमाल किया गया। कई मृतकों और घायलों को छोड़ दुश्मन भाग खड़ा हुआ। पथराडी की सुरक्षा को मजबूत करने के बाद, एक कंपनी उपरला डांडेसर भेजी गई और दोपहर तक उस पर भी कब्जा कर लिया गया।

1 फरवरी 1948 को 0630 बजे कोट पर हमला शुरू किया गया। 0700 बजे तक ऐसा लगा कि स्थल पर कब्जा कर लिया गया था और 2/2 पंजाब ने 0710 बजे सफलता का सिग्नल भी भेज दिया। हालांकि, बाद में पता चला कि बटालियन गांव में बिना सघन खोज किये आगे बढ़ गई थी और कुछ सोते हुए दुश्मन छूट गये थे। उन्होंने बाद में भीषण जवाबी हमला कर दिया और 0715 बजे तक दुश्मन ने स्थान को फिर से हथिया लिया। उस्मान इस आकस्मिक घटना के लिए तैयार थे, उन्होंने दो कंपनियों को पीछे रिजर्व में रखा हुआ था। अब उनको ऊपर बढ़ने के आदेश दिये गये। भारी गोलाबारी और हवाई बमबारी के बाद स्थान को 1010 बजे तक दुश्मन से पुनः छीन लिया गया। दुश्मन की तरफ 156 मौतें और

200 जवान घायल हुये; 2/2 पंजाब में 11 हताहत हुए—सात की मृत्यु और चार घायल। पथराडी और उपरला डांडेसर के हमले में दुश्मन के 50 लोगों को मौत के घाट उतारने के बाद 3 पैरा एमएलआई में कुल 13 जवान हताहत हुए—तीन की मृत्यु और 10 घायल। यह निर्मित मोरचों में स्थित दुश्मन पर किया गया पहला प्रमुख जवाबी हमला था, जो उसको काफी महंगा भी पड़ा। क्योंकि इसमें नौशेरा का अपूर्ति मार्ग कट गया था, और इसका नुकसान छह दिन बाद हुए युद्ध में काफी संकटपूर्ण सिद्ध हुआ।

6 फरवरी 1948 को नौशेरा में जम्मू और कश्मीर ऑपरेशन का एक सबसे महत्वपूर्ण युद्ध लड़ा गया। झांगर की सफलता के नशे में दुश्मन ने कई बार नौशेरा पर कब्जा करने का प्रयास किया, लेकिन विफल रहा। इसका मुख्य कारण था गैरिसन की ताकत और उस्मान द्वारा जवानों को चातुर्यपूर्ण ढंग से मोर्चों पर तैनात करना। कोट और पथराडी का नुकसान दुश्मन के लिए एक बड़ा झटका था और हार से झुंझलाए दुश्मन ने नौशेरा के युद्ध में अपनी पूरी ताकत झोंक दी। उस समय उस्मान के अधीन पांच बटालियनें थीं: 3 पैरा राजपूत, 3 पैरा एमएलआई, 1 राजपूत, 2/2 पंजाब और 1 पटियाला। इसके अलावा उनके पास 7 कैवेलरी का एक स्क्वाड्रन, और फील्ड व पहाड़ी तोपों की एक-एक बैटरी थी। झांगर में उनके पास जो था, उसकी तुलना में अब उनके पास काफी ताकत थी।

उस्मान ने 0600 बजे कलाल पर हमला करने की योजना बनाई। तथापि, खूफिया जानकारी से उनको पता चला कि दुश्मन भी उसी दिन नौशेरा पर हमले की तैयारी कर रहा था। उस्मान ने तुरंत सभी नाकों को सतर्क कर दिया और उनके द्वारा समय पर दी गई चेतावनी ने एक बड़ी तबाही को रोकने में अहम भूमिका निभाई। 6 फरवरी को 0640 बजे दुश्मन ने एक मजबूत हमला बोला, जिसमें 11,000 जवानों का प्रयोग किया गया। 20 मिनट की मोर्टार बमबारी के बाद तकरीबन 3000 पठान तैन धार और इतनी ही संख्या कोट में घुस गए। इसके अलावा, लगभग 5000 कबिलाइयों को कंगोटा और रेडियन समेत आसपास के नाकों पर हमला करने में इस्तेमाल किया गया।

तैन धार नौशेरा के ऊपर स्थित था और नौशेरा घाटी की सुरक्षा में अहम था। वह लेफ्टिनेंट कर्नल गुमान सिंह की कमांड में 1 राजपूत के पास था। हालांकि उस्मान को दुश्मन के हमले का अंदाजा था, लेकिन उसके समय और सैन्य बलों की मात्रा ने उनको हैरान कर दिया। उन्होंने तैन धार पर हमले की संभावना को पहले ही देख लिया था और सैन्य सहायता का प्रबंध भी कर लिया था। मेजर गुरदियाल सिंह के अधीन 3 पैरा राजपूत की एक गूजर कंपनी को तैन धार की ढलानों पर आधे रास्ते पर तैनात कर दिया गया था, जिनकी जिम्मेदारी थी आदेश मिलने पर मुख्य ठिकानों पर सैन्य सहायता पहुंचाना। सूरज की पहली किरण से शुरू होकर दुश्मनों के एक के बाद एक हुजूम सुरक्षा बलों से टकराते रहे। हमले का सबसे बड़ा आघात 1 राजपूत के नाका संख्या 2 ने झेला। नाके पर 27 जवान तैनात थे, जिनमें से 24 मारे गये या फिर गंभीर रूप से घायल हो गये। तीन बचे हुए जवान पूरी बहादुरी

के साथ आमने-सामने तब तक लड़ते रहे, जब तक अन्य दो घातक रूप से घायल नहीं हो गये और फिर केवल एक ही जीवित बचा। ऐसे संकट के समय अतिरिक्त सैन्य बल पहुंचा और स्थिति को बचा पाया।

लगभग 0715 बजे उस्मान ने गुरदियाल को आगे बढ़कर पिकेट को सैन्य सहायता प्रदान करने के आदेश दिये। तैन धार चौकी नष्ट होने ही वाली थी कि वहां कंपनी पहुंच गई। उसका वहां समय पर पहुंचना युद्ध में एक नया मोड़ ले आया। अगर कंपनी कुछ मिनटों की भी देरी से पहुंची होती तो तैन धार हाथ से चला जाता, और नौशेरा की सुरक्षा करना मुमकिन न हो पाता। तैन धार और कोट पर हमले अभी चल ही रहे थे कि लगभग 5000 पठानों के झुंड ने पश्चिम और दक्षिण-पश्चिम से ठिकानों पर चढ़ाई कर दी। कबिलाइयों को रोकने के लिए तोपखानों, मोर्टार और मशीन गनों की मदद ली गई, इन सब को मिलाकर हमलावरों पर जानलेवा फायरिंग की गई। हालांकि उनकी संख्या कभी न खत्म होने वाली लग रही थी और उन्होंने थमने से पहले लगभग चार घंटों तक हमले जारी रखे।

घटनाक्रम में, हमले विफल हो गये और दुश्मनों को मारकर वापस भगा दिया गया, जिसमें उनकी 2000 जानें गईं। भारतीय पक्ष में हुए अधिकांश हताहत-33 मृतक और 102 घायल-निर्भीक राजपूतों में से थे, युद्ध में जिनकी बहादुरी रेजिमेंट की सर्वोच्च परंपरा के अनुरूप थी। इसी युद्ध के लिए नायक जदुनाथ सिंह को मर्णोपरांत परम वीर चक्र प्रदान किया गया। इसके अलावा बटालियन को दो महावीर चक्र, जिनमें से एक कंपनी कमांडर लेफ्टिनेंट किशन सिंह राठौर को प्रदान किया गया, और चार वीर चक्र दिये गये। साहसिक राजपूत बटालियन के अलावा, इस लड़ाई में तोपखाने ने निर्णायक भूमिका निभाई और इसीलिए नौशेरा को अक्सर 'तोपचियों का युद्ध' कहा जाता है। इस पराजय के बाद दुश्मन पीछे हट गया और लहर पलट गई। कबिलाइयों में युद्ध की इच्छा शक्ति जाती रही और उनकी जगह नियमित सैनिकों को लगाना पड़ा।

हालांकि, लड़ाई में शौर्य दिखाने वाले केवल लड़नेवाले सैनिक ही नहीं थे। तैन धार के हमले में 1 राजपूत के एक अयोधी सफाईकर्मी ने भी अदम्य साहस दिखाया। चौकियों पर हमला बोल रहे कबिलाइयों के अनंत झुंडों और भारतीय जवानों की घटती शक्ति को देखकर उन्होंने एक घायल कामरेड की राइफल उठा ली और दुश्मन पर फायरिंग शुरू कर दी। जब उनकी गोलियां खत्म हो गईं तो उन्होंने एक कबिलाई की तलवार छीन ली और दुश्मन के तीन जवानों को मौत के घाट उतार दिया। इस ऑपरेशन की एक अन्य विशेषता थी बालक सेना की भूमिका, जिसे उस्मान द्वारा तैयार किया गया था और उसमें नौशेरा के अनाथ बच्चे शामिल थे। 6 से 12 साल की उम्र के इन बच्चों को जवानों की रसोई के आसपास बचा हुआ खाना बटोरते हुए देखा जा सकता था। उस्मान ने उनकी एक ब्वॉयज कंपनी बना दी और उनकी शिक्षा व प्रशिक्षण का बंदोबस्त कर दिया। उनको नियमित भोजन और रहने को स्थान दिया गया। उनमें से कुछ को वर्कशॉप के अंदर प्रशिक्षु के तौर

पर रख लिया गया। नौशेरा के युद्ध के दौरान इन्होंने अक्सर गोलीबारी के बीच संदेश वाहक कूरियर के तौर पर सेवा की। ऑपरेशन के बाद इनमें से तीन लड़कों को युद्ध में उनके द्वारा दिखाई गई बहादुरी के लिए प्रधानमंत्री ने सोने की घड़ियां भेंट कीं थीं।

नौशेरा के युद्ध ने उस्मान को सुर्खियों में ला दिया। एक ही दिन में उनका नाम सबकी जुबान पर था और वे एक राष्ट्रीय हीरो बन गये। पाकिस्तानियों ने उनके सर के बदले रु 50,000 का ईनाम रख दिया। अचानक मिली इस ख्याति से उस्मान पर ज्यादा फर्क नहीं पड़ा। ऑपरेशन के बाद, जेएके के जीओसी मेजर जनरल कलवंत सिंह ने एक प्रेस वार्ता की और नौशेरा में सफलता का पूरा श्रेय 50 पैरा ब्रिगेड के कमांडर ब्रिगेडियर मोहम्मद उस्मान को दिया। जब उस्मान को इसका पता चला तो उन्होंने कलवंत को पत्र लिखकर विरोध दर्ज कराया कि ब्रिगेड कमांडर के तौर पर सफलता का श्रेय उन्हें नहीं बल्कि उन सैनिकों को जाना चाहिए जो अत्यंत बहादुरी के साथ लड़े और देश के लिए अपने प्राण न्योछावर कर दिये।

नौशेरा के बाद, झांगर पर पुनः कब्ज़ा करने का निर्णय लिया गया। यह कार्य तीन चरणों में करने की योजना बनाई गई। शुरुआत में दुश्मन की ताकत का अंदाजा लगाया जाना था। इस कार्य को फरवरी के अंत तक पूरा करना था और इसके बाद 1–4 मार्च तक आम्बली धार और कमांड गोशा गाला को कब्जाना था। तीसरा चरण, जिसका कूट नाम ऑपरेशन विजय था, 5–18 मार्च तक चलाया जाना था। इसके तहत झांगर पर कब्ज़ा करने की योजना थी। झांगर को को जीतने के उपक्रम में, 19 इंफैन्ट्री ब्रिगेड को क्षेत्र में शामिल कर लिया गया। ब्रिगेडियर (बाद में मेजर जनरल) यदुनाथ सिंह की कमांड में, इस ब्रिगेड में 4 डोगरा, 1 राजपुताना राइफल और 1 कुमाऊं राइफल शामिल थीं। साथ ही 2 जाट को बेरिपट्टन से 50 पैरा ब्रिगेड की सैन्य वृद्धि करने के लिए भेज दिया गया। मेजर जनरल कलवंत सिंह ऑपरेशन को निर्देशित करने के लिए अपना रणनीतिक मुख्यालय नौशेरा ले गये।

फरवरी के अंत तक, ऑपरेशन का पहला चरण पूरा कर लिया गया। 1 मार्च को शुरू हुए दूसरे चरण में 50 पैरा को आम्बली धार पर कब्ज़ा करने का कार्य दिया गया। जब से उस्मान ने झांगर पर पुनः कब्ज़ा करने की योजना के बारे में सुना था, वे बेहद प्रफुल्लित थे। वे हार का बदला अपनी ब्रिगेड द्वारा लेना चाहते थे- यह हार उनको निरंतर पीड़ा दे रही थी। उनकी बटालियन के कमांडरों में भी उनका जोश परिलक्षित हो गया और 1 राजपूत के सहयोग से 2 जाट द्वारा आम्बली धार पर कब्ज़ा करने का ऑपरेशन बिना किसी परेशानी के पूरा कर लिया गया। 5 मार्च तक 19 इंफैन्ट्री ब्रिगेड ने कमांड गोशा गाला से दुश्मन को खदेड़ दिया और 9 मार्च तक ऑरेंज हिल और कटारिया चोटी को पर कब्ज़ा करके हंडन पर्वतश्रेणी पर सुरक्षा को मजबूती से स्थापित कर लिया गया। इस समय तक 50 पैरा ब्रिगेड ने शान दा मोहरा के पश्चिम में प्वाइंट संख्या 3030 को भी अपनी गिरफ्त में ले लिया था। दोनों ब्रिगेड

अब अंतिम हमले के लिए तैयार थीं और 10 मार्च को मेजर जनरल कलवंत सिंह ने झांगर पर कब्ज़ा करने के आदेश दे दिये।

इसी समय उस्मान ने अपना प्रसिद्ध आदेश दिया, जिसमें उन्होंने लॉर्ड गैकॉले की विख्यात कविता, 'हॉरैशियस' को उद्धृत किया:

> 50 पैरा ब्रिगेड समूह के कामरेड,
> झांगर को फिर से हासिल करने की हमारी योजना और तैयारी को परखने का वक्त आ गया है। यह कोई आसान कार्य नहीं है, लेकिन मुझे सफलता को लेकर कोई संशय नहीं है-क्योंकि हमारी योजना पुख्ता है और हमारी तैयारियां अच्छी चल रही हैं। ऐसा इसलिए भी है कि क्योंकि मेरा आप सब में पूर्ण विश्वास है कि 24 दिसंबर को हाथ से गई जमीन को वापस प्राप्त करने और हमारी सैन्य शक्ति का सम्मान पुनः अर्जित करने के लिए आप अपना सर्वश्रेष्ठ प्रदर्शन करेंगे।
>
> पूरी दुनिया की नज़रें हमारे ऊपर हैं। हमारे देशवासियों की उम्मीदें और आकांक्षाएं हमारे प्रयासों पर आधारित हैं। हमें लड़खड़ाना नहीं है—हमें उन उम्मीदों को विफल नहीं होने देना है।
>
> इस धरा पर प्रत्येक मनुष्य को
> देर-सवेर मृत्यु आनी ही है
> और इससे बेहतर मृत्यु क्या हो सकती है
> जब भयानक बाधाओं का सामना हो
> अपने पूर्वजों की विरासत के लिए
> और अपने देवों के मंदिरों के लिए।
>
> तो मित्रों आगे बढ़ो, हम निर्भीक होकर झांगर को चलें, भारत की सबसे यही अपेक्षा है कि हम अपने-अपने कर्तव्य निभाएं।

ऑपरेशन विजय 12 मार्च को प्रारंभ होना था; हालांकि भारी बारिश के कारण उसमें दो दिन की देरी हुई। घाटी के दक्षिण से 50 पैरा ब्रिगेड और उत्तर से 19 इंफैन्ट्री ब्रिगेड के आगे बढ़ने से ऑपरेशन की शुरुआत हुई, जबकि बीच से 7 कैवेलरी का एक स्क्वाड्रन सड़क के साथ-साथ चला। 3 पैरा एमएलआई, 3 पैरा राजपूत, 1 पटियाला और 3/1 पंजाब की एक कंपनी 50 पैरा ब्रिगेड के अधीन थी। 19 इंफैन्ट्री में एक कंपनी कम 1 राजपूत, 4 डोगरा और 1 कुमाऊं राइफल थी। भारी बारिश और कीचड़ ने सड़कों को दलदल में तब्दील कर दिया था, जिससे आगे बढ़ना कठिन और धीमा बन गया। फील्ड तोपखाना आगे नहीं बढ़ सकता था, लेकिन कलवंत ने ऑपरेशन जारी रखने का निर्णय लिया। जब 50 पैरा ब्रिगेड के सबसे आगे चल रही 3 पैरा एमएलआई कोठी धार पहुंची तो रात हो चुकी थी और रातभर के लिए वहीं पड़ाव डाल लिया।

कोठी धार के आगे इंतजार कर रही एक भयंकर बाधा का नाम था—फीर थाल नाका, जहां दुश्मन की प्रमुख रक्षा पंक्ति खड़ी थी। कोठी धार से फीर थाल नाका पहुंचने के लिए भारतीय जवानों द्वारा अपनाये गये मार्ग में एक गहरी सैडल घाटी पड़ती थी, जिसके उत्तर-पूर्व की तरफ ढालू चट्टान थी, लेकिन दक्षिण-पश्चिम की ओर हल्का ढलान था। उत्तर-पूर्व की चोटी बाकी क्षेत्र के ऊपर थी, जबकि पूरी पवर्तश्रेणी दक्षिण-पूर्व में स्थिति सैडल की ओर देखती थी, जिधर से 50 पैरा ब्रिगेड के आगे के भाग को गुजरना था। उत्तर से दक्षिण की ओर जाने वाला सैडल उत्तरी छोर की तरफ संकरा था, जहां पर कोठी धार को फीर थाल नाके से जोड़ने वाले ज़ीन से अवरुद्ध था। दक्षिण की ओर, वह 2500 मीटर तक चौड़ा था, आगे बढ़ रहे जवानों की यहीं से निकलने की योजना थी। लगभग एक-तिहाई मार्ग पर एक पहाड़ी थी, जिसके उत्तरी छोर पर केया नाम का गांव था। उसके चारों ओर खुले सीढ़ीदार खेत थे, और आसपास पत्थर बिखरे हुये थे।

कोठी धार पहुंचने के बाद, बटालियन कमांडर ने छही गांव और फीर थाल नाके की तरफ गश्त भेजीं। गांव की तरफ गई गश्त ने एक प्लाटून के बराबर दुश्मन की गश्त को बढ़ते हुए देखा, लेकिन जो गश्त फिर फीर थाल नाके की तरफ गई थी उसने जो देखा, उसे देखकर समझा कि कुछ मजदूर सिर पर टोकरे लेकर जा रहे थे। अगले दिन सुबह, 3 पैरा एमएलआई ने 0830 बजे आगे बढ़ना प्रारंभ किया और केया स्थित पहाड़ी पर 1000 बजे चढ़ना शुरू किया। जैसे ही अग्रणी कंपनी शिखर पर पहुंची और दूसरी तरफ ढाल पर उतरना शुरू किया, दुश्मन ने अचानक फीर थाल नाके की तरफ से ऑटोमैटिक हथियारों से फायरिंग शुरू कर दी। सबसे पहले हताहत होने वालों में कंपनी कमांडर मेजर एस.पी. चोपड़ा थे, जिनके सिर में उस वक्त गोली लगी जब वे बटालियन मुख्यालय में संदेश देने का प्रयास कर रहे थे। प्रगति रुकने और वायरलेस संचार खराब हो जाने से गड़बड़ी और ज्यादा बढ़ गई। लेफ्टिनेंट कर्नल विर्क ने बटालियन के सिग्नल अधिकारी कैप्टन (बाद में मेजर जनरल) एस.सी. सिन्हा को आगे भेजा कि पता लगायें क्या हुआ था। कुछ घंटों में ही 3 पैरा एमएलआई के 18 जवानों का नुकसान हो चुका था, जिनमें दो अधिकारी भी मारे गये थे। दुश्मन की भारी गोलीबारी के बीच मेजर चोपड़ा के पार्थिव शरीर को लाने में तीन लोगों की मौत हुई, लेकिन कार्य पूरा कर लिया गया।

उस्मान 3 पैरा एमएलआई को वापस बुलाकर अतिरिक्त तैयारी के साथ दूसरा प्रयास करना चाहते थे, साथ ही तोपखाने का सहारा लेना चाहते थे, जो उनके पास नहीं था। लेकिन विर्क ने जोर दिया के वे खुद स्थिति संभाल लेंगे और उस्मान ने सहमति दे दी। हालांकि, यह जाहिर था कि तोपों की थोड़ी-बहुत मदद के बिना आगे बढ़ने की संभावना कम थी और शाम तक कुछ फील्ड गनें मंगवा ली गईं। 3 पैरा एमएलआई की जिस कंपनी को दबा लिया गया था, उसे दिन ढलते ही निकाल लिया गया और उसकी कमांड सिन्हा को सौंप दी गई। उस्मान ने अगला दिन फिर थाल नाके पर हमला करने की तैयारी करने में बिताया। उन्होंने तोपखाने और हवाई मदद के साथ, दो बटालियनों से हमला करने का निर्णय लिया।

3 पैरा एमएलआई को दायीं तरफ से हमला करना था, जबकि 1 पटियाला को बायीं तरफ से जाना था। 3/1 पंजाब की एक कंपनी को दुश्मन का ध्यान भटकाने के लिए उसे पहाड़ी के दक्षिण में अटकाकर रखना था, जबकि 3 पैरा राजपूत को रिजर्व में रखा जाना था। वायुसेना से अनुरोध किया गया था कि वह हमले से पहले लक्ष्य पर हल्की बमवर्षा करे और हल्के टैंकों को झांगर के रास्ते पर चलना था। कनिष्ठ अधिकारियों को लक्ष्य की ओर जाने वाले रास्ते की टोह लगाना था, दिन में भी और रात की चांदनी में भी।

17 मार्च 1948 को 0730 बजे फीर थाल नाके पर हमला बोला गया। इस ऑपरेशन के लिए उस्मान ने पर्याप्त मात्रा में तोपखाना जुटाने का प्रबंध कर लिया-24 फील्ड गनें और ब्रिगेड में शामिल तीनों बटालियनों के मोर्टार। हमलावर जवानों की चाल को कवर करने के लिए उन्होंने 15 मिनट गहन गोला-बारी का प्रबंध किया था। जैसे ही जवान दुश्मन की अग्रिम खाइयों पर पहुंचे फायरिंग शुरू कर दी गई। दुश्मन भौचक्का रह गया और बिना किसी प्रतिरोध के भाग खड़ा हुआ। जब हमलवार जवानों का दस्ता दुश्मन के बंकरों में पहुंचा तो वहां खाना पक रहा था और केतलियों में पानी उबल रहा था। इस हमले में 3 पैरा एमएलआई का कोई भी जवान हताहत नहीं हुआ। तोपखाने का समझदारी भरा उपयोग इस ऑपरेशन की सफलता में मुख्य कारक था। उस्मान ने अपना समस्त तोपखाना बेहद सीमित मोर्चे पर केंद्रित कर दिया था, जो पहाड़ी के उस सबसे ऊंचे स्थान को कवर करता था, जहां सबसे पहले हमला किया गया। उन्होंने इंफैन्ट्री बटालियनों के सभी मोर्टरों को भी ब्रिगेड में एकत्र कर लिया, और उन्हें अपने तोपखाना रेजिमेंट के कमांडिंग अफसर के अधीन कर दिया। लेफ्टिनेंट कर्नल विर्क और मेजर चोपड़ा को इस ऑपरेशन के लिए महावीर चक्र प्रदान किया गया, जबकि अंतिम सफल हमला करने वाले कैप्टन सुच्चा सिंह को वीर चक्र से अलंकृत किया गया।

फीर थाल नाका पर कब्ज़ा करने के बाद 3 पैरा एमएलआई ने आराम नहीं किया। अपने साथ 3 पैरा राजपूत की एक कंपनी लेकर, बटालियन ने सुस्लोती धार की तरफ रुख किया, और 1300 बजे उस पर कब्जा कर लिया। इस बीच, 19 इंफैन्ट्री ब्रिगेड की प्रगति सही चल रही था और 17 मार्च तक उन्होंने गायकोट जंगल का इलाका साफ कर दिया। झांगर पर हमला करने का रास्ता साफ नहीं था और दोनों ब्रिगेडों ने अगले दिन अंतिम हमला करने की तैयारी कर ली। 18 मार्च को 0830 बजे, 3 पैरा राजपूत ने उपर्ली करहाली को काबू कर लिया और 1000 बजे, उस्मान वहां अपने मुख्यालय के साथ पहुंच गये। ब्रिगेड अब दो बटालियन मोर्चों पर आगे बढ़ी, 1 पटियाला दायीं तरफ से और 3 पैरा एमएलआई बाईं ओर से। 1300 बजे जब 3 पैरा एमएलआई प्वाइंट संख्या 3399 पर पहुंची, तो जानकारी मिली कि 19 इंफैन्ट्री ब्रिगेड झांगर में घुस चुकी थी। ऑपरेशन विजय समाप्त हुआ।

दिसंबर 1947 में झांगर को हारने के बाद उस्मान ने राणा प्रताप की तरह प्रतिज्ञा की थी कि जब तक वे इस नुकसान की भरपाई नहीं कर लेंगे, पलंग पर नहीं सोएंगे। अपने प्रण के

पक्के उस्मान पिछले तीन महीनों से जमीन पर ही सो रहे थे, जबकि उस समय भयंकर ठंड थी। अब जब उनकी प्रतिज्ञा पूरी हो गई, तो उन्होंने एक चारपाई मंगवाई। क्योंकि उस समय ब्रिगेड मुख्यालय में एक भी चारपाई नहीं थी, तो एक बगल के गांव से मंगवाई गई और उस रात उस्मान पलंग पर सोए।

झांगर पर कब्ज़ा करने के बाद 50 पैरा ब्रिगेड शहर की रक्षा के लिए वहीं रुकी रही, जबकि 19 इंफैन्ट्री ब्रिगेड को नौशेरा बुला लिया गया। अगले तीन महीने सुरक्षा को मजबूत करने और बार-बार हो रहे दुश्मन के हमलों का जवाब देने में बीते। झांगर पर 16 अप्रैल और 10 मई 1948 को दो बड़े हमले हुये। दोनों हमलों का मुंहतोड़ जवाब दिया गया और दुश्मन को भारी नुकसान पहुंचा। इसके बाद उस्मान ने सब्जकोट इलाके से दुश्मन के सफाये का निर्णय लिया। सब्जकोट एक अग्रिम बेस था, जिसका उपयोग मीरपुर से आने वाली संचार लाइन को बचाने में किया जा रहा था। दुश्मन की ताकत तकरीबन 2 कंपनियों की थी। उनका एक अग्रिम ठिकाना एमजी पहाडी, भारतीय ठिकाने से महज 1800 मीटर की दूरी पर था। उस्मान ने एमजी पहाड़ी, जिसे अनुमान के मुताबिक एक कंपनी ने कब्जा रखा था, से दुश्मन का सफाया करने की जिम्मेदारी 3 पैरा एमएलआई को दी। जबकि 2 राजपुताना राइफल, जिसे 19 इंफैन्ट्री ब्रिगेड से 50 पैरा ब्रिगेड को दे दिया गया था, को पहाड़ी के पीछे केरी के साथ-साथ बाजू से हमला करने और प्वाइंट 3150 पर कब्ज़ा करने को कहा गया। इसके बाद, 3 पैरा एमएलआई को प्वाइंट 3900 पर कब्ज़ा करना था, और दूसरी बटालियन को इलाका साफ कराना था। इस कार्य को पूर्ण करने के बाद दो बटालियनों को सब्जकोट की घेरेबंदी करके वहां दुश्मन का खात्मा करना था। वह एक अच्छी तरह बनाई गई योजना थी; लेकिन दुर्भाग्य से वह कच्ची खुफिया जानकारी पर आधारित थी।

21 मई 1948 को सुबह की किरण फूटते ही 3 पैरा एमएलआई द्वारा एमजी पहाड़ी पर हमला बोला गया, और जब तक हमलावर जवान दुश्मन के अग्रिम सुरक्षा ठिकानों से 150 मीटर की दूरी तक नहीं पहुंच गये, तब तक हमला सही जा रहा था। इसके बाद दुश्मन ने ऑटोमैटिक हथियारों से फायरिंग शुरू कर दी और एक-एक कर जवान गिरने लगे। उनमें से कुछ पहाड़ी की चोटी तक पहुंचने में सफल रहे, लेकिन दुश्मन के जवाबी हमले में उनको खदेड़ दिया गया। जल्द ही यह समझ में आ गया कि दुश्मन की क्षमता लगभग एक बटालियन की थी। जबकि ऑपरेशन की योजना बनाते वक्त उस्मान ने उपलब्ध खुफिया जानकारी के अनुसार एक कंपनी का अंदाजा लगाया था। दुश्मन ने चालाकी दिखाते हुए अपने बल का मुख्य हिस्सा पहाड़ी की पिछली ढलान पर रखा हुआ था, जबकि अग्रिम ढलानों पर बहुत थोड़े बंकर बना रखे थे। उस्मान ने बटालियन को संपर्क तोड़कर तोपों और टैंकों की सहायता से वापस लौटने का आदेश दिया। दोपहर बीतते ही यह कार्य कर लिया गया। 3 पैरा एमएलआई के 37 जवान हताहत हुये, जिनमें 8 मृतक थे; 2 राजपुताना राइफल को भी अपने हमले में खराब मौसम का सामना करना पड़ा और नुकसान उठाते हुए वापस

लौटना पड़ा। फिर यह निर्णय लिया गया कि जब तक अतिरिक्त बल उपलब्ध नहीं हो जाता, तब तक एमजी पहाड़ी पर कब्ज़ा करने की योजना स्थगित रखी जाए।

अब तक 50 पैरा ब्रिगेड को झांगर में तीन महीने बीत चुके थे। अग्रिम जवानों को छोड़कर जो मजबूत बंकरों में रहते थे, बाकी जवान, जो ब्रिगेड मुख्यालय और पाश्र्व प्रशासनिक यूनिटों में थे, शिविर की सुरक्षा के लिए चौहद्दी पर खुदी खाइयों के साथ छावनी की तरह रहते थे। ऐसा इसलिए था क्योंकि सेक्टर में दुश्मन के पास तोपें नहीं थीं और उनके छोटे हथियारों से किये गये फायर केवल अग्रिम जवानों तक ही पहुंच सकते थे। जून के मध्य में दुश्मन के ठिकानों के ऊपर से गुजर रहे भारतीय विमान ने झांगर के दक्षिण में तोपें के कुछ मोर्चे देखे। उसके कुछ दिन बाद एक अन्य सामरिक उड़ान ने जानकारी दी कि तोपों पर जवान तैनात थे। सीमित असर वाले कुछ हवाई हमले किये गये। उसी समय ये आदेश जारी किये गये कि मुख्यालय और पाश्र्व यूनिटें अपनी सुरक्षा को बेहतर कर लें और उपयुक्त सुरक्षा के साथ ऊपर से ढके हुए बंकर बना लें। बहुत कम लोगों ने इन आदेशों को गंभीरता से लिया, विशेषकर ब्रिगेड मुख्यालय में, जिसका कार्यालय और मेस झांगर में एक चौराहे पर दो कमरों के निरीक्षण भवन में था। एक व्यक्ति जिसने निर्देशों का पालन किया वह थे कैप्टन बृज लाल, जिनके पास ब्रिगेड मुख्यालय के सिग्नल सेक्शन की कमांड थी। उन्होंने यह सुनिश्चित कर लिया कि उनके बंकरों में दुश्मन की गोलाबारी झेलने लायक मजबूती हो।

इस समय उस्मान ने 3 पैरा एमएलआई के कैप्टन एससी सिन्हा को ब्रिगेड मुख्यालय में ब्रिगेड इंटेलिजेंस अफसर के तौर पर तैनात कर दिया था। जब कोटली की पराजय के बाद उस्मान ने 50 पैरा ब्रिगेड की कमांड संभाली तो ब्रिगेड का मनोबल गिरा हुआ था, झांगर की हार के बाद मनोबल और गिर गया। कुछ ही महीनों में उस्मान अपनी कमांड के जवानों को प्रेरित करने में सफल रहे थे और नौशेरा व फीर थाल नाका के युद्ध उनकी नेतृत्व क्षमता का सबूत थे। वे एक करिश्माई कमांडर थे, जो अधिकारियों और जवानों दोनों के प्रिय थे। उनका अत्यंत विनोदपूर्ण स्वभाव था, और वे बेहद कठिन परिस्थितियों में भी खुश रह सकते थे। उस्मान की कर्तव्य के प्रति निष्ठा, विनोदपूर्ण स्वभाव और असीम ऊर्जा देखकर सिन्हा बहुत प्रभावित थे। उनका साहस व निस्वार्थता स्पष्ट दिखती थी और वे जवानों के मनोबल के लिए करामाती थे। वे अपने अधीनस्थों में आत्मविश्वास उत्पन्न करते थे, जिनका नेतृत्व वे अपने व्यक्तिगत उदाहरण से करते थे। सबसे बड़ी बात वे न्यायपूर्ण थे। जहां वे योग्यता को पुरस्कृत करने में तत्पर थे और श्रेय देने में पीछे नहीं रहते थे, वहीं किसी को दंडित करने से पहले उसे अपनी बात रखने का पूरा अवसर देते थे। लेकिन वे काम लेने में सख्त थे व सबसे सर्वश्रेष्ठ प्रदर्शन चाहते थे और अपना काम ठीक से न करने वालों की फटकार लगाने में भी नहीं झिझकते थे। वे मानते थे कि निष्ठा का मार्ग दो तरफा है, और हमेशा अपने अधीनस्थों का साथ देते थे।

एक दिन जेएके फोर्स मुख्यालय से बहुत सख्त भाषा में सिग्नल प्राप्त हुआ। इसमें ब्रिगेड इंटेलिजेंस अधिकारी (बीआईओ) से हमारी उस पिकेट के बारे में स्पष्टीकरण मांगा गया, जिसके बारे में बीआईओ ने बगैर कूटलेखन के 6 अंकों का मैप संदर्भ भेजा था और उस पर दुश्मन ने बमबारी कर दी। उसको स्थिति रिपोर्ट में शामिल कर लिया गया, जो प्रतिदिन उच्च मुख्यालय भेजी जाती थी। क्योंकि बीआईओ इस गलती के लिए जिम्मेदार थे, इसलिए डिविजन मुख्यालय उनकी बलि चढ़ाना चाहता थे। सिन्हा बहुत डर गये और उन्होंने सिग्नल उस्मान को दिया, उनको उम्मीद थी कड़ी फटकार लगेगी। उस्मान ने सिग्नल देखा और बिना कुछ प्रतिक्रिया जताए एक संदेश पैड मांगा। उन्होंने जवाब लिखाः 'खतरे में पड़े हमारे अपने ठिकाने का 6 अंकों का मानचित्र संदर्भ जेएके फोर्स मुख्यालय के लिए भले ही नई खबर हो, लेकिन मैं आपको आश्वस्त करता हूं कि दुश्मन के लिए यह कोई नई खबर नहीं थी।' इसके बाद फिर कोई जवाब नहीं आया।

उस्मान की मृत्यु 3 जुलाई 1948 को हुई; उनकी दुखद मृत्यु के आसपास की परिस्थितियों का एस सी सिन्हा ने वर्णन किया है, जो वहां उपस्थित थे। हर शाम 5.30 बजे उस्मान रेत के मॉडल कक्ष में मीटिंग करते थे। वह कक्ष कुछ टेंट टेंटों को जोड़कर बनाया गया था। उस दिन मीटिंग का समय आधा घंटा पहले रखा गया था और मीटिंग आम दिनों से जल्दी समाप्त हो गई। शाम 5:45 पर दुश्मन ने ब्रिगेड मुख्यालय पर गोलाबारी शुरू कर दी। अगर समय न बदला गया होता तो उस्मान और उनका स्टाफ उस वक्त टेंट के अंदर होता जब 25 पाउंड के गोले चौराहे से उत्तर की तरफ 500 मीटर की दूरी पर आकर गिरे। वे रेंजिंग शॉट थे, क्योंकि गोलों की अगली बौछार और निकट आकर गिरी। सब लोग बौखलाकर छिपने की जगह खोजने लगे, चिकित्सा अधिकारी अपनी चारपाई के नीचे घुस गये और रसोइये टेंट की दीवारों से चिपक गये, उनको लगा कि इससे उन्हें पर्याप्त सुरक्षा मिल जाएगी।

उस्मान और उनके कुछ स्टाफ अधिकारी मीटिंग समाप्त होने के बाद मुख्यालय में टहल रहे थे। जब गोलाबारी शुरू हुई तब वे सिग्नलरों के बंकर के ठीक ऊपर सीढ़ीदार खेत के पास बड़ी सी चट्टान की ओट में छिप गये। उस्मान के साथ उनके आर्टिलरी बैटरी कमांडर मेजर भगवान सिंह, और बीआईओ कैप्टन एस सी सिन्हा थे। दुश्मन की तोपों को शांत करने के लिए हमारी अपने फील्ड बैटरी की तोपों ने जवाबी फायरिंग की। दुश्मन की अच्छी तरह स्थापित तोपों पर फायरिंग की निरर्थकता को देखते हुए उस्मान ने भगवान सिंह से अपनी तोपों को पश्चिम की तरफ घुमाकर प्वाइंट 3150 पर हमला करने को कहा। भगवान को हैरानी हुई, क्योंकि दुश्मन दक्षिण की ओर से फायरिंग कर रहा था। लेकिन जब उस्मान ने जोर देकर बताया तो भगवान को समझ आ गया कि दुश्मन के लिए प्वाइंट 3150 अपनी आर्टिलरी अवलोकन चौकी बनाने का एक स्पष्ट स्थान था। भगवान ने अपनी आठ तोपों को उस्मान द्वारा बताए गए लक्ष्य पर हमला करने को कहा। इसका अपेक्षित परिणाम निकला और दुश्मन की तरफ से फायरिंग रुक गई।

गोलाबारी ने कुछ मीटर की दूरी पर स्थित कमांड पोस्ट के शीर्ष पर लगे वायरलेस एरियल को क्षतिग्रस्त कर दिया था। एक बार जब गोलाबारी रुक गई, तो ब्रिगेड सिग्नल कंपनी के लेफ्टिनेंट राम सिंह के नेतृत्व में कुछ सिग्नलर बाहर निकले और एरियल की मरम्मत शुरू कर दी। उस्मान ने भी ब्रिगेड कमांड चौकी में जाने का निर्णय लिया। उस्मान आगे चले, और बाद में मेजर भगवान सिंह और कैप्टन एससी सिन्हा उनके पीछे आने लगे। वे कुछ कदम ही चले होंगे कि भगवान सिंह ने एक आवाज सुनी, जिसे उन्होंने तुरंत पहचान लिया कि वह तोप से गोला दागने की आवाज थी। स्वाभाविक तौर पर उन्होंने सिन्हा का हाथ पकड़कर पीछे खींच लिया। लेकिन अब तक उस्मान कमांड चौकी के प्रवेश द्वार तक पहुंच चुके थे, जहां वे सिग्नलरों का उत्साहवर्धन करने के लिए ठहर गये थे। तभी नजदीकी चट्टान पर एक 25 पाउंड का गोला आकर गिरा। उसमें से निकले किरच लगने से उस्मान की मौके पर ही मृत्यु हो गई, जबकि बाहर काम कर रहे लेफ्टिनेंट राम सिंह और दो अन्य सिग्नलर घायल हो गये। पूरी रात गोलाबारी होती रही, और झांगर पर 800 गोले दागे गये। सौभाग्य से एक कंपनी द्वारा घुसपैठ के दो असफल प्रयासों को छोड़कर, उसके बाद इंफैन्ट्री हमला नहीं किया गया। गोलाबारी में ब्रिगेडियर उस्मान के साथ, चार लोगों की जानें गईं और तीन अधिकारियों समेत आठ लोग घायल हो गये।

उस्मान की असामयिक मृत्यु से पूरे गैरिसन पर शोक छा गया। उनकी अंतिम यात्रा के लिए, वहां आए नए कारवां का प्रयोग किया गया और उस्मान को अभी उसे इस्तेमाल करने का मौका नहीं मिला था। जब उनको अंतिम विदाई देने के लिए जवान पंक्ति में खड़े हुए, तो उनमें एक भी ऐसा नहीं था जिसकी आंखों में आंसू न हों। अनुभवी योद्धा भी उस व्यक्ति के लिए बिना शर्म के रो रहे थे, जो थोड़े से समय में उनका लाड़ला बन गया था। जम्मू से उनका पार्थिव शरीर विमान से दिल्ली लाया गया, जहां अपनी मातृभूमि पर प्राण न्योछावर करने वाले इस वीर सपूत को श्रद्धांजलि देने के लिए भीड़ उमड़ पड़ी। सरकार ने राजकीय सम्मान के साथ उनकी अंत्येष्टी करने का निर्णय लिया। महरौली में हुए उनके अंतिम संस्कार में गवर्नर जनरल लॉर्ड माउंटबैटन और प्रधानमंत्री जवाहरलाल नेहरू भी शामिल हुए। उसके थोड़े समय बाद सरकार ने उस्मान को मरणोपरांत महावीर चक्र प्रदान करने की घोषणा की, जो भारत का दूसरा सबसे बड़ा शौर्य पुरस्कार है।

जब उस्मान की मृत्यु हुई तब उनकी आयु 36 वर्ष पूर्ण करने में 12 दिन कम थी। अगर वे जीवित रहते तो निस्संदेह सेना के सर्वोच्च पद तक पहुंचते। दयालु, मानवीय और पूर्ण रूप से निष्पक्ष उस्मान में एक सेनानायक के समस्त गुण थे। झांगर की पराजय के बाद बड़ी संख्या में आम नागरिकों ने नौशेरा में शरण ली थी। भोजन की कमी थी, तमाम लोगों के पास खाने के लिए कुछ नहीं था। उस्मान ने अपने जवानों को मंगलवार का उपवास रखने का आदेश दिया, ताकि बचा हुआ राशन आम नागरिकों को दिया जा सके। पूर्णतया मद्यत्यागी होने के साथ-साथ उनका खानपान साधारण था, डोगरों के साथ सेवाएं प्रदान करने के बाद

वे शाकाहारी बन गये थे। वे अविवाहित थे और उनके वेतन का मुख्या हिस्सा गरीब बच्चों की शिक्षा के लिए जाता था। उनकी मृत्यु के बाद तमाम बच्चे खुद को अनाथ महसूस करने लगे और अपने संरक्षक की मृत्यु पर शोक व्यक्त करते हुए उन्होंने ब्रिगेड मुख्यालय को पत्र लिखा।

एक धर्मनिष्ठ मुस्लिम होने के साथ उस्मान एक कट्टर देशभक्त थे और धर्म के साथ-साथ अपने देश के प्रति निष्ठावान रहने में उनको कभी कोई दिक्कत नहीं आई। नौशेरा पर हमले के दौरान उनको बताया गया कि दुश्मन के कुछ लोग मस्जिद में छिपे हुए थे और भारतीय तोपची पूजा स्थल पर फायर करने से कतरा रहे थे। उस्मान ने कहा कि अगर मस्जिद का उपयोग दुश्मन को पनाह देने के लिए हो रहा था, तो वह अब पवित्र स्थान नहीं रह गया था और उसे उड़ाने का आदेश दे दिया। इसमें कोई हैरानी नहीं कि दुश्मन उनसे नफरत करता था और उनके सिर पर 50,000 रुपये का ईनाम रख दिया था। पाकिस्तान ने भारतीय जवानों के नायक बन चुके उस्मान की मौत की झूठी अफवाह भी फैला दी थी, ताकि हमारे जवानों का मनोबल टूट जाए। जून 1948 जब एक पाकिस्तानी समाचार पत्र में उस्मान की मौत की खबर छपी तो उस्मान के चिंतित भाई ने सेना अधिकारियों को पत्र भी लिखा। पश्चिमी कमांड मुख्यालय के प्रशासन प्रभारी ब्रिगेडियर सरदानंद सिंह ने उस्मान को सिग्नल भेजकर उनकी कुशलक्षेम पूछी। उस्मान ने जवाब दियाः 'मैं एकदम स्वस्थ और तंदरुस्त हूं-और जीवित दुनिया में ही हूं'। यह विडंबना ही थी कि जब यह संदेश पश्चिमी कमांड मुख्यालय पहुंचा उसके कुछ घंटों बाद ही उस्मान मारे गये।

1947–48 के जम्मू और कश्मीर ऑपरेशन के दौरान मोहम्मद उस्मान जान गंवाने वाले सबसे वरिष्ठ भारतीय सैन्य अधिकारी थे। आज भी जम्मू और उसके आसपास के क्षेत्र के लोगों के लिए वे पूजनीय हैं। नौशेरा और झांगर में स्मारक बनाए गए हैं और उनकी पुण्यतिथि पर पूर्व सैनिक एकत्रित होकर उन्हें याद करते हैं। झांगर में उसी चट्टान पर स्मारक बनाया गया है, जहां उनकी जान लेने वाला गोला गिरा था। उस्मान एक सच्चे सैनिक और देशभक्त थे, प्रतिकूल परिस्थितियों में भी निर्भीक। हालांकि थोड़े दिखावटी थे, लेकिन जहां श्रेय देना होता था वे ज़रूर देते थे। एक युद्ध नायक के तौर पर भारतीय सेना की सम्मान सूची में उनका नाम हमेशा के लिए सुरक्षित है। झांगर के युद्ध में जाने से पहले जैसा कि उन्होंने अपने जवानों को नसीहत दी थी, उन्होंने 'अपने पूर्वजों की विरासत और देवों के मंदिरों के लिए' अपने प्राणों की बलि चढ़ा दी।

6 फील्ड मार्शल एस.एच.एफ.जे. मानेकशॉ, एमसी

पाकिस्तान पर भारत की विजय के शिल्पकार

फील्ड मार्शल सैम होर्मूसजी फ्रामजी जमशेदजी मानेकशॉ निस्संदेह भारत के सबसे लोकप्रिय और रंगीले सेना नायक हैं। 1971 की प्रथम निर्णायक विजय में देश का नेतृत्व करने के बाद उनका लोकप्रिय नाम 'सैम बहादुर', घर-घर में प्रचलित हो गया था। वे भारत के प्रथम फील्ड मार्शल थे और आज भी, वे भारत के सबसे प्रशंसित और आदर्शरूप सेना प्रमुख के रूप में जाने जाते हैं । उनका व्यक्तित्व करिश्माई था और उनकी उपस्थिति में कोई प्रभावित हुए बिना नहीं रह सकता। एक महान सैनिक के विशिष्ट लक्षण - जोश, फुर्ती और ऊर्जा—उनके अंदर सभी हैं। तथापि, अगर उनकी एक विशिष्ट पहचान बताई जाए तो वह है उनकी हाज़िर जवाबी और विनोदी स्वभाव। सैम के बारे में कई किस्से हैं। हालांकि, उन्हें सक्रिय सेवा को छोड़े हुए 30 वर्ष से भी अधिक हो गये हैं, लेकिन अब भी उनके बारे में नए किस्से सुनने को मिल जाते हैं। एक फील्ड मार्शल कभी सेवानिवृत्त नहीं होता और सैम इस मनोभाव के ऐसे प्रतिमान हैं, जो कोई और नहीं हो सकता। उनके असंख्य प्रशंसक हैं और उनमें महिलाओं की संख्या भी काफी ज्यादा है। भले ही वे अब 90 वर्ष से अधिक उम्र के हैं, लेकिन अभी भी जब वे किसी जगह जाते हैं तो उनको देखकर नौजवान लड़कियां स्तब्ध रह जाती हैं।

सैम एक पारसी हैं और उनका जन्म 3 अप्रैल 1914 को अमृतसर में हुआ। भारत में पारसी एक बहुत छोटा समुदाय है, और ज्यादातर पश्चिमी तट पर पाया जाता है, खासतौर से बंबई और और गुजरात के कुछ भागों में। भले ही उनकी संख्या कम है, लेकिन पारसी एक प्रगतिशील समुदाय है, जिसमें शत प्रतिशत साक्षरता दर है। हालांकि, उनका मुख्य काम व्यापार होता है, लेकिन उन्होंने देश को कुछ प्रमुख राजनीतिज्ञ, अधिवक्ता, उद्योगपति, कलाकार, चिकित्सक और इंजीनियर भी दिये। सैम के दादा फ़्रामरोज़ एक शिक्षक थे, जो वलसाड में रहते थे और उन्होंने मोरारजी देसाई को पढ़ाया था, जो बाद में देश के प्रधानमंत्री बने। सैम के पिता होर्मूसजी का जन्म वलसाड में हुआ और वे एक चिकित्सक बने। उनका विवाह बंबई की एक पारसी लड़की हिला से हुआ, जिनसे उनकी

मुलाकात मेडिकल की पढ़ाई के दौरान ग्रांट मेडिकल कॉलेज में हुई। होर्मूसजी ने बंबई में अपनी प्रैक्टिस शुरू की और बाद में अमृतसर चले गये, जहां चिकित्सकों की संख्या कम थी और मेडिकल प्रैक्टिस को स्थापित करने की बेहतर संभावनाएं थीं। प्रथम विश्व युद्ध के दौरान उन्होंने मेसोपोटामिया और मिस्र में सेवाएं दी और उन्हें मेडिकल सर्विसेज में कैप्टन की रैंक प्रदान की गई।

होर्मूसजी और हिला को छह बच्चे हुए, सभी का जन्म अमृतसर में हुआ। सबसे बड़े बेटे फली, इंग्लैंड से इंजीनियरिंग की डिग्री प्राप्त करने के बाद कलकत्ता में स्ट्यूअर्ट्स एंड लॉयड्स कंपनी से जुड़ गये। दूसरी संतान, सिला एक प्यारी लड़की थी, जो उल्लास से भरी और बेहद मज़ाकिया थी। इन गुणों के कारण वो अपने परिवार में सबकी लाड़ली थी, खासतौर से अपने भतीजे और भतीजियों के लिए। दूसरे बेटे, जैन ने अपने बड़े भाई का अनुसरण करते हुए इंग्लैंड से इंजीनियरिंग की पढ़ाई की। वे कैलेंडर केबल्स (बाद में इंडियन केबल्स) कंपनी से जुड़े, जहां से वे निदेशक पद से सेवानिवृत्त हुए। उनके बाद थी सेहरू, जिनको परिवार का सौंदर्य का प्रतीक माना जाता था। वे विवाह के बाद बंबई में रहने लगीं। सैम पांचवीं संतान थे, जिनके बाद थे जेमी, केवल इन्होंने ही अपने पिता का अनुसरण किया और डॉक्टर बने। वे वायु सेना से जुड़े और अमेरिका के पेन्साकोला से एयर सर्जन के पंख प्राप्त करने वाले वे पहले भारतीय थे।

सैम को पहले सायरस नाम दिया गया था, लेकिन उनकी एक आंटी ने उसे बदलकर सैम कर दिया, क्योंकि उन्होंने सुन रखा था कि सायरस नाम के एक पारसी को जेल जाना पड़ा था, और उनको लगा कि यह नाम उनके भतीजे के लिए अशुभ साबित हो सकता है। सैम के सबसे बड़े भाई फली की स्कूली शिक्षा बंबई में हुई, लेकिन बाकी के तीनों लड़कों—जैन, सैम और जेमी को शिक्षा के लिए नैनीताल के शरवुड कॉलेज भेजा गया। उनकी दोनों बहनें मुर्री के एक कॉन्वेंट स्कूल में पढ़ीं।

परिवार केवल तीन महीनों तक साथ रहता था, जब बच्चे दिसंबर से फरवरी तक अपनी छुट्टियों में घर आते थे। वे जमकर मस्ती करते, छोटे वाले तीन भाई-बहन हमेशा कोई न कोई शैतानी में लगे रहते। होर्मूसजी को संगीत और बागबानी का शौक था। उनके सब बच्चों में भी ये गुण थोड़ी बहुत मात्रा में थे। हिला अपनी पाककला के लिए जानी जाती थीं, और रसोई में उनका काफी समय बीतता, खासतौर से जब उनके खाने के शौकीन बच्चे घर पर होते। वे पारसी व्यंजनों की माहिर थीं और चोखा नी रोटली (चावल चपाती) में उनकी विशेषज्ञता थी। उनके बेटे जेमी की पत्नी भीकू मानेकशॉ याद करती हैं कि उनकी सास द्वारा बनाई गई सौ रोटली का ढेर दो इंच से ज्यादा ऊंचा नहीं होता था और अगर ढेर के ऊपर एक चांदी का सिक्का रख दिया जाता, तो वह नीचे तक बैठ जाता था। भीकू स्वीकार करती हैं कि हिला की एक भी बहू उनकी पाककला का मुकाबला नहीं कर सकती।

सैम ने अपना सीनियर कैम्ब्रिज डिस्टिंक्शन के साथ पास किया और वे अमृतसर लौट आए। उस समय वे 15 वर्ष के थे और उन्होंने अपने पिता को उनका वादा याद दिलाया कि वे मेडिसिन की पढ़ाई के लिए सैम को इंग्लैंड भेजेंगे। होर्मूसजी को लगा कि विदेश जाने के लिए सैम की आयु कम थी, और उन्होंने 18 वर्ष पूर्ण करने तक इंतजार करने को कहा। सैम को बहुत गुस्सा आया और उन्होंने अपने पिता से 18 महीनों तक बात नहीं की। उन्होंने आगे एफ.एससी. की पढ़ाई के लिए हिंदू सभा कॉलेज में प्रवेश लिया। उस समय इंटरमीडिएट (साइंस) को एफ.एस.सी कहा जाता था।

1925 में गठित हुई स्कीन कमेटी ने 1933 तक एक भारतीय सैंडहर्स्ट स्थापित करने की सिफारिश की थी। प्रस्तावित सैन्य प्रशिक्षण कॉलेज की विस्तृत रूपरेखा पर काम करने के लिए सरकार ने 1931 की शुरुआत में भारतीय सैन्य कॉलेज समिति गठित की थी। कमेटी के अध्यक्ष सर फिलिप चेटवुड थे और उसमें बड़ी संख्या में सैन्य और सिविल सदस्य थे। विस्तृत विचार विमर्श के उपरांत समिति ने 15 जुलाई 1931 को अपनी सिफारिशें प्रस्तुत कीं। समिति की सिफारिश थी कि भारतीय सेना में कमीशन हेतु भारतीयों को प्रशिक्षण प्रदान करने के लिए एक कॉलेज स्थापित किया जाए, जिसमें प्रवेश के लिए पब्लिक सर्विस कमीशन द्वारा परीक्षा कराई जाए। पाठ्यक्रम तीन वर्ष की अवधि का रखा जाना था, जिसमें प्रवेश की आयु 18 से 20 वर्ष तय की गई। उपाधि प्राप्त करने पर अधिकारियों को भारतीय कमीशन प्रदान किया जाए, जिस पर वायसरॉय के हस्ताक्षर हों। (सैंडहर्स्ट से उपाधि प्राप्त करने वाले अधिकारियों के कमीशन पर ब्रिटेन के किंग के हस्ताक्षर होते थे।) कुल फीस रु. 4600 तय की गई, जिसमें ट्यूशन, बोर्ड, लॉजिंग, यूनिफॉर्म, किताबें और पॉकेटमनी शामिल थी। भारतीय सेना के कैडेट्स की फीस माफ थी और उन्हें 60 रुपये प्रति माह का वज़ीफा दिया जाना तय हुआ। कमीशन प्राप्त करने के बाद, अधिकारियों को सेकंड लेफ्टिनेंट की रैंक प्रदान की जानी थी, जिसमें मासिक वेतन रु. 300 था।

एक महत्वपूर्ण बिंदु जिस पर कमेटी ने विचार किया, वह था प्रस्तावित कॉलेज के स्थान को लेकर। कॉलेज किसी केंद्रीय स्थल पर बनना था, जहां पहुंचना आसान हो, पूरे वर्ष संतुलित मौसम रहता हो और पर्याप्त आवास सुविधा के साथ भविष्य में विस्तार की जगह भी होनी चाहिए थी। आसपास सैन्य छावनी भी होना चाहिए था। दर्जनों स्थानों पर विचार करने के बाद समिति ने तीन नाम चयनित किये—देहरादून, महू और सतारा। अंततः देहरादून का चयन हुआ, क्योंकि वह केंद्र में स्थित था, वहां का मौसम अच्छा था और PWRIMC से उसकी नजदीकी थी। एक और कारण था कि, रेलवे स्टाफ कॉलेज बंद हो रहा था और उसका आवास तैयार अवस्था में उपलब्ध था।

1932 की शुरुआत में यह घोषणा की गई कि भारतीय सैन्य अकादमी (आईएमए) में प्रवेश के लिए परीक्षा जून या जुलाई में आयोजित की जाएगी। सैम ने अपनी मां से कुछ

पैसे लिये और दिल्ली चले गये और 14 जुलाई 1932 को प्रवेश परीक्षा में बैठे। कुल 40 रिक्तियां थीं—15 का चयन खुली प्रतियोगिता से होना था, 15 सेना से और 10 का इंडियन स्टेट फ़ोर्सेस से। अंततः केवल 15 कैडेट्स चयनित हुए और सैम का मेरिट सूची में छठा स्थान था। पहले कमांडेंट थे ब्रिगेडियर एल.पी. कॉलिन्स, डीएसओ और यह सुनिश्चित करने के लिए कि मानक सैंडहर्स्ट के अनुरूप रहें, स्टाफ को बहुत सावधानी के साथ चुना गया था। प्रशिक्षण 1 अक्टूबर 1932 को शुरू हुआ, हालांकि अकादमी का औपचारिक उद्घाटन 10 दिसंबर 1932 को सी-इन-सी, फील्ड मार्शल सर फिलिप चेटवुड, बार्ट, जीसीबी, जीसीएसआई, केसीएमजी, डीएसओ द्वारा किया गया। 'दि पायनियर्स' कहे जाने वाले प्रथम बैच में तीन भावी सेना प्रमुख थे—मानेकशॉ आगे चलकर भारत में सेना के अध्यक्ष बने, स्मिथ डन बर्मा में और मोहम्मद मूसा पाकिस्तान में।

सैम ने आईएमए में बिताये समय का पूरा आनंद लिया, हालांकि वे अक्सर परेशानी में पड़ जाते थे। जेंटलमैन कैडेट्स (जीसी) को सप्ताहांत पर 'लिबर्टी' (छूट) दी जाती थी। आईएमए का रिकॉर्ड सैम को ऐसा पहला जेंटलमैन कैडेट होने का श्रेय देता है जिसने सप्ताहांत पर मसूरी जाने की छुट्टी मांगी। मसूरी अकादमी से केवल एक घंटे की दूरी पर था। अकादमी की ओर से पहली एक्स्ट्रा ड्रिल प्रदान किये जाने का रिकॉर्ड भी उनके नाम है। आगे चलकर अकादमी के पूर्व छात्रों में कई और प्रथम चीजें उनके नाम होने वाली थीं, जैसे गुरखा रेजिमेंट में शामिल होना, जनरल बनना और बाद में फील्ड मार्शल बनना।

एक सप्ताहांत पर सैम और उनके दो मित्र कपूरथला के महाराज कुमार जीत सिंह और हाजी इफ्तिखार अहमद मसूरी गये। क्योंकि पहाड़ी सड़क पर केवल एक तरफा ट्रैफिक ही चल सकता था, इसलिए मसूरी और देहरादून के बीच 'गेट' सिस्टम था। रविवार की शाम को सैम और उनके दोस्त हैकमैन होटल में फ्लोर शो देख रहे थे और उन्हें समय का अंदाजा नहीं रहा। जब वे बाहर आए तो उनको पता चला कि नीचे जाने वाली आखिरी बस जा चुकी थी। उन्हें वापस होटल जाना पड़ा और वे रात को वहीं रुके। जब वे सोमवार सुबह अकादमी पहुंचे तो उन्हें तत्काल 'दोषारोपित' (पुट ऑन चार्ज) किया गया। तीनों को 15 दिनों तक 'गेट' (लाइन हाज़िर) कर दिया गया। इसके अलावा, सैम जो कॉर्पोरल थे, उनकी फीतियाँ छीन ली गईं। ब्लैक वॉच रेजिमेंट के एडजुटेंट, कैप्टन मैकलारेन ने औपचारिक रूप से उनकी आस्तीन से फीतियों को हटाया।

सैम की एक खासियत, जो आईएमए में ही नजर आने लगी, वह था उनका मज़ाकिया अंदाज़। जेंटलमैन कैडेट एस. मानेकशॉ ने एक लेख लिखा जिसका शीर्षक था 'अ लेटर फ्रॉम मानेकसैम', जिसे आईएमए जर्नल के जून 1933 के अंक में प्रकाशित किया गया।* एक काल्पनिक मित्र रुस्तम को लिखे पत्र के बहाने वे एक संभावित जेंटलमैन कैडेट को

*यह पत्र परज़ोर प्रोजेक्ट द्वारा प्रकाशित स्मारिका *In War and Peace* से उद्धृत किया गया है।

अकादमी के जीवन से जुड़े विभिन्न पहलुओं पर सलाह देते हैं और बेहतरीन परिणाम हासिल करने के लिए आचार व्यवहार के बारे में कुछ सुझाव देते हैं:

प्रिय रुस्तम,

मुझे अखबार में यह पढ़कर बेहद प्रसन्नता हुई कि तुमने हाल ही में संपन्न हुई आईएमए परीक्षा में सफलता प्राप्त की है। इसके लिए मैं तुम्हें हार्दिक बधाई देता हूं।

पहली बार आईएमए पहुंचने पर तुम्हारे आचरण के बारे में कुछ सुझाव यहां पर उचित रहेंगे, इसलिए अपनी पुरानी मित्रता के मद्देनज़र, मैं तुमको कुछ जानकारी भेज रहा हूं।

जब तुम देहरादून स्टेशन पर उतरोगे तब तुम्हें आईएमए के कई प्रतिनिधि मिलेंगे जैसे कंपनी कमांडर, एडजुटेंट, क्वार्टरमास्टर आदि। इन्हें तुम्हारा सामान उठाने के लिए भेजा जाता है, तो तुम अपना सामान इन्हें तुरंत पकड़ा देना। सौभाग्य से मेरी मुलाकात एक एडजुटेंट से हुई। वह अजीब सी पतलून पहने एक लंबा चौड़ा आदमी था और वह बर्बर समझी जाने वाली अंग्रेज कौम से थे, जिसे स्कॉट कहा जाता है—मुझे लगता है कि इंग्लैंड में इन लोगों को 'अछूत' समझा जाता है। मैंने मसूरी जाने का विचार किया था, लेकिन मेरी और एडजुटेंट की इतनी रोचक बातचीत हुई कि मैंने वहां जाना स्थगित कर दिया और उसके साथ सीधे अकादमी पहुंच गया। ज्यों ही आने-जाने को प्रोत्साहित किया जाए, तो मेरी सलाह है कि पहुंचने के बाद तुम एडजुटेंट को सूचित कर देना कि तुमको मसूरी जाना है और शाम तक वापस आ जाओगे। उन्हें बता देना कि वापसी के वक्त वे तुम्हारे नहाने का पानी तैयार करके रखें।

अब वहां के ''जीवन'' के बारे में कुछ बातें। तुमको यह सुनकर प्रसन्नता होगी कि तुम्हारे लिए प्रतिदिन ड्रिल और पीटी की व्यवस्था होगी। हम सभी को ये चीजें पसंद होती हैं। हमारा जोश कुछ ऐसा था कि हम सबने 'अतिरिक्त ड्रिल' के लिए आवेदन किया और हमें भरपूर ड्रिल प्रदान की गई। मैं तुमको भी ऐसा करने की सलाह दूंगा, इसको लेकर स्टाफ काफी मेहरबान है।

मेरे जैसे लोगों को सीनियर कहा जाता है—अपनी स्वतंत्रता को प्रदर्शित करने का सबसे सटीक तरीका यह है कि अपने सीनियर्स को अनदेखा कर दें, विशेषकर जिनकी आस्तीनों पर फीतियाँ हों। जब वे तुमसे बात करें तो अपने हाथ जेब में डालो और उनकी तरफ अपनी पीठ घुमा लो; ऐसा करने पर वे तुमको और ज्यादा सराहेंगे।

तुम्हें एक बड़े से कमरे में भोजन कराया जाता है, जिसे मेस कहते हैं। जब भी तुमको भोजन परोसा जाए तो खुद को ताकतवर आदमी दिखाने के लिए, जितना हो सकें जमकर खाना। नाश्ते में तुम औसतन छह अंडे खा सकते हो, साथ में अन्य चीजें तो होंगी ही। अगर तुम यह प्रदर्शित करो कि तुम्हें खाना पसंद आ रहा है तो मेस के रसोइये से तुम्हारी दोस्ती हो जाएगी और इस दोस्ती बढ़ाने का तुम्हें पूरा फायदा मिलेगा।

एक छोटा सा आदमी है जिसकी आस्तीन पर तीन फीतियाँ हैं और अपने बारे में बताने के लिए इसके पास बहुत कुछ होता है। जैसे ही ये तुम्हें अपने बारे में बताना शुरू करें तुम

उनको 'फू-चू' पुकार देना। तुम्हारी तरफ से इस मित्रवत अभिवादन के बाद, तुम्हारे और उनके बीच सबकुछ ठीक हो जाएगा और तुम यह पाओगे कि तुम्हारे भविष्य के कल्याण के लिए वह एक पिता की तरह रुचि ले रहे हैं।

फिर जैसा कि मैंने बताया कि कुछ लोग होते हैं जिन्हें कंपनी कमांडर कहा जाता है। जब भी इनमें से कोई मेस में भोजन करने आएं तो हमेशा ध्यान रखना कि रात्रि भोज पर इनके बगल वाली सीट पर बैठ जाओ। उनको भली प्रकार जानने के लिए तुम्हारे द्वारा किये जा रहे प्रयासों को वे सराहेंगे।

तुम्हारी संगीत में काफी रुचि थी, तो तुम बुधवार के नाइट कॉन्सर्स्ट में ''अनाउंसर'' नियुक्त होने के लिए आवेदन कर सकते हो और एकल माउथ ऑर्गन बजाने की पेशकश रख सकते हो। यहां एक कैडेट है जो वॉयलिन पर तुम्हारा साथ देगा और उसके पास प्रदर्शनों की एक व्यापक फेहरिस्त है। अपने साथ अपना ग्रामोफोन और उसके तीन रिकॉर्ड लाना न भूलना। 'लाइट आउट' के बाद और सुबह तैयार होते वक्त तुम्हें उसे बजाने का भरपूर मौका मिलेगा। अपने साथ ग्रामोफोन लाने से तुमको मौलिक समझा जाएगा और तुम्हारे कई मित्र बन जाएंगे।

और अब एक आखिरी सलाह: सबको ये बताना कि तुम हर काम में कितने अच्छे हो। इस तरह का प्रचार तुम्हें प्रोफेसरों का चहेता बना देगा।

आईएमए के लिए उत्तीर्ण होने पर खुद को भाग्यशाली समझो। हम सभी अपने शुरुआती हफ्तों को रोमांच के साथ याद करते हैं और मुझे स्क्वेयर (एडजुटेंट का एल डोराडो) पर तुम्हारे सामने आ रहे शानदार समय से ईर्ष्या हो रही है।

ओह, मैं तुम्हें यह बताना तो भूल ही गया—जब देहरादून पहुँचो तो सज धज कर आना, अपनी कैप और ऑक्सफोर्ड टाइट्स जरूर पहनना।

सदैव तुम्हारा

मानेकसैम

सैम के बैच में से केवल 22 कैडेट ही अपना कोर्स पूर्ण कर पाए और 22 दिसंबर 1934 को भारतीय सैन्य अकादमी से पास आउट हुए। हालांकि उन्हें 1 फरवरी 1935 को कमीशन प्रदान किया गया, और वरिष्ठता की तिथि 4 फरवरी 1934 निश्चित की गई। ऐसा इसलिए किया गया ताकि वे सैंडहर्स्ट से एक वर्ष पूर्व कमीशन प्राप्त अधिकारियों से कनिष्ठ रहें। दोनों संस्थानों में प्रशिक्षण अवधि में अंतर होने के कारण सैंडहर्स्ट के अधिकारियों को एक वर्ष पूर्व दिनांकित वरिष्ठता प्रदान कर दी गई। नए आए भारतीय कमीशन प्राप्त अधिकारियों और किंग्स कमीशन प्राप्त अधिकारियों में एक विशिष्ट अंतर यह था कि किंग्स कमीशन प्राप्त अधिकारियों को कंपनी अधिकारियों के तौर पर भर्ती किया गया और वे ब्रिटिश अधिकारियों पर कमांड कर सकते थे, जबकि भारतीय कमीशन प्राप्त अधिकारियों को वायसरॉय कमीशन प्राप्त अधिकारियों की जगह प्लाटून कमांडर के तौर पर नियुक्त किया

गया। उनके पास ब्रिटिश अधिकारियों को कमांड करने का अधिकार नहीं था, भले ही वे उसी यूनिट में सेवाएं क्यों न दे रहे हों।

प्रथम स्वोर्ड ऑफ ऑनर, अंडर ऑफिसर स्मिथ डन को प्रदान की गई और प्रथम स्वर्ण पदक सार्जेंट एन.एस. भगत को मिला। स्मिथ उस समय भारतीय सेना का हिस्सा रही 2/20 बर्मा राइफल्स से थे और कैरेन थे। स्वतंत्रता के बाद वे बर्मा के सी-इन-सी बने। उन्हें उनका नाम कैसे मिला इसे लेकर एक रोचक कहानी है। कैरेन ज्यादातर ईसाई होते थे, जिन्होंने यूरोपीय नाम अपना लिये थे, लेकिन कुलनाम प्रयोग नहीं करते थे। जब स्मिथ देहरादून (कभी-कभी इसे देहरा दून भी लिखा जाता है) में उतरे और उनसे उनका नाम पूछा गया, तो उन्होंने स्मिथ बताया। कंपनी कमांडर ने इस बात पर जोर दिया कि उनका कुल नाम भी होना चाहिए, तो स्मिथ ने मौके पर ही अपना कुल नाम अपनाने का निर्णय किया। पहला नाम जो उनके ध्यान में आया वह था देहरा दून, जहां अकादमी स्थित थी, तो उन्होंने डून (dun) को अपना कुल नाम चुना और वे स्मिथ डन बन गये।

कमीशन प्राप्त करने के उपरांत, कैवेलरी और इंफैन्ट्री के लिए चुने गये भारतीय कमीशन प्राप्त अधिकारियों को भारत में एक ब्रिटिश यूनिट के साथ अटैच कर दिया गया, जैसा कि किंग्स कमीशन प्राप्त अधिकारियों के साथ किया जाता था। सैम को लाहौर में रॉयल स्कॉट्स के साथ अटैच किया गया। स्कॉट लोगों को उनका नाम उच्चारित करने में कठिनाई होती थी, और क्योंकि वे 'मैक' उपसर्ग से ज्यादा परिचित थे इसलिए उन्हें मैकेनशॉ पुकारने लगे। रॉयल स्कॉट्स में एक वर्ष बिताने के उपरांत फरवरी 1936 में उन्हें 4/12 फ्रंटियर फोर्स रेजिमेंट (एफएफआर) में तैनात किया गया, जिसे 54वीं सिख के नाम से भी जाना जाता था। यह सैम की मातृ यूनिट बन गई। किंग्स कमीशन प्राप्त अधिकारियों के विपरीत, भारतीय कमीशन प्राप्त अधिकारियों को अटैचमेंट पूर्ण करने पर व्यक्तिगत नंबर आवंटित किये जाते थे। ये उस रेजिमेंट की वरिष्ठता के आधार पर होते थे जिससे वे जुड़ते थे, मेरिट के आधार पर नहीं, जैसा कि अब होता है। प्रथम बैच में मेरिट में तीसरे स्थान पर रहे भगवती सिंह को आईसी-1 दिया गया, जबकि सैम को आईसी-14 मिला। बटालियन उस समय फिरोज़पुर में थी, लेकिन जल्द ही उत्तर पश्चिमी सीमांत प्रांत के फोर्ट सैलप चली गई। सैम ने धाराप्रवाह पश्तो बोलना सीख लिया था, और उनके रंगरूप के कारण कबिलाई अक्सर उनको गलती से पठान समझ लेते थे।

22 अप्रैल 1939 को सैम का विवाह बंबई में सिल्लू बोडे से हुआ। दंपति की पहली संतान, एक बेटी का जन्म 11 जनवरी 1940 को हुआ। इसका नाम उन्होंने शैरी रखा। दूसरी संतान भी बेटी थी, जिसका जन्म 24 सितंबर 1945 को हुआ। इसका नाम माया रखा गया, हालांकि बाद में बेटी ने अपना नाम माजा (Maja) लिखना शुरू कर दिया। उनके अनुसार 'तेरह साल की उम्र में मैंने सोचा कि माजा के रूप में मेरा नाम बहुत प्रभावशाली

लगेगा, लेकिन सैम ने माया के तौर पर वर्तनी पर जोर दिया।' शैरी मानेकशॉ बाद में श्रीमती बाटलीवाला बन गईं और उनकी बेटी का नाम ब्रांडी रखा गया। माजा मानेकशॉ ब्रिटिश एयरवेज के में परिचारिका बन गईं और धुन दारूवाला से उनका विवाह हुआ, जो एक पायलट थे। बाद में माजा एक अधिवक्ता बन गईं और दिल्ली में सलमान खुर्शीद के चैम्बर से जुड़ गईं, फिर अपनी खुद की प्रैक्टिस शुरू कर दी। उनके दो बेटे हुए और उनका नाम उनके महान नाना के नाम पर राउल सैम और जेहान सैम रखा गया।

1942 में सैम की बटालियन को बर्मा जाने के आदेश मिले। बर्मा पहुंचने के कुछ समय बाद ही जापानियों ने हमला कर दिया। सैम को एक सिख कंपनी की कमांड सौंपी गई थी। अमृतसर में जन्म होने के कारण सैम बहुत अच्छी पंजाबी बोल सकते थे और वे सिखों के साथ बहुत अच्छे से घुल-मिल गये। यह पहला मौका था, जब वे लड़ाई में हिस्सा ले रहे थे और जल्द ही उन्हें अपना लोहा मनवाने का मौका मिला। गैर कमीशन प्राप्त अधिकारियों में हताहतों की संख्या बहुत ज्यादा थी, इसलिए कमांडिंग अफसर ने उपयुक्त जवानों को चुनकर उन्हें कॉर्पोरल और सार्जेंट के पद पर पदोन्नत करने के लिए एक कॉन्फ्रेंस बुलाई। सैम की कंपनी में एक जवान था, जिसका नाम सूरत सिंह था, जिसे अनुशासनहीन माना जाता था। जब उसका नाम आया तो सैम से उनकी सिफारिश पूछी गई। सैम ने कहा कि सूरत सिंह को पदोन्नति देने का कोई लाभ नहीं क्योंकि वह कुछ ही दिनों में पद की गरिमा खो देगा, जैसा कि पहले भी कई बार हो चुका था। इस पर सूरत सिंह को छोड़कर उनके कुछ कनिष्ठों के नाम आगे बढ़ा दिये गये।

जब सैम शाम को अपनी कंपनी में वापस आए, तो वहां घोर सन्नाटा था, जो बहुत असाधारण था, क्योंकि सिख स्वभाव से शोर गुल करने वालेऔर मस्ती में रहने वाले थे। जल्द ही उनके वरिष्ठ जेसीओ, सूबेदार बलवंत सिंह सैम के टेंट में आए और उन्हें कारण बताया। सूरत सिंह को यह पता चल गया था कि पदोन्नति में उसकी अनदेखी हुई थी और उसने यह घोषणा कर दी थी कि उसके नाम की सिफारिश नहीं करने के लिए वह अपने कंपनी कमांडर की हत्या कर देगा। उसके हथियार छीनकर बांध दिया गया था और सैम का इंतजार किया जा रहा था। सारी बात सुनकर सैम ने तुरंत कंपनी को कतारबद्ध होने और सूरत सिंह को उनके सामने मार्च कराने के आदेश दिये। चंद मिनटों में कंपनी ने एक कुर्सी मेज के सामने चौकोर आकार बना लिया। युद्ध के दौरान, विद्रोह और कायरता दिखाने पर मृत्युदंड दिया जाता है और जवान इस बात को जानते हैं। आरोप पढ़े जाने के बाद, सैम ने एक पिस्टल निकाली और सूरत सिंह के पास पहुंचे। हट्टे-कट्टे सिख के हाथों में पिस्टल थमाकर सैम ने उससे कहा कि वह वही करे जिसकी उसने धमकी दी थी। सूरत सिंह तुरंत टूट गया और दया की भीख मांगने लगा। सैम ने उसको एक जोरदार तमाचा मारा और उससे कहा कि अगर उसमें मारने की हिम्मत नहीं है तो भविष्य में ऐसे बयान न दे। सैम ने केस को रफादफा कर दिया और सूरत सिंह के हथियार उसे वापस देने के आदेश दिये।

सैम को लगा कि मामला निपट गया और वे विश्राम के लिए अपने टेंट में चले गये। लेकिन थोड़ी देर बाद सूबेदार बलवंत सिंह फिर सैम के पास आए और उनसे कहा कि उन्होंने सूरत सिंह को छोड़कर गलती कर दी, वह रात में पक्का उनकी हत्या कर देगा क्योंकि उसके हथियार उसे वापस कर दिये गये थे। सैम ने सूरत सिंह को बुलाया और जेसीओ के सामने उससे कहा कि आज रात वह उनके अर्दली के रूप में रहेगा और उनके टेंट के बाहर सोएगा। सुबह 5:30 बजे एक कप चाय और शेव के लिए गर्म पानी लाने का आदेश देकर उन्होंने उसे टेंट के बाहर भेज दिया। उस रात, सैम ने डर के मारे पलक भी नहीं झपकाई। लेकिन उन्हें पता था कि अगर जवानों को यह पता चल गया कि वे डरे हुए हैं, तो वे कभी उनको कमांड नहीं कर सकेंगे। अगली सुबह 5:30 बजे सूरत सिंह ने एक मग चाय और शेव के लिए गर्म पानी के साथ उनके टेंट में प्रवेश किया। इसके बाद पूरे युद्ध के दौरान सूरत सिंह एक पिल्ले की तरह हर जगह सैम के पीछे-पीछे रहा और उनकी कंपनी का एक बेहद अनुशासित जवान बन गया।

सैम एक कैप्टन थे, लेकिन उन्हें कार्यवाहक मेजर बना दिया गया, क्योंकि युद्ध के दौरान अधिकारियों की भारी कमी हो गई थी। थोड़े समय बाद ही उनकी बटालियन ने सिटांग ब्रिज की लड़ाई में भाग लिया, जिसमें वे गंभीर रूप से घायल हो गये। उनके फेफड़ों, जिगर और गुर्दों में नौ गोलियां लगी थीं और कोई सोच भी नहीं सकता था कि वे बच जाएंगे। इसी समय उन्हें शौर्य के लिए मिलेट्री क्रॉस प्रदान किया गया। मेजर जनरल कॉवन ने उन्हें मौके पर ही मेडल प्रदान कर दिया, जो उस समय ब्रिटिश फोर्सेस के डिप्टी कमांडर थे। बाद में बर्मा से वापसी के वक्त 17 इंडियन डिविजन को कमांड करने वाले कॉवन को शायद लगा कि सैम के बचने की उम्मीद कम थी और क्योंकि मिलेट्री क्रॉस मरणोपरांत नहीं प्रदान किया जा सकता था, इसलिए उन्होंने मौके पर ही यह पदक देने का निर्णय लिया। सैम को बेहद गंभीर हालत में युद्धस्थल से बाहर लाया गया।

अगर सैम के वफादार सिख अर्दली, सिपाही शेर सिंह उन्हें अपने हाथों में उठाकर न लाते तो शायद सैम मर गये होते। सैम के घावों को देखने के लिए शेर सिंह एक डॉक्टर को ढूंढकर ले आए। ऑस्ट्रेलियाई सर्जन ने पहले तो सैम का ऑपरेशन करने से इंकार कर दिया, क्योंकि उसे सैम के बचने की उम्मीद नहीं लग रही थी। लेकिन शेर सिंह इंकार सुनने के लिए तैयार नहीं थे। अब तक सैम को थोड़ा होश आ गया था। जब सर्जन ने उनसे पूछा कि उन्हें क्या हुआ, तो सैम ने जवाब दिया: 'एक खच्चर ने मुझे लात मार दी।' सर्जन को हंसी आ गई और कहा: 'कसम से, तुम्हारा मजाकिया अंदाज़ गजब है। मुझे लगता है तुम्हें बचा लेना चाहिए।' सर्जन को सैम की आंत का काफी हिस्सा काटना पड़ा और उसने टांके लगा दिये। बाद में, सैम के पिता ने उन्हें अस्पताल में एक पत्र भेजा: 'बेटे, अगर तुमने अब धूम्रपान या मद्यपान किया, तो खुद को खत्म समझो।' सैम के मुताबिक, उन्होंने एकदम वही किया और इसीलिए वे जिंदा रहे!

1943 में सैम स्टाफ कोर्स करने के लिए क्वेटा गये, जिसके बाद रज़माक ब्रिगेड में उनकी ब्रिगेड मेजर के तौर पर नियुक्ति कर दी गई। इसके थोड़े समय बाद उनका चयन स्टाफ कॉलेज में इंस्ट्रक्टर के तौर पर हो गया। लेकिन इससे पहले कि वे जाते, सैम को बर्मा में 9/12 एफएफआर से जुड़ने को कहा गया। उन्हें बंधक बनाए गये 60,000 जापानी सैनिकों के निरस्त्रीकरण के पर्यवेक्षण और युद्ध बंदी शिविर स्थापित करने का कार्य सौंपा गया। सैम के मुताबिक यह उनके द्वारा किये गये सबसे आसान कामों में से था। उनको केवल एक वरिष्ठ जापानी अधिकारी को बुलाकर यह बताना होता था कि क्या काम करना है। काम हमेशा समय से पहले ही पूरा हो जाता था। अनुशासनहीनता के मामले नहीं सुने जाते थे और जापानियों ने कभी भागने का भी प्रयास नहीं किया।

वापस भारत लौटने के बाद सैम का सी-इन-सी फील्ड मार्शल क्लाउड ऑकिनलेक द्वारा ऑस्ट्रेलिया जाने के लिए चयन कर लिया गया। सैम का कार्य था, ऑस्ट्रेलियाई लोगों को भारत के बारे में शिक्षित करना। ऑक को लगा कि ऑस्ट्रेलिया भले ही कॉमनवेल्थ का हिस्सा था, लेकिन उसका भारत से संपर्क बहुत कम था और ज्यादातर ऑस्ट्रेलियाई भारत और उसके सैन्य बलों के बारे में अनभिज्ञ थे। सैम ने ऑस्ट्रेलिया में तीन महीने बिताए, इस दौरान उन्होंने तमाम व्याख्यान दिये और बैठकें कीं। 1945 के अंत में जब वे वापस आए तो ऑक के पास उनके लिए एक और अचरज था। सैम को सैन्य ऑपरेशन (एमओ) निदेशालय में बतौर जीएसओ 1 तैनात किया गया था। एमओ परम पावन स्थान था और किसी भारतीय ने कभी उसकी परिसीमा में पांव नहीं रखा था। यह वास्तव में एक दुर्लभ सम्मान था और सैम न केवल एमओ में जाने वाले प्रथम भारतीय थे, बल्कि आने वाले वर्षों में वे संगठन के शीर्ष पर भी पहुंचे।

1947 में जब भारत स्वतंत्र हुआ, तब सैम लेफ्टिनेंट कर्नल थे और एमओ-3 में बतौर जीएसओ 1 नियुक्त थे। यह अनुभाग भविष्य की कार्रवाई और योजनाओं को देखता था। याह्या खान, जो बाद में पाकिस्तान के राष्ट्रपति बने और एस.के. सिन्हा, जो बाद में वाइस चीफ ऑफ आर्मी स्टाफ बने और वर्तमान में जम्मू एवं कश्मीर के राज्यपाल हैं, भी एमओ में मेजर के तौर पर तैनात थे। मेजर जनरल डब्ल्यू.डी.ए. लेंटैन निदेशक सैन्य ऑपरेशन्स (डीएमओ) थे। विभाजन से कुछ दिन पूर्व इनसे समस्त रिकॉर्ड को पाकिस्तान और भारत के बीच बांटने के लिए कहा गया। यह कार्य एक काम चलाऊ तरीके से पूर्ण किया गया। पाकिस्तान में जाने वाले भूभाग से संबंधित फाइलों को उसके नाम कर दिया गया और भारत के हिस्से में आए भूभाग से संबंधित फाइलों को रोक लिया गया। जो फाइलें इनमें से किसी श्रेणी में नहीं आती थीं, उनको नष्ट कर दिया गया। सैम ने एहतियात बरतते हुए पाकिस्तान जाने वाले सभी दस्तावेजों की प्रतियां करवा ली थीं। सैम और सिन्हा दोनों याद करते हैं कि हैरानी भरी बात यह थी कि इस दौरान मुस्लिम और भारतीय अधिकारियों के बीच कोई वैमनस्य या मतभेद नहीं था।

थोड़े समय बाद ही, सैम को 3/5 गोरखा राइफल्स के कमांडिंग अफसर के तौर पर तैनाती के आदेश मिले। इससे पहले की वे जाते, कश्मीर में लड़ाई छिड़ गई और उनकी तैनाती के आदेश रद्द कर दिये गये। 22 अक्टूबर 1947 को पाकिस्तानी हमलावर कश्मीर घाटी में घुस गये। 23 अक्टूबर को उन्होंने डोमेल और मुज़फ्फराबाद पर कब्जा कर लिया और उरी पहुंच गये। 24 अक्टूबर को महाराजा हरी सिंह ने भारत सरकार से सैन्य बल भेजने की अत्यावश्यक अपील की। माउंटबैटन की सलाह पर भारत सरकार इस शर्त पर सैन्य बल भेजने को तैयार हो गई कि महाराजा स्वेच्छा से भारत में सम्मिलित हो जाएं। 25 अक्टूबर को वी.पी. मेनन को विलय संधि लेकर श्रीनगर भेजा गया। सैम को भी साथ भेजा गया, ताकि वे स्थिति का जायजा ले सकें और श्रीनगर-बारामुला-उरी मार्ग का हवाई सर्वेक्षण कर सकें। संधि पत्र पर महाराजा हरी सिंह के हस्ताक्षर लेकर वे उसी रात वापस लौट आये और भोर में 4 बजे दिल्ली पहुंचे। एक कैबिनेट बैठक बुलाई गई जिसमें माउंटबैटन, नेहरू, पटेल, बल्देव सिंह और कई अन्य लोग शामिल थे। जब वी.पी. मेनन ने विलय संधि सौंप दी, तब माउंटबैटन ने सैम से सैन्य स्थिति का विवरण देने को कहा। सैम ने कैबिनेट को नवीनतम स्थिति का पूरा ब्यौरा देते हुए संकेत दिया कि पाकिस्तानी कबिलाई श्रीनगर से सिर्फ 9 किलोमीटर दूर थे। अगर हवाई क्षेत्र पर कब्जा कर लिया गया, तो कश्मीर हाथ से चला जाएगा क्योंकि फिर हवाई मार्ग से सैनिकों को पहुंचाना मुमकिन नहीं होगा।

सरदार पटेल कश्मीर में तुरंत सैन्यबल भेजने के पक्ष में थे, लेकिन नेहरू के अपने कुछ संदेह थे। उन्होंने राज्य के इतिहास, परिग्रहण की परिस्थितियों और संयुक्त राष्ट्र की भूमिका पर लंबा व्याख्यान दिया। वे चाहते थे कि भारत पर यह आरोप न लगे कि उसने सैन्य बल की ताकत से किसी राज्य का अधिग्रहण किया। आखिरकार, पटेल का धैर्य टूट गया और उन्होंने पूछा: 'जवाहर, तुम कश्मीर को बचाना चाहते हो या नहीं?' 'बिल्कुल बचाना चाहता हूं,' नेहरू ने गरज का जवाब दिया। पटेल ने वहां उपस्थित सैम और अन्य सैन्य अधिकारियों की तरफ देखा और कहाः 'आपको आदेश मिल गये हैं। अब जाइये और उनका पालन कीजिए।' अगले ही दिन, 27 अक्टूबर 1947 को भारतीय सैनिकों ने कश्मीर के लिए उड़ान भरी। अब तक घुसपैठिये श्रीनगर के नजदीक पहुंच चुके थे। कश्मीर, जिसका भाग्य एक महीन धागे से झूल रहा था, को बचा लिया गया।

3/5 गोरखा राइफल्स में सीओ के तौर पर तैनाती रद्द हो जाने के बाद, सैम एमओ से बाहर नहीं निकल पाए, जिसका श्रेय कश्मीर और फिर बाद में हैदराबाद संकट को जाता है। वास्तव में उन्होंने कभी किसी बटालियन की कमांड नहीं संभाली और एक ही कार्यालय में कर्नल और फिर बाद में ब्रिगेडियर रैंक पर पदोन्नत हो गये। सितंबर 1948 में जब हैदराबाद ऑपरेशन चलाया गया, तब वे डीएमओ थे। गृह मंत्री सरदार पटेल ताजा परिस्थिति को जानने के लिए अक्सर सैम को बुलाया करते थे और कई मौकों पर उन्हें कश्मीर भी भेजा।

उन अशांत दिनों में सैम की लगभग प्रतिदिन सरदार पटेल से मुलाकात होती थी और उनके पास 'लौह पुरुष' के कई संस्मरण हैं।

एक दिन सैम को सी-इन-सी ने बुलाया और उन्हें हवाई जहाज से कलकत्ता जाने को कहा। वहां भीषण दंगों में हजारों जानें जा चुकी थीं। सैम विशेष विमान से कलकत्ता में उतरे और मुख्यमंत्री कार्यालय पहुंचे। सरदार पटेल वहां पहले से मौजूद थे और बंगाल के मुख्यमंत्री बी.सी. रॉय के साथ स्थिति पर चर्चा कर रहे थे। पटेल ने सैम से पूछाः 'अगर स्थिति सेना को सौंप दी जाए, तो कितनी जानें जाएंगी और स्थिति को नियंत्रित करने में कितना वक्त लगेगा?' सैम नए-नए ब्रिगेडियर बने थे और उन्होंने जवाब देने में चंद सेकंड लगाए। 'लगभग 100 लोग मारे जाएंगे और करीब एक महीना लगेगा', सैम ने कहा।

पटेल ने बी.सी. रॉय से कहाः 'अभी हजारों मारे जा रहे हैं। सौ तो कुछ भी नहीं।' उन्होंने सैम की तरफ देखा और कहाः 'सेना को लगाइये।' तत्काल सैनिक तैनात कर दिये गये और जल्द ही स्थिति पर काबू पा लिया गया। एक भी व्यक्ति की जान नहीं गई। जब चीजें सामान्य हो गईं, पटेल ने सैम को बुलाया और गुजराती में बोलते हुए उनसे पूछाः 'तुम ने मुझे सच क्यों नहीं बताया था?' सैम अचंभित थे, फिर पटेल मुस्कुराए और बोलेः 'तुमने कहा था कि तुम 100 बंगालियों को मारोगे, लेकिन तुमने तो एक को भी नहीं मारा।' उन्होंने सैम की पीठ थपथपाई और शानदार कार्य के लिए सेना को बधाई दी।

सैम के बारे में एक रोचक किस्सा है, जो कर्नल तेजा सिंह औलख से जुड़ा है, जो मई 1947 में बतौर कैप्टन एमओ में आए थे। तेजा का गांव नारोवाल, विभाजन के बाद पाकिस्तान में चला गया और इसलिए उन्होंने पाकिस्तानी सेना को चुना। सैम से भी उनका चयन पूछा गया था। हालाँकि जिन्ना ने उनसे पाकिस्तानी सेना चुनने को कहा था, लेकिन सैम ने भारत को चुना। सैम का जन्म और परवरिश पंजाब में हुई थी, लेकिन उनकी पत्नी और बाकी परिवार बंबई में था। जिन्ना का निवेदन स्वीकार करने से उनको जल्द पदोन्नतियां मिलतीं, लेकिन उन्होंने भारत में रहने को प्राथमिकता दी। जब दस्तावेजों को बांटा जा रहा था, तब सैम ने तेजा से कहा कि वे उन सभी फाइलों को इकट्ठा कर लें, जिन्हें वे पाकिस्तान ले जाना चाहते हैं। लेकिन, इससे पहले वे आगे बढ़ते, तेजा को पता चला कि उनके परिवार ने डेरा बाबा नानक को पार कर लिया था और भारत आ गया था। उन्होंने तत्काल अपना चयन बदल लिया और भारत में रहने का निर्णय लिया। बाद में उनका परिवार उनके साथ दिल्ली आ गया और वे कुतुब मीनार के निकट छतरपुर गांव में रहते थे, जो साउथ ब्लॉक स्थित उनके कार्यालय से लगभग 10 किलोमीटर की दूरी पर था। तेजा साइकिल पर सवार होकर अपने घर से ऑफिस आते-जाते थे और अक्सर लेट हो जाया करते थे। बाद में पदोन्नति प्राप्त कर वे मेजर बन गये और सैम तब तक ब्रिगेडियर बन चुके थे। एक दिन काम बहुत ज्यादा था और वे रात्रि 8 बजे काम पूरा कर पाए। सैम को लेने के लिए सिल्लू कार लेकर पहुंचीं। जब उन्होंने तेजा को बिना लाइट वाली साइकिल पर चढ़ते हुए देखा

तो उन्होंने पूछा, 'आप ब्रिगेडियर की मोटरसाइकिल क्यों नहीं इस्तेमाल करते, जो हमारे बरामदे में सड़ रही है?'

अगले दिन, तेजा अपने साथ जिम्मी दोराबजी को साथ लेकर मोटरसाइकिल लेने चले गये, ताकि वे उन्हें चलाना भी सिखा दें। कार्यालय आने-जाने के लिए वे उसका नियमित प्रयोग करने लगे। कुछ महीनों बाद, तेजा वेलिंग्टन में स्टाफ कोर्स के लिए नामित हो गये और उन्होंने मोटरसाइकिल खरीदने का निर्णय लिया। उन्होंने पता लगाया कि सैम ने उसे एक ब्रिटिश अधिकारी से 400 रुपये में खरीदा था। वे सैम के पास गये और मोटरसाइकिल खरीदने की पेशकश की। 'तुम उसे खरीदना क्यों चाहते हो?' सैम ने पूछा। 'अगर तुमको उसकी जरूरत नहीं है तो उसे खड्डे में फेंक दो।' जब तेजा ने मोटरसाइकिल के पैसे देने की ज्यादा ज़िद की तो सैम 300 रुपये लेने के लिए तैयार हो गये। लेकिन तेजा 400 रुपये देना चाहते थे, तो सैम ने सिक्का उछाल कर टॉस करके निर्णय लेने को कहा। तेजा टॉस हार गये और सैम यह कहते हुए बाहर चले गये, 'ठीक है। तुम जैसा चाहते हो वैसा करो और 400 रुपये दे दो।'

तेजा की विदाई पार्टी में सिल्लू, तेजा की पत्नी के नजदीक बैठी थीं, और उन्हें पता चला कि तेजा के पास एक भैंस है, जो प्रतिदिन पांच सेर दूध देती है (एक सेर वजन में लगभग दो पौंड के बराबर होता है)। घर वापस लौटते समय सिल्लू ने सैम को उसके बारे में बताया और भैंस खरीदने की इच्छा जताई ताकि दूध का खर्च बचाया जा सके। सैम को अपने बगीचे से बहुत प्यार था, और जानते थे कि भैंस उस बगीचे का क्या करेगी। अगली सुबह, खराब मूड में वे कार्यालय पहुंचे। वे सीधे तेजा के कक्ष में गये और उनकी मेज पर पहुंचकर सीधे उनकी आखों में देखते हुए बोले, 'तेजा अगर तुम मोटरसाइकिल का भुगतान नहीं करना चाहते तो मत करो। लेकिन उस भैंस को मेरे सिर पर मत लादो।'

अप्रैल 1952 में सैम को फिरोज़पुर स्थित 167 इंफैन्ट्री ब्रिगेड की कमांड सौंप दी गई और उन्हें दिल्ली की व्यस्तताओं से थोड़ी राहत मिली, जहां विभाजन, भारतीय राज्यों के एकीकरण और जम्मू व कश्मीर की कार्रवाई ने पूरी तरह घेर कर रखा था। अब वे अपने परिवार को थोड़ा वक्त दे सकते थे और बागबानी की अपनी अभिरुचि में भी समय लगा सकते थे। वे सब्जियां, फूल यहां तक कि कपास भी उगाते थे। उनके पास एक बहुत बड़ा घर था, जिसमें एक विशाल बगीचा था। सैम खुद को बाहर व्यस्त रखते और सिल्लू अंदर संभालतीं। उनके बच्चे उन्हें एक लोकप्रिय दंपति के तौर पर याद करते हैं, जिनका पार्टियों और क्लब के दौरों से भरा व्यस्त सामाजिक जीवन था। खेलों में भी परिवार की काफी रुचि थी और वे बैडमिंटन, टेनिस और टेबल टेनिस खेला करते थे। सैम एक कृपालु पिता थे और अपनी दोनों बेटियों को बेहद दुलार देते थे। उनकी बेटियां बड़े उत्साह से उन खेलों और कहानियों को याद करती हैं जिनका सैम के पास कभी न खत्म होने वाला खजाना था।

ब्रिगेड कमांडर के तौर पर अपना कार्यकाल पूर्ण करने के बाद, सैम को अप्रैल 1954 में सैन्य मुख्यालय में सैन्य प्रशिक्षण निदेशक के तौर पर तैनाती मिली। दिल्ली में एक अल्प कार्यकाल बिताने के बाद जनवरी 1955 में उन्हें महू में बतौर कमांडेंट, इंफैन्ट्री स्कूल स्थानांतरित कर दिया गया। उस समय की प्रशिक्षण नियमावली ब्रिटिश नियमावली का रूपांतरण मात्र थी। सैम वास्तविक और व्यावहारिक प्रशिक्षण में यकीन रखते थे। उन्होंने खुली चर्चाएं करनी प्रारंभ कीं, जिनमें प्रशिक्षण नियमावली में दी गई सामरिक अवधारणाओं पर प्रश्न उठाए गये। इन चर्चाओं के आधार पर उन्होंने अपने स्टाफ से प्रशिक्षण पुस्तिकाओं में युद्ध की विभिन्न कार्रवाइयों में संशोधन करवाए। भारतीय सेना की सामरिक अवधारणाओं के स्वदेशीकरण में यह एक महत्वपूर्ण योगदान था।

1957 में सैम को लंदन स्थित इम्पीरियल डिफेंस कॉलेज में कोर्स करने के लिए भेजा गया। उन्होंने अपनी पत्नी और बेटियों के साथ इंग्लैंड में लगभग एक वर्ष बिताया। परिवार ने इस समय का पूरा लुत्फ उठाया और वे सप्ताहांत पर पिकनिक जाते थे, जिसमें सैम खाना पकाते थे। भले ही वे पाककला विशेषज्ञ नहीं थे, पर सैम ने अपनी मां से भोजन पकाने के मूल सिद्धांत जाने थे और मौका मिलने पर हाथ भी आजमाते थे। खासतौर से उन्हें अपने कोरू ना मुरुम्बा (कद्दू का मुरब्बा) और ईडा पाख (अंडे, क्रीम आदि से बनी मिठाई) पर बहुत गर्व था।

दिसंबर 1957 में यूके से वापस आने पर, सैम को मेजर जनरल रैंक पर पदोन्नत कर दिया गया और उन्हें 26 इंफैन्ट्री डिविजन में बतौर जीओसी तैनात किया गया। उस समय थिमैय्या सेनाध्यक्ष थे और कृष्णा मेनन रक्षा मंत्री। एक बार सैम की डिविजन के दौरे पर गए मेनन ने उनसे पूछा कि वे थिमैय्या के बारे में क्या सोचते हैं। सैम ने कहा कि उन्हें अपने चीफ के बारे में 'सोचने' की अनुमति नहीं है। मेनन नाराज हो गये और बोले, 'अंग्रेजों की तरह सोचना बंद करो। अगर मैं चाहूं तो थिमैय्या से छुटकारा पा सकता हूं।' सैम ने जवाब दिया, 'आप उनसे छुटकारा पा सकते हैं। लेकिन फिर मुझे एक नया चीफ मिलेगा, और मुझे उनके बारे में भी सोचने की अनुमति नहीं होगी। आपको पता है, एक मेजर जनरल से यह प्रश्न करना गलत है कि वह अपने चीफ के बारे में क्या सोचता है। कल आप एक ब्रिगेडियर से पूछेंगे कि वह मेरे बारे में क्या सोचता है। सेना में यह सब नहीं किया जाता।' इस जवाब ने मेनन को शांत कर दिया।

सितंबर 1959 में, सैम को वेलिंग्टन स्थित डिफेंस सर्विसेज स्टाफ कॉलेज में बतौर कमांडेंट नियुक्त किया गया। बहुत जल्द वे एक खेदजनक घटना में फँस गये, जिसने उनके करियर को लगभग समाप्त कर दिया था। मई 1961 में, थिमैय्या सेवानिवृत्त हो गये और उनके बाद जनरल पी.एन. थापर नए सेनाध्यक्ष बने। एक साल पहले, बी.एम. कौल को लेफ्टिनेंट जनरल रैंक पर पदोन्नत किया गया और कृष्णा मेनन द्वारा थिमैय्या की सिफारिश

को खारिज करते हुए कौल को क्वार्टर मास्टर जनरल बना दिया गया, जिसके कारण थिमैय्या ने इस्तीफा दे दिया था। जैसे ही थिमैय्या सेवा निवृत्त हुए कौल को 'बोगी' सेन के स्थान पर चीफ ऑफ जनरल स्टाफ (सीजीएस) नियुक्त किया गया। सेन को पूर्वी कमांड में जीओसी-इन-सी बनाकर भेज दिया गया। उस समय सैन्य मुख्यालय में सीओएएस के बाद सीजीएस सबसे महत्वपूर्ण नियुक्ति होती थी और नेहरू व मेनन से अपनी नजदीकी के चलते कौल सेनाध्यक्ष से भी ज्यादा शक्तिशाली बन गये थे।

सैम अक्सर भारतीय राजनीतिज्ञों के बारे में अपमानजनक टिप्पणी कर देते थे, जिससे कई लोग उन्हें राष्ट्र विरोधी बताने लगे थे। कौल के द्वारा भेजे गये मुखबिरों से मिली जानकारी के आधार पर, सैन्य मुख्यालय ने सैम के व्यवहार की जांच करने के लिए कोर्ट ऑफ इंक्वायरी के आदेश दिये। आमतौर पर इस प्रकार के मामलों को एडजुटेंट जनरल की शाखा संभालती है, लेकिन इस मामले में कौल के अधीन जनरल स्टाफ शाखा को यह इंक्वायरी दी गई। जांच के सदस्य थे, लेफ्टिनेंट जनरल दौलत सिंह, जीओसी-इन-सी, पश्चिमी कमांड और लेफ्टिनेंट जनरल बिक्रम सिंह, जीओसी 15 कोर।

सैम के विरुद्ध तीन आरोप थे। पहला आरोप था कि वे देश के प्रति वफादार नहीं थे। यह आरोप इस तथ्य पर आधारित था कि उन्होंने अपने कार्यालय में भारतीय नेताओं के बजाय विभिन्न ब्रिटिश वायसरॉय, गवर्नर जनरल और कमांडर्स इन चीफ की तस्वीरें लगा रखी थीं। दरअसल, सैम को क्लाइव, हेस्टिंग्स, किचेनर और बर्डवुड की वे पुरानी तस्वीरें एक स्टोर में पड़ी मिली थीं और उन्होंने इन तस्वीरों को अपने कार्यालय में उपयुक्त स्थान पर लगाने का निर्णय लिया। सैम पर दूसरा आरोप उस इंस्ट्रक्टर पर कार्रवाई न करने को लेकर था, जिसने एक व्याख्यान के दौरान टिप्पणी की थी कि भारतीयों में परिप्रेक्ष्य की समझ नहीं होती और वे अपनी शख्सियतों को जरूरत से ज्यादा बड़ा प्रस्तुत करते हैं। इंस्ट्रक्टर एक नौसेना अधिकारी थे और उन्होंने कहा कि बंबई में शिवाजी की मूर्ति को ऑस्ट्रेलियाई घोड़े पर बैठे दिखाया गया है, जबकि वास्तविकता में पश्चिमी घाटों का इलाका केवल छोटे घोड़ों के लिए उपयुक्त था। सैम ने बाद में इंस्ट्रक्टर से ज्यादा व्यवहारकुशल होने को कहा था, लेकिन ऐसा महसूस किया गया कि उन्हें और कठोर कार्रवाई करनी चाहिए थी।

तीसरा आरोप और भी अधिक रोचक था। उनके स्टाफ के एक अधिकारी ने गवाही दी कि कमांडेंट ने कहा था कि वे कॉलेज में एक भी ऐसा इंस्ट्रक्टर नहीं चाहते, जिसकी पत्नी आया की तरह दिखती हो। जब कोर्ट ऑफ इंक्वायरी ने जवाब तलब किया तो इस अधिकारी ने माना कि उसने कभी सैम को ऐसा कहते नहीं सुना और न ही उसको ऐसा ध्यान आ रहा है कि उसे किसने बताया था। कौल ने इंटेलिजेंस ब्यूरो से सैम के राष्ट्र विरोधी विचारों से संबंधित एक रिपोर्ट का भी इंतजाम कर लिया था, लेकिन जब गवाही के लिए बुलाया गया तो आईबी निदेशक बी.एन. मलिक ने पेश होने से इंकार कर दिया।

यह अजीब था कि सैन्य मुख्यालय ने अपर्याप्त साक्ष्यों के आधार पर कोर्ट ऑफ इंक्वायरी के आदेश दे दिये थे और वह भी एक वरिष्ठ अधिकारी के खिलाफ। आरोप कमजोर और पूरी तरह हास्यास्पद होने के अलावा, यह तथ्य कि कौल द्वारा कार्यवाही चलाने के लिए एक आर्मी कमांडर समेत दो लेफ्टिनेंट जनरलों को लगाना, इस ओर इंगित करता है कि उस समय कौल के पास कितनी ताकत थी। एक लेफ्टिनेंट जनरल द्वारा जांच कराने के मामले दुर्लभ होते हैं, और आर्मी कमांडर द्वारा इस कार्य को करने के बारे में सोचा भी नहीं जा सकता। इसकी तुलना में देखें, तो 1962 के भारत-चीन युद्ध में पराजय के कारणों की विवेचना करने के लिए बैठाई गई जांच की अध्यक्षता मेजर जनरल हेंडर्सन ब्रूक्स ने की, जिसमें ब्रिगेडियर पी.एस. भगत सदस्य थे। सैम के नसीब से, कोर्ट ऑफ इंक्वायरी की अध्यक्षता कर रहे लेफ्टिनेंट जनरल दौलत सिंह अपनी ईमानदारी के लिए जाने जाते थे। सैम को सभी आरोपों में दोषमुक्त पाया गया और कोर्ट ने झूठे आरोप लगाने वाले अधिकारियों के विरुद्ध अनुशासनात्मक कार्रवाई हेतु सिफारिश कीं। जब जांच के आदेश दिये गये थे, तब सैम का करियर बर्बाद होना निश्चित लग रहा था और इस बात की प्रबल संभावना थी कि उन्हें बर्खास्त कर दिया जाएगा या इससे भी कुछ बुरा हो सकता था। वे बाल-बाल बचे थे, लेकिन इस घटना ने उनके करियर पर एक दाग लगा दिया। उनके कनिष्ठ रहे हरबख्श सिंह और मोती सागर को उनसे पहले कोर कमांडर बना दिया गया।

सैम के मुताबिक, चीनियों ने उनका बचाव किया। 1962 के भारत-चीन युद्ध में भारतीय सेना को मुंह की खानी पड़ी। जिन दो लोगों ने सैम का करियर बर्बाद करने की कोशिश की थी, वे ही चीनियों के हाथों भारतीय सेना को मिली अपकीर्ति के लिए काफी हद तक जिम्मेदार थे। इच्छा न होते हुए भी नेहरू को कृष्णा मेनन को रक्षा मंत्री के पद से हटाना पड़ा। कौल को 4 कोर की कमांड से हटा दिया गया और बाद में उन्होंने इस्तीफा दे दिया। नवंबर 1962 में नेहरू ने सैम को दिल्ली बुलाया और 4 कोर की कमांड संभालने को कहा। जब सैम ने प्रधानमंत्री को बताया कि वे अपनी पदोन्नति के लिए पिछले 18 महीनों से इंतजार कर रहे थे, तो नेहरू ने कहा कि जो हुआ वह गलत था।

जब सैम ने कमांड संभाली तो उन्होंने पाया कि उनके स्टाफ में अव्वल दर्जे के अधिकारी थे और कोर के खराब प्रदर्शन का कारण घटिया नेतृत्व था। उन्होंने कमांड संभालने के बाद तत्कालीन आर्मी कमांडर लेफ्टिनेंट जनरल 'बोगी' सेन से पूछा कि उन्होंने कौल को बर्खास्त करके खुद कमांड क्यों नहीं संभाली। सेन ने जवाब दिया, 'ये तुम्हारे लिए कहना आसान है, सैम; लेकिन तुम्हें पता है कि उस समय कौल का कद क्या था? उसने कभी मुझसे बात नहीं की; वो सीधे फोन उठाकर प्रधानमंत्री से बात करता था। उसने कभी सीओएएस से भी विमर्श नहीं किया। मुझे किसी का भी समर्थन नहीं मिलता। कृष्णा मेनन और बिज्जी कौल देश की सेना को चला रहे थे।' सैम इससे सहमत नहीं थे और उन्होंने सेन से कहा कि अगर वे पद पर रहे होते तो कौल से कहते, 'माफ करो, तुम बाहर जाओ। अब

मैं सम्भालूँगा।' सैम को लगता था कि भले ही सरकार उन्हें बर्खास्त कर देती, लेकिन देश को नीचा नहीं देखना पड़ता।

सैम का पहला कार्य अपनी टीम का मनोबल वापस लाना था, जो एड़ियों तक गिर गया था, जैसा कि जवान अक्सर कहते हैं। जिस दिन उन्होंने कार्यभार संभाला उन्होंने सामान्य परिस्थिति के बारे में जानकारी दी गई, फिर उन्होंने अपने चीफ ऑफ़ स्टाफ को बुलाया और उनसे कहा कि वे कुछ आदेश देना चाहते हैं। सैम याद करते हैं कि चीफ ऑफ़ स्टाफ ने अपनी कैप उतारी, उसे जमीन पर फेंक दिया और उस पर कूदते हुए कहा, 'भगवान का शुक्र है कि कोई आदेश देने वाला तो आया। अब तक हमें कोई आदेश नहीं मिलते थे।' जब उनका स्टाफ एकत्रित हो गया, सैम ने अपना प्रसिद्ध आदेश दिया; 'जेंटलमेन, अब कोई वापसी नहीं होगी।' सैम जानते थे कि खोए हुए ठिकानों पर आगे बढ़ने के अलावा कुछ भी इतनी तेजी से आत्मविश्वास नहीं लौटा सकती थी।

सैम को कमांड में आए सिर्फ पांच ही दिन हुए थे, कि तभी प्रधानमंत्री ने उनके तेजपुर स्थित मुख्यालय का दौरा किया। प्रधानमंत्री के साथ उनकी बेटी इंदिरा गांधी और सेना प्रमुख जनरल जे.एन. चौधरी भी थे। जब सैम ने उनको बताया कि उनके सैनिक आगे बढ़ रहे हैं, तो नेहरू ने यह कहते हुए तीव्र प्रतिक्रिया दी कि वे अब और लोगों को मरते हुए नहीं देखना चाहते। सेना प्रमुख ने प्रधानमंत्री को शांत करने का प्रयास करते हुए कहा कि वे कोर कमांडर से बात करेंगे और आदेश वापस करवा लेंगे। सैम नाराज हो गये और सेनाध्यक्ष से कहा कि या तो वे उन्हें अपने हिसाब से कोर को कमांड करने दें या फिर वापस स्टाफ कॉलेज भेज दें।

इंदिरा गांधी का सरकार में कोई आधिकारिक पद नहीं था, लेकिन उनका असाधारण प्रभाव चलता था। उन्होंने प्रतिवाद करते हुए कहा कि ये बेहद शर्मनाक स्थिति है कि उनके पास एक ऐसा कमांडर है जो लड़ना चाहता है, लेकिन उसको अनुमति नहीं दी जा रही। सेना और देश का नाम पहले से ही खराब हो चुका था और इंदिरा को लगता था कि यही वक्त था कि इसके लिए कोई व्यक्ति कुछ करे। नेहरू ने उनको रोकने का प्रयास किया लेकिन इंदिरा ने एक नहीं सुनी। सैम की तरफ मुड़ते हुए उन्होंने उनसे आगे बढ़ने और जो चाहते थे वो करने को कहा। सैम उन्हें धन्यवाद देने के अलावा कुछ नहीं कर सकते थे।

सैम का अगला कार्य नॉर्थ ईस्ट फ्रंटियर एजेंसी (नेफा) की सुरक्षा व्यवस्था को पुनर्गठित करना था। वे पूरे क्षेत्र में गये, यूनिटों का दौरा किया, कमांडरों और जवानों से बातचीत की। मनोबल गिरा हुआ था और जवानों की कई शिकायतें थीं। सैम ने चीजों को बेहतर बनाने के लिए भरसक प्रयास किया और परिधानों, उपकरणों और आवास की कमी को दूर करने के लिए सुधारात्मक कदम उठाए। उनको लगता था कि नेफा की सुरक्षा की जा सकती थी और वे अक्सर उत्तर पश्चिमी सीमा का उदाहरण देते थे, जहां पहाड़ी की चोटी पर बैठे मुट्ठीभर कबिलाई पूरी ब्रिगेड को रोक सकते थे, जिसमें तोपखाने और वायु रक्षण से समर्थित

प्रशिक्षित ब्रिटिश और भारतीय सैनिक होते थे। उनके विचार से, विफलता का कारण सिर्फ गिरा हुआ मनोबल और उच्च निर्देशन का अभाव था - दिल्ली के साथ-साथ आर्मी व कोर कमांडरों से भी।

दिसंबर 1963 में, सैम को पश्चिमी कमांड का जीओसी-इन-सी नियुक्त किया गया। वे वहां केवल एक वर्ष रहे और नवंबर 1964 में पूर्वी कमांड में उन्हें बतौर आर्मी कमांडर भेज दिया गया। एक बार मिजो पहाड़ियों का दौरा करते वक्त उन्होंने पाया की संचार व्यवस्था बहुत खराब थी। जब उन्होंने कारण पूछा तो बताया गया कि डाक तार विभाग से टेलीफोन लाइन बिछाने के लिए कहा गया है, लेकिन उसमें कम से कम 4–5 वर्ष लगेंगे, क्योंकि दूरी लगभग 200 किलोमीटर थी। 'यह तो बहुत ज्यादा है', सैम ने कहा। 'क्या हम यह काम स्वयं नहीं कर सकते?' उन्हें बताया कि टेलीग्राफ एक्ट के मुताबिक केवल डाक तार विभाग ही टेलीफोन और टेलीग्राफ लाइन का स्वामित्व रख सकता है और सेना को उनसे किराए पर लेना होगा। यह बातचीत ब्रिगेड ऑफिसर्स मेस में बीयर पीते वक्त चल रही थी। ब्रिगेडियर आर.ज़ेड. काबराजी ब्रिगेड कमांडर थे। उन्होंने अपने सिग्नल ऑफिसर को बुलाया और सैम ने उनसे पूछा कि लाइन बिछाने में कितना वक्त लगेगा।

'अगर मुझे स्टोर मिल जाए तो दो माह लगेंगे', अधिकारी ने जवाब दिया।

'स्टोर हमें कहां मिल सकता है?' सैम ने पूछा।

'पी एंड टी (डाक तार विभाग) के पास सिलचर में एक बड़ा भंडार है,' अधिकारी से उत्तर मिला।

'तो फिर जाओ, उसे हासिल कर लो', सैम ने कहा। 'लेकिन पकड़े मत जाना।'

सैम ने यह मजाक में कहा था, लेकिन सिग्नल अधिकारी, जो युवा, अपरिपक्व और साहसी था, ने इसे गंभीरता से लिया। वह अपने साथ लॉरियों का एक बेड़ा लेकर सिलचर में सीधे पीएंडटी विभाग के स्टोर में पहुंच गया। जब प्रभारी अधिकारी ने विरोध किया, वह उसे भी स्टोर के साथ उठा लाया और एक सप्ताह बाद उसको छोड़ा। पीएंडटी विभाग ने हंगामा खड़ा कर दिया और मंत्रालय को 'चोरी' और अपने अधिकारी के अपहरण की रिपोर्ट भेजी। जल्द ही मामला सैन्य मुख्यालय पहुंच गया। चीफ ऑफ आर्मी स्टाफ ने अधिकारी और ब्रिगेड कमांडर के विरुद्ध अनुशासनात्मक कार्रवाई के आदेश दिये। अब तक लाइन बिछाने का कार्य लगभग पूरा हो गया था और आर्मी कमांडर को पूरा मामला समझा दिया गया था। हालांकि सैम अब तक उस घटना को भूल चुके थे, लेकिन उन्होंने तुरंत सेनाध्यक्ष को पत्र लिखकर सिग्नल अधिकारी द्वारा की गई कार्रवाई की पूरी जिम्मेदारी अपनी ऊपर लेते हुए लिखा कि अधिकारी ने उनके आदेश पर कार्य किया था।

पूर्वी कमांड में रहते हुए सैम एक बार जोरहट गये। अस्पताल का दौरा करते वक्त उन्होंने एक सैनिक को देखा जिसके पेट में गोली लगी थी। वह दर्द से कराह रहा था। जब सैम

ने उससे पूछा कि उसे कितनी गोलियां लगी, तो सैनिक ने बताया 'एक'। सैम ने अपनी कमीज ऊपर की और अपने पूरे पेट पर बने निशानों को दिखाते हुए पूछा, 'तुमको पता है मुझे कितनी लगी थीं?' सैनिक झेंपते हुए मुस्कुराया, उसने कराहना बंद कर दिया और सैम अपनी कमीज को ठीक करते हुए आगे बढ़ गये।

एक अन्य अवसर पर वे 8वीं गोरखा राइफल्स की एक बटालियन का दौरा करने के लिए सिक्किम गये। बटालियन काफी ऊंचाई पर स्थित थी, जिसने चीन की सीमा पर रक्षा चौकियां संभाली हुई थीं। कमांडिंग अफसर ने आर्मी कमांडर को खुश करने के लिए एक भव्य स्वागत समारोह रखा। सैन्य बेस से तमाम चांदी का सामान मंगवाया गया, साथ ही सोफा सेट और गलीचे भी। जब सैम ने यह सब देखा तो बहुत नाराज हुए, क्योंकि वह समझ गये कि यह सब जवानों को अपनी पीठ पर लेकर आना पड़ा होगा। बटालियन का कार्यकाल पूरा हो चुका था और उसे किसी शांत स्टेशन पर जाना था। 'मुझे लगा था कि तुम लोगों को यहां बहुत कठिनाई है, इसलिए तुम्हें कोई अच्छा शांत स्टेशन मिलना चाहिए', सैम ने कहा। 'लेकिन तुम लोगों का आराम देखते हुए लगता है कि तुम लोग अगर एक साल और यहां रुको तो कोई दिक्कत नहीं होगी।' जब सीओ ने विरोध किया, तो सैम ने उन्हें ऐसी फटकार लगाई कि उन्हें हमेशा याद रही।

सेनाध्यक्ष जनरल पी.पी. कुमारमंगलम को जून 1969 में सेनानिवृत्त होना था। इस पद के लिए सैम और हरबख्श सिंह दो दावेदार थे। सैम वरिष्ठ थे, लेकिन रक्षा मंत्री सरदार स्वर्ण सिंह ने हरबख्श सिंह का पक्ष लिया, जिन्होंने 1965 के भारत-पाक युद्ध में पश्चिमी सेना की कमांड संभाली थी। मगर प्रधानमंत्री इंदिरा गांधी ने सैम के पक्ष में फैसला लिया और वे 8 जून 1969 को सेनाध्यक्ष बन गये। वे अब अपने करियर के शिखर पर थे जो वेलिंगटन में ख़त्म होते होते बच गया था। भारत के प्रथम फील्ड मार्शल और 1971 के युद्ध विजेता के तौर पर उनके द्वारा इतिहास के पन्नों में अपना नाम दर्ज कराना लिखा था।

अपनी साइड कैप और प्लीट वाली शर्ट में सेनाध्यक्ष के तौर पर सैम की जबरदस्त छवि थी। वे एक जिंदादिल इंसान थे और उनका जोश व ऊर्जा संक्रामक थीं। इसके साथ उनकी हाज़िर जवाबी और विनोदी स्वभाव ने उन्हें लोकप्रिय बना दिया। फॉर्मेशन्स और यूनिटों में उनके दौरों का इंतजार रहता था। हर दौरा कुछ किस्से छोड़ जाता था, जो मेस और ड्राइंग रूम में चर्चा का पसंदीदा विषय बन जाते। महू में ऐसे ही एक दौरे पर उनसे क्लब ऑफ सेंट्रल इंडिया के नए विंग का उद्घाटन करने को कहा गया, जो अब डिफेंस सर्विसेज ऑफिसर्स इंस्टीट्यूट बन गया है। सैम ने देखा कि नए विंग में अभी भी साजो-सामान पूरी तरह से नहीं लगा है और जब उन्होंने इस बात की तरफ इशारा किया तो उनके समक्ष तत्काल धन की मांग रख दी गई। वे सेनाध्यक्ष की कल्याण निधि से पर्याप्त अनुदान देने के लिए सहमत हो गये और फिर बोले, 'मुझे न कहना नहीं आता। कभी-कभी मैं भगवान का शुक्र अदा करता

हूं कि उन्होंने मुझे मर्द बनाया, औरत नहीं। क्या आप कल्पना कर सकते हैं कि अगर मैं औरत होता तो मेरी क्या हालत होती? मैं हमेशा गर्भवती ही रहता!'

सैम को एक बार नई बनी पश्चिमी नेवल कमांड के मुख्यालय का उद्घाटन करने के लिए बम्बई बुलाया गया। जब वे सेंटा क्रूज हवाई अड्डे पर उतरे तो वहां एरिया कमांडर और थलसेना व नौसेना के कई अन्य वरिष्ठ अधिकारी उनकी अगवानी के लिए खड़े थे। सैम को मर्सडीज बेंज़ तक एस्कॉर्ट किया गया, जिसे सेनाध्यक्ष के लिए किराये पर मंगवाया गया था। दिक्कत तब शुरू हुई जब पता चला कि सेनाध्यक्ष का ध्वज कार में नहीं लगाया जा सकता, क्योंकि ध्वजदंड का आकार अलग था। सैम के सूटकेस को दूसरी कार में रखना पड़ा, क्योंकि बेंज़ का बूट नहीं खुल पाया। और सबसे बड़ी बात यह कि कार हवाई अड्डे के बाहर पहुंचते ही तेज आवाज के साथ बंद हो गई। इस अशुभ शुरुआत को देखकर बाकी सब घबराहट में थे, मगर सैम कुछ नहीं बोले और दूसरी कार में सवार हो गये और फिर काफिला बिना किसी अन्य समस्या के आगे बढ़ गया। मरीन ड्राइव से गुजरते वक्त सैम वहां बनी इमरतों के रखरखाव को देखकर बहुत प्रभावित हुए, जिनमें से कई तो बहुत पुरानी थीं। आलीशान हवेलियों को देखकर लगता था मानो इन्हें हाल ही में बनाया बया था। जब वे कोलाबा पहुंचे और एमईएस की नई बनी इमारतों को देखा, तो उनकी टिप्पणी थी कि ये तो मरीन ड्राइव की इमारतों से काफी पुरानी लग रही हैं।

उसी शाम, ऑफिसर्स मेस में एक पार्टी रखी गई थी। सेनाध्यक्ष की पसंद को जानते हुए, एरिया कमांडर ने अपने एडीसी को डिंपल स्कॉच व्हिस्की की पर्याप्त मात्रा रखने के लिए कहा था। एडीसी 18 कैवेलरी का एक युवा कैप्टन था और उसने बारमैन को एक पूरी सील बोतल और एक आधी से अधिक भरी हुई बोतल देते हुए हिदायत दी कि सील बोतल उनकी अनुमति के बगैर न खोली जाए। पार्टी के दौरान बोतलें इधर-उधर हो जाने के कारण खुली हुई बोतल से न केवल सैम को, बल्कि कई अन्य लोगों के लिए भी पहला ड्रिंक बन गया। जब बारमैन ने बताया कि बोतल में केवल दो पेग बचे थे, तो एडीसी अवाक् रह गया। जीओसी की पत्नी ने उसे यह सुनिश्चित करने के लिए कहा था कि डिंपल केवल सेनाध्यक्ष को ही परोसी जाए, और अगर शाम की शुरुआत में ही वे नई बोतल खोल देते हैं तो उनको फटकार लगनी तय थी। इसलिए उन्होंने बारमैन से कहा कि कोई भारतीय व्हिस्की लेकर आए और उसमें से दो पेग डिंपल में उड़ेल दिये। एडीसी ने सोचा कि सैम बहुत ज्यादा पीने वालों में नहीं थे, और शाम भर के लिए चार पेग पर्याप्त होंगे।

जब अगली ड्रिंक परोसी गई, तो सैम ने एक घूंट लेते ही मुंह बिचकाया। 'यह डिंपल नहीं है,' उन्होंने कहा। जांचने के लिए तत्काल बोतल उनके सामने पेश की गई और उन्होंने उसे सूंघा। उन्होंने फिर से एक घूंट पिया, और फिर अपना सिर हिलाया। जब उन्होंने पूछा कि बोतल कहां से आई तो उन्हें बताया गया कि वह कैंटीन से मंगवाई गई थी। 'इसका मतलब

है कि कैंटीन तुम्हें मिलावटी स्कॉच दे रही है। तुमको इसकी शिकायत करनी चाहिए,' उन्होंने कहा। फिर नई बोतल मंगवाई गई और उसे खोला गया। जब सैम ने इस नई ड्रिंक को चखा तो कहा कि यह असली डिंपल है। इसके बाद, पार्टी चलती रही और आगे बिना किसी दिक्कत के समाप्त हो गई।

पार्टी के बाद, जीओसी और उनकी पत्नी ने एडीसी और मेस स्टाफ से पूछताछ की। एडीसी ने अपना अपराध मान लिया और उन्हें बुरी तरह लताड़ा गया। उनसे अगली सुबह सेनाध्यक्ष के पास जाकर स्थिति साफ करने के लिए कहा गया। अगले दिन, घबराए हुए कैप्टन सेनाध्यक्ष के पास पहुंचे और बताया कि वे कुछ कहना चाहते हैं। जब उन्हें आवश्यक अनुमति मिल गई, उन्होंने पूरी घटना बयान कर दी। सैम जोर से हंसे और कहा, 'तुम बहुत शरारती हो, नौजवान।'

इस काल में, भारत एक कठिन दौर से गुजर रहा था और उसके समक्ष समस्याएं दुर्गम होती जा रही थीं। पड़ोसी पाकिस्तान में, सेना ने सत्ता पर कब्जा कर लिया था और ऐसी अटकलबाजी लगाई जा रही थी कि भारत भी वही राह पकड़ सकता है। एक बार भारत दौरे पर आए एक अमेरिकी राजनयिक ने सैम से पूछा कि वे कब सत्ता पर कब्जा कर रहे हैं। सैम ने तपाक से जवाब दिया, 'ज्यों ही जनरल वेस्टमोरलैंड आपके देश में सत्ता हथियाते हैं।' अमेरिकी राजदूत, केनेथ कीटिंग वहां उपस्थित थे और वे बहुत जोर से हंसे।

एक दिन, सैम को प्रधानमंत्री ने संसद भवन स्थित अपने कार्यालय बुलाया। जब वे अंदर दाखिल हुए, तो उन्होंने इंदिरा गांधी को हताश पाया। वे अपनी मेज पर सिर पकड़े बैठी थीं। जब उनसे पूछा गया कि वे क्यों परेशान हैं, तो उन्होंने कहा कि उन्हें कुछ समस्याएं हैं। सैम ने उनसे पूछा कि क्या समस्या है और जब प्रधानमंत्री ने उनसे कहा कि सैम खुद उनकी समस्या हैं, तो वे सुनकर हैरान रह गये। सैम ने उनसे समझाने के लिए कहा तो प्रधानमंत्री ने बताया कि उन्हें खबर मिली है कि सेना सत्ता पर कब्जा करना चाहती है। सैम अवाक् रह गये। उन्होंने प्रधानमंत्री को आश्वासन दिया कि उनकी कोई राजनैतिक महत्वाकांक्षाएं नहीं है। वे जानते थे कि सैन्य विद्रोह विश्व के किसी भी देश में सफल नहीं रहा है। भारत एक लोकतांत्रिक देश था और वैसा ही बना रहेगा। उन्हें भारतीय सेना का नेतृत्व करने में अपार प्रसन्नता है और जब तक उन्हें ऐसा करने की अनुमति रहेगी तब तक प्रधानमंत्री जैसे चाहें देश को चला सकती हैं। यह सुनकर इंदिरा गांधी ने राहत ही सांस ली और सैम का अत्यधिक आभार जताया।

सैम से जुड़ा सबसे मशहूर किस्सा वे अक्सर स्वयं सुनाते थे। 1971 में जब पूर्वी पाकिस्तान से शरणार्थियों का भारत में आना शुरू हुआ, तब सैम सेनाध्यक्ष थे, इंदिरा गांधी प्रधानमंत्री और बाबू जगजीवन राम रक्षा मंत्री। 27 अप्रैल 1971 को कैबिनेट की बैठक थी, जिसमें सैम को चीफ ऑफ स्टाफ कमेटी के अध्यक्ष के नाते बुलाया गया था। प्रधानमंत्री बहुत उद्विग्न और गुस्से में लग रही थीं। पूर्वी पाकिस्तान से शरणार्थी लगातार पश्चिम बंगाल,

असम और पूर्वी भारत के अन्य हिस्सों में दाखिल हो रहे थे। पूर्वी राज्यों से एक मुख्यमंत्री का टेलीग्राम लहराते हुए प्रधानमंत्री ने सैम से पूछा,

'क्या आप कुछ नहीं कर सकते?'

'आप मुझसे क्या करवाना चाहती हैं?' सैम ने पूछा।

'पूर्वी पाकिस्तान में प्रवेश।'

'इसका मतलब होगा युद्ध', सैम ने कहा।

'मुझे पता है,' इंदिरा गांधी ने कहा। 'हमें युद्ध से परहेज नहीं।'

'क्या आपने बाइबिल पढ़ी है,' सैम ने पूछा।

'इसमें बाइबिल बीच में कहां से आ गई?' विदेश मंत्री स्वर्ण सिंह ने पूछा।

'बाइबिल में लिखा है कि ईश्वर ने कहा, प्रकाश हो जाए, और प्रकाश हो गया। आपको लगता है कि इतना कह देने से कि युद्ध हो जाने दो, युद्ध हो सकता है? क्या आप युद्ध के लिए तैयार हैं? मैं तो नहीं हूं।'

प्रधानमंत्री बहुत प्रसन्न नजर नहीं आईं और उनकी त्यौरियां चढ़ी हुई थीं। सैम ने पाकिस्तान के विरुद्ध तुरंत युद्ध में उतरने को लेकर अपनी अनिच्छा के कारणों को समझाया। कुछ हफ्तों में मानसून आने वाला था, जिससे सैनिक कार्रवाई के लिए मैदान अनुपयुक्त हो जाएगा, क्योंकि पूर्वी पाकिस्तान में तमाम नदियां हैं, जिनमें बाढ़ आने की संभावना बनी रहती है। समस्त अग्रसरण सड़कों के माध्यम से करना होगा और सड़क मार्ग को अवरुद्ध किया जा सकता है। खराब मौसम के कारण वायुसेना जमीन पर सैनिकों की सहायता नहीं कर पाएगी। आर्मर्ड डिविजन झांसी में थी और एक इंफैन्ट्री डिविजन सिकंदराबाद में। उनको पूर्व दिशा की तरफ भेजने में समय लगेगा, साथ ही सभी उपलब्ध रेल मार्गों और सड़क मार्गों की आवश्यकता होगी। गेहूं की फसल का कटान चल रहा था और इससे अनाज को लाने ले जाने में बाधा उत्पन्न होगी। कृषि मंत्री फ़ख़रुद्दीन अली अहमद की तरफ देखते हुए सैम ने कहा, 'अगर अकाल पड़ा, तो लोग आपको दोष देंगे, मुझे नहीं।'

कृषि मंत्री अपनी कुर्सी पर कसमसाते हुए दिखे। सैम ने फिर वित्त मंत्री, वाई.बी. चव्हाण की तरफ देखा और बोले, 'मेरी आर्मर्ड डिविजन में केवल 12 टैंक हैं, जो क्रियाशील हैं। आपको पता है क्यों? क्योंकि जब भी हम निधि की मांग करते हैं, तो आप कहते हैं कि आपके पास पैसे नहीं हैं।'

सैम ने सर्दियां आने तक कार्रवाई को स्थगित करने की सलाह दी। इससे पूर्व में बड़े स्तर की कार्रवाई करने हेतु बुनियादी ढांचे को मजबूत करने का पर्याप्त समय मिलेगा। सरकार को भी अपने राजनयिक माध्यमों से अंतर्राष्ट्रीय समर्थन प्राप्त करने का पर्याप्त समय मिल जाएगा, ताकि अन्य देश हस्तक्षेप न करें या पाकिस्तान को सैन्य सहायता न प्रदान करें। सर्दियों में उत्तरी दर्रे बर्फबारी के कारण अवरुद्ध हो जाएंगे, जिससे चीनी हस्तक्षेप का खतरा

समाप्त हो जाएगा। कैबिनेट के अधिकांश सदस्य सैम के तर्कों से सहमत नजर आए और अपना सिर हिलाया, हालांकि इंदिरा गांधी कुछ अप्रसन्न नजर आ रही थीं।

अंततः, सैम ने स्वयं प्रधानमंत्री को संबोधित किया। 'आपकी सेना का प्रमुख होने के नाते, यह मेरा कर्तव्य है कि मैं आपके सामने तथ्यों को पेश करूं। अगर 1962 में जनरल थापर की जगह मैं आपके पिता का सेना प्रमुख होता और उन्होंने मुझसे चीनियों को खदेड़ने को कहा होता, तब भी मैं यही बात कहता और उनको उस तरह शर्मिंदा नहीं होना पड़ता जैसे हुआ। अगर आप अब भी चाहती हैं कि मैं आगे बढ़ूं, तो मैं आगे बढ़ने के लिए तैयार हूं। लेकिन मैं आपको पराजय की शत प्रतिशत गारंटी देता हूं। अब आप मुझे बताएं कि आप मुझ से क्या चाहती हैं।'

वहां सन्नाटा छा गया। फिर रक्षा मंत्री बाबू जगजीवन राम बोले, 'श्याम,'—वे हमेशा सैम को श्याम उच्चारित करते थे, जो भारत में बड़ा लोकप्रिय नाम था—'मान जाओ न'।

सैम ने कहा, 'मैंने अपना पेशेवर मूल्यांकन प्रस्तुत कर दिया है। अब निर्णय लेना सरकार पर निर्भर करता है।'

प्रधानमंत्री कुछ नहीं बोलीं। वे प्रत्यक्ष रूप से क्रोधित दिख रही थीं। उन्होंने बैठक समाप्त कर दी और सभी से वापस चार बजे आने को कहा। जब सब उठकर जाने लगे तो प्रधानमंत्री ने सैम से रुकने को कहा। जब वे अकेले रह गये, तब सैम ने मानसिक या शारीरिक आधार पर इस्तीफा देने की पेशकश की।

'बैठ जाओ सैम,' प्रधानमंत्री ने कहा। 'मुझे तुम्हारा इस्तीफा नहीं चाहिए। बस मुझे इतना बताओ कि जो तुमने पहले कहा क्या वह सब सच था?'

सैम ने जवाब दिया, 'हां, वह सच है। देखिए लड़ना मेरा काम है, और लड़ना भी जीतने के लिए। अगर आज आप युद्ध के लिए जाती हैं, तो आप हार जाएंगी। मुझे छह महीने दीजिए, मैं आपको शत प्रतिशत सफलता की गारंटी देता हूं। लेकिन मैं एक चीज साफ कर देना चाहता हूं। कमांडर केवल एक होना चाहिए। मुझे बीएसएफ, सीआरपीएफ या अन्य किसी के अधीन कार्य करने में कोई दिक्कत नहीं है। लेकिन मुझे कोई सोवियत नहीं चाहिए जो बताये कि मुझे क्या करना है। मेरे ऊपर केवल एक राजनीतिक हाकिम होना चाहिए जो मुझे निर्देश दे। मैं नहीं चाहता कि शरणार्थी मंत्रालय, गृह मंत्रालय, रक्षा मंत्रालय सब मुझे यह बताएं कि मुझे क्या करना है। अब आप तय कीजिए।'

'ठीक है सैम, कोई हस्तक्षेप नहीं करेगा,' प्रधानमंत्री ने कहा। 'कमांड आपके पास रहेगी।'

'धन्यवाद,' सैम ने कहा। 'मैं आपको विजय की गारंटी देता हूं।' और वही हुआ। सैम याद करते हैं कि एक फील्ड मार्शल बनने और बर्खास्त होने के बीच बहुत महीन रेखा होती है।

एक बार जब सरकार ने युद्ध का निर्णय ले लिया और सैम को तैयारी करने की की इजाजत दे दी गई तो वे पूरे उत्साह से उसमें लग गये। सरकार ने पूर्वी पाकिस्तान में शेख मुजीबुर रहमान के नेतृत्व में चल रहे आजादी के आंदोलन को भी समर्थन प्रदान करने का निर्णय लिया। मुक्ति बाहिनी के नाम से पुकारे जाने वाले स्वतंत्रता सैनानियों को प्रशिक्षित करना और उन्हें हथियार प्रदान करने का कार्य भारतीय सेना को सौंपा गया। सैम ने नियमित बांग्लादेश जवानों की तीन ब्रिगेड को प्रशिक्षित और लैस करने का निर्णय लिया। ये मुख्य रूप से ईस्ट बंगाल रेजिमेंट के सैनिकों पर आधारित होती, और कमी पड़ने पर उसे ईस्ट पाकिस्तान राइफल्स से पूरा किया जाता। इसके अलावा, लगभग 75000 गुरिल्लाओं को प्रशिक्षित कर उन्हें हथियार व गोला बारूद से लैस किया जाना था। 1971 के मध्य से लेकर युद्ध के अंत तक इन्होंने छोटी-छोटी टोलियों में कार्य किया और पाकिस्तानी सेना के नियमित सैनिकों पर बार-बार हमला करते रहे। आजादी मिलने के बाद नए देश को बांग्लादेश नाम दिया जाना था और बांग्लादेश सरकार ने कलकत्ता से संचालन शुरू कर दिया और कर्नल एम.ए.जी. ओसमानी को सैन्य सलाहकार और सेना का सी-इन-सी नियुक्त कर दिया गया। उधर टिक्का खान के अत्याचारों की प्रबलता बढ़ती गई और इधर भारत आने वाले शरणार्थियों की बाढ़। अंतर्राष्ट्रीय मीडिया ने पहले भारत द्वारा मुक्ति बाहिनी को मदद करने के कदम को आंतरिक मामलों में दखल बताया था, लेकिन धीरे-धीरे उनकी दिशा बदल गई और प्रेस में पाकिस्तानी सेना द्वारा किये जा रहे अत्याचारों के लेख प्रकाशित होने शुरू हो गये।

राजनयिक मोर्चे पर सरकार ने पूरे विश्व को यह समझाने का भरपूर प्रयास किया कि भारत के इरादे नेक थे। इंदिरा गांधी ने कई देशों के दौरे किए और व्यक्तिगत तौर पर राष्ट्राध्यक्षों को जानकारी दी। सोवियत यूनियन को छोड़कर विश्व के किसी भी प्रमुख शक्तिशाली राष्ट्र ने भारत के कदम का समर्थन नहीं किया। बल्कि कई देश तो भारत की कार्रवाई पर अलोचनात्मक हो गये और अमेरिका व चीन तो खुलकर पाकिस्तान के समर्थन में नजर आए। इंदिरा गांधी ने चीन और पाकिस्तानी हस्तक्षेप के खतरे को भांपते हुए सोवियत यूनियन से समर्थन प्राप्त करने के उद्देश्य से डी.पी. धार को मॉस्को भेजा। रूस ने सकारात्मक रुख दिखाया और 9 अगस्त 1971 को भारत-सोवियत शांति, मैत्री एवं सहयोग संधि पर हस्ताक्षर किये गये। यह एक प्रमुख उपलब्धि थी और इसने अमेरिका और पाकिस्तान से उत्पन्न हुए खतरे को कारगर ढंग से प्रभावहीन कर दिया, जिससे भारत को अपने अगले कदम उठाने के लिए पर्याप्त स्वतंत्रता मिल गई।

पूर्वी पाकिस्तान में कार्रवाई के लिए सैम द्वारा तैयार की गई रणनीति के अनुसार बहुआयामी हमला बोलना था। मजबूत ठिकानों को दरकिनार करते हुए कम से कम समय में अधिकतम क्षेत्र पर कब्जा करने का लक्ष्य रखा गया। कुछ सप्ताह बाद संयुक्त राष्ट्र प्रायोजित संघर्ष विराम की संभावना के मद्देनजर यह आवश्यक था। इरादा यह था कि बांग्लादेश

सरकार की स्थापना को सुविधाजनक बनाने के लिए एक पर्याप्त क्षेत्र को मुक्त करा लिया जाए। इस समय ढाका पर कब्जा करने या पूरे पूर्वी पाकिस्तान को हराने की न तो योजना और न कल्पना की गई थी। सैन्य मुख्यालय द्वारा बनाई रणनीति को अमलीजामा पहनाने का कार्य पूर्वी कमांड को सौंपा गया, जिसकी कमांड उस समय लेफ्टिनेंट जनरल जगजीत सिंह अरोड़ा के पास थी और मेजर जनरल जे.एफ.आर. जैकब उनके चीफ ऑफ स्टाफ थे। कार्रवाई में तीन आर्मी कोर को भाग लेना था—लेफ्टिनेंट जनरल टी.एन. 'टैप्पी' रैना (बाद में जनरल और सेना प्रमुख) की कमांड में 2 कोर को पश्चिम की ओर से आगे बढ़ना था; लेफ्टिनेंट जनरल सगत सिंह की 4 कोर को पूर्व दिशा से प्रवेश करना था; लेफ्टिनेंट जनरल एम.एल. थापन की 33 कोर को उत्तर दिशा से आना था; और मेजर जनरल गुरबख्श सिंह गिल के अधीन 101 कम्युनिकेशन ज़ोन एरिया को पूर्वोत्तर से सहायक हमला करना था।

3 दिसंबर 1971 को जब पाकिस्तानी हवाई जहाज़ों ने पश्चिमी सेक्टर में स्थित भारतीय हवाई अड्डों पर बमवर्षा की तब 1971 का भारत-पाक युद्ध छिड़ा। इंदिरा गांधी उस समय कलकत्ता में थीं। सैम मानेकशॉ ने सायं 6 बजे जैकब को फोन किया और उनसे प्रधानमंत्री को यह जानकारी देने को कहा कि युद्ध छिड़ गया है और वे पूर्वी कमांड को तुरंत आगे बढ़ने के आदेश दे रहे हैं। अपने विशेष अंदाज में सैम ने प्रधानमंत्री से इजाजत लेने के बजाय उनको 'जानकारी' दी। जैकब ने आर्मी कमांडर को सूचित किया, जो तत्काल प्रधानमंत्री को जानकारी देने के लिए चले गये। प्रधानमंत्री उस समय राज्यपाल के साथ राजभवन में थीं। नौसेना और वायुसेना को भी सूचित कर दिया। गया। और अगले दिन विस्तृत कार्रवाई शुरू हो गई।

जैसे-जैसे कार्रवाई आगे बढ़ी, पाकिस्तानी प्रतिरोध टूटता गया। भारतीयों ने सभी मजबूत ठिकानों को दरकिनार कर दिया और छिट-पुट पाकिस्तानी सैनिकों पर अचानक हुये हमलों ने उन्हें पीछे हटने या आत्मसमर्पण करने पर मजबूर कर दिया। संयुक्त राष्ट्र में युद्ध विराम लागू करवाने के अमेरिकी प्रस्ताव को सोवियत संघ ने वीटो करके विफल कर दिया। युद्ध का रोचक पहलू था सैम द्वारा किये गये तीन प्रसारण, जिसमें उन्होंने पाकिस्तानी सैनिकों से आत्मसमर्पण करने का आह्वान किया और उन्हें सम्मानजनक व्यवहार का आश्वासन दिया। 9 दिसंबर को जेस्सोर पर कब्जे के बाद पहला संदेश रेडियो से प्रसारित किया गया और पर्चों के रूप में गिरवाया गया। 'पाकिस्तान के अधिकारियों और जवानों' के नाम संदेश में उनसे आग्रह किया गया था कि इससे पहले कि बहुत देर हो जाए वे हथियार गिरा दें। उसमें कहा गया था:

> भारतीय सेना ने आपको घेर लिया है। आपकी वायु सेना बर्बाद हो चुकी है। आपको उनसे मदद की कोई उम्मीद नहीं है। चटगांव, चालना और मंगला बंदरगाहें अवरुद्ध हैं। समुद्र मार्ग से कोई भी आपके पास नहीं पहुंच सकता। आपका भाग्य लिखा जा चुका है। आपके द्वारा किये गये अत्याचारों और क्रूरता का बदला लेने के लिए मुक्ति बाहिनी और जनता पूरी तरह

तैयार है... अपनी जिंदगी क्यों खराब कर रहे हो? क्या आप अपने घर जाकर अपने बच्चों से नहीं मिलना चाहते? समय बर्बाद मत करो; एक सैनिक के सामने हथियार डाल देने में कोई शर्म नहीं होती। हम आपके साथ एक सैनिक की तरह बर्ताव करेंगे।

मेजर जनरल राव फरमान अली और लेफ्टिनेंट जनरल ए.के. नियाज़ी के संदेशों के जवाब में इसी प्रकार के दो अन्य संदेश 11 और 15 दिसंबर को प्रसारित किये गये। इन संदेशों ने पाकिस्तानी जवानों के मनोबल पर गहरा आघात किया और उन्हें प्रतिरोध की निरर्थकता पर यकीन होने लगा। बाद में बंदी बनाए गये पाकिस्तानी अधिकारियों और सैनिकों के बयानों में यह स्पष्ट हो गया कि इन संदेशों ने पाकिस्तान के लड़ने के निश्चय को कमजोर करने में अहम भूमिका निभाई और यह आकलन किया गया कि उन्होंने युद्ध को कम से कम दो सप्ताह घटा दिया।

11 दिसंबर को भोर में, पाकिस्तानी सेना के लेफ्टिनेंट इफ्तिख़ार वायरलेस सेट पर आए, जिसमें उन्होंने आत्मसमर्पण के संकेत दिये। वे मीरपुर सेतु के नजदीक सफेद झंडा लेकर बाहर आए और भारतीय सैनिकों के समक्ष आत्मसमर्पण कर दिया। उसी दिन पूर्वी पाकिस्तान के गर्वनर के सैन्य सलाहकार मेजर जनरल राव फरमान अली ने संयुक्त राष्ट्र को संदेश भेजकर युद्ध विराम की मांग रखी। सुरक्षा परिषद संदेश पर चर्चा प्रारंभ करने ही वाली थी कि पाकिस्तानी राष्ट्रपति याह्या खान की तरफ से एक और संदेश आया, जिसमें उन्होंने फरमान अली के संदेश को रद्द करते हुए उसे 'अनधिकृत' बताया।

इससे पहले, 9 दिसंबर को, पूर्वी पाकिस्तान के गवर्नर डॉ. ए.एम. मलिक ने युद्ध विराम की पैरवी करते हुए एक संदेश याह्या खान को भेजा था। याह्या खान ने उत्तर दिया कि वे निर्णय मलिक पर छोड़ते हैं और यही बात उन्होंने आर्मी कमांडर जनरल नियाज़ी को भी बता दी। मलिक अपना मन नहीं बना पा रहे थे और वे रावलपिंडी से निर्देशों का इंतजार करते रहे। 13 दिसंबर को नियाज़ी ने सैन्य प्रमुख, जनरल हमीद से बात की और युद्ध विराम करवाने का निवेदन किया। 14 दिसंबर को याह्या खान ने नियाज़ी को निर्देश भेजे कि वे लड़ाई रोकने और अपने सैनिकों की जान बचाने के लिए उपयुक्त कार्रवाई करें। इससे पहले यह संदेश नियाज़ी तक पहुंचता एक अन्य घटना हुई। 14 दिसंबर की दोपहर को मलिक ने इस मुद्दे पर चर्चा के लिए ढाका स्थित गवर्नमेंट हाउस में एक बैठक बुलाई। बैठक का समय और स्थान की जानकारी वाला वायरलेस संदेश भारतीय सिग्नल अवरोधन यूनिट ने प्राप्त कर लिया था। भारतीय वायु सेना ने गवर्नमेंट हाउस पर बमवर्षा कर दी, जिसमें काफी नुकसान हुआ। मलिक बुरी तरह विचलित हो गये और उनके साथ रह रहीं उनकी ऑस्ट्रियाई पत्नी व बेटी की सुरक्षा की चिंता ने उन्हें अंततः निर्णय लेने पर मजबूर कर दिया। उन्होंने तुरंत अपना त्यागपत्र लिखा और अपनी कैबिनेट और अन्य कुछ प्रशासकों के साथ वे होटल इंटरकॉन्टिनेंटल में चले गये। इस होटल का इंटरनेशनल रेड क्रॉस ने अधिग्रहण कर रखा था और इसे तटस्थ क्षेत्र माना गया था।

आत्मसमर्पण का निर्णय वास्तव में नियाज़ी द्वारा लिया गया, जिन्होंने 15 दिसंबर को सैम मानेकशॉ के नाम एक संदेश लिखाऔर ढाका स्थित अमेरिकी कॉन्सल जनरल हर्बर्ट स्पिवैक से निवेदन किया कि यह संदेश सैम तक पहुंचा दें। स्पिवैक ने उस संदेश को भारत भेजने के बजाय वॉशिंगटन भेज दिया, जहां से उसे भारत भेजा गया। सैम पहले ही पूर्वी पाकिस्तान स्थित पाकिस्तानी बलों से आत्मसमर्पण करने के दो संदेश प्रसारित कर चुके थे। उनके आत्मसमर्पण की अपील के पर्चे उर्दू, पश्तो और बंगाली में अनुवाद करवाकर उन क्षेत्रों पर गिरवाए गये थे, जो पाकिस्तानी सैनिकों के कब्जे में थे। जब सैम को नियाज़ी का संदेश मिला तो उन्होंने एक जवाब प्रसारित किया, जिसमें यह संकेत दिया गया कि युद्ध विराम तभी स्वीकार्य होगा जब पाकिस्तानी सैनिक 16 दिसंबर 1971 को सुबह 9 बजे तक भारतीय सेना के समक्ष आत्मसमर्पण करेंगे। उन्होंने वह रेडियो फ्रिक्वेंसी प्रदान कर दीं जिनपर नियाज़ी अरोड़ा के मुख्यालय से संपर्क कर सकते थे। सद्भाव दिखाते हुए सैम ने नियाज़ी को सूचित किया कि वे ढाका पर हवाई कार्रवाई को रोकने के आदेश दे रहे हैं। बाद में नियाज़ी ने आत्मसमर्पण की की समय सीमा को सुबह 9 बजे से बढ़ाकर अपराह्न 3 बजे करने का निवेदन किया, जिसे सैम ने स्वीकार कर लिया। 15 दिसंबर को मध्यरात्रि के करीब, नियाज़ी ने अपने सभी फार्मेशन कमांडरों को संदेश भेजकर अपने समकक्ष भारतीय कमांडरों से संपर्क साधकर युद्धविराम तय करने को कहा। युद्ध समाप्त हो गया।

16 दिसंबर को ढाका में औपचारिक आत्मसमर्पण रस्म अदा की गई। भारी भीड़ के सामने जनरल नियाज़ी ने अपनी पिस्टल आर्मी कमांडर लेफ्टिनेंट जनरल अरोड़ा को सौंप दी और 1655 बजे आत्मसमर्पण दस्तावेज़ पर हस्ताक्षर किये। नियाज़ी के साथ लगभग 93,000 पाकिस्तानी सैनिकों को युद्ध बंदी बना लिया गया। 10 जनवरी 1972 को शेख मुजीब विजेता के तौर पर वापस ढाका पहुंचे और बांग्लादेश सरकार की बागडोर संभाली। मार्च 1972 में अपने बांग्लादेशी समकक्षों को जिम्मेदारी सौंपकर भारतीय सैनिकों ने सिविल प्रशासकों के साथ वापसी शुरू कर दी।

भारतीय सैनिकों के पूर्वी पाकिस्तान में प्रवेश करने से पहले सैम यह सुनिश्चित करना चाहते थे कि वे विजेता सेना द्वारा किये जाने वाले लूट व बलात्कार जैसे परंपरागत गतिविधियों में न शामिल हों। इसलिए उन्होंने सख्त आदेश दिये कि यदि कोई लूटपाट करते हुए पाया गया, तो उसका कोर्टमार्शल कर दिया जाएगा। दूसरी समस्या के संबंध में उन्होंने सोचा कि वे जवानों से सीधे बात करें। वे जहां भी गये उन्होंने भारतीय जवानों के उत्कृष्ट व्यवहार करने और महिलाओं से दूर रहने की जरूरत पर बल दिया। अंततः, लड़ाई में जाने से पहले उन्होंने जवानों के नाम एक संदेश प्रसारित किया। उन्होंने कहा, 'जब भी आप किसी बेगम को देखें तो अपने हाथ अपनी जेब में डाल लें, और सैम के बारे में सोचें'। इसके परिणामस्वरूप, लूट और बलात्कार के मामले नगण्य थे और भारतीय सेना शानदार

ढंग से उभर कर सामने आई, न केवल अपने हथियारों के कमाल लिए, बल्कि अपने जवानों के व्यवहार के लिए भी।

जैसे-जैसे युद्ध आगे बढ़ा, लड़ाई में हताहतों की संख्या बढ़ने लगी। सैम की पत्नी सिल्लू ने यह नियम बना लिया था कि वे घायलों से मिलने प्रतिदिन सैन्य अस्पताल जाती थीं। एक बार जब वे अस्पताल के दौरे पर थीं, तो उनको बताया गया कि एक घायल पाकिस्तानी अधिकारी भी आया हुआ है। उसको अलग कक्ष में सुरक्षा के बीच रखा गया था। श्रीमती मानेकशॉ उससे मिलने गईं। जब उन्होंने उस अधिकारी के हालचाल पूछे तो उसने जवाब नहीं दिया। अगले दो दिन भी ऐसा ही हुआ। जब तीसरे दिन जब श्रीमती मानेकशॉ वहां से चली गईं, तब पाकिस्तानी अधिकारी ने एक नर्स से स्लैक्स पहनकर आने वाली उन महिला के बारे में पूछा जो रोज उसे देखने आती थीं। जब उसको बताया गया कि वे सेनाध्यक्ष की पत्नी थीं, तो वह भौचक्का रह गया। अगले दिन जब श्रीमती मानेकशॉ उससे मिलने गईं, तो उस अधिकारी ने अपने अशिष्ट बर्ताव के लिए उनसे बेहद माफी मांगी। वो अपने आंसू नहीं रोक पा रहा था, और कहा कि वह उनको पहचान नहीं पाया क्योंकि इस प्रकार की चीजें उसके अपने देश में नहीं होतीं।

1971 के युद्ध में, भारत ने बड़ी संख्या में युद्ध बंदी बनाए थे। उन्हें पूरे देश में विभिन्न शिविरों में रखा गया था। इनमें से एक शिविर में युद्ध बंदियों को ले जाती रेलगाड़ी जब दिल्ली पहुंची तो सैन्य मुख्यालय में बिना किसी को सूचित किये सैम उनसे मिलने सीधे रेलवे स्टेशन पहुंच गये। जब सैम स्टेशन पहुंचे तब युद्ध बंदी वहां पहुंचे ही थे और प्लेटफॉर्म पर इंतजार कर रहे थे और सैम उनसे मिलने वाले पहले भारतीय अधिकारी थे। युद्ध बंदी और उनके पहरेदार सेनाध्यक्ष को केवल अपने एक एडीसी के साथ देखकर हैरान रह गये। उनके साथ थोड़ी देर बातचीत करके और उनके साथ चाय पीकर सैम वहां से चले गये, तब तक अन्य वरिष्ठ अधिकारियों का आना भी शुरू हो गया था। युद्ध बंदियों को यह कहते हुए सुना गया कि काश पाकिस्तान में भी इस प्रकार के जनरल होते।

सैम ने इस बात पर बहुत बल दिया कि युद्ध बंदियों की अच्छी तरह देख भाल हो। कई स्थानों पर युद्ध बंदियों को अच्छा आवास देने के लिए भारतीय जवानों से बैरकें खाली करवा ली गईं और उन्हें तंबुओं में भेज दिया गया। युद्ध बंदियों को उनके त्योहार मनाने की इजाज़त दी गई और उन्हें कुरान की प्रतियां भी दी गईं। रेड क्रॉस और अन्य अंतर्राष्ट्रीय एजेंसियों को युद्ध बंदी शिविरों में जाने की खुली छूट प्रदान की गई, और बंदियों को चिट्ठियां और उपहार के पार्सल स्वीकार करने की भी अनुमति थी।

1971 के युद्ध में भारत ने पाकिस्तान पर निर्णायक विजय प्राप्त की। एक नया राष्ट्र अस्तित्व में आ चुका था और उस जीत के प्रमुख शिल्पकार सैम एक हीरो बन गये। सैकड़ों हजारों बंदियों को बंधक बनाने के अलावा भारतीय सेना ने लद्दाख में सैकड़ों वर्ग किलोमीटर पाकिस्तानी जमीन पर कब्जा जमा लिया था। एक साल बाद जब शिमला में

भारत और पाकिस्तान के प्रधानमंत्रियों के बीच वार्ता हुई, तो ऐसी उम्मीद थी कि भारत पाकिस्तान से कुछ विशेष रियायतें प्राप्त कर सकेगा और कश्मीर समस्या का स्थायी हल निकाला जा सकेगा। दुर्भाग्य से सैम को शिखर सम्मेलन से दूर रखा गया और समझौते में उनकी कोई भूमिका नहीं रखी गई। हालांकि, भुट्टो और इंदिरा गांधी अनौपचारिक रूप से कश्मीर में संघर्ष विराम रेखा को अंतर्राष्ट्रीय रेखा मानने को सहमत थे, लेकिन इसको लेकर कोई लिखित समझौता नहीं हुआ। परिणामस्वरूप, भारतीय सैनिकों की जानों की भारी कीमत चुकाकर मिली सैन्य उपलब्धि को राजनीतिज्ञों और नौकरशाहों ने गंवा दिया। जब इंदिरा गाँधी शिमला से लौटीं तो उन्होंने सैम को संधि के बारे बे बताया। भुट्टो ने इंदिरा गांधी से कहा था कि उन्होंने हाल ही में पाकिस्तान में सत्ता संभाली है, इसलिए वे बड़े निर्णय लेने की स्थिति में नहीं थे। उन्हें थोड़ा और वक्त चाहिए और वादा किया कि छह महीनों में सब वैसा ही होगा जैसा वह चाहती थीं। बताया जाता है कि सैम ने प्रधानमंत्री से कहाः 'भुट्टो ने आपको बन्दर बना दिया है।'

भारत और पाकिस्तान द्वारा बंदी बनाए गये कैदियों की 1 दिसंबर 1972 को अदला-बदली की गई। नियंत्रण रेखा तय करने को लेकर असहमति के कारण दोनों पक्षों की तरफ से अभी तक सैनिकों की वापसी नहीं हो पाई थी। जम्मू एवं कश्मीर में नियंत्रण रेखा अंकित करने को लेकर दोनों देशों के बीच तकरीबन चार महीनों से वार्ता चल रही थी। दोनों पक्षों की तरफ से कुछ प्रमुख स्थानों को लेकर परस्पर विरोधी दावों के कारण गतिरोध उत्पन्न हो गया था। इन स्थानों में जम्मू के निकट थाको चाक गांव और कश्मीर में टुटमारी गली के पार काइयां में कुछ स्थल शामिल थे। चिकन नेक में स्थित थाको चाक गांव को पाकिस्तान ने युद्ध के दौरान हासिल कर लिया था। काइयां में, एक बड़े क्षेत्र पर 9 सिख की एक अतिउत्साहित कंपनी ने कब्जा कर लिया गया था। यह कंपनी 19 इंफैन्ट्री डिविजन का हिस्सा थी। तथापि, एक छोटी पहाड़ी, जिसे बताया गया था कि कब्जा कर लिया गया था, युद्ध विराम घोषित होने के बाद पता चला कि अभी भी दुश्मन के कब्जे में थी। इस असंगति का पता कई महीनों बाद चला, जब वाघा में नियंत्रण रेखा अंकित करने की वार्ता चल रही थी। भूलसुधार के लिए डिविजनल कमांडर ने पहाड़ी पर कब्ज़ा करने का निर्णय लिया। पहाड़ी पर कितने सैनिक हैं इस का सही आकलन नहीं किया गया और मई 1972 में किया गया हमला विफल हो गया, जिसमें भारी नुकसान उठाना पड़ा।

मुद्दे को सुलझाने के लिए, सैम लाहौर गये और अपने प्रतिवस्तु टिक्का खान के साथ 28 नवंबर और 7 दिसंबर को दो बैठकें कीं। हालांकि इंदिरा गांधी ने गतिरोध समाप्त करने के लिए उन्हें थाको चाक देने के लिए अधिकृत कर दिया था, लेकिन सैम इतनी आसानी कुछ देने वालों में नहीं थे। अंततः वे काइयां में कुछ कम महत्वपूर्ण क्षेत्र देकर थाको चाक को वापस लेने में सफल हुए। इसके कुछ समय बाद ही सैन्य वापसी शुरू हो गई और 20 दिसंबर 1972 तक समाप्त हो गई।

थिमैय्या की तरह, सैम भी सैनिकों के बीच बेहद लोकप्रिय थे और जवान उनका बेहद सम्मान करते थे। जब सैम जेसीओ और ओआर के मेस में जाते, तो हमेशा रम पीते थे, बजाए व्हिस्की या बीयर के, जो ऑफिसर्स मेस में साधारणत परोसे जाते हैं। अपने अर्दलियों और घरेलू स्टाफ के साथ उनका आचरण और व्यवहार खासतौर से अनौपचारिक होता था। एक दिन, जब वे आर्मी हाउस से अपने कार्यालय को निकलने ही वाले थे, तो उनको बताया गया कि एक वृद्ध महिला उनसे मिलने आई हैं। बाहर आने पर उनको पता चला कि वे शेर सिंह की विधवा थीं। शेर सिंह 4/12 एफएफआर में सैम के पुराने अर्दली थे, जिन्होंने उनकी जान बचाई थी। सैम ने वृद्ध महिला को अपनी कार में बैठा लिया और अपने साथ साउथ ब्लॉक ले गये। सैम ने उसे अपने कार्यालय में बैठाया और चाय मंगवाई। सैम ने उनसे घंटे भर बात की, इस बीच कई वरिष्ठ अधिकारी बाहर इंतजार करते रहे। अंततः उन्होंने अपने एडीसी से कहा कि वे अपनी कार से उस वृद्ध महिला को रेलवे स्टेशन छोड़कर आएं, जहां से उन्हें रेलगाड़ी पकड़नी थी। जब वह वृद्ध महिला जाने लगीं, तो उन्होंने कहा: 'मैं दुआ करती थी कि रब तुझे जंगी लाट (सेना प्रमुख) बना दे। अब मैं चैन से मरूंगी।'

सैम अपनी हाज़िर जवाबी और सही समय पर सही बात कहने की दक्षता के लिए जाने जाते थे। जब राष्ट्रपति डी गॉल का निधन हुआ, तो श्रीमती इंदिरा गांधी उनकी अंत्येष्टि में भाग लेने गईं। जब वे वापस लौटीं तो उस समय की परंपरा के अनुसार तीनों सेना प्रमुख, अन्य गणमान्य लोगों के साथ, हवाई अड्डे पर उनकी अगवानी के लिए पहुंचे। जब इंदिरा गांधी सैम के पास पहुंचीं तो उन्होंने उनकी हेयर स्टाइल की प्रशंसा की। वह मुस्कुराईं और बोलीं, 'केवल आपने ही इस पर ध्यान दिया।'

सैम की अन्य प्रीतिकर विशेषता थी उनका विनोदी स्वभाव। सितंबर 1970 में सैम और सिल्लू सोवियत संघ गये। तमाम सोवियत मार्शलों के द्वारा समारोहपूर्वक उनकी अगवानी के बाद उन्हें उनके होटल ले जाया गया। सिल्लू ने एक मार्शल से पूछा, 'मेरा कमरा कहां है?' रूसी अचरज में पड़ गये, तब सैम ने स्पष्ट किया कि उनकी खर्राटे लेने की आदत की वजह से वे और उनकी पत्नी अलग-अलग कमरों में सोते हैं। फिर मार्शल को अलग ले जाकर, उन्होंने धीरे से कहा, 'आपको पता है, केवल यही एक मात्र महिला है, जिसने ऐसी शिकायत की है।' सैम की पीठ पर थपकी देते हुए रूसी मार्शल जोर से हंसे।

युद्ध के बाद रेखांकन के लिए अपने लाहौर दौरे के समय उन्हें एक ऑफिसर्स मेस में आमंत्रित किया गया, जहां उन्होंने एक रजत ट्रॉफी को पहचान लिया, जो उनकी पुरानी रेजिमेंट की ट्रॉफी से मिलती-जुलती थी। पूछने पर पता चला कि ट्रॉफी किसी समय वास्तव में 4/12 एफएफआर के पास रही थी। सैम ने उसको 30 साल बाद भी पहचान लिया था। इसी यात्रा के दौरान सैम ने टिक्का खान से पूछा था कि वे हमेशा गहरे रंग का चश्मा क्यों

पहनते हैं। 'आप धूम्रपान नहीं करते, मदिरापान नहीं करते और आपको सुंदर चेहरे भी पसंद नहीं। मैं यह सब करता हूं, और फिर भी अपना चेहरा नहीं छिपाता।'

सैम द्वारा गहरे रंग के चश्मे को नपसंद करने के पीछे एक रोचक किस्सा है। युवा अधिकारी के तौर पर उन्होंने एक महंगा धूप का चश्मा खरीदा था। सैम को नहीं पता था उनके कमांडिंग अफसर को चश्मे से घृणा थी। एक दिन उन्होंने सैम को चश्मा पहने देख लिया और गुस्से में उन्होंने चश्मे को जमीन पर ऐसा पटका कि वो चूर-चूर हो गया। सैम भौंचक्के रह गये और उन्हें वहीं खड़ा छोड़कर उनके कमांडिंग अफसर वहां से चले गये। इसके बाद सैम ने कभी गहरे रंग का चश्मा नहीं पहना।

इंदिरा गांधी के साथ सैम की अच्छी घनिष्ठता थी, हालांकि जगजीवन राम के साथ उनके संबंधों में थोड़ा खिंचाव था। जब जगजीवन राम ने सेना में अनुसूचित जातियों एवं जनजातियों के लिए आरक्षण का मुद्दा उठाने का प्रयास किया, तो सैम अड़ गये। रक्षा मंत्रालय से सैन्य मुख्यालय को एक नोट भेजा गया कि उन लोगों के विरुद्ध कार्रवाई क्यों न की जाए, जो स्वतंत्रता के समय भर्तियों के लिए बनाई गई सरकारी नीति को लागू न करने के लिए जिम्मेदार हैं। सैम ने जवाब दिया कि सेनाध्यक्ष के तौर पर सबसे पहले कार्रवाई उनके विरुद्ध की जाए क्योंकि वे स्वयं इस नीति को लागू करवाने में विफल रहे और अपने पूर्व सेनाध्यक्षों द्वारा उठाये गये कदमों से भी सहमत हैं। इसके बाद मंत्रालय से इस विषय पर कोई आवाज नहीं आई। जब लेफ्टिनेंट जनरल एन.सी. रॉले का नाम पूर्वी कमांड के जीओसी-इन-सी के लिए प्रस्तावित किया गया, तो मंत्रालय से यह कहते हुए फाइल वापस आ गई कि किसी अन्य नाम का प्रस्ताव दिया जाए। सैम ने यह टिप्पणी लिखते हुए फाइल को वापस कर दिया कि इस नियुक्ति के लिए इससे उपयुक्त अधिकारी कोई नहीं है। आखिरकार उनकी बात मान ली गई और नवीन रॉले आर्मी कमांडर बन गये।

सैम इंदिरा गांधी को 'मैडम' के बजाय 'प्राइम मिनिस्टर' कहकर संबोधित करते थे और उनकी यह आदत दूसरों को अजीब लगती थी। कुछ नौकरशाह इससे अचंभित थे और उन्होंने कैबिनेट सचिव से प्रधानमंत्री के प्रति इस अनादर की शिकायत की। जब सैम की उपस्थिति में कैबिनेट सचिव ने सचिव समिति की बैठक के दौरान इस बात का जिक्र किया, तो उन्हें ऐसा जवाब मिला कि वे शब्द विहीन हो गये। 'मुझे आशा है कि आप ये बात जानते होंगे कि यह शब्द (मैडम) उन महिलाओं के लिए आरक्षित है, जो बदनाम घरों (वेश्यालय) की मालकिन होती हैं।'

युद्ध के थोड़े समय बाद ही, इंदिरा गांधी ने उन्हें फील्ड मार्शल की रैंक पर पदोन्नत करने और चीफ ऑफ डिफेंस स्टाफ (सीडीएस) के पद पर नियुक्त करने का निर्णय लिया। मगर नौकरशाही इसके पक्ष में नहीं थी। सीडीएस रक्षा मंत्रालय का हिस्सा बन जाता और उनमें से अधिकांश कार्य करता जो वर्तमान में भारतीय प्रशासनिक सेवा के नौकरशाहों द्वारा किये

जा रहे थे। क्योंकि निर्णय स्वयं प्रधानमंत्री द्वारा लिया गया था, इसलिए किसी ने खुलकर उसका विरोध नहीं किया। सैम की पदोन्नति को कैबिनेट की एपॉन्टमेंट्स कमेटी द्वारा हरी झंडी दी जानी थी, लेकिन एक बार जब यह पता चल गया कि इंदिरा गांधी ऐसा चाहती थीं, तो यह महज एक औपचारिकता थी। अड़चन तब पैदा हुई जब रक्षा मंत्री वाई.बी. चव्हाण ने अपनी राय दी कि सैम की पदोन्नति से अन्य दो सेनाओं पर पड़ने वाले असर पर भी विचार किया जाए। इससे पदोन्नति में देरी हुई, लेकिन रुक नहीं सकी क्योंकि इंदिरा गांधी ने पहले ही अपना मन बना लिया था।

फील्ड मार्शल की रैंक पर उनकी पदोन्नति को हरी झंडी मिल गई, लेकिन सैम को चीफ ऑफ डिफेंस स्टाफ नियुक्त करने के प्रस्ताव को परंपरागत 'फूट डालो राज करो' की नीति के माध्यम से धराशायी कर दिया गया। क्योंकि सीडीएस का थल सेना, नौसेना और वायु सेना तीनों पर नियंत्रण होता, इसलिए सभी की राय आवश्यक थी। जैसी उम्मीद थी, वायु सेना ने कठोर आपत्ति जताई। एयर चीफ मार्शल पी.सी. लाल, जो उस वक्त वायु सेनाध्यक्ष थे, युद्ध के दौरान सैम की कार्यप्रणाली से काफी अप्रसन्न थे। अपनी पुस्तक, 'माइ इयर्स विद द आईएएफ' में उन्होंने लिखाः

> 1971 में जिस प्रकार से मानेकशॉ ने कार्य किया और युद्ध के दौरान व उसके बाद उनको जिस प्रकार से प्रचारित किया गया, उससे यह आभास हुआ मानो वे वास्तव में चीफ ऑफ डिफेंस स्टाफ के तौर पर संचालन कर रहे थे, भले ही वे उस समय चीफ ऑफ स्टाफ कमेटी के अध्यक्ष थे, जो तीन समान सहयोगियों में से एक होता है।

जब 24 मार्च 1972 को प्रधानमंत्री के प्रमुख निजी सचिव पी.एन. हक्सर ने लाल को टेलीफोन किया तब वे डिब्रूगढ़ के निकट चाबुआ में थे। हक्सर ने उनको बताया कि सरकार सीडीएस का पद सृजित करने का विचार कर रही है और सैम मानेकशॉ ने जिस प्रकार बांग्लादेश युद्ध को निर्देशित किया, उसको देखते हुए उन्हें इस पद पर नियुक्त किया जा सकता है। अंतिम निर्णय से पहले लाल से उनके विचार पूछे गये। वायु सेनाध्यक्ष ने उसी दिन शाम को अपनी टिप्पणी हक्सर को भेज दी, जिसमें उन्होंने इस प्रस्ताव को लेकर गंभीर आपत्ति जताई। उन्होंने दृढ़तापूर्वक लिखा: 'प्रस्तावित व्यवस्था में मुझे स्पष्ट और खुली चर्चाओं पर एक निश्चित खतरा नजर आता है, खासतौर से अगर सीडीएस अत्यधिक मुखर और दूसरों के विचारों के प्रति असहिष्णु हो।'

वायु सेना या कहें तो वायु सेनाध्यक्ष - लाल ने अपना जवाब भेजने से पहले कुछ घंटों में शायद किसी के साथ विमर्श नहीं किया होगा - के कड़े विरोध को देखते हुए सीडीएस का पद सृजित करने का प्रस्ताव छोड़ दिया गया। । बाद के वर्षों में सशस्त्र सेनाओं को इस नियुक्ति की आवश्यकता का एहसास हुआ और पद सृजित करने की जोरदार मांग उठी। 1987 में जब राजीव गांधी प्रधानमंत्री थे और अर्जुन सिंह रक्षा मंत्री तब इस नियुक्ति को सृजित करने

की कुछ चर्चा हुई, लेकिन वह प्रस्ताव 'ब्रास टैक्स' अभ्यास और बोफोर्स मसले की भेंट चढ़ गया। अवसर को हाथ से जाने दिया गया और वह शायद वापस नहीं आएगा।

सैम को जून 1972 में सेवा निवृत्त होना था, लेकिन उन्हें छह माह का विस्तार दिया गया। वे सेनाध्यक्ष के पद पर नहीं बने रहना चाहते और उन्होंने अपनी इच्छा प्रधानमंत्री को जता भी दी थी। तथापि, वे उनकी सेवाएं जारी रखना चाहती थीं और सैम को बता दिया कि उनको सेवा निवृत्त होने की अनुमति नहीं दी जाएगी। जब सैम ने उनसे कहा कि उनकी पद पर बने रहने की कोई मंशा नहीं है और कोई ऐसा कानून नहीं है जो उन्हें ऐसा करने के लिए बाध्य कर सके, तब थोड़ी सनसनी हुई। अंततः किसी ने रास्ता खोज लिया। यह तर्क दिया गया कि अगर सैम को सीधे राष्ट्रपति से आदेश प्राप्त हो, जो सशस्त्र बलों के सर्वोच्च कमांडर होते हैं, तब उनको मानना पड़ेगा। राष्ट्रपति की अनुशंसा प्राप्त कर ली गई और उनके निर्देशों को भारत राजपत्र में प्रकाशित कर दिया गया, जिसमें कहा गया कि। सैम सेनाध्यक्ष के पद पर बने रहेंगे जब तक राष्ट्रपति उन्हें सेवानिवृत्त नहीं करते।

3 जनवरी 1973 को राष्ट्रपति भवन में आयोजित एक प्रतिष्ठापन समारोह में सैम को औपचारिक रूप से फील्ड मार्शल की रैंक प्रदान की गई। क्योंकि इससे पहले कोई भी भारतीय इस रैंक पर नहीं रहा था, इसलिए बिल्ला और बैटन दोनों ही उपलब्ध नहीं थे। ब्रिटैनिका विश्वकोष में देख कर दिल्ली स्थित सेना की कार्यशाला में रातों रात बिल्ला तैयार किया गया। बैटन के लिए, एक स्टिक अर्दली की छड़ी में उपयुक्त बदलाव किया गया। प्रतिष्ठापन से जुड़ी एक प्रासंगिक जानकारी जो बैटन से संबंधित है। एक फील्ड मार्शल द्वारा बैटन को पारंपरिक रूप से अभिवादन करने या स्वीकारने के लिए उपयोग किया जाता है। समारोह के बाद कुछ राजनीतिज्ञ यह टिप्पणी करते सुने गये कि सैम में अहंकार आ गया है और उन्होंने राष्ट्रपति को उचित ढंग से सैल्यूट नहीं किया, जैसे कि सैन्य अधिकारी सामान्य रूप से करते हैं। वहां उपस्थित सेना के अधिकारियों को उन्हें समझाना पड़ा कि फील्ड मार्शल पारंपरिक रूप से तौर पर सैल्यूट करने के लिए हाथ के बजाय अपनी बैटन का प्रयोग करते हैं।

1971 के युद्ध के बाद सैम को न केवल भारत में अपितु विदेशों में भी अपार सम्मान मिला। वो जहाँ भी जाते भीड़ उन्हें घेर लेती और लोग उनसे हाथ मिलाने या उनके पाँव छूने को आतुर रहते। युद्ध के कुछ दिनों बाद सैम को फिल्मफेयर अवार्ड समारोह में बतौर मुख्य अतिथि बम्बई बुलाया गया। हमेशा की तरह प्रवेश द्वार पर दर्शकों की भारी भीड़ थी। लेकिन इस बार ये लोग सैम को देखना चाहते थे, फ़िल्मी सितारों को नहीं। जब सैम वहां पहुंचे तो लोगों ने उनकी कार को घेर लिया और उनका ज़ोरदार स्वागत किया। इस दौरान, कई फ़िल्मी सितारों को भी लोगों ने अनदेखा कर दिया, जो उन सितारों के लिए एक नया अनुभव था। सब सैम का ऑटोग्राफ लेना चाहते थे या उनसे हाथ मिलाना चाहते थे, इसमें कई मशहूर हस्तियाँ भी शामिल थीं।

सैम की लोकप्रियता भारत तक ही सीमित नहीं थी। युद्ध के बाद एक बार जब वे लाहौर गये तो पंजाब के गवर्नर ने उनको दोपहर के खाने पर बुलाया। भोजन के उपरांत गवर्नर ने उन्हें बताया कि उनके स्टाफ के कुछ सदस्य भारत के सेनाध्यक्ष से हाथ मिलाना चाहते हैं। जब सैम बाहर आए तो देखा कि पूरा स्टाफ कतार में खड़ा था। जब वे कतार में हाथ मिलाते हुए आगे बढ़ने लगे तब एक स्टाफ सदस्य ने अपनी पगड़ी उनके पैरों में रख दी। जब सैम ने पूछा कि वो ऐसा क्यों कर रहे हैं, तो उसने कहाः 'सर, आपकी वजह से हम बच गये। मेरे पांच बेटे आपके यहां युद्ध बंदी हैं। वे मुझे खत लिखते हैं। आपने उनको कुरान दी है। वे लोग बैरकों में रह रहे हैं, जबकि आपके जवान तंबुओं में हैं। वे खाट पर सोते हैं और आपके जवान जमीन पर। अब अगर मुझसे कोई कहे कि हिंदू बुरे होते हैं तो मैं कभी यकीन नहीं करूंगा।'

सैम को अपनी लोकप्रियता की कीमत चुकानी पड़ी थी। कई लोग उन्हें अपने लिये खतरा मानने लगे थे, खासतौर से राजनीति और नौकरशाही में। इंदिरा गांधी को भी इस वजह से अपने डर को दूर कर पाना दूभर हो गया था और उन्हें जल्द ही सैम के पर कतरने का मौका मिल गया। एक युवा महिला रिपोर्टर ने सैम से साक्षात्कार के लिए निवेदन किया, और उन्होंने स्वीकार कर लिया। वह उनके घर आई और बातचीत के दौरान सैम ने बताया कि विभाजन के दौरान उनसे पाकिस्तान का चुनाव करने के लिए कहा गया था, लेकिन उन्होंने भारत में रहना का निर्णय लिया। जब रिपोर्टर ने पूछा कि अगर वे पाकिस्तान को चुनते और भारत की जगह पाकिस्तानी सेना की कमांड संभाल रहे होते तो क्या हुआ होता, इस पर सैम ने जवाब दिया, 'तो पाकिस्तान जीत गया होता।' निसंदेह सैम ने बिना सोचे मजाकिया टिप्पणी की थी, लेकिन उसके परिणाम बेहद गंभीर हुए। इसके कुछ समय बाद ही उनको यूके जाना पड़ा और जब वे देश से बाहर थे, तब संसद में उस खबर को लेकर प्रश्न उठे जिसमें रिपोर्टर ने उनकी टिप्पणी को प्रमुखता से उठाया था। प्रधानमंत्री सदन में ही थीं, लेकिन उन्होंने चुप रहना उचित समझा। सैम को एक अहंकारी व्यक्ति के तौर पर पेश किया गया और जल्द ही वे अवांछनीय व्यक्ति बन गये। हालांकि सरकार उनसे उनकी रैंक वापस नहीं ले सकती थी, लेकिन उसने उनसे बाकी सबकुछ छीन लिया और उनके साथ बुरा बर्ताव किया। सेना प्रमुख पद से हटने के बाद उन्हें उनकी पात्रता से काफी कम वेतन दिया गया। फील्ड मार्शल को मिलने वाली अन्य कोई सुविधाएं भी उनको प्रदान नहीं की गईं, जैसे सचिवालय स्टाफ, घर या गाड़ी आदि।

कुछ सालों बाद लेखक को स्वयं उस जबरदस्त लोकप्रियता का साक्षी बनने का अवसर मिला, जो अब भी सैम के साथ थी। 1975 में सैम एक बार इंदौर आये, जहां लोगों ने एक बड़े सभागार में उनके लिए एक नागरिक अभिनंदन रखा था। जब सैम वहां पहुंचे तो भीड़ ने उनको घेर लिया और वे बड़ी मुश्किल से मंच तक पहुंचे। भीड़ से तब

तक 'मानेकशॉ की जय' की आवाजें आती रहीं, जब तक उनका गला नहीं बैठ गया और उनको शांत करने के लिए आयोजकों की विनती बेकार गई। कुछ देर बाद जब लोग शांत हुए, तब किसी ने हिंदी में स्वागत भाषण प्रारंभ किया। उसने कुछ इस प्रकार भाषण दियाः 'आज हमारे बीच एक ऐसे सैनिक हैं जिनका नाम वीरता का पर्याय हैं। वे हमें राणा प्रताप, झांसी की रानी और वीर शिवाजी जैसे नायकों की याद दिलाते हैं, जिनके महान कर्म हमारी राष्ट्रीय धरोहर हैं। जब हम इनको बोलते हुए सुनते हैं, तो हमारी रगों में खून का प्रवाह बढ़ जाता है।'

और यह सब आधा घंटे तक चलता रहा। इसके बाद सैम से बोलने का आग्रह किया गया। वे भी हिंदी में बोलेः 'मैं केवल एक निवेदन करना चाहता हूं। क्या मुझे उस भाषण का अंग्रेजी अनुवाद मिल सकता है, जो मैंने अभी सुना? मैं उसे अपनी पत्नी को देना चाहता हूं। मैं जब भी उससे कहता हूं कि मैं एक महान इंसान हूं, तो वो सुनती ही नहीं। अब उसे मुझ पर विश्वास होगा।' बताने की आवश्यकता नहीं कि इतना सुनते ही वहां ठहाके गूंजने लगे और तालियों की गड़गड़ाहट ने थमने का नाम नहीं लिया।

सैम की किसी भी उम्र के लोगों के साथ संवाद स्थापित करने की दक्षता, खासतौर से युवा पीढ़ी के साथ, उनकी अपरिमित लोकप्रियता का एक कारण थी। 1977 में लेखक वेलिंग्टन में स्टाफ कोर्स रहे थे, उनके साथ बेहराम पंथकी भी थे जो सैम के सेना प्रमुख होने के समय उनके एडीसी रह चुके थे। वह शनिवार का दिन था और अपर कुन्नूर में बेहराम के घर 'रोजरी' में पार्टी रखी गई थी। उनका घर 'स्तावका' के काफी नजदीक था, जहां सैम रहते हैं। ज़ोरदार संगीत की आवाज सुनकर सैम बाहर आ गये और बेहराम से पूछा, 'तुम लोग पार्टी कर रहे हो, और मुझे बुलाया भी नहीं?' जब सैम को पता चला कि वह एक पाउंड पार्टी थी, जिसमें सब अपना खाना और ड्रिंक्स लेकर आते हैं, तो उन्होंने तुरंत अपने गोरखा अर्दली को घर भेजकर स्कॉच की एक बोतल लाने को कहा। वे वहां मध्यरात्रि तक रहे। चमकीली आंखों वाली महिलाओं का झुंड उन्हें घेरे रहा, जो अपने पतियों के साथ नाचने के बजाय सैम की कहानियां सुनना ज्यादा पसंद करती थीं।

1989 में सैम सिकंदराबाद स्थित सैन्य अस्पताल का दौरा करने गये। चिकित्सा अधिकारियों के साथ नर्सें भी उनसे मिलने के लिए कतारबद्ध खड़ी थीं। वे सबसे युवा नर्स के पास रुके और पूछा कि उसने इतने अनुचित ढंग से कपड़े क्यों पहने थे। बेचारी लड़की का चेहरा शर्म से लाल हो गया और हकलाने लगी। वहां उपस्थित मैट्रन, जो एक अनुभवी महिला थी, ने लड़की का बचाव किया और सैम से उनके प्रश्न का मतलब पूछा।

'मैट्रन, जहां तक मुझे याद है, स्कर्ट घुटनों से तीन इंच ऊपर होनी चाहिए। आपकी लड़कियों ने घुटने से नीची स्कर्ट पहन रखी हैं।' और बेचारी लड़की की स्कर्ट को दोनों हाथों से पकड़ते हुए उन्होंने सही ऊंचाई तक उठाकर दिखाया।

लड़कियां मुंह दबा कर हंसने लगीं, लेकिन मैट्रन शांत रहने वाली नहीं थी। 'सर, मैंने लड़कियों से लंबी स्कर्ट पहनने के लिए इसलिए कहा है, क्योंकि वार्ड में मर्द उनको घूरते हैं,' मैट्रन ने कहा।

'मैट्रन, क्या कभी आपने लड़कियों से पूछा है कि क्या उनको मर्दों का घूरना बुरा लगता है?' सैम ने आगे बढ़ते हुए पूछा। इस पर मैट्रन चुप हो गई और लड़कियां मुस्करा उठीं।

सैम का विनोदी स्वभाव अतुलनीय थी और बेहद गंभीर अवसरों पर भी उसे रोका नहीं जा सकता था। 1995 में नई दिल्ली में लीडरशिप पर एक लेक्चर देते वक्त वे यह बताने लगे कि समय किस प्रकार बदल गया है। यहां तक कि अंग्रेजी भाषा भी बदल गई, उन्होंने खेद जताया और कई उदाहरण गिना दिये। उन्होंने कहा, जब हम जवान थे, तब 'गे' शब्द का प्रयोग उल्लास से भरे व्यक्ति का वर्णन करने के लिए होता था; 'क्वियर' ऐसे व्यक्ति को कहा जाता था, जो अपनी शामें खेलने के बजाय अपने कमरे में मिल्टन को पढ़ते हुए बिताना पसंद करे; और केवल जनरलों के पास 'एड्स' होते थे।

लीडरशिप या जीवन की तथाकथित अच्छी चीजों के प्रति सैम के विचार रोचक थे। अप्रैल 1993 में उनको बॉम्बे पारसी पंचायत द्वारा युवाओं के लिए आयोजित एक हॉलिडे प्रोग्राम में उद्घाटन भाषण देने के लिए आमंत्रित किया गया। लीडरशिप के बारे में बात करते हुए उन्होंने कहा, 'मोटे तौर पर पुरुष और महिलाएं अपने लीडरों में मर्दाना गुण देखना पसंद करते हैं। जो आदमी यह कहे कि वह धूम्रपान नहीं करता, मद्यपान नहीं करता, यह नहीं करता, वह नहीं करता.... ऐसा आदमी एक अच्छा लीडर नहीं बन सकता। वह एक महात्मा बन सकता है, एक संत बन सकता है और वह धर्माचार्य बन सकता है, लेकिन वह एक अच्छा लीडर नहीं बन सकता है।' आगे उन्होंने जोड़ा, 'जूलियस सीजर एक महान नेता था। उसके पास उसकी कैलपूर्निया थी और क्लियोपैट्रा थी। और जब वह रोम आता और सड़कों पर निकलता, तो सीनेटर अपनी बीवियों को ताले में बंद कर देते थे। नेपोलियन बोनापार्ट को लीजिए। उसके पास उसकी जोसफीन थी, उसके पास मैरी वैलेस्का, जॉर्जेट, नाइनेट और इसी तरह की कई और थीं। और आप मानेंगे कि वह एक महान लीडर था। ड्यूक ऑफ वेलिंग्टन को ही लीजिए। आपको पता है वॉटरलू के युद्ध से पहले, उनकी लॉबी में स्टाफ अधिकारियों और कमांडरों से ज्यादा मोहक आकृति वाली काउंटेस और मारक्वेस भरी थीं।'

सैम की नाक बहुत लंबी थी और वे अपने अनोखे अंदाज में अक्सर उसकी तरफ ध्यान दिलाते थे। सीजर, नेपोलियन और ड्यूक ऑफ वेलिंग्टन के बारे में चर्चा करने के बाद वे अपनी अंतिम टिप्पणी देते थे: 'इन सभी महान नेताओं में एक विशेष खासियत समान रूप से थी; उन सभी की नाक लंबी थी।' फिर वे एक तरफ मुड़ जाते और नाटकीय मुद्रा में प्रख्यात मानेकशॉ प्रोफाइल प्रस्तुत करते। इससे पूरा सदन ठहाकों से गूंज उठता था।

नई नस्ल के भारतीय राजनीतिज्ञों के प्रति सैम की घृणा सर्वविदित है और जब वे स्टाफ कॉलेज के कमांडेंट थे तब इसी वजह से वे दिक्कत में पड़ गये थे। हालांकि, इससे उनके नज़रिये पर विशेष असर नहीं पड़ा और उन्होंने इस समुदाय का अनादर करना जारी रखा। उसी चर्चा के दौरान उन्होंने कहा,

> मुझे नहीं पता कि हमारे राजनीतिक आका, जिनको देश की रक्षा का प्रभार सौंपा गया है, उनको एक मोर्टार और मोटर में, एक बंदूक और हॉवित्जर में, एक गुरिल्ला और गोरिल्ला में अंतर पता है—हालांकि अतीत में ज्यादातर गोरिल्लाओं से ही मिलते-जुलते थे।

हैरानी की बात नहीं, कि सैम और उनके राजनीतिक शासकों में सद्भाव की कमी थी। और नेताओं ने आखिरकार अपना बदला ले भी लिया।

सक्रिय सेवा से अवकाश प्राप्त करने के बाद सैम नीलगिरी की पहाड़ियों में कुन्नूर में रहने लगे, जो वेलिंग्टन के नजदीक है। 1962 में जब उनको कोर कमांडर के तौर पर नेफा भेजा गया था, तब वे अपना परिवार वेलिंग्टन में छोड़ गये थे। सिल्लू ने वहां 18,500 रुपये में आधा एकड़ जमीन खरीद ली थी और 'स्तावका' का डिजाइन तैयार किया, सैम अब इसी घर में रहते हैं। घर का नाम शैरी ने सुझाया था, जिन्होंने ताल्सतॉय की प्रसिद्ध पुस्तक, '*वार एंड पीस*' पढ़ी थी। इस पुस्तक में सर्वोच्च आर्मी कमांडर के मुख्यालय का नाम 'स्तावका' था।

15 वर्ष पहले, जब तक उन्होंने ड्राइविंग नहीं छोड़ी थी, वेलिंग्टन में छात्र अधिकारी अक्सर उनसे मिल जाते थे, जब वे कॉलेज पंप पर कार में पेट्रोल भरवाते और सैम उनके साथ बैठकर बहुत देर तक बातें करते। अब भी उनके पास कई गोरखा हैं, जो उनके लिये काम करते हैं और जब उनमें से एक गोरखा की बीवी को सैन्य अस्पताल में भर्ती कराया गया, तो सैम प्रतिदिन 'कांचा' को अपनी गाड़ी में लेकर अस्पताल जाते, ताकि वो अपनी पत्नी का ख्याल रख सके। हैरानी की बात नहीं, गोरखा उनको पूजते हैं। ऐसे ही गुणों ने सैम को दिग्गज बनाया और उनका नाम भारतीय सेना के सबसे लोकप्रिय सेनानायकों में शुमार है। वे मानसिक और शारीरिक तौर पर अब भी सक्रिय हैं, और हर चीज में गहरी रुचि लेते हैं, भले ही वह कितनी भी नीरस क्यों न हो। यह शर्म की बात है कि राजनीतिक नेतृत्व ने उन्हें दरकिनार कर दिया और इस प्रकार राष्ट्र व सशस्त्र बल उनके बहुमूल्य अनुभवों और असंदिग्ध प्रतिभा से वंचित रह गये। किसी और के साथ ऐसा बर्ताव किया जाता तो वह शायद गुमनामी में डूब जाता, लेकिन सैम के साथ ऐसा नहीं है। काफी समझदारी दिखाते हुए वे राजनीति से दूर रहे और राज्यपाल व राजदूत जैसे पद लेने से इंकार कर दिया। लेकिन उन्होंने खुद को अन्य गतिविधियों में व्यस्त रखा। वे कई कंपनियों के बोर्ड में रहे और उनके मामलों में सक्रिय रुचि लेते रहे।

सैम एक पैदायशी लीडर हैं और युद्ध क्षेत्र की तकनीकियों का बोर्ड रूम में भी प्रयोग करते हैं। 1971 के युद्ध में कराची में पाकिस्तानी रक्षा ठिकानों पर अग्रिम हवाई हमला करने को लेकर निर्णय लिया जाना था। वायुसेना प्रमुख हमला करने के लिए सहमत हो गये, लेकिन उन्होंने रक्षा मंत्री से हरी झंडी लेने की सलाह दी। 'हम ऐसा क्यों करें?', सैम ने पूछा। 'एक बार जब सरकार ने युद्ध में जाने का राजनीतिक निर्णय ले लिया, तो फिर सभी सैन्य निर्णयों की जिम्मेदारी हमें लेनी चाहिए।' इस प्रकार का नेतृत्व और तीनों सेनाओं के बीच जबदरस्त तालमेल का परिणाम था कि हम युद्ध जीत गये। अगर 1962 में भी इस प्रकार का नेतृत्व किया जाता, तो शायद परिणाम कुछ और होते और देश को अपकीर्ति का सामना नहीं करना पड़ता।

पिछले 60 वर्षों से सैम की हमराही रहीं सिल्लू की हाल ही में मृत्यु हो गई। उनके जाने से सैम के जीवन में एक शून्य उत्पन्न हो गया। भले ही वे इसको प्रदर्शित न करें, लेकिन सैम की ऊर्जा व उत्साह में थोड़ी कमी नजर आती है। शैरी और माजा को जब भी समय मिलता है वे स्तावका जाती हैं और उनके बच्चे भी। बच्चों समेत सब लोग उनको सैम कहकर पुकारते हैं। जैसा कि सैम अपनी बेटियों के साथ करते थे, सैम अपनी बेटियों के बच्चों को भी मजेदार कहानियां और चुटकुले सुनाते हैं, उनमें से कुछ रसात्मक कहानियां गुजराती में भी होती हैं। कुछ समय पहले तक सैम को कभी बेटा न होने का खेद नहीं हुआ। लेकिन अब सैम कहते हैं, 'मेरे पास इतनी सारी राइफलें, पिस्टल, मछली पकड़ने की छड़ी और कपड़े हैं—वह सब उसको मिल सकती थीं।'

उम्र की ढलती शाम में भी सैम मानेकशॉ एक सम्मानित और प्रिय व्यक्तित्व हैं। एक फील्ड मार्शल कभी सेवानिवृत्त नहीं होता और सैम एक जीवित उदाहरण हैं। भले ही उन्होंने सक्रिय सेवा त्याग दी है, लेकिन वे सेना में सक्रिय रुचि रखते हैं। सैन्य और सिविलियन संस्थानों में 'लीडरशिप' पर उनके व्याख्यान बेहद लोकप्रिय हैं और बड़ी संख्या में भीड़ खींचते हैं। जिंदादिली और मस्ती से भरे सैम अब भी एक रंगीन व्यक्तित्व हैं और यह यकीन करना मुश्किल होता है कि वे 90 वर्ष के हो गये हैं। भारत के घर-घर में उनका नाम लिया जाता है, जहां उन्हें एक ऐसे उत्कृष्ट सेना नायक के तौर पर हमेशा याद किया जाता रहेगा, जिसने हमें 1971 में एक विदेशी ताकत के विरुद्ध पहली निर्णायक जीत दिलाई। एक जीवित किंवदंती, भारतीय सेना के हॉल ऑफ फेम में उनका स्थान निश्चित है।

7 लेफ्टिनेंट जनरल आर.एन. बत्रा, पीवीएसएम, ओबीई

सर्वोत्कृष्ट संचारक

राजिंदर नाथ बत्रा उन प्रथम अन्वेषकों में थे जिन्होंने वर्तमान भारतीय सेना की नींव रखने में मदद की। सेनाओं, कोर और डिविजनों को कमांड करने वाले अधिकांश विख्यात सैन्य अधिकारियों की तरह वह एक कमांडर भले ही न हों, परन्तु वे एक टीम कप्तान और एक सफल व्यक्ति थे। हालाँकि उनके अंदर 'जनरल काडर' में शीर्ष पर पहुंचने के सभी गुण और योग्यताएं थीं, लेकिन नियति में उनकी पहचान एक जेनरलिस्ट के तौर पर नहीं बल्कि एक टेक्नोक्रेट के तौर पर बननी थी। व्यापक तौर पर उनको भारतीय सिग्नल कोर के संस्थापकों में से एक माना जाता है, और उनको भारत में सैन्य संचार के आधुनिकीकरण की परिकल्पना व उसकी शुरुआत करने का श्रेय दिया जाता है। भारतीय सेना में उनका योगदान विलक्षण रहा और परिचालन क्षमता को बढ़ावा देने में उनकी उपलब्धि हमारे श्रेष्ठ कमांडरों के समान ही है।

राजिंदर (उनका परिवार और कुछ नजदीकी मित्र उन्हें इंदर कहकर पुकारते थे) का जन्म 27 दिसंबर 1916 को अविभाजित भारत के पंजाब प्रांत के झांग मघियाना में हुआ। उस समय उनके पिता राम लाल बत्रा, जो कि पंजाब सिविल सेवा में सिंचाई अभियंता थे, सब डिविजनल ऑफिसर के तौर पर तैनात थे। उनकी माता पूरण देवी (विद्या) एक उत्कृष्ट खिलाड़ी थीं, जो तैराकी और घुड़सवारी में अपने पति को भी पछाड़ सकती थीं। दंपति के नौ बच्चे थे, छह लड़के और तीन लड़कियां। एक भाई और दो बहनों के बाद जन्मे राज चौथी संतान थे। सेवानिवृत्ति के उपरांत राम लाल मॉन्टगोमरी में रहने लगे, हालांकि उनका एक मकान लाहौर में भी था।

राजिंदर ने अपनी पढ़ाई दिल्ली के मॉडर्न स्कूल में 1922 से प्रारंभ की। स्कूल की स्थापना 1920 में दरियागंज में हुई थी और उनके बड़े भाई राजेश्वर स्कूल में 20 बच्चों के प्रथम बैच में थे। 1923 में राजिंदर के छोटे भाई रबिंदर (रॉबिन) भी चार साल की उम्र में मॉडर्न स्कूल में आवासी के रूप में भर्ती हो गये, क्योंकि उनके माता-पिता विदेश जा रहे थे। हालांकि, इन भाइयों के भाग्य में लंबे समय तक दिल्ली की पढ़ाई नहीं थी, क्योंकि राम लाल की सिंचाई विभाग वाली नौकरी में बार-बार तबादला होता रहता था, अक्सर

छोटे शहरों में। इसलिए दोनों भाइयों को एक बोर्डिंग स्कूल में दाखिला दिलाने का निर्णय लिया गया। शिमला में बिशप कॉटन स्कूल का उस जमाने में बहुत नाम था, और क्योंकि राम लाल अपने बेटों को सर्वश्रेष्ठ शिक्षा प्रदान करना चाहते थे, इसलिए उन्होंने बच्चों को शिमला भेजने का फैसला किया। जब मार्च 1927 में दोनों भाइयों का बिशप कॉटन स्कूल में दाखिला कराया गया, तब राजिंदर सिर्फ 10 साल के थे और रॉबिन सात वर्ष के। आने वाले वर्षों में राजिंदर के चचेरे भाई जगन व मोहिंदर के साथ राज के छोटे भाई रामेश्वर को भी उसी स्कूल में दाखिला दिला दिया गया। आगे चलकर बिशप कॉटन स्कूल में पढ़े इन पांच बच्चों में से चार भाई रक्षा सेवाओं से जुड़े, दो भाई थल सेना और दो नौसेना में शामिल हुए। इन चारों में से तीन भाइयों ने तीन स्टार रैंक प्राप्त कीं। राजिंदर और मोहिंदर लेफ्टिनेंट जनरल बने, रॉबिन वाइस एडमिरल की रैंक तक पहुंचे, जबकि रामेश्वर कमांडर की रैंक से सेवानिवृत्त हुए। राज के दो सबसे छोटे भाई, गोपाल कृष्ण (गुप्पी) और राम कृष्ण (काका) की शिक्षा नैनीताल के सेंट जोसेफ कॉलेज से पूरी हुई। इन्होंने भी सेना की नौकरी चुनी और गोपाल मेजर जनरल और राम कृष्ण ग्रुप कैप्टन की रैंक से सेवानिवृत्त हुए।

राजिंदर के बड़े भाई राजेश्वर, जिनको प्यार से राज कहते थे, ने संक्षिप्त और विख्यात जीवन जिया। स्कूली छात्र के तौर पर उन्होंने सर एलम कोबाम को उनकी इंग्लैंड से ऑस्ट्रेलिया की ऐतिहासिक फ्लाइट के दौरान यमुना में अपना जल विमान उतारते हुए देखा था, और तब से उनका दिल पायलट बनने पर आ गया। 1928 में मॉडर्न स्कूल से पास होने के बाद, उन्होंने ल्यालपुर के राजकीय कॉलेज में प्रवेश लिया। वे लाहौर स्थित फ्लाइंग क्लब के सदस्य भी बन गये, जहां से उन्होंने 'ए' लाइसेंस प्राप्त किया। कॉलेज पूर्ण करने के बाद उन्होंने रॉयल एयर फोर्स में कमीशन के लिए आवेदन किया और चयनित भी हो गये। उनको क्रॉनवेल भेजा गया, लेकिन अपने एक प्रशिक्षक के साथ हुए विवाद के कारण उनको छोड़ना पड़ा। हालांकि, वे इंग्लैंड में ही रुके रहे और व्यावसायिक पायलट का लाइसेंस प्राप्त किया और 1931 में भारत लौटने के उपरांत वे देश के सबसे युवा पायलट बने। उन्होंने एक निजी एयरलाइन में सेवा प्रारंभ की, जिसमें उन्हें लाहौर व कराची के बीच डाक लाना-ले जाना होता था। एक उड़ान के दौरान उनका हवाई जहाज जैकबाबाद के पास दुर्घटनाग्रस्त हो गया और 1937 में 25 वर्ष की आयु में ही उनकी मृत्यु हो गई।

हवाई सेवा प्रारंभ करने के तुरंत बाद, राजेश्वर ने अपने मामा विद्याधर चावला से एक बीमा करवाया था। बीमा कराते वक्त उन्होंने मजाक में कहा था कि यह पैसे उनकी मौत के बाद उनकी मां के काम आएंगे। वे शायद भविष्यवक्ता रहे होंगे, क्योंकि बीमा की राशि से उनके माता-पिता ने उनकी याद में राज स्मृति नाम से घर बनाया। जब राजेश्वर की मृत्यु हुई उस वक्त राजिंदर देहरादून में थे। जब वे घर पहुंचे तो अपनी मां के गले लगते हुए वादा किया: 'अब मैं इंदर नहीं हूं। आज से मैं आपका राज हूं।' उस दिन के बाद से उनको राज पुकारा जाने लगा।

बिशप कॉटन स्कूल में राज ने पढ़ाई के साथ-साथ खेलों में भी अच्छा प्रदर्शन किया। गणित और विज्ञान में विशेष रूप से उत्कृष्ट प्रदर्शन करने वाले राज हमेशा अपनी कक्षा में प्रथम आते थे। वे सभी खेल खेलते थे, लेकिन बॉक्सिंग में काफी आगे निकले और तीन वर्ष तक अपने स्कूल का प्रतिनिधित्व किया। उनकी भाषा में गहरी रुचि थी और उन्होंने लैटिन, फ्रेंच और उर्दू सीखना शुरू कर दिया। उस समय बिशप कॉटन में लगभग 200 लड़के थे, जिनमें से केवल 30 ही भारतीय थे। अंग्रेज भारतीयों को घृणात्मक दृष्टि से देखते थे और उन्हें मानसिक व शारीरिक क्षमताओं में अक्षम मानकर खारिज कर देते थे। राज बत्रा के प्रदर्शन ने इस सिद्धांत पर विराम लगा दिया और वे अन्य भारतीय लड़कों के लिए चमकता उदाहरण बन गये।

1932 में राज और उनके चचेरे भाई जगन ने सीनियर कैम्ब्रिज परीक्षा पास की, जिसमें राज को प्रथम डिवीजन और तीन डिस्टिंक्शन प्राप्त हुईं। उस समय, स्कूल के साथ एक कॉलेज भी जुड़ा हुआ था, राज ने अगले साल उसमें प्रवेश ले लिया। ग्रीष्मकालीन कक्षाएं शिमला में लगती थीं और शीतकालीन कक्षाएं लाहौर के राजकीय कॉलेज में। मई 1934 में राज ने शिमला में इंटरमीडिएट परीक्षा दी और पुनः एक बार प्रथम डिवीजन प्राप्त किया। फिर उन्होंने राजकीय कॉलेज, लाहौर में प्रवेश लिया, जो पंजाब का एक प्रमुख कॉलेज था।

राज के पिता चाहते थे कि वे भारतीय सिविल सेवा में जाएं, जो उस समय भारतीयों के लिए सबसे पसंदीदा सरकारी सेवा थी। 1932 में देहरादून में आईएमए की स्थापना के बाद सैंडहर्स्ट में प्रवेश बंद कर दिया गया था। हालांकि, आईसीएस प्रशिक्षुओं को अभी भी इंग्लैंड जाना होता था, जिससे इस सेवा का आकर्षण और अधिक बढ़ गया था। आईसीएस को भारत का 'स्टील फ्रेम' माना जाता था, जो ब्रिटिश साम्राज्य के लिए देश को एकजुट रखता था और इसलिए इस सेवा में बहुत प्रतिष्ठा व अधिकार जुड़े थे। उनके पिता ने उन्हें कैम्ब्रिज भेजने की व्यवस्था कर ली थी, लेकिन राज ने सेना में जाने का मन बना लिया था। उन्होंने 1935 में बिना किसी तैयारी के आईएमए के लिए लोक सेवा आयोग की प्रवेश परीक्षा दी। वे न केवल उत्तीर्ण हुए बल्कि प्रथम स्थान प्राप्त किया और उनके पिता ने अनिच्छापूर्वक उन्हें आईएमए में प्रवेश लेने की इजाजत दे दी।

राज बत्रा ने 19 अगस्त 1935 को देहरादून स्थित आईएमए में प्रवेश लिया। उस समय तीन श्रेणियों में प्रवेश होते थे-सार्वजनिक (ओ), सेना (ए) और शाही परिवार (एस)। हर बैच में 40 कैडेट होते थे, जिसमें 15–15 कैडेट 'ओ' और 'ए' श्रेणी से और 10 कैडेट 'एस' श्रेणी से होते थे। अकादमी से जुड़ने वाला बत्रा का सातवां बैच था और उसमें 16 'ओ' कैडेट, 20 'ए' कैडेट और केवल 2 'एस' श्रेणी के कैडेट थे, जिनका कुल योग 38 था। राज को ए कंपनी आवंटित की गई, जहां उनकी मुलाकात बी एस 'टूटू' भगत से हुई, जो छह माह पहले ही वहां आए थे। टूटू जल्द ही राज के लिए आदर्श बन गये, साथ ही उनके मार्गदर्शक व सलाहकार भी। अकादमी में राज के शानदार प्रदर्शन के पीछे कुछ चीजों में

उन्हीं का हाथ था। टूटू भगत एक उत्कृष्ट कैडेट थे और राज व टूटू के छोटे भाई प्रेम भगत को उनका अनुकरण करने में कड़ी मेहनत करनी पड़ती थी। प्रेम भगत को बाद में विक्टोरिया क्रॉस भी मिला। राज ने टूटू के पदचिह्नों पर चलने का प्रयास किया और प्रथम टर्म में ही अपनी छाप छोड़ते हुए अकादमी की फुटबॉल टीम में स्थान बना लिया। आगे भी उनकी बढ़त जारी रही, और जब तक वे उत्तीर्ण हुए उनका प्रदर्शन टूटू से आगे निकल चुका था। उन्होंने तकरीबन सभी खेलों में अकादमी का प्रतिनिधित्व किया और घुड़सवारी में स्पर्स प्राप्त किये। उन्होंने चतुर्थ टर्म शिविर में 'सबसे ज्यादा पहल और नेतृत्व शक्ति प्रदर्शित करने' के लिए पुरस्कार भी जीता। भारतीय सैन्य अकादमी द्वारा उत्तीर्ण होने वाले सभी कैडेट्स के लिए एक संक्षिप्त विवरण में राज के लिए निम्न पंक्तियां लिखी गईं: 'बत्रा में बुद्धि और शक्ति का उत्कृष्ट संयोजन हैं। वे रिंग या परीक्षा कक्ष में एक समान दक्ष हैं। निस्संदेह वे आईएमए में आए बेहतरीन मुक्केबाजों में से हैं।'

राज के स्वाभाविक नेतृत्व गुण अकादमी में ही नजर आने लगे थे। उनका बैच आईएमए से उत्तीर्ण होने वाले सर्वश्रेष्ठ बैचों में था, जिसमें से केवल भारत में ही नौ जनरल निकले (आरएन बत्रा, केएन दुबे, डी. प्रेमचंद, वीरेंद्र सिंह, डीजीआर रजवाड़े, डीबी चोपड़ा, निरंजन प्रसाद, कामता प्रसाद और आरएस शेरगिल 'स्पैरो')। बैच के सभी कैडेट खुद को 'ज़ंट' कहते थे, पंजाबी में इसका अर्थ था 'स्मार्ट लोग'। राज उस समूह के लीडर के तौर पर उभरे और उन्हें एक टीम के तौर पर तैयार किया जिसमें दल भावना व सौहार्द का विशिष्ट भाव था। सेवा निवृत्ति के उपरांत दिल्ली में रह रहे उनमें से 9–10 लोगों ने आपस में मिलना जारी रखा। यहां तक कि उनकी पत्नियां जो खुद को 'ज़ंटीना' कहती थीं और उनके बच्चे व पोते-पोती जिनको 'ज़ंटलिंग' कहा जाता था, एक अनोखे समागम के हिस्सा बन गये। ज़ंट एक-दूसरे के घरों पर नियमित मुलाकातें करते थे, और जब भी उनके किसी बच्चे की शादी होती तो सब एक सामूहिक तोहफा-चांदी की ट्रे-प्रदान करते थे और यह परंपरा आज भी उन्होंने जारी रखी है। ज़ंट समूह के अनिर्वाचित अध्यक्ष राज उस संसर्ग के गति निर्धारक थे, जिन्होंने समूह की घटती संख्या के बावजूद उनको बांधे रखा। समूह के जीवित 'ज़ंट' और 'ज़ंटीना' राज की उत्कृष्ट भूमिका और समूह द्वारा एक-दूसरे को प्रदान किये गए नैतिक व भौतिक सहयोग के गवाह हैं, खासतौर से उनके जीवन की अंतिम घड़ियों में।

पंजाबी हृष्ट-पुष्ट और ज़िन्दगी का मज़ा लेने वाले लोग होते हैं और राज भी कोई अलग नहीं थे। अकादमी में उनके बैच के साथी मेजर जनरल निरंजन प्रसाद याद करते हैं कि राज का मजाकिया लहजा और उल्लासित व्यवहार कई बार उन सबको कठिनाई में डाल देता था। लेकिन समस्या के वक्त, राज से बेहतर मित्र कोई नहीं होता था। कई कैडेट अपनी गर्मी की छुट्टियां प्रसाद के साथ कश्मीर में बिताते थे, और उनके पास वहां के कई रोमांचक किस्से हैं।

एक बार, राज बत्रा, मसूद अली बेग, करतार दुबे, मार्क रंगनाथन, दीवान प्रेम चंद और मनोहर लाल अपनी छुट्टियों में कश्मीर गये थे। उस समय डल और नागिन झील में पड़ी नावों पर चेतावनी भरे सूचना पट्ट लगे होते थेः 'भारतीयों का प्रवेश वर्जित' या 'सिर्फ यूरोपीय'। एक दिन जब कैडेट्स ने नाव की सवारी करने का प्रयास किया तो नाविकों ने उनको भगा दिया। अगले दिन उन्होंने जबरदस्ती नावों पर सवार होने का निर्णय लिया। राज के नेतृत्व में पूरा गुट तैराकी जांघिया पहनकर शिकारों के पास पहुंच गया। एक सैन्य ऑपरेशन में जैसा होता है, वे नावों के दोनों तरफ से पहुंचे ताकि तीन नाविकों का ध्यान भटका सकें। जब नाविकों ने पीछे धकेलने का प्रयास किया तो कैडेट्स ने झील में छलांग लगा दी और नावों पर चढ़ गये। जब नाविकों ने उन्हें पतवारों से मारने का प्रयास किया तो कैडेट्स ने उनकी पिटाई कर झील में धकेल दिया। कुछ ही मिनटों में वहां बवंडर खड़ा हो गया। नाविकों ने मदद के लिए पुकार लगाई और दर्जनों नावें मौके पर पहुंच गईं। सैकड़ों हांजियों ने उनको घेर लिया और वहां जमकर हाथापाई शुरू हो गई, कैडेट्स के जो हाथ लगा उसे धुन दिया। अंततः एक बुजुर्ग व्यक्ति ने मामले में हस्तक्षेप कर स्थिति को नियंत्रित किया। कैडेट वहां से तभी गये जब वे भड़काऊ सूचना पट्ट हटा लिये गये और यह आश्वासन दिया गया कि उन्हें नाव में सवारी करने दी जाएगी।

एक अन्य रोचक घटना दिसंबर 1936 में घटी, जब राज लाहौर में सर्दियों की छुट्टियां बिता रहे थे। उनके बड़े भाई राजेश्वर का 25वां जन्मदिन मनाने के लिए चाय पर एक नृत्य पार्टी आयोजित की गई थी। उस जमाने में भारतीयों की दो विशेषताओं को बड़ा सराहा जाता था, खासतौर से उत्तर भारत में—एक धाराप्रवाह अंग्रेजी बोलना और दूसरा, बॉलरूम नृत्य में निपुणता। देश के एक सर्वश्रेष्ठ स्कूल में पढ़े होने के कारण, राज को दोनों ही चीजों में महारत हासिल थी। देहरादून में बिताए गये 18 महीनों में उनकी निपुणता और आत्मविश्वास में इजाफा हुआ था। इस कारण जब उन्होंने अपने भाई की पार्टी में एक आकर्षक अंग्रेज महिला को देखा, तो वे उसके पास पहुंच गये और नृत्य के लिए आग्रह किया।

महिला उनकी तरफ देखकर प्यार से मुस्कुराई, लेकिन अपनी कुर्सी से उठने के बजाय उसने कहा; 'माफ करना, मैं बच्चे के साथ डांस नहीं कर सकती।' राज को बहुत बुरा लगा। यह ख्याल कभी उनके मन में नहीं आया था कि उन्हें बच्चा समझा जा सकता है, और यह उनके अभिमान पर गहरी चोट थी। वे एक पराजित योद्धा की तरह महसूस कर रहे थे। कुछ मिनटों बाद जब उन्होंने वह घटना अपने भाई को सुनाई तो राजेश्वर ठहाका लगाकर हंसे। फिर राजेश्वर ने उनको समझाया कि वह महिला गर्भवती थी और नाचने में असमर्थ थी, तब जाकर वे शांत हुए और उनका आत्मविश्वास लौटा।

22 दिसंबर 1937 को कमांडेंट परेड हुई, जिसमें पुरस्कारों की घोषणा की गई। राज इसमें परेड कमांडर थे। सभी सम्मान उनकी झोली में थे और उन्हें सर्वश्रेष्ठ ऑल राउंड प्रदर्शन के

लिए बर्डवुड सोर्ड ऑफ ऑनर से सम्मानित किया गया। समग्र मेरिट में प्रथम स्थान हासिल करने पर उन्हें गोल्ड मेडल प्रदान किया गया और पर्वतीय युद्ध के लिए बलूच रेजिमेंट पुरस्कार दिया गया। उनका प्रदर्शन वास्तव में अद्भुत था और शायद ही कोई इससे बेहतर कर पाया। राज के कंपनी कमांडर मेजर कैडोगन रॉलिंसन ने अपनी रिपोर्ट में लिखाः

> एक अति उत्कृष्ट कैडेट, जिसमें नेतृत्व क्षमता भी है और आत्मबल भी, जिसका प्रदर्शन कंपनी में और उसके बाहर दोनों ही जगह अत्यंत उच्च स्तर का रहा है। वह पेशेवर व बौद्धिक तौर पर औसत से बहुत ऊपर है, व्यापक रूप से सुविज्ञ है और उसकी विविध अभिरुचियां हैं। वह सही विचारों के साथ, एकदम सही प्रकार का व्यक्ति है और इस पेशे के लिए विशेष रूप से उपयुक्त है।

रॉलिंसन ने आगे लिखा कि बत्रा एक मजबूत प्रकृति और निश्चित व्यक्तित्व के स्वामी हैं और उनके अंदर कमांड करने की औसत से ज्यादा शक्ति है। कमांडेंट, ब्रिगेडियर एच.ई.डब्ल्यू. बी. किंग्सले, डीएसओ, ने उनकी टिप्पणी का समर्थन करते हुए लिखाः

> जेंटलमैन कैडेट अंडर ऑफिसर बत्रा ने पूरी लगन के साथ अकादमी की गतिविधियों में शिरकत की और अपने टर्म के उत्कृष्ट व्यक्ति बनकर उभरे। वे जाहिर तौर पर एक लीडर हैं और जवान उनका अनुसरण करेंगे। यदि वे आगे भी इसी प्रकार प्रदर्शन करते रहे तो वे प्रथम दर्जे के अधिकारी बनेंगे। मुझे आशा है कि वे ऐसा अवश्य करेंगे। किसी भी सामाजिक दायरे में उनका स्वागत किया जाएगा।

हालांकि बैच पहले ही उत्तीर्ण हो चुका था, लेकिन उस समय की परिपाटी प्रथा के अनुसार राज और उनके साथियों को 1 फरवरी 1938 से कमीशन प्रदान किया गया, ताकि उनका सैंडहर्स्ट से उत्तीर्ण होने वाले बैच के साथ सामंजस्य बिठाया जा सके। राज ने अपना बैच टॉप किया था और उन्हें अपनी पसंद की रेजिमेंट मिल सकती थी। उन्होंने सिग्नल्स को चुना, क्योंकि वह क्षेत्र लंबे समय से ब्रिटिश अधिकारियों के लिए संरक्षित था और जब भारतीयों को लेना शुरू किया गया, तब केवल सर्वोत्कृष्ट लोगों को ही लिया गया। उस दौरान 'अंग्रेजों का अंतिम गढ़' समझे जाने वाले सिग्नल्स को भेदने की इच्छा ने भी उनके चयन पर प्रभाव डाला होगा। राज ने 15 जनवरी 1938 को देहरादून से प्रस्थान किया और लाहौर में अपनी छुट्टियां बिताने के बाद 10 फरवरी 1938 को जबलपुर स्थित सिग्नल ट्रेनिंग सेंटर पर रिपोर्ट किया। उस समय की प्रचलित प्रक्रिया के अनुरूप उनको औपचारिक रूप से 3 कैवेलरी में तैनात किया गया, लेकिन अटैचमेंट के तौर पर भारतीय सिग्नल कोर में भेज दिया गया। इंफैन्ट्री और कैवेलरी के अधिकारियों को अपनी मातृ यूनिट से जुड़ने से पहले एक वर्ष तक एक ब्रिटिश बटालियन के साथ अटैच रहना पड़ता था, जबकि तोपखाना और इंजीनियर्स के अधिकारी सीधे रेजिमेंटल सेंटरों पर चले जाते थे। सिग्नल्स के मामले में प्रक्रिया थोड़ी अलग थी। उसकी भूमिका की संवेदनशील प्रकृति को देखते हुए, भारतीय

अधिकारियों को सिग्नल्स में सीधे नहीं लिया जाता था, बल्कि कागजों में उन्हें किसी कैवेलरी या इंफैन्ट्री यूनिट में तैनात किया जाता था। जबलपुर स्थित सिग्नल प्रशिक्षण केंद्र में 18 महीने के प्रशिक्षण और उसके बाद पूना स्थित आर्मी सिग्नल स्कूल में तीन महीने के पाठ्यक्रम और छह महीने गैर-भारतीयकृत यूनिट (वज़ीरिस्तान डिस्ट्रिक्ट सिग्नल्स) में छह माह के अटैचमेंट के बाद ही उनको सिग्नल्स में स्वीकार किया जाता था। उनको सिग्नल कोर में ड्यूटी पर अधिशेष के तौर पर लगाया जाता था, और अपेक्षित मानकों को पूर्ण करने के उपरांत उनको औपचारिक तौर पर भारतीयकृत सिग्नल यूनिट (4 इंडियन डिविजनल सिग्नल्स) में तैनात किया जाता था। जिनको अनुपयुक्त पाया जाता था, उन्हें वापस उनकी मूल रेजिमेंट में भेज दिया जाता था। राज से पहले, देहरादून से केवल पांच भारतीयों को सिग्नल्स में कमीशन प्रदान किया गया था, सबसे पहले अगस्त 1935 में ए.सी. अइयप्पा, फिर छह-छह माह के अंतराल के बाद जी.के. मेहता, जो डीसूज़ा, बी.डी. कपूर और बी.एस. भगत। मेहता ग्रेड नहीं प्राप्त कर पाए और उनको वापस 19 हैदराबाद रेजिमेंट भेज दिया गया। सिग्नल्स में भेजे गए एक मात्र किंग कमीशन प्राप्त भारतीय अधिकारी संग्राम केशव 'सनशाइन' रे, जो सिंतबर 1932 में वूलविच से पासआउट हुए थे, को भी इसी प्रकार वापस कैवेलरी भेजा गया था।

जबलपुर में राज का पहला दिन बहुत अच्छा नहीं रहा। रेलवे स्टेशन पर बी.डी. कपूर ने उनकी अगवानी की और उन्हें अपने क्वार्टर्स में ले गये। अगले दिन सुबह नाश्ते के वक्त राज जब कपूर को अपनी कंपनी की उपलब्धियों के बारे में बता रहे थे कि किस प्रकार उसने कमांडेंट बैनर जीता और किस प्रकार उन्होंने स्वयं सोर्ड ऑफ ऑनर और गोल्ड मेडल जीता, तब उनके साथ मेज़ पर एक ब्रिटिश अधिकारी मेजर 'फादर' विलियम्स भी बैठे थे और वे अचानक राज पर चिल्लाए: 'शट अप! बत्रा, नाश्ता एक मूक भोजन है।' इसके बाद बातचीत बंद हो गई और वरिष्ठ सबआल्टर्न चार्ल्स ओमाने की तिरछी नजरों को देख राज का उत्साह एक फूटे हुए बुलबुले की तरह ठंडा हो गया। बाद में राज को एडजुटेंट, कैप्टन डोनाल्ड बुरीज के पास ले जाया गया और फिर उसके बाद कमांडेंट, कर्नल जॉर्ज पोलार्ड, जिनको 'दि टेरर' भी कहा जाता था। कई महीनों बाद जब स्क्वैश में राज ने स्वयं को कमांडेंट के हाथों हरवा लिया, तब जाकर पोलार्ड ने इस युवा भारतीय को पसंद करना शुरू किया। हालांकि, अभी उन्हें ओमाने को मनाना बाकी था, जिसने राज को पहले दिन नाश्ते की मेज पर किये गये व्यवहार के लिए माफ नहीं किया था।

राज का जबलपुर प्रवास घटनाओं से भरा था, और वे अक्सर उन दिनों को याद करते थे। उनकी एक पसंदीदा कहानी रोनाल्ड फ्रैंकाउ की प्रसिद्ध कविता 'आई एम टेरिब्ली ब्रिटिश' से जुड़ी थी। जब स्क्वैश में सिग्नल प्रशिक्षण केंद्र ने स्कॉटिश बटालियन को हरा दिया, तब उनको स्कॉट लोगों ने अपने मेस में आने का न्यौता दिया। रात्रि भोज के बाद मुर्गों की लड़ाई और बिलियर्ड का आयोजन किया गया, उसके बीच-बीच में मसखरी और प्रहसन

भी चल रहे थे। अंततः स्कॉट लोगों ने उन्हें 'रगर स्क्रम' खेलने की चुनौती दी, जिसके परिणामस्वरूप तमाम लोगों की डिनर जैकेट फट गईं। इस सब को अनदेखा कर दिया गया, लेकिन राज द्वारा 'आई एम टेरिब्ली ब्रिटिश' कविता पाठ का अभद्र व्यवहार माफ नहीं किया गया, हालाँकि उनके काव्यपाठ का स्कॉट लोगों ने खूब लुत्फ उठाया। ओमाने की नजरों में यह एक अक्षम्य अपराध था और राज को अगले दिन सुबह सीनियर सबआल्टर्न से जबरदस्त फटकार लगी। उस समय दोनों को ही नहीं पता था कि वे नजदीकी मित्र बन जाएंगे और सेवानिवृत्ति के बाद इंग्लैंड और भारत में मिला करेंगे। और जब भी वे मिलते राज फिर से अपनी पसंदीदा कविता पढ़ते, और उपस्थित लोगों का दिल जीत लेते।

सितंबर 1938 में, राज को आर्मी सिग्नल स्कूल में तीन महीने का ऑल आर्म्स सिग्नल कोर्स करने के लिए पूना भेज दिया गया। पूना एक बड़ा शहर था और एक युवा अधिकारी का ध्यान खींचने के वहां कई साधन थे। पूना में घोड़ों की रेस, क्लब में देर रात के डांस, और सप्ताहांत पर बम्बई जाने की सुविधा थी। राज ने इनमें से किसी भी चीज को नहीं छोड़ा और पूना कार्यकाल का भरपूर लाभ उठाया। दिसंबर 1938 में वे कोर्स का 'विशिष्ट प्रमाणपत्र' प्राप्त करके वापस जबलपुर आ गये। प्रमाणपत्र से ज्यादा, राज को 40 रुपये के योग्यता वेतन की खुशी थी, जो उन्हें अपने 300 रुपये के वेतन के साथ अलग से मिलता था। अप्रैल 1939 में उन्हें सार्जेंट के तौर पर पदोन्नति हेतु ब्रिटिश अदर रैंक (बीओआर) के लिए चार माह के 'एस' कोर्स में भाग लेने के लिए भेजा गया। उनके पहले के प्रशिक्षण सिगनलिंग के तकनीकी पहलुओं तक सीमित थे, जैसे मोर्स, फ्लैग वैगिंग, हीलियोग्राफ और रेडियो थ्योरी। इस पाठ्यक्रम में उन्होंने सामान्य प्रशासन के साथ-साथ ब्रिगेड-स्तर के सिग्नल युद्ध कौशल, डीटैचमेंट ड्रिल, उच्च स्तर के सिग्नल यूनिटों का संगठन आदि सीखा।

नवंबर 1939 में, जबलपुर में 18 माह का प्रशिक्षण पूर्ण करने के बाद राज को उत्तर पश्चिमी सीमांत प्रांत के डेरा इस्माइल खां स्थित वज़ीरिस्तान डिस्ट्रिक्ट सिग्नल्स में तैनात कर दिया गया। सीमा पर जिंदगी कठिन थी, और राज को भरपूर अनुभव प्राप्त हुआ, विशेषकर अहमदज़ई ऑपरेशन में। उन्होंने कुछ समय रज़माक और वाना में भी बिताया, जहां उन्होंने सिगनलिंग की बारीकियां सीखीं। छह माह के बाद उन्होंने एक महीने की छुट्टी मांगी-जो मोर्चे पर सेवा में ली जा सकती थी-और लाहौर चले गये। वे उत्तर भारत के हिल स्टेशन मसूरी भी घूमने गए, जो कुंवारे लोगों के बीच खासतौर से लोकप्रिय स्थान था। हालांकि, उनको अपनी छुट्टियां बीच में खत्म करनी पड़ी। उन्हें एक टेलिग्राम मिला जिसमें छुट्टियां निरस्त होने और 10 इंफैन्ट्री ब्रिगेड का सिग्नल सेक्शन ज्वाइन करने का आदेश मिला। इस ब्रिगेड को 5 इंडियन डिविजन के साथ मध्य पूर्व जाना था। इस तैनाती के बाद, उनको 3 कैवेलरी से हटा कर भारतीय सिग्नल कोर में स्थानांतरित कर दिया गया, जो अब उनकी मातृ शाखा बन गई।

राज मई 1940 में झांसी पहुंचे, जहां 10 इंफैन्ट्री ब्रिगेड स्थित थी। उन्होंने कमांडर, ब्रिगेडियर (बाद में फील्ड मार्शल और चीफ ऑफ इम्पीरियल स्टाफ) 'बिल' स्लिम को रिपोर्ट किया। इस महान सैनिक के बारे में राज की पहली धारणा एक मजबूत और दृढ़ इच्छाशक्ति वाले व्यक्ति की बनी, जो अपनी महीन मूंछों के ऊपर दयालु नजरें रखता था। स्लिम ने राज का स्वागत एक अच्छी खबर के साथ किया कि सैन्य मुख्यालय ने उनकी कैप्टन रैंक पर पदोन्नति को मंजूरी प्रदान कर दी थी और वे ब्रिगेड के सिग्नल सेक्शन की कमांड संभाल रहे ब्रिटिश अधिकारी से प्रभार ले सकते थे। स्लिम ने उनको यह भी बताया कि वे अगले दो महीनों में मध्य पूर्व के लिए रवाना होंगे। जब राज ने ब्रिगेड के सिग्नल सेक्शन का प्रभार संभाला तो उसमें एक तिहाई अंग्रेज थे और दो तिहाई अन्य भारतीय रैंक। उनको जल्द पता चला कि सेक्शन का भारतीयकरण किया जाना था और उसमें केवल तीन ब्रिटिश गैर कमीशन प्राप्त अधिकारी (एनसीओ)-एक सार्जेंट, एक लैंस सार्जेंट और एक कारपोरल-बचे रहने थे। साथ ही, उनके उपकरणों का 'आधुनिकरण' किया जाना था। नं. 1 वायरलेस सेट की जगह नं. 5 सेट लाए जाने थे, डी-3 टेलीफोन के स्थान पर डी-5 लगने थे और पुराने मैगनेटो एक्सचेंज की जगह बत्तीयों वाला एक्सचेंज लाया जाना था। अब तकरीबन सभी जवान भारतीय थे और राज को केवल 60 दिनों में अपने जवानों को नए उपकरणों पर प्रशिक्षण प्रदान करना था। यह एक कठिन कार्य था, लेकिन युवा राज आत्मविश्वास से भरे हुए थे। उनके पास एक अच्छे सेकंड-इन-कमांड थे और ब्रिटिश गैर कमीशन प्राप्त अधिकारियों के सहयोग से दो महीनों तक दिन-रात कार्य करने के उपरांत वे एक अच्छी स्थिति में पहुँच चुके थे।

जब ब्रिगेड बम्बई जाने के लिए ट्रेन पर सवार हुई, तो राज के माता-पिता उनको छोड़ने पहुंचे। चार बच्चों को खो देने के कारण, अपने सबसे बड़े बेटे को युद्ध में जाते देख उनकी मां को ढांढस बंधाना मुश्किल था। बिल स्लिम ने उनके माता-पिता से बात की और उनको आश्वासन दिया कि राज को कुछ नहीं होगा। (अपने पिता की मृत्यु के बाद जब राज उनके कागजों को देख रहे थे, तब उन्होंने पाया कि बिल उनके पिता को नियमित चिट्ठी भेजकर उनकी प्रगति और कुशल क्षेम बताते रहते थे।) जुलाई 1940 में वे सब बम्बई से जहाज में सवार होकर जल मार्ग से मध्य पूर्व के लिए रवाना हुए। सफर के दौरान दुश्मन के हवाई जहाजों के कुछ हमले झेलते हुए वे पोर्ट सुडान पर उतरे। पोर्ट सुडान से ब्रिगेड ट्रेन में सवार होकर गेदरेफ़ के लिए निकली, जहां मुख्यालय 5 इंडियन डिविजन पहले से पहुंच चुकी थी। राज वहां डिविजन की सिग्नल रेजिमेंट के कमांडिंग अफसर लेफ़्टिनेंट कर्नल लेस्ली मॉर्गन से मिले और फिर अपनी ब्रिगेड के साथ 11 मील दूर उस स्थान पर पहुंचे जिस पर इटली का कब्जा था, यह स्थान गल्लाबत से कुछ ही दूरी पर था। थोड़े समय बाद ही ब्रिगेड ने गल्लाबत पर हमला बोल दिया। शुरुआत में भारी बमबारी के साथ, हमला भोर में किया

गया और तकरीबन 72 घंटों तक चले ऑपरेशन के बाद इतालवियों को खदेड़ दिया गया। राज पहली बार वास्तविक लड़ाई में भाग ले रहे थे और उनके ऊपर अग्रिम मोर्चे पर जवानों और डिविजन के मुख्यालय के बीच संवाद स्थापित करने का बहुत काम था। सौभाग्य से, वायरलेस और लाइनों में कोई रुकावट नहीं आई, लेकिन राज 72 घंटों तक सो नहीं पाए। वे तभी कुछ आराम कर पाए जब स्लिम ने उनको सोने का आदेश दिया और कहाः 'अपने सिग्नल अधिकारी को गिरता हुए देखने से बेहतर होगा कि हमारी संपर्क प्रणाली विफल हो जाए।'

गल्लाबत पर कब्जा करने के बाद, 5 इंडियन डिविजन को आदेश दिया गया कि वह 4 इंडियन डिविजन का सहयोग करे, जो उस समय इतालवियों को वापस इरित्रिया के अंदर धकेलने में जुटी थी, लेकिन केरेन दर्रे में फंस गई थी। इस समय तक राज को कार्यवाहक मेजर पर पदोन्नति प्रदान कर दी गई थी और उन्हें डिविजनल सिग्नल रेजिमेंट की नंबर 3 कंपनी की कमांड सौंप दी गई थी। दोनों डिविजनों द्वारा किये गए समन्वित हमले में इतालवियों को वापस खदेड़ने में सफलता मिली और 5 इंडियन डिविजन इरित्रिया की राजधानी असमारा में प्रवेश कर गई। डिविजन ने एबिसिनिया की ओर लौटते इतालवियों का पीछा तब तक जारी रखा जब तक इतालवी ड्यूक ऑफ ओस्टा की मदद से अम्बा अलगी में ठहर नहीं गये। इतालवियों को यहां फिर से हराया गया और आत्मसमर्पण करने पर मजबूर कर दिया गया। फिर डिविजन ने बंदरगाह का नगर मसावा की ओर रुख किया, वहां भी इतालवियों ने कब्जा जमा रखा था। शहर को नौसेना की मदद से हासिल किया गया। नौसेना ने इतालवियों द्वारा बंदरगाह में उनके जहाजों को डुबाने का प्रयास विफल कर दिया। इरित्रिया का अभियान पूर्ण हो जाने के बाद डिविजन को काहिरा के पास मेना शिविर में आराम व स्वास्थ्य लाभ के लिए भेज दिया गया।

राज और उनकी सेक्शन को मेना शिविर में रहते हुए अभी तीन सप्ताह ही बीते थे कि डिविजन को इराक में किरकुक जाने के आदेश मिले जहां एक जर्मन एजेंट द्वारा भड़काए गए विद्रोह को दबाना था। उन्हें बगदाद होते हुए किरकुक पहुंचने में पांच दिन का समय लगा। स्थिति जल्द सामान्य हो गई और इराक में एक माह बिताने के बाद डिविजन वापस काहिरा लौट आई। इस बीच, क्रीत हाथ से चला गया और यह अनुमान था कि जर्मन अब साइप्रस की ओर ध्यान लक्ष्य करेंगे। 5 इंडियन डिविजन को साइप्रस में ब्रिटिश टेरिटोरियल डिविजन का स्थान लेने का आदेश दिया गया और जर्मनी के हवाई हमले के लिए तैयारी करने को कहा गया। फामागुस्ता में डिविजन मुख्यालय स्थापित किया गया, जबकि ब्रिगेड केरिनिया, लिमासोल और मर्फू में तैनात की गईं। लाइन, वायरलेस और हीलियो पर संचार-व्यवस्था स्थापित करने के बाद राज के पास कुछ दर्शनीय स्थलों पर घूमने का पर्याप्त समय था। साइप्रस अंगूर के बागों से भरपूर था, लेकिन युद्ध के कारण वाइन का निर्यात नहीं हो पा

रहा था। परिणामस्वरूप, उत्कृष्ट वाइन भी मामूली दामों में उपलब्ध थी और राज ने शायद जरूरत से ज्यादा की सेवन कर डाला था।

अप्रैल 1942 में, राज को एक केबल मिला, जो तकरीबन दो माह पहले भेजा गया था। उसमें उनके पिता की मृत्यु की सूचना के साथ वापस अपने घर लाहौर आने का आग्रह था। उन्होंने छुट्टी का आवेदन किया, जिसको निरस्त कर दिया गया। बल्कि उनको सिग्नल प्रशिक्षण केंद्र में तैनात कर दिया गया। ऐसा महसूस किया गया कि राज के युद्ध का अनुभव नए भर्ती जवानों के प्रशिक्षण को बेहतर बनाने और उन्हें युद्ध के लिए तैयार करने में सहायक होगा। राज काहिरा वापस आ गये और अपना भारी सामान लेकर ट्रेन से बगदाद होते हुए दमिश्क के लिए निकल पड़े। बसरा से समुद्री मार्ग लेकर बम्बई चले गये और फिर वहां से ट्रेन पकड़कर जबलपुर पहुंच गये। ड्यूटी पर रिपोर्ट करने के बाद, वे अपना सामान जबलपुर में छोड़कर दो महीने की छुट्टी पर चले गये। इसके थोड़े समय बाद ही, 5 इंडियन डिविजन भी भारत लौट आई, और फिर जापानियों से युद्ध करने के लिए बर्मा चली गई।

राज लंबे समय तक जबलपुर में नहीं रहे। उनको सैन्य मुख्यालय के सिग्नल्स निदेशालय में बतौर जीएसओ-3 तैनात कर दिया गया। राज की तैनाती ने सभी को चौंका दिया, क्योंकि सिग्नल्स निदेशालय में तैनाती केवल ब्रिटिश अधिकारियों के लिए संरक्षित थी और इस एकाधिपत्य को तोड़ने वाले राज पहले भारतीय थे। सिग्नल्स निदेशालय में सेवाएं प्रदान करना राज के लिए बेहद लाभदायक सिद्ध हुआ, क्योंकि इससे न केवल उनका दायरा बढ़ा बल्कि शीर्ष स्तर पर सैन्य व सरकार की कार्यप्रणाली की समझ भी विकसित हुई। दिल्ली में छोटा सा कार्यकाल बिताने के बाद राज को पेशावर के लैंडी कोटल डिस्ट्रिक्ट सिग्नल्स का सेकंड-इन-कमांड बनाकर तैनात कर दिया गया। यहां भी उनका कार्यकाल छोटा ही रहा, क्योंकि फरवरी 1943 में उन्हें क्वेटा स्थित स्टाफ कॉलेज जाने के लिए नामित कर दिया गया।

उनके क्वेटा जाने से पहले उनके कमांडिंग अफसर लेफ्टिनेंट कर्नल आई.सेंट.क्यू. सेवरिन ने एक गोपनीय रिपोर्ट में लिखाः

> इस अधिकारी के पास एक त्वरित मस्तिष्क, प्रेरणा, बहुतायत आत्मबल और बहुत आत्मविश्वास है। ये स्मार्ट व दिखने में सैनिक-सदृश हैं और इनमे नेतृत्व की अच्छी क्षमता है। वर्तमान में इनकी अपने स्वयं के कल्याण में कुछ ज्यादा दिलचस्पी दिखती है और खुद-मुख्तार बनने के इच्छुक हैं। इनकी उत्सुकता इन्हें अत्यधिक आवेगी बनाती है, अन्यथा इनका खुशनुमा व्यक्तित्व है और अधिकारियों व जवानों के साथ अच्छा व्यवहार रखते हैं। खेलों में बहुत अच्छे हैं।

उन दिनों में करियर उन्नति को लेकर कई असहमतियां थीं, और पुराने समय के कई वरिष्ठ अधिकारी स्टाफ कॉलेज जाने की इच्छा रखने वाले युवा अधिकारियों को अच्छी निगाह

से नहीं देखते थे। स्टाफ अधिकारियों का 'कलम-घिस्सू' कहकर मजाक उड़ाया जाता था, और रेजिमेंटल सेवा का स्टाफ कार्य की तुलना में अधिक सम्मान था।

जब उन्होंने अक्टूबर 1943 में अपना स्टाफ कोर्स पूर्ण किया, तो राज को पुनः सिग्नल्स निदेशालय में बतौर जीएसओ 2 तैनात कर दिया गया। चार साल से द्वितीय विश्वयुद्ध चल रहा था और पूरा ध्यान यूरोपीय व उत्तरी अफ्रीकी क्षेत्र से हटकर पूर्व की ओर केंद्रित हो गया था, जहां भारतीय जवान अब एक नए दुश्मन का सामना कर रहे थे। जापानियों का भीषण हमला बिल्कुल भारतीय सीमा पर रोक दिया गया और संयुक्त सेनाओं ने उन्हें वापस बर्मा में धकेलना शुरू कर दिया था। राज का दिल्ली में बेहद व्यस्त कार्यक्रम रहता था, और वे अपनी युवा पत्नी के लिए बहुत कम समय निकाल पाते थे, जिनसे इसी दौरान उनकी शादी हुई थी। आने वाले वर्षों में इसके दुर्भाग्यपूर्ण परिणाम होने वाले थे। मार्च 1945 में उनको पदोन्नति प्रदान करके लेफ्टिनेंट कर्नल बना दिया गया, लेकिन वे सिग्नल्स निदेशालय में ही बतौर जीएसओ 1 रहे।

जनवरी 1946 में राज ने जकार्ता में लेफ़्टिनेंट कर्नल जॉर्ज डट्टन से 15 इंडियन कोर सिग्नल रेजिमेंट की कमांड संभाली। कोर ने जावा, सुमात्रा, बोर्नियो और बाली पर कब्जा कर रखा था और उसका मुख्य कार्य जापानी युद्ध बंदियों की देखभाल करना था। रेजिमेंट को उन हजारों डच वासियों की इंडोनेशियाई लोगों से रक्षा भी करनी थी, जिन्हें जापानियों ने हिरासत में ले रखा था और हॉलैंड वापसी का इंतजार कर रहे थे। अधीनस्थ फार्मेशनों और दक्षिण पूर्व कमांड के मुख्यालय को संचार उपलब्ध कराने का कार्य पूर्ण करने के बाद राज और उनके अधिकारियों के पास रखा जाए। राज ने अपने एडजुटेंट, कैप्टन गॉर्डन नेशन से इसकी चर्चा की, जो एक स्मार्ट और खूबसूरत ब्रिटिश अधिकारी थे। उन्होंने जल्द एक समाधान बताया। अपनी सुंदर छवि और बॉल रूम नृत्य कौशल के चलते, गॉर्डन को रेड क्रॉस में कार्यरत युवा महिलाओं, सैन्य अस्पताल की परिचारिकाओं और कुछ योग्य डच महिलाओं को ऑफिसर्स मेस में होने वाली पार्टियों और नृत्य में भाग लेने के लिए मनाने में ज्यादा मुश्किल नहीं हुई। जाहिर है, महिलाओं को सशस्त्र अनुरक्षण एस्कॉर्ट में घर से लेने और वापस छोड़ने के लिए अधिकारियों को जाना पड़ता था।

15 इंडियन कोर सिग्नल रेजिमेंट की कमांड संभालते हुए राज को मुश्किल से तीन महीने ही बीते थे कि उन्हें अप्रैल 1946 के अंत में वापस भारत बुला लिया गया। लंदन में होने वाली विजय परेड में सिग्नल्स दस्ते का नेतृत्व करने के लिए उनका चयन हुआ था। इंजन में दिक्कत और खराब मौसम के कारण कई बार रुकते-रुकाते वे रंगून में उतरे, जहां से वे माउंटबैटन के हवाई जहाज में लिफ्ट लेकर कलकत्ता पहुंचे। उन्होंने फिर दिल्ली के लिए दूसरा हवाई जहाज पकड़ा और फिर वहां से बरेली पहुंचे, जहां ब्रिगेडियर (बाद में जनरल) जे.एन. चौधरी भारतीय दस्ते को तैयार कर रहे थे। राज ने सिग्नल्स दस्ते का दायित्व संभाला,

जिसमें 12 भारतीय सैनिक थे। वे बम्बई से पानी के जहाज पर सवार होकर इंग्लैंड पहुंचे, जहां उन्हें साउथहैंप्टन में तंबुओं के शिविर में रखा गया।

राज ने लंदन, मैंचेस्टर, एडिनबर्ग और ग्लासगो में आयोजित विजय परेड में भाग लिया। 8 जून 1946 को लंदन में आयोजित परेड के बाद उन्होंने अखबारों में पढ़ा कि उन्हें व आठ अन्य लोगों को ऑर्डर ऑफ ब्रिटिश एंपायर (ओबीई) से नवाजा गया था। उनको सुखद आश्चर्य हुआ, क्योंकि ओबीई काफी दुर्लभ और प्रतिष्ठित सम्मान था। कुछ दिनों बाद बकिंघम पैलेस में आयोजित होने वाले एक औपचारिक समारोह में यह सम्मान प्रदान किया जाना था, लेकिन राज को अपनी यूनिट में पहुंचने की जल्दी थी और उन्होंने वापस भारत लौटने का निर्णय लिया। इस कारण उन्हें अपना सम्मान प्राप्त करने के लिए कई वर्षों तक इंतजार करना पड़ा और यह पुरस्कार उन्हें स्वतंत्रता प्राप्ति के उपरांत भारतीय सेना के कमांडर-इन-चीफ जनरल के.एम. करियप्पा ने प्रदान किया।

जुलाई की शुरुआत में भारत लौटने और दिल्ली में सिग्नलऑफिसर इन चीफ मेजर जनरल आर.एच.एस. नाल्डर को रिपोर्ट करने के बाद, राज ने वापस जावा में अपनी यूनिट की कमांड देने का निवेदन किया। उनको बताया गया कि 15 कोर सिग्नल रेजिमेंट समुद्री मार्ग से भारत लौट रही थी, और वे क्वेटा में अपनी यूनिट में संलग्न होने से पहले एक माह की छुट्टी ले सकते थे। राज को छुट्टियों के बीच में बुला लिया गया और पूना जाकर फोर्स 401 सिग्नल रेजिमेंट खड़ी करने के आदेश दिये गये। फोर्स 401 में तीन इंफैन्ट्री ब्रिगेड थीं, दो भारतीय और एक ब्रिटिश, और उसे ईरान में ब्रिटिश तेल हितों की रक्षा के लिए बसरा जाना था।

एक बार फिर राज को अपनी यूनिट को विदेश में सेवा के लिए सिर्फ दो महीनों के अंदर तैयार करना था। इस बार उनका काम और अधिक कठिन था, क्योंकि यूनिट नई गठित हुई थी और उसमें कई अनुशासनहीन सैनिक भी थे, जिनसे छुटकारा पाने के लिए अन्य यूनिटों ने उनको फोर्स 401 में भेज दिया था। राज को अपनी टीम में कुछ अच्छे अधिकारी चाहिए थे और उन्होंने खासतौर से कैप्टन गॉर्डन नेशन को मांगा था, जो व्यवहार कुशल होने के साथ-साथ एक उत्कृष्ट अधिकारी थे। गॉर्डन हाल ही में विदेश सेवा से वापस आए थे और उनको आराम करने का अधिकार था, लेकिन वे तुरंत तैयार हो गये। उन्होंने क्वेटा पहुंचने से पहले ही अपनी यूनिट छोड़ दी और पूना में राज के साथ जुड़ गये। मेजर (बाद में ब्रिगेडियर) अपार सिंह, एमबीई के रूप में राज को एक अच्छे सेकंड इन कमांड मिले, जो आईएमए से राज के ठीक एक साल बाद उत्तीर्ण हुए थे। अपार सिंह अब भी याद करते हैं कि यूनिट को समयावधि के अंदर तैयार करने में उनको कितनी कड़ी मशक्कत करनी पड़ी थी। राज अपने काम में निपुण और अति सतर्क थे, बारीक से बारीक चीजें भी उनकी नज़र से बच नहीं पाती थीं। सितंबर के मध्य तक वे बम्बई से समुद्री मार्ग से प्रस्थान करने के लिए तैयार थे।

वे बसरा जाकर उतरे, जहां तंबुओं के शिविर में अपना ठिकाना बनाया। वहां कड़ाके की ठंड थी और बार-बार होने वाली बारिश ने पूरे क्षेत्र में घुटनों तक कीचड़ कर दी थी। गर्मियों में हालात और भी बुरे हो जाते थे, जब मक्खियां और मच्छर समस्या को अधिक बढ़ा देते और जवान परेशान होने लगते। अंग्रेज जवान अपने घरों से बहुत लंबे समय से दूर थे और क्योंकि युद्ध समाप्त हो चुका था, इसलिए जल्द से जल्द वापस इंग्लैंड लौटना चाहते थे। उनमें से कुछ ने अपने सांसदों को लिख कर रहन-सहन की भयानक परिस्थितियों की शिकायत दर्ज की थी। चीजों को नियंत्रित रखने में राज को बहुत कठिनाई पेश आई, लेकिन उन्होंने अपने अधिकारियों की टीम के सहयोग से स्थिति को संभाल लिया, खासतौर से मेजर एफ.पी. स्टुअर्ट, जो अपार सिंह की जगह सेकंड इन कमांड बने थे और एडजुटेंट गॉर्डन नेशन की मदद से। ईरान में ब्रिटिश तेल क्षेत्र पर वामपंथियों के हावी होने से बचाने की जिम्मेदारी फोर्स 401 को दी गई थी। कठोर युद्ध लड़ने वाले जवानों को एक काल्पनिक शत्रु से लड़ना रास नहीं आया और उनकी नाराजगी समझी जा सकती थी।

फोर्स कमांडर, मेजर जनरल एफ.जे. लॉफ्टस टॉटेनहैम, राज से प्रभावित थे। सिर्फ तीन माह के अवलोकन के बाद उन्होंने 3 जनवरी 1947 को अपनी गोपनीय रिपोर्ट में लिखाः

> असाधारण रूप से मजबूत व्यक्तित्व। अपने काम की पूर्ण समझ और भरपूर ऊर्जा, दृढ़ संकल्प और कुशलता है। थोड़ा आवेगपूर्ण हैं, लेकिन चीजों के बारे में सोचते हैं और उनको पता होता है कि उन्हें क्या चाहिए। उनमें असाधारण नेतृत्व और प्रेरणा है। वे विश्वास को प्रेरित करते हैं और भारी जिम्मेदारी को अच्छी तरह उठा सकते हैं। जितने भारतीय अधिकारियों को मैं जानता हूँ, उनमे मैं उन्हें उत्कृष्ट मानता हूं और आगे बढ़ाने के लिए इनको चिन्हित किया जाना चाहिए।

जनरल टॉटेनहैम का विश्वास गलत नहीं था। राज ने उच्च रैंक प्राप्त किये और खुद को अपने कमांडर के मूल्यांकन से अधिक साबित किया। उनकी चारित्रिक शक्ति और आवेगपूर्ण स्वभाव के बारे में की गई टिप्पणी उनके पूर्व मूल्यांकन के अनुरूप थी और उनकी पूरी सेवा में भविष्य की रिपोर्टों में ऐसी टिप्पणी होती रही।

मई 1947 में राज एक महीने की छुट्टी पर भारत लौट आए। लेकिन इससे पहले की वे वापस बसरा जाते, उनको बताया गया कि फोर्स 401 सैन्य-विघटन के लिए वापस भारत लौट रही थी और उन्हें रावलपिंडी में 7 इंफैन्ट्री डिविजनल रेजिमेंट की कमांड संभालने को कहा गया। जुलाई 1947 में उन्होंने लेफ्टिनेंट कर्नल क्रिचटन से कार्यभार ग्रहण किया, जो वापस इंग्लैंड जा रहे थे। अब तक ब्रिटिश अधिकारियों का निर्गमन शुरू हो चुका था, केवल वही बचे थे, जिन्होंने विभाजन के बाद स्वयं रुकने की इच्छा जताई थी। काम की संवेदनशीलता को देखते हुए तब तक बहुत कम भारतीयों को सिग्नल्स में लिया जाता था और अंग्रेजों के अचानक चले जाने से जो शून्य पैदा हुआ उसे भरना मुश्किल था। इसलिए

सिग्नल्स में राज और उनकी तरह कार्यरत चंद अन्य भारतीय अधिकारियों के सामने काफी कठिन कार्य था और उन्होंने जो शानदार प्रदर्शन किया उसका श्रेय उन्हीं को जाता है।

राज के कार्यभार संभालने के कुछ समय बाद ही उनके चचेरे भाई मोहिंदर, या मेजर (बाद में लेफ्टिनेंट जनरल) एम.एन. बत्रा उनके सेकंड इन कमांड बनकर आए। जिस दिन मोहिंदर ने कार्यभार संभाला राज ने उन्हें बताया:

> मिनी, तुम मेरे सेकंड इन कमांड के तौर पर आए हो, लेकिन नजदीकी रिश्ते में होने के कारण मैं तुम्हारा पक्ष बिल्कुल नहीं लूंगा। मेरे कार्यालय में हमारा रिश्ता बेहद पेशेवर होगा। ऑफिस के बाद मामला अलग होगा।

उस समय रेजिमेंट में कई ब्रिटिश अदर रैंक थे और राज हमेशा उन्हें 'मेरे बीओआर' कहकर उल्लिखित करते थे। उनमें से कई लोग याद करते हैं कि राज ने उनको कितना स्नेह दिया था और अपने प्रथम भारतीय कमांडिंग अफसर के लिए उनके मन में कितना सम्मान और आदर था।

15 अगस्त 1947 को, जिस दिन भारत आजाद हुआ, एक समारोह आयोजित किया गया ताकि भारत या पाकिस्तान जा रहे अधिकारी एक-दूसरे को विदाई दे सकें। रावलपिंडी में सबसे वरिष्ठ अधिकारी होने के नाते राज ने समारोह आयोजित किया और वह बेहद सफल रहा। जब एक साथ सेवा और युद्ध करने वाले अधिकारियों ने एक-दूसरे को अलविदा कहा तो कई बार भावनात्मक दृश्य उत्पन्न हो गये। विभाजन के परिणामस्वरूप, कई यूनिटों को दो देशों के बीच बनी नई सीमा के पार जाना पड़ा। रावलपिंडी में 7 इंफैन्ट्री डिविजनल सिग्नल रेजिमेंट और जालंधर में 4 इंफैन्ट्री डिविजनल सिग्नल रेजिमेंट को स्थान बदलना पड़ा। मारकाट शुरू हो चुकी थी और सबको, खासतौर से परिवारों को सीमा पार ले जाना अपने आप में एक बड़ा काम था। राज ने अपनी मां और बाकी परिवार को लखनऊ भेज दिया। राज ने उन्हें सख्त निर्देश दिये कि अन्य शरणार्थी परिवारों की तरह वे भी सिर्फ बहुत जरूरी सामान अपने साथ लेकर जाएँ। परिणामस्वरूप उनको अपने तमाम कीमती सामान और जेवर वहीं छोड़ने पड़े। उनका प्रभुत्व कुछ ऐसा था कि उनकी मां भी उनसे नहीं पूछ सकीं कि क्या वे एक बक्सा अधिक ले जा सकती हैं।

अक्टूबर 1947 आते-आते कश्मीर ऑपरेशन प्रारंभ हो गया। राज को आदेश दिया गया था कि वे विभाजन के बाद सभी बीओर को तुरंत दिल्ली भेजें, लेकिन वे उनको छोड़ना नहीं चाहते थे। वे उनको भेजने में देर लगाने के लिए बहाने बनाते रहे कि उन्हें कश्मीर ऑपरेशन की आवश्यकता के अनुरूप एक एरियल पार्क तैयार करना होगा। आखिरकार जब उनको एहसास हुआ कि अब वे उन्हें और ज्यादा नहीं रोक पाएंगे, तो वे उन्हें छोड़ने के लिए तैयार हो गये। उनके जाने से एक दिन पहले राज उनके मेस में पहुंचे और उन्हें बताया कि उनके पास रेजिमेंट फंड में रु. 500 पड़े हुए, जिसका उनकी समझ में नहीं आ रहा की कैसे

खर्च करें। और उन्होंने इस पैसे को बीओर के लिए रात्रि में विदाई भोज पर खर्च करने का निर्णय लिया है। अगर बीओर चाहें तो उन्हें इस भोज की अध्यक्षता करने में खुशी होगी। विदा ले रहे ब्रिटिश सैनिकों की खुशी का ठिकाना नहीं रहा, और जब पुराने साथी आखिरी बार एक साथ बैठे तो शाम बहुत भावुक हो गई। जब वहां उपस्थित सबसे वरिष्ठ बीओर आरक्यूएमएस बूथ ने 'लेफ़्टिनेंट कर्नल बत्रा और उनके बीओर' के लिए टोस्ट का प्रस्ताव किया तो कई आंखों में आंसू आ गये।

नवंबर 1947 में राज को कर्नल रैंक पर पदोन्नति प्रदान की गई और उन्हें सैन्य मुख्यालय में बतौर उप निदेशक, सिग्नल्स तैनात कर दिया गया। उन्होंने यूनिट एम.एन. बत्रा को सौंप दी, जिनको लेफ़्टिनेंट कर्नल रैंक पर पदोन्नत किया गया था और दिल्ली के लिए निकल पड़े। उस समय सिग्नल्स निदेशक और सिग्नल ऑफिसर इन चीफ थे- ब्रिगेडियर सी.एच. आई. ऐकहर्स्ट, ओबीई। यह तीसरी बार था कि राज को सिग्नल्स निदेशालय में तैनाती मिली। इससे पहले वे 1941–42 और 1943–45 के बीच वहां सेवारत थे। बल्कि राज के नाम एक अनोखा कीर्तिमान था कि उन्होंने सिग्नल्स निदेशालय में हर रैंक में सेवाएं प्रदान की, कैप्टन से लेकर कर्नल तक और बाद में मेजर जनरल भी। लेफ़्टिनेंट कर्नल के तौर पर तीन प्रकार की सिग्नल यूनिटों की कमांड संभालने का गौरव भी उनको प्राप्त था। यह याद रखना चाहिए कि भले ही सेना में भारतीयों को 1920 से कमीशन प्रदान करना शुरू हो गया था, लेकिन उन्होंने उन्हीं यूनिटों में सेवाएं दीं, जिनमें भारतीय जवान थे, बहुत कम भारतीय अधिकारियों को ब्रिटिश जवानों की कमांड संभालने का मौका मिला। राज उन चंद खुशकिस्मत लोगों में से थे, जिनको यह अवसर मिला और वे इसमें बेहद सफल भी रहे।

राज जुलाई 1949 तक दिल्ली में रहे, फिर उनको ब्रिगेडियर रैंक पर पदोन्नति देते हुए पूर्वी कमांड मुख्यालय के मुख्य सिग्नल अधिकारी के तौर पर तैनात किया गया, उन्होंने ब्रिगेडियर ए.सी. अईयप्पा, एमबीई का स्थान लिया। पूर्वी कमांड उस समय रांची में स्थित थी और लेफ़्टिनेंट जनरल ठाकुर नथू सिंह उसके आर्मी कमांडर थे। रांची एक छोटा सा स्टेशन था, जो बिहार सरकार की ग्रीष्म राजधानी और एक पागलखाने के लिए जाना जाता था। 1942 में अपने पिता की मृत्यु के कुछ समय बाद राज ने इलाहाबाद की एक ईसाई महिला से विवाह किया था। अपने काम के प्रति समर्पण और विदेश में सेवाओं की वजह से लंबे समय तक अनुपस्थित होने के कारण राज अपनी युवा पत्नी को पर्याप्त समय नहीं दे पाये, जिसके कारण उनके बीच दूरियां बढ़ने लगीं। जब वे रांची गये तो राज की पत्नी उनके साथ नहीं आईं और वे अलगाव के कठिन काल से गुजरे। अंततः नवंबर 1952 में आपसी सहमति से दोनों ने तलाक ले लिया।

कॉलेज के दिनों से उनके एक करीबी मित्र, ब्रिगेडियर (बाद में मेजर जनरल) एम.जी. दीवान भी रांची में तैनात थे। राज को मदन, उनकी पत्नी गुड्डो और बेटे के साथ थोड़ी तसल्ली मिली और उनका घर राज के लिए दूसरा घर बन गया। गुड्डो याद करती हैं कि

रांची में सामाजिक जीवन को सजीव रखने के लिए राज काफी कुछ करते थे, जैसे क्लब में नियमित पार्टियां और नृत्य आयोजित करना, साथ ही मनोरंजन के अन्य साधन, नाटक व प्रहसन आयोजित करवाना। स्वयं एक बहुत अच्छे डांसर होने के साथ, राज एक बढ़िया आयोजक भी थे। रांची की रोमांचक पार्टियों की चर्चा कलकत्ता तक पहुंच गई और वहां से लोग सप्ताहांत में रांची आने लगे। हमेशा राज ऐसे आयोजनों में पहल करते थे और तुरंत गाने और नाचने के लिए तैयार रहते थे। उनके द्वारा रोनाल्ड फ्रैंकाउ की कविता 'आई एम टेरिब्ली ब्रिटिश, यू सी' का पाठ और 'आंद्रे, दि फ्ली' के बारे में मजाक हमेशा पसंद किये जाते थे। ब्रिगेडियर जनरल स्टाफ, ब्रिगेडियर उमराव सिंह द्वारा दी गई पार्टी में राज ने इतने जोश के साथ 'तबला' बजाया कि वह फट गया। इसके बाद उनको 'तीस मार खां' कहा जाने लगा।

दिसंबर 1953 में, राज छुट्टियों में दिल्ली आये थे और अपने रिश्तेदार प्राण नाथ लूथरा के घर गये। प्राण की हाल ही में इंदिरा सेठ के साथ सगाई हुई थी और इंदिरा ने अपने दोस्तों को अपने मंगेतर से मिलवाने के लिए घर पर आमंत्रित किया था। उनके दोस्तों में प्रियो सिंह भी थीं, जो लाहौर के किन्नैर्ड कॉलेज में उनकी सहपाठी थीं। प्रियो ऐब्टाबाद के एक अत्यंत देशभक्त और सामाजिक रूप से सक्रिय परिवार से थीं और उनके परिवार का वहां एक होटल भी था। चित्राल घाटी में भी परिवार के पास काफी संपत्ति थी। प्रियो के पिता महात्मा गांधी व खान अब्दुल गफ्फार खां के अनुयायी थे और प्रियो को एक शिक्षिका के तौर पर स्वयं मैडम मॉन्टेसरी ने प्रशिक्षित किया था। प्रियो शीला भाटिया के एक पंजाबी नाटक में भाग ले रही थीं और रिहर्सल के बाद राज उन्हें घर छोड़ने के लिए उनका धैर्यपूर्वक इंतजार करते थे। कुछ महीनों तक इस प्रकार मिलने-जुलने के बाद उन्होंने विवाह करने का निर्णय ले लिया। प्रियो के घर पर आयोजित एक साधारण समारोह में उनकी सगाई हुई, जहां प्रियो की मां ने गुरू ग्रंथ साहिब के कुछ छंद पढ़े और उन दोनों को आशीर्वाद दिया। 14 मार्च 1954 को दिल्ली में उनका विवाह हो गया। इसके तुरंत बाद राज को पश्चिमी कमांड का मुख्य सिग्नल अधिकारी बनाकर शिमला भेज दिया गया।

राज और प्रियो ने शिमला में निवास का भरपूर लुत्फ उठाया। जनवरी 1955 में प्रियो ने बेटी प्रेमिन्दा को जन्म दिया और फिर नवंबर 1956 में बेटे रंजीत का जन्म हुआ। राज अपने पुराने स्कूल बिशप कॉटन में अक्सर जाया करते थे। शिमला में निवास के दौरान वे हमेशा ओल्ड कॉटनियंस एसोसिएशन के कार्यक्रमों और बैठकों में जाते थे। वर्ष 1956 के मध्य में राज को बताया गया कि वॉशिंगटन स्थित भारतीय दूतावास में सैन्य अटैची के तौर पर नियुक्ति के लिए उनका चयन किया गया है। राज और प्रियो इस खबर को सुनकर बेहद रोमांचित थे और प्रस्थान की तैयारी करने लगे। एक बार फिर, राज ने अपने चचेरे भाई ब्रिगेडियर एम.एन. बत्रा को कमांड सौंपी। दिल्ली में कुछ माह के अटैचमेंट के बाद वे दिसंबर 1956 में प्रियो और बच्चों को साथ लेकर वॉशिंगटन के लिए रवाना हो गये। रास्ते

में उन्होंने कुछ समय लंदन में दीवान परिवार के साथ बिताया, जहां मदन सैन्य अटैची के रूप में तैनात थे।

राज और प्रियो बेहद मिलनसार दंपति थे और जल्द ही वे वॉशिंगटन में अटैचीज कोर के लोकप्रिय सदस्य बन गये। एक भारतीय सिग्नल अधिकारी कैप्टन (बाद में जनरल) बीर पैंटल 1959 में न्यू जर्सी स्थित फोर्ट मॉनमाउथ में एक कोर्स कर रहे थे। वे और उनकी पत्नी मीरा, बत्रा परिवार के साथ हुई पहली मुलाकात को अब भी याद करते हैं, जब वे मैरीलैंड स्थित उनके घर पर मिलने गये थे। मीरा एक घबराई सी दुल्हन थीं और अब भी याद करती हैं कि किस प्रकार राज और प्रियो ने कितनी जल्दी उनकी झिझक को दूर कर दिया था और कुछ ही मिनटों में उनको लगने लगा था मानो वे हमेशा से उनको जानती थीं। बीर और मीरा दोनों ही प्रख्यात बत्रा आकर्षण की गिरफ्त में थे और उनके उत्कट प्रशंसक बन गये। उनको नहीं पता था कि आगे चलकर वे करीबी रिश्तेदार बन जाएंगे- 25 साल बाद, रंजीत बत्रा की शादी उनकी बेटी से होने वाली थी, जो अभी पैदा भी नहीं हुई थी।

स्वभाव से राज बहुत विनम्र और मेहमान नवाज़ थे और जल्द ही उनके पड़ोसियों का उनके घर आना-जाना हो गया। उनका घर अमेरिका के दो जाने-माने परिवारों के बीच था। जब उन्होंने घर में प्रवेश किया, तो उन्होंने दोनों परिवारों को रात्रि भोज पर बुलाया और तब उनको पता चला कि दोनों परिवार पहली बार एक साथ बैठ रहे थे! वॉशिंगटन से फोर्ट मॉनमाउथ आने वाले अमेरिकी जनरलों से पैंटल अक्सर मिला करते थे। उन सभी के अंदर 'वॉशिंगटन में सिग्नल्स के उस शानदार भारतीय जनरल' के लिए सर्वोच्च सम्मान था। (ज्यादातर सेनाओं में, ब्रिगेडियर को 'ब्रिगेडियर जनरल' कहा जाता है।) जहां तक महिलाओं की बात थी, तो ज्यादातर प्यार से बोलती थीं: 'ओह, आपके वे डार्लिंग जनरल।' उनके आकर्षण और उत्कृष्ट नृत्य कौशल को देखते हुए, यह हैरानी वाली बात नहीं थी कि उनको ज्यादातर महिलाओं से सबसे ज्यादा 'पास' मिलते थे, जिनको वे दक्षतापूर्वक टाल देते थे।

वॉशिंगटन में बिताए गये चार सालों में राज को अत्यंत विशिष्ट विश्व-दृष्टिकोण मिला और उनके व्यक्तित्व में निखार आया। उनकी परवरिश और पढ़ाई ब्रिटिश औपनिवेशिक व्यवस्था में हुई थी और अमेरिका का वातावरण एक ताजगी भरा बदलाव था। उन्होंने अपने कार्य को पूरी गंभीरता से लिया और अमेरिकी सेना व नौसेना के साथ-साथ अन्य विकसित देशों की संगठन रचना, कार्यप्रणाली और नवीनतम प्रयोगों का बारीक अध्ययन किया। सिग्नल्स की पृष्ठभूमि से होने के कारण उन्होंने संचार के क्षेत्र में हो रहे विकास पर विशेष रूप से ध्यान दिया। उन्होंने फोर्ट मॉनमाउथ स्थित यूएस आर्मी सिग्नल कोर स्कूल में दो सप्ताह का कोर्स भी किया। अमेरिकी सिग्नल्स चीफ के साथ अच्छे व्यक्तिगत संबंध होने के कारण वे कई सिग्नल यूनिटों और स्थापनाओं का दौरा करने में भी सफल रहे। राज के वापस भारत लौटने और सिग्नल कोर की कमांड संभालने के बाद यह बहुत भाग्यशाली साबित होने वाला था। इसको लेकर कोई शक नहीं कि चार सालों तक वॉशिंगटन में मिली

इस व्यापक समझ के बिना, प्लान AREN (Army Radio Engineered Network) की स्थापना तब नहीं हो पाती, जब हुई।

वॉशिंगटन में चार साल तीन माह बिताने के बाद राज मई 1961 में भारत लौट आये। तकरीबन उसी समय थिमैय्या सेवानिवृत्त हुए और थापर को चीफ ऑफ आर्मी स्टाफ बनाया गया। जब वे वॉशिंगटन में थे, तब थिमैय्या ने संकेत किया था कि राज को लौटने पर ब्रिगेड की कमांड सौंपी जाएगी। उस समय 'जनरल कैडर' में शामिल करने के लिए अलग से पदोन्नति बोर्ड नहीं होते थे और आर्टिलरी, इंजीनियर्स और सिग्नल्स के अधिकारियों को उनकी रिपोर्ट के आधार पर इंफैन्ट्री ब्रिगेड की कमांड सौंप दी जाती थी। पश्चिमी कमांड के जीओसी-इन-सी लेफ्टिनेंट जनरल कलवंत सिंह ने 1 जुलाई 1956 में लिखी अपनी गोपनीय रिपोर्ट में राज को ब्रिगेड की कमांड सौंपने के लिए सिफारिश की थी। हालांकि किस्मत को कुछ और ही मंजूर था। सिग्नलऑफिसर इन चीफ मेजर जनरल ए.सी. अईयप्पा का कार्यकाल पूरा हो चुका था और उनका स्थान लेने वाला कोई नहीं था। दूसरे बैच से निकले अईयप्पा से शुरू होकर हर छह माह में एक अधिकारी सिग्नल्स में कमीशन प्राप्त करता था। लेकिन उनमें से कोई भी उपलब्ध नहीं था। तीसरे बैच से आए मेहता को वापस 19वीं हैदराबाद रेजिमेंट भेज दिया गया था; चौथे बैच से आए डी'सूजा को चिकित्सकीय आधार पर सेवामुक्त कर दिया गया था; पांचवें बैच के बी.डी. कपूर भारत इलेक्ट्रॉनिक्स में चले गये थे; और छठे बैच के 'टूटू' भगत सेना को छोड़कर एक निजी क्षेत्र की कंपनी रैलिस (इंडिया) में चले गये थे। इसके बाद केवल राज बचते थे, जो सातवें बैच से थे और लाइन में अईयप्पा के बाद उन्हीं का नंबर था।

मई 1961 में राज की पदोन्नति मेजर जनरल रैंक पर हुई और उन्हें निदेशक सिग्नल्स और सिग्नलऑफिसर इन चीफ नियुक्त किया गया। प्रत्यय 'इन चीफ' इंजीनियर्स और सिग्नल्स के प्रमुखों द्वारा इसलिए प्रयोग किया जाता है क्योंकि सेना के अलावा उनके ऊपर वायु सेना और नौसेना के प्रति भी कुछ दायित्व होते हैं। राज अपनी पदोन्नति से प्रसन्न थे, लेकिन ब्रिगेड की कमांड न दिये जाने से थोड़े निराश भी थे। राज के वॉशिंगटन जाने से तकरीबन नौ माह पहले 'टूटू' भगत को मार्च 1956 में इंफैन्ट्री ब्रिगेड की कमांड सौंपी गई थी। यहां तक कि इंजीनियर्स के प्रेम भगत, जो राज से कनिष्ठ थे, को भी मार्च 1957 से अगस्त 1959 तक ब्रिगेड की कमांड सौंपी गई थी और इस बात को लेकर संदेह नहीं था कि उन्हें जल्द ही डिविजन की कमांड भी मिलने वाली थी। अगर राज को वॉशिंगटन नहीं भेजा जाता, तो शायद उनको भी ब्रिगेड की कमांड मिल गई होती। क्या पता वे आर्मी कमांडर या फिर सेना प्रमुख बन जाते, जैसा कि तकरीबन प्रेम के साथ हुआ। हाल ही में सेवानिवृत्त हुए जनरल थिमैय्या ने 4 अगस्त 1961 को पत्र लिखकर राज को पदोन्नति और नियुक्ति की बधाई दी। उन्होंने आगे लिखाः '....हालांकि मुझे खेद है कि मैं आपको ब्रिगेड नहीं दिला सका। इसमें कोई संदेह नहीं कि आप उसमें अवश्य चमकते, लेकिन मेरे मार्ग में

कई कठिनाइयां थीं।' जैसा कि विदित है, इस्तीफा प्रकरण के बाद थिमैय्या का प्रभुत्व बुरी तरह प्रभावित हो गया था। इस क्रम में उनके द्वारा राज को ब्रिगेड की कमांड न दे पाने की असमर्थता उपयुक्त थी। राज के सिग्नल कोर का प्रमुख बनने से भारतीय सेना को जो लाभ हुआ वह शायद उनके जनरल कैडर में जाने से नहीं हो पाता।

जब राज ने सिग्नल्स निदेशक का प्रभार संभाला तब कृष्णा मेनन रक्षा मंत्री थे, पी.एन. थापर सैन्य प्रमुख और बी.एम. कौल सीजीएस थे। जैसा कि विदित है, सेना के हर विभाग में उपकरणों की कमी थी, और यह 1962 में चीन के साथ हुए युद्ध में खुलकर सामने भी आ गया। भले ही उनके पूर्ववर्ती ब्रिगेडियर सी.एच.आई. ऐकहर्स्ट और मेजर जनरल ए.सी. अईयप्पा ने सिग्नल्स उपकरणों के आधुनिकीकरण के लिए योजनाएं चला दी थीं, लेकिन राज ने पाया कि टैंकों में नए लगे सी-42 वीएचएफ वायरलेस सेट और रेडियो रिले सेट के उत्पादन में छोटी सी शुरुआत को छोड़कर बाकी सभी उपकरण द्वितीय विश्वयुद्ध के जमाने के थे। शांतिकाल में सेना को अपने संचार के लिए पूरी तरह डाक तार विभाग पर निर्भर रहना पड़ता था, जिसके पीछे उनके अपने हाई फ्रिक्वेंसी रेडियो का भी सहारा था। फील्ड फार्मेशन्स के पास आंतरिक संचार के लिए वायरलेस और लाइन सुविधाएं थीं, लेकिन लंबी दूरी के टेलीफोन और टेलीप्रिंटर सर्किट के लिए उसे भी डाक तार विभाग पर निर्भर रहना पड़ता था।

राज के सिग्नलऑफिसर इन चीफ का कार्यभार ग्रहण करते ही गोवा ऑपरेशन शुरू हुआ। ऑपरेशन शुरू होने से कुछ दिन पूर्व, राज बेलगाम स्थित मुख्यालय 17 इंफैन्ट्री डिविजन का दौरा करने गये। उसके बाद वे सावंतवाडी क्षेत्र में 50 पैरा ब्रिगेड गये। पैरा ब्रिगेड की कमांड संभाल रहे ब्रिगेडियर (बाद में लेफ़्टिनेंट जनरल) सगत सिंह राज के अच्छे मित्र थे। उनको पता चला था कि 17 डिविजन को बेलगाम से पीछे के संचार के लिए कुछ रेडियो रिले सेट प्रदान किये गये हैं। उन्होंने राज से अपनी ब्रिगेड के लिए भी रेडियो रिले डिटैचमेंट मांगे, क्योंकि मौजूदा व्यवस्था अविश्वसनीय थी। राज ने सगत को बताया कि हाल ही में सेना के अंदर सी41/आर222 रेडियो रिले सेट लिये गये थे। केवल एक सेक्शन ऐसा तैयार किया गया था, जो सीधे सैन्य मुख्यालय के नियंत्रण में था। चार सेट 17 इंफैन्ट्री डिविजन को परीक्षण के लिये दिये गये थे, जबकि चार सेट प्रशिक्षण कार्य के लिए जबलपुर स्थित सिग्नल ट्रेनिंग केंद्र में रखे गये थे। इसमें जीएस रिजर्व भी शामिल था और वे उन्हें सगत को नहीं दे सकते थे।

सगत भी इतनी आसानी से पीछा छोड़ने वाले नहीं थे। उन्होंने राज से कहा कि वे कैसे मित्र हैं, अगर वे इतना छोटा सा काम नहीं करवा सकते। राज ने थोड़ी देर सोचा और फिर सेट देने के लिए तैयार हो गये। लेकिन राज ने सगत से कहा कि उन्हें जबलपुर से सेट मंगवाने की व्यवस्था स्वयं करनी होगी और ऑपरेशन के बाद उन्हें साबुत हालत में वापस करना होगा। राज को आश्वासन देने के चंद मिनटों बाद ही सगत ने आगरा स्थित पैराशूट प्रशिक्षण

केंद्र से संपर्क किया और जबलपुर से सेट उठवाने के लिए उसी दिन हवाई जहाज भिजवा दिया। डोडामार्ग स्थित असेंबली एरिया में सगत के पहुंचने से एक दिन पहले ही सेट वहां पहुंच गये। मेजर (बाद में कर्नल) आर.आर. चटर्जी को पता चला कि डोडामार्ग से डाक तार विभाग की स्थायी लाइन जा रही थी। इसको रेडियो रिले लिंक के पृष्ठ टर्मिनल से जोड़ दिया गया और ब्रिगेड एक्सचेंज को बेलगाम से जुड़ने में समर्थ बना दिया। नए सेट आ जाने के कारण सगत को कमांड मुख्यालय के साथ जुड़े रहने में कभी कोई दिक्कत नहीं आई। उनकी ब्रिगेड को पणजी पर क़ब्ज़ा करने के आदेश रेडियो रिले लिंक से ही दिये गये, क्योंकि 17 इंफैन्ट्री डिविजन का संचार टूट गया था। सगत के अनुसार, राज अपने दोस्त के लिए कुछ भी कर सकते थे और यह घटना इस बात को सिद्ध करती है।

भारतीय सेना ने अपनी सबसे बड़ी चुनौती का सामना अक्टूबर 1962 में किया, जब चीन ने भारत पर हमला कर दिया। हालांकि उसमें शामिल जवानों की संख्या बहुत कम थी, लेकिन् हमें अपमानजनक हार झेलनी पड़ी, जिसे कई लोग अप्रत्यक्ष ईश्वरकृपा भी समझते हैं। परिस्थिति को राज ने अपने शब्दों में कुछ इस प्रकार बयान किया:-

> और फिर, अगर मैं कहूँ कि सौभाग्य से, अक्टूबर 1962 में चीन की घुसपैठ सामने आई और बाकी सेना की तरह, हमारी कोर भी आश्चर्यचकित रह गई । उस दौरान, मैं पहले से ही पी एंड टी बोर्ड का सदस्य था और तेजपुर स्थित हमारे नए बने कोर मुख्यालय के लिए पी एंड टी विभाग से किराये पर लिये गये हमारे एक मात्र और अविश्वसनीय स्पीच व टेलीप्रिंटर सर्किट के अनुपूरक के तौर पर पी एंड टी विभाग ने मुझे गुवाहाटी में एक पूर्णकालिक संपर्क अधिकारी प्रदान करने की कृपा की थी और उनकी देखरेख में हमारे लाइन निर्माण सेक्शन ने रिकॉर्ड समय के अंदर गुवाहाटी से तेजपुर तक एक खुला हुआ 4 तार का कॉपर कैरियर रूट तैयार कर दिया था। इसके अलावा, पी एंड टी विभाग ने तेजपुर स्थित हमारे कोर मुख्यालय के विशेष प्रयोग हेतु सैन्य परिसर में एक संवाहक केंद्र भी स्थापित किया था।
>
> उन्होंने गुवाहटी में अपने मौजूदा संवाहक केंद्र, को भी सुदृढ़ किया और इन सब चीजों की वजह से हम सैन्य मुख्यालय व कमांड मुख्यालय से कोर मुख्यालय तक विश्वसनीय स्पीच और टेलीप्रिंटर प्राप्त करने में समर्थ हो गये थे। जाहिर है कोर मुख्यालय के आगे के सभी सिग्नल संचार हमारी कोर द्वारा प्रदान और संधृत किये जाते थे।
>
> हालांकि, जब वापसी (मैं कहूंगा कि बेतरतीब वापसी) शुरू हुई तो मेरे कोर सीएसओ (ब्रिगेडियर पी.एस. गिल) ने मुझे टेलीफोन करके कहा कि उनको तेजपुर में स्थापित इस विशेष संवाहक केंद्र को उड़ाने के आदेश मिले थे। इसको रोकने के लिए अध्यक्ष, जनरल पी.एन. थापर को मनाने के लिए मुझे अपनी पूरी ताकत लगानी पड़ी। उन्होंने कृपा करके आर्मी कमांडर और कोर कमांडर दोनों को इस बारे में सीधे आदेश जारी किये। संवाहक केंद्र को इस विनाश से रोकना चीनी सेना की वापसी के बाद के दिनों में काफी फायदेमंद सिद्ध हुआ।

> चीनी घुसपैठ के कारण, न केवल हमें उपकरणों के मामले में अमेरिका से अच्छी मदद मिली, बल्कि सरकार ने भी सिग्नल उपकरणों के आधुनिकीकरण की जरूरत को समझते हुए अपनी जेब को थोड़ा ढीला किया। इसलिए, कई वर्षों के ठहराव के बाद हम पर्याप्त मात्रा और प्रकार के सिग्नल उपकरणों को प्राप्त करने में समर्थ थे। इसने एलआरडीई, बीईएल और आईटीआई को भी काफी प्रोत्साहित किया कि वे हमारी सेना के लिए बहुत आवश्यक नई श्रेणी के सिग्नल उपकरणों को विकसित करें। पूरी विनम्रता के साथ यदि मैं कह सकूं तो मैं भाग्यशाली था कि मुझे यह परिस्थितिजन्य स्वर्णिम अवसर मिला और मैंने इस अवसर का सेना के अधिकतम लाभ के लिए फायदा उठाया।

सिग्नलऑफिसर इन चीफ के तौर पर राज बत्रा की प्रमुख उपलब्धि यह थी कि उन्होंने भारतीय सेना के लिए नए संचार दर्शन का निरूपण किया और इस कारण उन्हें 'प्लान AREN के जनक' की उपाधि भी मिली। अमेरिका में उनकी कार्यावधि के कारण उन्हें पहले से ही उन्नत देशों में प्रचलित नई अवधारणाओं से परिचित करा दिया था। 1962 और 1964 में उन्होंने यूनाइटेड किंग्डम में आयोजित राष्ट्रमंडल सिग्नलऑफिसर्स इन चीफ सम्मेलन में शिरकत की। दोनों ही अवसरों पर ब्रिटिश एसओ-इन-सी उनके पुराने मित्र थे, जिनके साथ उन्होंने भारत में द्वितीय विश्वयुद्ध से पहले समय बिताया था। इनमें से एक सम्मेलन के दौरान उन्होंने ब्रिटिश कोर मुख्यालय स्थित ब्रिटिश ऑर्मी ऑन दि राइन (BAOR) में भी कुछ दिन बिताए ताकि उनके कोर में सिग्नल संचार का अध्ययन कर सकें। कैटरिक कैंप स्थित ब्रिटिश सेना के सिग्नल स्कूल में सिग्नल संचार के बारे में भविष्य की सोच पर कमांडेंट द्वारा दी गई ब्रीफिंग में यह स्पष्ट हो गया कि अमेरिका और यूनाइटेड किंग्डम दोनों ही न केवल सुरक्षित रेडियो रिले पर निर्भर थे बल्कि डिजिटल तकनीकी भी अपनाने जा रहे थे। राज ने यूके की योजना में शामिल होबार्ट और ब्रुइन प्रणालियों का अध्ययन किया, साथ ही अमेरिका में चल रही एरिया ग्रिड प्रणाली की भी जानकारी अर्जित की।

राज ने महसूस किया कि युद्ध की स्थिति में हमारे सैन्य बल या तो अपनी सीमा में रहेंगे या फिर बहुत अच्छी सफलता मिलने पर तकरीबन 100 मील तक दुश्मन की सीमा में जा सकते थे। उन्होंने निष्कर्ष निकाला कि भविष्य के सिग्नल संचार हेतु हर कोर के अंदर 100 X 100 मील का क्षेत्र कवर करते हुए ऐसे सुरक्षित रेडियो रिले सिस्टम प्रयोग किया जाएं जो संचार नोड के परस्पर संबद्ध ग्रिड पर हों। फिर डिविजनल और ब्रिगेड मुख्यालय, कंप्यूटर नियंत्रित डिजिटल ऑटोमैटिक इलेक्ट्रॉनिक स्विच पर आधारित ऐसे नजदीकी नोड से जुड़ सकता था। चलित ऑपरेशनों के दौरान ग्रिड आगे या पीछे रोल कर सकेगा, जिसके अंदर संचार में बिना किसी रुकावट के नोड आगे या पीछे 'मेंढक छलांग' करेगा। प्रणाली प्रत्येक महत्वपूर्ण नियुक्तियों को एक निश्चित संख्या प्रदान करेगी और वे कोर के अंदर चाहे कहीं भी हों, स्पीच, टेलीप्रिंटर, फैक्स और डाटा संवाद को ऑटोमैटिकली ग्रहण करने में समर्थ होंगे।

राज के द्वारा विचारित इस नई संचार प्रणाली को AREN; (Army Radio Engineered Network) नाम दिया गया। सुनने में यह 'आरएन' जैसा लगता है, जो उनके नाम के शुरुआती अक्षर थे। मेजर जनरल मायादास, जो उस समय मेजर थे, को अच्छी तरह याह है कि जब 1964 में राज सिग्नलऑफिसर्स इन चीफ के सम्मेलन में भाग लेकर यूके से वापस आये तो उनके अंदर असीम उत्साह था। उन्होंने जल्द ही अधिकारियों की एक टीम जुटाई, जो उनके विचारों को मूर्त रूप दे सके। उनके डिप्टी ब्रिगेडियर आईडी वर्मा के अलावा टीम में कर्नल केएस ग्रेवाल; लेफ़्टिनेंट कर्नल एमएस सोढ़ी, जे. मायादास, एमबी हार्ट और एसएल जुनेजा; और मेजर आरके गुप्ते, बीएस पैंटल, एमके घोष, एमसी रावत और सुशील नाथ शामिल थे। (इनमें से चार-वर्मा, ग्रेवाल, सोढ़ी और घोष- लेफ़्टिनेंट जनरल रैंक तक पहुंचे और सिग्नलऑफिसर इन चीफ बने, जबकि समय पूर्व सेवानिवृत्त हुए डिक हार्ट को छोड़कर बाकी सभी मेजर जनरल बने।) देर रात तक लंबे-लंबे सत्र चलते थे, लेकिन सभी लोग राज के जुनून से इतने उत्साहित थे कि पत्नियों के अलावा कभी किसी ने कोई शिकायत नहीं की।

प्रक्रिया उन्मत्त ढंग से चल रही थी और 1965 के भारत-पाक युद्ध के दौरान ही उसमें व्यवधान आया। जब युद्ध शांत हुआ, उन्होंने फिर वहीं से शुरू किया जहां छोड़ा था। मासिक प्रस्तुतिकरण होता था और राज के उत्साह व दृढ़ संकल्प का असर सेना प्रमुख जनरल जे.एन. चौधरी समेत सभी पर नजर आया। 1965 के उत्तरार्ध में राज ने जनरल चौधरी, सैन्य कमांडरों और प्रमुख स्टाफ अधिकारियों के सम्मुख पहली बार औपचारिक प्रस्तुति दी। उनकी प्रतिक्रिया प्रशंसात्मक थी और राज को पता था कि उन्होंने पहला राउंड जीत लिया था। युद्ध संचार के क्षेत्र में बुनियादी सिद्धांतों व उनके इस्तेमाल पर राज की पकड़, और उसके साथ उनके प्रभावशाली व्यक्तित्व ने प्लान AREN की जरूरत पर साउथ ब्लॉक व नॉर्थ ब्लॉक में प्रभाव रखने वालों को आश्वस्त कर दिया, इसके अलावा इसमें आने वाली लागत भी अनुचित नहीं थी। एक बार यह हासिल हो जाने के बाद, प्रोजेक्ट के लिए निर्माण और वित्त पोषण का औचित्य साबित करना आसान था।

हालांकि प्लान AREN उनकी सबसे श्रेष्ठ उपलब्धि थी-एक तरह से उनकी महान कृति-लेकिन सिग्नल्स निदेशक और सिग्नलऑफिसर इन चीफ के तौर पर अपने कार्यकाल के दौरान राज तमाम अन्य बदलावों और विकास कार्यों के लिए भी जिम्मेदार थे। उनके कार्यों का फलक बेहद वृहद था और उसमें सिग्नल्स के हर क्षेत्र और पहलू समाहित थे, जिनमें संगठन, प्रशिक्षण, उपकरण, नीति, प्रक्रियाएं, सुरक्षा, संकेताक्षर, कर्मी और प्रशासन आदि शामिल थे। वे एक दूरदृष्टा थे और 10–20 वर्ष आगे तक का अनुमान लगाकर उन जरूरतों की कल्पना कर सकते थे जो उस समय विज्ञान की कल्पित कथाओं में सुनने को मिलती थीं। सैन्य संचार के क्षेत्र में प्लान AREN एक क्रांतिकारी परिकल्पना है, जो अपने

समय से 20 वर्ष पहले उस वक्त सोची गई जब जनरल स्टाफ ने उसकी जरूरत भी महसूस नहीं की थी।

अक्टूबर 1962 में चीनी हमले के कुछ समय बाद सरकार ने उत्तरी सीमाओं की रक्षा के लिए 10 पवर्तीय डिविजनों का निर्माण करने का निर्णय लिया। अपने वृहद अनुभव के आधार पर राज को तुरंत अहसास हुआ कि विभिन्न प्रशासनिक स्थापनाओं के अलावा इन संरचनाओं की अग्रिम तैनाती के लिए उनके पीछे संचार क्षेत्र स्थापित करने होंगे, जिनमें सड़क, रेल, वायु और दूरसंचार नेटवर्क शामिल होंगे। उच्च संरचनाएं और अग्रिम डिविजनों के बीच विश्वसनीय संचार की आवश्यकता होगी। राज और उनकी टीम इन संचार क्षेत्रों की तैनाती की योजना बनाने और पूर्वानुमान संकेतों की आवश्यकताओं की पैमाने व सीमा के निर्धारण के कार्य में तुरंत जुट गई। 12 संचार क्षेत्र सिग्नल रेजिमेंटों की स्पष्ट आवश्यकता को स्थापित किया गया, हर केस को तैयार कर सरकार के सामने प्रस्तुत किया गया और रिकॉर्ड समय के अंदर संस्वीकृति ले ली गई। यह एक असाधारण उपलब्धि थी और सीधे-सीधे राज की दूरदर्शिता, अंतर्ज्ञान व उत्साह का परिणाम था।

1964 में उन्हीं के कहने पर क्षेत्र संरचनाओं के लिए सैन्य संचार की सभी जरूरतों का अध्ययन करने के लिए रणनीतिक संचार समिति का गठन हुआ। राज उस समिति के अध्यक्ष थे। उनके कार्यकाल में, पवर्तीय डिविजनों की संचार आवश्यकताओं को अंतिम रूप दिया गया और सिग्नल यूनिटें उसी के अनुरूप पुनर्गठित की गईं। 1965 में समिति ने आर्मर्ड व इंफैन्ट्री डिविजनों, वायु रक्षण, आक्रामक वायु समर्थन, और जवाबी बमबारी की विशेष संचार जरूरतों का अध्ययन किया। परिणामस्वरूप दो महत्वपूर्ण निर्णय लिये गयेः एचएफ से वीएचएफ में परिवर्तन और डिविजनों में रेडियो रिले की शुरुआत।

इसी के साथ, बड़ी संख्या में ऐसे संगठनात्मक बदलाव थे, जिनको राज ने आगे बढ़ाया था। जब उन्होंने एसओ-इन-सी का कार्यभार संभाला, तब उनके चचेरे भाई एम.एन. बत्रा ने राष्ट्रीय रक्षा कॉलेज से प्रथम पाठ्यक्रम पूर्ण करने के बाद निदेशक, मिलेट्री इंटेलिजेंस का कार्य ग्रहण किया था। नियुक्ति को बाद में मेजर जनरल रैंक पर अपग्रेड कर दिया गया और एम.एन. बत्रा पदोन्नति के बाद भी पद पर बने रहे। सिग्नल अधिकारी के तौर पर दोनों को ही यकीन था कि सिग्नल इंटेलिजेंस में अत्यधिक संभावनाएं थीं और इस क्षेत्र में भारतीय क्षमता को बढ़ाने की आवश्यकता थी। दोनों के विमर्श के परिणामस्वरूप राज ने 1963 में सिग्नल इंटेलिजेंस निदेशालय स्थापित करने का केस आगे बढ़ाया, जो मिलेट्री इंटेलिजेंस के निदेशक के अधीन होगा। उनका यह प्रस्ताव स्वीकार कर लिया गया। नया सेट-अप एक इंटर सर्विस संगठन था, जिसमें सेना, नौसेना और वायुसेना की अवरोधक इकाइयों को शामिल किया गया था। इसकी स्थापना से शानदार लाभ हुआ, जैसा कि 1965 और 1971 में पाकिस्तान के खिलाफ हुए युद्ध, श्रीलंका के अभियान के साथ-साथ जम्मू कश्मीर और पूर्वोत्तर के आतंकरोधी ऑपरेशनों में स्पष्ट रूप से देखने को मिला।

कई नई यूनिटों की स्थापना का श्रेय भी राज को था, जैसे कि विशिष्ट सिग्नल रेजिमेंट, जो नये उपकरणों पर परीक्षण करती है, एयर सपोर्ट सिग्नल रेजिमेंट, रेडियो मॉनिटरिंग कंपनियां और एयर डिफेंस ब्रिगेड सिग्नल कंपनियां। उन्होंने सैन्य मुख्यालय सिग्नल रेजिमेंट को भी दो रेजिमेंटों में पुनर्गठित किया, एक दिल्ली में, संचार को संभालने के लिए और दूसरी मेरठ में ट्रांसमिटर और रिसीवरों को देखने के लिए। कमांड और एरिया सिग्नल रेजिमेंट का पूरी तरह से योग्य स्थापनाओं में बदलाव और कोर सिग्नल रेजिमेंट को मजबूत प्रतिष्ठान बनाने के पीछे भी राज की सोच थी।

यह सोचना गलत होगा कि राज को अपने हर काम में सफलता मिली। उनके तमाम प्रस्ताव धरातल पर नहीं उतर पाए, खासतौर से अन्य शाखाओं और सेवाओं के विरोध के कारण या अफसरशाही में व्याप्त बदलाव के प्रतिरोध की वजह से। उनके द्वारा प्रस्तावित एक बदलाव था कि स्थैतिक स्थापनाओं के अलावा, क्षेत्रीय संरचनाओं में भी सिग्नल उपकरणों के क्षेत्र में मरम्मत की जिम्मेदारी इलेक्ट्रिकल और मेकेनिकल इंजीनियर कोर से बदल कर सिग्नल्स को दी जाए। एक अन्य प्रस्ताव जो उन्होंने बढ़ाया वह था कि क्षेत्र सिग्नल यूनिटों को फार्मेशनों के बीच बदलते रहा जाए, जैसा कि आर्मर्ड कोर और तोपखाने में किया जाता था। इससे न केवल इन यूनिटों में सेवाओं की निरंतरता बनाए रखने में मदद मिलेगी, बल्कि 'मातृ इकाई' प्रणाली भी लागू हो सकेगी, जिसका कई अन्य शाखाओं में अनुसरण किया जा रहा था। दुर्भाग्य से इनमे से कोई भी प्रस्ताव स्वीकार नहीं किया गया।

राज ने जिन महत्वपूर्ण क्षेत्रों पर ध्यान दिय। उनमे एक था इलेक्ट्रॉनिक डाटा प्रोसेसिंग प्रणाली। अमेरिका में अपने कार्यकाल के दौरान उन्हें कंप्यूटर की अपार शक्ति का कायल बना दिया और उन्होंने निर्णय लिया कि भारतीय सेना में जितनी जल्दी हो सके इनका उपयोग प्रारंभ कर देना चाहिए। इसके औचित्य की बारीकियों का अध्ययन करने के लिए राज की अध्यक्षता में एक स्टीयरिंग कमेटी का गठन हुआ। यूएस में अपना कोर्स पूर्ण करके लौटने के बाद टीम में जुड़े कैप्टन (बाद में मेजर जनरल) बीर पैंटल याद करते हैं, कि कमेटी के लोगों ने बेहद तीव्रता से कार्य किया। विचार-विमर्श के लिए बार-बार सत्र बुलाए गये और सभी को नए आइडिया देने के लिए प्रोत्साहित किया गया, चाहे वह कितना भी अजीब या बेतुका क्यों न हो। समिति की पहली रिपोर्ट का सेना प्रमुख ने अनुमोदन कर दिया और उसे सरकार को सौंप दिया। सरकार ने पुनः रिपोर्ट की समीक्षा के लिए उच्चाधिकार समिति गठित कर दी। इस बीच, राज ने सेना प्रमुख को इस बात के लिए राजी कर लिया कि वे समय बचाने के लिए दिल्ली स्थित केंद्रीय आयुध डिपो और जबलपुर स्थित सिग्नल रिकॉर्ड की प्रक्रिया को यांत्रिक करने की शुरुआत कर दें।

1962 के ऑपरेशन के परिणामस्वरूप हुए सेना के विस्तार के कारण अधिकारियों और अन्य रैंकों की भर्तियों में उछाल आया था। प्रशिक्षण के भार को संभालने के लिए, जबलपुर और गोवा में दो अतिरिक्त प्रशिक्षण केंद्र स्थापित किये गये। राज को महसूस हुआ कि

निकट भविष्य में अधिकारियों के प्रशिक्षण के लिए एक अन्य स्कूल खोलना या सिग्नल्स स्कूल की क्षमता बढ़ा पाना संभव नहीं हो पाएगा। इसलिए उन्होंने परिस्थितियों के स्थिर होने तक अधिकारियों को विशिष्ट प्रणालियों या उपकरणों पर प्रशिक्षित करने के लिए लघु अवधि के कोर्स चलाने का निर्णय लिया। चार से छह सप्ताह अवधि के ये कोर्स सिग्नल्स स्कूल में चलाए जाते थे और वायरलेस उपकरण, लाइन उपकरण, लाइन निर्माण व रेडियो रिले पर केंद्रित थे। इसके अलावा, बड़ी मात्रा में आयात हो रही तकनीकों और उपकरणों पर अधिकारियों को प्रशिक्षण प्रदान करने के लिए यूएस और यूके में भी रिक्तियां प्राप्त कर ली गईं। स्नातक इंजीनियरों को भर्ती करना शुरू कर दिया गया और अन्य के लिए तीन वर्ष का इंजीनियरिंग डिग्री कोर्स लागू किया गया, ताकि यह सुनिश्चित किया जा सके कि प्रत्येक सिग्नल अधिकारी निकट भविष्य में लागू होने जा रही जटिल संचार प्रणाली को संभालने में सक्षम हो।

उस समय, उपग्रह केवल अमेरिका और सोवियत संघ द्वारा प्रक्षेपित किये जाते थे और सैन्य संचार की परिधि में उनके औचित्य को समझा जाना बाकी थी। राज उन चंद लोगों में से थे जो उपग्रहों की अपार सामथ्र्य का आंकलन कर सकते थे, और भले ही उन्हें इस क्षेत्र में बहुत ज्यादा उपलब्धि नहीं मिली, लेकिन उनकी संकल्पनाओं से उनके उत्तराधिकारियों को बहुत मदद मिली। उसी प्रकार, जैमिंग के मौलिक पहलुओं को छोड़कर, इलेक्ट्रॉनिक युद्ध से अपेक्षाकृत सब अनजान थे। राज ने विषय का अध्ययन करने के लिए संयुक्त संचार इलेक्ट्रॉनिक्स समिति, जिसके वे अध्यक्ष थे, की एक उपसमिति गठित की। जब उसको मंजूरी मिल गई, तब उन्होंने इस क्षेत्र में क्षमता अर्जित करने की प्रक्रिया प्रारंभ की। एक अन्य क्षेत्र जिसमें राज ने महत्वपूर्ण योगदान दिया, वह था सेना के सिग्नल केंद्रों में संदेश संभालने की स्वचालित व्यवस्था करना। इस कार्य को अब तक हाथ से किया जाता था। इससे त्रुटियां कम होने के साथ-साथ काफी समय और मेहनत बचाने में भी मदद मिली।

एसओ-इन-सी के तौर पर अपने पांच साल के कार्यकाल के दौरान राज ने वस्तुतः सिग्नल कोर की काया पलट दी और भारतीय सेना की क्षमता बढ़ाने के मामले में असाधारण योगदान दिया। उनके कार्य को सुगम्य बनाने के पीछे कई कारक रहे। सबसे पहला था वॉशिंगटन में उनका कार्यकाल, जिसने उन्हें आधुनिक संचार प्रणाली और इसमें व अन्य संबंधित क्षेत्रों में भविष्य में आने वाले बदलावों से अवगत कराया। दूसरा कारक था 1962 में चीन के साथ युद्ध, जिसके बाद यह महसूस किया गया कि भारतीय सेना में साजो-सामान का अभाव था और सरकार को रक्षा बलों का बजटीय आवंटन बढ़ाने को मजबूर होना पड़ा। तीसरा कारक वह नजदीकी संबंध थे, जो राज ने जनरल जे.एन. चौधरी के साथ-साथ रक्षा मंत्रालय में बनाए थे। चौथा कारक थी, अधिकारियों की वह उत्कृष्ट टीम जो राज ने अपने विचारों को मूर्त रूप देने के लिए बनाई थी। उनके पास प्रतिभा को पहचाने वाली नज़र थी और वे प्रतिभावान व साधारण के बीच अंतर परख सकते थे, जिसे कर पाना आसान नहीं

होता, खासतौर से सैनिकों के बीच। आखिरी और शायद सबसे महत्वपूर्ण कारक था उनका अपना व्यक्तित्व और चरित्र की शक्ति। वे एक दृढ़निश्चयी व्यक्ति थे और अपना लक्ष्य प्राप्त होने तक, शायद ही कभी हार मानते थे। उनकी प्रोत्साहन की शक्ति के साथ-साथ उनका जोश और उत्साह, उनके संपर्क में आने वाले हर व्यक्ति को प्रभावित करते थे और उन्हें लगभग हमेशा वह प्राप्त हो जाता, जो वे चाहते थे।

उनके अत्यधिक योगदान को देखते हुए, राज को परम विशिष्ट सेवा मेडल (पीवीएसएम) से सम्मानित किया गया, जो सशस्त्र बलों का सबसे बड़ा गैर-पराक्रमी सम्मान होता है। 21 अप्रैल 1966 को राष्ट्रपति भवन के दरबार हॉल में आयोजित एक औपचारिक प्रतिष्ठापन समारोह में उन्हें यह पुरस्कार प्रदान किया गया। समारोह के बाद, राष्ट्रपति डॉ. एस. राधाकृष्णन सभी पुरस्कार विजेताओं से अनौपचारिक रूप से चाय पर मिले। जब उनका परिचय वहां उपस्थित राज की मां से कराया गया तो उन्होंने कहाः 'आज आपको अपने बेटे पर बहुत गर्व हो रहा होगा।' तब उस वृद्ध महिला ने पूरी तरह सीधे खड़े होकर डॉ. राधाकृष्णन से गर्व के साथ कहाः 'मेरे चार बेटे और हैं, बिल्कुल इसी की तरह।'

जुलाई 1966 में, एसओ-इन-सी की नियुक्ति पर पांच वर्ष रहने के बाद, राज को गृह मंत्रालय में प्रतिनियुक्ति पर सिविल डिफेंस के महानिदेशक पद पर नियुक्त किया गया। उन्होंने मेजर जनरल आईडी वर्मा को अपना कार्यभार सौंपा, जो उनके नीचे कार्यरत थे और राज की पहल पर चल रहीं विभिन्न परियोजनाओं से परिचित थे। नया कार्यभार संभालने के कुछ समय बाद ही उनको लेफ़्टिनेंट जनरल रैंक पर पदोन्नत कर दिया गया। सिविल डिफेंस के महानिदेशक के तौर पर राज पर होमगाड्र्स की भर्ती, प्रशिक्षण और नियुक्ति की जिम्मेदारी थी। होमगार्ड द्वितीय रक्षा पंक्ति के तौर पर कार्य करते थे और उन्हें सामान्य कार्यों में सेना को राहत देने और पुलिस को सहायता प्रदान करने के लिए तैयार किया गया था, खासतौर पर युद्धकाल, प्राकृतिक आपदाओं और आंतरिक अशांति की स्थिति में। राज ने इस पद पर चार वर्ष बिताए और बल को अधिक प्रभावी बनाने के लिए कई संगठनात्मक बदलाव किये।

राज को 30 सितंबर 1970 को सेवानिवृत्त होना था, लेकिन उन्होंने 28 फरवरी 1970 को समय पूर्व सेवानिवृत्ति ले ली और सोमैया ऑर्गेनिक्स लिमिटेड में महाप्रबंधक बन गये। यह एक रसायन उत्पादक प्रतिष्ठान था, जो लखनऊ के पास बाराबंकी में फ्रांस के सहयोग से एक आधुनिक संयंत्र के रूप में स्थापित किया जा रहा था। यहां से उद्योग जगत के लिए अल्कोहॉल आधारित उत्पाद तैयार होने थे, जिनमें दवाइयां भी शामिल थीं। राज को वस्तुतः इस क्षेत्र का कोई अनुभव नहीं था, लेकिन उन्होंने कई दशक काम को पूरा करवाने में बिताए थे। यह तथ्य, कि वे कंपनी के साथ 25 वर्षों तक रहे, पहले महाप्रबंधक के तौर पर और फिर बतौर निदेशक, इस चीज का प्रमाण है कि उन्होंने वहां कितनी सफलता अर्जित की। कंपनी के अन्य निदेशक श्री. जी.एच. केशवानी के अनुसार राज ने 'अपनी दक्षता और

प्रवीणता को प्रतिष्ठान में लगाया और फिर संयंत्र के विस्तार में योगदान दिया। उन्होंने स्वयं अपने काम में विविधता, जीवंतता, बुद्धिमत्ता और समझ विकसित की, खासतौर से अन्य लोगों के साथ व्यवहार में।'

सोमैया ऑर्गेनिक्स में महाप्रबंधक के तौर पर पांच साल व्यतीत करने के बाद राज ने दिल्ली में घर बसाने का निर्णय लिया। उन्होंने डिफेंस कॉलोनी में घर बनाया था, जहां उनके ज्यादातर भाई व बड़ी संख्या में अन्य मित्र रह रहे थे। स्वयं को व्यस्त रखने के लिए वे डैनफ़ौस (इंडिया) लिमिटेड के साथ महाप्रबंधक (प्रशासन) के तौर पर जुड़ गये, हालांकि वे सोमैया ऑर्गेनिक्स में निदेशक बने रहे। वे दिल्ली गोल्फ क्लब के भी सदस्य बन गये और नियमित गोल्फ खेलते थे। उन्होंने दिल्ली-हरियाणा की सीमा पर एक छोटा सा फार्म भी खरीद लिया था और कुछ समय किसानी पर भी हाथ आजमाया। उन्होंने अपने फार्म पर छोटा सा घर बना लिया था, जहां वे और प्रियो कुछ वर्षों तक रहे।

डैनफ़ौस (इंडिया) के साथ लगभग पांच वर्ष बिताने के बाद, राज ने पूर्णतयाः सेवानिवृत्त होने का निर्णय लिया। अब वे बत्रा कुटुम्ब के प्रधान थे, और अपने परिवार का पालन-पोषण करते रहे। उनके भाई, भतीजे, भतीजियां अक्सर उनके पास सलाह और सहयोग के लिए जाते रहते थे। वे परिवार के सभी सदस्यों के साथ संपर्क बनाकर रखते थे और उनकी पूरी कोशिश रहती कि पूरे परिवार को जोड़कर रखें। वे यह सुनिश्चित करते थे कि परिवार के सदस्य सभी पारिवारिक समारोहों में शिरकत करें। अगस्त 1981 में उनकी बड़ी बेटी प्रेमिन्दा का विवाह एक आर्मर्ड कोर अफसर संजीव लंगर से हुई, और दंपति को एक बेटी और एक बेटा हुआ। रंजीत बत्रा का विवाह अप्रैल 1984 में बीर और मीरा पैंटल की बेटी ललिता से हुआ, और उनको भी एक बेटा हुआ। सबसे छोटी बेटी प्रीति, जिसका जन्म 1958 में उस समय हुआ जब राज वॉशिंगटन में थे, अपनी मां की तरह शिक्षिका बन गई। प्रीति का विवाह गुरदीप सिंह अहलुवालिया के संग 1989 में हुआ और उनको एक बेटी व एक बेटा हुआ। राज और प्रियो ने अपने बच्चों और पोते-पोतियां के साथ जितना हो सकता था, उतना वक्त बिताने का प्रयास किया, कभी-कभी उनसे मिलने विदेश भी जाते थे।

राज और प्रियो ने अब उन स्थानों पर घूमने का निर्णय लिया, जहां वे पहले नहीं जा पाए थे, और वे एक साथ कई छुट्टियों पर गये। दोनों को ही यात्राएं पसंद थीं, और राज के सैन्य साथियों से मिलना बेहद आनंददायक होता था। दिसंबर 1980 उन्होंने दक्षिण भारत की यात्रा पर जाने का निर्णय लिया। इस यात्रा के दौरान उन्होंने मडिकेरी स्थित जनरल के.एम. करियप्पा के घर रोशनारा में दोपहर का भोजन किया। उन्होंने बंग्लोर में नीना थिमैय्या और लेफ़्टिनेंट जनरल ए.सी. अईयप्पा से भी मुलाकात की। स्वतंत्रता प्राप्ति से पूर्व की सेवाओं के दौरान राज की कई ब्रिटिश अधिकारियों के साथ नजदीकी संबंध हो गये थे। वॉशिंगटन में भी उन्होंने कई मित्र बनाए, केवल अमेरिकियों में ही नहीं, बल्कि कई अन्य देशों के राजनयिकों में भी। सालों तक उन्होंने अपने सभी मित्रों के साथ संपर्क बनाए रखा, विशेषकर ब्रिटिश

सेना के अपने साथियों के साथ। यह संपर्क बनाए रखने में इंडियन सिग्नल्स एसोसिएशन ऑफ ग्रेट ब्रिटेन काफी सहायक रही। इस एसोसिएशन में द्वितीय विश्वयुद्ध के दौरान या उससे पहले इंडियन सिग्नल्स में काम कर चुके सेवानिवृत्त ब्रिटिश सैनिक होते थे।

1986 में राज और प्रियो ने यूके, स्पेन और केन्या में दो माह की छुट्टियां बिताईं। इंग्लैंड में राज को तमाम पुराने साथियों से मिलने का अवसर मिला, जिनमें से कई से वे तकरीबन 40 साल बाद मिल रहे थे। स्पेन के अल्मीरा में वे मेजर डोगन ईलियट और उनकी पत्नी बैट्टी के घर में मेहमान रहे। ईलियट 1946 में फोर्स 401 सिग्नल रेजिमेंट में राज के एक कंपनी कमांडर रहे थे। दंपति का पुनः 1991 में विदेश जाना हुआ और वे जर्मनी में रह रहे रंजीत, ललिता और उनके बेटे राजबीर से मिले और इंग्लैंड में आयोजित रॉयल सिग्नल्स रीयूनियन में भाग लिया। इंडियन सिग्नल्स एसोसिएशन ऑफ ग्रेट ब्रिटेन के अध्यक्ष मेजर जनरल डेविड हॉर्सफील्ड, ओबीई, राज के पुराने मित्र थे। राज से 10 दिन बड़े हॉर्सफील्ड राज को 'मेरा भारतीय जुड़वां भाई' कहते थे। उन्होंने बत्रा दंपति के लिए तीन सप्ताह का कार्यक्रम रखा। उनकी इस व्यवस्था को 'हॉर्सफील्ड इंस्टैंट टूर' कहा जाता था, जिसमें बत्रा दंपति को लंदन, ब्लैनफोर्ड, कैट्टरिक, एल्डरशॉट और सोमरसेट के साउथहिल हाउस का तूफानी दौरा कराया गया। हॉर्सफील्ड सोमरसेट के साउथहिल हाउस में ही रहते थे और पिछले 18 सालों से कर्नल्स कमांडेंट के लिए वार्षिक रात्रिभोज की मेजबानी करते आ रहे थे। बत्रा दंपति जहां भी गये उनकी मेजबानी हुई और उत्सवपूर्वक स्वागत किया गया। एसोसिएशन के न्यूजलेटर में उनकी यात्रा का वर्णन करते हुए जनरल हॉर्सफील्ड ने 'The Fabulous Links With India—1991' शीर्षक के तहत लिखाः

> यह बहुत खुशनुमा यात्रा थी और राज ने सभी संबंधित लोगों को यह जताने के लिए बहुत कुछ किया कि हम सभी के लिए पुरानी भारतीय सेना कितनी अद्भुत संस्था थी। 'कमांडर इन दि फील्ड' के तौर पर मैंने राज को तुरंत मानद सदस्यता प्रदान की। अपनी गहरी रुचि और गर्मजोशी के प्रदर्शन में राज अतुलनीय हैं। मैं उनके ही एक प्रिय वाक्य को दोहराते हुए कहना चाहूंगा- ''गॉड ब्लेस यू'' राज।

1991 में जर्मनी और यूके की यात्रा से वापस आने के कुछ माह बाद राज को यूरोलॉजिस्ट को दिखाना पड़ा, जिसने उन्हें प्रोस्टेट ग्रंथि की सर्जरी कराने की सलाह दी। उनकी उम्र के व्यक्ति के लिए यह काफी सामान्य बात थी और ऑपरेशन के बाद घर आने पर वे अच्छे स्वास्थ्य में नजर आए। 1995 में वे इंग्लैंड होते हुए न्यू यॉर्क गये। न्यू यॉर्क में उन्होंने अपने बेटी और दामाद के साथ कुछ वक्त बिताया। राज ने अपने पोते अपलोक और पोती मयंती के साथ काफी समय बिताया, जो उनके लिए कभी खाना बनाते और कभी उनके साथ दूर तक टहलने जाते थे। फिर वे जून 1995 में इंग्लैंड चले गये। यहां वे उस प्रतिनिधिमंडल का हिस्सा बने जिसमें भारत से आठ और पाकिस्तान के एक सेवानिवृत्त सिग्नल अधिकारी

शामिल थे और उन्हें यूके में रॉयल सिग्नल्स की हीरक जयंती में शामिल होने के लिए आमंत्रित किया गया था। एक पखवाड़े तक उन सभी का 'शाही' सत्कार हुआ और हर समारोह के बाद राज हमेशा एक प्रेरणादायी और विनोदपूर्ण 'धन्यवाद भाषण' देने के लिए तैयार रहते थे। राज प्रतिनिधिमंडल के एक वरिष्ठ सदस्य थे और अपनी उम्र के बावजूद—वे लगभग 79 के हो चुके थे—अपनी विनोदपूर्णता और जिंदादिली के कारण सबके प्रिय बन गये।

वापस लौटते वक्त राज और प्रियो ने मॉस्को में मेजर जनरल गोपाल बत्रा की बेटी और दामाद, वनिता और लेफ़्टिनेंट कर्नल अरुण साहनी के साथ एक सप्ताह बिताया। अरुण भारतीय दूतावास में सहायक मिलेट्री अटैची थे। सात दिनों में जितना हो सकता था, उन्होंने हर शो देखा और सभी आर्ट गैलरियां घूमीं। जुलाई 1995 में वे भारत लौट आए। 29 सितंबर 1995 को, राज सोमैया ग्रुप की बोर्ड मीटिंग में भाग लेने के लिए बम्बई गये और वापस दिल्ली लौटने से पहले सप्ताहांत पर वे पूना में प्रियो के भाई ब्रिगेडियर प्रीतम पाल सिंह से मिलने गये। यह उनकी अंतिम यात्रा थी।

धीरे-धीरे राज ने ज्यादातर समय बिस्तर पर ही बिताना शुरू कर दिया। केवल टीवी पर आ रहे किसी गोल्फ टूर्नामेंट या क्रिकेट मैच देखने के लिए उठते थे। सभी आगंतुकों से वे अब भी मुस्कुरा कर मिलते थे और उनके चुटकुले व टांग खिंचाई पहले की ही तरह चलती रही। उनके ससुराल वाले, भाई-बहन, बच्चे, छोटे भतीजे भतीजियां हर शाम बारी-बारी से उनके पास बैठते और उनसे बातें करते या फिर उनकी पसंद का संगीत सुनाते-'माई फेयर लेडी' या 'साउथ पैसिफिक' के गीत-ताकि उनके आसपास उस परिवार का भाव बना रहे, जिसे वे बहुत प्यार करते थे।

उनके भतीजे कपिल (ग्रुप कैप्टन राम बत्रा के पुत्र) का विवाह 19 नवंबर 1995 को होना तय हुआ। राज ने प्रियो से कहा कि चाहे कुछ भी हो जाए, शादी नहीं टलनी चाहिए। 16 नवंबर तक पूरा बत्रा परिवार विवाह के लिए एकत्रित हो चुका था। राज उस दिन हर एक व्यक्ति से मिले, और शाम को अपना पसंदीदा संगीत सुनते हुए अपनी आंखें बंद कर लीं और शांति से उनकी मृत्यु हो गई। ऐसा लगा मानो वे इस दिन का इंतजार कर रहे थे, जब उनके सभी प्रिय लोग उनके आसपास हों। उनकी इच्छा के अनुसार, 19 नवंबर को बेहद औपचारिकता व शिष्टता से विवाह आयोजित किया गया।

राज का अंमित संस्कार दिल्ली में ब्रार चौक पर स्थित सैन्य दाह संस्कार स्थल पर किया गया, जो प्रख्यात वॉर सिमेट्री के नजदीक है। शोकाकुल लोगों में सिग्नल कोर के समस्त शीर्ष पदाधिकारियों, सेवानिवृत्त अधिकारियों, जवानों के साथ-साथ उनके तमाम सिविलियन मित्र और प्रशंसक शामिल थे। भारी संख्या में आया जनसमूह, उस लोकप्रियता, सम्मान और स्नेह के कारण था, जो राज को प्राप्त था। उनकी मृत्यु के कई माह बाद तक

श्रद्धांजलियां आती रहीं, केवल उनके ही मित्रों से नहीं, बल्कि उनके बच्चों के मित्रों से भी, जिनके लिए राज उनके पसंदीदा 'अंकल' थे। धरती के लगभग हर कोने से प्रियो के पास पत्र आए, जिनको पढ़कर अक्सर उनकी आंखें नम हो जाती थीं।

इंग्लैंड से डेविड हॉर्सफील्ड ने लिखाः

> जो सम्मान, प्रशंसा और स्नेह उन्हें मिला, राज पूरी तरह से उसके हकदार थे, लेकिन उन्होंने उससे भी कुछ ज्यादा और अत्यंत दुर्लभ चीज को प्राप्त किया। लोग उन्हें खुलकर प्यार करते थे और यही कारण है कि उनका जाना अत्यंत दुखदायी है। हमें लगता है कि-जैसा उन्होंने हर काम में किया-राज ने सही किया। जाने का वक्त हो गया था।

सिंगापुर से प्रेमिन्दा के मित्र ग्लेंदा सिंह ने लिखाः

> मुझे विश्वास है कि हर किसी के पास उनके और उनकी उत्कृष्ट उपलब्धियों के बारे में कहने के लिए बहुत कुछ है, लेकिन हम उनको उनके प्रिय विनोदपूर्ण स्वभाव और जीवन से बड़े व्यक्तित्व के लिए याद करेंगे।

जर्मनी से हर्टा स्केम्ड ने लिखाः 'राज हमेशा लोगों को खुश देखना चाहते थे और इस चीज में वे हमेशा सफल रहे।' एक बार बत्रा परिवार के फार्महाउस में किराए पर रहीं एन्न राइट के लिए राज '...दुनिया के एक महान जेंटलमैन थे, और उनके जैसे बहुत कम लोग मिलते हैं।'

ओवरसीज कम्युनिकेशन सर्विस के इंजीनियर इन चीफ रहे जी.डी. गोकर्ण को लगा किः

> जनरल बत्रा की दृष्टि और वैज्ञानिक दृष्टिकोण इतनी वृहद थी कि मेरी विनम्र राय में उन दिनों वे डॉ. होमी भाभा, डॉ. विक्रम साराभाई और डॉ. सतीश धवन की श्रेणी में ही थे.... राज 'बहादुर' वास्तव में भारतीय टेलीकम्युनिकेशन के फील्ड मार्शल थे।

रॉयल नेवी के कैप्टन मार्टिन और उनकी पत्नी एन्न की राज व प्रियो के संग पहली मुलाकात राष्ट्रपति भवन के लॉन में हुई थी, जब वे 'माउंटबैटन, दि लास्ट वॉयसरॉय' फिल्म की शूटिंग में अतिरिक्त कलाकारों में शामिल थे। उस समय मार्टिन नई दिल्ली में ब्रिटिश नेवल एडवाइसर थे और जो मुलाकात संयोगवश हुई थी, वह जीवनभर की मित्रता में बदल गई। उनकी राय मेंः

> या तो यह बहुत निपुण नियुक्ति थी या फिर भगवान की इच्छा, जिसने उनको कम्युनिकेशन और सिग्नल अधिकारी बना दिया और उनको सेना में सर्वोत्कृष्ट करियर मिला। एक ऐसा करियर जिसके शीर्ष पर पहुंचने से उन्हें रोका नहीं जा सकता था।

बड़ी संख्या में ज्रंट्स के पत्र आए, भारत और पाकिस्तान दोनों जगहों से, जिनमें राज के साथ अपने खूबसूरत जुड़ाव को याद किया गया था। इसी तर्ज पर उन लोगों के भी पत्र मिले,

जिन्होंने उनके साथ सेना के अलावा उद्योग में काम किया था। शायद सबसे अनोखा पत्र जो प्रियो को मिला, वह डेविड हॉर्सफील्ड की पत्नी शीला ने लिखा था:

> राज अपने आप में एक बढ़िया आनंद थे। जीवन से भरपूर, उत्साह से भरे... लेकिन कितनी शानदार स्मृति। अपने खुशहाल दिनों के कमरे में रखने के लिए एक शानदार आभूषण।

राजिंदर नाथ बत्रा भारतीय सेना द्वारा तैयार किये गये शीर्ष स्तर के सैनिकों में थे। स्कूल, कॉलेज और आईएमए में उत्कृष्ट रिकॉर्ड कायम करने के बाद, सेना में उन्हें एक शानदार करियर मिला। एक मानव डायनेमो की तरह ऊर्जा और जोश से भरपूर थे। वे विनोदपूर्णता और जिंदादिली से भरे थे। वे एक चुंबकीय व्यक्तित्व के स्वामी थे, जिसमें मानवीय संबंध जोड़ने और बनाए रखने की क्षमता थी। यह भी दैवीय योजना थी कि वे संचारक बने और जो उन्होंने किया उसे प्राप्त करने में सफल रहे। भले ही सैन्य संचार के क्षेत्र में उनका योगदान विलक्षण है, लेकिन लोगों के साथ संबंध स्थापित करने की कला में भी वे उतने ही विख्यात हैं। मानवीय स्वभाव के बारे में उनकी गहरी समझ थी, जिससे वे मिलने वाले हर व्यक्ति की वेवलेंथ के हिसाब से अपनी 'फ्रिक्वेंसी' बदल लेते थे। परिणामस्वरूप, कम्युनिकेशन में कभी अवरोध नहीं होता था और वे हमेशा 'थ्रू' हो जाते थे। एक सिग्नलर के लिए यह सबसे बड़ा पुरस्कार है। और अगर कभी कोई सच्चा सिग्नलर था, तो वे राज ही थे।

8 लेफ्टिनेंट जनरल पी.एस. भगत, पीवीएसएम, वीसी

सैनिकों के जनरल

प्रेमिन्द्र सिंह भगत, जनरलों की उस दुर्भल श्रेणी से थे, जो न केवल युद्ध में बल्कि शांति काल में भी अग्रणी रहे। शायद वे एक मात्र ऐसे भारतीय जनरल थे, जिनका साहस ही उनकी पहचान थी। एक ही व्यक्ति में शारीरिक और नैतिक साहस कम पाया जाता है, लेकिन भगत में यह विशिष्टता थी। शरीरिक साहस के लिए उन्होंने द्वितीय विश्वयुद्ध में विक्टोरिया क्रॉस (वीसी) प्राप्त किया। और उनके नैतिक साहस से जुड़े उदाहरणों को गिन पाना मुश्किल है। हालांकि वे सर्वोच्च रैंक तक नहीं पहुंच पाए और आर्मी कमांडर के तौर पर सेवानिवृत्त हो गये, लेकिन इसमें कोई संदेह नहीं कि यदि कोई सेना प्रमुख बनने लायक था, तो वे भगत ही थे। अगर वे सेना प्रमुख बनते तो आज भारतीय सेना का इतिहास अलग ही होता। और शायद इसीलिए उनको यह पद प्रदान नहीं किया गया। उनकी अत्यधिक लोकप्रियता को देखते हुए इंदिरा गांधी में भी यह साहस नहीं हुआ कि वे भगत को छोड़कर किसी अन्य को आगे बढ़ा पाएं, और इसलिए भगत को रास्ते से हटाने के लिए छल करना पड़ा।

प्रेम भगत का जन्म 13 अक्टूबर 1918 को हुआ था। उनके पिता सुरेंद्र सिंह भगत संयुक्त प्रांत में अधिशासी अभियंता थे। प्रेम के दो बड़े भाई थे, नृपेंद्र (टोनी) और बृजेंद्र (टूटू)। जब प्रेम नौ साल के थे, तभी उनकी माता का देहांत हो गया। उस समय उनके पिता गोरखपुर में तैनात थे, औरउनके दोनों बड़े भाई देहरादून स्थित प्रिंस ऑफ वेल्स रॉयल इंडियन मिलेट्री कॉलेज के स्कूल में पढ़ रहे थे। इस कॉलेज की स्थापना 1922 में उस समय हुई, जब 1919 में लॉर्ड ईशर की अध्यक्षता में गठित ईशर कमेटी और मार्च 1921 में सर तेज बहादुर सप्रू की अध्यक्षता में गठित विधान सभा की चयन समिति ने इसके लिए सिफारिश की थी। चयन समिति की सिफारिश थी कि 'सैंडहर्स्ट स्थित रॉयल मिलेट्री कॉलेज में प्रवेश पाने हेतु भारतीयों को तैयार करने के लिए उन्हें भारत में पर्याप्त सुविधाएं प्रदान की जाएं।' इसके कुछ समय बाद ही कमांडर-इन-चीफ ने घोषणा की, कि देहरादून में मिलेट्री कॉलेज की स्थापना की जाएगी। 13 मार्च 1922 को प्रिंस ऑफ वेल्स ने कॉलेज का उद्घाटन किया, इसलिए

इसका नाम प्रिंस के नाम पर हो गया, जिसे बाद में संक्षिप्त करके रॉयल इंडियन मिलेट्री कॉलेज कर दिया गया।

प्रेम की माता के देहांत के एक माह बाद ही उनके पिता ने दूसरा विवाह कर लिया। प्रेम की सौतेली मां शीला केवल 18 साल की थीं, उनके पिता की आधी उम्र से भी कम। प्रेम और उनके भाई उनके साथ मां से ज्यादा एक मित्र की तरह व्यवहार करते थे और उनको आंटी कहकर बुलाते थे। 1930 में 12 वर्ष की अवस्था में प्रेम को भी उनके दोनों भाइयों के पास आरआईएमसी भेज दिया गया। आरआईएमसी में जाने वाला प्रेम का दसवां बैच था। आरआईएमसी को एक सैन्य स्कूल की तरह चलाया जाता था, जहां विद्यार्थियों को कैडेट बुलाते थे, जबकि पब्लिक स्कूलों में बॉयज कहने का प्रचलन था। हाउस के स्थान पर वहां सेक्शन हुआ करते थे, जिनके नाम रॉलिन्सन, रॉबर्ट्स, और किचेनर के नाम पर रखे गये थे। हालांकि उसको कॉलेज कहा जाता था, लेकिन वह एक स्कूल ही था, जिसका प्रमुख उद्देश्य संभावित प्रतिभागियों को प्रशिक्षित कर सैंडहर्स्ट के लिए तैयार करना था। किशोरावस्था में प्रेम बहुत हृष्ट-पुष्ट नहीं थे। वे सभी खेल खेलते थे, लेकिन टेनिस और तैराकी में निपुण थे। पढ़ाई में वे समुचित रूप से अच्छे थे, लेकिन किसी एक विषय में अग्रणी नहीं थे। जबकि दूसरी तरफ, टोनी असाधारण रूप से बुद्धिमान थे और टूटू एक शानदार खिलाड़ी थे। परिणामस्वरूप, किसी को भी नहीं लगता था कि प्रेम अपने भाइयों की तरह बेहतर प्रदर्शन कर पाएंगे। कई वर्षों बाद जब विक्टोरिया क्रॉस सम्मान की घोषणा की जा रही थी, तो सबको लगा कि पुरस्कार उनके किसी भाई को मिला होगा, और जब उन्हें पता चला कि यह प्रेम को मिला है, तो सब हैरान रह गये।

प्रेम ने जून 1937 में आईएमए के दसवें पाठ्यक्रम में प्रवेश किया। उनके भाई टोनी 1932 में पहले बैच में गये थे, जिसको 'दि पायनीयर्स' के नाम से जाना जाता था और उसमें भविष्य के तीन सेना प्रमुख शामिल थे-सैम मानेकशॉ, स्मिथ डन और मोहम्मद मूसा। टोनी ने मेरिट में प्रथम स्थान हासिल करते हुए गोल्ड मेडल प्राप्त किया और 22 दिसंबर 1934 को उत्तीर्ण हुये और उन्होंने इंजीनियर्स में कमीशन प्राप्त किया। टूटू दो साल बाद उत्तीर्ण हुये और उन्हें सिग्नल्स में कमीशन प्राप्त हुआ। प्रेम ने सभी क्षेत्रों में प्रशंसनीय प्रदर्शन किया, लेकिन किसी चीज में अग्रणी नहीं रहे। उन्हें टेनिस और स्क्वैश के लिए चिह्न प्रदान किये गये और दोनों टीमों के कैप्टन भी रहे। उन्होंने घुड़सवारी में स्पर्स के साथ-साथ पीटी बैज भी प्राप्त किया। लेकिन प्रेम के अनुसार उनकी सबसे महत्वपूर्ण उपलब्धि थी, तीन महीनों के अंदर अपने प्रथम प्रयास में 'ड्रिल स्क्वायर' टेस्ट पास करना। इस टेस्ट में कई तरह के ड्रिल परिचालनों की श्रृंखला होती है, जो ड्रिल स्क्वायर या परेड ग्राउंड में की जाती हैं, इसको उत्तीर्ण करने पर प्रेम को बाहर जाने का पास मिल गया और वे सप्ताहांत पर मसूरी जा सकते थे। उनके पिता उस समय मसूरी में परिवार के लिए एक घर बना रहे थे, जिसका नाम

भगत कोट था और प्रेम अक्सर सैवॉय में उनके पास चले जाते थे, जहां वे ठहरते थे। प्रेम के पिता की जनवरी 1938 में बनारस में एक दुर्घटना में मृत्यु हो गई। प्रेम उस समय उनके साथ छुट्टियां बिता रहे थे। अपने माता-पिता को खो देने के बावजूद, प्रेम का अपनी सौतेली मां और उनके चारों बच्चों के साथ काफी लगाव था।

प्रथम टर्म में प्रेम का प्रदर्शन बहुत उत्साहजनक नहीं था। उनके कंपनी कमांडर कैप्टन जेबेन्स ने 19 मई 1937 को उनके बारे में लिखाः

> बुद्धिमान, सक्षम और खेलों में हर तरह से अच्छे प्रदर्शक। हालांकि इनकी अपने बारे में कुछ ज्यादा ही ऊंची राय है और थोड़े तुनकमिजाज़ हैं.... इनके शैक्षिक विषयों के प्रशिक्षकों के अनुसार ये लापरवाह हैं। जब तक ये अपनी इन कमियों को दूर नहीं करते, परीक्षा पास नहीं कर पाएंगे।

3 जून 1937 को रिपोर्ट की पुष्टि करते हुए कमांडेंट ब्रिगेडियर एच.ई.डब्ल्यू.बी. किंग्स्ले, डीएसओ, ने लिखाः

> बड़े अफसोस के साथ मैंने उनकी असफलताओं को नोट किया... जिनसे पता चलता है कि वे अपने बारे में कुछ ज्यादा ही सोचते हैं, और दूसरों पर पर्याप्त ध्यान नहीं देते.... मुझे आशा है कि यह केवल युवावस्था और स्कूल के दौरान खेलों में मिली सफलताओं के कारण है....

दूसरे टर्म के अंत में प्रेम के प्रदर्शन में बहुत मामूली सुधार आया। उनके कंपनी कमांडर ने पुनः 'अपने बारे में ऊंची राय' रखने वाली बात पर टिप्पणी की और उनको लगा कि प्रेम का कंपनी के बाकी बैच पर गलत असर पड़ेगा। प्रेम को एक सख्त चेतावनी दी गई कि गलत उदाहरण पेश करने वाला अधिकारी कमीशन प्राप्त करने का हकदार नहीं होता। इसके बाद प्रेम में थोड़ा सुधार आया। 3 जनवरी 1938 को ब्रिगेडियर किंग्स्ले ने लिखाः 'मुझे उम्मीद है कि इन दो चेतावनियों के बाद वह अपना दृष्टिकोण बदलेंगे। अगर ऐसी क्षमता का लड़का अपने स्वभाव के कारण असफल होता है, तो यह बड़ी खेदजनक स्थिति होगी....'

पहले वर्ष के बाद प्रेम थोड़े नरम हो गये और अकादमी में उनके प्रदर्शन में सुधार स्पष्ट देखा जा सकता था। जनवरी 1938 में उनके पिता की मृत्यु का उन पर गंभीर असर हुआ और उनको लगा कि अब उनकी जिम्मेदारी उनके खुद के कंधों पर थी और अब वे विफल होने का जोखिम नहीं उठा सकते थे। उनके पिता की मृत्यु के वक्त उनके दोनों भाई बाहर थे और परिवार में प्रेम ही अकेले पुरुष सदस्य थे। इसलिए अंतिम संस्कार से जुड़ी पूरी जिम्मेदारी उन्हीं ने उठाई। जब वे अकादमी वापस आए तो कुछ समय के लिए उदास थे और लगा मानो हर चीज में उनकी रुचि खत्म हो गई थी। सौभाग्य से वे जल्द इससे बाहर आ गये और नए जोश के साथ प्रयास शुरू कर दिया।

चौथे टर्म के अंत में उनके कंपनी कमांडर, मेजर जेबेन्स ने 10 दिसंबर 1938 को लिखाः

> इस टर्म में उन्होंने उन पर मेरे विश्वास को सिद्ध किया है। उन्होंने कड़ी मेहनत के साथ कार्य किया और खेले। अपने टर्म के वरिष्ठ जीसी होने के नाते उन्होंने नेतृत्व का प्रदर्शन किया और अच्छा उदाहरण प्रस्तुत किया.... अगले टर्म के लिए मैंने उनकी कंपनी के अंडर ऑफिसर के तौर पर सिफारिश की है।

मेजर जेबेन्स के मूल्यांकन की कमांडेंट द्वारा भी पुष्टि की गई, जो यह देखकर खुश थे कि प्रेम अच्छी सलाह मानने के लिए तैयारऔर सक्षम थे। भगत के बारे में अपनी राय बदलने के पीछे ब्रिगेडियर किंग्स्ले के पास प्रेम के कंपनी कमांडर की रिपोर्ट के अलावा भी एक कारण था। लगभग छह माह पूर्व, तीसरे टर्म में, तोपखाना, इंजीनियर्स और सिग्नल्स जैसी तकनीकी शाखाओं के लिए चयन किया गया था। जिनका चयन हुआ था उनको वूलविच विंग में स्थानांतरित किया जाना था, जहां गणित और विज्ञान विषयों पर ज्यादा बल दिया जाता था। इंजीनियर्स में केवल तीन रिक्तियां थीं और चार जेंटलमैन कैडेट्स ने आवेदन किया था—शिव दयाल सिंह, वाईसी तिवारी, अर्जन सिंह और पीएस भगत। कमांडेंट ने प्रेम और अर्जन को अपने कार्यालय में बुलाया और स्थिति को समझाकर अर्जन सिंह को सलाह दी कि वे आवेदन वापस ले लें। लेकिन इससे पहले कि अर्जन जवाब देते, प्रेम ने अपना नाम वापस लेने की पेशकश कर दी। कमांडेंट को हैरानी हुई और वे प्रभावित भी हुये। उन्होंने सैन्य मुख्यालय फोन किया और एक अतिरिक्त पद देने का निवेदन किया, ताकि दोनों ही कैडेट इंजीनियर्स में जा सकें। अर्जन सिंह और शिव दयाल को बंगाल सैपर्स दिया गया, तिवारी को मद्रास सैपर्स और प्रेम को बॉम्बे सैपर्स मिला।

प्रेम की व्यक्तिगत चमक और भीड़ में अलग दिखने की प्रवृत्ति अकादमी में ही नजर आने लगी थी। किन्हीं कारणवश वे अपनी पीक कैप तिरछी पहनते थे और अक्सर ड्रिल स्क्वायर में गलत तरह से परिधान पहनने को लेकर टोके जाते थे। एक बार उन्हें एडजुटेंट, कैप्टन ए.जी. बेनेट के पास ले जाया गया, जिनकी दहशत बोलती थी।

'तुम्हें अपने बारे में क्या कहना है?' एडजुटेंट दहाड़े।

'कुछ नहीं श्रीमान, मुझे इस तरह कैप पहनना पसंद है,' प्रेम ने जवाब दिया।

'क्या तुमको नहीं पता कि केवल प्रिंस ऑफ वेल्स को ही तिरछी कैप पहनने का विशेषाधिकार है?' एडजुटेंट फिर गरजे।

अबकी बार प्रेम का जवाब सुनकर सबको डरा देने वाले कैप्टन बेनेट भी आवाक रह गये। प्रेम ने कहा, 'श्रीमान, मैं प्रिंस ऑफ वेल्स से कम नहीं हूं।'

प्रेम को 15 जुलाई 1939 को कमीशन प्राप्त हुआ और वे पूना स्थित बॉम्बे इंजीनियर ग्रुप चले गये, जहां उनके बड़े भाई टोनी भी तैनात थे। थोड़े समय बाद ही सितंबर 1939 में

द्वितीय विश्वयुद्ध प्रारंभ हो गया, उनको 21 फील्ड कंपनी में तैनात कर दिया गया, जो पूना में ही स्थित थी। एक युवा अधिकारी के तौर पर उन्होंने शहर के सामाजिक जीवन का लुत्फ उठाया और अक्सर पूना क्लब जाया करते थे, जिसको नया क्लब भी कहा जाता था, (पूना जिमखाना, अभी भी भारतीयों को प्रवेश नहीं देता था) साथ ही रेस देखने भी जाते थे। जल्द ही कुछ विवाहित अधिकारियों के साथ उनका परिचय हो गया और उनके घर आना-जाना शुरू हो गया। उनमें प्रमुख नाम थे आर्मी मेडिकल कोर के कर्नल आर.के. धवन और कर्नल एम.जी. भंडारी। दोनों अधिकारियों की जवान बेटियां थीं और उनकी पत्नियां आपस में अच्छी दोस्त थीं। प्रेम द्वारा पूना की सबसे खूबसूरत लड़की मानी जाने वाली मोहिनी भंडारी से परिचय करने का पहला प्रयास नाकामयाब सिद्ध हुआ। फिर उन्होंने सिग्नल्स के एस.एन. 'बिम्बो' भाटिया से ठीक प्रकार से परिचय कराने का आग्रह किया। बिम्बो प्रेम के अच्छे दोस्त थे और भंडारी परिवार से उनकी रिश्तेदारी थी। इसके बाद प्रेम को बर्दाश्त कर लिया गया, लेकिन भंडारी परिवार के घर में उनके आने पर ऐतराज था। कर्नल एम.जी. भंडारी एक रक्षात्मक पिता थे और वे प्रेम के उपद्रवी स्वभाव और शिष्टचार व औपचारिकता के प्रति असम्मान के भाव को हल्के में नहीं लेते थे। प्रेम के मसूरी वाले कारनामे प्रसिद्ध थे और पूना में उनके निरंकुश तौर-तरीकों ने उनकी साख को और खराब कर दिया था। मोहिनी उस समय केवल 16 वर्ष की थीं और वाडिया कॉलेज में इंग्लिश पढ़ रही थीं।

जैसा कि उनके सभी मित्र व सहयोगी याद करते हैं, प्रेम एक प्रसन्नचित और उदार व्यक्ति थे। वे अपने जान पहचान वालों के लिए ही नहीं, बल्कि अनजान लोगों के प्रति भी दया भाव रखते थे। एक बार कोरेगांव पार्क के निकट अपनी कार में पेट्रोल डलवाते वक्त उन्होंने देखा कि परिचारक, जो पठान था, ठंड से कांप रहा था। प्रेम ने अपनी स्पोर्ट्स किट और एक सफेद स्वेटर पहन रखा था। बिना एक पल झिझके उन्होंने अपना स्वेटर उतारा और पठान की ओर बढ़ा दिया। पठान हैरान रह गया और उसने बहुत मना किया कि स्वेटर के बिना प्रेम को ठंड लग जाएगी। लेकिन प्रेम ने एक नहीं सुनी। उन्होंने पठान से कहा कि वे अपनी कार में हैं और मेस स्थित अपने कमरे में जा रहे हैं, जो काफी गर्म रहता है। इसके बाद प्रेम वहां से चले गये। किसी ने इस घटना को नहीं देखा और न ही प्रेम ने कभी इस बात का जिक्र किया। कई सालों बाद जब एक सैपर अधिकारी उस पेट्रोल पंप पर रुके तो स्वेटर पर रेजिमेंट के चिह्न देख उसे पहचान गये और उन्होंने परिचारक से पूछा कि उसे वह स्वेटर कैसे मिला, तो पठान ने गर्व से बताया कि उसे वह स्वेटर 'भगत साहिब' ने दिया था। स्वेटर का रंग फीका पड़ गया था और जगह-जगह से फट चुका था, लेकिन उसके बारे में बताते हुए पठान का चेहरा गर्व से चमक रहा था।

प्रेम की दयालुता केवल इंसानों तक ही सीमित नहीं थी। श्रीमति भंडारी ने प्रेम और उनके पालतू कुत्ते के बारे में एक रोचक किस्सा बताया और उसे 23 मई 1976 के *बॉम्बे सैपर्स*

न्यूज़लेटर के स्मारक अंक में उल्लेखित किया गया। कई सप्ताह तक रेसों में लगातार हारने के बाद, प्रेम ने एक विराम लेने का निर्णय लिया। रविवार का दिन था और वे मेस के लॉन में बैठे बीयर पी रहे थे, तभी झाड़ियों में से एक संकर जाति का कुत्ता भय से कांपता हुए उनके पास आकर खड़ा हो गया। वह देखने में बदसूरत और मैला था, उसके पिछले पैर में ज़ख्म था। थोड़ी देर बाद, बजरी में बूटों की आवाज सुनाई दी और कुत्ता उनकी कुर्सी के नीचे घुस गया। एक नायक वहां आया और सैल्यूट किया। उसने बताया कि वह डॉग-किलिंग स्क्वाड से था और पूछा कि उन्होंने वहां किसी गंदे से कुत्ते को आते हुए तो नहीं देखा।

अब तक नायक ने प्रेम की कुर्सी के नीचे उस कुत्ते को देख लिया था और उसे पकड़ने के लिए आगे बढ़ने लगा। प्रेम ने नायक को सख़्त लहज़े में वहां से चले जाने के लिए कहते हुए बताया कि वह उनका कुत्ता था। नायक को सुनकर हैरानी हुई, लेकिन वह वापस लौटने के सिवा कुछ नहीं कर सकता था। इसके बाद वह कुत्ता प्रेम के पीछे-पीछे हर जगह जाने लगा और इस कारण उन्हें अपने कई मित्र भी खोने पड़े। एक दिन, कुत्ता उनके पीछे-पीछे स्विमिंग पूल तक चला गया। प्रेम पानी के नीचे तैरने का अभ्यास कर रहे थे और जब वे कुछ देर तक पानी से बाहर नहीं आए तो कुत्ते ने भौंकना शुरू कर दिया और फिर पानी में छलांग लगा दी। पूरे स्विमिंग पूल का पानी निकालकर दोबारा भरना पड़ा और वह एक सप्ताह तक बंद रहा। प्रेम को इसके लिए अपने कमांडेंट से जबरदस्त फटकार लगी।

प्रेम की दूसरों की अनदेखी करने की प्रवृत्ति और उम्र या वरिष्ठता के प्रति उनका अल्प सम्मान, उनके ऊपर काले धब्बे के समान थे, खासतौर से पूना के सभ्य समाज में। हालांकि, कुछ लोगों के मन में प्रेम के बारे में अच्छी राय थी और वे अनौपचारिक व लापरवाह लगने वाले व्यवहार के नीचे छिपे दृढ़ संकल्प और चारित्रिक बल को देख सकते थे। इनमें से एक थे पूना डिविजन के कमिश्नर मैकलैकन। एक दिन, मैकलैकन, मोहिनी के पिता कर्नल भंडारी के साथ गोल्फ खेल रहे थे। मैकलैकन टी ऑफ करने ही वाले थे कि ज़ोर की आवाज ने उनका ध्यान खींचा। वे ठहरे और झुंझलाकर पीछे हटे। थोड़ी ही देर में उनके सामने एक मॉडल टी फोर्ड कार आकर रुकी, जिसे प्रेम चला रहे थे। प्रेम ने उनकी ओर हाथ हिलाया और बोलेः 'माफ कीजिएगा, मैं गलत मुड़ गया था।' कमिश्नर ने वापस हाथ हिलाया, जबकि कर्नल भंडारी की त्योरियां चढ़ गईं। प्रेम ने तेज आवाज के साथ पिछला गियर लगाया और क्लच छोड़ दिया। कार कमान से निकले तीर की तरह पीछे गई, और दो फुट के गड्ढे को लांघती हुई जोरदार झटके के साथ रुक गई।

प्रेम यह देखने के लिए बाहर निकले कि क्या हुआ। दोनों गोल्फ खिलाड़ियों को भी देखने के सिवाय कोई चारा नहीं था। प्रेम ने मुस्कुराते हुए कहाः 'ओह, गड्ढा नहीं देखा।' फिर से ड्राइवर सीट पर सवार होकर, उन्होंने जोर से पहला गियर लगाया और क्लच छोड़ दिया। कार ने आगे की तरफ छलांग लगाई और एक बार फिर पिछले पहिये गड्ढे को

लांघकर धम्म से आगे आकर रुके। प्रेम दोनों खिलाड़ियों की तरफ हाथ हिलाते हुए कार लेकर चले गये। मैकलैकन ने कहा, 'यह लड़का भी न! यह युद्ध में जा रहा है। मेरे शब्द नोट कर लो। या तो इसको गोली मिलेगी या फिर विक्टोरिया क्रॉस।'

जाहिर था, कर्नल भंडारी उस युवा अधिकारी के बारे में मैकलैकन के विचारों से इत्तेफाक नहीं रखते थे, जो उनकी बेटी के साथ कुछ ज्यादा ही दोस्ती बढ़ा रहा था। उन्होंने उनकी दोस्ती को हतोत्साहित करने का प्रयास किया, लेकिन सफल नहीं हो पाये। प्रेम को श्रीमति भंडारी के रूप में एक सहयोगी मिल गया था, जो अपने पति के विचारों से इत्तेफाक नहीं रखती थीं और अपनी बेटी की पसंद के अधिकार के लिए खड़ी हो जाती थीं। जब भी प्रेम कभी मोहिनी के साथ अकेले समय बिताने का प्रयास करते या डांस के लिए ले जाना चाहते, तो मोहिनी के पिता हमेशा इंकार कर देते थे। जब प्रेम को युद्ध के लिए अफ्रीका जाने का आदेश दिया गया, तब उन्होंने अंतिम प्रयास किया। वह पूना में उनकी अंतिम रात थी और प्रेम क्लब में गये थे। वे कुछ ब्रिटिश अधिकारियों के साथ बैठे थे और कुछ ज्यादा ही पी ली थी। जब उन्होंने मोहिनी और उनकी मां को देखा तो वे उनकी मेज पर गये और श्रीमति भंडारी से उनकी बेटी के साथ डांस करने की अनुमति मांगी। इससे पहले वह कुछ जवाब दे पातीं, कर्नल भंडारी वहां पहुंच गये और प्रेम वहां से उल्टे पांव लौट आये। हालांकि, भारत छोड़ने से पहले, उन्होंने मोहिनी को खत लिखने की अनुमति ले ही ली। उन्होंने तर्क दिया कि युद्ध क्षेत्र में गये जवान का मनोबल घर से मिलने वाले पत्रों पर काफी निर्भर करता है और जो लोग सीधे तौर पर युद्ध में शामिल नहीं होते उनका भी कुछ कर्तव्य बनता है, जैसे मरहम पट्टी करना और बीमार व घायलों के हालचाल पूछना। कर्नल भंडारी इस तर्क को खारिज नहीं कर पाए और अनिच्छापूर्वक अनुमति प्रदान कर दी।

सितंबर 1940 में, 21 फील्ड कंपनी को 5 इंडियन डिविजन के साथ पूर्वी अफ्रीका भेज दिया गया। प्रेम ने 23 सितंबर 1940 को बंबई से एसएस 'डेवनशायर' पर सवार होकर जल मार्ग से यात्रा प्रारंभ की। उनके भाई टूटू और 'बिम्बो' भाटिया को 7 इंफैन्ट्री ब्रिगेड सिग्नल सेक्शन में तैनात किया गया था और वे भी उसी दल में शामिल थे। लगभग एक महीने की लंबी यात्रा के बाद वे पोर्ट सुएज़ पहुंचे। 7 इंफैन्ट्री ब्रिगेड जहाज से उतरी और उसे मिस्र भेज दिया गया, जबकि 10 और 11 इंफैन्ट्री ब्रिगेड ने आगे की यात्रा जारी रखी और वे पोर्ट सूडान पर उतरे। वे लेफ्टिनेंट जनरल डब्ल्यू. प्लाट की कमांड में सुडान रक्षा बल का हिस्सा बन गये। 21 फील्ड कंपनी 10 इंफैन्ट्री ब्रिगेड का हिस्सा थी, जिसकी कमांड उस समय ब्रिगेडियर डब्ल्यू.जे. स्लिम के पास थी। उसे गल्लाबत के पास रखा गया था, जिस पर इतालवियों का कब्जा था। कैप्टन (बाद में लेफ्टिनेंट जनरल) आर.एन. बत्रा 10 इंफैन्ट्री ब्रिगेड सिग्नल सेक्शन की कमांड संभाल रहे थे और यहीं से राज और प्रेम के दीर्घ संबंधों की शुरुआत हुई।

6 नवंबर 1940 को, स्लिम की ब्रिगेड ने गल्लाबत पर हमला बोल दिया। 3 रॉयल गढ़वाल राइफल्स हमले की अगुवाई कर रही थी, जिसकी कमांड लेफ्टिनेंट कर्नल एस.ई. टेलर कर रहे थे। प्रेम की कंपनी का नंबर 2 सेक्शन हमला करने वाली बटालियन को सहायता प्रदान करने के लिए रखा गया था। साहसी हमले के बाद, गल्लाबत किले पर कब्जा कर लिया गया, लेकिन दुश्मन के एक भीषण जवाबी हमले के कारण उसे छोड़ना पड़ा। वापस लौटने के आदेश दिये गये और सैपर्स को मार्ग अवरुद्ध करने का काम दिया गया, ताकि दुश्मन ज्यादा नजदीक तक पीछा न कर सके। इस ऑपरेशन के दौरान, दो परित्यक्त टैंकों को बारूद से भर कर एक संकरी पुलिया पर रास्ता जाम करने के लिए खड़ा कर दिया गया। उनको आग लगाई गई, लेकिन एक टैंक में विस्फोट नहीं हुआ और पुलिया नहीं टूटी। स्थिति नाज़ुक थी, क्योंकि दुश्मन पीछा करते हुए नजदीक आ रहा था। उसी क्षण, प्रेम छिपाव से बाहर निकले और रेंगते हुए टैंक के नीचे पहुंचे। उन्होंने आग़ लगाने वाली डोरी को ठीक किया और फ्यूज में आग लगाकर गोलियों की बौछार के बीच वापस दौड़ पड़े। टैंक में विस्फोट हो गया और दुश्मन के ठीक सामने पुलिया टूट कर गिर पड़ी।

प्रेम का वह साहसिक कार्य उनके कमांडिंग अफसर ने अपनी आंखों से देखा और बाद में उन्होंने प्रेम के नाम की सिफारिश मिलेट्री क्रॉस के लिए की। युद्ध क्षेत्र में अपने पहले अनुभव के बावजूद, उन्होंने असाधारण साहस का परिचय दिया था। हालांकि, मोहिनी को लिखे अपने पत्र में उन्होंने अपने कार्य को 'छोटी सी चीज' बताया। लेकिन जहां प्रेम अपनी उपलब्धियों के मामले में बेहद आडंबरहीन थे, वहीं दूसरों की उपलब्धियों की सराहना करना नहीं भूलते थे। उसी युद्ध में उन्होंने एक ऐसा साहसिक कार्य देखा, जिसकी चर्चा वे बाद तक करते थे। दुश्मन ने एक पहाड़ी पर कब्जा कर लिया था और 3 रॉयल गढ़वाल राइफल्स द्वारा किए जा रहे लगातार हमले विफल हो रहे थे। आखिरकार, पहाड़ी के आधे रास्ते पर एक पांव रखने का स्थान मिल गया। ढलान एकदम खड़ी थी और उस पर धीरे-धीरे ही बढ़ा जा रहा था। दुश्मन ने तोपें व मोर्टार दागने शुरू कर दिये और जवान गिरने लगे। अचानक भगदड़ सी मच गई और ब्रिगेड पीछे लौटने लगी। केवल एक गढ़वाली कंपनी और भगत का सैपर्स सेक्शन डटा रहा।

जवानों को पीछे लौटता देख, गढ़वालियों के कमांडिंग अफसर लेफ्टिनेंट कर्नल टेलर ने एक बड़ी चट्टान पर छलांग लगा कर चढ़ गए। जहां इससे वे एक तरफ दुश्मन के निशाने पर आ गये, तो दूसरी तरफ वे अपने जवानों को नजर आने लगे। जल्द ही, प्रेम भी उनके साथ पहुंच गये। कर्नल टेलर ने अपने जवानों की तरफ चिल्लाकर उन्हें वापस मुड़कर दुश्मन का सामना करने को प्रेरित किया। वे वहां 20 मिनट तक दुश्मन की गोलियों के बीच खड़े रहे। अपने कमांडिंग अफसर की निर्भीकता को देखकर जवानों में फिर से उत्साह आ गया और धीरे-धीरे वापसी को रोक दिया गया। शर्म से उबर कर और जीत का निश्चय लेकर जवान वापस मुड़े। उन्होंने नए जोश के साथ हमला बोला और पहाड़ी पर कब्जा कर लिया। हमले

के दौरान एक बार प्रेम ने ध्यान दिया कि कर्नल टेलर डगमगा रहे थे और उनका एक हाथ यूं ही झूल रहा था। प्रेम देखकर भौंचक्के रह गये कि सीओ बुरी तरह घायल थे और उनका हाथ क्षत-विक्षत हड्डी और मांस का लोथड़ा रह गया था। प्रेम उनकी मदद के लिए पहुंचे, लेकिन टेलर चिल्लाये: 'जहां हो वहीं खड़े रहे। जवानों को पता नहीं चलना चाहिए कि मैं घायल हो गया हूं।' और वे तब तक वहां खड़े रहे जब तक बाजी पलट नहीं गई और वापसी टल नहीं गई। इसके बाद ही उन्होंने चिकित्सा सहायता मांगी और गिर पड़े। प्रेम भौंचक्के थे। इससे पहले उन्होंने ऐसा शांत साहस और समर्पण नहीं देखा था।

नवंबर 1940 के मध्य में, गल्लाबत क्षेत्र में 10 इंफैन्ट्री ब्रिगेड को 9 इंफैन्ट्री ब्रिगेड ने कार्यमुक्त किया। जनवरी 1941 में केरेन युद्ध के लिए सामान्य आक्रामक कार्रवाई प्रारंभ हुई। 31 जनवरी को लेफ्टिनेंट कर्नल जे.ए. ब्लड की कमांड में 3/12रॉयल फ्रंटियर फोर्स राइफल्स के एक चलित दस्ते को जांच-पड़ताल के लिए मेटेम्मा की तरफ भेजा गया। उसमें सेकंड लेफ्टिनेंट पी.एस. भगत की कमांड में 21 फील्ड कंपनी की एक टुकड़ी भी शामिल थी। वे रेकी पार्टी के साथ एक अग्रणी ब्रेन कैरियर में थे। मार्ग में घनी सुरंगें बिछी हुई थीं और बहुत जल्द उनका कैरियर उड़ गया। सौभाग्य से कोई हताहत नहीं हुआ। इसके बाद वह एक अन्य सुरंग के ऊपर से गुजरे और अबकी बार उनके बगल में बैठा सैपर और चालक दोनों मारे गये। प्रेम दूसरे कैरियर में बैठ गये और आगे बढ़े। जब भी उनको कोई बारूदी सुरंग मिलती, वे नीचे उतरते और कड़ी मेहनत करके अपने हाथों से उसे डिफ्यूज कर देते। उन्होंने तीन दिनों तक लगातार बिना आराम और भोजन के काम किया। चौथे दिन उनका सामना एक घात से हो गया।

2 फरवरी 1941 को तीसरी बार उनका कैरियर सुरंग की चपेट में आया और प्रेम के कान का पर्दा फट गया। दुश्मन की निकट गोलीबारी के बीच उन्होंने अपना काम जारी रखा। उन्होंने इस आधार पर कार्यमुक्त होने से इंकार कर दिया कि सुरंगों को डिफ्यूज करने की जानकारी होने के कारण, वे इस कार्य को किसी अन्य व्यक्ति के मुकाबले ज्यादा बेहतर ढंग से कर सकते थे। आखिरकार 3 फरवरी 1941 को, 3/12 फ्रंटियर फोर्स राइफल्स के कमांडिंग अफसर कर्नल ब्लड ने उन्हें अपना कार्यभार छोड़ने के आदेश दिये। कान से रिस रहे खून और बुरी तरह थके हुए होने के कारण उन्हें सुरक्षित स्थान पर ले जाया गया और फिर खार्तूम के एक अस्पताल पहुंचाया गया। अब तक उन्हें काम करते हुए 96 घंटे बीत चुके थे और उन्होंने 15 सुरंगक्षेत्रों को साफ करते हुए 55 मील की दूरी तय की थी।

फरवरी 1941 को प्रेम भगत पहले ऐसे कमीशन प्राप्त भारतीय अधिकारी बने, जिनको विक्टोरिया क्रॉस प्रदान किया गया। यह उस समय का सर्वोच्च वीरता पुरस्कार था। उन्हें यह प्रतिष्ठित क्रॉस किसी पृथक साहसिक कार्य के लिए नहीं, बल्कि लंबे समय तक दर्ज की गई विशुद्ध साहसिक उपलब्धि के लिये दिया गया था। अपनी विनम्रता की विशेषता के चलते प्रेम ने मोहिनी को लिखे किसी भी पत्र में पुरस्कार की चर्चा नहीं की। बल्कि, बाद के

वर्षों में जब भी उनसे पूछा गया तब भी उन्होंने घटना का जिक्र नहीं किया। रॉयल फ्रंटियर फोर्स के साथ उनका जुड़ाव बाद तक बना रहा, आजादी के बाद रेजिमेंट का नाम बदलकर सिख लाइट इंफैन्ट्री कर दिया गया। वे सेवानिवृत्ति के उपरांत भी रेजिमेंट के कर्नल बने रहे, यह एक दुर्लभ सम्मान था।

जून 1941 में, जब इरिट्रिया अभियान समाप्त हुआ तब असमारा में एक विजय परेड आयोजित की गई। ऑस्टा के ड्यूक के महल के सामने हुई इस परेड की सलामी जनरल वैवेल ने ली। परेड में प्रतिष्ठापन समारोह के दौरान, वैवेल ने लेफ्टिनेंट पी.एस. भगत को वीसी रिबन प्रदान किया और सेकंड लेफ्टिनेंट कोचरेन को डीएसओ रिबन प्रदान किया। प्रेम ने खाकी नेकर, होज-टॉप, टखनों की पट्टी, सैपर ग्रेनेड के साथ आगे-पीछे उठी हुई खाकी टोपी और अपने दाहिने कंधे पर रॉयल बॉम्बे सैपर्स का नीला लैनयार्ड पहन रखा था। उनके जख्म पूरी तरह भर चुके थे, केवल दायें कान को छोड़कर, जिससे उन्हें अब कम सुनाई देने लगा था।

जुलाई 1941 में, प्रेम भारत वापस लौट आये। वे अब एक युद्ध नायक थे, सब उनको पसंद कर रहे थे और महत्व दे रहे थे। 28 जुलाई 1941 के टाइम्स ऑफ इंडिया में लिखा गयाः

> शनिवार दोपहर को बम्बई में उतरने के बाद उनसे मिलने वाले सभी लोगों के लिए वे एक जोशीले, लेकिन विनम्र सैनिक थे। वे प्रेस के साथ असहज थे और अपने उस साहसिक पराक्रम की चर्चा करने में झिझक रहे थे, जिसके कारण उन्हें सर्वोच्च वीरता पुरस्कार मिला... अगर उनके अंगरखे पर वह छोटा सा बैंगनी रिबन नहीं होता, तो उनके अत्यधिक विनम्र व्यवहार से यह अंदाजा लगा पाना मुश्किल था कि उन्होंने ऐसा साहस दिखाया था, जिसे सोच कर भी चक्कर आ जाए... ऐसा लगा, मानो वे जमीनी सुरंगों में विस्फोट करने के बजाय गोल्फ खेल रहे होंगे।

10 नवंबर 1941 को दिल्ली स्थित वॉयसरॉय हाउस के अग्र प्रांगण में आयोजित एक औपचारिक प्रतिष्ठापन समारोह में प्रेम को विक्टोरिया क्रॉस प्रदान किया गया। परंपरागत रूप से वीसी राजा द्वारा बकिंघम महल में प्रदान किया जाता है और यह पहला मौका था जब इसे वॉयसरॉय द्वारा प्रदान किया जा रहा था। हजारों दर्शकों के बीच लॉर्ड लिनलिथगो ने प्रतिष्ठित तांबे का क्रॉस कार्यवाहक कैप्टन प्रेमिन्द्र सिंह भगत की छाती पर लगाया। यह सम्मान पाने वाले प्रेम पहले भारतीय अधिकारी थे। प्रेम ने सैम ब्राउन क्रॉस बेल्ट और पीक कैप के साथ गैबर्डीन सेवा वर्दी पहन रखी थी। समारोह में खींचे गए चित्रों में उनकी विशेष तिरछी टोपी नजर आई, जो उनकी पहचान बन गई।

प्रेम ने अब अपने अगले युद्ध पर ध्यान केंद्रित किया- मोहिनी के पिता के विरोध को समाप्त करना। उनके बीच लंबे समय की दूरी ने प्रेम व मोहिनी को और अधिक नजदीक ला दिया था और दोनों को यकीन हो चुका था कि वे आपस में प्यार करते थे। श्रीमती भंडारी

हमेशा से प्रेम को पसंद करती थीं और उनको लगता था कि वे उनकी बेटी को चाहने वाले व उनका ख्याल रखने वाले पति सिद्ध होंगे। यहां तक कि कर्नल भंडारी को भी लगा कि प्रेम थोड़े बदल चुके थे। विक्टोरिया क्रॉस ने भी इस युवक के बारे में उनकी राय बदलने में मदद की। इन संकेतों से प्रेम को अवगत करा दिया गया और फिर उन्होंने कर्नल भंडारी से मिलकर औपचारिक रूप से मोहिनी का हाथ मांगने का निर्णय लिया। वे एक गहरी सांस लेकर उनके कमरे के अंदर गये। मोहिनी दरवाजे के बाहर इंतजार कर रही थीं। वे कुछ समय बाद अपने माथे से पसीना पोंछते हुए बाहर आए, लेकिन उनके चेहरे पर मुस्कान थी। 'हे भगवान!' उन्होंने कहा, 'मुझे विक्टोरिया क्रॉस उस समय नहीं, बल्कि अब दिया जाना चाहिए था।'

24 फरवरी 1942 को पूना में प्रेम और मोहिनी का विवाह हो गया। प्रेम उस समय केवल 23 वर्ष के थे और केवल तीन वर्ष की सेवा पूर्ण की थी। उन्होंने पूना में लगभग 15 महीने एक साथ बिताये। इस दौरान उन्हें ग्रामीण महाराष्ट्र में तमाम दौरे करने पड़े, ताकि वे युवाओं को बॉम्बे सैपर्स से जुड़ने के लिए प्रोत्साहित कर सकें। विक्टोरिया क्रॉस के कारण हर जगह उनके साथ वीआईपी की तरह बर्ताव किया गया और उनके दौरे काफी सफल रहे। 1942 में भारत छोड़ो आंदोलन के दौरान महात्मा गांधी को प्रेम के ससुर की सीधी देखभाल में पूना स्थित आगा खान पैलेस में नज़रबंद कर दिया गया। अपने साथी अर्जन सिंह के साथ प्रेम उस महान व्यक्ति से मिलने गये और उनसे पूछा कि वे किस प्रकार स्वतंत्रता आंदोलन में उनकी मदद कर सकते थे। गांधी जी ने उन्हें उनके पेशे में रहने की सलाह दी। उन्होंने कहा कि जब भारत आजाद होगा तो देश को अनुभवी सैनिकों की आवश्यकता होगी।

प्रेम खड़की के पास डिघी में 484 फील्ड कंपनी को तैयार कर रहे थे। 1943 के बीच यूनिट को मध्य प्रांत स्थित छिंदवाड़ा भेज दिया गया। अब वह नागपुर स्थित 14 इंडियन (प्रशिक्षण) डिविजन के अधीन थी, जो बर्मा के मोर्चे पर ऑपरेशन के लिए जवानों को जंगल युद्ध में प्रशिक्षित कर रही थी। छिंदवाड़ा बेहद पिछड़ा इलाका था, जहां बुनियादी सुविधाएं भी नहीं थीं और जवानों को बाशाओं (मिट्टी की दीवारों और फूस या टीन की छत से बनी झोंपड़ी) या टेंटो में रहना पड़ता था। मोहिनी अपने माता-पिता के साथ पूना में रुक गईं। प्रेम ने स्टाफ कॉलेज परीक्षा की तैयारी शुरू कर दी, क्योंकि उन्होंने सोचा कि इससे उन्हें क्वेटा में अपने परिवार के साथ पांच महीनों तक रहने का मौका मिल जाएगा। आखिरकार वे स्टाफ कॉलेज गये, लेकिन क्वेटा में नहीं।

जनवरी 1945 में, प्रेम को यूके स्थित कैम्बर्ले में अंतिम युद्ध कालीन पाठ्यक्रम के लिए नामित किया गया। वे और राजपुताना राइफल्स के डी.सी. मिश्रा, कैम्बर्ले जाने वाले पहले भारतीय बने। पाठ्यक्रम सात माह अवधि का था, जिसमें अटैचमेंट भी शामिल था। अनिश्चित परिवहन व्यवस्था के कारण उन्हें इंग्लैंड पहुंचने में 10 दिन लगे, जिसमें उन्होंने वायु, समुद्र और रेल की मिलीजुली यात्राएं करनी पड़ीं। डिप्टी कमांडेंट के साथ प्रेम का पहला साक्षात्कार अमंगल था। भारत में सेवाएं न देने के कारण डिप्टी कमांडेंट पूरी तरह

आश्वस्त नहीं थे कि भारतीयों को इतनी अंग्रेज़ी आती होगी कि वे अनुदेशों का पालन कर सकें। उन्होंने प्रेम से अंग्रेजी में हर शब्द को धीरे से रुक-रुक कर पूछाः 'क्या-आप-अंग्रेजी-बोल-सकते-हैं?' प्रेम ने भी उसी अंदाज में जवाब दियाः 'जी-श्रीमान-बोल-सकता-हूं।' कुछ दिनों बाद, प्रेम को अपना व्याख्यान देना था, और उसमें डिप्टी कमांडेंट भी आए थे। जब उन्होंने प्रेम को धाराप्रवाह अंग्रेजी बोलते सुना, तो उनको पता चल गया कि इस युवा भारतीय अधिकारी ने उनका मजाक बनाया था।

भारत वापस लौटने पर प्रेम को अन्य पांच अधिकारियों के साथ एक पूरक कोर्स करने के लिए रुड़की स्थित सैन्य इंजीनियरिंग स्कूल भेज दिया गया। युद्ध के बाद यह पहला कोर्स था। छह भारतीय अधिकारियों को वहां यह देखकर हैरानी हुई कि उन्हें एक अलग मेस में भोजन परोसा जाता था और ब्रिटिश अधिकारियों की उनके साथ मेल-जोल रखने में दिलचस्पी नहीं थी। प्रेम को एक अलग ही समस्या का सामना करना पड़ा था। उनके भाई टोनी इंडियन नेशनल आर्मी से जुड़ गये थे और उन पर दिल्ली स्थित लाल किले में मुकदमा चलाया जा रहा था। वे भाग्यशाली थे कि उनको हल्की सज़ा देकर छोड़ दिया गया, लेकिन उन्हें अपना कमीशन त्यागना पड़ा। प्रेम और मोहिनी ने उन्हें अपने साथ रहने के लिए बुला लिया था, और उन्हें तकरीबन एक साल तक अपने साथ रखा, जब तक उन्हें शरणार्थियों के सहायक आयुक्त पद पर नौकरी नहीं मिल गई।

जून 1946 में, प्रेम को इंजीनियरिंग कोर्स पूरा करने के लिए एक साल के लिए फिर से इंग्लैंड जाना पड़ा और इस बार मोहिनी उनके साथ गईं। इस दौरान भारत में बड़ी घटनाएं घट रही थीं और देश को बांटने की चर्चा जोरों पर थी। प्रेम बहुत विचलित थे और उन्होंने 'माई लैंड डिवाइडेड' शीर्षक से एक विशेष लेख लिखा, जिसमें उन्होंने साम्प्रदायिक आधार पर देश को बांटने के प्रयासों के विरुद्ध अपनी बात रखी। उन्होंने अमेरिका और रूस का हवाला देते हुए उदाहरण दिया, जहां विभिन्न जातीय समूह के लोग आपस में मिलकर रहने को तैयार हुए, और आगे चलकर शक्तिशाली राष्ट्र बन गये। कॉलिन्स इस लेख को छापना चाहता था, लेकिन जब भारत सरकार से इस बारे में अनुमति मांगी गई तो मना कर दिया गया।

जून 1947 में, प्रेम भारत लौट आये और उन्हें पंजाब सीमा बल में नियुक्त किया गया, जिसकी कमांड मेजर जनरज टी.डब्ल्यू. रीस के पास थी और उसका मुख्यालय लाहौर में स्थित था। विभाजन के तुरंत बाद, पूरे उपमहाद्वीप में साम्प्रदायिक हिंसा और दंगे भड़क उठे। भारत और पाकिस्तान को यह एहसास हुआ कि दोनों को अपनी-अपनी सीमाओं पर कानून व्यवस्था बनाए रखने की जिम्मेदारी उठानी होगी। 1 सितंबर 1947 को, पंजाब सीमा बल को समाप्त कर दिया गया और प्रेम को लेफ्टिनेंट कर्नल की रैंक पर 4 इंफैन्ट्री डिविजन में कमांडर रॉयल इंजीनियर्स के तौर पर तैनात कर दिया गया। डिविजन जालंधर में स्थित थी और मेजर जनरल के.एस. थिमैय्या उसके जीओसी थे। प्रेम के पुराने मित्र राज बत्रा कमांडर सिग्नल्स थे, जो विभाजन के बाद अपनी यूनिट को रावलपिंडी से जालंधर ले आए थे।

मोहिनी भगत उस समय मसूरी स्थित भगत कोट में थीं। मगर, उनका प्रेम की सौतेली मां के साथ झगड़ा हो गया और अक्टूबर 1947 में उन्होंने अचानक जालंधर में प्रेम के पास जाने का निर्णय लिया। उनकी एक मित्र को पता चला कि मोहिनी अपने बच्चे और नौकर के साथ ट्रक से जाने की योजना बना रही थीं। उन्होंने मोहिनी को अपनी कार में लिफ्ट देने की पेशकश की और वे प्रेम के एक चचेरे भाई के साथ मसूरी से निकल पड़े। इस समय पंजाब में उथल-पुथल मची हुई थी और भारी संख्या में शरणार्थियों का आना-जाना शुरू हो चुका था। जब तक वे अंबाला पहुंचे, अंधेरा छा चुका था। उनको कई स्थानों पर रोका गया, इनमें एक ऐसी पिकेट भी शामिल थी जिस पर बलूच रेजिमेंट के जवान तैनात थे और उन मुस्लिम शरणार्थियों की सुरक्षा में चल रहे थे, जो प्रत्यर्पण का इंतजार कर रहे थे। मोहिनी आदि ने हर जगह यह बताया कि वे मेजर जनरल थिमैय्या के परिवार के सदस्य थे। इन शब्दों ने चमत्कार की तरह काम किया, और वे सुरक्षित आगे बढ़ते गये। वे मध्यरात्रि में जालंधर पहुंचे, जहाँ प्रेम को चिंता से व्याकुल पाया। उन्होंने इस तरह का जोखिम उठाने पर उन सभी की फटकार लगाई। मोहिनी के मुताबिक, यह एकमात्र मौका था जब उन्होंने अपने पति को गुस्सा करते देखा।

जुलाई 1948 में, प्रेम को देहरादून स्थित सशस्त्र बल अकादमी में बतौर जीएसओ 1 तैनात कर दिया गया। वे वहां केवल आठ महीने तक रहे। बॉम्बे इंजीनियर ग्रुप के कमांडेंट कर्नल ए.पी. नंदा का नवंबर 1948 में निधन हो गया और उनकी जगह किसी को तैनात किया जाना था। प्रेम को इस कार्य की पेशकश की गई, जिसको उन्होंने तुरंत स्वीकार कर लिया। हालांकि उनके कई मित्रों व शुभचिंतकों को लगता था कि उन्हें प्रशिक्षण केंद्र जाने के बजाय जवानों के साथ रहना चाहिए और किसी सक्रिय संरचना में जाना चाहिए था। लेकिन प्रेम को हमेशा से इस कार्य की चाह थी। 15 फरवरी 1949 को उन्होंने अपना लक्ष्य प्राप्त कर लिया और उन्हें पूना में बॉम्बे सैपर्स का कमांडेंट नियुक्त कर दिया गया। वे वहां लगभग साढ़े चार साल रहे, और कई तरह से यह उनका सर्वश्रेष्ठ और सबसे संतोषजनक कार्यकाल था। इसी काल के दौरान भगत किंवदंती की शुरुआत हुई। उन्होंने कई नवाचार और सुधार किये, जिससे उनके प्रशिक्षण केंद्र से बाकियों को ईर्ष्या होने लगी। उन्हें बॉम्बे सैपर कहलाने में अत्यंत गर्व की अनुभूति होती थी और जब भी उनसे पूछा जाता कि क्या वे सैपर हैं, तो वे जवाब देतेः 'नहीं, मैं बॉम्बे सैपर हूं।'

बॉम्बे सैपर के कमांडेंट के तौर पर प्रेम के साथ एक रोचक किस्सा जुड़ा है। एक बार उनको पता चला कि एरिया कमांडर, जो बम्बई में थे, केंद्र का अचानक दौरा करने की योजना बना रहे थे। उन्होंने सभी संतरियों को आदेश दिया कि उस दिन किसी भी आगंतुक को बिना उनकी स्पष्ट अनुमति के अंदर न आने दिया जाए, चाहे वह किसी भी रैंक का क्यों न हो। जब एरिया कमांडर पहुंचे तो उनको संतरी ने रोक लिया और उन्हें अंदर जाने की अनुमति नहीं दी। कुछ बहस के बाद, जनरल को कमांडेंट को टेलीफोन मिलाना पड़ा और

उन्होंने अपनी पहचान बताई। प्रेम ने तुरंत खेद व्यक्त किया और यह कहते हुए माफी मांगी कि उन्हें दौरे के बारे में अग्रिम सूचना नहीं मिली, इस वजह से वे जनरल की अगवानी नहीं कर पाए। प्रेम ने फिर उन्हें अधिकारी मेस में रात्रि भोज पर आमंत्रित किया, जहां उन्होंने जनरल की बहुत अच्छी मेजबानी की।

प्रेम एक उद्यमी व्यक्ति थे, जो काम को पूर्ण करने में विश्वास रखते थे। उन्हें बाधाओं का सामना करने का तरीका आता था, और ज्यों-ज्यों उनकी रैंक बढ़ती गई उनकी प्रवृत्ति और अधिक स्पष्ट होती गई। 1950 के दशक की शुरुआत में कई राज्यों ने महात्मा गांधी के विचारों का सम्मान करते हुए मद्य निषेध लागू कर दिया। यह नियम सैन्य बलों पर लागू नहीं होते थे, जिनको कैंटीन से अपने कोटे की शराब मिलनी जारी रही और अधिकारी मेस में भी शराब परोसने की अनुमति थी। मगर, एरिया कमांडर ने निर्देश दिये कि सैन्य यूनिटों व प्रतिष्ठानों को आदेश मानते हुए 'शुष्क' (ड्राय) होना पड़ेगा। इससे थोड़ा संत्रास उत्पन्न हुआ, लेकिन प्रेम पर कोई असर नहीं पड़ा। उन्होंने मेस में स्थित बार को बंद करने के आदेश दे दिये और स्टॉक में रखी सारी शराब अधिकारियों के बीच सुरक्षित रखने के लिए बंटवा दी। मेस के नजदीक स्थित एक अधिकारी का घर मेल-जोल के लिए निश्चित कर लिया गया। क्योंकि घर में शराब पीने पर कोई प्रतिबंध नहीं था, इसलिए समस्या का निदान हो गया। पार्टियों से पहले, सब उस अधिकारी से 'मिलने' जाते और उनकी उपयुक्त 'आवभगत' होती। इसके बाद पूरी मंडली वहां से मेस में जाकर रात्रि भोज करती।

थोड़े समय बाद, उनके स्टॉक को पूरा करने की आवश्यकता हुई। प्रेम को पता चला कि अगर डॉक्टर चिकित्सकीय आधार पर प्रमाणित कर दे तो शराब ली जा सकती थी। सभी बटालियन कमांडरों को त्वरित आदेश जारी किये गये कि बीमारी की रिपोर्ट के साथ सभी जवानों को सैन्य अस्पताल भेजा जाए और वे वहां से 'दवाई लिखवा' लाएं। एक रोस्टर बनाया गया ताकि पर्याप्त मात्रा में 'दवाई लिखवाई' जाती रहे और उनको एक जगह एकत्रित करके शराब के घटते स्टॉक की पूर्ति में इस्तेमाल किया गया। परिणामस्वरूप जहां बाकी पूना शुष्क था, बॉम्बे सैपर्स काफी हद तक 'तर' रहा।

1954 में, प्रेम को वेलिंगटन स्थित स्टाफ कॉलेज में बतौर चीफ़ इंस्ट्रक्टर (सैन्य विंग) तैनात किया गया। उसके कमांडेंट मेजर जनरल डब्ल्यू.डी.ए. लेंटएन थे, जिनको बर्मा में चिंडिटस के साथ ख्याति मिली थे। उन्होंने ब्रिगेडियर एस.डी. वर्मा से प्रभार संभाला था। वर्मा अक्टूबर 1947 में स्टाफ कॉलेज को क्वेटा से वेलिंगटन लाए थे। लेंटएन मार्च 1948 से मई 1955 तक सात वर्ष से अधिक कमांडेंट रहे। लोग उनको 'जो' लेंटएन पुकारते थे। उन्होंने स्टाफ कॉलेज को उसके शैशवकाल से खड़ा किया और उसे एक विशिष्ट स्वरूप और चरित्र प्रदान किया, जिसके लिए वह आज भी जाना जाता है। प्रेम वहां चौथे चीफ इन्सट्रक्टर (सैन्य विंग) थे। उनसे पहले वहां लेस्ली साहनी, एच.सी. बधवार और एस.एस. मलिक इस कार्य को संभाल चुके थे। प्रेम ने वहां जाकर सबसे पहला काम यह किया कि

सभी अभ्यास बंद करवा दिए और उनकी जगह नई ले आए। जब नया कोर्स प्रारंभ हुआ, तो विद्यार्थियों को हैरानी हुई। उनमें से ज्यादातर पिछली अभ्यासों के समाधान लेकर पहुंचे थे, क्योंकि उनको बहुत कम बदला जाता था। एक अन्य नवाचार करते हुए उन्होंने आउटडोर शिविर लगाए। पहली परिपाटी यह थी कि सुबह के वक्त अभ्यास स्थल पर जाना होता था और शाम को वापस वेलिंगटन लौटना होता था। खर्चे के अलावा आने-जाने में बहुत समय बर्बाद होता था। प्रेम ने अभ्यास स्थल पर ही एक शिविर लगाने का निर्णय किया, जहां सब लोग तब तक तंबुओं में ठहरते थे, जब तक अभ्यास पूरी न हो जाए। जो लेंटएन ने एक बार कहाः 'यह इस कॉलेज को मिला सबसे बेहतर चीफ़ इंस्ट्रक्टर हैं। मेरा विश्वास है कि प्रेम आगे चलकर भारतीय कमांडर-इन-चीफ बनेंगे।'

जून 1956 में, प्रेम को विक्टोरिया क्रॉस शताब्दी समारोह में भाग लेने के लिए यूके आमंत्रित किया गया। रॉयल एयर फोर्स ने सभी विजेताओं और उनकी पत्नियों को विमान सेवा प्रदान करने की पेशकश की। प्रेम और मोहिनी ने लंदन के उत्सव में भाग लिया, जिसमें हाइड पार्क में एक भव्य परेड, मार्लबोरो में एक गार्डन पार्टी, और कई अन्य समारोह शामिल थे। दंपति इंग्लैंड में लगभग एक माह तक रहे। अपने मेजबान दीवान परिवार के साथ यूरोप में छुट्टियां बिताईं। मदन दीवान लंदन में सैन्य अटैची थे। वे और उनकी पत्नी गुड्डो, प्रेम और मोहिनी के अच्छे मित्र थे। बहुत ही आनंददायक छुट्टियां बिताने के बाद दोनों वापस भारत लौट आये। वो एक बेहतरीन यात्रा थी, जिसने उन्हें एक बहुत जरूरी अवकाश प्रदान किया।

मार्च 1957 में, प्रेम को ब्रिगेडियर बना दिया गया और रामगढ़ स्थित 165 इंफैन्ट्री ब्रिगेड में बतौर कमांडर तैनात किया गया। यह उनकी जीवन-यात्रा में एक नया मोड़ था, क्योंकि अब वे जनरल कैडर से जुड़ गये थे और इसलिए वे स्वतः किसी डिविजन, कोर या सेना की कमांड संभालने योग्य बन गये थे। हालांकि कभी कोई इंजीनियर अधिकारी जनरल की रैंक तक नहीं पहुंचा था, लेकिन तकनीकी रूप से यह संभव था और प्रेम यह विशिष्टता हासिल करने वाले पहले व्यक्ति हो सकते थे। ब्रिगेड कमांडर के तौर पर उनका प्रदर्शन हर तरह से अच्छा था। कुर्सी पर बैठने वाला कमांडर के विपरीत, जो शायद ही कभी अपने कार्यालय से बाहर निकलता था और हर चीज नियमों के अनुसार करता था, उनकी कार्यशैली के कारण एक ताजगी भरा बदलाव आया। प्रेम एक खुशहाल टीम को चलाने में यकीन रखते थे, जिसमें आपसी विश्वास हो। वे अधिकारों को अपने अधीनस्थों में बांट देते थे और बहुत जरूरी होने पर ही हस्तक्षेप करते थे। यह गुण परिचालन व प्रशिक्षण के साथ प्रशासनिक मामलों में भी लागू होती थी।

प्रेम की ब्रिगेड 20 इंफैन्ट्री डिविजन का हिस्सा थी, जिसको मेजर जनरल हेंडर्सन-ब्रूक्स कमांड कर रहे थे। एक बार एक द्विपक्षीय अभ्यास आयोजित किया गया, जिसमें 165 इंफैन्ट्री ब्रिगेड को एक विरोधित नदी को पार करना था। डिविजन की एक अन्य ब्रिगेड रक्षा

में तैनात थी और विपरीत तट पर उसका कब्जा था। प्रेम ने एक योजना बनाई, जिसके तहत नदी पार करने के अपेक्षित स्थान से दूर चुपचाप नदी के पार जाना था और फिर अपने पूरे बल को दुश्मन के पिछले भाग में केंद्रित करना था। जब हेंडर्सन-ब्रूक्स को योजना का पता चला तो उनको यह बहुत ज्यादा महत्वाकांक्षी लगी और इसमें भारी नुकसान हो सकता था, क्योंकि इसमें आश्चर्य तत्व खत्म हो जाता। 'आप किसी चमत्कार की उम्मीद कर रहे हैं', उन्होंने प्रेम से कहा। प्रेम ने इसको एक चुनौती के तौर पर लिया, इसलिए सफलता के प्रति और अधिक दृढ़ निश्चयी हो गये।

अपने शब्दों पर खरे उतरते हुए प्रेम अपनी ब्रिगेड को पार ले गये और आश्चर्य तत्व को बनाए रखते हुए 'दुश्मन' के पीछे से हमला किया। जो अभ्यास एक सप्ताह तक चलना था, उसे चौथे दिन ही समाप्त कर दिया गया। समापन के दौरान, मेजर जनरल हेंडर्सन-ब्रूक्स ने यह कहते हुए प्रेम और उनकी ब्रिगेड की अत्यधिक प्रशंसा की, कि उन्होंने 'वह लक्ष्य हासिल किया, जो देखने में असंभव लगता था।'

अगस्त 1959 में प्रेम निदेशक, सैन्य इंटेलिजेंस के तौर पर सैन्य मुख्यालय में तैनात थे। इस दौरान थिमैय्या सेना प्रमुख थे और कृष्णा मेनन रक्षा मंत्री। हालांकि थिमैय्या के कहने पर उनकी नियुक्ति हुई थी, लेकिन प्रेम को जल्द पता चल गया कि सत्ता के शीर्ष सोपान में उनकी अधिक नहीं चलती। पिछले कुछ वर्षों में सैन्य इंटेलिजेंस का मूल्य घटा था और सिविल इंटेलिजेंस एजेंसियां, खासतौर से इंटेलिजेंस ब्यूरो, अधिक प्रभावशाली थीं। आईबी के निदेशक, बी.एन. मलिक और क्यूएमजी बी.एम. कौल की वजह से परिस्थिति और भी ख़राब हो गई थी। 1961 में थिमैय्या की सेवा निवृत्ति के बाद कौल सीजीएस बने थे। कौल और मलिक बहुत शक्तिशाली लोग थे और प्रधानमंत्री उनकी बात सुनते थे।

दिल्ली आने के थोड़े दिनों बाद ही प्रेम उस घटनाक्रम के मूक गवाह बने जिसमें थिमैय्या का इस्तीफा हुआ और फिर उसे वापस लिया गया। प्रेम और मोहिनी, 'टिम्मी' और नीना को लंबे समय से जानते थे। वे अक्सर थिमैय्या के आधिकारिक निवास व्हाइट गेट्स जाया करते थे। इस प्रकरण से थिमैय्या में जो बदलाव आया और उनके खुद में ही सिमट जाने से भगत दंपति बहुत हैरान और आहत थे। अब थिमैय्या वो अदम्य टिम्मी नहीं रह गये थे, जिनकी उपस्थिति मात्र से सबका उत्साह बढ़ जाता था। उनके गिरते मनोबल से ज्यादा प्रेम को उनके घटते अधिकारों और सैन्य मुख्यालय में नए सत्ता केंद्र स्थापित होने से चिंता हो रही थी, क्योंकि यह सेना के लिए ठीक नहीं था।

मिलेट्री इंटेलिजेंस के निदेशक बनने के 15 दिनों के भीतर ही प्रेम ने एक 30 पृष्ठों का मूल्यांकन प्रस्तुत किया, जिसमें चीन के खतरों को उजागर किया गया और जवानों की तैनाती, खुफिया तंत्र को मजबूत बनाने, व पूर्वोत्तर में संचार को बेहतर बनाने संबंधी निर्दिष्ट सिफारिशें कीं। उस समय उनकी सिफारिशों को गंभीरता से नहीं लिया गया, लेकिन जैसा कि बाद की घटनाओं में सामने आया, उसको देखते हुए उनका मूल्यांकन सही था।

अक्टूबर 1959 में, लद्दाख की सीमा पर एक घटना हुई, जिसमें करम सिंह के नेतृत्व में आईबी की पुलिस पार्टी पर चीनियों ने फायरिंग कर दी, जिसमें 10 पुलिस के जवान मारे गये। करम सिंह व कई अन्यों को बंधक बना लिया गया। संसद में भारी हंगामा हुआ और यह मांग उठी कि सीमा पर अधिक प्रभावशाली सुरक्षा व्यवस्था की जाए। सीमा उस समय गृह मंत्रालय के तहत आईबी के अधीन थी। प्रधानमंत्री ने उस घटना को यह कहकर दबाने का प्रयास किया कि उस क्षेत्र में 'घास की एक पत्ती भी नहीं उगती', जिससे यह संदेश गया कि वह क्षेत्र किसी महत्व का नहीं था। विपक्ष ने इस वाक्य को पकड़ लिया और उन दुर्भाग्यपूर्ण शब्दों के चयन के लिए नेहरू से जमकर जवाब-तलब किया।

इसके थोड़े समय बाद, भारत के राष्ट्रपति, डॉ. राजेंद्र प्रसाद ने सैन्य इंटेलिजेंस के निदेशक को घटना की जानकारी देने के लिए तलब किया। जब प्रेम राष्ट्रपति भवन में ब्रीफिंग दे रहे थे, तब उन्होंने यह भी बताया कि उन्होंने अपने मूल्यांकन में इसका अंदाजा लगाया था। ब्रीफिंग के बाद राष्ट्रपति ने उनसे ऐसी ही ब्रीफिंग प्रधानमंत्री को देने के लिए कहा। लेकिन जब प्रेम रक्षा मंत्रालय में समय मांगने पहुंचे तो कृष्णा मेनन ने नाराजगी जाहिर करते हुए मना कर दिया।

मई 1961 में, थिमैय्या सेवानिवृत्त हो गये और पी.एन. थापर को चीफ ऑफ आर्मी स्टाफ नियुक्त किया गया। 'बोगी' सेन को जीओसी-इन-सी बनाकर पूर्वी कमांड भेज दिया गया और उनकी जगह कौल सीजीएस बन गये। प्रेम का नसीब अच्छा था कि उनको राष्ट्रीय रक्षा कॉलेज में कोर्स के लिए नामित कर दिया गया, जो जून 1961 में शुरू होना था। राष्ट्रीय रक्षा कॉलेज की स्थापना अप्रैल 1960 में हुई थी और प्रेम को दूसरा कोर्स करना था। अगर उनको कोर्स के लिए नामित नहीं किया गया होता, तो इसमें संदेह है कि वे कौल के रूप में अपने नए बॉस के अधीन काम कर पाते। वे 'कौल बॉयज' में से नहीं थे (कौल के 'दरबार' में हाजिरी लगाने वाले अधिकारियों के लिए सैम मानेकशॉ 'कौल बॉयज' शब्द प्रयोग करते थे) और कौल के निवास पर लगने वाले 'दरबार' में जाने को लेकर प्रेम की अनिच्छा जल्द ही सेना में उनके भविष्य के लिए खतरा बन जाती।

मई 1962 में जब उन्होंने अपना एनडीसी कोर्स पूर्ण किया, तब प्रेम को आईएमए देहरादून के कमांडेंट पद पर तैनात कर दिया गया। जब अक्टूबर में चीन ने भारत पर हमला किया, तब प्रेम देहरादून में थे। वास्तव में, युद्ध अनुभव के बावजूद, स्वतंत्रता प्राप्ति के उपरांत प्रेम किसी भी प्रमुख लड़ाई में भाग नहीं ले सके। 1962 में वे आईएमए के कमांडेंट थे। 1965 में, वे 9 इंफैन्ट्री डिविजन की कमांड संभाल रहे थे, लेकिन उसने युद्ध में भाग नहीं लिया। 1971 में वे लखनऊ में आर्मी कमांडर थे, और फिर से हिस्सा नहीं ले पाए क्योंकि सेंट्रल कमांड सीधे तौर पर युद्ध में शामिल नहीं थी।

आईएमए में प्रेम के कार्यकाल के दौरान, कई यादगार घटनाएं घटीं। चीनी हमले के मद्देनजर अधिकारियों की भर्ती में भारी वृद्धि हुई थी। आईएमए में मौजूद कैडेट्स के प्रशिक्षण

काल को कम कर दिया गया था और आपात कमीशन दिये जाने लगे। नियमित पाठ्यक्रमों की क्षमता भी काफी बढ़ा दी गई। एक ही साल में कैडेट्स की संख्या 720 से बढ़कर 1800 पहुंच गई। इसके कारण नई सुविधाओं का निर्माण आवश्यक हो गया, जैसे कक्षाएं, लेक्चर हॉल, फायरिंग रेंज, अवरोधन कोर्स, रहने के निवास और भोजनालय आदि कम पड़ने लगे। नई परियोजनाओं के पर्यवेक्षण में प्रेम के पास भरपूर कार्य था। लेकिन जब सैन्य मुख्यालय ने प्रस्ताव दिया कि आईएमए में नियमित अधिकारियों का प्रशिक्षण काल घटाकर छह माह कर दिया जाए और उनको कमीशन तब दिया जाए जब वे अपने-अपने संबंधित स्कूल में बाकी प्रशिक्षण कर लें, तब प्रेम अड़ गये। उनको लगा कि इससे दोयम दर्जे के अधिकारी तैयार होंगे और यह आने वाले समय में भारतीय सेना के लिए हानिकारक सिद्ध होगा। सौभाग्य से उनके विचार को मान लिया गया और ब्रिटिश काल में दो तरह के अधिकारियों—किंग कमीशन प्राप्त और भारतीय कमीशन प्राप्त—जैसी स्थिति नहीं दोहराई गई।

अन्य महत्वपूर्ण घटना थी आईएमए को कलर प्रदान करना। अकादमी के पास किंग के कलर थे, जो उसे उसकी स्थापना के तुरंत बाद 1932 में प्रदान किये गये थे। 1950 में भारत के गणतंत्र बनने के उपरांत इनको परेड में नहीं ले जाया जा सकता था और इसलिए उनको बंद कर दिया गया। राष्ट्रपति डॉ. एस. राधाकृष्णन ने 10 दिसंबर 1962 को आयोजित एक शानदार समारोह परेड में आईएमए को नए कलर प्रदान किये। आईएमए की तरफ से उन्हें 30वें (एनडीए का 21वां) कोर्स के जेंटलमैन कैडेट वी.बी. बत्रा ने ग्रहण किया। पुराने चिह्नों को भी समारोहपूर्वक चेटवुड हॉल में जमा किया गया। किंग के चिह्नों के साथ भारतीय सेना की अन्य रेजिमेंट के चिह्नों को भी रख दिया गया।

प्रेम ने उत्तीर्ण होने वाले कैडेट्स के परिवारों को 'पिपिगं सेरेमनी' में आमंत्रित करने की परंपरा शुरू की, जिसके बाद रात्रि भोज भी रखा जाता था। इससे पहले, उनको केवल पासिंग आउट परेड में आमंत्रित किया जाता था, जो सुबह के वक्त होती थी। पुराने दिनों में पिपिगं सेरेमनी के साथ बॉल होता था, और उसमें केवल स्टाफ के अधिकारियों के परिवारों को बुलाया जाता था। उत्तीर्ण होने वाले कैडेट को अपनी गर्लफ्रेंड, यदि हो तो, को लाने की अनुमति होती थी, और वही स्कंधिका पर स्टार लगाकर सम्मान देती थी। प्रेम की योजना का कई लोगों ने इस आधार पर विरोध किया कि विविध पृष्ठभूमि से आने के कारण माता-पिता की उपस्थिति से आयोजन की औपचारिकता व गंभीरता पर प्रभाव पड़ेगा। लेकिन प्रेम असहमत थे और जब अपने माता-पिता को उनसे मिलवाने लाए कैडेट्स के चेहरों पर उन्होंने चमक देखी तो वे समझ गये कि उनका निर्णय ठीक था। इस प्रकार उन्होंने पासिंग आउट समारोह को सच्चा भारतीय रंग प्रदान किया और उसे एक ऐसा अवसर बना दिया जिसमें कैडेट और उनके परिवार सब मिलकर शामिल हो सकें।

प्रेम जेंटलमैन कैडेट्स या जीसी के प्रशिक्षण पर काफी ध्यान देते थे। सैन्य प्रशिक्षण से भी ज्यादा उन्होंने अधिकारी जैसे गुणों (OLQ या ऑफिसर लाइक क्वालिटीस) पर जोर

दिया। शायद किसी ने भी इतने अच्छे और सारगर्भित रूप में इन गुणों को परिभाषित नहीं किया था। उत्तीर्ण होने के समय जेंटलमैन कैडेट्स को संबोधित करते हुए उन्होंने कहाः 'कुछ भी ऐसा न करें जो तुच्छ, स्वार्थी या निकृष्ट हो। उदार बनें, वफादार बनें, साहसी बनें और जेंटलमैन बनें। तभी आप वास्तविक अर्थों में अधिकारी कहलाएंगे।'

आईएमए में अपने कार्यकाल के दौरान, प्रेम को एक अन्य कार्य करना पड़ा, जिसके व्यापक प्रभाव होने वाले थे। नेफा में 1962 की हार के बाद हुए देश के अपमान के कारण जनता में कड़ा विरोध था और प्रधानमंत्री इसकी जांच बैठाने के लिए तैयार हो गये। इस नेफा जांच की अध्यक्षता लेफ्टिनेंट जनरल हेंडर्सन-ब्रूक्स को करनी थी, जो उस समय जालंधर में 11 कोर के जीओसी थे। प्रेम भगत को उसका एक मात्र सदस्य बनाया गया और जनवरी 1963 में उन्हें इस कार्य के लिए मुख्यालय 11 कोर में ब्रिगेडियर जनरल स्टाफ के तौर पर अटैच कर दिया गया। अगले तीन महीनों तक उन्होंने उन क्षेत्रों का सघन दौरा किया जहां ऑपरेशन चलाए गए थे। वे सैकड़ों अधिकारियों, जेसीओ और जवानों से मिले ताकि उनको घटनाओं का वास्तविक ब्यौरा मिल सके। उन्हें हजारों ऑपरेशन संबंधी आदेश व निर्देश, युद्ध डायरियां और अन्य कागजात पढ़ने पड़े, ताकि पूरी कहानी को एक साथ पिरोया जा स के।

12 मई 1963 को जांच रिपोर्ट, चीफ ऑफ आर्मी स्टाफ को सौंप दी गई और उन्होंने 2 जुलाई 1963 को उस रिपोर्ट को रक्षा मंत्री को भेज दिया। हालांकि उसका आदेश सेना प्रमुख ने दिया था, लेकिन रक्षा मंत्री ने निर्णय लिया कि उसे सार्वजनिक न किया जाए और उसे 'टॉप सीक्रेट' की श्रेणी में रख दिया। यह शायद इसलिए किया गया, क्योंकि उसमें नेहरू, कृष्णा मेनन, सरकार व सेना के कुछ अन्य लोगों के स्तर पर कुछ विफलताओं को दर्शाया गया था। हालांकि, रक्षा मंत्री वाई.बी. चव्हाण ने 2 सितंबर 1963 को संसद में बयान दिया, जिसमें उन्होंने रिपोर्ट के कुछ हिस्सों और सिफारिशों को उद्धृत किया।

जिन चार विशिष्ट संदर्भों में जांच करने के लिए कहा गया था, वे थे—प्रशिक्षण और उपकरणों की त्रुटियां; कमांड प्रणाली; जवानों की शारीरिक फिटनेस; और कमांडरों की अपने अधीन जवानों को प्रभावित कर पाने की क्षमता। जांच समिति ने और अधिक व्यापक तस्वीर प्रस्तुत करने के लिए परिचालन से जुड़े तीन अन्य बिंदुओं को भी शामिल करने का निर्णय किया। अतः उसने इंटेलिजेंस, स्टाफ कार्य व प्रक्रियाएं और युद्ध परिचालन के उच्च स्तरीय दिशा को भी जांच के दायरे में रखा। हालांकि उस रिपोर्ट को कभी सार्वजनिक नहीं किया गया, लेकिन नेविल मैक्सवेल को किसी प्रकार रिपोर्ट की अंदरूनी चीजों के बारे में कुछ पता चला और उन्होंने उसके बारे में अपनी पुस्तक 'इंडियाज़ चाइना वॉर' में लिखा।

नेफा की हार की वास्तविक कहानी जानकर प्रेम की सोच पर गहरा असर हुआ, खासतौर से प्रशिक्षण, उपकरणों, कमांड प्रणाली और इंटेलिजेंस की कमियों के संदर्भ में। उन्होंने अपना बाकी का करियर उन पहचानी गई कमियों को दूर करने में बिताया। उन्होंने इनके बारे

में अपनी पुस्तक *Forging the Shield: A Study of the Defence of India and South East Asia* में भी लिखा। हालांकि उन्होंने नेफा जांच में सामने आए परिणामों के बारे में कुछ नहीं लिखा, लेकिन उनके विचार पूरी तरह उससे प्रभावित थे। उन्होंने सेना पर राजनीतिक नियंत्रण और राजनीतिक व सैन्य नेतृत्व के बीच जिम्मेदारियों के विभाजन पर काफी कुछ लिखा। जांच के परिणामस्वरूप, सेना में दूरगामी बदलाव किये गये। कई नए संगठन बनाए गए और पुरानों को सशक्त किया गया। नए हथियार, उपकरण और कपड़ों का आदेश दिया गया और कमांड प्रणाली में बदलाव किये गये। इन बदलावों का असर 1965 में उस समय देखने को मिला, जब भारत एक बार फिर पाकिस्तान के साथ युद्ध के मैदान में उतरा, और अपनी सेना का सम्मान वापस दिलाने में कामयाब रहा।

मई 1963 में प्रेम को मेजर जनरल रैंक पर पदोन्नत कर दिया गया और उन्हें लखनऊ स्थित पूर्वी कमांड मुख्यालय में चीफ ऑफ़ स्टाफ प्रमुख नियुक्त किया गया। आर्मी कमांडर लेफ्टिनेंट जनरल पी.पी. कुमारमंगलम थे, जो बाद में सीओएएस बने। भारत-चीन युद्ध के उपरांत पूर्वी कमांड में पुनर्गठन और विस्तार की प्रक्रिया चल रही थी। प्रेम को सबसे पहला कार्य यह सौंपा गया कि वे सैन्य मुख्यालय से हाल ही में भेजे गए निर्देशों के अनुसार प्रशासनिक योजना तैयार करें। एक पखवाड़े के भीतर प्रेम ने एक प्रशासनिक मूल्यांकन प्रस्तुत किया, जिसमें पूर्वी कमांड की जरूरत के अनुरूप सुविधाओं का विवरण दिया गया था। जब कुमारमंगलम ने उसे पढ़ा, तो वे बुनियादी ढांचे के आकार और उसके रखरखाव के खर्च की सिफारिशों को देखकर चौंक गये। उन्होंने प्रेम को बताया कि शायद उन्होंने कुछ ज्यादा ही बढ़ा-चढ़ा कर लिखा था। प्रेम का जवाब था कि आर्मी कमांडर ने मूल्यांकन को अच्छी तरह से नहीं पढ़ा था। कुमारमंगलम ने उसे अधिक ध्यान देकर फिर से पढ़ा, और पाया कि उसमें शामिल हर चीज तर्कसंगत थी। फिर उन्होंने बिना किसी संशोधन के मूल्यांकन को सैन्य मुख्यालय भेजने का आदेश दिया, भले ही वह निर्देशों में दिये गये आंकड़ों से कहीं ज्यादा था। यहां तक कि सैन्य मुख्यालय भी गणना में कहीं कोई कमी नहीं निकाल सका, और उसे अपने निर्देशों को बदलना पड़ा।

प्रेम ने आर्मी कमांडर को पूर्वी कमांड पर चीनी खतरे के बारे में भी मूल्यांकन लिखकर भेजा। नेफा जांच में काम करने के कारण वे इस विषय के हर पहलू से परिचित थे और उन्होंने एक विस्तृत दस्तावेज तैयार किया, जो अपनी स्पष्टता और विस्तृत विवरण के कारण विचारने योग्य था। उन्होंने अग्रिम क्षेत्रों में जवानों के रहने के लिए भी एक वृहद परियोजना का आकार तैयार किया। अपने अनुभव और सैपर होने की पृष्ठभूमि के कारण वे हर स्टेशन के लिए निवास स्थान की योजना तैयार कर पाए और ऑडिट व वित्त प्राधिकारियों से परामर्श कर व्यय के लिए लेखांकन की विधि भी तैयार कर दी। भले ही वे पूर्वी कमांड मुख्यालय में एक साल से थोड़े ही ज्यादा समय तक रहे, लेकिन उनका योगदान बहुत बड़ा

था। कुमारमंगलम उनके जाते वक्त दुखी हुए और उन्हें चीफ ऑफ स्टाफ का सटीक उदाहरण बताया, जो स्वयं गधे की तरह सारा काम करते और श्रेय उनके बॉस को मिल जाता।

1 अगस्त 1964 को प्रेम को 9 पर्वतीय डिविजन के जीओसी के तौर पर तैनात किया गया। डिविजन ने द्वितीय विश्वयुद्ध में इंफैन्ट्री डिविजन के रूप में लड़ाई लड़ी थी, और उसके बाद उसे भंग कर दिया गया। अब उसे मध्य भारत के सागर में पवर्तीय डिविजन के तौर पर फिर से खड़ा करना था। नवंबर 1964 में उसे बिहार में रामगढ़ भेज दिया गया। एक साल बाद, परिचालन भूमिका में बदलाव के कारण उसे फिर से इंफैन्ट्री डिविजन के तौर पर नामित कर दिया गया। 3 सितंबर 1965 को, भारत और पाकिस्तान के बीच युद्ध छिड़ गया। हालांकि 9 इंफैन्ट्री डिविजन सीधे तौर पर शामिल नहीं थी, लेकिन उसे पूर्वी पाकिस्तान के खिलाफ अभियान के लिए तैयार रखा गया। लेकिन 22 दिनों बाद युद्ध विराम घोषित कर दिया गया और युद्ध समाप्त हो गया। प्रेम घटनाओं को नजदीक से देख रहे थे, और सीधे तौर पर शामिल न होने के कारण उनको थोड़ी निराशा भी हुई। हालांकि, भारतीय सेना के प्रदर्शन से उन्हें बहुत गर्व हुआ और उन्होंने युद्ध के थोड़े समय बाद ही एक लेख लिखा, जिसका शीर्षक था, 'ए रेप्यूटेशन रिडीम्ड'। इसमें उन्होंने लिखाः 'सेना और विशेषकर अधिकारी वर्ग के माथे पर लगा कलंक धुल गया।' फिर 1967 में जब उन्होंने 'दि शील्ड एंड दि स्वोर्ड', लिखी तब उन्होंने इस पेपर को एक अध्याय के तौर पर जोड़ा और शीर्षक दिया, 'ऑनर रिडीम्ड'।

अगस्त 1966 में, प्रेम को लेफ्टिनेंट जनरल रैंक पर पदोन्नत कर दिया गया और उन्हें जालंधर में जीओसी 11 कोर के तौर पर नियुक्त किया गया। आर्मी कमांडर लेफ्टिनेंट जनरल हरबख्श सिंह थे, जिन्होंने 1965 में पाकिस्तानी हमले को नाकाम किया था। प्रेम ने जालंधर में चार साल बिताए, जहां उन्होंने सामरिक सिद्धांतों व प्रशिक्षण में काफी बदलाव किये। 11 कोर के लिए पूरी तरह से रक्षात्मक भूमिका से हटकर उन्होंने आक्रमणात्मकता और रक्षात्मकता की मिश्रित भूमिका की दृष्टि प्रदान की और जवानों को उसी तरह प्रशिक्षित किया। उन्होंने सीमा पर स्थायी सुरक्षा के निर्माण की योजना बनाई, ताकि भविष्य के युद्धों में पाकिस्तान के अचानक हमलों के लिए तैयारी रहे। वह डिच-कम-बंद (डीसीबी) रक्षा प्रणाली के प्रतिपादक थे, जो अब पंजाब की स्थायी सुरक्षा का हिस्सा है।

जवानों का कल्याण प्रेम के लिए हमेशा चिंता का विषय रहा, और उन्होंने जालंधर में भी इस पर ध्यान दिया। उन्होंने अधिकारियों व जवानों के निवास स्थानों का दौरा करने में काफी समय लगाया और अगर उनको वे खराब हालत में पाते तो कड़ी फटकार लगाते। कई नई परियोजनाओं की संस्वीकृति प्रदान की गई और उन्होंने नियम कायदों की बहुत ज्यादा परवाह नहीं की। 1970 में हुई घटना अनूठी थी। एक युवा कैप्टन की हाल ही में शादी हुई थी, लेकिन जालंधर में विवाहित जोड़ों के लिए रहने की पर्याप्त जगह न होने के कारण वह

अपनी पत्नी को वहां पर नहीं ला पा रहा था। कमांडिंग अफसर ने कोर कमांडर से मिलने की सलाह दी, और उसने ऐसा ही किया। यह सुनकर, इसी समस्या से जूझ रहे उसके दो अन्य साथियों ने भी यही किया। जब उनका निवेदन प्रेम तक पहुंचा, तो उन्होंने तीनों अधिकारियों को अपने कार्यालय बुलाया। उन्हें अपने सामने बैठाया और शानदार चाय नाश्ता कराया। इस बीच, उन्होंने अपने एडीसी से स्टेशन कमांडर और प्रशासन के प्रभारी ब्रिगेडियर को बुलाने के लिए कहा। जब दोनों अधिकारी वहां पहुंचे, तो उन्होंने उनसे पूछा कि क्या उन दोनों के पास निवास स्थान हैं। जब उन्होंने हां में अपना जवाब दिया, तब प्रेम ने उनसे जानना चाहा कि वहां बैठे उन नव विवाहित अधिकारियों के पास घर क्यों नहीं हैं। प्रेम ने कहा:

> यदि हम कल युद्ध में जाते हैं, तो यही नवयुवक अपनी जान देंगे, जबकि आप और मैं यहां कोर मुख्यालय में बैठे अंगूठा घुमाते रहेंगे। मैं कोई बहाना नहीं सुनना चाहता। अगर आपके पास एमईएस के घर नहीं हैं, तो सिविल क्षेत्र में किराए पर लीजिए। अगर इन युवाओं को अगले सप्ताह तक घर नहीं मिले, तो मैं आप दोनों के घर खाली करवाकर इन्हें आवंटित कर दूंगा।

बताने की आवश्यकता नहीं, उन अधिकारियों को घर मिल गये, और जल्द ही तीन आनंदित दुल्हनें अपने पतिओं के पास आ गईं।

अगस्त 1970 में प्रेम आर्मी कमांडर बने और उन्हें लखनऊ स्थित सेन्ट्रल कमांड का जीओसी-इन-सी नियुक्त किया गया। अब वे अपने पेशे के सर्वोच्च शिखर पर थे, अंतिम पड़ाव से थोड़ा सा दूर। अब उनके पास पूर्ण अधिकार थे और अपने विचारों को लागू करने के उपाय भी, ताकि वे जवानों के रहन-सहन व कार्य स्थल के वातावरण को बेहतर बना सकें। कार्यभार संभालने के कुछ समय बाद ही उन्होंने जबलपुर का दौरा किया। जब उन्होंने एकल अधिकारी क्वार्टर्स का दौरा किया, तो उनको यह देखकर हैरानी हुई कि वे बैरक में रह रहे थे, बिना किसी फर्नीचर या सुविधाओं के। गुस्साए प्रेम ने वहां मौजूद एरिया और सब एरिया कमांडर से इसका स्पष्टीकरण मांगा। जब उन्होंने वही पुराने एमईएस की प्रक्रिया और धन की कमी के बहाने सुने, तो वे बरस पड़े।

> आप इन अधिकारियों से जवानों का नेतृत्व करने की अपेक्षा रखते हैं, और फिर भी इन्हें जानवरों की तरह रहने पर मजबूर कर रहे हैं... अगर इन युवाओं को तीन महीनों के अंदर रहने की अच्छी सुविधाएं नहीं मिलीं, तो मैं आप से फ्लैग स्टाफ हाउस खाली करवा लूंगा और इन अधिकारियों को आवंटित कर दूंगा।

सभी अधिकारियों को समय सीमा से बहुत पहले ही निवास स्थान प्रदान कर दिये गये।

अब तक प्रेम सैन्य दायरे में जानी-मानी हस्ती हो चुके थे, लेकिन आम लोग उनको बहुत कम जानते थे। यह सब सितंबर 1971 में बदला, जब अचानक आई बाढ़ ने लखनऊ को तबाह कर दिया और सैन्य सहायता मांगी गई। उनके निर्देश पर सेना ने तुरंत सहायता पहुंचाई

और पानी को रोकने में सफलता मिली, जिससे शहर का बहुत बड़ा हिस्सा जलमग्न होने से बच गया। शहर को बचाने के लिए गोमती नदी के पश्चिमी तट पर बने एक बड़े बांध का कुछ हिस्सा टूट गया था। मौके पर मौजूद प्रेम ने देखा कि टूटे हुए हिस्से को बंद करने के सारे प्रयास व्यर्थ जा रहे थे। पानी का वेग उसमें फेंके जा रहे पत्थरों और रेत के बोरों को बहा ले जा रहा था। लोक निर्माण विभाग के तमाम ट्रक, जिसमें कंकड़ और पत्थर भरे थे, खाली होने का इंतजार कर रहे थे। प्रेम ने प्रभार संभाल रहे सैपर अधिकारी को बुलाया और उन्हें समझाया कि वे क्या चाहते थे। सैकड़ों भौचक्के लोगों के देखते-देखते पहले ट्रक को तटबंध के किनारे पर ले जाया गया और उसे दरार में धकेल दिया गया। इसके बाद दूसरा ट्रक भेजा गया और उसे पहले ट्रक के ऊपर धकेल दिया गया। भारी वजन के कारण, ट्रक दरार में बैठते चले गये और पानी का बहाव ठहरने लगा।

अगले दिन सभी अखबारों में घटना की रिपोर्ट छपी, जिसमें प्रेम को 'लखनऊ का रक्षक' करार दिया गया। इसके बाद, जब भी उनकी कार शहर से गुजरती, तो पुलिस वाले उनकी पायलट कार का सायरन सुनते ही पूरा ट्रैफिक रोक देते, एक ऐसा विशेषाधिकार जो राज्यपाल या मुख्यमंत्री को भी नसीब नहीं होता। कुछ महीनों बाद जब उनका तबादला उधमपुर किया गया, तो उनको जाते देख लखनऊ के लोगों को काफी दुख हुआ।

प्रेम की अपने जवानों के कल्याण की चिंता सर्वविदित है, और उससे जुड़े कई किस्से भी हैं। एक बार, एक इंफैन्ट्री बटालियन में दौरे के समय उन्होंने एक जवान से पूछा कि वह सुबह कितने बजे उठता था।

'सुबह तीन बजे', सैनिक ने जवाब दिया।

'इतनी जल्दी क्यों?' प्रेम ने पूछा, 'मुझे लगता है कि पीटी परेड तो साढ़े छह बजे होती है।'

जवान कारण बताने से पहले काफी झिझका: जवानों को शौचालय प्रयोग करने के लिए लंबी कतार में लगना पड़ता था। प्रेम ने तुरंत जवान से शौचालयों की तरफ ले जाने को कहा। उन्होंने पाया कि बटालियन के 800 जवानों के लिए वहां केवल 20 शौचालय थे। जाहिर था, सुबह के वक्त लंबी कतारें लगती थीं। कमांडिंग अफसर को अलग ले जाकर, प्रेम ने उन्हें तगड़ी फटकार लगाई। उन्होंने सीओ से पूछा कि क्या कभी उन्होंने शौचालयों का निरीक्षण किया। जब सीओ ने मना किया तो प्रेम का पारा सातवें आसमान पर पहुंच गया। 'कोई आश्चर्य नहीं कि आपको कुछ नहीं पता कि आपकी बटालियन में क्या चल रहा है,' वे गरजे। 'मैं चाहता हूं कि आप न केवल जवानों के शौचालयों का निरीक्षण करें, बल्कि कल सुबह उनका प्रयोग भी करें। और फिर मुझे टेलीफोन करके पुष्टि करें।'

अगली सुबह बदकिस्मत सीओ को तड़के 2:00 बजे उठना पड़ा, ताकि वह जवानों के उठने से पहले शौचालय का प्रयोग कर सके। फिर अपने कक्ष में आकर उन्होंने आर्मी कमांडर को फोन किया। जाहिर है, एक महीने के अंदर बटालियन को अतिरिक्त शौचालय मिल गये।

जब वे मध्य कमांड के जीओसी-इन-सी थे, तब प्रेम ने महू का दौरा किया, जहां बड़ी संख्या में प्रशिक्षण संस्थान स्थित थे। तमाम अधिकारी वहां इंफैन्ट्री स्कूल और मिलेट्री कॉलेज ऑफ टेलीकम्यूनिकेशन इंजीनियरिंग से लंबे-लंबे कोर्स कर रहे थे। विवाहितों के लिए निवास स्थलों की कमी के कारण, उन्हें अपने परिवारों को साथ लाने की अनुमति नहीं थी। जब प्रेम को इसके बारे में पता चला तो वे बहुत क्रोधित हुए। लेकिन उनको बताया गया कि अतिरिक्त विवाहित क्वार्टर्स का निर्माण करने में बहुत खर्चा आएगा और बनने में कई साल लगेंगे।

'अगर हम उन्हें उपयुक्त मकान नहीं दे सकते, तो उन्हें टेंट प्रदान किये जाएं,' उन्होंने कहा। उन्होंने मौके पर ही 80 अधिकारियों के लिए निवास स्थान स्वीकृत कर दिये, जिसमें फर्श व दीवारें थीं, जो टेंट से ढकी थीं। यह बैठक, भोजन कक्ष और शयन कक्ष का काम देतीं। रसोई व बाथरूम बगल में बनाए जाने थे, जिनपर ऐस्बेस्टस परत ढकी जातीं। उन्होंने इस कार्य को पूर्ण करने के लिए तीन महीने का समय दिया और कहा कि जब ये निवास स्थल बनकर तैयार हो जाएंगे तो मैं निरीक्षण करने आऊंगा।

तीन महीने बाद, प्रेम पुनः महू आए। अब तक, 40–40 घरों वाली दो तंबु कालोनियां बनकर तैयार थीं और उनमें लोग रहने लगे थे। कॉलोनी में घूमते वक्त उन्हें एमसीटीई से कोर्स कर रहे एक अधिकारी की पत्नी मिली।

'आपका विवाह कब हुआ?', उन्होंने पूछा।

'जी दो सप्ताह हुए हैं', उधर से जवाब मिला।

'फिर तो आप अपने हनीमून पर हैं। उम्मीद है आप लोग आनंद में होंगे?' प्रेम ने पूछा।

'बेहद कठिनाई में,' युवा महिला ने जवाब दिया, जिसने पहले कभी किसी जनरल को नहीं देखा था। 'ये तंबू बहुत गर्म हैं, मुझे पूरा दिन पेड़ के नीचे बिताना पड़ता है।' प्रेम ने उसे हुई असुविधा के लिए खेद व्यक्त किया और आश्वासन दिया कि वे इस चीज को ठीक कर देंगे। उन्होंने अपने साथ चल रहे गैरिसन इंजीनियर से पूछा कि तंबुओं में पंखे क्यों नहीं थे। इंजीनियर ने जवाब दियाः 'सर हम, तंबू में पंखे कैसे लगा सकते हैं? उसकी छत बहुत नीची होती हैं, और उन्हें लटकाने का साधन नहीं है।'

'आपसे सीलिंग फैन लगाने के लिए कौन कह रहा है? हर तंबू के लिए दो टेबल फैनों का प्रबंध करिये। मैं यहां से जाने से पहले कार्य पूर्ण रिपोर्ट चाहता हूं', प्रेम ने कहा और आगे बढ़ गये। उस दिन शाम को महू के सभी टेबल फैन एमईएस द्वारा खरीद लिए गये, लेकिन फिर भी उनकी संख्या 160 नहीं हुई, इसलिए एक व्यक्ति को इंदौर जाकर बाकी के पंखे खरीदने पड़े। अगली सुबह सभी अधिकारियों के टेंट में दो नए पंखे लगे थे, जिसका श्रेय जनरल भगत और उस स्पष्टवादी युवा महिला को जाता था।

1971 के भारत-पाक युद्ध के बाद बंधक बनाए गए 90,000 जवानों को मध्य कमांड में शिविरों में रखा जाना था। यह एक बहुत बड़ा कार्य था, जिसे प्रेम को बहुत कम समय में

पूर्ण करना था। शिविरों के निर्माण के अलावा, इसमें रहने, सुरक्षा, भोजन और प्रशासन की व्यवस्था भी करनी थी। प्रेम ने इस बात पर जोर दिया कि बंदियों को उनकी सभी अधिकृत सुविधाएं प्रदान की जाएं, और उनके साथ भारतीय सैनिकों की तरह बर्ताव किया जाए। उन्होंने यह सुनिश्चित किया कि बंदियों को कैंटीन, डाक सुविधा और चिकित्सा सुविधा मिलती रहें और जिनेवा संधि के तहत उनके वेतन का एक हिस्सा भी प्रदान किया जाए। इसके परिणामस्वरूप भारत में मिले व्यवहार को लेकर पाकिस्तानी कैदियों के मन में प्रशंसा के भाव थे, और वे अक्सर कहते थे कि काश जवानों के कल्याण की चिंता को लेकर उनके अपने अधिकारी भी वैसे होते, जैसे भारत में थे।

1971 के भारत-पाक युद्ध के उपरांत एक नई आर्मी कमांड बनाने का निर्णय हुआ जो जम्मू-कश्मीर को संभाले। इस प्रकार उत्तरी कमांड अस्तित्व में आई, जिसका मुख्यालय उधमपुर में बनाया गया। प्रेम को 1972 में उसका पहला जीओसी-इन-सी बनाया गया। पिछले दो वर्षों से आर्मी कमांडर होने के कारण, वे इस नए कार्य के लिए सर्वथा उपयुक्त थे। उनकी प्राथमिकताएं वही रहीं-सुरक्षा में वृद्धि और जवानों की कार्य स्थल व जीवन परिस्थितियां। अब तक उनका एक अपना अंदाज़ भी विकसित हो गया था, जिसको अक्सर भड़काऊ व दिखावटी माना जाता था। आर्मी कमांडर के तौर पर उनको सर्वश्रेष्ठ की अपेक्षा रहती थी, चाहे वह निवास हो, भोजन या ड्रिंक या अन्य सुविधाओं का मामला हो। उन्हें पार्टियों का शौक था और अक्सर शानदार ढंग से सबका मनोरंजन करते थे। उन्होंने उधमपुर में तैनात सिविल और वायुसेना दोनों के ही अधिकारियों को लुभा लिया और वे अक्सर क्लब या अधिकारी मेस में होने वाले समारोहों में अतिथि होते थे। प्रेम सिगरेट का एक विशेष ब्रांड लेते थे और सिर्फ वैट 69 व्हिस्की पीते थे। उनके कई अधिकारी इन मामलों में उनसे सहमत नहीं थे, लेकिन प्रेम को लगता था कि स्तर बना कर रखना जरूरी था। वे तर्क देते थे, कि यदि वे स्वयं निम्न स्तर रखते तो वे दूसरों से उच्च स्तर रखने की अपेक्षा कैसे कर सकते थे। जब वे लखनऊ में थे, तो रेलगाड़ी में अक्सर आर्मी कमांडर के सैलून में सफर करते थे, जो अत्यंत सुविधापूर्ण था। पूर्वी अफ्रीका में उनके कान में लगी चोट के कारण उनको हवाई यात्रा में कष्ट होता था। उत्तरी कमांड में उन्होंने ज्यादातर सड़क यात्राएं कीं, क्योंकि जम्मू कश्मीर में रेल सुविधा नहीं थी।

जीओसी-इन-सी के तौर पर उनका पहला काम था पाकिस्तान से 1971 के युद्ध के बाद नियंत्रण रेखा को चित्रित करना। उनको भारतीय दल का नेतृत्व करना था, जिसमें उनके चीफ ऑफ स्टाफ, मेजर जनरल एम.आर. रजवाड़े, और सैन्य मुख्यालय में निदेशक, मिलेट्री ऑपरेशन, मेजर जनरल आई.एस. गिल शामिल थे। पाकिस्तानी दल का नेतृत्व लेफ्टिनेंट जनरल अब्दुल हमीद खान कर रहे थे। इन दलों का मुख्य कार्य था पूरी जम्मू-कश्मीर सीमा में नियंत्रण रेखा खींचना। पहली बैठक 3 सितंबर 1972 को वाघा में हुई। इसके बाद 28 नवंबर और 7 दिसंबर को लाहौर में दोनों सैन्य प्रमुखों सैम मानेकशॉ और टिक्का खान के

बीच बैठक हुई। अंतिम बैठक जिसमें समझौते पर हस्ताक्षर किये गये 11 दिसंबर 1972 को सुचेतगढ़ में हुई। प्रेम ने बहुत विशिष्टता के साथ इस कार्य को अंजाम दिया और अपने सुस्पष्ट तौर-तरीकों के लिए पाकिस्तानी अधिकारियों की भी प्रशंसा प्राप्त की।

उधमपुर में, जो उनका अंतिम कार्यकाल भी सिद्ध हुआ, उन्होंने बड़ी संख्या में कल्याणोन्मुख परियोजनाएं चलाईं। एक बार रजौरी सेक्टर के दौरे पर उन्होंने जवानों को अत्यंत उत्साह में पाया और उन्होंने इसके लिए सीओ की प्रशंसा भी की। जब प्रेम ने उनसे पूछा कि वे उनकी यूनिट के लिए क्या कर सकते थे, तो सीओ ने कुछ झिझकते हुए पिकेट में तैनात जवानों के लिए ट्रांजिस्टर रेडियो की मांग रखी।

'ये आपको मिल जाएंगे,' प्रेम ने कहा, 'और क्या?'

सीओ ने अपने सूबेदार मेजर की तरफ देखा और बहुत सकुचाते हुए पूछा कि क्या उनको एक सिनेमा प्रोजेक्टर मिल सकता था।

'ठीक है। और क्या?' प्रेम ने पूछा।

अब तक सीओ को पसीना आ चुका था। उसको नहीं पता था कि उसने अभी अच्छे आचरण की सीमा लांघी थी कि नहीं, और अपने ब्रिगेड कमांडर की चढ़ी हुई त्योरियां देखकर उसके आत्मविश्वास ने साथ नहीं दिया।

सीओ ने अपना सिर हिलाया और कहाः 'और कुछ नहीं श्रीमान।'

'कुछ नहीं क्या होता है', प्रेम ने कहा। 'तुम लोगों को यह भी नहीं पता कि आर्मी कमांडर से क्या मांगा जाता है। मुझे बताओ कि जवानों को नहर से पानी लाने में कितना समय और मेहनत लगती है? क्या तुम लोग हर पोस्ट पर पाइपलाइन से पानी नहीं चाहते?'

'जी, श्रीमान। लेकिन उसमें बहुत खर्च आएगा।'

'वह आपकी चिंता का विषय नहीं होना चाहिए। अगर इससे जवानों का जीवन सरल बनता है, तो यह पैसे का सदुपयोग है,' प्रेम ने कहा।

एक महीने बाद कमांडिग अफसर को एक पत्र मिला, जिसमें लिखा था कि आर्मी कमांडर ने उनकी बटालियन की पिकटों तक पानी पहुंचाने के लिए 10 लाख रुपये की परियोजना को स्वीकृति प्रदान की थी।

प्रेम की पैसा खर्चने की प्रवृत्ति अक्सर लेखा परीक्षकों को नाराज कर देती थी। इसको लेकर एक कहानी भी है, जिसकी सच्चाई संदिग्ध है, कि प्रेम के चीफ ऑफ आर्मी स्टाफ नियुक्त होने में वित्त मंत्रालय ने अड़ंगा लगाया था। भले ही यह सत्य न हो, लेकिन इसमें कोई संदेह नहीं कि मध्य और उत्तरी कमांड के आर्मी कमांडर के तौर पर उनके कार्यकाल के दौरान उन्होंने अपने किसी भी पूर्ववर्ती से ज्यादा नई परियोजनाओं को मंजूरी प्रदान की। उनको लगता था कि उनका प्रथम कर्तव्य जवानों की सुरक्षा व कल्याण था, और इसे प्राप्त करने में कोई भी खर्च ज्यादा नहीं था।

जब वे उत्तरी कमांड में थे, तब उधमपुर में अधिकारियों के लिए रिहायशी मकानों के निर्माण का कार्य शुरू हो चुका था। परियोजना के लिए जमीन का अधिग्रहण बाकी था, लेकिन प्रेम ने फिर भी निर्माण कार्य शुरू करने का आदेश दे दिया, क्योंकि मकानों की भारी कमी थी। 1971 के युद्ध के उपरांत सरकार ने आर्थिक तंगी से उबरने के उपायों के तहत 1972 में नई परियोजनाओं पर कई तरह के प्रतिबंध लगा दिये। इसमें नए निर्माण पर भी प्रतिबंध लग गया। जिन परियोजनाओं पर काम शुरू हो गया था, उनमें से केवल उन्हें पूर्ण किया जाना था, जो छत के स्तर तक पहुंच चुके थे, बाकी को बंद करने के आदेश थे।

प्रेम को बताया गया कि अधिकारी निवास का निर्माण रोकना होगा, क्योंकि अभी सिर्फ बुनियाद भरी गई थी। जब उनको छत के स्तर का नियम पता चला तो उन्होंने एक जवाब दिया जो प्रसिद्ध हो गया और आज भी उद्धृत किया जाता है। 'एक प्रमाण पत्र बनाओ कि कार्य छत के स्तर तक पहुंच गया है और मैं उस पर दस्तखत करूंगा। कोई भी आर्मी कमांडर को यह नहीं कह सकता कि वह झूठा है।'

इसमें कोई शक नहीं कि उनके तौर-तरीके गैर-परंपरागत थे और कई बार कानून सम्मत भी नहीं। लेकिन इस हकीकत से भी इंकार नहीं किया जा सकता कि जवानों को अपने अधिक आरामदायक जीवन के लिए प्रेम भगत का आभार जताना चाहिए। अगर प्रेम नहीं होते, तो उधमपुर में बने आवास, जिन्हें भगत एन्क्लेव के नाम से जाना जाता है, नहीं बन पाते, क्योंकि जमीन अधिग्रहण की प्रक्रिया कभी पूरी नहीं की गई।

सेना प्रमुख जनरल जी.जी. बेवूर 11 अप्रैल 1974 को सेवानिवृत्त होने वाले थे (उस समय सेना प्रमुख के लिए सेवानिवृत्ति की आयु 58 वर्ष और लेफ्टिनेंट जनरल के लिए 56 वर्ष थी)। क्योंकि प्रेम सबसे वरिष्ठ अधिकारी थे और 13 अक्टूबर 1974 को 56 वर्ष की आयु पूर्ण करने वाले थे, तो उनका अगला प्रमुख बनना तय लग रहा था। लेकिन रक्षा मंत्रालय में बैठे नौकरशाह कुछ और ही सोचे बैठे थे। सैम मानेकशॉ जैसे हठीले सेना प्रमुख के साथ चार सालों तक काम करने के बाद, वे उनकी तरह दूसरा मजबूत प्रमुख नहीं चाहते थे। सेवानिवृत्त होने जा रहे अधिकारियों को आमतौर पर छह माह पहले सूचित करने के लिए एक नियमित पत्र भेजा जाता है। प्रेम के मामले में भी यह किया गया। उन पर इस्तीफा देने का दबाव बनाने के लिए पत्र की खबर मीडिया में लीक कर दी गई। अंदाजा लगाया गया कि इससे वे अवधिपूर्व त्यागपत्र दे देंगे। प्रेम ने रोष व्यक्त करते हुए स्पष्ट कर दिया कि उनका ऐसा कोई इरादा नहीं था।

सरकार को एहसास हो चुका था कि प्रेम को सीओएएस के पद पर जाने से रोकने का एक मात्र उपाय उनकी वरिष्ठता का उल्लंघन करना था। हालांकि, अब तक प्रेम काफी ज्यादा विख्यात हो चुके थे और ऐसा करके किसी अन्य को प्रमुख बनाने पर व्यापक प्रतिक्रिया हो सकती थी। इसलिए उन्होंने दूसरी चाल चली। मानेकशॉ को सेवा विस्तार प्रदान करने के

कारण, बेवूर का कार्यकाल घट गया था, और वे केवल डेढ़ साल से ही प्रमुख पद पर थे। इसकी क्षतिपूर्ति के लिए यह निर्णय लिया गया कि बेवूर को एक साल का कार्य विस्तार दिया जाए। इस निर्णय से एक लाभ यह होने वाला था कि प्रेम की वरिष्ठता का उल्लंघन हुए बिना वे लेफ्टिनेंट जनरल के तौर पर सेवा निवृत्त हो जाते।

जब यह घोषणा की गई तो सेना में खलबली मच गई। प्रेम के लिए यह एक घातक झटका था, लेकिन एक अच्छे सैनिक की तरह उन्होंने एक शब्द भी नहीं बोला। कई लोगों को ऐसा लगा कि अगर बेवूर ने कार्य विस्तार लेने से इंकार कर दिया होता, तो उनका कद सेना के अंदर और बाहर, दोनों जगह बढ़ जाता। इससे भी अधिक, उनको राजनीतिज्ञों व नौकरशाहों द्वारा सेना के शीर्ष स्तर पर नियुक्तियों में दखल करने के प्रयास को विफल करना चाहिए था। यह याद रखा जाना चाहिए कि इस से पहले भी उच्च स्तरीय पदोन्नतियों में हस्तक्षेप के प्रयासों को सेना के वरिष्ठ अधिकारियों में व्याप्त संघ-भाव और सौहार्द के चलते हमेशा विफल कर दिया गया। नथू सिंह और राजेंद्र सिंहजी दोनों को ही जब कमांडर-इन-चीफ के पद की पेशकश की गई तो उन्होंने इस आधार पर इंकार कर दिया था कि करियप्पा उनके वरिष्ठ थे।

जुलाई 1974 में प्रेम ने दामोदर वैली कॉर्पोरेशन के अध्यक्ष के पद को स्वीकार कर लिया। अपने शब्दों पर खरा उतरते हुए उन्होंने इस्तीफा नहीं दिया, बल्कि कार्यरत अधिकारी के तौर पर अपनी नए नियुक्ति पर चले गये। उनके विशिष्ट जोश और व्यवहारिक दृष्टिकोण के कारण सुस्त हाथी भी चलने लगा और जल्द ही परिणाम सबके सामने थे। उत्पादन अगस्त 1974 में 45 मेगावाट से बढ़कर अक्टूबर 1974 में 700 मेगावाट हो गया, सिर्फ दो महीनों के अंदर 15 गुणा बढ़ोत्तरी। डीवीसी में प्रेम के 10 माह के कार्यकाल में उत्पादन 20 गुणा तक बढ़ गया, और वे न केवल कलकत्ता के लिए बल्कि पूरे पश्चिम बंगाल में लोकप्रिय हो गये। शुरुआत में डीवीसी में बैठे नौकरशाह एक सैन्य अधिकारी के आने को लेकर इसलिए संदेह जता रहे थे, क्योंकि उन्हें इतना बड़ा संगठन चलाने का पूर्व अनुभव नहीं था; लेकिन प्रेम भगत की उपलब्धियों के कारण वह जल्द ही उनके सबसे बड़े प्रशंसक बन गये।

अपने कार्यालय में पहले दिन उन्होंने सभी स्टाफ सदस्यों से मिलने की जिद की। जब उन्होंने एक बुजुर्ग कनिष्ठ कर्मचारी से हाथ मिलाया तो उसकी आंखों में आंसू थे। जब प्रेम ने उससे रोने का कारण पूछा तो उसने बताया कि उसने उस दिन पहली बार अध्यक्ष का चेहरा देखा था, उनसे हाथ मिलाना तो दूर की बात थी। बहुत जल्द प्रेम न केवल बिजली संयंत्रों का दौरा करने लगे, बल्कि उन आवासों का भी निरीक्षण करने लगे जहां कर्मचारी रहते थे। जल्द ही, पारिवारिक आवासों में उनके आने का इंतजार होने लगा। कहने की आवश्यकता नहीं, हर दौरे के बाद, कर्मचारियों की सुविधाओं व रहने की परिस्थितियों में सुधार नजर आने लगता था।

प्रेम ने गैर परंपरागत तरीके अपनाकर अप्रत्याशित परिणाम हासिल किये। एक बार उन्होंने ऐसे संयंत्र का दौरा किया जहां उत्पादन बहुत कम था। थोड़ी सी जांच में पता चला कि उत्पादन में गिरावट कुछ कलपुर्जों के अभाव के कारण थी। उनको खरीदने के लिए बढ़ाई गई फाइल पिछले छह महीनों से विभागों में चक्कर काट रही थी। भगत हैरान रह गये। उन्होंने फाइल को अपने हाथ में लिया, और एक पेंसिल उठाकर उस पर लिखा 'स्वीकृत' और उसके नीचे अपना नाम लिख दिया। 'अब इसे लेकर आगे बढ़िये' उन्होंने कहा और उसमें लगने वाली रकम तक पूछने की जरूरत नहीं समझी। अपने कार्यालय वापस जाने के बाद उन्होंने निर्देश जारी किये कि संयंत्र प्रबंधकों के वित्तीय अधिकार बढ़ा दिये जाएं, ताकि उन्हें तत्काल खरीदारी की मंजूरी के लिए उनके पास न आना पड़े। एक अन्य बिजली संयंत्र में उन्होंने पाया कि कुछ जनरेटर काम नहीं कर रहे थे और उनकी जगह जापान से मशीनें आनी थीं, जो पानी के जहाज में आती थीं। जब प्रेम ने पूछा कि वहां से जनरेटर आने में कितना वक्त लगेगा तो उन्हें छह माह का अनुमान बताया गया। 'यह तो बहुत ज्यादा है', उन्होंने कहा। 'हम उन्हें वायुयान से क्यों नहीं लाते?' उनके स्टाफ को यकीन नहीं हो रहा था और सोचने लगे कि इसमें कितनी लागत आएगी। 'यह खर्च बिजली की कमी से हो रहे नुकसान से काफी कम होगा,' प्रेम ने कहा और उन्होंने एक चार्टर्ड हवाई जहाज से जनरेटर भारत लाने का आदेश दिया।

डीवीसी के अध्यक्ष बनने के कुछ समय बाद यूनियन नेता प्रेम से मिलने आए। जब उन्होंने बताया कि मजदूरों का कल्याण उनकी मुख्य चिंताओं में से था, तो प्रेम ने उनको बताया कि सेना में यह अधिकारियों की प्रमुख जिम्मेदारियों में था और वे सुनिश्चित करेंगे कि यह डीवीसी में भी इसका अनुकरण हो। इसलिए यूनियन को करने के लिए बहुत ज्यादा कार्य नहीं होगा। कुछ समय बाद उनको बताया गया कि पूजा की छुट्टियों से पहले आमतौर पर मजदूरों द्वारा बोनस की मांग को लेकर हड़ताल कर दी जाती थी। प्रेम ने पूजा से कई माह पहले खुद ही 8 प्रतिशत बोनस की घोषणा कर दी। यूनियन नेता पूरी तरह चकित थे, क्योंकि प्रेम ने उनको बेकार कर दिया था और हड़ताल पर जाने का एक मात्र आधार भी छीन लिया था।

दुर्भाग्य से प्रेम डीवीसी में अपनी सफलता का स्वाद चखने के लिए ज्यादा लंबे समय तक जीवित नहीं रहे और 23 मई 1975 को उनका निधन हो गया। दिल्ली के दौरे से लौटने के बाद उनको बुखार आ गया था। उनको सैन्य अस्पताल ले जाया गया, जहां उनका स्वास्थ्य गिरता चला गया। अधिकृत रूप से उनकी मृत्यु का कारण क्लेइबसेला निमोनिया बताया गया। हालांकि उनकी पत्नी मोहिनी को लगता है कि उनकी मृत्यु पेंसिलिन के इंजेक्शन से हुए रिएक्शन के कारण हुई, क्योंकि प्रेम को उससे एलर्जी थी। डीवीसी में अपने 10 माह के कार्यकाल के दौरान वे सबके प्रिय बन गये थे और उनकी मृत्यु पर मजदूरों व

उनके परिवारों को गहरा आघात लगा। बल्कि उनका नाम कलकत्ता के घर-घर में लिया जाता था; कलकत्ता बिजली कटौती भूल चुका था, जिसका श्रेय प्रेम को ही जाता था।

प्रेम ने अपनी अंतिम इच्छा और वसीयत 16 सितंबर 1968 को लिख दी थी। विशेष रूप से उन्होंने इन पंक्तियों के साथ उसका अंत किया:

> ...और अंत में, मुझे मिली तमाम खुशियों के लिए मैं सेना के जवानों और अधिकारियों को धन्यवाद देना चाहता हूं। मैं अपने परिवार और अपनी पत्नी से मिली समस्त खुशियों को भी रिकॉर्ड में लाना चाहता हूं।

मैथ्यू थॉमस और जसजीत मानसिंह द्वारा लिखी गई प्रेम की जीवनी में सैम मानेकशॉ का अग्रलेख है, जिसमें उन्होंने लिखा:

> एक वरिष्ठ अधिकारी के तौर पर मैं उनकी जिन विशेषताओं का कायल था, बतौर स्टाफ अफसर और कमांडर दोनों, वह थीं उनका मित्रत्व, उनकी मजेदार प्रवृत्ति, उनकी उदारता, अधीनस्थों व सहकर्मियों के प्रति वफादारी, स्पष्टवादिता, और यह की उन्होंने कभी अपने शब्दों को दबाया नहीं। वे पढ़ने के शौकीन, सैन्य दृष्टि से मजबूत और चिंतक थे। मैं सेना प्रमुख के तौर पर उन्हें अपना स्वभाविक उत्तराधिकारी मानता था, लेकिन फिर सरकार को लगा होगा कि लगातार दो मजबूत सेना प्रमुख होने से वह असहजता होगी। इसलिए सेना ने एक प्रथम दर्जे के प्रमुख को खो दिया।

प्रेम भगत को अब भी अतिस्नेह से याद किया जाता है। न केवल वे लोग जिन्होंने उनके अधीन कार्य किया, बल्कि वे लोग भी जो उनसे केवल एक बार मिले, उन्हें याद करते हैं। वे सचमुच सैनिकों के जनरल थे, जो पूरी मजबूती के साथ अपना पक्ष रखते थे। उन्होंने खतरनाक जोखिम उठाए, लेकिन व्यक्तिगत लाभ के लिए नहीं, बल्कि सैनिकों के कल्याण के लिए। वे नियमन और लाल फीताशाही में यकीन नहीं रखते थे और अक्सर उन्हें बुलडोजर की तरह रौंदते हुए निकल जाते थे। वे चीजों को तीव्र गति से करना चाहते थे, और अगर कुछ लोगों के पांव कुचलने पड़ें, खासतौर से लेखा परीक्षकों के, तो चिंता नहीं करते थे। उनकी शाश्वत महिमा के लिए यह कहा जा सकता है कि उन्होंने फील्ड मार्शल लॉर्ड चेटवुड के सिद्धांत पर जिंदगी को जिया, और हमेशा देश के हितों को सर्वोपरि रखा, उसके बाद अपने जवानों का हित। उनके अपने हित सबसे अंत में थे, हमेशा और हर बार।

9 लेफ्टिनेंट जनरल सगत सिंह, पीवीएसएम

भारत के सर्वश्रेष्ठ युद्ध अधिनायक

सगत सिंह भारत के सबसे प्रतिभावान एवं साहसी सेनानायकों में से थे। हालांकि अपने समकालीनों के समान वे इतने विख्यात नहीं हैं, लेकिन एक युद्ध नायक के तौर पर उनका रिकॉर्ड बेजोड़ है। न केवल उन्होंने हर ऑपरेशन में सफलता प्राप्त की, बल्कि जीत से भी आगे निकल गये, और हमेशा उससे अधिक अर्जित किया जितना उनसे कहा जाता था। आक्रामक मनोवृत्ति और जोखिम उठाने की क्षमता से भरे सगत सिंह एक युद्ध नायक के प्रतिमान थे, जो हमेशा सबसे आगे रहते थे। एक शानदार रणनीतिज्ञ और युद्धनीतिज्ञ, सगत अपने गैरपरंपरागत और रचनात्मक युद्धभ्यास के लिए जाने जाते थे। और ऐसी योजनाएं युद्ध में सफलता दिलाने में महत्वपूर्ण होती हैं। उनके ढेरों युद्धकालीन पराक्रम हैं, जो सैन्य प्रशिक्षण संस्थानों के पाठ्यक्रम का हिस्सा है। हालांकि वे सैन्य करियर की सीढ़ी के शीर्ष पायदान पर नहीं पहुंच सके, लेकिन वे सैन्य शिखर पर पहुंचे तमाम लोगों से बेहतर जाने जाते हैं। 1971 के भारत-पाक युद्ध में वे सबसे सफल कोर कमांडर थे, लेकिन आश्चर्य की बात है कि न तो उन्हें कोई अलंकरण प्रदान किया गया और न ही पदोन्नति। वे एक हठी अधीनस्थ थे, और उनके गैरपरंपरागत दृष्टिकोण और नियमों के प्रति अल्प सम्मान की प्रवृत्ति ने उनके करियर में मदद नहीं की। विशुद्ध सैन्य दृष्टिकोण से देखा जाए तो एक युद्ध नायक के तौर पर सगत का प्रदर्शन उत्कृष्टता से परे था। भारतीय सेनानायकों में उनका कद वैसा ही है, जैसे अमेरिकी सेना में पैटन और वेहरमाट (जर्मन सेना) में रॉमेल का था।

सगत का जन्म 14 जुलाई 1919 को बीकानेर में हुआ। उनके पिता बृज पाल सिंह बीकानेर जागीरदारी के राठौर राजपूत थे। बीकानेर उन दो महत्वपूर्ण भारतीय राज्यों में था, जिन पर राठौरों का शासन था। दूसरा राज्य मारवाड़ (जोधपुर) था। वे बीकानेर की प्रसिद्ध ऊंट कोर के साथ थे और उन्होंने प्रथम विश्वयुद्ध के दौरान मेसोपोटामिया (अब इराक) में लड़ाई लड़ी थी। सगत तीन भाइयों में सबसे बड़े थे और उनकी शुरुआती शिक्षा बीकानेर के वॉल्टर नोबल्स स्कूल से हुई। स्कूल के उपरांत उन्होंने बीकानेर के ही डूंगर कॉलेज में

प्रवेश लिया। हालांकि, उन्होंने अपनी स्नातक स्तर की शिक्षा पूर्ण नहीं की और इंटरमीडिएट परीक्षा के उपरांत बीकानेर स्टेट फोर्सेस से जुड़ गये।

द्वितीय विश्वयुद्ध के उपरांत, सगत ने इंडियन स्टेट फोर्सेस कैडेट के तौर पर आईएमए में प्रवेश लिया। 1941 में उत्तीर्ण होने के बाद वे कुछ समय के लिए उत्तर पश्चिमी सीमांत प्रांत के बन्नू में स्थित एक ब्रिटिश बटालियन साउथ वेस्ट बॉर्डर्स में रहे और फिर वापस बीकानेर स्टेट फोर्सेस में लौट आए। वे बीकानेर स्टेट फोर्सेस के साथ सिकंदराबाद में जुड़े, जिसके बाद यूनिट सीमा पर स्थित चमन में चली गई और संयुक्त प्रांत के फैजाबाद पहुंची। अंततः अक्टूबर 1941 में यूनिट को राशिद अली विद्रोह को दबाने के लिए इराक भेज दिया गया। इराक में कुछ समय बिताने के बाद यूनिट को कुट-अल-अमारा, इसके बाद सीरिया और फिलिस्तीन भेजा गया और फिर 6 इंडियन डिविजन के हिस्से के तौर पर वापस इराक लौट आई। 1943 में, सगत को हाइफा स्थित स्टाफ कॉलेज में जूनियर स्टाफ कोर्स के लिए नामित किया गया।

जब सगत स्टाफ कॉलेज पहुंचे तो उन्होंने देखा कि वहां मेस में भोजन परोस रहे वेटर इटालियन थे और उनको अंग्रेजी समझ नहीं आती थी। सगत ने मेस के प्रभारी, एक पुनर्नियोजित (रिइम्प्लॉय्ड) अधिकारी, अंग्रेज मेजर से कहा कि वेटर को निर्देश दें कि उन्हें गोमांस न परोसा जाए। मेजर ने स्टाफ सार्जेंट को बुलाकर यह सुनिश्चित करने के लिए कहा कि जानकारी वेटरों तक पहुंच जाए। सार्जेंट ने अपना सिर हिलाया और सगत से कहा कि वे चिंता न करें वेटरों को भारतीयों की खानपान आदतों के बारे में पता था क्योंकि पिछले कोर्स में भी एक भारतीय आए थे। जब सगत को उनको पहला भोजन परोसा गया तो उन्होंने पाया कि गोश्त मटन के जैसा नहीं लग रहा था। जब उन्होंने अपने साथ बैठे व्यक्ति से पूछा तो उसने बताया कि वह गोमांस ही था। कड़ी आपत्ति जताने के बाद यह चीज सामने आई कि पहले कोर्स में जो 'भारतीय' आए थे, वे सर सिकंदर हयात खान के बेटे थे। वेटरों को बताया गया था कि वे सुअर का मांस नहीं खाते थे, और उनको लगा कि भारतीय होने के नाते सगत की भी वही पसंद होगी। अतिरिक्त एहतियात बरतते हुए सगत ने गोश्त से पूरी तरह दूर रहने का निर्णय लिया और हाइफा में अपने बाकी बचे समय के दौरान शाकाहारी बने रहे।

हाइफा का कोर्स भले ही सात माह अवधि का था, लेकिन उसे जूनियर स्टाफ कोर्स कहा जाता था और उसकी कैम्बर्ली या क्वेटा में होने वाले पूर्ण स्टाफ कोर्स के समान मान्यता नहीं थी। 1945 में उन्हें क्वेटा के स्टाफ कोर्स के लिए नामित किया गया, और इस प्रकार तीन साल के अंदर उन्हें दो स्टाफ कोर्स करने का मौका मिला। कोर्स के उपरांत सगत बीकानेर में अपनी यूनिट लौट आए। हालांकि, 1947 में भारतीय राज्यों के भारतीय संघ में विलय होने के बाद उन्होंने भारतीय सेना से जुड़ने का निर्णय लिया। उनका आवेदन स्वीकार कर लिया गया और 15 जनवरी 1949 को उन्हें स्थायी कमीशन प्रदान कर दिया गया। बीकानेर

स्टेट फोर्सेस में उनकी सेवा को महत्व देते हुए उन्हें 27 अक्टूबर 1941 से वरिष्ठता प्रदान की गई और उन्हें तृतीय गोरखा राइफल्स में भेजा गया। क्योंकि, वे भारतीय सेना के उन चंद अफसरों में से थे, जिन्होंने स्टाफ कोर्स कर रखा था, इसलिए उन्हें दिल्ली एरिया मुख्यालय में बतौर जीएसओ 2 (ऑपरेशन) तैनात किया गया। मेजर जनरल तारा सिंह बाल उसके जीओसी थे और सामरिक मुख्यालय लाल किले में स्थित था।

दिल्ली में एक छोटे कार्यकाल के बाद, सगत को 168 इंफैन्ट्री ब्रिगेड में ब्रिगेड मेजर तैनात कर दिया गया, जो उस समय छम्ब में थी। इस नियुक्ति के बाद उन्हें 1954 में वापस रेजिमेंटल सेवा में ले लिया गया और उन्हें 3/3 गोरखा राइफल्स में सेकंड इन कमांड बनाया गया। उसकी कमांड लेफ्टिनेंट कर्नल पी.एस. थापा के हाथ में थी। बटालियन सगत के गृह राज्य राजस्थान के भरतपुर में थी। नवंबर 1954 में वह एक ब्रिगेड के हिस्से के रूप में धर्मशाला चली गई। ब्रिगेड की कमांड ब्रिगेडियर (बाद में लेफ्टिनेंट जनरल) पी.ओ. डन्न के हाथ में थी, जो उसी रेजिमेंट से थे और उन्होंने पहले 1/3 गोरखा राइफल्स की कमांड संभाल रखी थी।

फरवरी 1955 में, सगत की पदोन्नति लेफ्टिनेंट कर्नल रैंक पर कर दी गई और उन्हें 2/3 गोरखा राइफल्स की कमांड सौंपी गई, जो उस समय पंजाब के फिरोजपुर में थी। उन्होंने लेफ्टिनेंट कर्नल नंद लाल कपूर को कार्यमुक्त किया, जो राजपुताना राइफल्स से रेजिमेंट में आए थे। स्वतंत्रता से पहले गुरखा रेजिमेंट में केवल ब्रिटिश अधिकारी होते थे। वस्तुतः, शायद ब्रिटिश अधिकारियों को लगता था कि गुरखा जवान भारतीय अधिकारियों के अधीन कार्य करने से इंकार कर देंगे। स्वतंत्रता प्राप्ति के उपरांत 10 में से 4 गुरखा रेजिमेंटों को ब्रिटिश सेना में स्थानांतरित कर दिया गया, और बाकी बची भारत में रह गईं। हालांकि, सभी गुरखा जवानों को विकल्प दिया गया था कि ब्रिटिश या भारतीय सेना में से एक को चुन लें। अंग्रेजों के लिए यह हैरान करने वाला विषय था कि 90 प्रतिशत ने भारतीय अधिकारियों के अधीन भारतीय सेना को चुना। दूसरी, छठी, सातवीं और दसवीं गुरखा 'दि ब्रिगेड ऑफ ब्रिटिश गुरखा' का हिस्सा बन गईं। प्रथम, तृतीय, चौथी, पांचवीं, आठवीं और नौवीं गुरखा भारतीय सेना में ही रहीं और उन्हें 'गोरखा' नाम दिया गया, जो उनका सही प्रजातीय नाम था। भारतीय सेना की अन्य रेजिमेंटों से अधिकारियों को उन ब्रिटिश अधिकारियों के स्थान पर भेजा गया, जो अपने घर जा रहे थे। इनमें से अधिकांश अधिकारी उन रेजिमेंटों से लिये गये, जो पाकिस्तान स्थानांतरित की जा रही थीं, जैसे फ्रंटियर फ़ोर्स और बलूच रेजिमेंट।

2/3 गोरखा राइफल्स उस समय 167 इंफैन्ट्री ब्रिगेड का हिस्सा थी, जिसकी कमांड ब्रिगेडियर बादशाह के पास थी। अक्टूबर 1955 में बटालियन जम्मू चली गई और उसके थोड़े समय बाद सगत को महू स्थित इंफैन्ट्री स्कूल में सीनियर ऑफिसर कोर्स के लिए नामित कर दिया गया। दिसंबर 1955 में उन्होंने लेफ्टिनेंट कर्नल जे.पी. डी'कुन्हा को कमांड सौंप दी, जो उनकी पूर्व बटालियन 3/3 गोरखा राइफल्स से आए थे। कोर्स पूर्ण करने पर

सगत को इंस्ट्रक्टर की ग्रेडिंग मिली और फिर उन्हें 3/3 गोरखा राइफल्स में बतौर कमांडिंग अफसर तैनात किया गया, जहां वे पहले सकेंड इन कमांड रह चुके थे। 3/3 गोरखा राइफल्स के सीओ को फ़रवरी 1956 में हटा दिया गया था और जब अप्रैल 1956 में सगत ने कमांड संभाली तब सेकंड इन कमांड मेजर पी.जे. हेफरनन कार्यकारी सीओ थे। बटालियन अभी भी धर्मशाला में थी, और सगत ने प्रशिक्षण के मानदंड और जवानों के मनोबल में सुधार के लिए गंभीरतापूर्वक कदम उठाने प्रारंभ कर दिये। परिणामस्वरूप, बटालियन ने उत्कृष्ट प्रदर्शन दिखाना प्रारंभ कर दिया और उसने फुटबॉल, बॉक्सिंग और शस्त्र कौशल में डिविजनल प्रतियोगिताएं जीतीं। एक अभ्यास के दौरान, अग्रिम गार्ड की भूमिका निभाते हुए, बटालियन इतनी तीव्र गति से आगे बढ़ी कि कोर कमांडर लेफ्टिनेंट जनरल (बाद में जनरल) जे.एन. चौधरी ने टिप्पणी कीः 'अग्रिम गार्ड की आगे बढ़ने की गति इतनी तेज थी कि उसे योजना के उद्देश्य से सामान्य नहीं कहा जा सकता।'

सगत की कमांड के दौरान हुई एक रोचक घटना खड* दौड़ से जुड़ी है। 3 सिख नजदीक ही स्थित थी और दोनों बटालियनों में बड़ी तीखी प्रतिद्वंद्विता थी। एक दिन सिखों के कमांडिंग अफसर ने कहा कि मेरे लड़के किसी भी वक्त गोरखों से आगे निकल सकते हैं, और उन्हें खड दौड़ की चुनौती दी। उन्होंने शायद मजाक में कहा हो, लेकिन सगत ने उस चुनौती को पूरी गंभीरता से लिया। उन्होंने कोर कमांडर के साथ-साथ डिविजनल व ब्रिगेड कमांडर को दौड़ के लिए आमंत्रित किया, जिसमें पंजाब उच्च न्यायालय के जस्टिस जी.डी. खोसला भी मौजूद थे। जब गोरखों ने दौड़ जीत ली, तब कोर कमांडर ने कहाः 'इसमें कोई संदेह नहीं कि पहाड़ी पर चढ़ते व उतरते वक्त कौन बेहतर था।' जस्टिस खोसला के लिए यह एक अनोखा अनुभव था और उनकी टिप्पणी थीः 'मैंने कभी ऐसा रोमांचक खेल नहीं देखा था। एक गोरखा को पहाड़ी से नीचे उतरते देखना बेहद आनंददायक था।'

अगस्त 1957 में बटालियन जम्मू-कश्मीर के पुंछ सेक्टर में एक ऑपरेशन क्षेत्र में चली गई। नवंबर 1957 में, सगत ने 3/3 गोरखा राइफल्स की कमांड लेफ्टिनेंट कर्नल पी. राघवन को सौंप दी और इंफैन्ट्री स्कूल चले गये, जहां उनको वरिष्ठ इंस्ट्रक्टर के तौर पर तैनात किया गया था। लगभग एक साल बाद उसी क्षमता में सगत को प्रशिक्षण टीम का जीएसओ 1 नियुक्त किया गया। अब उनके ऊपर प्रशिक्षण सामग्री तैयार करने की जिम्मेदारी थी। इसमें बाहरी और आंतरिक दोनों तरह के अभ्यासों की समीक्षा और पाठ्यक्रम का नवीनीकरण शामिल था ताकि नई अवधारणाओं और सामरिक सिद्धांतों को उसमें लाया जा सके। 1959 में उन्हें कर्नल रैंक पर पदोन्नत किया गया और दिल्ली स्थित सैन्य मुख्यालय में

* खड का मतलब होता है घाटी या खड़ी चढ़ाई; खड दौड़ पहाड़ियों और घाटियों में होने वाली क्रॉस कंट्री दौड़ होती है।

ही एडजुटेंट जनरल की शाखा में बतौर उपनिदेशक, कार्मिक सेवाएं, तैनात किया गया। अब उन्हें वृहद विषयों को संभालना था, जैसे वेतन, पेंशन, आचार नियमन, कल्याणकारी योजनाएं, और सेवा की नियम व शर्तें आदि। उन्होंने कर्नल (बाद में जनरल) डी.के. 'मॉन्टी' पालित का स्थान लिया, जिनको पदोन्नति प्रदान कर एक ब्रिगेड की कमांड सौंपी गई थी।

दिल्ली में एक छोटे कार्यकाल के उपरांत सगत को ब्रिगेडियर की रैंक पर पदोन्नत कर दिया गया और सितंबर 1961 में उन्हें आगरा स्थित 50 पैराशूट ब्रिगेड की कमांड सौंप दी गई। यह अभूतपूर्व था, क्योंकि वे एक पैराट्रूपर नहीं थे और वह बनने के लिए उन्हें अपने 'पंख' अर्जन करने पड़ते। उस समय वे 40 वर्ष से अधिक आयु के थे, और बहुत कम लोगों ने इस उम्र में छलांग लगानी शुरू की थी। लेकिन सगत को पता था कि पैराट्रूपर बिरादरी में स्वीकार किये जाने के लिए उन्हें प्रतिष्ठित 'पंख' हासिल करने ही थे, तभी वे अपना अधिकार चला सकते थे। उनको छलांगें शुरू करने से पहले कठिन परिवीक्षा पाठ्यक्रम से गुजरना था। समय बचाने के लिए, कभी-कभी उन्होंने एक ही दिन में दो छलांगें भी लगाईं और रिकॉर्ड समय में अपने 'पंख' प्राप्त कर लिये। उनकी उम्र के व्यक्ति के लिए वह कोई सामान्य उपलब्धि नहीं थी। पैराट्रूपर साहस और शारीरिक मजबूती पर बहुत महत्त्व देते हैं और सगत की सफलता ने ब्रिगेड में उनका कद इतना बढ़ा दिया कि कोई अन्य उपलब्दी ऐसा नहीं कर सकती थी। उस समय, 50 पैराशूट ब्रिगेड में केवल दो बटालियनें थीं, 1 पैरा और 2 पैरा। 2 पैरा हाल ही में जम्मू कश्मीर से आकर संरचना में जुड़ी थी। अपनी कमांड को जानने और प्रशिक्षण की स्थिति को भांपने के लिए सगत ने दोनों बटालियनों के लिए सामरिक अभ्यास रखे। यह गोवा ऑपरेशन में लाभदायक सिद्ध होने वाला था, जहां 2 पैरा को ऐसे ही ऑपरेशन को अंजाम देना पड़ा।

50 पैराशूट ब्रिगेड की कमांड संभालते वक्त ही सगत उभरकर आए और एक युद्ध नायक के तौर पर उनकी निपुणता प्रकट हुई। गोवा ऑपरेशन के दौरान उन्होंने सामरिक बुद्धिमत्ता और युद्ध में अवसरों को पकड़ने की क्षमता प्रदर्शित की—ऐसे गुण जो बहुत कम कमांडरों में पाए जाते हैं। सगत ने उस कहावत को सिद्ध किया कि कायर कभी युद्ध में सफल नहीं होते, जबकि निर्भीक, कठिन बाधाओं के बावजूद निरंतर विजय प्राप्त करते हैं। गोवा ऑपरेशन के दौरान उनके पराक्रम अब भारतीय सेना के किस्से बन गये हैं और उन्हें सैन्य विज्ञान के छात्रों के समक्ष उदाहरण के तौर पर प्रयोग किया जाता है।

इस पड़ाव पर गोवा का एक संक्षिप्त इतिहास जान लेते हैं। भारत में पुर्तगालियों की तीन एन्क्लेवों में गोवा सबसे बड़ा था, जिसका क्षेत्रफल 3,635 वर्ग किलोमीटर और आबादी लगभग 600,000 थी, जिसमें से आधे हिंदू थे। दो अन्य एन्क्लेव थे दमन व दीव, जो गोवा से 500 किलोमीटर उत्तर में स्थित थे। दमन में दादर व नगर हवेली के परगना (परगना जिले का उप खंड होता है) मिलाकर 213 वर्ग किलोमीटर का क्षेत्रफल था और 60,000 की

आबादी। दीव और अधिक छोटा था, जिसका 39 वर्ग किलोमीटर क्षेत्रफल और 20,000 की आबादी थी। बाकी भारत की तरह इन कॉलोनियों में भी स्वतंत्रता संग्राम की लपटें उठ चुकी थीं, और जब 1947 में अंग्रेज भारत छोड़कर चले गये, तब गोवा के लोगों में भी आजादी की मांग जोर पकड़ने लगी।

जुलाई 1954 में, गोवा संयुक्त मोर्चा के स्वयंसेवकों ने दादर और नागर हवेली को मुक्त करा लिया। एक वर्ष बाद 15 अगस्त 1955 को लगभग 3000 लोगों ने सत्याग्रह करने के लिए गोवा में प्रवेश किया। पुलिस ने उन पर फायरिंग कर दी, जिसमें बड़ी संख्या में प्रदर्शनकारी मारे गये और जख्मी हो गये। इससे भारतीय जनमानस में रोष व्याप्त हो गया और गोवा को मुक्त कराने के लिए भारत सरकार पर काफी दबाव आ गया। पुर्तगाल सरकार ने भारत सरकार की सभी पेशकश ठुकरा दीं और मुद्दे पर बातचीत के लिए भी तैयार नहीं हुई। 1960 में यह मुद्दा संयुक्त राष्ट्र में उठाया गया, लेकिन पुर्तगाल ने अपनी कॉलोनियों की कोई भी जानकारी देने से इंकार कर दिया। इसके परिणामस्वरूप 1961 में यूएन ट्रस्टीशिप काउंसिल ने प्रस्ताव पारित कर पुर्तगाल के इंकार की निंदा की और सभी सदस्य देशों से 'पुर्तगाल को ऐसी सभी मदद बंद' करने के लिए कहा गया जो पुर्तगाली प्रशासन के अधीन गैर स्वायत्त क्षेत्रों के लोगों पर आधिपत्य जमाने में प्रयोग होती हों। अक्टूबर 1961 में पुर्तगाली कॉलोनियों पर नई दिल्ली में आयोजित एक गोष्ठी के दौरान प्रधानमंत्री नेहरू ने संकेत दिया कि भारत ने कॉलोनियों को मुक्त कराने के लिए 'अन्य तरीकों' पर विचार करना प्रारंभ कर दिया है। सैन्य ऑपरेशन की संभावना को लेकर सेना को भी चेता दिया गया, ताकि वह तैयारी शुरू कर सके। 18 नवंबर 1961 को पुर्तगालियों ने भारतीय जहाज—एसएस साबरमती—पर अंजीदीव द्वीप से फायरिंग की, जिसमें मुख्य अभियंता घायल हो गये, तब भारत सरकार ने कार्रवाई करने का निर्णय लिया और सेना को कॉलोनियों में प्रवेश करने के आदेश दिये। भारतीय नौसेना के दो युद्ध जहाज—कृपाण और राजपूत—को 28 नवंबर को बंबई से कारवार तट पर भेजा गया। 30 नवंबर 1961 को, सरकार ने तीनों सेनाओं का संयुक्त ऑपरेशन चलाकर गोवा व पुर्तगाली नियंत्रण में सभी क्षेत्रों को मुक्त कराने का निर्णय लिया।

29 नवंबर 1961 को, सगत के पास सैन्य मुख्यालय से 'मॉन्टी' पालित – जो निर्देशक, सैन्य ऑपरेशन थे - का फोन आया और उनसे तुरंत दिल्ली आने को कहा। सगत ने पैराट्रूपर्स प्रशिक्षण स्कूल से एक डकोटा मांगा और एक घंटे से भी कम समय में पालित के कार्यालय पहुंच गये। वहां उन्हें गोवा को मुक्त कराने वाले ऑपरेशन और अपनी भूमिका के बारे में पता चला। उनको बताया गया कि सीजीएस, लेफ्टिनेंट जनरल बी.एम. कौल योजनाओं को अंतिम रूप देने के लिए उसी दिन एक बैठक करने वाले थे। सगत ने अगले कुछ घंटे उस भूभाग का अध्ययन करने में बिताए और गोवा के संक्षिप्त इतिहास से परिचय पाया।

शाम को हुई बैठक में, सगत को बताया गया कि उनकी ब्रिगेड से एक बटालियन समूह को विमानस्थ (एयरबोर्न) भूमिका के लिए प्रयोग किया जाएगा। क्योंकि समय और नदियों की बाधाएं, चिंता का मुख्य कारण थीं, इसलिए सगत ने सुझाव दिया कि 2 पैरा को पोंडा क्षेत्र में रात्रि के वक्त उतारा जाए, ताकि सैंक्वेलिम, बिचोलिम, उसगांव और कान्देपर नदियों की जल बाधाओं को पार किया जा सके। वहां उपस्थित ऑपरेशन कमांड के एओसी-इन-सी ने रात्रि के वक्त जवानों को उतारने में असमर्थता जताई। सगत ने फिर सुझाव दिया कि एक कंपनी को भोर में और दूसरी को दिन निकलते ही उतारा जाए और बाकी बटालियन को दिन में उतारा जा सकता था। उनका यह प्रस्ताव स्वीकार कर लिया गया और सगत उच्च मनोबल लिए आगरा लौट आए। अगले दिन, जब वहां गोवा में उतरने के बारे में पता चला, तो ब्रिगेड में उत्साह और हर्ष की लहर दौड़ गई। 2 पैरा को बेगमपट (हैदराबाद) ले जाया गया और फौरन उतरने की तैयारी शुरू कर दी गई।

गोवा का भूभाग बचाव की दृष्टि से उपयुक्त था, और नदियों व आंतरिक खाड़ियों की वजह से शस्त्रों के प्रयोग में बाधा थी। पुर्तगालियों के पास इंफैन्ट्री की लगभग तीन बटालियनें और एक चलित बख्तरबंद गाड़ियों का स्क्वाड्रन था। नौसेना तत्वों में 120 एमएम तोपों से लैस अलब्यूकर्क नामक एक युद्धपोत था। वायुसेना नाम के लिए भी नहीं थी, केवल पुर्तगाली नागरिक उड्डयन के दो वाहक विमान थे। पुर्तगाली बलों में गोवा के सैनिकों को मिलाकर कुल 5000 गोवा में थे और दमन व दीव प्रत्येक के पास 750 थे।

गोवा को मुक्त कराने के लिए 'विजय' नामक ऑपरेशन के लिए 14 दिसंबर 1961 की तिथि तय की गई। दक्षिणी कमांड के जीओसी-इन-सी लेफ्टिनेंट जनरल जे.एन. चौधरी, को इस कार्य को अंजाम देने की जिम्मेदारी सौंपी गई। अंतर्राष्ट्रीय हस्तक्षेप और पुर्तगाल से गोवा को सैन्य मदद पहुंचने से पहले यह आवश्यक था कि ऑपरेशन त्वरित और निर्णायक हो। त्वरित मूल्यांकन के उपरांत चौधरी ने दो तरफ से हमला करने का निर्णय लिया। 17 इंफैन्ट्री डिविजन के साथ मुख्य बल को गोवा में पूर्व की ओर से प्रवेश करना था, जबकि सगत सिंह के नेतृत्व में 50 पैराशूट ब्रिगेड को उत्तर की तरफ से सहायक बल का काम करना था। 17 इंफैन्ट्री डिविजन के जीओसी मेजर जनरल के.पी. कैन्डेथ को कार्यबल की समग्र कमांड सौंपी गई। दमन और दीव को भी एक-एक बटालियन द्वारा साथ-साथ काबू करना था, जबकि नौसेना को अंजिदीव द्वीप पर कब्जा करना था और मारगाओ, वास्को और दमन की बंदरगाहों की घेराबंदी करनी थी। भारतीय वायुसेना को डाम्बोलिम स्थित हवाईक्षेत्र और बाम्बोलिम स्थित वायरलेस स्टेशन को तबाह करने के साथ-साथ जमीन पर जवानों को नजदीकी सहायता प्रदान करने की जिम्मेदारी दी गई। यह सुनिश्चित करने के लिए कि बाधाओं के कारण भारतीय सैनिकों को कहीं रुकना न पड़े, मुख्य टुकड़ी के साथ बड़ी संख्या में पुल बनाने के उपकरण समूहीकृत कर दिए गये थे। पैराशूट ब्रिगेड के बटालियन

समूह द्वारा पणजी के निकट एक पैरा ड्रॉप की भी योजना थी, ताकि पुर्तगालियों द्वारा नष्ट करने से पहले प्रमुख पुलों पर कब्जा किया जा सके।

50 पैरा ब्रिगेड ने आगरा से 2 दिसंबर को प्रस्थान किया और 6 दिसंबर को बेलगाम पहुंच गई। अब तक, भारतीय वायुसेना द्वारा मदद से इंकार कर देने के कारण, 2 पैरा का ड्रॉप रद्द कर दिया गया था, और जो बटालियन पहले बेगमपट पहुंची थी, वह भी ब्रिगेड के साथ संकेंद्रण क्षेत्र में जुड़ गई। एक अन्य बटालियन बेलगाम में ब्रिगेड के साथ जुड़ी और उसकी तीसरी बटालियन बन गई। यह 2 सिख लाइट इंफैन्ट्री बटालियन थी, जो मद्रास में गैरिसन सेवाएं प्रदान कर रही थी और लंबे समय से उसका सामूहिक प्रशिक्षण नहीं हुआ था। उनके पास उपकरण भी पर्याप्त नहीं थे, यहां तक कि बूट भी नहीं थे। साथ ही, पैरा यूनिट न होने के कारण उनमें सौहार्द और 'रेड बेरेट्स' का उत्साह भी नहीं था। तथापि, सगत ने उनका स्वागत किया और अपना पूरा प्रयास किया कि उनको वहां अपनापन लगे। क्योंकि पुर्तगाली आर्मर के संग मुठभेड़ की संभावना थी, इसलिए सगत को 7 लाइट कैवेलरी दी गई थी, जिसमें एक स्क्वाड्रन कम था, जिसमें स्टुअर्ट टैंक थे। इसके अलावा, 8 कैवेलरी की बी स्क्वाड्रन थी, जिसमें एएमएक्स टैंक थे। तथापि, वायुवाहित भूमिका हेतु डिजाइन होने के कारण, ब्रिगेड में परिवहन सुविधा खेदजनक रूप से कम थी। काफी मनाने के बाद, सगत कुछ निसान एक टन ट्रक लेने में कामयाब रहे।

ब्रिगेड 13 दिसंबर को सवंतवाडी पहुंच गई और फिर 16 दिसंबर को डोडामार्ग से पूर्व में स्थित अपने जमाव स्थल पहुंची। इस बीच, 17 इंफैन्ट्री डिविजन ने भी 2 दिसंबर को अंबाला से चलना शुरू कर दिया था और 12 दिसंबर को बेलगाम में आकर एकत्रित हो गई। 13 दिसंबर को दक्षिणी कमांड मुख्यालय ने बेलगाम में एक सामरिक मुख्यालय स्थापित किया, जहां से आर्मी कमांडर और उनके स्टाफ को कार्य संचालित करना था। ऑपरेशन में हमले के लिए पहले 14 दिसंबर की तिथि तय की गई थी, लेकिन इसे कुछ दिन बढ़ाना पड़ा क्योंकि लड़ाई को टालने का प्रयास करते हुए कुछ कूटनीतिक प्रयास किये जा रहे थे। अंततः यह निर्णय हुआ कि ऑपरेशन 18 दिसंबर की रात को प्रारंभ किया जाएगा।

हमले से तीन दिन पहले, चीफ ऑफ आर्मी स्टाफ जनरल पी.एन. थापर और उनके साथ एडजुटेंट जनरल लेफ्टिनेंट जनरल पी.पी. कुमारमंगलम, और आर्मी कमांडर लेफ्टिनेंट जनरल जे.एन. चौधरी ने ब्रिगेड का दौरा किया और सगत ने उनको ऑपरेशन के बारे में अपनी योजना बताई। प्रस्तुति के अंत में, आर्मी कमांडर ने कुछ संदेह व्यक्त किया। उनको लगा कि सगत की टाइमिंग कुछ ज्यादा ही आशावादी थी और शायद उनको लागू कर पाना संभव नहीं होगा। लेकिन सगत ने जोर देकर कहा कि टाइमिंग व्यावहारिक हैं और सभी आगंतुक ब्रिगेड को अपनी शुभकामनाएं देकर लौट गये। सामरिक मुख्यालय पहुंचकर

आर्मी कमांडर ने अपनी शंका अपने स्टाफ के लोगों के समक्ष रखी। लेकिन एयर वाइस मार्शल पिंटो, और चीफ ऑफ स्टाफ मेजर जनरल पी.ओ. डन्न, के अलावा आईबी के जी.एन. हंडू, जो सगत को भलीभांति जानते थे, ने उनके निर्णय का समर्थन किया और सगत को अपनी योजना के मुताबिक आगे बढ़ने की अनुमति प्रदान कर दी गई। क्योंकि सगत ने पहले से ही चार घंटे का समय अतिरिक्त रखा था, अंततः वे अनुमानित समय से काफी आगे रहने में सफल रहे।

50 पैराशूट ब्रिगेड को उत्तर की दिशा से बढ़ने का सहायक कार्य सौंपा गया था, प्रमुख रूप से उस क्षेत्र में पुर्तगाली सैनिकों को व्यस्त रखने के लिए। हालांकि, सगत आदेशों में बंधने वालों में से नहीं थे, और उन्होंने अपने लिए एक बड़ी भूमिका पहले ही सोच रखी थी। उन्होंने एक वृहद अग्रभाग पर दो मार्गों पर आगे बढ़ने का निर्णय लिया, जिसमें आर्मर और तोपखाने से समर्थित वाहन वाहित बटालियन दोनों मार्गों पर चलनी थी। उनका तर्क था कि अगर उन्हें एक मार्ग पर रोक दिया गया, तो दूसरी तरफ से बढ़ना जारी रहेगा और रिजर्व बटालियन का प्रयोग करते हुए गोवा में अंदर पणजी तक बढ़ा जा सकता था, चाहे वह बिचोलिम-मापुआ-पणजी खाड़ी की तरफ से या फिर सैक्वेलिम-उसगांव-पॉन्डा-वेल्हा-गोवा की ओर से हो। 7वीं कैवेलरी के एक स्क्वाड्रन और 8वीं कैवेलरी के एक ट्रूप से समर्थित 2 सिख लाइट इंफैन्ट्री समूह को बिचोलिम की तरफ से बढ़ने का कार्य दिया गया। बाकी बची 7वीं कैवेलरी और 8वीं कैवेलरी के ट्रूप से समर्थित 2 पैरा को सैंक्वेलिम की ओर से बढ़ने को कहा गया, 1 पैरा को रिजर्व में रखा गया।

हालांकि ऑपरेशन 18 दिसंबर की रात को शुरू होना था, लेकिन सगत ने एक रात पहले लड़ाकू गश्त भेजने का निर्णय लिया ताकि सीमा पर चौकियों पर काबू पाया जा सके। इससे अगली सुबह मुख्य कॉलम को सीमा पार करने में सहायता मिलती। इसी के अनुरूप सगत ने एक रात पूर्व ही 1 पैरा से दो सीमा चौकियों पर कब्जा करने को कहा और 2 पैरा को 'तस्करों के मार्ग' से आगे बढ़ते हुए सैंक्वेलिम नदी पर बने एक पाट वाले 110 फुट लंबे पुल पर कब्जा करने के निर्देश दिये। दुर्भाग्य से जब ये शुरुआती ऑपरेशन चल रहे थे, तब आकाशवाणी ने मध्यरात्रि के बाद यह घोषणा करके खेल खराब कर दिया कि भारतीय सैनिक गोवा में प्रवेश कर रहे हैं। इस कारण इस प्रकार के ऑपरेशनों में महत्वपूर्ण माने जाने वाला आश्चर्य तत्व समाप्त हो गया। 2 पैरा की एक कंपनी, रात्रि में तीव्र गति से बढ़ती हुई पुल के 200 गज की दूरी पर पहुंच गई थी, तभी कुत्तों के भौंकने से सुरक्षा में तैनात सैनिक सजग हो गये और बहुत तेजी से विस्फोट करके उड़ा दिया और भाग गये। पुर्तगाली गवर्नर जनरल और कमांडर-इन-चीफ, मेजर जनरल वसालो डी सिल्वा, इंजीनियर्स से थे, और उन्होंने सभी पुलों में विध्वंस चैंबर बनाए थे, जिनमें तुरंत विध्वंस करने के लिए विस्फोटक लगे थे। तथापि 2 पैरा की कंपनी ने पार करने का एक सुरक्षित स्थान खोज लिया और अपने किनारे

पर कब्ज़ा कर लिया। इससे भारतीय टैंक, बंदूकें और वाहन सुरक्षित पार हो गये। पुर्तगाली सभी विध्वंस विस्फोटक नहीं चला पाए थे, केवल पुल के दोनों सिरों पर लगे विस्फोटक ही चले थे। पुल का पाट नीचे गिर गया था, लेकिन टूटा नहीं था। मैरीन जैक लगाकर पाट को उठा दिया गया और दोनों छोरों पर आधार बनाकर, पुल को जल्द ही चालू कर दिया गया। 1 पैरा ने इब्रामपुर, मॉलिंग्वेम और डोरोमाओगा गांवों पर 18 दिसंबर की पहली किरण निकलने तक कब्जा कर लिया, हालांकि उसे कुछ नुकसान भी उठाना पड़ा।

17 इंफैन्ट्री डिविजन ने 18 दिसंबर की भोर में अपने जमाव क्षेत्र से आगे बढ़ना शुरू किया, जिसमें 63 इंफैन्ट्री ब्रिगेड अगुवाई कर रही थी। योजना के मुताबिक मोल्लम के रास्ते पोंडा तक बढ़ना था। उसका अनुसरण कर रही 48 इंफैन्ट्री ब्रिगेड को पोंडा में उसे पास करते हुए पणजी की ओर जाना था, जो अंतिम उद्देश्य था। क्योंकि अग्रसरण पैदल किया जाना था और अग्रणी ब्रिगेड का अनुसरण कर रही सेतु टुकडी के असामान्य रूप से बड़ी होने के कारण, 48 इंफैन्ट्री ब्रिगेड अपना अग्रसरण बना कर नहीं रख पाई और जब वह शाम को कैन्डेपर नदी पर पहुंची तो पता चला वहां पैराट्रूपर पहले से ही पहुंच चुके थे। पैराशूट ब्रिगेड की दो बटालियनें, 2 पैरा और 2 सिख लाइट इंफैन्ट्री भी 18 दिसंबर को दिन निकलते ही चल पड़ी थीं। अभिसरण की ओर बढ़ते हुए, उन्होंने विस्फोट से उड़ाए हुए पुलों से खुद को मार्ग में बाधा नहीं बनने दी और तैर कर पार आ गये। भारी उपकरणों का न होना, दुश्मन की तरफ से हल्का विरोध और कुशल नेतृत्व ने इसे संभव बना दिया। परिणामस्वरूप, पैराट्रूपरों ने शानदार बढ़त बनाई और उम्मीद से ज्यादा अर्जित कर लिया। 0830 बजे तक 2 सिख लाइट इंफैन्ट्री ने बिचोलिम को प्राप्त कर लिया था; 1030 बजे तक 2 पैरा सैंक्वेलिम पहुंच गई और 1730 बजे तक उन्होंने पोंडा पर कब्जा कर लिया। दो बड़ी बाधाओं-उसगांव और कैन्डेपर नदी-के बावजूद उन्होंने यह कर दिखाया, जिन्हें उन्होंने कामचलाऊ बेड़ा और हेलकर नदी पार करने की प्रक्रिया से पार किया।

जब उसगांव नदी को पार कर लिया गया, सगत को लगा कि अब 1 पैरा को रिजर्व में रखने की आवश्यकता नहीं थी, और उन्होंने उसे आदेश दिया कि पिलिगाव में बेड़ा पार करके सीधे बैनेस्टरिम की तरफ जाए। सगत की शुरुआती योजना के अनुसार, पणजी पहुंचने के बाद 2 पैरा को शहर के नजदीक एक मजबूत आधार बनाना था, जबकि 1 पैरा को निर्मित क्षेत्र में संभावित प्रतिरोध को साफ करना था। लेकिन, दुश्मन की ओर से प्रतिरोध का अभाव और आगे बढ़ने की गति ने परिस्थिति को बदल दिया था। बेलगाम स्थित दक्षिणी कमांड के सामरिक मुख्यालय में एक और गतिविधि हुई। एक वायरलेस इंटरसेप्ट से संकेत मिला कि पुर्तगाली गवर्नर जनरल ने आत्मसमर्पण के बारे में विचार करने के लिए अगले दिन सुबह 0800 बजे एक बैठक बुलाई थी। जब इस बारे में बताया गया, तो आर्मी कमांडर को लगा कि पुर्तगाली युद्ध हार गये। और जब उन्होंने 17 इंफैन्ट्री डिविजन की धीमी वृद्धि और 50

पैरा ब्रिगेड का त्वरित अग्रसरण देखा, तो उन्होंने योजना बदलने का निर्णय लिया। पणजी पर कब्जा करने का कार्य जो पहले 17 डिविजन को दिया गया था, पैराट्रूपर्स को दे दिया गया, और उन्हें रात में अग्रसरण पुनः जारी रखने के लिए कहा गया। सिग्नल संचार में खराबी के कारण यह संदेश 17 इंफैन्ट्री डिविजन मुख्यालय तक नहीं पहुंचा, जिसने 50 पैरा ब्रिगेड को पोंडा में आधार जमाने और 48 ब्रिगेड को पणजी पर कब्जा करने का कार्य दे रखा था। तथापि, लेफ्टिनेंट जनरल चौधरी ने स्वयं व्यक्तिगत तौर पर 50 पैरा ब्रिगेड के ब्रिगेड मेजर से बात करके निर्देश दिये, क्योंकि सगत उस समय 2 पैरा के दौरे पर गये थे। संयोग से 50 पैरा ब्रिगेड का पूरे ऑपरेशन के दौरान बेलगाम के साथ संपर्क बना रहा। इसका श्रेय उस रेडियो रिले डिटैचमेंट को जाता था, जो सगत ने सिग्नल ऑफिसर इन चीफ मेजर जनरल आर.एन. बत्रा से लिया था।

2 सिख लाइट इंफैन्ट्री का अग्रसरण शुरुआत में धीमा था, जबकि उसका नेतृत्व 7 कैवेलरी के स्क्वाड्रन और एएमएक्स टैंक के ट्रूप द्वारा किया जा रहा था। सगत को लगा कि उनकी धरती पकड़ आदत के कारण उनकी बढ़त धीमी पड़ गई। सगत को उनके अग्रसरण की गति बढ़ाने के लिए काफी दबाव बनाना पड़ा, ताकि अंतिम रात्रि तक वे पणजी खाड़ी के बेंटिम बेड़े तक पहुंच सकें। अब तक, 1 पैरा पणजी के बाहरी क्षेत्र में पहुंच चुकी थी। 18 दिसंबर की शाम तक अपने आसपास दो बटालियनों के साथ 50 पैरा ब्रिगेड शहर को पूर्व और उत्तर दो दिशाओं से कब्जा करने के लिए तैयार थी। मगर, अंधेरा घिर चुका था, और सगत रात के वक्त निर्मित क्षेत्र में प्रवेश नहीं करना चाहते थे। उन्होंने 1 पैरा और 2 सिख लाइट इंफैन्ट्री को ठहरने और रात्रि में आश्रय स्थापित करने के आदेश दिये।

19 दिसंबर की सुबह, बेटिम बेड़े का प्रयोग करते हुए, 2 सिख लाइट इंफैन्ट्री के कुछ सैनिकों ने पणजी खाड़ी को पार कर लिया और 0800 बजे पणजी पहुंच गये। थोड़ी देर बाद ही, 1 पैरा भी पणजी पहुंच गई। सीमा कर भवन से हल्की फायरिंग के अलावा बहुत ज्यादा प्रतिरोध नहीं हुआ और 0900 बजे तक शहर भारतीय हाथों में था। एक उल्लेखनीय संयोग यह रहा कि दोनों बटालियनों के कमांडिंग अफसरों के नाम एक ही थेः सुच्चा सिंह। हालांकि, 1 पैरा के लेफ्टिनेंट कर्नल सुच्चा सिंह को वीआरसी और एमसी प्रदान किया गया, लेकिन यह 2 सिख लाइट इंफैन्ट्री के लेफ्टिनेंट कर्नल सुच्चा सिंह थे जिन्होंने एक घंटा पहले पहुंच कर दौड़ जीती और ऑफिसर्स मेस में एकत्रित पुर्तगाली जवानों का आत्मसमर्पण कराने का गौरव प्राप्त किया। गवर्नर जनरल और कमांडर-इन-चीफ मेजर जनरल वसालो डी सिल्वा मर्मगाओ भागने में सफल रहे और बाद में आत्मसमर्पण किया। नौसेना ने एक दिन पहले ही अंजिदीव द्वीप पर कब्जा करने के साथ ही पुर्तगाली युद्धपोत अल्ब्यूकर्क को डुबो दिया था। 1100 बजे, लेफ्टिनेंट जनरल चौधरी अपने साथ एयर वाइस मार्शल पिंटो को लेकर हेलीकॉप्टर से वहां पहुंचे और सचिवालय

भवन पर तिरंगा फहराया। 24 घंटों से कुछ अधिक समय तक चले ऑपरेशन के बाद गोवा को मुक्त करा लिया गया था।

आम धारणा के विपरीत पुर्तगाली बिना लड़े अपनी कॉलोनियां को नहीं सौंपते। गोवा में प्रतिरोध बहुत सीमित हुआ, लेकिन दमन व दीव में उन्होंने कड़ा प्रतिरोध किया। भारतीय वायरलेस स्टेशन को तबाह कर दिये जाने के कारण गोवा व अन्य कॉलोनियों के साथ संचार बाधित हो गया और शायद इसी कारण पुर्तगाली इतना उत्साही रक्षा मोर्चा खड़ा कर पाए। तथापि, भारतीय वायु सेना व भारतीय नौसेना की मदद और तोपखाने की भारी गोलाबारी के चलते 19 दिसंबर को दमन और दीव दोनों पर कब्जा कर लिया गया। इसके परिणामस्वरूप कुछ सैनिकों और आम नागरिकों की भी मौतें हुईं।

ऑपरेशन से पहले, पैराशूट ब्रिगेड और जमीन पर उसकी भूमिका को लेकर काफी अटकलें थीं। बल्कि एयर वाइस मार्शल पिंटो और आईबी निदेशक श्रीमान हंडू ने शर्त लगा ली थी और पैराटूपरों ने जो अपने लिए टाइमिंग रखी थी उस पर दांव लगाया गया था। आत्मसमर्पण के उपरांत जब चौधरी के साथ पिंटो पणजी आए तो उन्होंने सगत का आभार जताते हुए बताया कि वे 500 रुपये हार गये थे। आर्मी कमांडर ने तीन शर्तें लगाई थीं और तीनों हार गये। गोवा ऑपरेशन का दूसरा रोचक पहलू यह था कि पुर्तगाली प्राधिकारियों ने भारतीय सैनिकों के बारे में बर्बर और अनुशासनहीन होने का दुष्प्रचार फैला दिया था, ताकि उनके सैनिक सख्त रवैया अख्तियार करें। वास्तव में इसका एकदम विपरीत असर पड़ा। आत्मसमर्पण के बाद, जब 1 पैरा अल्टिन्हो सैन्य शिविर में पहुंची तो उन्होंने बड़ी संख्या में अंडरवियर बनियान पहने पुर्तगाली अधिकारियों और जवानों को सहमे हुए पाया। जब पूछा गया कि उन्होंने इतने अजीब ढंग से कपड़े क्यों पहने थे, तो उन्होंने स्वीकारा कि उन्हें बताया गया था कि भारतीय जवान वर्दी पहने सभी लोगों को मार देंगे। लेफ्टिनेंट कर्नल सुच्चा सिंह, वीआरसी, एमसी और उनके जवान इस मूर्खता पर जमकर हंसे।

हालांकि गोवा ऑपरेशन अपनी अपेक्षानुसार चला, लेकिन जिस गति से भारतीयों ने अग्रसरण किया, उसने कई पर्यवेक्षकों को हैरान किया। इसका श्रेय सगत और उनके जवानों को जाता है जिन्होंने दिए गए कार्य से अधिक किया और पणजी पहुंचे, जो कि उन्हें करने को नहीं कहा गया था। इस तथ्य से, कि 17 इंफैन्ट्री डिविजन, अपने पास तमाम उच्चतर संसाधन और दुश्मन की तरफ से प्रतिरोध न होने के बावजूद, बहुत कम उन्नति कर पाई, पता चलता है कि मंजिल आसान नहीं थी। अगर पैराटूपर सफल हुए तो उसके पीछे उनकी बेहतर युद्ध भावना, मनोबल और नेतृत्व था। जोखिम उठाने की क्षमता और क्षणिक अवसरों का अपने हक में लाभ उठाना एक सफल सेना नायक की पहचान होती हैं, और सगत ने निस्संदेह यह सिद्ध किया कि उनके अंदर ये गुण कूट-कूट कर भरे थे। मुश्किल से एक साल बाद चीन के सामने भारतीय जवानों की विफलता इस बिंदु को उजागर करती है

कि सैनिकों की तमाम लड़ाकू क्षमताओं के बावजूद, यह नेतृत्व की गुणवत्ता होती है जो युद्ध में निर्णायक सिद्ध होती है।

जून 1962 के मध्य तक, 50 पैरा ब्रिगेड फिर से आगरा पहुंच गई। एक दिन सगत सादे कपड़ों में क्लाक्र्स शिराज होटल में थे। वहां कुछ अमेरिकी सैलानी भी थे, जो निरंतर उनकी ओर देखे जा रहे थे। अंततः उनमें से एक ने सगत से पूछा कि क्या वे ब्रिगेडियर सिंह हैं? सगत ने हां में जवाब दिया, और फिर उस अमेरिकी से पूछा कि उसने उन्हें कैसे पहचाना। अमेरिकी ने जवाब दिया कि हाल में वे लोग पुर्तगाल घूमने गये थे और उन्होंने वहां हर कैफे व रेस्तरां में सगत का फोटो लगा देखा, जिसके नीचे लिखा था कि जो भी इस व्यक्ति को पकड़कर पुर्तगाली सरकार को सौंपेगा उसे 10,000 डॉलर का पुरस्कार दिया जाएगा। सगत जमकर हंसे और खुद को गिरफ्तार करने की पेशकश की, लेकिन अमेरिकियों ने यह कहते हुए मना कर दिया कि वे लोग अब वापस लिस्बन नहीं जा रहे हैं।

जहां ऑपरेशन विजय उसमें भाग लेने वाले जवानों के लिए संपूर्ण रूप से एक सैन्य ऑपरेशन था, वहीं भारत सरकार ने इसे एक पुलिस कार्रवाई कहा। सगत समेत तमाम अधिकारियों के लिए शौर्य पुरस्कारों की सिफारिशें की गईं, लेकिन रक्षा मंत्री कृष्णा मेनन ने निर्णय लिया कि क्योंकि वह एक पुलिस कार्रवाई थी, इसलिए पुरस्कार नहीं दिये जा सकते। जाहिर था, कोई इन बातों में नहीं आया। कई सालों बाद, जब सगत 4 कोर की कमांड संभाल रहे थे, तब उस समय असम के राज्यपाल बी.के. नेहरू ने उन्हें एक रोचक किस्सा सुनाया। 1961 में नेहरू वॉशिंगटन में भारतीय राजदूत थे। गोवा मुक्ति के बाद, वे उन परिस्थितियों को समझाने के लिए राष्ट्रपति कैनेडी से मिले, जिनके कारण भारत सरकार को ऑपरेशन चलाना पड़ा। कैनेडी ने उनसे कहा कि वे समझते हैं कि भारत ने जो किया वह अपने भूराजनीतिक कारणों से किया। लेकिन जो चीज उनको समझ नहीं आई वो ये कि भारत सरकार ने एक सैन्य ऑपरेशन को पुलिस कार्रवाई बताने का प्रयास क्यों किया और दूसरी तरफ विविध मंचों पर अहिंसा का उपदेश देती रहती है। कैनेडी हंसे और बोले कि यह वैसा ही था, जैसे कोई पादरी वेश्यालय में पकड़ा जाए।

जनवरी 1964 में, सगत ने 50 पैरा ब्रिगेड की कमांड ब्रिगेडियर ए.एम.एम. नाम्बियार को सौंप दी और दिल्ली स्थित नेशनल डिफेंस कॉलेज में चतुर्थ पाठ्यक्रम करने चले गये। वहां एक वर्ष बिताने के बाद उन्हें जनवरी 1965 में 11 कोर में बतौर ब्रिगेडियर जनरल स्टाफ तैनात किया गया। इस पद पर उन्होंने मुश्किल से छह महीने ही बिताए थे, कि उन्हें जुलाई 1965 में पदोन्नति प्रदान करते हुए मेजर जनरल बना दिया गया और उन्होंने बतौर जीओसी 17 माउंटेन डिविजन में मेजर जनरल हर प्रसाद का स्थान लिया। डिविजन उस समय सिक्किम में थी, और उनके कार्यभार संभालते ही वहां एक समस्या खड़ी हो गई। 1965 में पाकिस्तान की मदद करने के लिए चीन ने अंतिमेथम जारी कर मांग रखी कि

भारत नाथू ला और जेलेप ला से अपनी चौकियां हटा ले। कोर मुख्यालय के मुताबिक, 17 माउंटेन डिविजन का मुख्य रक्षा मोर्चा छंगू में था, जबकि नाथू ला केवल एक पर्यवेक्षण चौकी थी। बगल के सेक्टर में जहां 27 माउंटेन डिविजन के सैनिक तैनात थे, वहां जेलेप ला को भी पर्यवेक्षण चौकी माना जाता था और मुख्य रक्षा मोर्चा लुंग्थू में था। युद्ध की स्थिति में, डिविजन कमांडरों को यह अधिकार दिया गया था कि वे चौकियों को खाली करके मुख्य रक्षा स्थलों पर चले जाएं। इसके अनुरूप, कोर मुख्यालय द्वारा दोनों डिविजनों को नाथू ला और जेलेप ला को खाली करने के आदेश जारी कर दिये गये।

सगत इन आदेशों से सहमत नहीं थे। नाथू ला और जेलेप ला दर्रे जलविभाजन रेखा पर थे, जो प्राकृतिक सीमा भी थी। जिस मैकमोहन रेखा को भारत अंतर्राष्ट्रीय सीमा होने का दावा करता था, वह जल विभाजन का सिद्धांत मानती थी और भारत व चीन इस मुद्दे पर तीन साल पहले युद्ध लड़ चुके थे। जल विभाजन पर स्थित दर्रों को खाली करने से चीन को निगरानी करने और भारत में फायरिंग करने का सामरिक लाभ होता, जबकि भारतीय सैनिक इस सुविधा से वंचित रह जाते। नाथू ला और जेलेप ला इसलिए भी महत्वपूर्ण थे क्योंकि वे भारत और तिब्बत के बीच व्यापार मार्ग पर स्थित थे और चुंबी घाटी की तरफ से प्रवेश का एक मात्र माध्यम थे। यंगहसबैंड ने 65 साल पहले अपने अभियान के दौरान इसी मार्ग का प्रयोग किया था, और उसे थाली में सजाकर दुश्मन को परोसना सगत के अनुसार एक अच्छी सैन्य रणनीति नहीं थी। सगत ने यह भी तर्क दिया कि चौकियां खाली करने का अधिकार डिविजन कमांडर के पास था और इस बारे में वे कोर मुख्यालय के निर्देशों को मानने के लिए मजबूर नहीं थे।

इस घटनाक्रम में, 27 माउंटेन डिविजन ने जेलेप ला को खाली कर दिया, जिस पर चीन ने तुरंत कब्जा जमा लिया। लेकिन, सगत ने नाथू ला को खाली करने से इंकार कर दिया और जब चीन ने युद्धरत होते हुए फायरिंग आरम्भ की तो सगत ने भी अपनी तोपों और मोर्टरों से फायर खोल दिया, जबकि कोर ने तोपखाने के प्रयोग पर रोक लगा रखी थी। कोर कमांडर लेफ्टिनेंट जनरल (बाद में जनरल) जी. जी. बेवूर आगबबूला हो गये और सगत से बात करने का प्रयास किया और उनसे अपनी कार्रवाई का स्पष्टीकरण देने को कहा। लेकिन सगत अग्रिम सैनिकों के साथ थे और अपने मुख्यालय पर उपस्थित नहीं थे, तो उनके जीएसओ 1, लेफ्टिनेंट कर्नल लखपत सिंह को बेवूर का गुस्सा झेलना पड़ा।

चीनियों ने नाथू ला पर लाउड स्पीकर लगा दिये थे और उन्होंने भारतीयों को चेतावनी दी कि अगर वे पीछे नहीं हटे तो उन्हें 1962 जैसे परिणाम झेलने पड़ेंगे। मगर सगत ने परिस्थिति का एक विस्तृत मूल्यांकन कर रखा था और वे इस निष्कर्ष पर पहुंचे थे कि चीनी केवल धमकी दे रहे थे। वे धमकी भरे कदम उठाते थे, जैसे बड़ी संख्या में अग्रसरण करना, लेकिन सीमा पर पहुंच कर ठहर जाना, पीछे मुड़ना और लौट जाना। उन्होंने कभी किसी

फायरिंग के जवाब में तोपखानों का प्रयोग नहीं किया, अगर वे किसी भारतीय ठिकाने पर कब्जा करने को लेकर गंभीर होते तो ऐसा जरूरत करते। नाथू ला पर हमारी अपनी सुरक्षा भी मजबूत थी। सगत ने बगल वाली ऊंची पहाड़ियों कैमल बैक और सेबू ला पर तोपखाने की निगरानी चौकी तैनात कर दी थी। वहां से यातुंग घाटी कई किलोमीटर तक सीधे नजर आती थी। इससे सगत दुश्मन पर सटीक फायर दाग सकते थे, यह लाभ चीनियों के पास नहीं था। नाथू ला को खाली करके चीन को तोहफे में दे देना एक बहुत भारी सामरिक भूल हो सकती थी। आखिरकार, सगत के धैर्य ने भारत को बचा लिया और उनका कदम उस समय सही सिद्ध हुआ जब दो साल बाद नाथू ला में एक मुठभेड़ हुई। आज भी नाथू ला का सामरिक द्रष्टि से महत्वपूर्ण दर्रा भारतीय सैनिकों के पास है, जबकि जेलेप ला चीन के हाथों में चला गया।

इस घटनाक्रम में, चीन ने जेलेप ला पर कब्जा करने में सफलता प्राप्त की, लेकिन सगत की डिविजन के अधीन सेक्टर में उसे कुछ भी हासिल नहीं हुआ। यह चीन के लिए दुखद था और वे धमकी भरे कदम उठाकर भारतीयों पर दबाव बनाते रहे। दिसंबर 1965 में, चीनियों ने उत्तरी सिक्किम में 16000 फीट की ऊंचाई पर 17 असम राइफल्स की गश्त पर फायरिंग कर दी, जिसमें दो जवान मारे गये। हालांकि, गश्त भारतीय क्षेत्र में थी, लेकिन चीन का दावा था कि वह उनकी तरफ चली गई थी। वे नाथू ला पर लाउड स्पीकरों से नियमित प्रसारण करके भारतीय जवानों की दयनीय हालत पर उंगली उठाते और अधिकारियों की तुलना में जवानों के कम वेतन व सुविधाओं की बात उठाते रहते। वह एक प्रकार का मनोवैज्ञानिक युद्ध था, जिसमें चीनियों को महारत हासिल थी और उसका जवाब देना जरूरी था। सगत ने भारत की तरफ भी उसी प्रकार के लाउड स्पीकर लगवा दिये और चीनी भाषा में रिकॉर्ड किये गये संदेशों का नित्य प्रसारण होने लगा। सगत उस मौके की तलाश में थे कि वे किस प्रकार चीनी गोलियों के शिकार भारतीय जवानों की मौत का बदला ले सकें। 1966 से लेकर 1967 के शुरुआती समय तक चीन का दुष्प्रचार, धमकी और भारतीय सीमा में घुसपैठ के प्रयास जारी रहे। सीमा चिह्नित नहीं थी और चोटियों पर ऐसे कई स्थान थे जिन्हें दोनों पक्ष अपना बताने का दावा करते थे। सीमा पर चलने वाली गश्तों के बीच अक्सर टकराव हो जाता था, जिससे तनाव उत्पन्न होता और कभी-कभी जवान हताहत भी होते।

1967 में सगत ने इस समस्या पर कोर कमांडर लेफ्टिनेंट जनरल जे.एस. अरोड़ा के साथ चर्चा की। उन्होंने सुझाव दिया कि इन घटनाओं को रोकने के लिए नाथू ला पर सीमा को स्पष्ट रूप से अंकित किया जाना चाहिए, और उन्होंने चीन के संकल्प को परखने के लिए क्रेस्टलाइन के साथ-साथ चलने की पेशकश की। जिस रेखा पर वे चलेंगे उस पर अगर चीन आपत्ति नहीं करता, तो यह समझा जाएगा कि वह उनको स्वीकार्य होगा। सुझाव मान लिया गया, और एक अनुरक्षक के साथ सगत ने सीमा पर चलना शुरू किया। चीनी कमांडर भी

उनके साथ बगल में चला, उसके साथ में एक फोटोग्राफर भी था जो तस्वीरें उतारता रहा। तथापि, कोई विरोध नहीं हुआ और उनकी 'चाल' शांतिपूर्वक संपन्न हुई।

सगत ने फिर अरोड़ा से अनुमति मांगी कि जिस रेखा पर वे चले थे, उसे चिह्नित कर दिया जाए। उन्होंने नाथू ला से उत्तरी और दक्षिणी भुजा की ओर तारों की दो कांटेदार बाड़ खड़ी करने के आदेश दिये। लेकिन जैसे ही 20 अगस्त 1967 को बाड़ का कार्य प्रारंभ हुआ चीनी भड़क गये और भारतीयों से काम रोकने को कहा। उस दिन एक तार बांध दिया गया, और अगले दो दिनों में दो तार और बांध दिये गये। 6 सितंबर को, नाथू ला की रक्षा संभाल रही 2 ग्रेनेडियर्स की गश्त दक्षिणी छोर की तरफ जा रही थी, तभी उसे तकरीबन 70 चीनी सैनिकों ने घेर लिया और धमकी दी गई। अगले दिन चीनियों ने मौके पर पहुंच कर बाड़ के काम में बाधा डालने का प्रयास किया, जिससे वहां हाथापाई हो गई। हालांकि, काम अगले दो दिनों तक चलता रहा और 10 सितंबर तक लगभग समाप्त हो गया।

क्योंकि ऐसा लग रहा था की चीनी बाड़ का कार्य पूर्ण नहीं होने देना चाहते थे, इसलिए 11 सितंबर को कार्य जल्दी शुरू करने का निर्णय लिया गया, ताकि दिन निकलने तक काम पूर्ण कर लिया जाए। इंजीनियर्स और पायनियर्स की एक-एक प्लाटून समेत सभी उपलब्ध मानव शक्ति को कार्य में लगा दिया गया। 18 राजपूत की एक कंपनी को भी बुला लिया गया ताकि बाड़ पर कार्य कर रहे जवानों की सुरक्षा कर सकें। जैसे ही काम शुरू हुआ, चीनियों ने उन्हें रोकने का प्रयास किया। इसके बाद राजनीतिक अधिकारी के साथ आए चीनी कमांडर की 2 ग्रेनेडियर्स के कमांडिंग अफसर लेफ्टिनेंट कर्नल राय सिंह के साथ तीखी बहस हुई। पहले से इसका अनुमान लगाए सगत ने राय सिंह को चेता दिया था कि वे बाहर न निकलें और ब्रिगेड कमांडर ब्रिगेडियर एमएमएस बख्शी के साथ बंकर में ही रहें। लेकिन राय सिंह ने चेतावनी को अनदेखा कर दिया और खुले में बाहर आकर चीनी अधिकारियों के आमने-सामने आ गये। गुस्सा बढ़ता गया और बहस गर्माती गई, लेकिन दोनों पक्षों ने अपना-अपना स्थान नहीं छोड़ा। तभी अचानक चीनियों ने बाड़ पर कार्य कर रहे जवानों पर फायरिंग कर दी। हताहत हुए कई लोगों में लेफ्टिनेंट कर्नल राय सिंह भी शामिल थे।

अपने कमांडिंग अफसर को गिरता देख, ग्रेनेडियर आगबबूला हो गये। गुस्से में वे अपनी खाइयों से बाहर आ गये और कैप्टन पी.एस. डागर के नेतृत्व में उन्होंने चीनी चौकी पर हमला कर दिया। बाड़ पर मेजर हरभजन सिंह के अधीन कार्य कर रही 18 राजपूत की एक कंपनी और इंजीनियर्स के भी लोग हताहत हुए। यह समझते हुए कि चीनियों को बेअसर करने एक मात्र तरीका उन पर हमला करना था, हरभजन ने अपने जवानों को चीनी ठिकानों पर हमला करने की आवाज लगाई। कई भारतीय जवान चीनी मशीन गनों की चपेट में आ गये, लेकिन जो चीनी बंकरों तक पहुंच गये उन्होंने अपनी संगीनों का प्रयोग करते हुए दुश्मन

के कई सैनिकों को मार डाला। इस लड़ाई में हरभजन और डागर दोनों की जान चली गई, और इसने अगले तीन दिनों तक विस्तृत युद्ध का रूप ले लिया। सगत ने कुछ मध्यम मशीन गनें मांगीं, जिन्हें 10,000 फुट की ऊंचाई पर क्यंगनोसा ला पर चढ़ा दिया गया। सगत ने पहले से जो तोपखाना निगरानी चौकियां बनाई थीं, उन्होंने चीनियों पर प्रभावी फायरिंग करके अपना महत्व बता दिया। निगरानी के अभाव और नाथू ला के पश्चिम में खड़ी चढ़ाई होने के कारण चीन के ज्यादातर गोले अग्रिम सुरक्षा के पीछे जाकर गिरे और भारतीयों को कोई नुकसान नहीं पहुंचाया। अपने कमांडिंग अफसर को घायल हुआ देखकर एक जगह 2 ग्रेनेडियरों का मनोबल गिरने लगा था, साउथ शोल्डर पर कब्जा जमाए कुछ जवानों ने बाहर निकलना शुरू कर दिया। सगत ने एक अन्य अधिकारी से एक स्टेन मांगी और सूबेदार मेजर की मदद से जवानों को वापस खाइयों में घुसा दिया।

इस कार्रवाई में भारतीय पक्ष की तरफ 200 से कुछ अधिक जवान हताहत हुए, जिनमें 65 की मृत्यु हुई और 145 घायल थे। जबकि चीन को अनुमानित 300 का नुकसान हुआ। हालाँकि सीमा को बाड़ से चिह्नित करने का सगत का प्रयास उच्च अधिकारियों से अनुमोदित था, लेकिन दोनों तरफ हुए भारी नुकसान से रोष व्याप्त हो गया। निस्संदेह, अगर भारतीय जवान अपने सुरक्षा घेरे में रहते और अपनी खाइयों से निकलकर दुश्मन की चौकी पर हमला नहीं करते तो इतना नुकसान नहीं होता। लेकिन अपने कमांडिंग अफसर को गिरता हुआ देख, जवानों का धैर्य टूट गया और युवा अधिकारी के आदेश में आगे बढ़ गये, जिसने कार्रवाई में अपनी भी जान गंवा दी। स्थिति का जायजा लेने के लिए लेफ्टिनेंट जनरल जे.एस. अरोड़ा ने नाथू ला का दौरा किया और सगत को सलाह दी कि आगे तकरार नहीं बढ़नी चाहिए और भारतीय सैनिकों के हताहत होने से बचा जाए। चीन ने पहले ही घोषणा कर दी थी कि लड़ाई की शुरुआत भारतीयों ने की और उनके पास बड़ी संख्या में रखे भारतीय शव और पकड़े गये घायल सैनिक उनके दावे का समर्थन करते नजर आ रहे थे। लेकिन सगत विचलित नहीं हुये। चीन उन्हें पिछले दो साल से उकसा रहा था और इस दौरान उसने कई भारतीय जवानों की जान ली थी। 1962 में हुए चीनी हमले का भूत अभी तक भारत के सैन्य और राजनीतिक नेतृत्व को डरा रहा था, और वे कोई भी प्रभावशाली कार्रवाई करने से बच रहे थे। यह पहली बार था जब चीन को मुंहतोड़ जवाब मिला और उनके अजेय होने का मिथक टूट गया।

जब सगत 17 माउंटेन डिविजन की कमांड संभाल रहे थे, उस समय लेखक भी डिविजनल सिग्नल रेजिमेंट में युवा कैप्टन के तौर पर सेवाएं प्रदान कर रहे थे। डिविजनल कमांडर की आक्रामक भावना मानो संपूर्ण डिविजन में व्याप्त हो गई थी और मनोबल काफी ऊंचा था। लेखक को एक घटना याद है, जब सगत ने अपने वार्षिक निरीक्षण हेतु सिग्नल रेजिमेंट का दौरा किया। क्वार्टर मास्टर (क्यूएम), कैप्टन बालाकृष्णैया अनुभवी व्यक्ति थे

और उन्हें पता था कि सगत को क्या प्रभावित करेगा। यूनिट की केबल को एक टिन शेड में रखा गया था और उसके बाहर एक बोर्ड लगा था, जिस पर लिखा थाः 'लाइन स्टोर्स'। बाला, जैसा कि उन्हें पुकारा जाता था, ने उसके ऊपर बड़े अक्षरों में पेंट करके लिखवा दियाः 'OP LHASA'। जब सगत शेड के पास पहुंचे और उस बोर्ड को पढ़ा तो उन्होंने कमांडिंग अफसर, लेफ्टिनेंट कर्नल पी.के. रॉय चौधरी से इसका मतलब पूछा। सीओ ने वह बोर्ड पहली बार देखा था और उन्होंने बाला की तरफ प्रश्नवाचक मुद्रा में देखा। बाला ने तुरंत जवाब दियाः 'सर ये वह केबल है जिसका प्रयोग हम तब करेंगे जब ल्हासा की ओर अग्रसरण करेंगे।' सगत ने बाला की पीठ थपथपाई और कहाः 'यही वह भावना है जो मैं अपनी डिविजन के हर अधिकारी में देखना चाहता हूं। पीके, अब मुझे आपकी यूनिट में और कुछ नहीं देखना। चलो मेस में चलकर एक गिलास बीयर पी जाए।' और इसी के साथ निरीक्षण समाप्त हो गया।

दिसंबर 1967 में, सगत को शिलांग में 101 कम्यूनिकेशन जोन एरिया में बतौर जीओसी तैनात कर दिया गया। वे तकरीबन ढाई साल से गैर-पारिवारिक स्टेशन पर सेवाएं प्रदान कर रहे थे, इसलिए वे शांतिमय तैनाती के हकदार थे। उन्होंने दिल्ली में तैनाती के लिए निवेदन किया था, और उनको बताया गया कि उन्हें निर्देशक, सैन्य प्रशिक्षण के तौर पर सैन्य मुख्यालय भेजा जाएगा। इसलिए जब उन्हें बेहद जल्दबाजी में 101 कम्यूनिकेशन जोन एरिया जाने के लिए कहा गया तो उनको बड़ी हैरानी हुई, क्योंकि वहां मिजो विद्रोहियों के खिलाफ जवाबी ऑपरेशन चल रहा था। बाद में उनको पता चला कि आर्मी कमांडर सैम मानेकशॉ ने मिजो पहाड़ियों की समस्या को सुलझाने के लिए विशेष रूप से उनका नाम चुना था। सगत के पास एक अच्छे सैनिक की तरह इस कार्य को स्वीकार करने के सिवा और कोई विकल्प नहीं था।

मिजो पहाड़ियां (जिस क्षेत्र को 1971 में राज्य का दर्जा दिया गया और उसका नाम मिज़ोरम हुआ) भारत के पूर्वोत्तर में स्थित हैं। यह क्षेत्र तीन तरफ से विदेशी सीमाओं से घिरा था- पूर्व और दक्षिण में बर्मा (अब म्यंमार) और पश्चिम में पूर्वी पाकिस्तान (अब बांग्लादेश)। उत्तर में वह मणिपुर और त्रिपुरा के अलावा असम से भी जुड़ा था। पहले ये सभी क्षेत्र असम का ही हिस्सा थे। मिजो लोगों का बर्मा के चिन लोगों से गहरा नस्लीय संबंध है। वे पहाड़ी लोगों की साहसी जनजाति है, जिन्हें अपनी आजादी पसंद होती है। उन्हें पूर्वी पाकिस्तान द्वारा हथियारों व गोला बारूद की आपूर्ति की जाती थी, जिससे उन्हें भारत के खिलाफ विद्रोह कर आजादी मांगने के लिए प्रोत्साहन मिला। उन्होंने समानांतर सरकार स्थापित कर ली और मिज़ो राष्ट्रीय सेना ने मिज़ो पहाड़ियों के दक्षिणी हिस्से पर कब्जा कर लिया था। उस क्षेत्र में संचालन कर रही सीमा सुरक्षा बल और असम राइफल्स परिस्थित को नहीं संभाल पा रहे थे और इसलिए 1966 में सेना को बुलाना पड़ा।

101 कम्यूनिकेशन जोन एरिया में सगत की तैनाती से थोड़े समय पहले पूर्वी पाकिस्तान से हथियार व गोला बारूद एकत्रित करने के लिए एक मिश्रित नागा-मिज़ो गिरोह बनाया गया था। गिरोह ने 16 जाट की एक प्लाटून चौकी पर हमला किया और भारी नुकसान पहुंचाते हुए उनके हथियार व गोला बारूद लूट ले गये। गिरोह फिर बर्मा की तरफ बढ़ा और उसकी 8 सिख की एक कंपनी टुकड़ी से मुठभेड़ हुई, वहां भी भारी नुकसान पहुंचाया गया और उनके हथियार छीन लिये गए। फिर उन्होंने 30 पंजाब की प्लाटून चौकी को रौंद डाला और उनके भी हथियार छीन लिये। इसी क्रम में गिरोह की 2/11 गोरखा राइफल्स की टुकड़ी से मुठभेड़ हुई, और फिर 5 पैरा के साथ और फिर वह बर्मा में घुस गया। ऐसे मोड़ पर सगत को कार्यभार संभालने और परिस्थिति को नियंत्रित करने के लिए कहा गया।

पदभार संभालते ही, सगत ने बटालियनों का दौरा करने का निर्णय लिया, ताकि स्थिति को नजदीक से समझा जा सके। उन्होंने मिज़ो पहाड़ियों में तैनात हर बटालियन का दौरा किया और सबके साथ एक रात बिताई। सबके साथ बातचीत करके और मुठभेड़ों का विश्लेषण करने के उपरांत वे तीन प्रमुख कारणों की ओर संकेत करने में सफल हुए, जिनकी वजह से हमारे सैनिकों को मात खानी पड़ी। ये कारण थे, खूफिया तंत्र का अभाव, इंफैन्ट्री बटालियनों का विद्रोही परिस्थितियों से परिचित न होना और कुछ चौकी कमांडरों द्वारा स्थानीय लोगों के साथ दुर्व्यवहार। सगत तुरंत इन कमजोरियों को दुरुस्त करने में लग गये और इनके संबंध में निर्देश जारी किये।

अपने ठेठ अंदाज में, उन्होंने नागा-मिजो गिरोह के कुछ प्रमुख सदस्यों से समझौता करके अपना स्वयं का खूफिया तंत्र खड़ा किया। जेल भेजने के बजाय सगत उनको आइज़ोल के निकट एक बेस में रखते थे, जहां पहले से ही वे अपना सामरिक मुख्यालय ले आए थे। उनके परिवारों को भी वे वहीं ले आए और ये लोग खूफिया जानकारी देने, तलाशी अभियान व घेरे के दौरान विद्रोहियों को पहचानने और जब्त किये गए दस्तावेजों का अनुवाद करने में हमारे सैनिकों की मदद करते थे। सगत को लगा कि भूमिगत विद्रोहियों के पास जानकारियां जुटाने और आदेश जारी करने की कोई अपनी प्रणाली जरूर होगी। बटालियनों द्वारा बरामद किये गये कुछ पत्रों से वे विद्रोहियों की स्टेशनरी, लेटरहेड और मोहरों को पकड़ पाए और कलकत्ता में उनकी प्रतिलिपि तैयार करवाई। संगठन और उसके संदेशवाहकों द्वारा अपनाए जाने वाले नियमित कार्यक्रम के बारे में और अधिक जानकारी जुटाई गई। इसके बाद, छोटी घात बिछाई गईं, संदेशवाहकों को पकड़कर उनके बैगों की तलाशी ली गई और उनमें रखे कागजों की जगह नकली कागज रख दिये गये।

अगली समस्या थी इंफैन्ट्री बटालियनों को विद्रोहियों के खिलाफ चलने वाले ऑपरेशनों की विशेष जरूरतों के अनुसार प्रशिक्षण प्रदान करना। उस क्षेत्र में लंबे समय से कार्यरत अधिकारियों को लेकर एक अस्थाई प्रशिक्षण शिविर स्थापित किया गया,

इन अधिकारियों के पास विद्रोहियों से लड़ने का अनुभव था। यह शिविर बाद में वैरंग्टे स्थित काउंटर इंसर्जेंसी एंड जंगल वॉरफेयर स्कूल बन गया। इस क्षेत्र में लाई जाने वाली सभी यूनिटों को पहले इस स्कूल में एक उन्मुखीकरण पाठ्यक्रम करना होता था। यह काफी लाभदायक सिद्ध हुआ और इसके परिणामस्वरूप सैनिकों को होने वाले नुकसान में भारी कमी आई। आज, यह भारतीय सेना के उत्कृष्ट प्रशिक्षण संस्थाओं में से है, जहां अधिकारियों के साथ-साथ पूरी यूनिटों को जंगल वॉरफेयर और काउंटर इंसर्जेंसी तकनीकों में प्रशिक्षित किया जाता है।

सगत को एहसास हुआ कि केवल जातीय और भाषाई अंतर विद्रोह का कारण नहीं होते। कई बार, अल्पसंख्यकों का दमन और उनकी उपेक्षा विद्रोह पैदा कर देती हैं। उन्होंने स्थानीय आबादी के उत्पीड़न और दुर्व्यवहार के खिलाफ सख्त आदेश जारी किये और दोषी चौकी कमांडरों को सजा का प्रावधान किया। उपेक्षा की भावनाओं को कम करने के लिए लोगों को भोजन, चिकित्सा सेवा व अन्य सुविधाएं प्रदान की। साथ ही सुरक्षा को बेहतर बनाने के लिए सगत ने आइज़ोल से लुंगलेह के बीच एक मात्र सड़क के दोनों तरफ के गांवों का समूह बनाने का निर्णय लिया। इस कदम पर सिविल प्रशासन द्वारा वैधानिक और प्रशासनिक आधार पर कड़ी आपत्ति जताई गई। सौभाग्य से, असम के मुख्यमंत्री बी.पी. छालिया और राज्यपाल बी.के. नेहरू के साथ अपने अच्छे संबंधों के कारण सगत के मार्ग में बाधा नहीं आई और उन्होंने योजना के मुताबिक गांवों का समूहीकरण कर दिया।

पैराट्रूपर होने के नाते, सगत को हेलीकॉप्टरों का महत्व पता था और उन्होंने स्पेशल हेलीकॉप्टर बोर्न ऑपरेशनों में उनका बखूबी प्रयोग किया। जैसे ही किसी एजेंट द्वारा सुराग दिया जाता, थोड़े ही समय में हेलीकॉप्टर मिल जाते और दुर्गम क्षेत्रों में गुरिल्ला गिरोहों की उपस्थिति पता चलते ही जवानों को वहां पहुंचाने में मदद करते। इस अनुभव का उस समय अत्यधिक लाभ मिला जब कुछ वर्षों बाद बांग्लादेश को मुक्त कराने का ऑपरेशन चलाया गया। जब सगत मिज़ो पहाड़ियों से गये, तब तक वहां शांति स्थापित हो चुकी थी और सभी विद्रोही गिरोह या तो शांत हो गये थे या फिर फिर उन्होंने पूर्वी पाकिस्तान में शरण ले ली थी। मिज़ो पहाड़ियों में उनके शानदार प्रदर्शन को मान्यता प्रदान करते हुए, सगत को पीवीएसएम से सम्मानित किया गया, जो भारत में शांतिकाल के दौरान सैनिकों को दिया जाने वाला सर्वोच्च सम्मान है।

तीन साल के लंबे कार्यकाल के बाद, नवंबर 1970 में सगत को लेफ्टिनेंट जनरल रैंक पर पदोन्नत किया गया और उन्हें 4 कोर की कमांड सौंपी गई, जिसका मुख्यालय तेजपुर में था। पूर्वी क्षेत्र में उनका यह लगातार तीसरा कार्यकाल था। इस समय तक, सैम मानेकशॉ चीफ ऑफ आर्मी स्टाफ का कार्यभार संभाल चुके थे और उन्हीं के कहने पर इस कार्य के लिए सगत को चुना गया। यह एक महत्वपूर्ण चयन साबित होने वाला था, क्योंकि सगत की

कमांड में 4 कोर को एक साल बाद एक निर्णायक भूमिका निभानी थी। 1971 में बांग्लादेश को मुक्त कराना भारतीय सेना की सबसे उत्कृष्ट उपलब्धि थी। केवल 14 दिनों तक बिजली की गति से चले इस अभियान ने पाकिस्तानी बलों का सर्वनाश कर दिया और भारत की शानदार जीत हुई। उस विपत्तिकाल में साहस और दृढ़ता के तमाम कारनामे हुए। यूनिटों और सब यूनिटों ने पूरे साहस, जोश और आवेग से लड़ाई लड़ी; और इस दौरान मनोबल या संबद्धता में गिरावट का एक भी मामला सामने नहीं आया। व्यक्तिगत या सामूहिक शौर्य से ज्यादा, इस अभियान का सबसे अनोखा और निर्णायक पहलू था सैन्य नेतृत्व की गुणवत्ता। इस ऑपरेशन की सफलता में महत्वपूर्ण योगदान देने वाले सैन्य नायकों में सगत सिंह का नाम शामिल था। वास्तव में, 1971 में एक रणनीतिकार के तौर पर सगत ने अंतिम बार अपने कौशल का प्रदर्शन किया और उत्कृष्टता से परे जाकर स्वयं को निर्णायक ढंग से एक युद्ध नायक के रूप में स्थापित किया।

उस समय पूर्वी पाकिस्तान कहे जाने वाले बांग्लादेश को मुक्त कराने का कार्य पूर्वी कमांड के जीओसी-इन-सी लेफ्टिनेंट जनरल जगजीत सिंह अरोड़ा को सौंपा गया था। लेफ्टिनेंट जनरल (बाद में जनरल) टी.एन. रैना की कमांड में 2 कोर; लेफ्टिनेंट जनरल एम.एल. थापन की कमांड में 33 कोर; लेफ्टिनेंट जनरल सगत सिंह की कमांड में 4 कोर; और मेजर जनरल जी.एस. गिल की कमांड में 101 कम्युनिकेशन जोन एरिया लेफ्टिनेंट जनरल जगजीत सिंह अरोड़ा के अधीन थीं। बांग्लादेश के भूभाग पर नदियां थीं, जो आमतौर पर प्रतिरक्षा में सहायक होती हैं। नदियां धान के खेतों और दलदलों के बीच फैली थीं, जिससे मैदान पर चल पाना काफी कठिन था, खासतौर से मानसून के बाद। सैन्य दल का मुख्य संचलन सड़कों, और नदियों पर बने पुलों या नौकाओं तक ही सीमित था। अगर उन की रक्षा की जाती या उनको तबाह कर दिया जाता तो आक्रमण करने वाली सेना के मार्ग में लंबे समय तक बाधा आ सकती थी। माल के परिवहन के लिए आंतरिक जल परिवहन का भी प्रयोग किया जाता था। पाकिस्तान के पास तीन इंफैन्ट्री डिविजनें थीं, जिसमें नियमित सैन्य दलों की 42 बटालियनें और क्षेत्र व 2000 कि.मी. की सीमा की रक्षा के लिए आर्मर के पांच स्क्वाड्रन थे। पाकिस्तानी सेना की पूर्वी कमांड के प्रभारी लेफ्टिनेंट जनरल ए.ए.के. नियाज़ी ने आंकलन किया था कि भारतीय सेना को प्रमुख मार्गों से ही बढ़ना होगा, और इसी के मुताबिक उन्होंने अपने सैन्य दल तैनात किये थे। संभावित अक्षों पर मजबूत बिंदु बनाए गये थे और ये सोचा गया कि इन बिंदुओं को पार किये बिना दुश्मन की बढ़त आगे नहीं चल सकती। यह उनकी बहुत महंगी भूल साबित हुई।

पूर्वी पाकिस्तान का क्षेत्र नदियों की बाधाओं से 4 अलग-अलग हिस्सों में बंटा हुआ था। पहले हिस्से में मेघना नदी के पूर्व का समस्त भाग था, जिसमें सिलहट, ब्राह्मनबरिया, कॉमिला, नोआखली, चटगांव और कॉक्स बाजार शामिल था; दूसरे हिस्से में पूर्व में बहने

वाली जमुना (ब्रह्मपुत्र) और पश्चिम में बहने वाली पद्मा (गंगा) के बीच का क्षेत्र था, जिसमें रंगपुर, बोगरा, और राजशाही शामिल थे; तीसरे हिस्से में पद्मा का पश्चिमी क्षेत्र था, जिसमें कुश्तिया, जेस्सोर और खुलना शामिल था; और चौथे हिस्से में ढाका बाउल आता था, जो चारों तरफ से नदियों से घिरा था। पूर्व में शक्तिशाली मेघना और लखाया, दक्षिण में मेघना और पद्मा का संगम, पश्चिम में पद्मा और बूढ़ी गंगा और जमुना की एक शाखा, जो उत्तर में मेघना से जुड़ती थी। अपने भू-रणनीतिक महत्व के कारण, ढाका को सभी शासकों ने लगातार राजधानी के तौर पर चुना।

सेना मुख्यालय ने पूर्वी कमांड को जो कार्य सौंपा था, उसके तहत युद्ध क्षेत्र में अधिकांश पाकिस्तानी बलों को नष्ट करके पूर्वी पाकिस्तान के प्रमुख हिस्से पर कब्जा करना था। ढाका पर कब्जा करना इन निर्देशों में शामिल नहीं था। इसके आधार पर, पूर्वी कमांड ने अपनी ऑपरेशन योजना विकसित की और अपनी अधीनस्थ फार्मेशनों को कार्य सौंपे। 2 कोर को पश्चिम से अग्रसरण करने का कार्य सौंपा गया, जिसे पद्मा नदी के पश्चिमी भाग पर कब्जा करना था; 33 कोर पश्चिमोत्तर से आगे बढ़कर पद्मा और जमुना के संगम तक के क्षेत्र पर कब्जा करना था; और 4 कोर को पूर्व दिशा से बढ़ना था और मेघना नदी के पूर्व के क्षेत्र पर कब्जा करना था। मेघना और जमुना नदियों के बीच मयमनसिंह क्षेत्र पर कब्जा करने का कार्य 101 कम्यूनिकेशन ज़ोन एरिया को सौंपा गया।

भले ही इस बात का जिक्र सैन्य मुख्यालय से जारी निर्देशों में नहीं था, लेकिन सैम मानेकशॉ को इस चीज की कल्पना थी कि जब तीनों कोर अपना कार्य पूर्ण कर लेंगे, तब बलों को पुनः एकत्रित करके गोलंदो घाट से पदमा को पार करके पश्चिम की ओर से ढाका पर कब्जा करने के लिए भेजना होगा। इस पुनः एकत्रण के लिए, 4 कोर को 23 माउंटेन डिविजन, अपनी सभी मध्यम तोपें और पीटी-76 टैंकों के दो स्क्वाड्रन छोड़ने थे। घटनाक्रम में, पुनः एकत्रण नहीं किया गया, क्योंकि 2 कोर मधुमती नदी पार नहीं कर पाई और केवल 33 कोर ही बोगरा पहुंच सकी। ढाका पर कब्जा विशुद्ध रूप से संयोगवश था, वह भी उन बलों के द्वारा जिनको वहां पहुंचना भी नहीं था।

ऑपरेशन 4 दिसंबर 1971 को प्रारंभ हुआ, जब पाकिस्तान ने एक दिन पहले भोर में भारत के कई हवाई क्षेत्रों पर हवाई हमले किये। योजना के मुताबिक, 2 कोर ने पश्चिम की तरफ से पूर्वी पाकिस्तान में प्रवेश किया, 33 कोर ने उत्तर की तरफ से, और 4 कोर ने पूर्व की तरफ से। 4 कोर में सगत की कमांड में तीन पर्वतीय डिविजनें थीं, जिनके पास समर्थित हथियारों व सेवाओं का सामान्य कोटा था। इसके अतिरिक्त उन्हें लाइट पीटी-76 टैंकों के दो तदर्थ स्क्वाड्रन और 5.5 इंच तोपों की मध्यम बैट्री आवंटित की गई थीं। डिविजनल कमांडर थे, मेजर जनरल (बाद में जनरल) के.वी. कृष्ण राव (8 माउंटेन डिविजन); मेजर जनरल आर.डी. 'रॉकी' हीरा (23 माउंटेन डिविजन); और मेजर जनरल बी.एफ.

गोंज़ाल्वेज (57 माउंटेन डिविजन)। 4 कोर को सौंपा गया प्रमुख कार्य था मेघना और बुलाई नदी के पूर्व में स्थित पाकिस्तानी बलों को ध्वस्त करना।

सीमा पर जिस 250 कि.मी. के टुकड़े पर सगत की कोर को तैनात किया गया था, उस पर उन्होंने तीन डिविजनों से आक्रमण करने का निर्णय लिया। 8 माउंटेन डिविजन को धर्मनगर-कुलौरा-मौलवी बाजार अक्षरेखा पर बढ़ते हुए सिलहट पहुंचना था; 57 माउंटेन डिविजन को अखौरा-आशुगंज अक्ष पर बढ़ना था और दौड़कंडी पर कब्जा करना था; और दक्षिण में 23 माउंटेन डिविजन को मयनामती, कॉमिला और चांदपुर के प्रमुख नदी बंदरगाह पर कब्जा करना था। कोर ऑपरेशनों की सहायता के लिए 61 पर्वतीय ब्रिगेड समूह और किलो फोर्स आवंटित किये गये थे। आशुगंज में मेघना नदी पर एक रेल पुल था, लेकिन सड़क का संरेखण रेलवे से अलग था। हालांकि कोर ऑपरेशन आदेशों में यह वर्णित नहीं था, लेकिन मौका मिलने पर सगत नदी में 'छलांग' लगाने और ढाका की तरफ बढ़ने के लिए दृढ़ संकल्पित थे।

नवंबर माह में ऐसे पाकिस्तानी तत्वों के सफाए के लिए कई प्रारंभिक कार्रवाइयां की गई थीं, जो अग्रसरण शुरू होने पर बाधक बन सकते थे। 61 ब्रिगेड द्वारा दो प्रयासों और कुछ जनहानि के बाद ढलाई में एक पाकिस्तानी चौकी का सफाया कर दिया गया। पाकिस्तानी क्षेत्र का एक टुकड़ा बेलोनिया उभार, जो त्रिपुरा में 10 किलोमीटर अंदर तक जाता था, को 23 माउंटेन डिविजन द्वारा साफ कर दिया गया। और सिलहट के उत्तर-पूर्व में अटग्राम स्थित एक पाकिस्तानी चौकी को भीषण लड़ाई के बाद 59 ब्रिगेड द्वारा साफ कर दिया गया।

3 और 4 दिसंबर 1971 की दरमियानी रात को ऑपरेशन शुरू हुआ। उत्तर में, 81 पर्वतीय ब्रिगेड ने शमशेरनगर को सुरक्षित कर लिया और 59 पर्वतीय ब्रिगेड ने गाजीपुर को हथिया लिया, इसके बाद 6 दिसंबर को कुलौरा पर कब्जा किया। उसी दिन, 81 ब्रिगेड ने मुंशी बाजार पर कब्जा कर लिया। इस सेक्टर में, मौलवी बाजार पर पाकिस्तानी ब्रिगेड का कब्जा था, जिसने एक प्रमुख ऊंचे मैदान पर मजबूत रक्षात्मक स्थिति बनाई हुई थी। शुरुआत से ही सगत ने कुंभीग्राम हवाई क्षेत्र से उड़ान भर रहे हंटर विमानों को मौलवी बाजार पर निरंतर नेपाम से बमवर्षा करने का कार्य सौंपा रखा था। उनका आंकलन था कि यह पाकिस्तानी ब्रिगेड को काफी महंगा पड़ेगा, जनहानि और मनोबल दोनों के मामले में। इस पड़ाव पर, सगत को खूफिया सूत्रों ने बताया कि आशुगंज को सहायता बल प्रदान करने की कोशिश में पाकिस्तानी सिलहट से पीछे हट रहे थे। सगत को इसमें सिलहट पर कब्जा करने का अवसर नजर आया। 7 दिसंबर को, 4/5 गोरखा राइफल्स को एक विशेष हेलीकॉप्टर जनित ऑपरेशन द्वारा सिलहट के दक्षिण-पूर्व में उतारा गया। इसने पाकिस्तानी कमांड को इतना हतोत्साहित कर दिया कि मौलवी बाजार ब्रिगेड समूह को हटाकर सिलहट भेज दिया गया, जहां चार बटालियनों का ब्रिगेड समूह पहले से ही था। यह जानकारी भारतीय वायु

सेना द्वारा दी गई, जिसने अगले दिन मौलवी बाजार पर एक सामरिक टोह मिशन के तहत उड़ान भरी थी। सगत ने तुरंत कृष्ण राव को मौलवी बाजार पर कब्जा करने के आदेश दिये, जो उन्होंने करके दिखाया। एक पाकिस्तानी ऑफिसर्स मेस में उन्हें मेज पर दोपहर का भोजन लगा हुआ मिला, जिसे खाया नहीं गया था।

यह पहली बार था कि भारतीय सेना द्वारा 'हवाई पुल' का इस्तेमाल किया गया था। एक पैराट्रूपर होने के नाते, सगत को हेलीकॉप्टर जनित बल की क्षमता के बारे में पता था, जिसके उचित समय पर इस्तेमाल से कितना बड़ा लाभ हो सकता था। दुश्मन का मनोबल टूट गया, और उसने 4/5 गोरखा राइफल्स पर हमला करने का कोई प्रयास नहीं किया। जैसा कि उन्होंने अंदाजा लगाया था, हेलीकॉप्टरों के शोर ने पाकिस्तानियों को भ्रमित कर दिया और उन्होंने हेलीकॉप्टर द्वारा उतारे गए जवानों की संख्या का जरूरत से ज्यादा आंकलन कर लिया। एक चतुर, गैरपरंपरागत चाल चलकर सगत ने बिना कोई गोली चलाए मौलवी बाजार पर कब्जा कर लिया।

4 कोर के केंद्रीय सेक्टर में, 57 माउंटेन डिविजन ने दो ब्रिगेड के साथ अपना अग्रसरण शुरू किया: ब्रिगेडियर एम.एल. तुली के अधीन 73 पर्वतीय ब्रिगेड गंगासागर की तरफ गई, जबकि ब्रिगेडियर मिश्रा के अधीन 311 पर्वतीय ब्रिगेड ने अखौरा पर हमला बोला। कठिन लड़ाई के बाद अधिकृत गंगासागर के युद्ध के दौरान ही बांग्लादेश अभियान का एकमात्र परमवीर चक्र 14 गार्ड्स के लांस-नायक अल्बर्ट इक्का ने प्राप्त किया। 4 गार्ड्स और 311 पर्वतीय ब्रिगेड के 18 राजपूत के हाथों अखौरा भी ढह गया। इस मुकाम पर, गश्ती दलों ने जानकारी दी कि ब्राह्मनबरिया को जाने वाली डबल ट्रैक रेलवे लाइन का एक ट्रैक हटा दिया गया था, जिसे वाहनों द्वारा प्रयोग किया जा सकता था और यह भी बताया गया कि तीतास नदी पर कब्जा किया गया पुल सुरक्षित था। सगत ने तुरंत 57 माउंटेन डिविजन का कार्य बदल दिया और उसे दौड़कंडी जाने के बजाय ब्राह्मनबरिया मार्ग से आशुगंज जाने का आदेश दिया। यह एक महत्वपूर्ण निर्णय था, जिससे 4 कोर के ऑपरेशन और उसके द्वारा मेघना को पार करने में तेजी आ गई।

ब्राह्मनबरिया, जो तितास नदी के घुमाव में आता था, पाकिस्तानियों द्वारा मजबूती से रक्षित था। तथापि, उस पर कब्जा जमाए जवानों को सामने दक्षिण-पूर्व की तरफ से हमले का अनुमान था, और जब 73 ब्रिगेड ने पश्चिम और दक्षिण में टुकड़ियां भेजीं, तब उन्होंने नगर को खाली कर दिया और आशुगंज की तरफ हट गये। 57 डिविजन की 311 ब्रिगेड ने पीछे हटते दुश्मन का मेघना नदी के पूर्वी तट तक पीछा किया, और 57 डिविजन के अग्रिम तत्वों का 9 दिसंबर को आशुगंज से संपर्क हो गया। अब तक, पाकिस्तानियों ने आशुगंज में अच्छी तरह मोर्चेबंदी कर ली थी और वे बिना लड़े उसे छोड़ने को तैयार नहीं थे। उन्होंने भारतीय जवानों को निर्मित क्षेत्र में घुसने दिया और फिर फायरिंग शुरू कर दी।

आश्चर्यचकित भारतीयों को भारी जनहानि और चार टैंक खोने के बाद पीछे हटने को मजबूर होना पड़ा। पाकिस्तानियों ने मेघना नदी पर बने पुल को भी उड़ा दिया, जिससे पाकिस्तानी ब्रिगेड कमांडर और कुछ जवान नदी के पूर्वी तट पर रह गये।

इस पड़ाव पर, सगत को यह स्पष्ट हो चुका था कि दुश्मन बेहद नाजुक स्थिति में था। आशुगंज पुल को उड़ाकर, पाकिस्तानियों की अपनी बचीखुची ताकत से नदी के पार पीछे हटकर भैरब बाजार पर कब्जा करने की मंशा थी। चांदपुर और दौड़कंडी भी हाथ से जा चुका था, और पूर्वी सेक्टर में पाकिस्तानी प्रतिरोध लगभग समाप्त हो चुका था। 9 दिसंबर को सगत ने दौड़कंडी, चांदपुर और आशुगंज के ऊपर हेलीकॉप्टर से उड़ान भरी और परिस्थिति पर स्थानीय कमांडरों से चर्चा की। फिर उन्होंने मेघना नदी के उस पार से अपने जवानों को हेलीकॉप्टर से लिफ्ट करने का निर्णय लिया और ढाका की ओर कूच किया। उनका अनुमान था कि ढाका पर कब्जा होने पर युद्ध समाप्त हो जाएगा और इसे हासिल करने का एक मात्र तरीका था भैरब बाजार को नियंत्रित करना और मेघना आगे दक्षिण की तरफ पार करना, जहां किसी भी विरोध की उम्मीद नहीं थी। उनके पास केवल 12 एमआई-4 हेलीकॉप्टर थे, लेकिन उन्होंने अनुमान लगाया कि आश्चर्य तत्व संख्या की कमी की भरपाई कर देगा। मिजो पहाड़ियों में पिछले तीन सालों से हेलीकॉप्टरों का प्रयोग करने के कारण, उन्हें हेलीकॉप्टरों का महत्व पता था और अपने जवानों व हेलीकॉप्टर पायलटों को रात में टॉर्चों की रोशनी में लैंडिंग करने का अभ्यास कराकर उन्होंने पहले से ही इस प्रकार की आकस्मिक स्थिति के लिए योजना बना रखी थी। सौभाग्य से, 57 माउंटेन डिविजन की कमांड संभाल रहे गोंजाल्वेज़ एक पायलट भी थे और मिजो पहाड़ियों में जहां उनकी डिविजन तैनात थी, वहां हेलीकॉप्टरों के प्रयोग की अच्छी समझ थी। सगत ने चांदपुर स्थित नदी बंदरगाह और तितास नदी से कई स्टीमरों को भी मंगा लिया था, जिनमें ईंधन भरकर नदी पार कराने के लिए तैयार रखा गया था।

एयरलिफ्ट 9 दिसंबर की दोपहर में प्रारंभ किया गया और अगले 36 घंटों तक जारी रहा। ब्राह्मनबरिया स्टेडियम से कुल 110 सामरिक उड़ानें भरी गईं और मेघना के 4000 गज चौड़े पाट को पार करके हेलीपैड पर लैंड किया गया, जिसे रिफ्लेक्टर हटी हुई टॉर्चों की रोशनी से चिह्नित किया गया था। दिन के समय नीचे जमीन के नजदीक उड़ते हेलीकॉप्टरों से जवानों को धान के खेतों में उतारा गया। 311 पर्वतीय ब्रिगेड, 4 गार्ड्स की पहली बटालियन रायपुरा में उतरी, जबकि 9 पंजाब ने देसी नावों का प्रयोग कर नदी पार की। अगले दिन, जवानों को सीधे नरसिंगड़ी में उतारा गया। इस बीच, 73 ब्रिगेड ने वापस आई नावों से मेघना नदी को पार करना प्रारंभ कर दिया था। तोपखाने और टैंकों को पार ले जाना एक बड़ी समस्या थी, जिसमें इंजीनियर्स की तरफ से काफी चातुर्य दिखाने की जरूरत थी। 11 दिसंबर तक, 311 और 73 पर्वतीय ब्रिगेड दोनों ने मेघना को पार कर

लिया और उन्हें अलग-अलग अक्षों से ढाका की तरफ अग्रसरण का आदेश दिया गया। परिवहन की सभी प्रणालियों का प्रयोग करते हुए, जिसमें बैलगाड़ी और साइकिल रिक्शा भी शामिल थे, दोनों ब्रिगेड तेजी से आगे बढ़ीं और 14 दिसंबर को ढाका पर पहला तोप का गोला दागा गया। 15 दिसंबर को 311 पर्वतीय ब्रिगेड ढाका में घुसने को तैयार थी, तभी पूर्वी कमांड मुख्यालय से अग्रसरण रोकने के आदेश प्राप्त हुये। उसी दिन सामरिक मुख्यालय 101 कम्यूनिकेशन जोन एरिया, 95 और 167 पर्वतीय ब्रिगेड और 2 पैरा को 4 कोर की कमांड में रख दिया गया। 15–16 दिसंबर की रात को ढाका सगत के तोपखाने की गोलाबारी के निशाने पर था, जिसके कारण ढाका ने जल्द आत्मसमर्पण कर दिया और 16 दिसंबर को युद्धविराम घोषित कर दिया गया।

कोर के दक्षिणी सेक्टर में, 23 माउंटेन डिविजन ने कॉमिला और लालमई पहाड़ियों की तरफ अग्रसरण प्रारंभ किया। 4 दिसंबर को, 301 ब्रिगेड ने कॉमिला के पास 25 फ्रंटियर फोर्स के 200 से अधिक कैदियों को बंधक बना लिया, जिसमें बटालियन कमांडर भी शामिल था। इसके साथ ही 181 ब्रिगेड ने लक्षम और लालमई के बीच सड़क व रेल मार्ग का संपर्क तोड़ दिया था, जिससे 301 ब्रिगेड 5 दिसंबर को मुदफरगंज पर कब्जा करने में समर्थ हो गई। पाकिस्तानियों ने 7 दिसंबर को फिर से नगर पर कब्जा करने का प्रयास किया, लेकिन विफल रहे। दौड़कंडी नौका स्थल और चांदपुर के प्रमुख नदी बंदरगाह के साथ कॉमिला पर 8 दिसंबर को कब्जा किया गया। लक्षम स्थित ब्रिगेड ग्रुप गैरिसन, जिसमें चार बटालियनें शामिल थीं, को 8 दिसंबर तक घेर लिया गया। 9 दिसंबर को यह विघटित होकर मयनामती की तरफ बढ़ी। इससे पहले कि वह मयनामती स्थित ब्रिगेड समूह के रक्षा स्थलों तक पहुंचते उनमें से लगभग एक हजार को बंधक बना लिया गया। मयनामती में भारी सुरक्षा व्यवस्था थी और जब तक 16 दिसंबर को युद्धविराम और आत्मसमर्पण नहीं हो गया, उस पर कब्जा नहीं होने दिया।

जैसा कि गोवा ऑपरेशन में हुआ था, मुख्य बल के बजाय सहायक बल ने अंतिम पुरस्कार जीता। गोवा में, सगत की 50 पैरा ब्रिगेड को सहायक भूमिका सौंपी गई थी, लेकिन वे 17 माउंटेन डिविजन से पहले पणजी पहुंच गये। बांग्लादेश ऑपरेशन में, 2, 4, और 33 कोर मुख्य बलों में शामिल थे, जबकि 101 कम्यूनिकेशन जोन एरिया को मयमनसिंह-टंगाइल क्षेत्र में अनुपूरक भूमिका दी गई थी। अंततः यही पहले ढाका पहुंच गई और दौड़ जीत ली। हालांकि, यह 4 कोर द्वारा मेघना और बालू व सतलख्या की छोटी नदियों को पार करने और उसके ढाका में निकटस्थ प्रवेश के कारण ही संभव हो सका। मेघना को पार करने के बाद, 101 कम्यूनिकेशन जोन एरिया का सामना कर रही 120 पाक ब्रिगेड को ढाका की रक्षा के लिए वापस बुला लिया गया। पाकिस्तानियों ने ढाका के चारों तरफ सुरक्षा तैयार की थी, जिसको नाम 'गढ़ी ढाका' नाम दिया गया था। तुंगी पर 57 माउंटेन डिविजन की 73 पर्वतीय ब्रिगेड द्वारा कब्जे के बाद पाक 120 ब्रिगेड विघटित हो गई। नियाज़ी की दुर्दशा

का अंदाजा इस तथ्य से लगाया जा सकता है कि उसे ढाका की परिधि पर मोर्चे संभालने के लिए सैन्य अस्पताल से 'चलते-फिरते घायलों' को लगाना पड़ा।

घायल हो जाने के बाद मेजर जनरल जी.एस. गिल के स्थान पर आए मेजर जनरल जी.एस. नागरा की कमांड में 101 कम्यूनिकेशन जोन एरिया का त्वरित अग्रसरण 11 दिसंबर को टंगाइल में पैराड्रॉप द्वारा सुगम बना दिया गया। उस दिन, 4 कोर ढाका से 35 किलोमीटर दूर नरसिंगड़ी में थी, जबकि ब्रिगेडियर एच.एस. क्लेर की कमांड में 95 इंफैन्ट्री ब्रिगेड के अग्रणी तत्व ढाका से 160 किलोमीटर दूर जमालपुर में थे। दो दिन बाद, 13 दिसंबर को, 95 इंफैन्ट्री ब्रिगेड और 2 पैरा अब भी टंगाइल में थे, ढाका से लगभग 100 किलोमीटर दूर, जबकि सगत के जवान सतलख्या नदी तक पहुंच गये थे और ढाका से सिर्फ 10 किलोमीटर दूर थे। नागरा को खुशकिस्मती से सफीपुर के पश्चिम में कुछ मीलों की दूरी पर दक्षिण की ओर जाती डामरीकृत सड़क मिल गई, जो साभर होती हुई ढाका तक जाती थी, जिसमें तुराग और ढालेश्वरी की जल बाधाओं को पार करने की जरूरत नहीं थी। यहां तक कि 14 दिसंबर की रात को, जब 95 इंफैन्ट्री डिविजन अभी तुराग नदी पर ही थी, 4 कोर की 57 इंफैन्ट्री डिविजन ने तत्वों ने सतलख्या को पार कर लिया था और ढाका पर गोलाबारी शुरू कर दी। सगत पहले ढाका पहुंच सकते थे, लेकिन यह सम्मान नागरा को मिला, जिन्हें 15 दिसंबर को सगत की कमांड में रखा गया था और इस प्रकार जब वे ढाका में घुसे तब तकनीकी रूप से 4 कोर का हिस्सा थे। इसलिए, भले ही दौड़ में अंतिम रेखा को पार करने वाले नागरा प्रथम व्यक्ति थे, लेकिन असली विजेता निस्संदेह सगत ही थे। अगर पाकिस्तानियों ने आत्मसमर्पण न किया होता तो 101 कम्यूनिकेशन जोन किसी भी रूप में ढाका को पहले प्राप्त नहीं कर पाती, क्योंकि उसे एक बड़े हमले की जरूरत पड़ती। क्योंकि सगत नरसिंगड़ी में पांव जमा चुके थे और 16 दिसंबर को हमले की योजना बना चुके थे, इसलिए हर परिस्थिति में शहर पर कब्जा करने का गौरव उन्हीं को प्राप्त होता। उनको यह मौका न मिलने से उनका शानदार प्रदर्शन किसी भी रूप से कम नहीं होता। शहर के निर्मित क्षेत्र में प्रवेश से बचने को लेकर भी सगत चिंतित थे, जहां भारतीय सैनिकों के सामने पाकिस्तानी फायदे में रहते।

मेघना को पार करने का सगत का निर्णय पूरे ऑपरेशन के लिए महत्वपूर्ण रहा। सैन्य इतिहास में 'हवाई पुल' के माध्यम से किसी प्रमुख जल बाधा को पार करने का पहला उदाहरण था। अभियान के दौरान 33 कोर का हिस्सा रही 20 माउंटेन डिविजन की कमांड संभालने वाले मेजर जनरल लछमन सिंह अपनी पुस्तक Victory in Bangladesh में लिखते हैं:

> यहां पर सगत सिंह ने एक फील्ड कमांडर की बुद्धिमत्ता और पहल की क्षमता का परिचय दिया। यही निर्णय था जिसके कारण अंत में और निर्णायक रूप से पलड़े को हमारी तरफ झुका दिया और पाकिस्तानी बलों को ढाका में जल्द आत्मसमर्पण करना पड़ा।

यह एक जोखिम से भरा हुआ साहसिक निर्णय था, और अगर वे विफल होते तो पूरी जिम्मेदारी उनकी होती। लेकिन, कमजोर दिल वाले युद्ध नहीं जीता करते, सैन्य इतिहास बार-बार इसका गवाह बना है। प्रत्येक सैन्य ऑपरेशन एक जुआ होता है और दांव की रकम हमेशा बहुत ज्यादा होती है। सगत ने जैकपॉट पर दांव लगाया और जीत भी गये।

युद्ध के बाद रक्षा सचिव बी.बी. लाल ने सगत को एक रोचक कहानी बताई। साउथ ब्लॉक में 10 दिसंबर 1971 को 1300 बजे एक बैठक हुई, जिसकी अध्यक्षता विदेश मंत्री सरदार स्वर्ण सिंह ने की थी। बैठक में रक्षा, गृह और विदेश सचिव के साथ आईबी निदेशक और प्रधानमंत्री के प्रमुख सचिव शामिल हुये। बैठक शुरू ही हुई थी तभी खबर मिली कि सगत ने मेघना को पार कर लिया। थोड़ी देर बाद ही रक्षा मंत्री बाबू जगजीवन राम अंदर आए, जबकि प्रधानमंत्री इंदिरा गांधी के प्रमुख निजी सचिव उन्हें यह सूचना देने के लिए उनके कार्यालय की तरफ दौड़े। लाल के अनुसार, थोड़ी देर बाद इंदिरा गांधी बरामदे में दौड़ती दिखीं, उनके बाल और साड़ी हवा में उड़ रहे थे। प्रधानमंत्री को खुशी से झूमते देख उन सबको हैरानी हुई और 1971 के युद्ध के दौरान लाल के लिए यह सबसे यादगार लम्हा था। यही वह दिन था, जब सैम मानेकशॉ ऑपरेशन का आदेश देने का श्रेय नहीं ले सकते थे, लाल ने चुटकी ली।

बांग्लादेश की आज़ादी में सगत के योगदान को देखते हुए उन्हें पद्म भूषण से सम्मानित किया गया, एक नागरिक सम्मान जो आमतौर पर सैनिकों को नहीं प्रदान किया जाता। (पद्म श्रेणी के तीन सम्मान हैं-पद्म विभूषण, जो सर्वोच्च नागरिक सम्मान भारत रत्न के ठीक नीचे होता है, फिर पद्म भूषण और फिर पद्म श्री) ज्यादातर सम्मानित कलाकार, लेखक, वैज्ञानिक, नौकरशाह और राजनीतिज्ञ होते हैं। सैनिकों को विरले ही यह सम्मान दिया जाता है, और जब दिया भी जाता है तो गैर सैन्य क्षेत्र में उनके योगदान के लिए होता है। कोरिया में संयुक्त राष्ट्र के कार्य में प्रदर्शन के लिए थिमैय्या को पद्म भूषण और थोरट को पद्म श्री प्रदान किया गया था। 1971 में सगत ने दुश्मन के खिलाफ एक सैन्य ऑपरेशन में उत्कृष्ट प्रदर्शन किया था और उनके लिए एक शौर्य पुरस्कार ज्यादा उपयुक्त होता। शायद सैन्य अनुक्रम ने इसके लिए सिफारिश नहीं की होगी और राजनीतिक नेतृत्व ने नागरिक सम्मान देकर भरपाई करने का निर्णय लिया, क्योंकि उन्हें सिर्फ दो वर्ष पहले ही पीवीएसएम प्रदान किया गया था। यह विडंबना ही थी कि 1971 के युद्ध में सबसे सफल कोर कमांडर को नागरिक सम्मान से संतोष करना पड़ा, जबकि ऐसे तमाम दूसरे लोगों को शौर्य पुरस्कार दिये गये, जिनका प्रदर्शन कहीं नीचे था और वे युद्ध नायक बन गये।

नवंबर 1973 में, 4 कोर की पूरे तीन वर्ष तक कमांड संभालने के बाद सगत को स्थानांतरण कर दिया गया और 1 कोर की कमांड सौंप दी गई। पूर्वी क्षेत्र में सेवाएं प्रदान करते हुए उन्हें आठ वर्षों से अधिक हो गये थे और वे अपने घर के नजदीक किसी स्थान

पर जाना चाहते थे, जहां से वे अपने परिवार का ख्याल रख सकें। उनका निवेदन स्वीकार कर लिया गया और उन्हें मथुरा स्थित 1 कोर में तैनात कर दिया गया। नवंबर 1974 में वे सेवानिवृत्त हो गये और जयपुर चले गये, जहां वे सेवानिवृत्ति के बाद रहना चाहते थे। उन्होंने शहर के बाहरी क्षेत्र में एक फार्महाउस बनाया जिसको 'मेघना फार्म' का समुचित नाम दिया और वहां रहने लगे। सेवानिवृत्ति के थोड़े समय बाद वे स्टेट बैंक ऑफ बीकानेर एंड जयपुर और कई अन्य कंपनियों में निदेशक बन गये।

सगत के चार पुत्र थे, जिनमें से दो सेना से जुड़े। उनके सबसे बड़े पुत्र रण विजय का जन्म फरवरी 1949 में हुआ। उन्हें 1 गढ़वाल में कमीशन प्राप्त हुआ, जिसका बाद में यंत्रीकरण कर दिया और 6 MECH के रूप में पुनःनामित किया गया। वे मार्च 2003 में ब्रिगेडियर की रैंक से सेवानिवृत्त हुए और जयपुर में रहते हैं। गढ़वाल राइफल्स और 2/3 गुरखा राइफल्स के बीच ऐतिहासिक जुड़ाव इस तथ्य में छिपा है कि मूल 2/3 गोरखा राइफल्स गढ़वालियों को केंद्र में रखकर 1887 में बनी और 1890 में उसका नाम 39वीं गढ़वाली रेजिमेंट कर दिया गया, जो वर्तमान गढ़वाल राइफल्स की अग्रगामी है। सगत के बड़े बेटे को जब कमीशन दिया जा रहा था, तब गढ़वाल राइफल्स के कर्नल ने इस ऐतिहासिक जुड़ाव के आधार को देखते उन पर दावा किया। सगत के दूसरे बेटे दिगविजय का जन्म अक्टूबर 1950 में हुआ और उन्हें 2/3 गोरखा राइफल्स में कमीशन प्राप्त हुआ, जिस बटालियन की कमांड उनके पिता ने संभाली थी। दुर्भाग्य से उनकी 4 मार्च 1976 को असमय मृत्यु हो गई। जब वे पुंछ में बटालियन के साथ कैप्टन के तौर पर कार्य कर रहे थे, तब उनकी जीप का एक्सीडेंट हुआ था। सगत के तीसरे पुत्र वीर विजय का जन्म अगस्त 1954 में हुआ था। अपने बड़े भाई की मृत्यु से महज आठ माह पहले दिल्ली में एक स्कूटर एक्सीडेंट में उनकी भी मृत्यु हो गई। आठ माह के अंतराल पर दो जवान बेटों की मृत्यु सगत और उनकी पत्नी के लिए एक भयानक झटका थी। उनके सबसे छोटे बेटे चंद्र विजय का जन्म अप्रैल 1956 में हुआ। वे एक बिजनेस एग्जीक्युटिव हैं।

नवंबर 1998 में सगत की पत्नी का देहांत हो गया। वे जयपुर में अकेले रहने लगे और उनके बच्चे और पोते-पोती उनसे मिलने जाते रहते थे। उनकी पत्नी के देहांत के ढाई वर्ष बाद दिल्ली में उनका प्रोस्टेट कैंसर का ऑपरेशन किया गया। वे जुलाई 2001 में वापस जयपुर आ गये और स्वस्थ प्रतीत हो रहे थे। लेकिन उनके द्वारा ली जा रही भारी दवाइयों के जानलेवा दुष्प्रभाव हुये। उनको हेपटाइटिस-ए हो गया और उन्हें फिर एक बार दिल्ली ले जाना पड़ा। 26 सितंबर 2001 को उन्होंने सैन्य अस्पताल में अंतिम सांस ली।

सगत एक सैनिक थे, लेकिन सब की तरह उनकी भी कुछ कमजोरियां थीं। इनमें से एक था दिल के मामलों में उनका रुझान। छह फुट दो इंच के हृष्ट-पुष्ट शरीर वाले सगत अपनी जवानी में एक खूबसूरत इंसान थे और महिलाओं को वे अत्यंत सम्मोहक लगते थे। उनकी

हसीन गुस्ताखियों से जुड़ी तमाम कहानियां हैं, हालांकि, उनमें से सब सच्ची नहीं हैं। लेकिन अगर सच्ची भी हों, तब भी एक युद्ध नायक के रूप में उन्होंने सगत को प्रभावित नहीं किया। किसी भी रूप में वे एक सम्मानित श्रेणी में हैं: सीजर, नेपोलियन, नेल्सन और वेलिंग्टन सभी में यह कमजोरी थी। नॉर्मन डिक्सन अपनी पुस्तक *On the Psychology of Military Incompetence* में लिखते हैं: 'उनमें (वेलिंग्टन) और नेल्सन में महिलाओं के प्रति झुकाव की समानता थी, जिसके चलते उनके समकालीनों को काफी प्रतिकूल टिप्पणियां करने का मौका मिल जाता था।' इस विषय पर भारत के सबसे प्रख्यात सेना नायक सैम मानेकशॉ के विचार सर्वविदित हैं।

सगत ऐसे कमांडर थे, जिन्होंने सामने से नेतृत्व किया। वे सेना नायक की उस परंपरागत छवि के प्रतिमान हैं जो युद्ध और नेतृत्व में मिसाल पेश करते हैं। अगर वे कुछ सदी पहले या अमेरिका या यूरोप में पैदा हुए होते और उन्हें एक बड़े फलक पर कार्य करने का अवसर मिला होता, तो वे युद्ध के महान कप्तानों (ग्रेट कैप्टन्स ऑफ वॉर) में से होते। दुर्भाग्य से राष्ट्र ने उनकी प्रतिभा को नहीं पहचाना या उनके योगदान को महत्व नहीं दिया। कम ही मनुष्यों को वह सम्मान मिलता है, जिसके वे योग्य थे। हालांकि, जो उन्हें नजदीक से जानते हैं, या जिन्होंने उनके अधीन सेवा प्रदान करने का सौभाग्य प्राप्त किया, उनके लिए सगत एक ऐसे सेना नायक थे, जिनका सैनिक स्वेच्छा से अनुसरण करते हैं और उनके लिए जान न्योछावर कर देते हैं।

10 लेफ्टिनेंट जनरल ज़ेड.सी. बख्शी, पीवीएसएम, एमवीसी, वीर चक्र, वीएसएम

भारत के सबसे अलंकृत जनरल

ज़ोरावर चंद बख्शी भारतीय सेना के सबसे विख्यात सैनिकों में से हैं, जिन्होंने शांतिकाल और युद्ध दोनों में सम्मान प्राप्त किये। उन्होंने 1962 के भारत-चीन युद्ध को छोड़कर स्वतंत्रता प्राप्ति के उपरांत भारतीय सेना द्वारा लड़े गये सभी युद्धों में भाग लिया। 1962 के युद्ध के दौरान वे कांगो में थे। उन्हें भारतीय सेना के सबसे अधिक अलंकृत अधिकारी होने का अनूठा गौरव प्राप्त है, जिन्होंने कंपनी से लेकर डिविजन तक हर स्तर पर शौर्य पुरस्कार प्राप्त किये। वे योद्धा और चिंतक सैनिक का एक दुर्लभ संयोजन हैं। जितना वे अपनी उपलब्धियों के लिए जाने जाते हैं, उतना ही वे उनके बारे में जिक्र करने से बचते हैं। वरिष्ठता और उम्र के नियमों के कारण वे शीर्ष तक नहीं पहुंच पाए और सेना एक अव्वल दर्जे के आर्मी कमांडर व सेनाध्यक्ष से वंचित रह गई। इसके बावजूद, बख्शी सेना के अंदर उन सैनिकों से कहीं ज्यादा ख्याति प्राप्त और प्रशंसित हैं, जो उच्च रैंक तक पहुंचे। एक सैनिक और भद्रपुरुष का संपूर्ण मिश्रण 'ज़ोरू' बख्शी—जैसा कि उन्हें सेना में प्यार से पुकारा जाता है—एक ऐसे प्रतिमान हैं, जो अधिकारियों की पूरी पीढ़ी के लिए प्रेरणा के स्रोत थे।

सरदार बहादुर बख्शी लाल चंद के सुपुत्र ज़ोरू बख्शी का जन्म 21 अक्टूबर 1921 को, पंजाब के रावलपिंडी जिले में गुलयाना गांव में हुआ। रावलपिंडी स्थित गॉर्डन कॉलेज से स्नातक करने के बाद उन्होंने 1942 में आईएमए में प्रवेश लिया। उन्होंने 23 जून 1943 को इंफैन्ट्री में कमीशन प्राप्त किया। एक ब्रिटिश बटालियन के साथ संक्षिप्त अटैचमेंट के बाद उन्हें 16/10 बलूच में तैनात कर दिया गया, जो उस समय बर्मा के अराकन में थी और 25 इंडियन डिविजन की 51 इंफैन्ट्री ब्रिगेड का हिस्सा थी। बटालियन की कमांड लेफ्टिनेंट कर्नल जॉन फेयरले के पास थी, जिन्हें भारतीय अधिकारियों से काफी लगाव था, क्योंकि पहले वे देहरादून स्थित आईएमए में प्रशिक्षक थे। मेजर मोहम्मद उस्मान सेकंड इन कमांड थे, जो बाद में ब्रिगेडियर बने और झांगर पर कब्जा करने के बाद उन्हें 1948

में मरणोपरांत एमवीसी से सम्मानित किया गया। बटालियन में पठानों की दो कंपनी और पंजाबी मुसलमानों और डोगरों की एक-एक कंपनी थी। अधिकांश अन्य रेजिमेंटों में डोगरों के विपरीत बलूच डोगरा राजपूत नहीं थे, बल्कि ब्राह्मण थे। बख्शी को एक पठान कंपनी सौंपी गई।

जब बख्शी बटालियन में आए तो मानसून समाप्त ही हुआ था और लंबे अंतराल के बाद संचलन प्रारंभ हुआ था। उस्मान ने बख्शी को जापानी मोरचाबंदी का जायजा लेने के लिए एक गश्त के साथ नो मैन्स लैंड में भेजा। क्योंकि बख्शी हाल ही में बटालियन में आए थे और उन्हें अनुभव नहीं था, इसलिए गश्त का नेतृत्व एक जूनियर कमीशंड ऑफिसर (जेसीओ) कर रहे थे, जिनसे कहा गया था कि नए युवा अधिकारी पर नजर रखें। जब वे पहाड़ी पर चढ़ रहे थे, तो जापानियों ने फायरिंग शुरू कर दी। सब एकदम जमीन पर लेट गये। जेसीओ ने बख्शी से पूछा कि उन्हें क्या करना चाहिए। या तो वे पीछे हट सकते थे या फिर दुश्मन के ठिकाने को बाइपास करके निकल सकते थे। हालांकि, एक तरफ खड़ी ढलान थी और दूसरी तरफ खड़ी चढ़ाई। अगर वे पीछे हटते, तो उनकी मुठभेड़ घात-टुकड़ी से भी हो सकती थी। बख्शी ने एक पल सोचा और फिर निर्णय लिया कि उन्हें नीचे जाना चाहिए। वे दुश्मन के ठिकाने को बाइपास करने में सफल रहे और अपना कार्य पूर्ण कर सुरक्षित वापस लौट आए।

जेसीओ ने उस्मान को रिपोर्ट किया और उन्हें फायरिंग के बारे में जानकारी दी, यह भी बताया कि किस प्रकार युवा कनिष्ठ अधिकारी ने गश्त को संभाला। अगले दिन उस्मान ने जापानियों द्वारा कब्जे में ली गई एक पहाड़ी की जांच करने के लिए फिर एक गश्त भेजी और बख्शी से उसका नेतृत्व करने को कहा। ज़ोरू ने अपनी कंपनी से कुछ जवानों को लिया, जिसमें पठान थे और पहाड़ी के बारे में कुछ उपयोगी जानकारी के साथ लौटे। सीओ, लेफ्टिनेंट कर्नल फेयरले अगले दिन स्थानांतरित हो रहे थे, लेकिन जाने से पहले उन्होंने पहाड़ी पर कब्जा करने के आदेश दिये और इस कार्य को डोगरा कंपनी को सौंपा। फेयरले ने अपने करियर की शुरुआत डोगरों के साथ की थी और उनके प्रति सहानुभूति रखते थे। मगर डोगरा कंपनी की कमांड संभाल रहे ब्रिटिश अधिकारी में उनका बहुत विश्वास नहीं था, इसलिए बख्शी से हमले का नेतृत्व करने को कहा। ज़ोरू अपनी स्वयं की कंपनी ले जाने के पक्ष में थे, लेकिन इस मामले में उनके पास कोई विकल्प नहीं था। क्योंकि डोगरा कंपनी में सैनिक पूरे नहीं थे इसलिए उन्होंने कुछ गैर-लड़ाकू लोगों को भी शामिल करने का निर्णय लिया, जैसे रसोइये। उनमें से एक था सिपाही भंडारी राम।

बख्शी ने हर दिशा से एक-एक प्लाटून का प्रयोग करते हुए पहाड़ी की तीन तरफ से हमला बोला। खूनी लड़ाई हुई, जिसके अंत में पहाड़ी पर कब्जा कर लिया गया। कंपनी जब फिर से एकत्रित हुई, तो पता चला कि भंडारी राम गायब था। बख्शी ने उसे हमले के दौरान

देखा था और उसकी बहादुरी से प्रभावित थे। बाद में भंडारी राम को खोजा गया और उसे रेजिमेंटल ऐड पोस्ट पर ले जाया गया। उसे कई गोलियां लगी थीं, इसके अलावा एक ग्रेनेड भी उसके सामने फटा था और वह गंभीर रूप से घायल था। रेजिमेंट के चिकित्सा अधिकारी दक्षिण भारतीय थे, जिन्हें मद्यपान का बहुत शौक था और वे बहुत कम अपनी सुध में रहते थे। उन्होंने तुरंत कहा कि केवल किस्मत ही भंडारी राम को बचा सकती है। लेकिन वे गलत थे, भंडारी राम न केवल जिये, बल्कि हीरो बन गये।

ऑपरेशन के बाद, बख्शी ने मेजर उस्मान को रिपोर्ट किया, जो कमांडिंग अफसर का कार्य संभाल रहे थे, क्योंकि फेयरले जा चुके थे और नए पदाधिकारी लेफ्टिनेंट कर्नल एल.पी. 'बोगी' सेन अभी पहुंचे नहीं थे। उस्मान ने निर्णय लिया कि भंडारी राम को विक्टोरिया क्रॉस मिलना चाहिए और जब अगले दिन नए सीओ आए तो उन्होंने उनसे भंडारी के नाम की सिफारिश करने को कहा। सेन ने भंडारी का नाम भेजा जरूर, लेकिन इंडियन ऑर्डर ऑफ मेरिट के लिए, जो विक्टोरिया क्रॉस से काफी नीचे आता था। उस्मान को लगा कि यह न्यायपूर्ण नहीं था, और क्योंकि जब कार्रवाई हुई तो उस समय कमांड उनके पास थी, इसलिए उनकी राय को ध्यान में रखा जाना चाहिए। अंत में उस्मान ब्रिगेड कमांडर के पास पहुंचे, जो उनसे सहमत हो गये और भंडारी राम को विक्टोरिया क्रॉस प्रदान किया गया।

जनवरी 1945 में इंफैन्ट्री ब्रिगेड ने कांगाव के युद्ध में भाग लिया, जो बर्मा अभियान में लड़े गये सबसे कठिन युद्धों में से था। ब्रिगेड कमांडर ब्रिगेडियर आर.ए. हट्टन के साथ-साथ प्रख्यात 'ऑल इंडिया ब्रिगेड' के सभी तीनों कमांडिंग अफसरों, एस.पी.पी. थोरट, के.एस. थिमैय्या और एल.पी. सेन को डीएसओ से सम्मानित किया गया। ज़ोरू बख्शी का जिक्र डिस्पैच में आया, और अगले 30 सालों में उनको जो लगातार शौर्य पुरस्कार मिलने वाले थे, उनमें यह पहला था। बर्मा में ऑपरेशन थमने के बाद, बटालियन को आराम और उपचार के लिए वापस भारत भेज दिया गया, और उसे मद्रास के निकट पोलाची में रखा गया। लेकिन वह ज्यादा लंबे समय तक भारत में नहीं रही और बाकी डिविजन के साथ उसे जल्द ही मलेशिया भेज दिया गया। हालांकि, उनके पहुंचने के कुछ समय बाद ही जापानियों ने आत्मसमर्पण कर दिया और उन्हें युद्ध बंदियों की देखरेख का कार्य सौंपा गया। वापस भारत लौटने से पहले वह मलेशिया में लगभग एक वर्ष तक रही।

अगस्त 1947 में, बख्शी पंजाब बाउंड्री फ़ोर्स में तैनात थे, जिसका गठन पंजाब में शांति बनाए रखने के लिए किया गया था। देश के विभाजन का कार्य सर सिरिल रेडक्लिफ के कंधों पर डाला गया था, जिन्हें सीमा का निर्धारण 15 अगस्त 1947 तक करना था, इसी दिन से विभाजन लागू होना था। इस बात का पूर्वानुमान लगाते हुए कि सीमा की घोषणा के साथ बड़े स्तर पर हंगामा खड़ा होगा, इसलिए कानून व्यवस्था बनाए रखने के लिए एक विशेष बल बनाया गया था। पंजाब बाउंड्री फ़ोर्स का मुख्यालय लाहौर में था और उसे मेजर

जनरल टी.डब्ल्यू. रीस के अधीन कर दिया गया, जो 4 इंडियन डिविजन की कमांड संभाल रहे थे। उसमें विभिन्न रेजिमेंटों से ली गईं लगभग 25 बटालियनें थीं, जबकि 4 इंडियन डिविजन का स्टाफ व जवान उसके केंद्र में थे। रीस के साथ सलाहकार के रूप में दोनों देशों से ब्रिगेडियर रैंक के अधिकारी थे। उनके नाम थे, भारत से के.एस. थिमैय्या और डी.एस. ब्रार और पाकिस्तान से मोहम्मद अयूब खान और नासिर अहमद।

बाउंड्री फ़ोर्स का सदस्य होने के नाते बख्शी ने विभाजन की त्रासदी को बेहद नजदीक से देखा था। दोनों तरफ से लोगों के निर्गमन के साथ हिंसा हो रही थी, जिसने बहुत जल्द व्यक्तिगत लूटमार और बदले में तब्दील होकर हथियारबंद दलों द्वारा हमले का रूप ले लिया। लूटपाट और बलात्कार के साथ नरसंहार होना रोजमर्रा की घटना बन गये। पूरे के पूरे गांव, विस्थापितों की जाती हुई कतारें, और रेलगाड़ियों पर हथियारबंद भीड़ के हमले हुए, जो नफरत और प्रतिशोध से प्रेरित थे। हमलों की क्रूरता ने बाउंड्री फ़ोर्स के युद्ध की कठोरता देख चुके सैनिकों को भी हैरान कर दिया, जिनके अधिकारियों को यह सुनिश्चित करने में कड़ी मशक्कत करनी पड़ी कि साम्प्रदायिकता का असर उन पर न पड़े। अपनी रिपोर्ट में जनरल रीस ने टिप्पणी लिखीः 'हत्याओं की निर्ममता मध्ययुगीन काल के पहले जैसी थी। स्त्री, पुरुष और आयु कुछ भी नहीं देखा गया। हाथों में बच्चे लिये माताओं को भी मार दिया गया, काट दिया गया या फिर गोली मार दी गई।'

जल्द ही यह स्पष्ट हो गया कि अपने पास उपलब्ध अल्प संसाधनों में बाउंड्री फ़ोर्स शांति नहीं बनाए रख पाएगा। लोक प्रशासन का अस्तित्व लगभग समाप्त हो चुका था, और बाउंड्री फ़ोर्स को केवल कानून व्यवस्था ही नहीं संभालनी थी, बल्कि शरणार्थियों के लिए परिवहन, आश्रय और भोजन का भी प्रबंध करना था, जिनकी संख्या बढ़कर 20 लाख से अधिक हो गई थी। एक अतिरिक्त खतरा यह भी था कि जवानों को अपने परिवार और रिश्तेदारों के साथ हुए अत्याचार का पता चलने पर वे कहीं खुद भी पक्षपात न करने लगें। रीस ने सुप्रीम कमांडर को बता दिया कि स्थिति नाजुक थी और यह सिफारिश भेजी कि क्षेत्र में शांति बनाने की जिम्मेदारी अपनी-अपनी तरफ की सरकारें उठाएं। संयुक्त रक्षा परिषद ने इसको स्वीकार कर लिया और 1 सितंबर 1947 को पंजाब बाउंड्री फ़ोर्स भंग हो गई। पाकिस्तान को मिली रेजिमेंटों की दस बटालियनें नई संरचना के साथ जुड़ने चली गईं। भारत में रुकने वाली बाकी बची हुई यूनिटों को पूर्वी पंजाब एरिया में शामिल कर दिया गया। जनरल रीस को गवर्नर जनरल लॉर्ड माउंटबैटन का सैन्य सहायक नियुक्त किया गया था, और वे बख्शी को अपने साथ लेकर दिल्ली आ गए। अपने नए कार्य के तहत बख्शी को गवर्नर जनरल हाउस (अब राष्ट्रपति भवन) में ऑपरेशन कक्ष को संभालना था।

विभाजन के परिणामस्वरूप, बख्शी की मूल यूनिट 16/10 बलूच, पाकिस्तान के हिस्से में चली गई। बख्शी का तबादला 5 गुरखा राइफल्स में कर दिया गया, जो उन छह गुरखा

रेजिमेंटों में से थी जिन्हें भारत में रहना था, बाकी चार ब्रिटिश सेना में चली गईं। तब तक भारतीय अधिकारियों ने गुरखा रेजिमेंट में सेवाएं नहीं दी थीं, और ब्रिटिश अधिकारियों के अचानक चले जाने से खालीपन हो गया, जिसे अन्य रेजिमेंटों से अधिकारियों को तैनात करके भरा जाना था। शुरुआत में इन अधिकारियों को काफी कठिनाई हुई, क्योंकि उन्हें जवानों के तौर-तरीके और पृष्ठभूमि नहीं पता थी, और वे गुरखाली भी नहीं बोल सकते थे। अन्य रेजिमेंटों के विपरीत, जहां वीसीओ अंग्रेजी जानते थे और इसलिए वे अधिकारियों व जवानों के बीच कड़ी का काम कर सकते थे, यहां बहुत कम गुरखा अधिकारी (जैसा कि गुरखा रेजिमेंट में वीसीओ को पुकारा जाता था) अंग्रेजी जानते थे। 5वीं रॉयल गुरखा का रेजिमेंटल सेंटर, जो एबटाबाद में था, देहरादून ले जाया गया, जहां ज्यादातर अन्य गुरखा केंद्र स्थित थे। भारतीय सेना से जुड़ने के बाद फरवरी 1949 में 'रॉयल' संज्ञा हटा दी गई और 'गुरखा' की वर्तनी को बदलकर 'गोरखा' कर दिया गया। बख्शी देहरादून स्थित रेजिमेंटल सेंटर में शामिल हुए, जहां लेफ्टिनेंट कर्नल (बाद में मेजर जनरल) निरंजन प्रसाद बतौर सेंटर कमांडेंट तैनात थे।

मार्च 1948 में, बख्शी 163 इंफैन्ट्री ब्रिगेड के ब्रिगेड मेजर के तौर पर तैनात थे। ब्रिगेड मेजर की प्रतिष्ठित नियुक्ति आमतौर पर उन अधिकारियों को प्रदान की जाती है जो स्टाफ कोर्स में अच्छा प्रदर्शन करते हैं। बख्शी ने यह कोर्स नहीं किया था, लेकिन उनको यह गरिमामयी नियुक्ति अंग्रेजों के जाने के बाद स्टाफ प्रशिक्षित अधिकारियों की कमी के कारण प्रदान की गई। 163 इंफैन्ट्री ब्रिगेड का निर्माण शुरुआत में 'ज़ेड' ब्रिगेड के तौर पर श्रीनगर में बसंत ऋतु के समय 1948 में किया गया था। उस समय कश्मीर घाटी में तीन ब्रिगेड थीं, जो के.एस. थिमैय्या के अधीन श्री (बाद में 19) डिविजन का हिस्सा थीं। पाकिस्तानी कबिलाइयों के कश्मीर में घुसने के थोड़े समय बाद ही अक्टूबर 1947 में 161 इंफैन्ट्री ब्रिगेड को भी इसमें शामिल कर लिया गया। कबिलाइयों को वापस धकेलने के बाद यह वहां पूरी सर्दी भर रही। 77 पैराशूट ब्रिगेड मई 1948 में पहुंची और 163 ब्रिगेड का भी लगभग इसी समय निर्माण हुआ। 1948 की गर्मियों में, जब बर्फ पिघल गई, तब कश्मीर घाटी से दुश्मन को बाहर खदेड़ने के लिए एक सामान्य आक्रामक योजना बनाई गई थी। उस योजना के मुताबिक, 161 ब्रिगेड को उरी-डोमेल अक्ष पर बढ़ना था और 163 ब्रिगेड को हंदवाड़ा-टिथवाल अक्ष पर। 161 और 163 ब्रिगेड के कमांडर थे क्रमशः एल.पी. सेन और हरबख्श सिंह, जबकि 77 ब्रिगेड हीरा लाल अटल के अधीन थी।

163 इंफैन्ट्री ब्रिगेड को टिथवाल की तरफ बढ़ने का कार्य सौंपा गया था। रास्ते में दुश्मन के प्रतिरोध का सफाया करते हुए और हाथ से गए क्षेत्र पर वापस कब्जा करते हुए, जिसमें रणनीतिक दृष्टि से महत्त्वपूर्ण टिथवाल भी शामिल था। युद्ध के विभिन्न चरणों के दौरान ब्रिगेड में चार इंफैन्ट्री बटालियनें थीं, 1 सिख, 1 मद्रास, 6 राजपुताना राइफल्स और

3 गढ़वाल। उसमें बख्तरबंद गाड़ियों से लैस 7 कैवेलरी का एक स्क्वाड्रन और तोपों की दो बैटरियां भी थीं। ब्रिगेड ने 18 मई 1948 को हंदवाड़ा से ऑपरेशन प्रारंभ किया और 20 मई तक चौकीबल पर कब्जा कर लिया। अगले दिन 10 हजार फुट ऊंचे नास्ताचुन दर्रे पर कब्जा किया और 23 मई तक टिथवाल भारतीय हाथों में था। पांच दिनों में 163 ब्रिगेड ने 65 किलोमीटर की बढ़त बनाते हुए दुश्मन के 67 लोगों को मारा और कई को बंदी बना लिया। वह मुजफ्फराबाद की ओर बढ़ने के लिए तैयार थी, जो सिर्फ 30 किलोमीटर दूर रह गया था, तभी संयुक्त राष्ट्र में प्रस्ताव पारित होने के बाद सैन्य मुख्यालय के आदेश पर ऑपरेशन रोक दिया गया। इससे सैनिकों के मनोबल और जोश को बहुत गहरा धक्का लगा, क्योंकि वे हमलावरों को कश्मीर घाटी से खदेड़ने के लिए बिल्कुल तैयार थे।

टिथवाल को गंवाना पाकिस्तान के लिए बहुत बड़ा झटका था, उसने हिंसक रूप से इसकी प्रतिक्रिया दी और पहाड़ी पर फिर से कब्जा जमाने के लिए जवाबी हमले किये। इन हमलों में भारी गोलाबारी की गई, जिसमें कई जानें गईं। कई लोगों ने व्यक्तिगत बहादुरी भी दिखाई, जिसमें 6 राजपुताना राइफल्स के हवलदार मेजर पीरू सिंह भी शामिल थे। उनको मरणोपरांत देश का सर्वोच्च शौर्य पुरस्कार परमवीर चक्र प्रदान किया गया। बख्शी ने युद्ध में अहम भूमिका निभाई, और असाधारण शौर्य व नेतृत्व का प्रदर्शन किया, जिसके लिए उन्हें वीर चक्र प्रदान किया गया। यह असाधारण था, क्योंकि बख्शी ब्रिगेड मुख्यालय में स्टाफ अधिकारी थे, और सैन्य दल को कमांड नहीं कर रहे थे। कमांडरों के विपरीत, स्टाफ अधिकारियों को युद्धभूमि में शौर्य प्रदर्शन के अवसर बहुत कम मिलते हैं। वीर चक्र के लिए उनके नाम की सिफारिश और अलंकरण प्राप्त करना सचमुच एक शानदार उपलब्धि थी।

थोड़े समय बाद ही, बख्शी ने एक और कमाल किया, जिसके लिए उन्हें मैकग्रेगर स्मृति मेडल से सम्मानित किया गया। इस मेडल की स्थापना 1888 में मेजर जनरल सर चार्ल्स मेटकाफ मैकग्रेगर की स्मृति में की गई, जो यूनाइटेड सर्विस इंस्टिट्यूशन ऑफ़ इंडिया के संस्थापक थे। यह हर वर्ष सर्वश्रेष्ठ सैन्य टोह या दुर्गम स्थानों में अन्वेषण यात्रा या सर्वेक्षण के लिए प्रदान किया जाता है। तथापि यह तभी प्रदान किया जाता है, जब यात्रा या अभियान असाधारण हो और यदि कोई ऐसा कार्य नहीं पाया जाता, तो उस वर्ष यह सम्मान नहीं प्रदान किया जाता। वास्तव में, स्वतंत्रता प्राप्ति के बाद 50 सालों में यह पुरस्कार सिर्फ 12 बार दिया गया है। बख्शी को तिब्बत के कुछ हिस्सों में एक रणनीतिक सैन्य टोह करने का कार्य सौंपा गया था। बौद्ध भिक्षु का वेश धारण कर बख्शी नाथू ला से चुंबी घाटी और फिर ग्यानत्से और ल्हासा तक गये। उन्होंने 80 दिनों के भीतर 400 किलोमीटर की दूरी तय की और हिमालय के सबसे ऊंचे दर्रों की यात्रा की। उनके साहसिक कार्य के लिए उन्हें 1949 में इस पदक से सम्मानित किया गया, और वे स्वतंत्रता के बाद उसे प्राप्त करने वाले पहले व्यक्ति बने।

163 इंफैन्ट्री ब्रिगेड में अपना कार्यकाल पूरा करने के बाद, बख्शी को जुलाई 1949 में वापस देहरादून स्थित रेजिमेंटल सेंटर में तैनात कर दिया गया। 1951 की शुरुआत में, उन्हें 2/5 गोरखा राइफल्स में तैनात किया गया, जो मेरठ व झांसी में अल्प कार्यकाल बिताकर हाल ही में देहरादून आई थी। बटालियन की कमांड लेफ्टिनेंट कर्नल निरंजन प्रसाद के पास थी, जो उसे हैदराबाद से झांसी लेकर आए थे। हैदराबाद में उसने 1948 की पुलिस कार्रवाई में भाग लिया था और फिर आंतरिक सुरक्षा की ड्यूटी संभालने के लिए वहां रही। अप्रैल 1951 में बटालियन लॉरीड ब्रिगेड के साथ पंजाब स्थित जंडीयाला गुरू चली गई। बटालियन में रहने के दौरान बख्शी ने स्टाफ कॉलेज के लिए प्रवेश परीक्षा दी, और उसे उत्तीर्ण करने के बाद उन्हें वेलिंगटन स्थित डिफेंस सर्विसेज स्टाफ कॉलेज के चतुर्थ पाठ्यक्रम के लिए नामित कर दिया गया। यह कोर्स अक्टूबर 1951 में प्रारंभ हुआ। उन्होंने असाधारण प्रदर्शन किया और कोर्स रिपोर्ट में उनके नाम की सिफारिश प्रशिक्षण संबंधी नियुक्ति के लिए की गई। अगस्त 1952 में अपना कोर्स पूर्ण करने के बाद, उन्हें 123 इंफैन्ट्री ब्रिगेड में ब्रिगेड मेजर के तौर पर तैनात किया गया। वे इस नियुक्ति पर तीन वर्ष से अधिक, अक्टूबर 1955 तक तैनात रहे। इस प्रकार उन्होंने ब्रिगेड मेजर के तौर पर न केवल दो कार्यकाल पूरे किये, बल्कि प्रतिष्ठित स्टाफ नियुक्ति में उन्होंने असामान्य रूप से लंबे समय तक कार्य किया।

123 इंफैन्ट्री ब्रिगेड में अपने कार्यकाल के उपरांत, बख्शी को 2/5 गोरखा राइफल्स में तैनात किया गया, जो उस समय जम्मू कश्मीर के उरी सेक्टर में महुरा में स्थित थी। अप्रैल 1958 में, उन्हें महू स्थित इंफैन्ट्री स्कूल में प्रशिक्षक के तौर पर तैनात किया गया, जहां वे तकरीबन दो साल तक रहे। जनवरी 1960 में, उनकी पदोन्नति लेफ्टिनेंट कर्नल रैंक पर हुई और उन्हें प्रशिक्षक के तौर पर वेलिंगटन स्थित स्टाफ कॉलेज में तैनाती मिली। उनके कार्यकाल के दौरान मेजर जनरल (बाद में फील्ड मार्शल) एस.एच.एफ.जे. मानेकशॉ, जो कमांडेंट थे, को एक जांच से गुजरना पड़ा, जो सीजीएस लेफ्टिनेंट जनरल बी.एम. कौल के कहने पर कराई गई थी। आरोप मानेकशॉ के तथाकथित भारत विरोधी विचारों से संबंधित थे और बख्शी उन अधिकारियों में थे, जिनसे लेफ्टिनेंट जनरल दौलत सिंह की अध्यक्षता वाली कोर्ट ऑफ़ इन्क्वायरी ने पूछताछ की थी। कोई भी आरोप सिद्ध नहीं हो सका और जांच समाप्त कर दी गई।

बख्शी ने अभी वेलिंगटन में डेढ़ साल ही बिताए थे कि अगस्त 1961 में उन्हें कलकत्ता स्थित 2/5 गोरखा राइफल्स के कमांडिंग अफसर के तौर पर तैनाती के आदेश मिले। बटालियन को सिलचर जाने का आदेश मिला था, लेकिन इन आदेशों को निरस्त कर दिया गया और उसकी जगह उसे कांगो भेज दिया गया। उस समय बटालियन में दो विक्टोरिया क्रॉस विजेता थे-सूबेदार मेजर गजे सिंह घाले और सूबेदार अगनसिंह राय। सेना के नियमों

के अनुसार, विक्टोरिया क्रॉस और परमवीर चक्र धारकों को उन क्षेत्रों में जाने की इजाजत नहीं होती, जहां लड़ाई की संभावना हो। लेकिन घाले और राय दोनों ही बटालियन के साथ जाने के लिए अड़ गये और बख्शी को मामला सैन्य मुख्यालय भेजना पड़ा, जो इनके मामले में छूट देने के लिए तैयार हो गया।

जनवरी 1962 में, वे कलकत्ता से अहमदनगर होते हुए बम्बई के लिए चले। 10 मार्च 1962 को वे अमेरिकी नौसेना जहाज "जनरल ब्लैचफोर्ड" पर सवार हुए और नौ दिनों की यात्रा के बाद दार-एस-सलाम पहुंचे। वहां से सैन्यदलों को हवाई मार्ग से एलिजाबेथविले ले जाया गया, जबकि उनके सामान को पहले नावों के माध्यम से टंगनयिका झील से होते हुए फिर रेलगाड़ी के माध्यम से पहुंचाया गया। 25 मार्च तक बटालियन भारतीय ब्रिगेड के हिस्से के तौर पर एलिजाबेथविले में एकत्रित हो चुकी थी, जो कटंगा प्रांत में स्थित थी। भारतीय दल 27 देशों के उस संयुक्त राष्ट्र बल का हिस्सा था, जिसका नाम Organisation des Nations Unies au Congo (ONUC) था, और उसका मुख्यालय लिओपोल्डविले में स्थित था।

बेल्जियम से स्वतंत्रता प्राप्ति के उपरांत, आदिवासी फूट और कानून व्यवस्था भंग हो जाने से कांगो (अब ज़ैरे) में गृहयुद्ध की स्थिति उत्पन्न हो गई थी। सेना में विद्रोह हो गया था, और एक आदिवासी नेता, त्शौम्बे ने सत्ता पर कब्जा कर लिया था। संयुक्त राष्ट्र शांति सेना का कार्य कानून व्यवस्था बनाए रखना और प्रमुख स्थापनाओं की तोड़फोड़ से रक्षा करना था। बटालियन को अक्सर कटांगी जेंडरमेरी से लड़ना पड़ता था। वहां कई मुठभेड़ों के साथ कुछ कठोर युद्ध भी हुए, जिनमें दोनों तरफ भारी नुकसान हुआ। साल के अंत तक 2/5 गोरखा राइफल्स ने एलिजाबेथविले और उसके आसपास के क्षेत्र को 20 किलोमीटर के दायरे तक सभी दुश्मनी ठिकानों और बारूदी सुरंगों से साफ कर दिया था। एक साल बाद मार्च 1963 में बटालियन उसी जहाज में सवार होकर वापस भारत लौट आई, जिससे वह कांगो गई थी। उसको दो सेना मेडल और चार 'मेंशन इन डिसपैचेस' मिले। बख्शी 1962 के भारत-चीन युद्ध से वंचित रह गए—वास्तव में यह एक मात्र युद्ध था जिसमें वे शामिल नहीं हुए—लेकिन कांगों में उनकी भूमिका के लिए उन्हें विशिष्ट सेवा मेडल प्रदान किया गया। वापस आने के बाद बटालियन अल्मोड़ा चली गई।

अगस्त 1963 में बख्शी को दिल्ली स्थित सैन्य ऑपरेशन निदेशालय में तैनात कर दिया गया। सैन्य मुख्यालय में सैन्य ऑपरेशन सबसे महत्वपूर्ण शाखा होती है, जिस पर ऑपरेशन की योजना की जिम्मेदारी होती है और इस निदेशालय में सबसे उच्च कोटि के अधिकारियों को तैनात किया जाता है। दिसंबर 1964 से वे कार्यवाहक सैन्य ऑपरेशन निदेशक रहे। 1965 की शुरुआत में, पाकिस्तान ने कच्छ के रन में लड़ाई शुरू कर दी थी। वह उस क्षेत्र पर नियंत्रण करना चाहता था, जिसे वह अपना बताता था। तुरंत भारतीय सैन्यदलों को

वहां भेजा गया और हमले को नाकाम कर दिया गया। ब्रिटिश प्रधानमंत्री हैरोल्ड विल्सन की मध्यस्थता और उनके प्रयासों के परिणामस्वरूप, 1 जुलाई 1965 को दोनों पक्षों ने युद्धविराम स्वीकार कर लिया। वापस 1 जनवरी 1965 की स्थिति को स्वीकार करने को लेकर एक समझौते पर हस्ताक्षर किये गये। हालांकि, जैसा कि बाद में पता चला, पाकिस्तान ने कच्छ ऑपरेशन भारतीय रिज़र्व को व्यस्त करने और उन हथियारों व उपकरणों को परखने के लिए किया था, जो उसे अमेरिका ने प्रदान किये थे। ऑपरेशन का मकसद, भारत की तरफ से होने वाली राजनीतिक व सैन्य प्रतिक्रिया को भांपना था। 1962 में चीन के से हारने के बाद भारत की रक्षा क्षमता को बहुत अच्छी नजरों से नहीं देखा जा रहा था, और पाकिस्तान के नए राष्ट्रपति अयूब खान, ने इसे कश्मीर हथियाने का सुनहरा मौका समझा, जिसके प्रयास में पाकिस्तान ने 1947 में मुंह की खाई थी।

ऑपरेशन की तैयारी 1965 की शुरुआत में प्रारंभ हुई। पाकिस्तान ने हजारों छापेमारों को प्रशिक्षण प्रदान कर उन्हें हथियार दिये। 1965 के मध्य तक 8000 रज़ाकारों का हल्के हथियारों वाला स्वैच्छिक बल तैयार कर लिया गया। इसके साथ ही, नियमित सेना और रक्षाबलों की सहायता के लिए 150,000 मुजाहिदों को प्रशिक्षित किया गया। भारत विरोधी प्रचार को हवा दी गई, और कश्मीरियों को भारत के 'विदेशी' शासन के खिलाफ आवाज बुलंद करने को प्रोत्साहित किया गया। कश्मीर में ऑपरेशन चलाने के लिए गिब्राल्टर फ़ोर्स नामक विशेष संगठन तैयार किया गया। हर फ़ोर्स में तकरीबन 30,000 पुरुष रखे जाने थे, जो 100–100 के छोटे समूहों में बंटे होते थे और उनके साथ मुजाहिदों और रज़ाकारों से समर्थित कट्टर नियमित सैन्यबल थे। छापेमारों को प्रेरित करने और धार्मिक उन्माद पैदा करने के लिए बलों को विख्यात मुस्लिम योद्धाओं के नाम दिये गये थे, जैसे सलाउद्दीन, गज़नवी, बाबर और खिलजी। उन्हें मर्री में एकत्रित किया गया और पाक अधिकृत कश्मीर की 12 डिविजन के जीओसी मेजर जनरल अख्तर हुसैन मलिक की कमांड में रखा गया।

जुलाई 1965 में, बख्शी की ब्रिगेडियर रैंक पर पदोन्नति हो गई और उन्हें जम्मू कश्मीर में नई बनी 68 इंफैन्ट्री ब्रिगेड की कमांड सौंपी गई। हालांकि ब्रिगेड लद्दाख स्थित 3 इंफैन्ट्री डिविजन का हिस्सा थी, लेकिन वह कश्मीर घाटी में स्थित थी। बख्शी के कमांड संभालने के कुछ दिनों बाद ही पाकिस्तानी घुसपैठ प्रारंभ हो गई। कई स्थानों पर सीमा पार करके छापेमारों ने पुलों को उड़ाना, रास्ते बंद करना और प्रशासनिक स्थापनाओं को बर्बाद करना शुरू कर दिया। हालांकि भारतीय जवानों को योजनाबद्ध घुसपैठ के बारे में जानकारी नहीं थी, लेकिन वे पूरी तरह से तैयार थे और उन्होंने तीव्र प्रतिक्रिया दी। घुसपैठियों से जहां भी मुठभेड़ हुई उनसे भली प्रकार निपटा गया और जल्द ही ज्यादातर को दबा दिया गया या फिर आत्मसमर्पण करा लिया गया। कुछ स्थानों पर पाकिस्तानियों ने छापेमारों की मदद करने के लिए तोपखाने का प्रयोग किया, जिससे लड़ाई और बढ़ गई। आगे छापेमारों का प्रवेश

रोकने और उनके द्वारा प्रयोग किये जा रहे मार्ग में बाधा डालने के लिए कुछ सामरिक दृष्टि से महत्वपूर्ण ठिकानों पर कब्जा करने का निर्णय लिया गया। उनमें से एक था हाजीपीर दर्रा।

उरी और पुंछ को जोड़ने वाली सड़कें 8650 फुट की ऊंचाई पर हाजीपीर दर्रे से होकर गुजरती थीं। सामरिक दृष्टि से दर्रा बहुत महत्वपूर्ण था, और कश्मीर घाटी में घुसने का प्रमुख मार्ग प्रदान करता था। 1948 के युद्धविराम समझौते के बाद दर्रे को पाकिस्तान को दे दिया गया था। दर्रे पर कब्जा करने के लिए उस पर दो तरफ से हमला करने की योजना बनाई गई। इसके तहत 19 इंफैन्ट्री डिविजन के एक ब्रिगेड को उरी से आने वाली सड़क की तरफ से उत्तर से हमला करना था और दूसरी ब्रिगेड जो 25 इंफैन्ट्री डिविजन की थी, को पुंछ से आने वाली सड़क से दक्षिण से हमला बोलना था। उत्तर की तरफ से पहाड़ी पर कब्जा करने का कार्य 68 इंफैन्ट्री ब्रिगेड को सौंपा गया था। अब तक, कमांडर के तौर पर बख्शी अपना महत्व सिद्ध कर चुके थे और बर्मा में द्वितीय विश्वयुद्ध के दौरान, 1947–48 में जम्मू कश्मीर में, और 1962 में कांगो में अलंकरण प्राप्त कर चुके थे। सेना के उच्च कमांड में उनके प्रति विश्वास को प्रदर्शित करने के लिए हाजीपीर पर कब्जा करने के ऑपरेशन का कूट नाम ऑपरेशन बख्शी रखा गया। ज़ोरू बख्शी ने अपने वरिष्ठों द्वारा उन पर दिखाए गये विश्वास को सिद्ध किया। 1965 के युद्ध में सबसे शानदार और सफल ऑपरेशनों में शामिल इस कार्रवाई को अंजाम देते हुए उन्होंने हाजीपीर दर्रे पर कब्जा कर लिया और भारतीय सैन्य इतिहास में अपना नाम दर्ज करा लिया।

बख्शी के पास केवल एक बटालियन थी, 6 डोगरा, जिसका निर्माण छह माह पहले ही हुआ था। ऑपरेशन के लिए, उन्हें प्रदान किये गये लगभग सभी सैनिक उनके लिए नए थे। उन्होंने अगस्त 1965 के तीसरे सप्ताह में अपनी ब्रिगेड उरी में एकत्रित की, जहां उनकी ज्यादातर यूनिटें उनसे आकर जुड़ गईं। उनके पास तीन इंफैन्ट्री बटालियनें थीं: 1 पैरा, 19 पंजाब, और 4 राजपूत। ऑपरेशन के लिए 161 इंफैन्ट्री ब्रिगेड की एक अन्य बटालियन उनके अधीन रखी गई थी। उनके पास एक तोपखाना रेजिमेंट, 164 फील्ड रेजिमेंट भी थी, जिसमें 25-पाउंडर फील्ड गन, 144 माउंटेन बैटरी और मध्यम तोपों का एक ट्रूप 39 मीडियम रेजिमेंट का था। इसके अतिरिक्त, उनके पास इंजीनियर्स और सिग्नल्स का भी अंग था। तोपखाने का गोलाबारूद सीमित था-फील्ड गनों के पास पांच फस्ट लाइन स्केल और मध्यम गनों के पास चार फस्ट लाइनें थीं। दुश्मन की सटीक रचना के बारे में जानकारी कम थी। बख्शी को जमीनी टोह लेने या 161 इंफैन्ट्री ब्रिगेड के कब्जे वाले क्षेत्र का दौरा करने की इजाजत नहीं दी गई, जहां से होकर उन्हें हमला करने जाना था। हाजीपीर दर्रा और उसके आसपास की पहाड़ियों पर पाक सेना की 20 पंजाब का कब्जा बताया जाता था। दुश्मन का ध्यान भटकाने और उन्हें अपने ठिकानों पर अतिरिक्त सैन्य सहायता मंगवाने से रोकने के लिए, पूरी युद्ध विराम रेखा पर लगाए गए 19 इंफैन्ट्री डिविजन सेक्टर के सैनिकों को

68 इंफैन्ट्री ब्रिगेड के मुख्य हमले के साथ छोटे स्तर के हमले करते रहने के आदेश दिये गये। हैरानी की बात है कि बख्शी को पिंसर मूवमेंट या दक्षिण की ओर से 93 इंफैन्ट्री ब्रिगेड के हमले के बारे में नहीं बताया गया था।

ऑपरेशन को लेकर बख्शी की योजना के तहत तीन चरणों में उत्तर दिशा से दो तरफ से हमला करने की परिकल्पना थी। पहले चरण में 1 पैरा को दायीं तरफ से हमला करके 25 अगस्त 1965 को 0500 बजे तक संक रिज, सावन पथरी और लेडवाली गली पर कब्जा करना था। उसी के साथ, 19 पंजाब को उसी दिन बायीं तरफ से हमला करते हुए रिंग कांटूर और पथरा पर 0100 बजे तक कब्जा करना था। दूसरे चरण में 19 पंजाब को 0600 बजे तक बाएं अक्ष पर स्थित प्वाइंट 10330 और प्वाइंट 11107 दोनों पर कब्जा करना था। जबकि तीसरे चरण में 4 राजपूत को दाएं अक्ष पर स्थित हाजीपीर दर्रे पर 1430 बजे तक कब्जा करना था। ऑपरेशन के लिए 24 अगस्त 1965 की तिथि तय की गई।

बख्शी ने इंफैन्ट्री बटालियनों और तोपखाना रेजिमेंट के कमांडिंग अफसरों से पहली बार 23 अगस्त को उरी में तब मुलाकात की, जब उन्होंने ऑपरेशन के आदेश जारी किये। वे उनमें से किसी से भी पहले नहीं मिले थे और न ही उन्हें उनके अधीन कार्यरत अधिकारियों व जवानों से मिलने का मौका मिला था। बख्शी को 93 इंफैन्ट्री ब्रिगेड की योजना के बारे में भी नहीं पता था, जो उनके साथ दक्षिण दिशा से जुड़ने वाली थी। इन विसंगतियों से अविचलित, बख्शी ने अपने आदेश दिए, जिसमें उन्होंने न केवल अपनी योजना को समझाया, बल्कि हमला करने का सिद्धांत भी बताया। उन्होंने आश्चर्य, गति, लचीलापन, आक्रामक कार्रवाई और अधिकारियों को सामने से नेतृत्व करने की जरूरत पर बल दिया।

24 अगस्त को, आर्मी कमांडर हवाई जहाज से 25 इंफैन्ट्री डिविजन मुख्यालय पहुंचे और उन्हें वहां दक्षिण से हमला करने की योजना के बारे में बताया गया। उनको यह जानकर हैरानी हुई कि कोर कमांडर की अनुमति से 25 इंफैन्ट्री डिविजन ने ऑपरेशन के पैमाने को काफी हद तक घटा दिया था। उन्होंने आदेश दिया कि हमले के लिए लगने वाली न्यूनतम क्षमता बटालियन की होनी चाहिए, और लक्ष्य कठुआ की तरफ जितना दूर हो सके उतना रखा जाए। फिर वे अपने हवाई जहाज से 19 इंफैन्ट्री डिविजन मुख्यालय पहुंचे, जहां उन्हें काफी हद तक चीजें पसंद आईं। बख्शी योजना के मुताबिक ऑपरेशन चलाने के लिए तैयार थे, लेकिन उन्होंने एक दिन के लिए इसे स्थगित करने की सिफारिश की, क्योंकि पूरे दिन और रात लगातार बारिश हुई थी और दायें अक्ष पर सभी नालों में बाढ़ की स्थिति थी। बख्शी ने 4 राजपूत को बायें अक्ष पर भेजने का भी निर्णय लिया, यानि संक -लेडवाली गली की दिशा के बजाय रिंग कांटूर-पथरा की तरफ से। संशोधित योजना में, हाजीपीर दर्रे पर पिंसर की दो शाखाओं का अभिसरण था। बायीं टुकड़ी, जिसमें 4 राजपूत और 19 पंजाब थी, उसे इस प्रकार बढ़ना थाः प्वाइंट 10048-प्वाइंट110944-बेडोरी-कुठनार दी

गली-हाजीपीर दर्रा। दाहिनी तरफ से 1 पैरा को उरी-संक-लेडवाली गली होते हुए हाजीपीर दर्रे पर पहुंचना था।

हमला 25 अगस्त की रात को किया गया। 26 अगस्त को 0130 बजे तक, 19 पंजाब ने पथरा पर कब्जा कर लिया था। लेकिन वह बहुत ऊबड़ खाबड़ व अत्यधिक ढालू इलाके और दुश्मन द्वारा कठोर प्रतिरोध के कारण आगे बेडोरी की तरफ नहीं बढ़ सकी, और पहली किरण फूटने तक वापस पथरा आ गई। दाएं अक्ष पर, 1 पैरा ने योजना के मुताबिक संक पर हमला किया। शुरुआत में, पहाड़ी के बारे में स्थलाकृति ज्ञान के अभाव में हमलावर सैनिक रास्ता भटक गये थे। उसी रात फिर से प्रयास करने में उनका सामना दुश्मन की भीषण गोलीबारी से हुआ और लगभग 30 जवान हताहत हुए। अग्रिम कंपनियों को दबा लिया गया और अगली सुबह बड़ी कठिनाई से उन्हें निकाला गया। बख्शी अब बड़ी दुविधा में थे, क्योंकि बेडोरी और संक दोनों जगह हमले नाकाम हुए थे। उन्होंने 1 पैरा का इस्तेमाल करते हुए संक पर पुनः हमला करने का निर्णय लिया, और डिविजन मुख्यालय से अनुरोध किया कि बेडोरी पर कब्जा करने का कार्य 161 इंफैन्ट्री ब्रिगेड को सौंपा जाए। उनकी चिंता को बढ़ाने के लिए, 26 अगस्त के मध्याह्न में उन्हें आर्मी कमांडर की तरफ से 'व्यक्तिगत' संदेश मिला, जिसमें उन्होंने तोपखाना गोलाबारूद को अत्यधिक खर्च करने पर असंतोष व्यक्त किया था, जो 'परिणामों के अनुरूप' नहीं था। अपने शुरुआती हमलों के विफल होने के बाद, बख्शी को पता था कि अगर वे फिर विफल हुए तो वे ज्यादा लंबे समय तक कमांड में नहीं रहेंगे। इसलिए, यह आवश्यक था कि अब हमला करने से पहले तोपखाने से भारी गोलाबारी करके दुश्मन के ठिकानों को कमजोर किया जाए। अगर वे सफल होते, तो कोई भी उनके विरुद्ध अत्यधिक गोला-बारूद खर्च करने के बारे में नहीं बोलता। अगर वे विफल होते, तो उनको किसी भी स्थिति में हटा दिया जाता। उन्होंने सिग्नल को अनदेखा करके, योजना के मुताबिक हमला करने का निर्णय लिया।

26 अगस्त को लगभग 1500 बजे, बख्शी को 19 इंफैन्ट्री डिविजन मुख्यालय से जनरल स्टाफ अफसर ग्रेड 1 (जीएसओ 1) का टेलीफोन आया, जिसने बताया कि बेडोरी पर 161 इंफैन्ट्री ब्रिगेड ने कब्जा कर लिया था। बख्शी को इस पर संशय था, क्योंकि उनके किसी भी सैनिक ने किसी हरकत या युद्ध के शोर की जानकारी नहीं दी थी। जब उन्होंने अपना संदेह व्यक्त किया, तो जीएसओ 1 ने उनकी बात 161 इंफैन्ट्री ब्रिगेड के कमांडर से करवा दी, जिन्होंने खबर की पुष्टि की। बख्शी ने फिर अपनी योजना में बदलाव का निर्णय लिया, और 4 राजपूत को बाएं अक्ष से आगे बढ़ने का आदेश दिया और बेडोरी की पश्चिमी ढलान के बाहर से होते हुए कुठनार दी गली पहुंचने को कहा। संक पर 1 पैरा का हमला योजना के मुताबिक ही रहने दिया।

तोपखाने की गोलाबारी के बाद 1 पैरा ने संक पर 2230 बजे हमला किया। हमले को नाकाम करने के लिए, दुश्मन ने स्वचालित हथियारों से फायर खोल दिया। हमलावर सैनिकों

का साथ दे रहे तोपखाने के अग्रिम अवलोकन अधिकारियों ने तोपखाने की गोलाबारी को दुश्मन की तरफ ठीक से समायोजित किया, क्योंकि दुश्मन अब बाहर निकल आया था। भारी प्रतिरोध के बावजूद, 1 पैरा ने हमला जारी रखा और 27 अगस्त को दिन निकलने तक संक पर कब्जा कर लिया गया। दुश्मन पहाड़ी से भाग खड़ा हुआ, अपने पीछे 15 लाशें और बड़ी संख्या में गोला बारूद व हथियार छोड़ गया। गति को कायम रखते हुए, 1 पैरा ने दबाव बनाए रखा और दोपहर तक सार और लेडवाली गली को भी अपने कब्जे में ले लिया।

संक पर कब्जे ने ब्रिगेड का जोश बढ़ा दिया, लेकिन बेडोरी दिशा की तरफ से बख्शी को झटका लगा। बेडोरी के पश्चिमी ढलान की तरफ से जाते हुए 4 राजपूत पर गोलीबारी की गई, और उसने 'दुश्मन की गोलियों' का जवाब देने के लिए तोपखाने से फायर करने की मांग की। बख्शी ने यह मानते हुए इसकी इजाजत नहीं दी कि बेडोरी पर 161 इंफैन्ट्री ब्रिगेड का कब्जा था। उन्होंने डिविजन मुख्यालय और 161 इंफैन्ट्री ब्रिगेड के कमांडर से बात की, जिन्होंने पुनः इस बात की पुष्टि कर दी कि बेडोरी पर कब्जा कर लिया गया था। इस बीच, 4 राजपूत को लगातार नुकसान हो रहा था। बख्शी ने उन्हें पीछे हटने के आदेश दिये।

बख्शी ने बेडोरी की स्थिति साफ हो जाने तक रुकने के बजाय अब संक अक्ष पर मिली सफलता का फायदा उठाने का निर्णय लिया। हाजीपीर दर्रा गहराई में होने के कारण, प्रारंभ से ही दुश्मन द्वारा अधिवासित होने की अपेक्षा नहीं थी। हालांकि, अब तक दुश्मन सचेत हो चुका होगा और पहाड़ी को सैन्य मदद पहुंचाने के लिए अतिरिक्त सैन्यदल भेजने शुरू कर दिये होंगे। एक बार सैन्य मदद पहुंच गई तो दर्रे पर कब्जा करना ब्रिगेड की क्षमता से बाहर हो जाता। उन्होंने बेडोरी का रास्ता साफ हुए बिना दर्रे की तरफ सीधे जाने का निर्णय लिया। जाहिर है, इसका मतलब था उत्तर की तरफ सामने से हमला, जो निश्चित तौर पर दुश्मन की निगरानी में होगा, जिसका परिणाम घातक हो सकता था। बख्शी को पता था कि लगातार दो दिनों से कठिन इलाकों और खराब मौसम में चलते हुए जवान शारीरिक और मानसिक रूप से थक चुके थे। हमला तभी सफल हो सकता था अगर पूरे जोश से किया जाता और दृढ़ नेतृत्व की आवश्यकता थी।

बख्शी ने 1 पैरा के कमांडिंग अफसर लेफ्टिनेंट कर्नल प्रभजिंदर सिंह से बात की और उन्हें बताया कि वे एक अच्छा परिणाम देने वाले उपयुक्त अधिकारी की तलाश कर रहे हैं। प्रभजिंदर सिंह ने सेकंड इन कमांड मेजर (बाद में लेफ्टिनेंट जनरल) रणजीत सिंह दयाल का नाम सुझाया। दयाल को ब्रिगेड मुख्यालय बुलाया गया और बख्शी ने स्वयं उन्हें मिशन की जानकारी दी। उन्होंने समझाया कि दयाल को लेडवाली गली से पश्चिमी टीले की तरफ जाने के लिए चोटी की तरफ से सीधे नहीं जाना था। बल्कि उन्हें, दर्रे के दोनों तरफ के टीलों पर अनपेक्षित दिशा से पहुंचना था। उन्हें अपने साथ एक इंफैन्ट्री कंपनी और एक अतिरिक्त प्लाटून ले जाने को कहा। एक तोपखाना अफसर एफओओ के तौर पर उनके साथ होगा। दयाल द्वारा दर्रे पर कब्जा करते ही, सैन्य मदद पहुंचाने के लिए 1 पैरा की एक अन्य कंपनी को निश्चित कर दिया गया। ब्रीफिंग

के अंत में बख्शी ने दयाल से कहाः 'अगर तुम सफल होते हो, तो श्रेय तुमको जाएगा। अगर तुम सफल नहीं होते, तो विफलता मैं स्वीकार करूंगा।'

जब यह सब चल रहा था, बख्शी को 19 इंफैन्ट्री डिविजन से जीएसओ 1 का फिर फोन आया और उन्हें बताया गया कि बेडोरी पर कब्जा नहीं हुआ था, बल्कि वह अभी भी दुश्मन के कब्जे में था। थोड़ी देर बाद, डिविजन कमांडर ने बख्शी से बात की, और उनसे कहा कि बेडोरी पर जल्द से जल्द कब्जा करना था और इसे हाजीपीर पर प्राथमिकता दी जाए। बख्शी भौंचक्के रह गये और यह कहते हुए कड़ा विरोध किया कि संक अक्ष से बेडोरी की तरफ सैनिकों का रुख मोड़ने में समय लगेगा। सबसे अहम बात यह कि हाजीपीर पर कब्जा करने में विलंब के चलते दुश्मन को दर्रे में अपने पांव मजबूत करने का वक्त मिल जाएगा। लेकिन डिविजन कमांडर ने उनकी एक नहीं सुनी। पहले मिली बेडोरी पर कब्जे की रिपोर्ट को 26 अगस्त के दिन आकाशवाणी पर प्रसारित कर दिया गया था, इसलिए शर्मनाक स्थिति से बचने के लिए उस पर तुरंत कब्जा करना जरूरी था।

बख्शी को फिर अपनी योजना बदलने के लिए मजबूर कर दिया गया। हालांकि, उन्होंने हाजीपीर पर कब्जे की योजना में कोई बदलाव न करने का निर्णय लिया। समस्या बेडोरी पर कब्जे के लिए सैन्यदल खोजने की थी। इस स्थिति में, 19 पंजाब के कमांडिंग अफसर लेफ्टिनेंट कर्नल संपूर्ण सिंह ने अपनी स्वेच्छा प्रकट करते हुए बेडोरी पर कौनराली-बुर्जी-बेडोरी झरना-बेडोरी के अतिरिक्त अक्ष का प्रयोग करते हुए कब्जा करने की पेशकश की। बख्शी ने तुरंत अनुमति प्रदान कर दी और 4 राजपूत को निर्देश दिये कि जब 28/29 अगस्त की रात को हमला बोला जाए तब वे दुश्मन का ध्यान भटकाने के लिए उत्तर और उत्तर-पश्चिम से दबाव बनाए रखें।

मेजर रणजीत सिंह दयाल अपना सैन्य दल लेकर 27 अगस्त का दिन ढलते ही बढ़ गये। उनके साथ सेकंड इन कमांड के तौर पर कैप्टन वासवानी और एफओओ के तौर पर 164 फील्ड रेजिमेंट के सेकंड लेफ्टिनेंट जे.एस. तलवार थे। जब कंपनी लेडवाली गली से हैदराबाद नाला में उतर रही थी, तब उस पर दर्रे की पश्चिमी भुजा की तरफ से मशीनगन और मोर्टार से फायरिंग कर दी गई, जो नाले के ठीक ऊपर थी। लेकिन वह चेतावनी से ज्यादा चिढ़ जैसा था। जल्द ही उन पर अलग-अलग दिशाओं से फायरिंग होने लगी। सावन पथरी से वापस जा रहे पठानों की एक टोली ने बल को देख लिया था, और खुद को घिरा हुआ समझकर उन्होंने फायरिंग शुरू कर दी। दयाल ने पठानों को संभालने के लिए एक प्लाटून को भेजा और उनसे बाद में जुड़ने के लिए कहकर आगे बढ़ना जारी रखा। अगर पठानों से निपटने में देर हो, तो प्लाटून से लेडवाली गली पर बटालियन से जुड़ने को कहा गया। दयाल ने एफओओ से दर्रे की पूर्वी और पश्चिमी छोरों को रजिस्टर करने के आदेश दिये, जो आसपास के क्षेत्र पर हावी थे।

रजिस्ट्रेशन पूरा होने के बाद कंपनी पहाड़ी के साथ-साथ हैदराबाद नाला के बाएं किनारे पर बढ़ती रही। 1800 बजे तक बारिश होने लगी और घाटी में बादल और धुंध छा गई। उनका बढ़ना कठिन हो गया, लेकिन इससे उनका संचलन छिप भी गया और सुबह तक दुश्मन का कंपनी से संपर्क टूटा रहा। नाला पार करके, कंपनी ने पगडंडी से जाने के बजाय चढ़ाई का मार्ग चुना। लगभग 2000 बजे, वे एक घर में पहुंचे, जिसमें किसी के होने का आभास हुआ। दरअसल, उसमें 10 पाकिस्तानी सैनिक आराम कर रहे थे, जो बेडोरी से भाग कर आए थे। उनके हथियार छीनने के बाद उन्हें बोझ उठाने के लिए सेवा में लगा लिया गया। पसीने में तरबतर और बुरी तरह थके हुए जवान भारी वजन लेकर पूरी रात चलते रहे। दयाल को पता था कि जल्द ही सुबह हो जाएगी और इससे पहले उन्हें दर्रे तक पहुंचना था। उन्होंने अपनी गति बनाए रखी और जवानों को आराम नहीं करने दिया, सिर्फ एक कठिन दौर को पार करने के बाद वे ठहरे और आगे बढ़ने से पहले सैनिकों संख्या गिनी गई। दयाल ने एहतियात बरतते हुए एक स्थानीय बोझ ढोने वाला गाइड के तौर पर भाड़े पर ले लिया था, जो उन्हें बिना रास्ता भटके दर्रे तक ले गया।

28 अगस्त को 0430 बजे के लगभग, जब कंपनी पुराने उरी-पुंछ मार्ग पर पहुंची, तब दयाल ने जवानों को थोड़ा आराम करने दिया, जिसकी उन्हें सख्त जरूरत थी। कुछ घंटों के आराम के बाद, 0700 बजे फिर से आगे बढ़ना शुरू किया गया। जब आगे बढ़ते हुए तकरीबन एक घंटा हो गया और अग्रिम प्लाटून ने ज्यों ही एक मोड़ लिया, तो मुड़ते ही उस पर दर्रे की पश्चिमी पहाड़ी से भीषण गोलीबारी कर दी गई। क्षेत्र खुला हुआ था, और लक्ष्य लगभग 1200 गज की दूरी पर था। अग्रिम प्लाटून और फॉर्वर्ड ऑब्जर्वेशन ऑफिसर (एफओओ) को सामने से दुश्मन को रोके रखने के लिए वहीं छोड़कर, दयाल बाकी कंपनी को दायीं तरफ ले गये और दर्रे की पश्चिमी पहाड़ी पर चढ़ना शुरू कर दिया। शिखर पर पहुंचने के बाद, वे लुढ़कते हुए नीचे आए, और पाकिस्तानी सैनिकों को पूरी तरह हैरान कर दिया। पाकिस्तानी सैनिक बिना किसी प्रतिरोध के वहां से भाग खड़े हुए। 28 अगस्त को 1100 बजे तक, हाजीपीर दर्रे पर कब्जा कर लिया गया। एक अधिकारी समेत 12 पाकिस्तानी सैनिकों को बंदी बना लिया गया। भारत की तरफ से एक भी सैनिक हताहत नहीं हुआ।

हाजीपीर पर कब्जे के बाद, बख्शी ने अपना ध्यान बेडोरी पर कब्जा करने पर केंद्रित किया, जिसका प्रयास 19 पंजाब को करना था। बेडोरी एक पथरीली पहाड़ी है, जहां पर खाइयां खोदना बहुत मुश्किल था। दुश्मन ने अपनी रक्षा को मजबूत करने के लिए नार्थ वेस्ट फ्रंटियर की तर्ज पर पत्थर के 'संगर' बना रखे थीं। फ्रंटियर में अभियान के दौरान, ऐसी सुरक्षा पर सीधे गोलीबारी करने में पहाड़ी तोपें 'डायरेक्ट शूटिंग' में काफी प्रभावकारी सिद्ध हुई थीं। बख्शी ने वही रणनीति अपनाई और बेडोरी में बनी संगरों को सीधे गोलीबारी से विध्वंस

करने के लिए एक 3.7 इंच हॉवित्जर को आगे भेजने का आदेश दिया। जब 19 पंजाब हमले के लिए तैयार हो रही थी, तब हॉवित्जर ने एक के बाद एक संगरों पर निशाना लगाना शुरू कर दिया और 28 अगस्त की शाम ढलते-ढलते, ज्यादातर संगर टूट चुके थे। हमला रात में शुरू हुआ और बेडोरी दर्रे पर 29 अगस्त की सुबह कब्जा कर लिया गया। ठिकाने पर दुश्मन की दो कंपनियों का कब्जा था, जिनके पास पांच मध्यम मशीन गनें थीं। तथापि, पाकिस्तानी 19 पंजाब द्वारा किये गये हमले की तीव्रता से इतने भयभीत थे कि उन्होंने जवाबी हमला नहीं किया और अपने पीछे बड़ी मात्रा में हथियार और गोला बारूद छोड़ गये।

हाजीपीर को खोने के बाद, दुश्मन ने रिंग कांटूर पर नए सैनिकों को लाना शुरू किया। यह स्थान दर्रे के दक्षिण-पश्चिम में 1500 गज की दूरी पर था। 29 अगस्त को जब बख्शी को इस बात की भनक लगी तो उन्होंने 1 पैरा को आदेश दिये कि वह दुश्मन द्वारा बड़ी संख्या में एकत्रित होकर जवाबी हमला करने से पहले उसे वहां से हटा दे। उसी रात, दर्रे में 'ए' कंपनी के साथ आकर जुड़ी 'डी' कंपनी की एक प्लाटून गश्त पर भेजी गई थी। लेकिन प्लाटून ने यह कार्य अपनी क्षमता से बाहर पाया। लगभग 0730 बजे, 'डी' कंपनी की एक प्लाटून और कंपनी कमांडर मेजर ए.एस. बायचर के साथ दयाल स्वयं रवाना हुए। बची हुई 'डी' कंपनी और 'ए' कंपनी की एक प्लाटून को उन्होंने एफओओ के साथ पीछे आने को कहा।

हमले में 1000 फीट की ढलान और फिर उतनी ही ऊंचाई की चढ़ाई शामिल थी। अब पूरी तरह दिन निकल आया था और जब दुश्मन ने हमले के लिए बढ़ते सैनिकों को देखा, तो उन्होंने तोपखाने समेत, अपने सभी हथियारों से फायर खोल दिया। जब प्लाटून अंतिम 100 फीट की चढ़ाई पर थी, तब फायरिंग और भी ज्यादा भीषण हो गई। प्लाटून पूरी तरह 'अहीरों' (दिल्ली के आसपास के क्षेत्र विशेषकर उत्तर भारत में पाई जाने वाली हिन्दुओं की एक उप-जाति। वे सरल और साहसी होते हैं और अधिकतर कृषि तथा पशुपालन का काम करते हुए श्री कृष्ण की पूजा करते हैं) की थी। अचानक, अहीरों ने अपना युद्धघोष लगाया—श्री कृष्ण महाराज की जय—और फिर हमला बोल दिया। आमने-सामने की लड़ाई हुई, जिसमें नौ जवान मारे गये और प्लाटून कमांडर समेत 26 घायल हुए। दुश्मन ने अपने आठ सैनिकों को खोया और बाकी भाग खड़े हुए। अगले तीन घंटों में, दुश्मन ने तीन जवाबी हमले किये, और उन सभी का मुंहतोड़ जवाब दिया गया। मेजर बायचर की टांग जख्मी हो गई और मेजर दयाल बाल-बाल बचे-एक मशीन गन से निकली गोली उनके बाएं कंधे पर लटकी स्टेन गन से टकराकर उछल गई। 30 अगस्त को 1600 बजे तक दुश्मन ने हार मान ली और पहाड़ी पूरी मजबूती के साथ भारतीय हाथों में आ गई। कुछ समय बाद, 19 पंजाब 1 पैरा के साथ आकर जुड़ी और बेडोरी, लेडवाली गली और हाजीपीर दर्रे का पूरा क्षेत्र दुश्मन से मुक्त हो गया। 1 सितंबर को, बख्शी अपना सामरिक मुख्यालय हाजीपीर दर्रे पर ले गये।

हाजीपीर का युद्ध साहस, दृढ़ नेतृत्व और शौर्य की गाथा है। उस पर कब्ज़ा करना भारत की एक महत्वपूर्ण जीत थी और पाकिस्तान के लिए एक बड़ा झटका। सफलता का श्रेय दयाल को जाता है, जिन्होंने दृढ़ता से अपने जवानो का नेतृत्व किया और साथ ही बख्शी को जाता है, जिन्होंने न केवल खतरों से भरी साहसिक योजना बनाई, बल्कि उसे शानदार ढंग से निष्पादित भी किया। अगर हमला विफल होता, तो इसमें कोई संदेह नहीं कि इसके लिए उन्हें जिम्मेदार ठहराया जाता, क्योंकि उच्च प्राधिकारियों से अनुमति लिये बिना वे इस अभियान पर आगे बढ़े थे। उन्होंने गहरा जोखिम उठाया था, लेकिन उन्हें उसका फल भी मिला। युद्ध के दौरान, एक कमांडर को जोखिम उठाने के लिए तैयार होना चाहिए, और बख्शी ने इसे निर्णायक रूप से सिद्ध भी किया। उन्हें देश के दूसरे सर्वोच्च शौर्य सम्मान महावीर चक्र से सम्मानित किया गया। वीर चक्र पहले ही प्राप्त कर चुके बख्शी, दोनों पुरस्कार प्राप्त करने वाले पहले भारतीय बने। मेजर रणजीत सिंह दयाल द्वारा हाजीपीर पर कब्जा करने के दौरान प्रदर्शित साहस और शौर्य के लिए उनको भी महावीर चक्र से सम्मानित किया गया। संयोग से, जिस मुस्लिम कुली ने दर्रे तक पहुंचने में दयाल का मार्गदर्शन किया था, वह कई दशकों तक भारतीय सेना की श्रमिक प्रबंधन संगठन में मेट के तौर पर कार्य करता रहा। यह संगठन जम्मू और कश्मीर के दुर्गम इलाकों में कार्यरत सैनिकों को माल पहुंचाने के लिए कुली और खच्चर प्रदान करता है।

हाजीपीर दर्रे पर कब्जे के बाद, 68 इंफैन्ट्री ब्रिगेड को कुछ समय का आराम मिलना चाहिए था, लेकिन ऐसा नहीं होने वाला था। 2 सितंबर को डिविजनल कमांडर ने बख्शी से बिसाली (प्वाइंट 11229) पर कब्जा करने को कहा, जो उरी और हाजीपीर को जोड़ने वाले मार्ग के पश्चिम में सबसे ऊंची पहाड़ी थी। हालांकि, उसका सामरिक महत्व बहुत ज्यादा नहीं था, और बख्शी ने आग्रह किया कि उन्हें कहूता की तरफ़ बढ़ने की इजाज़त दी जाए। उनके निवेदन को ठुकरा दिया गया और उन्हें पहले बिसाली पर कब्जा करने को कहा गया। 3 सितंबर को हाजीपीर दर्रे पर 6 डोगरा ने 1 पैरा को कार्यमुक्त किया था और वह आगे होने वाले ऑपरेशनों के लिए उपलब्ध नहीं थी। 4 राजपूत के कमांडिंग अफसर, लेफ्टिनेंट कर्नल सुदर्शन सिंह ने निवेदन किया कि बिसाली पर कब्जा करने का कार्य उनको सौंप दिया जाए, क्योंकि हाजीपीर युद्ध के दौरान अन्य दो बटालियनें 1 पैरा और 19 पंजाब दोनों को अपने हिस्से का यश प्राप्त हो चुका था। बख्शी ने इसे स्वीकार कर लिया और उन्होंने 4 राजपूत को जम्मू और कश्मीर राइफल्स की दो अतिरिक्त कंपनियां भी प्रदान कीं। 1 पैरा को ब्रिगेड हमले के द्वितीय चरण में इस्तेमाल किया जाना था।

4 राजपूत ने 4 सितंबर को 2200 बजे बिसाली पर तोपखाने से समर्थित हमला बोला। 5 सितंबर को लगभग 0330 बजे, कमांडिंग अफसर ने रिपोर्ट किया कि उन्होंने लक्ष्य पर कब्जा कर लिया है, और द्वितीय चरण को निरस्त किया जा सकता था। हमलावर

सैनिक थक चुके थे और लक्ष्य पर कब्जा करने के बाद, आराम करने की मुद्रा में आ गए। लेकिन अग्रिम कंपनी के साथ चल रहे एफओओ को लगा कि उन्होंने जिस जगह कब्जा किया था, वह पहाड़ी का शिखर नहीं था और उन्होंने अपना संदेह कंपनी कमांडर के समक्ष व्यक्त किया, जो अकादमी में उनके बैच के साथी भी थे। कंपनी कमांडर ने कुछ चुनिंदा अपशब्दों के साथ एफओओ को सलाह दी कि वे डरें नहीं और सो जाएं। सुबह होते ही दुश्मन ने ऊपर से फायरिंग करनी शुरू कर दी और फिर जवाबी हमला किया। 4 राजपूत को भारी मात्रा में हथियारों को पीछे छोड़कर वापस हटना पड़ा। हताहतों की संख्या काफी ज्यादा थी-दो अधिकारी और 63 जवान मारे गये और चार अधिकारी व 47 जवान घायल हो गये।

जल्द ही, डिविजनल कमांडर ने 68 इंफैन्ट्री ब्रिगेड का दौरा किया और 93 इंफैन्ट्री ब्रिगेड के साथ जुड़ने की योजना पर चर्चा की, जो पुंछ से कहूता की तरफ आक्रामक अभियान चला रही थी। बख्शी को आदेश दिया गया कि वे कहूता की तरफ दक्षिण दिशा से आगे बढ़ें। एक बार फिर, असहमति सामने आई, क्योंकि बख्शी ने कुठनार-ज़ियारत की पूर्वी रिज के साथ बढ़ने को प्राथमिकता दी होती, लेकिन डिविजनल कमांडर ने पश्चिम की तरफ से बढ़ने के आदेश दिये। 1 पैरा को प्रथम चरण में प्वाइंट 8786 के दक्षिण में रिंग कांटूर पर कब्जा करने को कहा गया, जबकि 19 पंजाब को द्वितीय चरण में प्वाइंट 8777 पर कब्जा करना था। दोनों ही हमले विफल हो गये।

बख्शी ने फिर पूर्वी मार्ग से बढ़ने का निर्णय लिया, जो किसी भी स्थिति में उनकी पहली पसंद थी। 8 सितंबर को उन्होंने 1 पैरा से 6 डोगरा को कार्यमुक्त करने के आदेश दिये। संशोधित योजना के अनुसार प्वाइंट 9270 को 19 पंजाब ने हासिल करना था और प्वाइंट 7720 पर 6 डोगरा को कब्जा करना था। दोनों ही हमले सफल हुए और ऑपरेशन आगे दक्षिण की ओर जारी रहा। 9 सितंबर को 19 पंजाब ने ज़ियारत पर पकड़ बना ली, जबकि 6 डोगरा ने अगले दिन हालन ज़नूबी पर कब्जा कर लिया। 10 सितंबर को मेजर मेघ सिंह पुंछ से कमांडो की एक प्लाटून के साथ, ज़ियारत में 19 पंजाब के साथ जुड़े। पुंछ के महत्वपूर्ण शहर कहूता पर 11 सितंबर को कब्जा कर लिया गया और इससे उरी व पुंछ के बीच वह संपर्क मार्ग खुल गया, जो 1947 से प्रयोग नहीं किया जा रहा था। हालांकि, दुश्मन ने अब भी गिटियन के आसपास मजबूत ठिकानों को कब्जा रखा था, जहां से वह उरी-पुंछ मार्ग पर संचलन में व्यवधान डाल सकता था। 15 सितंबर को दुश्मन ने कहूता और गिटियन के बीच 19 पंजाब पर तीन बार असफल हमले किये। 18 सितंबर को बख्शी ने 6 डोगरा को गिटियन के दक्षिण में स्थित दुश्मन के ठिकानों पर कब्जा करने का आदेश दिया, जिसमें बायां टीला, ट्री हिल और हट हिल शामिल थे। एक गुपचुप हमला किया जाना था, जिसमें जरूरत पड़ने पर नियोजित फायरिंग की व्यवस्था थी। 6 डोगरा को

ट्री हिल और हट हिल पर हमला करना था, जबकि दुश्मन का ध्यान भटकाने के लिए 1 पैरा और 19 पंजाब से एक-एक कंपनी को क्रमशः रिंग कांटूर और प्वाइंट 9777 पर बनावटी हगला करना था।

20/21 सितंबर की रात को 6 डोगरा ने अपना हमला बोला और अग्रिम कंपनियों ने अपने लक्ष्यों पर कब्जा करने में सफलता पाई। लेकिन दुश्मन ने तोपखाने से प्रभावी फायरिंग कर दी, जिससे थोड़ी गड़बड़ी हुई, और बख्शी ने 19 पंजाब की एक कंपनी को सहायता करने को कहा। यह अभियान के दौरान सबसे महंगे सिद्ध हुए युद्धों में से था, जिसमें तीन अधिकारियों की जानें गईं—6 डोगरा के मेजर लल्ली, 19 पंजाब के मेजर रणबीर और 164 फील्ड रेजिमेंट के तोपखाना एफओओ। इसके अतिरिक्त, एक जेसीओ और 32 ओआर भी मारे गये। घायलों की सूची में पांच अधिकारी, तीन जेसीओ और 80 ओआर थे।

तब तक, पाकिस्तान ने छंब-अखनूर सेक्टर में पूरे पैमाने पर हमला बोल दिया था, जिसका कूट नाम ग्रैंड स्लैम था और भारत-पाकिस्तान के बीच का संघर्ष पूर्ण युद्ध में तब्दील हो चुका था। पंजाब के मैदानी क्षेत्र केंद्र बिंदु बन गये, जहां 1965 के युद्ध की लड़ाई लड़ी गई। 23 सितंबर को, संयुक्त राष्ट्र सुरक्षा परिषद में एक प्रस्ताव पारित होने के बाद युद्ध विराम की घोषणा की गई और युद्धस्थिति थम गई। ताशकंद में पाकिस्तानी राष्ट्रपति अयूब खान और भारतीय प्रधानमंत्री लाल बहादुर शास्त्री के बीच हस्ताक्षरित समझौते के अनुसार दोनों ही देशों की सेना को 5 अगस्त 1965 से पहले की स्थिति तक पीछे हटना था। ऐसा दूसरी बार हुआ जब भारी नुकसान उठाकर कब्जा किया गया हाजीपीर दर्रा, पाकिस्तान को वापस कर दिया गया।

मार्च 1967 में, बख्शी को कलकत्ता में, पूर्वी कमांड मुख्यालय में बतौर ब्रिगेडियर जनरल स्टाफ तैनात किया गया। लेफ्टिनेंट जनरल सैम मानेकशॉ आर्मी कमांडर थे और उन्हें बख्शी में एक व्यवहारिक, निपुण और एक समर्थ स्टाफ अधिकारी नजर आया। उस समय, पूर्वी कमांड पूर्वोत्तर में सुरक्षा निर्माण में लगी थी, जो 1962 की पराजय के बाद भारतीय सेना की सर्वोच्च प्राथमिकता बन गई थी। नागा और मिज़ो पहाड़ियों की स्थिति भी बिगड़ने लगी थी और इसे भी दक्षता से संभालने की आवश्यकता थी। बख्शी पूर्वी कमांड में ज्यादा लंबे समय तक नहीं रुके। दिसंबर 1967 में, लंदन स्थित इंपीरियल डिफेंस कॉलेज में कोर्स करने के लिए उनका चयन हो गया। यह एक प्रतिष्ठित कोर्स था, जिसमें ब्रिगेडियर रैंक के उच्च दर्जे के अधिकारियों को भेजा जाता था। वे लंदन में एक वर्ष तक रहे और डिस्टिंक्शन के साथ कोर्स उत्तीर्ण किया। इंपीरियल डिफेंस कॉलेज का नाम बदलकर अब रॉयल कॉलेज ऑफ डिफेंस स्टडीज हो गया था और एक भारतीय अधिकारी को अब भी कोर्स के लिए नामित किया जाता है। हालांकि, अब भारत में उसी स्तर का अपना एक संस्थान है, जिसे नेशनल डिफेंस कॉलेज कहते हैं, जो दिल्ली में स्थित है।

फरवरी 1969 में इंग्लैंड से लौटने के बाद, बख्शी को सैन्य मुख्यालय स्थित सैन्य प्रशिक्षण निदेशालय में तैनात कर दिया गया। जून 1969 में, उनको पदोन्नत कर मेजर जनरल बना दिया गया और नागालैंड में 8 पर्वतीय डिविजन में जीओसी नियुक्त किया। नागालैंड में विद्रोह एक गंभीर समस्या बन चुका था। शायद पूर्वी कमांड में उनके पूर्व अनुभव और सैम मानेकशॉ के अभी भी आर्मी कमांडर होने की वजह ने उनको यह नियुक्ति दिलाने में भूमिका निभाई। चीफ ऑफ आर्मी स्टाफ पद पर नियुक्ति की घोषणा के कुछ समय बाद सैम अपने विदाई दौरे पर नागालैंड आए। उन्होंने बख्शी से कहा, शायद मजाक में ही, कि 71 ब्रिगेड की कमांड संभाल रहे ब्रिगेडियर (बाद में लेफ्टिनेंट जनरल) एस.के. सिन्हा अपनी चरम सीमा तक पहुंच चुके थे, और ब्रिगेड कमांडर के तौर पर खुद को ठीक से प्रस्तुत नहीं कर पाए थे। उन्हें उम्मीद थी कि बख्शी इस चीज को सिन्हा की वार्षिक गोपनीय रिपोर्ट में ठीक से उल्लेख करेंगे। बख्शी ने जवाब दिया कि प्रदर्शन के आधार पर वे अपनी डिविजन में छह ब्रिगेड कमांडरों में से सिन्हा को सर्वश्रेष्ठ मानते थे। समीक्षा अधिकारी के तौर पर, मानेकशॉ हमेशा बख्शी के मूल्यांकन से असहमत हो सकते थे और सिन्हा की रिपोर्ट में कुछ भी लिख सकते थे। मानेकशॉ मुस्कुराए और कहा कि बख्शी अपनी रेजिमेंट के प्रति वफादारी निभा रहे हैं, क्योंकि वे और सिन्हा एक ही रेजिमेंट से थे। बख्शी ने जवाब दिया कि यह वफादारी का नहीं, बल्कि अपने विवेक का प्रश्न है। सैम जल्द सैन्य प्रमुख का कार्यभार संभालने वाले थे, लेकिन यह चीज बख्शी को अपने विचार व्यक्त करने से नहीं रोक पाई, जबकि वे जानते थे कि उनके विचार नामित अध्यक्ष के विपरीत थे। सौभाग्य से सैम ऐसे लोगों को पसंद करते थे, जिनमें अपनी बात रखने का साहस होता था और इसे गलत नहीं मानते थे।

बख्शी एक सख्त अनुशासक थे और यह सुनिश्चित करते थे कि सैनिक अपने व्यवहार में सर्वोच्च मानदंडों का पालन करें, खासतौर से स्थानीय लोगों के साथ। वे इस कहावत में भी विश्वास नहीं रखते थे कि अंत भला तो सब भला, और उन्होंने सख्त आदेश दिये कि अत्याचार बर्दाश्त नहीं किया जाएगा, यहां तक कि विद्रोहियों के खिलाफ भी नहीं। एक बार सिन्हा की ब्रिगेड की एक बटालियन में एक घटना घटी, जिसमें पूछताछ के दौरान हिरासत में लिये गये दो नागाओं की मृत्यु हो गई थी। शुरुआत में बटालियन ने आरोपों को नकार दिया, और ब्रिगेड मुख्यालय ने उनका समर्थन किया। लेकिन बख्शी आश्वस्त नहीं थे और उन्होंने एक अन्य ब्रिगेड कमांडर के जरिए स्वतंत्र जांच के आदेश दिये। वे ब्रिगेड कमांडर उस समय अकादमी में प्रशिक्षक थे, जब बटालियन के सीओ वहां कैडेट थे और उन्होंने जल्द ही सीओ से सच्चाई उगलवा ली। एक कंपनी कमांडर ने अपने सीओ को प्रभावित करने और जब्त हथियारों के आंकड़े बढ़ाने के लिए ऐसे दो नागाओं को उठा लिया था, जिन पर विद्रोही होने का संदेह था। एक जेसीओ, जो अपने पास अलौकिक शक्ति होने का दावा

करता था, उसकी सलाह पर कंपनी कमांडर ने उनको छिपाए हुए हथियारों की जानकारी उगलवाने के लिए प्रताड़ित किया। इस प्रक्रिया में, दोनों संदिग्धों की मौत हो गई और लाशों को ठिकाने लगा दिया गया।

जब सच्चाई सामने आई, तो बख्शी काफी परेशान हुए और उन्होंने सिन्हा से अपनी नाराजगी व्यक्त की, जिन्हें अपनी एक बटालियन की वजह से शर्मिंदा होना पड़ा। बख्शी ने सिन्हा को बताया कि वे उनका नाम एवीएसएम के लिए भेजने वाले थे, लेकिन इस घटना के बाद वे ऐसा नहीं कर पाएंगे। उन्होंने बटालियन कमांडर को कमांड से हटा दिया और उसे मेजर की रैंक पर पदानवत कर दिया गया। जो दो अधिकारी सीधे तौर पर शामिल थे, उनका कोर्ट मार्शल कर, उन्हें सेवा से हटाते हुए अलग-अलग कारावास की सजा मिली। जेसीओ को भी सेवा से बर्खास्त कर दिया गया।

सितंबर 1970 में, बख्शी 26 इंफैन्ट्री डिविजन में बतौर जीओसी तैनात हुए। इस डिविजन पर जम्मू की सुरक्षा की जिम्मेदारी थी। 1971 में जब यह स्पष्ट हो गया कि पूर्वी पाकिस्तान से आने वाले विस्थापितों की समस्या का निदान किसी अन्य तरीके से नहीं हो सकता, तब पाकिस्तान के खिलाफ ऑपरेशन आसन्न हो गया। क्योंकि ऑपरेशन का प्राथमिक उद्देश्य बांग्लादेश को मुक्त कराना था, इसलिए सरकार ने निर्णय लिया कि पश्चिम में केवल रक्षात्मक रुख अपनाया जाएगा। हालांकि, पाकिस्तानी रिजर्व को बाहर खींचने की मंशा से सीमित आक्रामक ऑपरेशन की भी योजना बनाई गई, ताकि उन्हें भारत के खिलाफ बड़े आक्रमण में न प्रयोग किया जा सके। पश्चिमी कमांड के जनरल ऑफिसर कमांडिंग-इन-चीफ लेफ्टिनेंट जनरल के.पी. कैंडेथ ने उसी के अनुसार शकरगढ़ उभार में 1 कोर के अग्रसरण की योजना बनाई। इसके अलावा दो तरफा आक्रमण की योजना थी जिसके अंतर्गत चेनाब नदी के उत्तर में 10 इंफैन्ट्री डिविजन के साथ 15 कोर का अग्रसरण और नदी के दक्षिण में 26 इंफैन्ट्री डिविजन के अग्रसरण से सियालकोट को धमकाना था। मेजर जनरल आबिद अली ज़हीद के अधीन पाकिस्तान की 15 इंफैन्ट्री डिविजन सियालकोट सेक्टर की रक्षा संभाल रही थी। उसके पीछे, सियालकोट में पाकिस्तान की सबसे शक्तिशाली स्ट्राइक फार्मेशन 1 कोर का मुख्यालय था। 26 इंफैन्ट्री डिविजन को सौंपे गये कार्य के महत्व को समझते हुए सैम मानेकशॉ ने डिविजन की कमांड संभालने के लिए ज़ोरू बख्शी का चयन किया था।

पाकिस्तान द्वारा हवाई हमले के बाद 3 दिसंबर 1971 को ऑपरेशन प्रारंभ हुआ और भारतीय सैन्य दलों को नियोजित अग्रसरण शुरू करने के आदेश जारी कर दिये गये। हालांकि, छंब में पाकिस्तानी आक्रमण के कारण, 10 इंफैन्ट्री डिविजन को पीछे हटना पड़ा और वह कोई आक्रामक कार्रवाई नहीं कर पाई। 26 इंफैन्ट्री डिविजन की एक ब्रिगेड को 39 इंफैन्ट्री डिविजन भेजा गया, ताकि 33 इंफैन्ट्री ब्रिगेड की कमी को पूरा किया जा

सके, जिसे पुंछ में हुए पाकिस्तानी हमले का जवाब देने के लिए वहां भेज दिया गया था। इसके परिणामस्वरूप 26 इंफैन्ट्री डिविजन द्वारा सियालकोट की तरफ किये जाने वाले सभी महत्वपूर्ण आक्रमणों को स्थगित किर दिया गया। लेकिन इस विलंब का बख्शी पर कोई असर नहीं पड़ा और उन्होंने आगे बढ़ते हुए 'चिकन नेक' पर कब्जा कर लिया, जो 1971 के युद्ध का एक महत्वपूर्ण लाभ था। इससे कुछ हद तक 10 इंफैन्ट्री डिविजन द्वारा छंब के नुकसान की क्षतिपूर्ति हो गई।

'चिकन नेक' नाम ज़ोरू बख्शी ने दिया था। अखनूर के दक्षिण में भूखंड की एक संकरी पट्टी है, जो पाकिस्तान की है और उसका क्षेत्रफल लगभग 170 वर्ग कि.मी. है। वास्तव में यह चेनाब नदी और उसकी एक अनुषंगी वाहिका चंदर भागा नदी के बीच एक छोटा सा टापू है। दक्षिण की तरफ इसकी एक छोटी सी गर्दन है, और उत्तर की तरफ चोंच की तरह निकला हुआ एक नुकीला सिर है, जो कटार की तरह लगता है। चोंच अखनूर पुल की तरफ है। इसलिए अपने आकार और अखनूर के लिए खतरा पैदा करने के कारण, क्षेत्र को लंबे समय से dagger (कटार) कहा जाता था। बख्शी को लगा कि यह नाम रक्षात्मक मानसिकता को दर्शाता था और उन्होंने तुरंत सबको सूचित किया कि अब से इसका नाम चिकन नेक (मुर्गे की गर्दन) होगा, जिसे भारत की इच्छा पर मरोड़ा जा सकता था। आज भी उसे इसी नाम से जाना जाता है।

चिकन नेक, जिसे पाकिस्तानी फुकलियान सेलिएँट (आगे निकला हुआ हिस्सा) कहते थे, सामरिक दृष्टि से पाकिस्तान के लिए महत्वपूर्ण था, क्योंकि वह अखनूर में चेनाब पर बने पुल पर पहुंचने के लिए सबसे छोटा मार्ग था। इससे जम्मू की तरफ ऑपरेशन आसानी से हो सकता था और साथ ही जौरियन सेक्टर में तैनात हमारे सैनिकों के पार्श्व-भाग को अरक्षित कर देता। उनके द्वारा उसका इस्तेमाल सेलिएँट के दक्षिण में स्थित मराला बेस से भारतीय क्षेत्र में घुसपैठ के लिए किया जाता था। सेलिएँट में प्रवेश करने के लिए उन्हें नौकाओं से चेनाब नदी पार करनी पड़ती थी। खुफिया जानकारी से संकेत मिला था कि क्षेत्र में रेंजरों की चार कंपनियों का कब्जा था, जिनके पीछे एक नियमित बटालियन और कुछ आर्मर था। संरक्षित इलाकों के आसपास रक्षात्मक बारूदी सुरंगे बिछाई गई थीं। मानसून के अलावा क्षेत्र सूखा रहता था और टैंकों और मोटर वाहनों से इस को पार किया जा सकता था।

बख्शी का मुख्य कार्य जम्मू की सुरक्षा था और लगभग उनकी पूरी डिविजन रक्षात्मक मुद्रा में तैनात थी। उन्हें ऑपरेशन के लिए एक आर्मर्ड ब्रिगेड और एक अतिरिक्त इंफैन्ट्री ब्रिगेड प्रदान की गई थी। भले ही उनकी भूमिका रक्षात्मक थी, लेकिन बख्शी को 15 कोर की सीमित आक्रामक योजना के अनुसार सियालकोट की तरफ अग्रसरण करना था। जैसे ही ऑपरेशन प्रारंभ हुआ, बख्शी ने अपने कार्य को सुगम बनाने के लिए कुछ प्रारंभिक ऑपरेशन करने की योजना बनाई। अखनूर पुल पर पाकिस्तानी खतरे को दूर करने के लिए,

उन्होंने चिकन नेक पर कब्जा करने का निर्णय लिया। इससे पुल की नजदीकी सुरक्षा में लगे सैनिक भारमुक्त हो जाते और उन्हें सियालकोट की तरफ अग्रसरण में प्रयोग किया जा सकता था। यह आवश्यक था कि लड़ाई छिड़ते ही इस कार्य को बहुत तेजी से अंजाम दिया जाए।

क्योंकि पाकिस्तानी सुरक्षा उत्तर और पूर्वोत्तर की ओर उन्मुख थी, इसलिए बख्शी ने सेलिएँट के दक्षिण से घुसने का निर्णय लिया, जहां से दुश्मन को हमले की न्यूनतम उम्मीद थी। इससे दुश्मन हैरान हो जाता, पीछे हटने का मार्ग बाधित हो जाता और अपनी मुख्य सुरक्षा से संपर्क होने से पहले ही उसका मनोबल टूट जाता। बख्शी ने ब्रिगेडियर मोहिंदर सिंह की कमांड वाली 19 इंफैन्ट्री ब्रिगेड को ऑपरेशन का कार्य सौंपा, जिसके लिए उन्हें सहायता के तौर पर 9 पैरा कमांडो और कुछ टैंक प्रदान किये गये। उन्होंने बड़ी मात्रा में आर्मर का प्रयोग न करने का निर्णय लिया, क्योंकि उन्हें लगा कि टैंकों को नदी पार ले जाने में कई दिनों का वक्त लगेगा और एक बार सेलिएँट में पहुंचने के बाद उन्हें अपने मुख्य कार्य सियालकोट की तरफ अग्रसरण हेतु वापस लाने में बहुत कठिनाई होगी।

19 इंफैन्ट्री डिविजन ने 5 दिसंबर 1971 की शाम को घुसपैठ प्रारंभ की। ऑपरेशन ने दुश्मन को पूरी तरह आश्चर्य चकित कर दिया। अग्रिम बटालियन को अच्छी तरह तैयार की गई सुरक्षा व्यवस्था मिली, जो खाली थी, क्योंकि पाकिस्तानी उन्हें छोड़कर चले गये थे। इसके बावजूद, अग्रिम जवानों ने धीमी प्रगति की, क्योंकि उन्होंने सिखाये गये युद्ध अभ्यास का अनुसरण करने पर बल दिया, जिसमें कीमती वक्त जाता रहा। परिस्थिति निर्भीक और दुस्साहसिक कार्रवाई की मांग कर रही थी, लेकिन कमांडर जरूरत से ज्यादा सतर्क थे और उन्होंने दुश्मन के कमजोर मनोबल और आश्चर्य के कारकों का फायदा उठाने से इंकार कर दिया। पीछे आ रही बटालियन के मोटर वाहन निरंतर उन छोटी नदियों और नालों की नरम रेत में फंसते रहे, जिन्हें वे पार कर रहे थे और इससे उनकी गति और धीमी हो गई।

बख्शी ने अपने टैंकों और पैरा कमांडों का प्रयोग करते हुए मार्गअवरोध खड़े करने की व्यवस्था की। लेकिन ज्यादातर दुश्मन मार्गअवरोध खड़े करने से पहले पीछे हटने में सफल हो चुके थे। एक घटना में, सेलिएँट से दुश्मन के सफाए के लिए भेजे गये कुछ टैंकों की मार्गअवरोध में लगे टैंकों के साथ टकराव की स्थिति बन गई, जिनको लगा कि वे पीछे हटते हुए पाकिस्तानी टैंक थे। ब्रिगेड मुख्यालय द्वारा समय रहते हस्तक्षेप के कारण एक बहुत बड़ी दुर्घटना होने से बच गई। एक बेड़े पर पैरा कमांडो द्वारा किये गये मार्ग अवरोधन पर भारी संख्या में पाकिस्तानी सैनिकों ने हमला कर दिया और उन्हें टैंक पर सवार इंफैन्ट्री द्वारा बचाया गया, जिसे उनकी मदद के लिए भेजा गया था। 7 दिसंबर की शाम तक सेलिएँट से दुश्मन का सफाया कर दिया गया और चिकन नेक पर कब्जा हो गया। दुश्मन की तरफ हताहत होने वालों में 32 मृत, 4 घायल और 28 बंदी बनाए गये, जिनमें दो अधिकारी भी

थे। सेलिएँट पर कब्जा जमाए रखने के लिए वहां एक बटालियन को छोड़कर, बख्शी ने बाकी ब्रिगेड को अन्य कार्य के लिए पीछे बुला लिया।

48 घंटों के भीतर चिकन नेक पर कब्जा कर लेने से सेक्टर में भारतीय बलों के मनोबल में काफी इजाफा हुआ। ऑपरेशन की कल्पना बहुत शानदार ढंग से की गई थी, और यदि अग्रिम तत्वों ने थोड़े अधिक जोश के साथ इसका अनुसरण किया होता तो बड़ी संख्या में बंदी पकड़े जाते। 1965 में हाजीपीर दर्रे पर कब्जे की याद दिलाते हुए, ज़ोरू बख्शी ने एक बार फिर यह सिद्ध कर दिया कि युद्ध में बल की संख्या की अधिकता नहीं, बल्कि निर्भीकता और दुस्साहस सफलता दिलाते हैं। चिकन नेक पर कब्जे के बाद 26 इंफैन्ट्री डिविजन को करने के लिए बहुत कुछ नहीं बचा था, इसलिए उसे अपने सामने की सीमा चौकियों पर छोटे-छोटे छापे मारकर संतोष करना पड़ता था। यह दुर्भाग्यपूर्ण था कि उच्च कमांडरों ने ऑपरेशन के बाद कार्यमुक्त हुए बहादुर कमांडर या 26 इंफैन्ट्री डिविजन के वीर जवानों के लिए बाकी बचे युद्ध में कोई उपयोग नहीं पाया। क्योंकि बख्शी को महावीर चक्र और वीर चक्र पहले ही मिल चुके थे, इसलिए इस ऑपरेशन के लिए उन्हें परम विशिष्ट सेवा मेडल (पीवीएसएम) प्रदान किया गया। इसने उन्हें सेना में सबसे अधिक अलंकृत सैनिक बना दिया, जिसने कंपनी से लेकर डिविजन तक हर स्तर पर पुरस्कार अर्जित किया।

अक्टूबर 1973 में 26 इंफैन्ट्री डिविजन में अपना कार्यकाल पूर्ण करने के बाद, ज़ोरू को सैन्य मुख्यालय में निदेशक, सैन्य ऑपरेशन नियुक्त किया गया। इस महत्वपूर्ण नियुक्ति पर उन्होंने एक वर्ष बिताया, जिसमें अत्यधिक सम्मान और अधिकार होते थे। सितंबर 1974 में, उनकी पदोन्नति लेफ्टिनेंट जनरल रैंक पर हुई और उन्हें सैन्य मुख्यालय में सैन्य सचिव नियुक्त किया गया। अब उन पर सेना के सभी अधिकारियों की पदोन्नति और स्थानांतरण की जिम्मेदारी थी। बख्शी ने इस कार्य को पूरे भरोसे के साथ किया, और वे अपनी ईमानदारी और निष्पक्षता के लिए जाने जाते थे।

मई 1975 में, बख्शी को स्ट्राइक कोर की कमांड सौंपी गई, जो एक लेफ्टिनेंट जनरल के लिए सबसे प्रतिष्ठित नियुक्ति होती है। उन्होंने लेफ्टिनेंट जनरल टी.एन. रैना का स्थान लिया, जो पदोन्नति पर पश्चिमी आर्मी कमांडर के तौर पर जा रहे थे और बाद में सेना प्रमुख बने। बख्शी 2 कोर की कमांड में साढ़े तीन साल से अधिक तब तक रहे जब वे 31 जनवरी 1979 में सेवानिवृत्त हुए। इस प्रकार भारतीय सेना में कोर कमांडर के तौर पर उनका कार्यकाल सबसे लंबा रहा। हालांकि, उनमें आर्मी कमांडर बनने की सभी योग्यताएं थीं, लेकिन निर्धारित नियमों के मुताबिक यह नियुक्ति केवल उन्हीं लेफ्टिनेंट जनरलों को दी जा सकती थी, जिनकी कम से कम दो वर्ष की सेवा बची हो। अगर उनकी आयु कम होती, तो इसमें कोई संदेह नहीं कि वे न केवल आर्मी कमांडर बनते, बल्कि शायद सेना प्रमुख भी बन जाते।

सेवानिवृत्ति के उपरांत बख्शी ने निजी या सार्वजनिक क्षेत्र में कोई नौकरी नहीं ली। अपनी प्रबल प्रेरणा और संकल्प शक्ति के चलते, वे किसी भी चुनौतीपूर्ण कार्य के लिए उपयुक्त थे, जैसे किसी बीमार पड़े सार्वजनिक क्षेत्र के निकाय में नए प्राण फूंकना। अगर उनको कोई ऐसा कार्य दिया जाता तो इसमें कोई शक नहीं कि वे उसे बेहद उत्कृष्टता के साथ करते, जैसा कि प्रेम भगत ने दामोदर वैली कॉर्पोरेशन में किया। लेकिन अपने विनम्र और संकोची स्वभाव के कारण, वे सेना के बाहर बहुत ख्यातिप्राप्त नहीं थे, और शायद इसीलिए उनकी सेवाओं की मांग नहीं उठी। हालांकि, वे सैन्य पेशे में गहरी रुचि दिखाते रहे और दिल्ली स्थित यूनाइटेड सर्विस इंस्टीट्यूशन ऑफ इंडिया में नियमित आते-जाते रहे।

ज़ोरू बख्शी भारतीय सेना में सबसे विख्यात जनरलों में से हैं। एक अत्यंत अलंकृत सैनिक होने के साथ-साथ उनके अंदर एक सफल सैन्य लीडर में अपेक्षित सभी गुण हैं। पूरी तरह से पेशेवर बख्शी एक अधिकारी और भद्रपुरुष की क्लासिक छवि का प्रतीक हैं। युद्ध में उन्होंने समय-समय पर व्यूहकुशलता और रणनीतिज्ञ के तौर पर अपनी उत्कृष्टता का प्रदर्शन किया। उन्होंने जितने भी ऑपरेशन किये, उनमें एक बार भी उन्हें हार का मुख नहीं देखना पड़ा, और न ही उन्होंने एक इंच जमीन दुश्मन के हिस्से में जाने दी। यह एक अनोखा रिकॉर्ड है, जिसकी बराबरी कोई भी भारतीय सैन्य लीडर नहीं कर पाया, केवल लेफ्टिनेंट जनरल सगत सिंह को छोड़कर। युद्ध क्षेत्र में उनके शौर्य के अलावा उनकी निष्पक्षता, ईमानदारी, नैतिकता और अपनी प्रतिबद्धताओं व अधीनस्थों के साथ खड़े होने की हिम्मत भी प्रशंसनीय थी। ज़ोरू बख्शी अपनी धरती के सच्चे सपूत हैं, जिन्होंने अपनी मातृभूमि व अपनी कमांड के सम्मान की रक्षा की, हमेशा और हर बार।

11 लेफ्टिनेंट जनरल एस.के. सिन्हा, पीवीएसएम

सैनिक-राजनेता

एस.के. सिन्हा हमारे सेना नायकों में विशिष्ट स्थान रखते हैं, अपनी सेवा काल के दौरान वे एक जाना-पहचाना नाम थे, लेकिन ज्यादातर देशवासियों ने उन्हें सेवानिवृत्ति के बाद ही जाना। उनके अंदर शीर्ष तक पहुंचने की सभी योग्यताएं थीं, लेकिन वह इससे बाल बराबर दूरी से वंचित रह गये। 1983 में वाईस चीफ ऑफ़ आर्मी स्टाफ के तौर पर उन्होंने उस समय इस्तीफा दे दिया, जब उनके कनिष्ठ ए.एस. वैद्या को सेना प्रमुख नियुक्त किया गया, जिसके बाद संसद और मीडिया में बहुत हंगामा हुआ। भले ही उनके सेवा काल का अंत विवादास्पद रहा, लेकिन सिन्हा हमेशा मतभेदों से दूर रहे और नियमों का पालन किया। उन्हें एक सच्चे सैनिक के तौर पर जाना जाता था, जिसने सदैव अपने कर्तव्यों का निर्वहन बिना किसी भय या पक्षपात के किया। उन्होंने कोई युद्ध या शौर्य पुरस्कार नहीं जीते, लेकिन जहां तक भारतीय सेना का प्रश्न है, उनकी उपलब्धियां छोटी नहीं हैं। सैनिकों के रहन सहन, वेतन और भत्तों में सुधार के लिए दिए गए उनके योगदान को कोई भुला नहीं सकता। 1971 में वेतन आयोग के समक्ष उनके प्रभावशाली तर्क आज भी याद किये जाते हैं, और वे बाद में सैन्य बलों की प्रस्तुतियों के लिए एक प्रतिमान बन गये। सैन्य इतिहास के लिए उनका योगदान भी महत्वपूर्ण है। वे एक उत्कृष्ट लेखक हैं, और सैन्य मसलों पर उनकी पुस्तकों और लेखों ने उन्हें सैनिकों और आम जनता की मान्यता और सम्मान प्रदान किया है। वे एक सफल राजनयिक भी रहे, और जब वे काठमांडू में भारतीय राजदूत थे, तब भारत-नेपाल संबंधों को बेहतर बनाने में उनका बड़ा योगदान था।

एस.के. सिन्हा का जन्म 7 जनवरी 1926 को बिहार के गया में अपने ननिहाल में हुआ। उनके पिता एम.के. सिन्हा, पुलिस सेवा में थे और वे बिहार प्रांत के पुलिस महानिरीक्षक के पद तक पहुंचे और 1949 से 1960 तक वे लगातार 11 वर्षों तक इस पद पर रहे। एम.के. सिन्हा के पिता ए.के. सिन्हा भी बिहार के पुलिस महानिरीक्षक रहे थे और इस शीर्ष पुलिस नियुक्ति पर पहुंचने वाले वे प्रथम भारतीय थे। जब एस.के. सिन्हा चार वर्ष के थे, तब उनकी माता का देहांत हो गया और उनका अधिकांश समय अपने दादा-दादी के साथ बीता।

उन्होंने अपनी स्कूली शिक्षा पटना के सेंट जोसेफ कॉन्वेंट से प्रारंभ की और बाद में पटना कॉलिजिएट स्कूल में चले गये, जहां से उनके पिता और दादा ने पढ़ाई की थी।

सिन्हा ने 1939 में मैट्रिक की परीक्षा पास की और फिर उन्होंने पटना कॉलेज में प्रवेश लिया, जहां से वर्ष 1943 में उन्होंने स्नातक किया। अब तक द्वितीय विश्व युद्ध चलते हुए चार वर्ष बीत चुके थे। कॉलेज में सिन्हा विश्विद्यालय प्रशिक्षण कोर से जुड़ गये थे, जिसके कारण वे कई ब्रिटिश अधिकारियों के संपर्क में आ गये। राष्ट्रवादी आंदोलन भी अपने चरम पर था और बिहार के छात्र इसमें सक्रिय रूप से शामिल थे, जिसका श्रेय जयप्रकाश नारायण और राजेन्द्र प्रसाद जैसे नेताओं को जाता था। सिन्हा के दो चाचा पहले से ही सेना में थे, और बर्मा व उत्तरी अफ्रीका में सेवारत थे। सिन्हा ने भी उनका अनुसरण करने का निर्णय लिया। 1932 में भारतीय सैन्य अकादमी स्थापित हो चुकी थी और भारतीयों को 1934 से कमीशन मिलना प्रारंभ हो गया। मगर 1939 में जब द्वितीय विश्वयुद्ध प्रारंभ हुआ तब नियमित कमीशन प्रदान करना स्थगित कर दिया गया और देहरादून, बैंगलोर, महू और बेलगाम स्थित चार प्रशिक्षण संस्थानों में लघु प्रशिक्षण प्रदान कर आपात कमीशन देना प्रारंभ किया गया। सिन्हा ने आवेदन किया और प्रांतीय बोर्ड में अनुवीक्षण के उपरांत उन्हें देहरादून स्थित अंतिम चयन बोर्ड के समक्ष प्रस्तुत होने को कहा गया। 60 के समूह में से चयनित 12 लड़कों में सिन्हा शामिल थे। उस समय वे 18 वर्ष के थे।

मार्च 1944 में सिन्हा ने बेलगाम स्थित ऑफिसर्स ट्रेनिंग स्कूल में प्रवेश लिया। अरुण वैद्या भी उसी बैच में थे, लेकिन कुछ माह बाद उन्होंने अहमदनगर स्थित आर्म्ड कोर ट्रेनिंग स्कूल में प्रवेश ले लिया। उन्हें सिन्हा से दो महीने बाद कमीशन प्रदान किया गया, और इस प्रकार वे सिन्हा के कनिष्ठ हो गये। लगभग 40 साल बाद जब सिन्हा को दरकिनार कर वैद्या को सीओएएस नियुक्त किया गया, तो सिन्हा ने इस्तीफा दे दिया। अगर वैद्या बेलगाम में भी रहते तब भी सिन्हा उनके वरिष्ठ रहते क्योंकि उन्होंने अपने बैच को टॉप किया और कमांडेंट बैटन प्राप्त किया, जो युद्ध काल में स्वोर्ड ऑफ ऑनर के समान थी। 10 दिसंबर 1944 को सिन्हा को इंफैन्ट्री में आपात कमीशन प्रदान किया गया और उन्हें जाट रेजिमेंट में तैनात किया गया।

सिन्हा की तैनाती बरेली स्थित जाट रेजिमेंटल सेंटर में हुई और वहां छह सप्ताह बिताने के उपरांत उन्हें 7/9 जाट रेजिमेंट में भेज दिया गया, जो सहारनपुर स्थित जंगल ट्रेनिंग डिविजन का हिस्सा थी। जंगल युद्ध में तीन माह के सघन प्रशिक्षण के बाद उन्हें बर्मा में 6/9 जाट में तैनात कर दिया गया। रेलगाड़ी से कलकत्ता पहुंचकर वे सैनिक पोत पर सवार हुए और रंगून पहुंचे। वहां उनको बताया गया कि उनकी बटालियन, जो 17 इंडियन डिविजन का हिस्सा थी, को वापस भारत भेज दिया गया था, लेकिन कुछ सप्ताह उपरांत वह दोबारा बर्मा आएगी। तब तक उनको नए सैनिकों की एक टुकड़ी को लेकर 17 डिविजन में जाने

को कहा गया, जो पेगू के उत्तर में किसी स्थान पर स्थित थी। क्योंकि अधिकांश सैनिकों को 4/12 फ्रंटियर फोर्स में जाना था, इसलिए सिन्हा ने अपनी बटालियन आने तक उन्हीं के साथ रहने का निर्णय लिया।

सलवीन के पार जापानियों की वापसी में अवरोधन के कार्य में जुटी 4/12 फ्रंटियर फोर्स के साथ एक पखवाड़ा बिताने के बाद सिन्हा वापस रंगून आ गये। उनकी बटालियन 6/9 जाट कुछ समय बाद वहां पहुंची और लुशाई ब्रिगेड के हिस्से के रूप में उसे प्रोम भेज दिया गया। अगस्त 1945 में अमेरिकी परमाणु बमबारी के उपरांत जापान ने आत्मसमर्पण कर दिया और द्वितीय विश्वयुद्ध आधिकारिक तौर पर समाप्त हो गया। बड़ी संख्या में जापानियों को बंधक बना लिया गया और उन्हें युद्ध बंदी शिविरों में रखा गया। सिन्हा की बटालियन से कुछ सैनिकों को ऐसे ही एक शिविर की सुरक्षा का जिम्मा सौंपा गया, जिसमें 10,000 बंदी थे और सिन्हा को उसका एडजुटेंट बनाया गया। दो माह के बाद, जब युद्ध बंदी शिविर बंद हो गया, तब सिन्हा को पदोन्नति प्रदान करते हुए कैप्टन बना दिया गया और उन्हें ब्रिगेड मुख्यालय में जीएसओ 3 के तौर पर तैनात किया गया।

मार्च 1946 में ब्रिगेड को वापस भारत आने के आदेश दिये गये। किन्तु सिन्हा को सिंगापुर में सर्विस सिलेक्शन बोर्ड के समक्ष प्रस्तुत होना था। यह बोर्ड युद्ध के दौरान आपात कमीशन प्राप्त अधिकारियों को स्थायी कमीशन प्रदान करने के लिए संविक्षा कर रहा था। ऐसे 13,000 अधिकारियों में चयन किये गये 450 अधिकारियों में सिन्हा का नाम भी शामिल था। अब उन्हें 15 इंडियन कोर के मुख्यालय में जीएसओ 3 के तौर पर तैनाती के आदेश प्राप्त हुए। यह कोर उस समय बटाविया (इसे अब जकारता कहा जाता है, जो इंडोनेशिया की राजधानी है) में थी। कुछ माह बाद भारतीय सैनिकों की जगह डच सैनिकों ने ले ली और सिन्हा को दिल्ली में जीएचक्यू स्थित मिलिट्री ऑपरेशन्स निदेशालय में तैनात कर दिया गया। बाद में पाकिस्तान के राष्ट्रपति बने याह्या खान और सैम मानेकशॉ भी एमओ में तैनात थे। यह स्थान अब तक ब्रिटिश अधिकारियों के लिए सुरक्षित रखा गया था।

सिन्हा को आंतरिक सुरक्षा संभालने वाले एमओ 2 अनुभाग में तैनात किया गया। बहुत जल्द उनके सिर पर अत्याधिक काम का बोझ आ गया, क्योंकि अगस्त 1947 में कलकत्ता में हुए संहार के बाद साम्प्रदायिक दंगे भड़क गये। 3 जून 1947 को विभाजन की तारीख 15 अगस्त तय कर दी गई और जैसे-जैसे दिन निकट आता गया, कार्य को बोझ बढ़ता गया। भारत का सेना मुख्यालय बनाया गया और उसे लाल किले में रखा गया, जबकि जीएचक्यू को साउथ ब्लॉक में ही रखा गया। सिन्हा को पुराने दस्तावेजों को बांटने के लिए शिमला भेजा गया, उनके साथ पाकिस्तान जाने वाले एक अधिकारी भी थे। क्योंकि यह कार्य एक सप्ताह के अंदर पूर्ण किया जाना था, इसलिए बड़ी संख्या में ऐसी सामग्री को नष्ट कर दिया गया, जिसके बारे में यह स्पष्ट नहीं हो पाया कि वह किस देश की थी। विभाजन

की वास्तविक तिथि से कुछ दिन पहले भारत छोड़कर जा रहे ब्रिटिश और पाकिस्तानी अधिकारियों को विदाई देने के लिए इम्पीरियल जिमखाना क्लब में एक पार्टी आयोजित की गई। वह एक भावुक विदाई थी और कुछ अधिकारी खुलकर रोते हुए नजर आये।

15 अगस्त 1947 को ब्रिटिश राज समाप्त हो गया और भारत एक स्वतंत्र राष्ट्र बन गया। बड़े स्तर पर उत्सव मनाया गया, भले ही विभाजन की त्रासदी कुछ समय तक जारी रही। भारत और नवजात पाकिस्तान से हजारों की संख्या में शरणार्थी एक-दूसरे के क्षेत्र में लगातार आ रहे थे, ताकि वे नरसंहार की आग से बच सकें। कानून व्यवस्था स्थापित करने और शरणार्थियों के आगमन को नियंत्रित करने के लिए सुप्रीम एचक्यू के नियंत्रण में पंजाब बाउंड्री फ़ोर्स के नाम से एक तटस्थ बल बनाया गया। हालांकि यह बल अप्रभावी साबित हुआ और उसे जल्द बंद कर दिया गया। दोनों देशों से अपने-अपने क्षेत्र में कानून व्यवस्था संभालने को कह दिया गया। भारत में दिल्ली एवं पूर्वी पंजाब (डीईपी) कमांड नाम से नई कमांड बनाई गई, जिसका मुख्यालय दिल्ली में लेफ़्टिनेंट जनरल सर डडले रस्सेल के अधीन था, जिन्हें रस्सेल पाशा के नाम से जाना जाता था। सितंबर 1947 में सिन्हा को मेजर रैंक पर पदोन्नत किया गया और उन्हें डीईपी कमांड मुख्यालय में बतौर जीएसओ 2(ऑपरेशंस) तैनात किया गया।

दिल्ली और पूर्वी पंजाब में कानून व्यवस्था बनाए रखने के साथ-साथ डीईपी कमांड को दोनों तरफ से शरणार्थियों को निकालने का भी कार्य सौंपा गया था। यह व्यवस्था खासतौर से शरणार्थी ट्रेनों के लिए की गई, जिनको उपयुक्त ढंग से अनुरक्षा प्रदान की जाती थी ताकि शरणार्थियों को रास्ते में होने वाले हमलों से बचाया जा सके। रस्सेल पाशा ने एक चलित मुख्यालय स्थापित करने का निर्णय लिया, जिसके लिए उन्हें वाइसरीगल ट्रेन का प्रयोग करने की अनुमति प्रदान कर दी गई और उन्होंने दिल्ली और लाहौर के बीच रेलगाड़ी में कई सप्ताह बिताये, ताकि वे लोगों की निकासी का निरीक्षण कर सकें। परिणामस्वरूप कई लाख शरणार्थियों को बिना किसी अप्रिय घटना के निकाला जा सका। डीईपी कमांड की स्थापना से पहले खेली गई खून की होली की भरपाई नहीं की जा सकती थी, लेकिन डीईपी कमांड की स्थापना से और हत्याएं रुक गईं।

26 अक्टूबर 1947 को, सिन्हा ने एक बैठक में भाग लिया, जिसे बाद में उन्होंने अपने सेवाकाल की सबसे महत्वपूर्ण बैठक के रूप में याद किया। रात के नौ बजे जब उन्हें एक स्टाफ कार लेने के लिए पहुंची उस समय वे क्लब में थे। जब वे अपने कार्यालय पहुंचे तो उन्होंने खुद को एक उच्च स्तरीय बैठक में पाया जिसकी अध्यक्षता आर्मी कमांडर कर रहे थे। पाकिस्तानी हमलावर कश्मीर में घुस गये थे और जब वे लोग बैठक में चर्चा कर रहे थे उस वक्त हमलावर लगातार श्रीनगर की तरफ बढ़ रहे थे। श्रीनगर को बचाने के लिए भारतीय सैनिकों को घाटी में भेजने का निर्णय हुआ था। एक ब्रिगेड को हवाई मार्ग से भेजा जाना था

और दूसरी उसके पीछे सड़क मार्ग से जानी थी। विमानों को अगले दिन सुबह जाना था और गुड़गांव स्थित 1 सिख को सबसे पहले भेजा जाना था। सिन्हा को विमानों में सैनिकों को भेजने की जिम्मेदारी सौंपी गई।

समय और संसाधनों की उपलब्धता के मद्देनजर यह कार्य लगभग नामुमकिन लग रहा था। भारतीय वायु सेना केवल दो डकोटा प्रदान कर सकती थी और बाकी को निजी एयरलाइन्स से मांगना पड़ता। सिन्हा का पहला कार्य सैनिकों को आगाह करना था और गुड़गांव स्थित 1 सिख व गुरदासपुर स्थित 50 पैराशूट ब्रिगेड को आपात सिग्नल भेज दिये गये। 50 पैराशूट ब्रिगेड को सड़क मार्ग से जाना था। उस समय 1 सिख की केवल दो कंपनियां गुड़गांव में थीं, बाकी कंपनियां अन्य स्थानों पर लगाई गई थीं। कमांडिंग अफसर लेफ़्टिनेंट कर्नल दीवान रणजीत राय से 27 अक्टूबर 1947 को सुबह 4 बजे तक अपनी दो कंपनियों को छोड़कर बाकी बटालियन के साथ पालम हवाई क्षेत्र में एकत्रित होने के लिए कहा गया। बाकी बची बटालियन को अगले दिन भेजा जाना था। हवाई जहाज पर सवार होने से पहले लेफ़्टिनेंट कर्नल राय को कार्य के बारे में जानकारी दी जानी थी और बटालियन को राशन, हथियार और गर्म कपड़े प्रदान किये जाने थे।

सिन्हा ने अगले कुछ घंटे आदेश लिखने और हथियारों व स्टोर को जुटाने के निर्देश जारी करने में बिताये। मध्य रात्रि के उपरांत सिन्हा हवाई क्षेत्र पर पहुंच गये और जब तड़के 3 बजे के लगभग राय वहां पहुंचे तो उन्होंने पाया कि सिन्हा ने न केवल हवाई जहाज और स्टोर जुटा लिये थे, बल्कि उनके सैनिकों के लिए गर्मागर्म चाय की भी व्यवस्था कर दी थी। राय ने कार्रवाई के उन निर्देशों को पढ़ा जो सिन्हा ने उन्हें सौंपे थे और अपने मातहत कमांडरों को आदेश जारी करने के बाद उन्होंने उड़ान भरने से पहले एक झपकी लेने का निर्णय लिया। परिस्थितियों को देखते हुए सिन्हा उनके धैर्य की प्रशंसा किये बगैर नहीं रह सके।

पहले दिन केवल सात डकोटा उपलब्ध थे और बटालियन को ले जाने के लिए उनमें से प्रत्येक को दो उड़ानें भरनी थीं। भोर के वक्त पहली उड़ान भरी गई, जो कुछ घंटों में श्रीनगर उतरी। यह कार्य एकदम ऐन मौके पर हुआ और अगर 27 अक्टूबर 1947 को 1 सिख श्रीनगर में नहीं उतरती तो कश्मीर हाथ से चला गया होता। हमलावर उस समय बारामुला में लूटमार कर रहे थे और अगले दिन श्रीनगर पहुंच गये होते। वहां उतरने के बाद, रणजीत राय ने एक कंपनी को हवाई पट्टी पर छोड़ दिया और अपने बाकी बलों को लेकर बारामुला की तरफ कूच किया। वे हमलावरों के रास्ते में अवरोध उत्पन्न कर उन्हें रोकने में सफल रहे, ताकी इस बीच अतिरिक्त बल श्रीनगर पहुंच सके। अगले कुछ दिनों में एक ब्रिगेड को हवाई मार्ग से ले जाया गया और श्रीनगर पर मंडरा रहा खतरा टल गया। राय अपने परिश्रम का फल देखने के लिए जीवित नहीं रह सके। 28 अक्टूबर को दुश्मन के दबाव में बारामुला से पट्टन तरफ पीछे हटते वक्त, वे एक स्वचालित गोलीबारी की चपेट में आ गये और अपनी जान गंवा दी। उनको मर्णोपरांत महावीर चक्र से सम्मानित किया गया।

तीन दिनों के भीतर ब्रिगेडियर जे.सी. कटोच के अधीन पूरी 161 ब्रिगेड को कश्मीर में प्रवेश दिला दिया गया। इस कार्य में 30 डकोटा लगाए गये, जिन्होंने प्रतिदिन 60 उड़ानें भरीं। 30 अक्टूबर को ब्रिगेडियर कटोच एक स्नाइपर की गोली से घायल हो गये और उन्हें दिल्ली ले जाना पड़ा। परिस्थिति स्थिर नजर आ रही थी, लेकिन बहुत स्पष्ट नहीं थी। क्योंकि ब्रिटिश अधिकारियों के कश्मीर जाने पर प्रतिबंध था, इसलिए रस्सेल ने कमांड स्टाफ में एक मात्र भारतीय अधिकारी सिन्हा को स्वयं परिस्थिति का जायज़ा लेने के लिए रवाना किया। 31 अक्टूबर को सिन्हा ने श्रीनगर के लिए उड़ान भरी और उन्हें ब्रिगेड मुख्यालय में मेजर दिलबाग सिंह द्वारा विस्तृत जानकारी प्रदान की गई, जो ब्रिगेड मेजर थे। पट्टन में 1 सिख और श्रीनगर में 4 कुमाऊं का दौरा करने के बाद सिन्हा वापस दिल्ली लौट आये, ताकि आर्मी कमांडर को स्थिति की जानकारी दे सकें। उन्होंने कर्नल एल.पी. 'बोगी' सेन को भी जानकारी दी, जिन्हें अगले दिन पदोन्नति पर 161 ब्रिगेड का कमांडर बनकर जाना था।

जैसे-जैसे जम्मू और कश्मीर में परिस्थिति बिगड़ी, तो आर्मी कमांडर रस्सेल पाशा के लिए दिल्ली से कार्रवाई पर नियंत्रण रखना कठिन हो गया। मीरपुर और रजौरी हाथ से निकल जाने के बाद उन्होंने ब्रिटिश अधिकारियों पर जम्मू-कश्मीर जाने को लेकर लगे प्रतिबंध के बावजूद जम्मू जाने का निर्णय लिया।* ब्रिटिश उच्चायुक्त ने विरोध किया, इस पर रस्सेल ने इस्तीफा दे दिया और 20 जनवरी 1948 को उनकी जगह के.एम. करियप्पा ने पदभार संभाला, जो उस समय सेना में वरिष्ठ अधिकारी थे। सिन्हा जीएसओ 2 (ऑप्स) पद पर बने रहे और करियप्पा के अधीन साल भर तब तक कार्य किया जब तक करियप्पा जनवरी 1949 में सी-इन-सी नहीं बन गये। करियप्पा एक मानव डायनमो थे और सिन्हा को लगा की स्टाफ अधिकारी के लिए वे एक दुःस्वप्न थे। करियप्पा ऊर्जा से भरपूर थे और लगातार अपने स्टाफ को निर्देश देते रहते थे, जिनके साथ लय बना पाना स्टाफ के लिए बेहद कठिन था। महीने में 15 दिन वे सीमांत क्षेत्रों के दौरे में बिताते थे और सिन्हा हर जगह उनके साथ जाते थे। क्योंकि जनरल के एडीसी करियप्पा के दो बच्चों समेत उनका घर संभालने के लिए वहीं रुक गये थे, इसलिए सिन्हा को यह जिम्मेदारी भी निभानी पड़ी।

करियप्पा के साथ सिन्हा नौशेरा के यादगार दौरे पर भी गये, जहां आर्मी कमांडर ने ब्रिगेडियर मो. उस्मान से कोट को कब्जे में लेकर तोहफे में देने को कहा था। इसी यात्रा के दौरान करियप्पा ने जवानों को संबोधित किया और अपना प्रसिद्ध भाषण दिया जिसमें उन्होंने बताया कि देश मुफ्त (आज़ाद) हो गया है। करियप्पा के स्टाफ का हिस्सा होने के नाते सिन्हा जम्मू-कश्मीर कार्रवाई के हर पहलू के साथ गहराई से जुड़े थे और कई

*स्वतंत्रता प्राप्ति के बाद ब्रिटिश अधिकारी भारत और पाकिस्तान दोनों सेनाओं में सेवारत थे। ब्रिटिश सरकार के आदेश पर यह प्रतिबंध लगाया गया ताकि जम्मू-कश्मीर की कार्रवाई में ब्रिटिश अधिकारियों को आपस में लड़ने से बचाया जा सके।

ऐतिहासिक घटनाओं के साक्षी बने। जून 1948 में, उन्हें डकोटा में बैठकर लेह तक उड़ान भरने का मौका मिला। यह उस ऐतिहासिक उड़ान के तुरंत बाद हुआ जिसमें थिमैय्या और मेहर सिंह ने विश्व के सबसे ऊंचे हवाई क्षेत्र में विमान उतारा था। सिन्हा उस समय भी करियप्पा के साथ थे, जब 3 सितंबर 1948 को ज़ोजिला पर पहला हमला किया गया, यद्यपि वह असफल रहा। सिन्हा श्रीनगर की उस ऐतिहासिक बैठक में भी उपस्थित थे जिसमें ज़ोजिला में टैंकों के इस्तेमाल का निर्णय लिया गया। बल्कि यह उन्हीं का सुझाव था कि टैंकों के साथ जा रही इंफैन्ट्री को ले जाने के लिए ऊपरी ढाँचा निकाल कर ट्रैक्ड वैपन कैरियर का प्रयोग किया जाए।

ज़ोजिला पर हमले के दौरान करियप्पा ने सिन्हा को 12 मील लंबी पहाड़ी पगडंडी वाले रास्ते का प्रयोग कर बालटाल से मटायन भेजा और ब्रिगेड कमांडर ब्रिगेडियर के.एल. अटल से स्थिति की ताजा जानकारी लाने को कहा। वापस आते वक्त सिन्हा ने एक छोटा रास्ता अपनाने का निर्णय लिया और रास्ता भटक गये। जल्द ही उन्होंने खुद को बतकुंडी में शुरू हुए हमले के बीच पाया। उन्होंने तुरंत उन खुफिया दस्तावेज़ों को नष्ट कर दिया, जो वे अपने साथ लेकर जा रहे थे और रात में कई घंटों तक भारी बर्फबारी के बीच चलते हुए गुमरी स्थित भारतीय चौकी पर पहुंचे। वे भाग्यशाली थे कि उन्हें शीतदंश नहीं हुआ और उससे भी अच्छा यह हुआ कि वे दुश्मन के कब्जे में नहीं आये।

1949 में नव वर्ष के दिन संघर्ष विराम लागू किया गया और कश्मीर में युद्ध थम गया। पंद्रह दिन बाद, करियप्पा को पदोन्नत कर जनरल बना दिया गया और उन्हें भारतीय सेना का सी-इन-सी नियुक्त किया गया। करियप्पा ने सिन्हा को अपना सैन्य सहायक बनाने की पेशकश की, यह एक ऐसी नियुक्ति थी जिसमें काफी अधिकार और सुविधाएं थीं। मगर जब सैन्य सचिव ने उन्हें बताया कि यह नियुक्ति लेफ़्टिनेंट कर्नल के लिए थी और नियम के मुताबिक छह साल से कम सेवा वाला कोई अधिकारी कार्यवाहक स्थान भी नहीं ले सकता (सिन्हा की सेवा पांच साल से कम थी), तो करियप्पा ने अपना मन बदल लिया। करियप्पा नियम तोड़ना नहीं चाहते थे। (आज, इस नियुक्ति पर एक ब्रिगेडियर तैनात हैं, जो सेना में रैंक और जिम्मेदारियों के अवमूल्यन का संकेत हैं।)

कुछ समय उपरांत, पश्चिमी कमांड में करियप्पा की जगह जीओसी-इन-सी बने लेफ़्टिनेंट जनरल एस.एम. श्रीनागेश की अध्यक्षता में उच्च स्तरीय प्रतिनिधिमंडल को कराची भेजा गया, जहां संयुक्त राष्ट्र ने युद्ध विराम रेखा खींचने के लिए एक सम्मेलन बुलाया था। कश्मीर मामलों के विभाग और रक्षा मंत्रालय के सचिव इस प्रतिनिधिमंडल के सदस्य थे, जिसमें मेजर जनरल के.एस. थिमैय्या और ब्रिगेडियर एस.एच.एफ.जे. मानेकशॉ भी शामिल थे। हालांकि सिन्हा केवल एक मेजर थे, लेकिन उनके ज्ञान और कश्मीर कार्रवाई से परिचित होने के कारण उनको प्रतिनिधिमंडल का सचिव नियुक्त किया गया था। प्रधानमंत्री

जवाहरलाल नेहरू की ब्रीफिंग के बाद प्रतिनिधिमंडल कराची के लिए रवाना हो गया, जहां संयुक्त राष्ट्र प्रतिनिधियों की उपस्थिति में 400 मील सीमा रेखा खींचने का विवरण तैयार करने में पूरा सप्ताह लग गया। अंततः एक समझौते पर हस्ताक्षर किये गये, जिसमें भारत को 600 वर्ग मील का अतिरिक्त क्षेत्र मिल गया, जिसमें कश्मीर की लोलाब और तिलेल घाटी भी शामिल थीं। हालांकि, लेडीगली और पीरकांठी पाकिस्तान को दे दिया गया। इन पहाड़ियों पर भारत का दावा स्वीकार नहीं किया गया क्योंकि 1 जनवरी 1949 को जिस दिन युद्ध विराम घोषित हुआ, भारतीय सैनिक इन दो स्थलों से पीछे हट चुके थे और पाकिस्तानी गश्ती दलों ने उन पर कब्जा कर लिया था।

जून 1949 में सिन्हा ने प्रेमिनी से विवाह किया, जो उत्तर प्रदेश के एक उद्योगपति एच.पी. वर्मा की पुत्री थीं। यह विवाह सिन्हा के माता-पिता द्वारा तय किया गया था और सिन्हा अपनी होने वाली दुल्हन से शादी से पहले नहीं मिल पाये थे। उनका विवाह हिंदू रीति रिवाज से संपन्न हुआ और दुल्हन के पिता द्वारा भारी दहेज दिया गया था। जनवरी 1950 में सिन्हा को 123 इंफैन्ट्री ब्रिगेड में ब्रिगेड मेजर के तौर पर तैनात किया गया, जो उस समय अमृतसर में थी। उस समय विवाहित आवास गृहों की काफी कमी थी, लेकिन ब्रिगेड कमांडर, ब्रिगेडियर सारदा नंद सिंह ने सिन्हा को दो माह तक एमईएस का निरीक्षण भवन प्रयोग करने की अनुमति दे दी, ताकि वे अपनी पत्नी को वहां ला सकें। थोड़े समय बाद ही सिन्हा को 3/4 गोरखा राइफल्स में स्थानांतरण के आदेश मिले। स्वतंत्रता से पहले किसी भारतीय अधिकारी को गोरखा रेजिमेंट में तैनाती नहीं दी गई थी, और ब्रिटिश अधिकारियों के जाने से वहां कमी उत्पन्न हो गयी थी। परिणामस्वरूप बड़ी संख्या में अधिकारियों को अन्य रेजिमेंटों से बुलाना पड़ा और सिन्हा उन्हीं में से एक थे। वे कश्मीर में गुरेज़ में बटालियन से जुड़े, जहां वह अत्यंत ऊंचाई पर तैनात थी। सिन्हा को 13,000 फुट की ऊंचाई पर स्थित कंपनी की कमांड सौंपी गई, जो सड़क से छह घंटे की चढ़ाई पर स्थित थी।

1952 में, सिन्हा ने वेलिंगटन स्थित स्टाफ कॉलेज की प्रवेश परीक्षा उत्तीर्ण कर ली। वेलिंगटन जाने से पहले, उन्हें इंफैन्ट्री स्कूल में जूनियर कमांडर कोर्स में भेजा गया, जहां उनको दुर्लभ 'डिस्टिंग्विशड' ग्रेड मिली। वेलिंगटन में कोर्स पूर्ण करने के बाद उन्हें पुनः रेजिमेंटल सेवा में भेज दिया गया और वे अगस्त 1953 में 3/5 गोरखा राइफल्स से जुड़े, जो उस समय जम्मू-कश्मीर में थी। उन्होंने दो साल तक बटालियन के साथ कार्य किया और फिर उन्हें इंफैन्ट्री स्कूल के जूनियर कमांड विंग में इंस्ट्रक्टर के तौर पर तैनात कर दिया गया। स्कूल के कमांडेंट ब्रिगेडियर सैम मानेकशॉ थे, जिनके साथ सिन्हा ने पहले दिल्ली स्थित एमओ निदेशालय में सेवाएं प्रदान की थीं। सिन्हा अब अपने परिवार के साथ रह सकते थे। महू में उन्हें तीन वर्ष का लंबा कार्यकाल मिला, और यहीं उनके पुत्र यशवर्धन का जन्म हुआ।

1958 में, सिन्हा को वापस 3/5 गोरखा राइफल्स में तैनात कर दिया गया, जो उस समय शिलांग में थी। कुछ माह बाद, वे अपनी बटालियन के साथ डलहौज़ी चले गये। तथापि, बटालियन में दो वर्ष बिताने के बाद उन्हें सेना मुख्यालय की क्वार्टर मास्टर जनरल शाखा में डीएक्यूएमजी (ऑपरेशन) बनाकर दिल्ली भेज दिया गया। लेफ़्टिनेंट जनरल बी.एम. कौल क्यूएमजी थे, जिनको रक्षा मंत्री कृष्णा मेनन द्वारा सैन्य प्रमुख जनरल थिमैय्या की सलाह के विपरीत पदोन्नत किया गया था। सिन्हा को जल्द पता चला कि कौल बहुत शक्तिशाली व्यक्ति थे और नेहरू व कृष्णा मेनन के साथ अपनी निकटता के कारण परोक्ष रूप से सेना को चला रहे थे। कौल को सिन्हा पसंद आए और एक वर्ष बाद जब थिमैय्या सेवानिवृत्त हो गये और कौल सीजीएस बने, तो उन्होंने सिन्हा को यूके स्थित ज्वाइंट सर्विसेज स्टाफ कॉलेज (जेएसएससी) में एक कोर्स के लिए चयनित करके पुरस्कृत किया। आमतौर पर, केवल ब्रिगेडियर या फिर कम से कम लेफ़्टिनेंट कर्नल रैंक के अधिकारियों को इस कोर्स के लिए भेजा जाता था, और सिन्हा अब तक मेजर ही थे। लेकिन, कौल नियमों को तोड़-मरोड़ सकते थे और उन्होंने न केवल सिन्हा को नामित कराया बल्कि जेएसएससी जाने से पहले वेलिंगटन स्थित स्टाफ कॉलेज में एक माह तक नौसेना व वायु सेना शाखा में अटैचमेंट की भी व्यवस्था की।

जब सिन्हा वेलिंगटन में अपना अटैचमेंट कर रहे थे, तब कौल ने कमांडेंट मेजर जनरल सैम मानेकशॉ की 'राष्ट्र विरोधी' गतिविधियों के विरुद्ध साक्ष्य एकत्रित करने के लिए अपने एक भेदिये को भेजा। सिन्हा से गवाही देने के लिए कहा गया, लेकिन उन्होंने इंकार कर दिया। जब कौल ने इस बारे में सुना तो उन्होंने सिन्हा को धमकी दी थी कि वे उनका जेएसएससी कोर्स का नामांकन रद्द करवा देंगे। लेकिन सिन्हा ने जोर देकर कहा कि उनको मानेकशॉ द्वारा किये गये किसी भी राष्ट्र विरोधी कार्य की कोई जानकारी नहीं थी। अंततः वे अपने कोर्स के लिए गए और अपनी पत्नी और तीन बच्चों के साथ जुलाई 1961 में बम्बई से जहाज पर सवार होकर अपने सफर पर निकले।

सिन्हा ने अपने परिवार के साथ लैटिमर में एक सुहाना वर्ष बिताया। वे किराये पर कार, ले सके और उन्होंने इंग्लैंड में कई स्थानों की सैर की। कोर्स के दौरान उन्हें गोरखा ब्रिगेड के रात्रि भोज पर आमंत्रित किया गया। सिन्हा अपनी शेरवानी पहनकर गये, जिस पर अन्य मिनिएचर मेडलों के साथ बर्मा स्टार भी लगा था। फील्ड मार्शल स्लिम उस समय गोरखा ब्रिगेड के अध्यक्ष थे। उन्होंने बर्मा स्टार पहचान लिया और सिन्हा की पोशाक देखकर उन्होंने अंदाजा लगाया कि वे एक जेसीओ हैं, जिसने बर्मा में रैंक्स में कार्य किया था। स्लिम ने सिन्हा से हिंदुस्तानी में पूछाः 'साहिब आप बर्मा में किस रैंक में थे?' जब सिन्हा ने बताया कि उन्होंने बर्मा में लेफ्टिनेंट और कैप्टन की रैंक में कार्य किया था और अब जेएसएससी कोर्स कर रहे हैं, तो स्लिम आश्चर्यचकित रह गये। स्लिम ने अपनी भूल के लिए माफी

मांगते हुए बताया कि उन्होंने सुना था कि भारतीय सेना में अधिकारियों को काफी जल्दी पदोन्नतियां मिल रही हैं, इसलिए उनको लगा कि कोई भी व्यक्ति जो बर्मा में अधिकारी रहा होगा, अब तक जनरल बन गया होगा।

जब सिन्हा इंग्लैंड में थे, तब भारतीय सैनिकों ने गोवा को आजाद करवा लिया और ब्रिटिश अखबारों में भारतीय कार्रवाई की काफी आलोचना की गई। ब्रिटिश सरकार के एक कनिष्ठ मंत्री, जो संयुक्त राष्ट्र में ब्रिटिश प्रतिनिधिमंडल के सदस्य रहे थे, एक व्याख्यान देने आये। उनका विषय था संयुक्त राष्ट्र के समक्ष समस्याएं, जिसमें गोवा में शांति बनाए रखने में उसकी विफलता भी शामिल था। हालांकि उन्होंने गोवा का सीधे संदर्भ नहीं लिया, लेकिन एक छात्र ने इस मुद्दे को उठा दिया और भारत की कार्रवाई को अंतर्राष्ट्रीय डकैती का नाम दिया। प्रश्न के उत्तर में मंत्री ने नेहरू और मेनन की आलोचना की और चेतावनी दी कि भारत को अपनी कार्रवाई का परिणाम भुगतना पड़ेगा। सिन्हा खड़े हुये और अपने देश का जोरदार बचाव करते हुए अमेरिकी गृह युद्ध, बे ऑफ पिग्स और सुएज व हंगरी संकट का हवाला दिया। उन्होंने संयुक्त राष्ट्र के प्रस्ताव का उल्लंघन करने वाले पुर्तगाल के गोवा में बने रहने के नैतिक व विधिक अधिकार पर प्रश्न उठाए और उनको लगा कि अंतर्राष्ट्रीय समुदाय को भारत की आलोचना करने के बजाय उसका समर्थन करना चाहिए।

सिन्हा के पक्ष की वहां उपस्थित श्रोताओं के साथ-साथ कमांडेंट ने भी प्रशंसा की। कमांडेंट ने कहा कि अगर वे एक मात्र ब्रिटिश अधिकारी होने के नाते भारत में कोर्स कर रहे होते, और अगर सुएज़ में ब्रिटिश कार्रवाई का विषय आता, तो वे उतनी मजबूती के साथ उस कार्रवाई का बचाव करने की हिम्मत नहीं दिखा पाते, जिस तरह से सिन्हा ने गोवा में भारत की कार्रवाई का बचाव किया। बाद में सिन्हा ने लंदन स्थित भारतीय उच्चायोग में सैन्य अटैची को घटना की एक लिखित रिपोर्ट भेजी। वह रिपोर्ट उच्चायुक्त को दिखाई गई और उन्होंने रिपोर्ट की एक प्रति दिल्ली भेजने के निर्देश दिये।

कोर्स के बाद सिन्हा ने ब्रिटिश रेजिमेंट किंग्स ओन हुसार्स के साथ एक अटैचमेंट किया, जो उस समय जर्मनी के राइन में ब्रिटिश सेना का हिस्सा थी। जब वे जुलाई 1962 में भारत लौटे, तो उनको लेफ़्टिनेंट कर्नल रैंक पर पदोन्नत करके वेलिंगटन स्थित डिफेंस सर्विसेज स्टाफ कॉलेज में इंस्ट्रक्टर के तौर पर नियुक्त कर दिया गया। सैम मानेकशॉ अब भी वहां कमांडेंट थे और उन्होंने सिन्हा की तैनाती पर इस आधार पर आपत्ति जताई कि उन्होंने अभी तक एक बटालियन की कमांड नहीं संभाली थी। क्योंकि कॉलेज में और भी ऐसे इंस्ट्रक्टर थे, जिन्होंने बटालियन को कमांड नहीं किया था और मानेकशॉ ने स्वयं भी ऐसा नहीं किया था, इसलिए उनके विरोध में दम नहीं था और कौल ने उनकी आपत्ति को खारिज कर दिया। थोड़े समय बाद ही चीन ने नेफा में भारतीय ठिकानों पर हमला कर दिया और भारत-चीन युद्ध छिड़ गया, जिसमें भारत की शर्मनाक हार हुई। भारतीय सेना के पास पहाड़ों में लड़ने का

कोई अनुभव नहीं था और उसके खराब प्रदर्शन का यह भी एक कारण था। सभी प्रशिक्षण संस्थानों में पर्वत युद्ध को अब उच्च प्राथमिकता दी जाने लगी और सिन्हा को इस विषय पर एक अभ्यास लिखने का कार्य दिया गया। खुद स्थिति को महसूस करने के लिए उन्हें एक विस्तृत यात्रा पर भेजा गया, जहां उन्हें ऐसे तमाम अधिकारियों से मिलने का मौका मिला जिन्होंने युद्ध में भाग लिया था। बाद में सिन्हा ने पर्वत युद्ध पर 'टेलीफोन युद्ध' के रूप में एक अभ्यास लिखा। यह पहला अवसर था, जब स्टाफ कॉलेज में इस विषय का अभ्यास किया गया था और उनके प्रयासों की सभी ने सराहना की।

दिसंबर 1964 में सिन्हा को वापस 3/5 गोरखा राइफल्स में कमांडिंग अफसर के तौर पर तैनात कर दिया गया। बटालियन उस समय कलकत्ता के फोर्ट विलियम में थी। सैम मानेकशॉ पूर्वी कमांड में जीओसी-इन-सी थे और सिन्हा ने पाया कि मानेकशॉ उनके प्रति अब भी कठोर थे, जबकि यह चौथी बार था कि सिन्हा उनके अधीन कार्य कर रहे थे। बाद में बटालियन को कलकत्ता से लगभग 25 मील की दूरी पर स्थित कचरापाड़ा भेज दिया गया। थोड़े समय बाद ही शुरू हुए भारत-पाक युद्ध में बटालियन को पूर्वी पाकिस्तान के साथ लगी सीमा पर भेज दिया गया और वह उस बल का हिस्सा बनी जिसे जेस्सोर पर कब्जा करने के लिए रखा गया था। मेजर जनरल पी.एस. भगत, वीसी उसके जीओसी थे और उन्होंने सिन्हा की बटालियन का चयन अग्रसरण का नेतृत्व करने के लिए किया। अग्रसरण भोर से पहले शुरू किया जाना था, लेकिन मध्यरात्रि के बाद सेना मुख्यालय से आदेश मिले कि कार्रवाई रोक दी जाए। अंततः 23 सितंबर 1965 को युद्ध विराम घोषित कर दिया गया और बटालियन वापस कचरापाड़ा स्थित बैरकों में आ गई।

जून 1966 में, बटालियन को लद्दाख भेज दिया गया। वह 14,500 फुट की ऊंचाई पर स्थित थी। सर्दियों में यहां का तापमान शून्य से 30 डिग्री नीचे गिर जाता था, लेकिन गोरखा जवान क्योंकि पहाड़ी लोग होते हैं, इसलिए वहां के शीत मौसम के साथ तारतम्य बैठाने में उन्हें अधिक कठिनाई नहीं हुई। लद्दाख में दो सर्दियां बिताने के बाद सिन्हा को ब्रिगेडियर रैंक पर पदोन्नत कर दिया गया और उन्हें 71 माउंटेन ब्रिगेड में कमांडर के तौर पर नियुक्त किया गया, जो उस समय बिहार के रामगढ़ में स्थित थी। यह पहला मौका था, जब सिन्हा अपने गृह राज्य में सेवाएं देने जा रहे थे। वे और उनका परिवार इसको लेकर बहुत प्रसन्न था। विडंबना यह रही कि यह उनका सबसे छोटा कार्यकाल सिद्ध होने वाला था। रामगढ़ में आए उन्हें पांच ही महीने हुए थे कि ब्रिगेड को नागालैंड जाने के आदेश मिले। चीन द्वारा प्रशिक्षण व हथियार प्राप्त करने के बाद बर्मा के रास्ते लौट रहे नागा गिरोहों के आ जाने से वहां विद्रोह भड़क गया था और ब्रिगेड को वहां इसी विद्रोह से मुकाबला करना था। और इसके लिए दो ब्रिगेड लगाई गईं—एक नागालैंड में और दूसरी मणिपुर में—ब्रिगेडियर अरुण वैद्या के अधीन 167 माउंटेन ब्रिगेड नागालैंड में कोहिमा भेजी गई और सिन्हा की ब्रिगेड को मणिपुर में इम्फाल में लगाया गया।

इसी दौरान, प्रधानमंत्री इंदिरा गांधी ने इम्फाल का दौरा करने का निर्णय लिया। मणिपुर के उपराज्यपाल बालेश्वर प्रसाद ने सिन्हा से पुलिस और प्रशासन के साथ प्रधानमंत्री की सुरक्षा व्यवस्था का समन्वय करने को कहा। जब सिन्हा ने सिविल प्रशासन से संपर्क किया तो उनसे कहा गया कि प्रशासन सुरक्षा व्यवस्था संभालने में पर्याप्त रूप से सक्षम है और सेना की मदद की आवश्यकता नहीं है। इसके बावजूद सिन्हा ने एहतियात के तौर पर दो इंफैन्ट्री बटालियनों को इम्फाल भेज दिया और तीसरी बटालियन को आसपास लगा दिया। सिन्हा अपना सामरिक मुख्यालय भी इम्फाल ले आये।

जब इंदिरा गांधी वहां पहुंची तो मेइतेइ लोगों ने प्रदर्शन किया जो मणिपुर को राज्य का दर्जा देने की मांग कर रहे थे। प्रधानमंत्री को जिस मैदान में एक जनसभा को संबोधित करना था, पुलिस को वहां भीड़ के एक हिस्से पर लाठीचार्ज करना पड़ा। जैसे ही प्रधानमंत्री वहां पहुंची, भीड़ हिंसक हो गई और उनके ऊपर पत्थर फेंकने लगी। वे जनसभा को संबोधित नहीं कर पाईं और मंच को छोड़कर उन्हें राज निवास लौटना पड़ा। शहर में दंगे और आगजनी भड़क उठी और स्थिति गंभीर हो गई। सिविल प्रशासन से औपचारिक मांग का इंतजार किये बगैर सिन्हा ने अपने सैनिकों को तुरंत सभा स्थल की तरफ भेजा, जहां पुलिस की गाड़ियों में आग लगा दी गई थी और कुछ लोग घरों की छत से गोलियां चला रहे थे। जब उपद्रवियों ने संगीनें लिये सैनिकों को अपनी तरफ दौड़ते देखा, तो वे वहां से भाग खड़े हुए। इस दंगे में सात पुलिसकर्मी मारे गये और पुलिस की कुछ गाड़ियां पूरी तरह जलकर खाक हो गईं।

उपराज्यपाल ने सिन्हा को राज निवास बुलाया और उनसे स्थिति संभालने के साथ-साथ प्रधानमंत्री की सुरक्षा की जिम्मेदारी उठाने के लिए कहा। वहां उपस्थित पुलिस महानिरीक्षक ने स्वीकार किया कि उन्हें अपने आदमियों पर भरोसा नहीं बचा था। क्योंकि ज्यादातर पुलिस वाले मणिपुरी थे और उन्हें प्रदर्शनकारी मेइतेइ लोगों से हमदर्दी थी। सिन्हा ने उपराज्यपाल को भरोसा दिलाया कि वे आवश्यक कार्रवाई करेंगे, और उन्होंने शहर में पहले से मौजूद दोनों बटालियनों को सघन गश्त लगाने के आदेश दिये। कर्फ्यू लगाने के आदेश दिये गये और तीसरी बटालियन को भी बुला लिया गया। कुछ घंटों के भीतर ही, सिन्हा ने स्थिति पर काबू पा लिया। शाम को आकाशवाणी ने अशांति का ब्यौरा प्रसारित किया। सिन्हा को कलकत्ता से आर्मी कमांडर से संदेश प्राप्त हुआ कि प्रधानमंत्री की सुरक्षा उनकी व्यक्तिगत जिम्मेदारी थी। अगली सुबह, प्रधानमंत्री इम्फाल से निकलीं। हवाई अड्डे पर उपराज्यपाल और सिन्हा के साथ-साथ वरिष्ठ सिविल व पुलिस अधिकारी प्रधानमंत्री को छोड़ने आये। तथापि, सिविल व पुलिस अधिकारी शर्मिंदा नजर आ रहे थे।

1971 की शुरुआत में सिन्हा को वेतन आयोग सेल का निदेशक बनाकर दिल्ली में तैनात किया गया। सरकार द्वारा तीसरा वेतन आयोग बनाया गया था, और सेना का पक्ष रखने के लिए एडजुटेंट जनरल शाखा में एक सेल बनाया गया था। हालांकि सिन्हा को वित्तीय मामलों का बहुत कम अनुभव था, लेकिन इस कार्य के लिए उनका शानदार रिकॉर्ड

था। उन्होंने यूएसआई जर्नल में सैन्य अधिकारियों की सेवा के हालातों पर एक लेख लिखा था, जिसमें उन्होंने सिविल अधिकारियों के साथ तुलनात्मक विश्लेषण किया था। स्टीफन कोहेन द्वारा भारतीय सेना पर लिखी पुस्तक में इस लेख का संदर्भ लिया गया था और संसद में पूछे गये प्रश्न का आधार भी बना। सैम मानेकशॉ अब सीओएएस बन चुके थे और उन्होंने इस कार्य के लिए सिन्हा का चयन किया, जो उनके द्वारा अपने सेवाकाल में किया गया सबसे महत्वपूर्ण काम बन गया।

यह पहली बार था जब थलसेना के साथ अन्य दोनों सेनाओं को वेतन आयोग के समक्ष सीधे अपना पक्ष रखने की अनुमति दी गई थी। पहले दो आयोगों ने सशस्त्र सेनाओं के मामलों का परीक्षण नहीं किया था और सिविल सेवा के बारे में आयोग की सिफारिशों का अनुसरण करते हुए रक्षा मंत्रालय ने सेनाओं के बारे में निर्णय ले लिया था। इस प्रक्रिया में सशस्त्र सेनाओं के हितों को नुकसान पहुंचा था। सिविल सेवाओं में उनके हितों का ध्यान रखने के लिए उनकी यूनियनें और संस्थाएं थीं, जबकि सशस्त्र सेनाओं के लिए कोई नहीं था। सेना मुख्यालयों में वेतन आयोग सेल बनाने के पीछे यह मुख्य कारण था। रक्षा मंत्रालय प्रस्तावों की जांच करना चाहता था, लेकिन सेना प्रमुखों ने इसे स्वीकार नहीं किया और अंततः यह तय हुआ कि वे अपने प्रस्ताव सीधे वेतन आयोग को भेज सकते थे। साथ ही प्रस्तावों की एक प्रति रक्षा मंत्रालय को भेजी जानी थी, जो आवश्यक होने पर अपनी टिप्पणियां भेज सकता था।

सिन्हा का नौसेना और वायुसेना में अपने समकक्षों के साथ परस्पर मेलजोल रहा। पहली बाधा थी, सशस्त्र सेनाओं में असमानता के मुद्दे न उठाने के लिए दूसरों को तैयार करना। उदाहरण के लिए, अन्य दो सेनाओं को इस बात का कष्ट था कि थल सेना अधिकारियों को अर्दली मिलते थे, जबकि उनको नहीं। थल सेना को एक वास्तविक शिकवा था कि उसके जवानों को नौसैनिकों और वायुसैनिकों की तुलना में राशन बहुत कम प्रदान किया जाता था। अंत में, तीनों सेनाओं में सहमति बनी कि इन मुद्दों को नहीं उठाया जाएगा, क्योंकि इन मुद्दों को नौकरशाहों द्वारा उन्हें बांटने के लिए प्रयुक्त किया जा सकता था, जिसके परिणामस्वरूप फायदे के बजाय दूरगामी नुकसान होंगे। सिन्हा तीनों सेनाओं में आम राय सुनिश्चित करने में सफल रहे। उन्होंने काफी शोध किया और पिछले 100 वर्षों के वेतनमान व अन्य अतिरिक्त सुविधाओं का अध्ययन किया। विदेशों में स्थित भारतीय मिशनों में तैनात सैन्य सहचारियों को प्रश्नावलियां भेजी गईं, ताकि अन्य देशों में सैनिकों की सेवा परिस्थितियों को समझा जा सके। नेशनल कैडेट कोर के माध्यम से छात्रों के लिए प्रश्नावलियां भेजी गईं ताकि यह समझा जा सके कि भारतीय युवाओं को सेना में करियर बनाने के लिए क्या चीज आकर्षित करती है। वरिष्ठ सैन्य अधिकारियों व सेवानिवृत्त अधिकारियों से पूछा गया कि क्या वे अपने बेटों को सेना में भेजना पसंद करेंगे। इन प्रश्नावलियों से आई प्रतिक्रियाओं से एक आधार-सामग्री तैयार हो गई, जिनसे प्रस्तावों को प्रतिपादित करने में बहुत मदद मिली।

काफी विचार-विमर्श के बाद, सिन्हा ने निर्णय लिया कि वे अपनी सिफारिशें चार व्यापक सिद्धांतों पर आधारित करेंगे। पहला था, वेतन व भत्तों के मामले में सैन्य अफसरों की आईएएस अधिकारियों के साथ अनुरूपता। दूसरा, जेसीओ को द्वितीय श्रेणी का दर्जा। तीसरा, इंफैन्ट्री सैनिक की कुशल कामगार के साथ समता और चौथा, उस समय के गैर लड़ाकू पदों, जैसे रसोइयों, धोबी और नाइयों को लड़ाकू पदों के समान बर्ताव करते हुए सैनिकों का ओहदा और तनख्वाह प्रदान करना। प्रस्ताव को सेना प्रमुखों के साथ-साथ आर्मी कमांडरों के समक्ष प्रस्तुत किया गया, जिन्होंने उनका पूरा समर्थन किया। इसके बाद प्रस्ताव को वेतन आयोग को भेज दिया गया। आयोग ने सेना द्वारा ठोस तर्कों से समर्थित एक सशक्त और अच्छी तरह शोध किया हुआ प्रस्ताव भेजने पर प्रशंसा की। सिन्हा ने मानेकशॉ द्वारा हस्ताक्षरित 300 पृष्ठ लंबे प्रस्ताव की प्रतियां सेना के सभी स्थापनों को भेज दीं। यह इसलिए किया गया ताकि उनको पता चल सके कि उनके हितों का भली प्रकार ख्याल रखा गया था और अगर सरकार उनको उनका हक नहीं देती है, तो ऐसा इसलिए नहीं होगा कि उनका पक्ष सही ढंग से नहीं रखा गया। परिणामस्वरूप सिन्हा सैन्य दायरे में एक चर्चित शख्स बन गये।

मार्च 1971 में पूर्वी पाकिस्तान में हुई सैन्य कार्रवाई के बाद अपरिहार्य युद्ध की तैयारी शुरू हो गई। वेतन आयोग के साथ सिन्हा का कार्य लगभग समाप्त हो चुका था और वे अब किसी सक्रिय फार्मेशन में जाना चाहते थे। वे सेना प्रमुख के पास गये और कहाः 'पुराने जी-1 पुराने जी-2 के साथ युद्ध लड़ने जा रहे हैं, लेकिन पुराने जी-3 को छोड़ दिया गया है।' मानेकशॉ समझ गये कि वे क्या कहना चाहते हैं। 1947 में दिल्ली के जनरल मुख्यालय स्थित एमओ निदेशालय में मानेकशॉ जीएसओ-1 थे; याह्या खान, जो अब पाकिस्तान के राष्ट्रपति थे, उस समय जीएसओ-2 थे; और सिन्हा जीएसओ-3 थे। मानेकशॉ ने सिन्हा से कहा कि जब तक वेतन आयोग का काम पूरा नहीं हो जाता वे उनको नहीं छोड़ सकते। उन्होंने यह भी संकेत दिये कि सिन्हा को निकटस्थ कार्रवाई की तैयारी में विभिन्न जरूरी कार्यों के लिए एडजुटेंट जनरल की शाखा में भी रखा जा सकता था। सिन्हा को पदोन्नति मिलने वाली थी और जब डिप्टी एडजुटेंट जनरल मेजर जनरल टी.एन. रैना कोर की कमांड संभालने के लिये गये, तो सिन्हा को उनकी जगह कार्यवाहक स्थान लेने के लिए कहा गया।

पाकिस्तान के साथ युद्ध 3 दिसंबर 1971 को शुरू हुआ और 16 दिसंबर को समाप्त हो गया। ढाका पर कब्ज़ा हो चुका था और 93,000 पाकिस्तानी सैनिकों को युद्ध बंदी बना लिया गया। बांग्लादेश के नाम से एक नये देश का जन्म हुआ। 1972 की शुरुआत में सिन्हा को मेजर जनरल की रैंक पर पदोन्नत किया गया और औपचारिक रूप से डिप्टी एडजुटेंट जनरल नियुक्त किया गया। उनके पास भरपूर काम आ गया था, कार्रवाई में मारे गये जवानों की विधवाओं की पेंशन और विकलांग हो गये सैनिकों के मसलों को संभालना था। इसके साथ ही युद्ध बंदियों के रहने की व्यवस्था और उनकी देखरेख का काम भी था। युद्ध में

विधवा हुई महिलाओं को उदारता से पेंशन दिलवाना, जिसको सरकार ने भी स्वीकृति प्रदान की, उनकी प्रमुख उपलब्धियों में था। अब विधवाओं को अपने दिवंगत पति के वेतन का तीन चौथाई वेतन मिल सकता था, और अगर वे फिर से विवाह कर लेती हैं, तब भी मिलता रहता। इसके साथ ही, उनके बच्चों को निःशुल्क शिक्षा का प्रावधान किया गया, जिसमें ट्यूशन फीस, बोर्डिंग फीस और स्कूल की वर्दी व किताबों का पूरा भुगतान किया जाना था।

शायद उनके सामने सबसे बड़ी समस्या युद्ध बंदियों से संबंधित थी, जिनकी भारी तादाद को देखते हुए दर्जन भर से ज्यादा शिविर बनाए जाने थे, और वह भी बहुत कम समय में। भारतीय सेना के पास बंदियों को संभालने का कोई पूर्व अनुभव नहीं था और सिन्हा की बर्मा में युद्ध बंदी शिविर में बतौर एडजुटेंट कार्यावधि ने उन्हें अच्छी स्थिति में लाकर खड़ा कर दिया। शिविरों में सभी सुविधाएं प्रदान की गईं, कई बार भारतीय जवानों से वे सुविधाएं लेकर बंदियों को प्रदान कर दी गईं। जिनेवा कन्वेंशन का सख्ती से पालन किया गया और बंदियों के साथ बहुत अच्छा व्यवहार किया गया। ईद के अवसर पर मानेकशॉ की तरफ से सभी बंदियों को एक संदेश भेजा गया, जिसमें उन्होंने उम्मीद जताई कि जल्द वे अपने परिवारों से मिल सकेंगे। उस दिन सभी बंदियों के लिए *बड़ा खाना* आयोजित किया गया और सिन्हा उस समय फैजाबाद शिविर में थे, जब सेना प्रमुख का संदेश पढ़ा गया। उनके बगल में बैठे एक पाकिस्तानी जेसीओ की आंखों में आंसू भर आए और उसने उनसे कहाः

> साहिब, अब मुझे पता चला कि हम युद्ध क्यों हारे। भारतीय सेना के अधिकारी अपने जवानों का कितना ख्याल रखते हैं। अपने देश में, मैं कभी किसी जनरल के नजदीक नहीं बैठा। हमारे जनरल और अन्य वरिष्ठ अधिकारी अपनी राजनीति खेलने में ही व्यस्त रहते थे और नवाबों की तरह जीते थे। उनके पास हमारे लिये बहुत कम वक्त था।

1973 की शुरुआत में सिन्हा को भारतीय प्रतिनिधिमंडल का प्रमुख बनाकर इटली भेजा गया, जहां युद्ध में मानवीय अधिकारों को लागू करने के बारे में एक सम्मेलन रखा गया था। यह सम्मेलन संयुक्त राष्ट्र और अंतर्राष्ट्रीय रेड क्रॉस द्वारा आयोजित किया गया था। सिन्हा की वहां अमेरिकी प्रतिनिधिमंडल के नेता प्रोफ़ेसर टॉम क्रैब के साथ तकरार हुई, क्योंकि प्रोफ़ेसर टॉम ने पूर्वी पाकिस्तान के साथ-साथ कश्मीर और गोवा में भारतीय कार्रवाई की तीखी आलोचना की थी। सिन्हा उनके तर्कों को खारिज करने में सफल रहे, और क्रैब ने गलत तथ्यों के आधार पर टिप्पणी करने के लिए विनयपूर्वक क्षमायाचना की। सिन्हा ने युद्धबंदी शिविरों के बारे में भी विस्तृत ब्यौरा रखा और उसके बारे में विदेशी मीडिया में आई खबरों के भी संदर्भ दिये, जिनमें वॉशिंगटन पोस्ट की रिपोर्ट भी शामिल थी। इस रिपोर्ट में कहा गया था कि इतिहास में किसी भी देश ने युद्धबंदियों को इससे बेहतर ढंग से नहीं रखा। भारत वापस लौटने पर सिन्हा को उनके भाषण के लिए मानेकशॉ के साथ-साथ रक्षा मंत्री जगजीवन राम ने भी बधाई दी।

जवानों के कल्याण के लिए सिन्हा का एक महत्वपूर्ण योगदान था आर्मी ग्रुप इंश्योरेंस स्कीम। ऐसी ही योजना वियतनाम युद्ध के दौरान अमेरिकी सेना में प्रचलित थी। योजना के तहत, प्रत्येक अधिकारी, जेसीओ और सैनिक के वेतन से एक निश्चित रकम काटी जाती है। इसके बदले में उसे निश्चित धनराशि का बीमा प्रदान किया जाता है। यदि सेवा के दौरान उनकी मृत्यु हो जाती, तो यह रकम उनके आश्रितों को प्रदान की जाती है। योजना में बचत का प्रावधान भी है: काटी गई रकम को उपयुक्त रूप से निवेश किया जाता है और प्रत्येक व्यक्ति को सेवानिवृत्ति पर बड़ी रकम मिल जाती है। यह योजना बेहद सफल सिद्ध हुई और अब भी चल रही है।

जनवरी 1973 में मानेकशॉ को सेवानिवृत्त होना था। लेकिन नये साल के दिन सरकार ने घोषणा कर दी कि उन्हें फील्ड मार्शल की रैंक पर पदोन्नत किया जाता है। 3 जनवरी 1973 को राष्ट्रपति भवन में आयोजित एक विशेष अधिष्ठापन समारोह में मानेकशॉ को यह रैंक प्रदान की गई। डिप्टी एडजुटेंट जनरल के तौर पर सिन्हा पर यह जिम्मेदारी थी कि वे रैंक के लिए नए बैज और फील्ड मार्शल की बैटन तैयार करवाएं, जिनके लिए कोई डिजाइन निश्चित नहीं था, क्योंकि ऐसा पहली बार था कि भारत में ये रैंक प्रदान की जा रही थी। सिन्हा ने डिजाइन के लिए *इन्साइक्लोपीडिया ब्रिटानिका* से संदर्भ लिया और दिल्ली स्थित सेना की कार्यशाला में ब्लैक मेटल में बैज गढ़वाये। बैटन के लिए उन्हें नवाचार करना पड़ा। सिन्हा ने कमांडिंग अफसर के कार्यालय के बाहर खड़े होने वाले स्टिक अर्दली द्वारा आमतौर पर प्रयोग की जाने वाली बैटन का छोटा प्रारूप लिया, जिसमें उपयुक्त अलंकरण लगाये गए। अभिषेक समारोह बिना किसी व्यवधान के संपन्न हो गया, लेकिन सिन्हा नौकरशाहों को इस चीज के लिए राजी नहीं कर पाये कि मानेकशॉ को वैसा ओहदा, वेतन और विशेषाधिकार दिये जाएं, जो फील्ड मार्शल को यूके में दिये जाते हैं या फिर यूरोप के अन्य देशों में दिये जाते हैं, जहां यह रैंक होती है।

थोड़े समय बाद ही, सिन्हा को 23 माउंटेन डिविजन में बतौर जीओसी तैनाती के आदेश प्राप्त हुए, जिसका मुख्यालय असम के रंगिया में था। डिविजन ब्रह्मपुत्र घाटी में तैनात थी और 4 कोर का हिस्सा थी, जिसने 1971 में बांग्लादेश की कार्रवाई में बेहद अच्छा प्रदर्शन किया था। युद्ध में शानदार ढंग से कोर का नेतृत्व करने वाले लेफ़्टिनेंट जनरल सगत सिंह अभी भी कोर की कमांड संभाल रहे थे। दुर्भाग्य से सिन्हा का डिविजन की कमांड में एक वर्ष से कुछ अधिक का छोटा सा कार्यकाल रहा और 1974 में उन्हें वापस दिल्ली में बतौर डायरेक्टर मिलेट्री इंटेलिजेंस (डीएमआई) तैनात कर दिया गया। कुछ माह बाद जनरल जी.जी. बेवूर सीओएएस के पद से सेवानिवृत्त हुए और उनकी जगह जनरल टी.एन. रैना ने ली। इसके कुछ समय बाद ही इंदिरा गांधी ने आपात स्थिति अधिरोपित कर दी।

डीएमआई के तौर पर अपने कार्यकाल के दौरान, सिन्हा ने भारतीय दूतावासों में सैन्य सहचारी के कार्यालयों का निरीक्षण करने के लिए कई देशों का दौरा किया। पहले वे

अफगानिस्तान, इराक और ईरान गये और उसके बाद अन्य दौरे पर यूके और फ्रांस गये, जिसके बाद स्वीडन और श्रीलंका, जहां वे सेना प्रमुख के साथ थे। अपनी इच्छा के विपरीत, वे दिल्ली के कॉकटेल सर्किट में घिर गये, क्योंकि उन्हें अपनी ड्यूटी के तौर पर सभी दूतावासों की पार्टियों में जाना पड़ता था। हालांकि, उनकी नियुक्ति के कुछ फायदे भी हुए। लगभग 20 वर्ष पहले जब वे मेजर थे, तब उन्होंने एक पुस्तक लिखी थी-ऑपरेशन रेस्क्यू, जो 1947–48 में कश्मीर की कार्रवाई के बारे में थी। उन्होंने एमआई निदेशालय को सुरक्षा मंजूरी के लिए उसकी पांडुलिपि भेजी थी, लेकिन राजनीतिक कारणों से सरकार ने उन्हें मंजूरी नहीं दी। अब, सिन्हा ने आईबी और विदेश मंत्रालय में अपने प्रभाव का इस्तेमाल किया और उसके प्रकाशन के लिए सहमति हासिल कर ली। उनकी पुस्तक लोकप्रिय हो गई और उसके चार संस्करण प्रकाशित हुये।

दिसंबर 1976 में सिन्हा 10 इंफैन्ट्री डिविजन के जीओसी के तौर पर तैनात थे। उनको पहले मिली डिविजन की कमांड बीच में छोड़नी पड़ी थी और वे आवश्यक अवधि को पूर्ण करना चाहते थे, जो उन्हें आगे पदोन्नति प्राप्त करने की योग्यता दिलाती। अपने परिवार को दिल्ली में छोड़कर वे अपने नए कार्य के लिए चले गये। डिविजन जम्मू सेक्टर में स्थित थी, और उसका मुख्यालय चिनाब के किनारे अखनूर में था। कोर कमांडर लेफ़्टिनेंट जनरल के.वी. कृष्णा राव थे, जो बाद में सेना प्रमुख बने। सिन्हा के अखनूर पहुंचने के थोड़े समय बाद ही इंदिरा गांधी चुनाव हार गईं और आपात स्थिति समाप्त हो गई। डिविजन कमांडर के तौर पर सिन्हा का कार्यकाल एक बार फिर बीच में काट दिया गया। लेफ़्टिनेंट जनरल रैंक पर उनकी पदोन्नति की बारी आई और उन्हें दिल्ली में एडजुटेंट जनरल के तौर पर नियुक्त कर दिया गया।

सिन्हा इससे पहले डिप्टी एडजुटेंट जनरल के तौर पर कार्य कर चुके थे और इस नए कार्य से जुड़े मुद्दों से सुपरिचित थे। उनका पहला कार्य था कि सिविल सेवाओं और सेना की रैंकों, वेतन और ओहदों में असमानता दूर करने के लिए सरकार को राजी करना। स्वतंत्रता प्राप्ति के बाद यह असमानता आ गई थी और सभी रैंकों में निरुत्साह पैदा कर रही थी। उन्होंने तीनों सेनाओं की काडर समीक्षा के लिए चीफ्स ऑफ स्टाफ कमेटी को प्रस्ताव भेजा, जिसने उसका समर्थन किया। तीनों सेना प्रमुखों द्वारा हस्ताक्षरित प्रस्ताव को फिर कैबिनेट के पास भेजा गया। पदोन्नति की संभावनाओं को बेहतर बनाने के लिए सिन्हा का प्रस्ताव था कि सभी सिलेक्शन ग्रेड रैंकों में अतिरिक्त नियुक्तियां की जाएं, जैसा कि सिविल सेवा में किया जाता था। उन्होंने अधिकारी कैडेट्स को प्रशिक्षण के दौरान सेकंड लेफ्टिनेंट रैंक पर वेतन के अनुदान का प्रस्ताव दिया, जैसा कि आईएएस और आईपीएस के मामले में किया जाता था। कमीशन प्राप्त करने पर अधिकारी को लेफ्टिनेंट की रैंक मिलेगी और इस प्रकार सीओ की रैंक स्वतः लेफ़्टिनेंट कर्नल से बढ़कर कर्नल हो जाएगी। आर्मी कमांडर को अपग्रेड करके

पूर्ण जनरल की चार स्टार रैंक किया जाना था, ताकि वे कोर कमांडर से अलग लगें, जो तीन स्टार रैंक वाले लेफ़्टिनेंट जनरल होते थे।

जब प्रस्ताव को सैद्धांतिक रूप से स्वीकार कर लिया गया, तब सिन्हा से एक विस्तृत प्रस्ताव तैयार करने के लिए कहा गया, ताकि वह रक्षा मंत्री के सामने प्रस्तुत किया जा सके। प्रेजेंटेशन के दौरान कैबिनेट सचिव, रक्षा व वित्त मंत्रालय के सचिव और तीनों सेनाओं के प्रमुख उपस्थित थे। सिन्हा ने विभिन्न आंकड़ों के साथ भारतीय सेना और अन्य देशों के साथ स्वतंत्रता पूर्व भारतीय सेना के बीच तुलना की। उन्होंने भारतीय रक्षा सेवाओं और उनके समकक्ष अन्य देशों की रक्षा सेवाओं के साथ-साथ भारतीय सिविल सेवाओं में प्रचलित स्थितियों की भी तुलना की। प्रेजेंटेशन के अंत में रक्षा मंत्री के साथ-साथ सभी सचिव विसंगतियों और उनको सुधारने को लेकर आश्वस्त दिखे। रक्षा मंत्री श्री सुब्रमण्यम् ने सिन्हा से कहाः 'जनरल, आप गलत पेशे में आ गये। आपको तो वकील होना चाहिए था।'

कैडेट्स को लेफ्टिनेंट की रैंक प्रदान करने और आर्मी कमांडर को चार स्टार रैंक पर अपग्रेड करने संबंधी दो महत्वपूर्ण मांगों को छोड़कर सिन्हा की अधिकांश सिफारिशों को मान लिया गया। (तथापि, पहले प्रस्ताव को 20 साल बाद मान लिया गया और अधिकारियों को अब लेफ्टिनेंट के तौर पर कमीशन प्रदान किया जाता है।) सिन्हा ने सशस्त्र बलों और सिविल सेवा के बीच प्रोटोकॉल और रैंकों की तुलनात्मक वरीयता का मुद्दा भी सुलझाने का प्रयास किया। हालांकि, उनके प्रयासों में बहुत सफलता नहीं मिली। मेजर जनरल और इनसे ऊपर के अधिकारियों का वरीयता क्रम केन्द्र सरकार द्वारा जारी किया जाता था। ब्रिगेडियर और उनसे नीचे के अधिकारियों के लिए राज्य सरकारों से केन्द्र सरकार द्वारा जारी दिशानिर्देशों के आधार पर अपने हिसाब से निर्णय लेने के लिए कहा गया था। अधिकांश सरकारें इन दिशानिर्देशों का पालन नहीं करती थीं, जिसके कारण गलतफहमी और अप्रिय घटनाएं हो जाती थीं, जो कभी-कभी अब भी हो जाती हैं।

एक अन्य परियोजना जिसमें सिन्हा के प्रयासों से फल प्राप्त हुआ, वह थी आर्मी वेलफेयर हाउसिंग ऑर्गनाइजेशन (एडब्ल्यूएचओ)। सिन्हा की अचानक मुलाकात आवास मंत्रालय के सचिव से हुई जो पहले एक नौसेना अधिकारी थे और 30 साल पहले सिन्हा के साथ एक ही ऑफिसर्स मेस में रहते थे। सिन्हा ने उनसे नई दिल्ली के आर.के. पुरम में पांच एकड़ जमीन एडब्ल्यूएचओ के नाम आवंटित करा ली। उस परिसर में लगभग 400 फ्लैट बनाए गये, जिसका नाम प्रथम परमवीर चक्र पाने वाले मेजर सोम नाथ शर्मा के नाम पर सोम विहार रखा गया। कई अन्य स्टेशनों पर भी इसी प्रकार के परिसर बनाये गये, जहां जमीन का अधिग्रहण राज्य सरकारों से किया गया था। एडब्ल्यूएचओ योजना से जुड़ने वाले अधिकारियों, जेसीओ और जवानों के वेतन में से छोटी सी रकम काटी जाती थी। 20 सालों

तक योगदान देने के बाद उनकी सेवानिवृत्ति के आसपास उनको एक घर दे दिया जाता था। इस प्रकार, उनके लिए मोटे खर्च और स्वयं निर्माण कराने के झंझट में पड़े बिना एक घर का मालिक बनना मुमकिन हो गया। इससे सैनिकों और उनके परिवारों में एक सुरक्षा का भाव भी जागृत हुआ। दुर्भाग्य से योजना में काफी बदलाव कर दिया गया है और अब वह विभिन्न सरकारी आवास परिषदों की तरह स्ववित्त योजना बन गई है, जिसमें मकान की पूरी रकम आवंटन से पहले दो से तीन साल के अंदर जमा करानी होती है।

आर्मी वेलफेयर एजूकेशन सोसायटी स्थापित करने के पीछे भी सिन्हा का हाथ रहा। 1971 के युद्ध के बाद भारतीय सेना को करोड़ों रुपये प्राप्त हुये, जो समुद्र में जब्त किये हुए माल की उपहार राशि का हिस्सा थे। सिन्हा ने इस रकम से सैन्य कर्मियों के बच्चों के लिए स्कूल खोलने का निर्णय लिया। आर्मी पब्लिक स्कूल दिल्ली में स्थापित किया गया और हर कमांड में एक आर्मी स्कूल स्थापित किया गया। आज देशभर में आर्मी स्कूलों की श्रृंखला हो गई है, जहां फीस कम है और सैन्य कर्मियों के बच्चों को सत्र के बीच में भी प्रवेश मिल जाता है। इससे उन सैनिकों की समस्याएं काफी कम हो गई हैं, जिनके बार-बार स्थानांतरण होते रहते हैं।

एडजुटेंट जनरल के तौर पर ढाई वर्ष बिताने के बाद, सिन्हा को स्ट्राइक कोर का जीओसी तैनात किया गया, जो उस समय चंडीमंदिर में स्थित थी। एक बार फिर उनके अगले उच्चाधिकारी लेफ़्टिनेंट जनरल कृष्णा राव थे, जो पश्चिमी कमांड के जीओसी-इन-सी थे। 1981 के मध्य, कृष्णा राव ने सीओएएस के तौर पर कार्य संभाला और सिन्हा ने उनकी जगह शिमला में आर्मी कमांडर का स्थान लिया। आर्मी कमांडर के तौर पर उनके कार्यकाल के दौरान, सिन्हा कुछ महत्वपूर्ण घटनाओं के साक्षी बने, जो बाद में देश का इतिहास बदलने वाली थीं। 1982 में दिल्ली में आयोजित एशियाई खेलों के दौरान रिपोर्ट मिली की सिख चरमपंथी खेलों में व्यवधान डालने की योजना बना रहे थे। एहतियात के तौर पर दिल्ली की तरफ आने वाले सभी सिखों की जामा तलाशी ली जाने लगी और हरियाणा से गुजरते वक्त उन्हें परेशान किया जाने लगा। हैरानी की बात यह थी, कि सेना के अधिकारियों के साथ भी यही बर्ताव किया गया। सिन्हा ने सेना मुख्यालय में यह मुद्दा उठाया, लेकिन उन्हें कोई मदद नहीं मिली।

इसके कुछ समय बाद, पंजाब के एक प्रतिष्ठित संपादक लाला जगत नारायण की हत्या कर दी गई। इस हत्या के पीछे उग्रवादी सिख नेता संत जरनैल सिंह भिंडरावाले का हाथ होने का संदेह था। जरनैल सिंह अमृतसर और जालंधर के बीच मेहता चौक स्थित गुरुद्वारे में रह रहा था। पंजाब पुलिस उसको गिरफ्तार करने में झिझक रही थी और उसने सेना से मदद मांगी। सेना ने इंकार कर दिया। फिर पंजाब के मुख्यमंत्री ने प्रधानमंत्री से बात की, जिन्होंने सेना को आदेश दिये कि भिंडरावाले को गिरफ्तार कर ले। ये आदेश सिन्हा तक पहुंचा दिये

गये। सिन्हा ने सेना प्रमुख से बात की और इस चीज का ध्यान दिलाया कि सेना द्वारा यह कार्य करना गलत होगा, क्योंकि यह पुलिस की जिम्मेदारी थी। अगर पुलिस विफल होती है, तब नियमानुसार सेना को बुलाया जा सकता है कि सिविल प्रशासन को सहयोग प्रदान करे। सिन्हा ने यह भी कहा कि कार्रवाई करने से पहले उन्हें उस जगह का सैन्य सर्वेक्षण करने के लिए थोड़ा वक्त और चाहिए। कृष्णा राव ने प्रधानमंत्री से बात की और उन्होंने अपने आदेश रद्द कर दिये।

जब पुलिस भिंडरावाले को गिरफ्तार करने मेहता चौक पहुंची, तो उसने पुलिस से कहा कि वह 48 घंटे में बाहर आएगा। पुलिस गुरुद्वारे के बाहर दो दिनों तक इंतजार करती रही, तब तक काफी भीड़ इकट्ठा हो चुकी थी। जब भिंडरावाले बाहर आया, तो निहंगों ने पुलिस पर हमला कर दिया और पुलिस को गोली चलानी पड़ी, जिसमें कई लोग मारे गये। भिंडरावाले को फिरोजपुर ले जाया गया, लेकिन सबूतों के अभाव में उसे कुछ दिन बाद छोड़ दिया गया। उसकी रिहाई का जश्न पूरे पंजाब में मनाया गया, जहां उसे एक हीरो समझा जाने लगा। वह अमृतसर चला गया, जहां उसने स्वर्ण मंदिर में पनाह ली। बाकी सब इतिहास है।

जनवरी 1983 में सिन्हा को दिल्ली में वाइस चीफ ऑफ़ आर्मी स्टाफ के तौर पर तैनात किया गया। क्योंकि कृष्णा राव की सेवानिवृत्ति में सिर्फ छह माह का वक्त रह गया था और सिन्हा वरिष्ठ आर्मी कमांडर थे, तो यह अंदाजा लगाया गया कि वे ही अगले सेना प्रमुख होंगे। उनके दिल्ली आने से इस विचार को और बल मिला। जब उन्होंने वाइस चीफ के तौर पर कार्य संभाला तो कृष्णा राव ने संकेत दिये कि क्योंकि कुछ महीनों में सिन्हा उनकी जगह लेंगे, इसलिए बाकी सभी प्रिंसिपल स्टाफ ऑफिसर उनके माध्यम से कार्य करें, ताकि उन्हें हर चीज की जानकारी हो। अगले पांच माह तक सिन्हा और कृष्णा राव ने बेहद नजदीकी से मिलकर कार्य किया और सभी ने यह मान लिया था कि राव की सेवा निवृत्ति के उपरांत सिन्हा ही उनकी जगह लेंगे।

29 मई 1983 को, कृष्णा राव ने सिन्हा को बताया कि सरकार ने पूर्वी कमांड के जीओसी-इन-सी अरुण वैद्या को अगला सेना प्रमुख बनाने का निर्णय लिया है। सिन्हा स्तब्ध रह गये और उन्होंने राव से कह दिया कि वे इस्तीफा देने जा रहे हैं। राव ने उनको ऐसा न करने की सलाह दी, लेकिन सिन्हा अपना मन बना चुके थे। वे अपने कार्यालय में वापस आ गये और वैद्या के नाम एक बधाई पत्र लिखवाकर, उन्होंने समयपूर्व सेवानिवृत्ति का आवेदन लिखा और उसी दिन सैन्य सचिव को सौंप दिया। सेना प्रमुख के तौर पर वैद्या की नियुक्ति की घोषणा दोपहर में ही रेडियो पर हो गई थी, लेकिन अगली सुबह अखबारों में खबरें छपीं। अधिकांश अखबारों में यह पहले पृष्ठ की खबर बनी, साथ में सिन्हा के इस्तीफे की खबर भी थी।

हालांकि संसद का सत्र नहीं चल रहा था, लेकिन कुछ सांसदों ने रक्षा मंत्री आर. वेंकटरमण को संसद के सेंट्रल हॉल में पकड़ लिया और सिन्हा के अधिक्रमण का कारण पूछा। उसी दिन बाद में रक्षा सचिव पी.के. कौल ने जन संपर्क निदेशक राम मोहन राव को अपने दूत के तौर पर सिन्हा के पास भेजा, और उन्हें इस्तीफा वापस लेने की सलाह दी। कौल ने यह भी संकेत दिये कि सरकार उनके साथ मैत्रीपूर्ण समझौता करने को तैयार थी। सिन्हा ने इंकार कर दिया, और दूत को बता दिया कि किसी भी समझौते में उनकी रुचि नहीं है, जिसका मतलब शायद किसी राज्यपाल या राजनयिक जैसी नियुक्ति से था। इसके बाद, राम मोहन राव ने सिन्हा से निवेदन किया कि वे कुछ पत्रकारों से मिल लें, जो उनसे बात करना चाहते थे। पहले सिन्हा ने इंकार कर दिया, लेकिन फिर राजी हो गये।

जब मीडिया ने प्रश्न किया, तो उन्होंने अपने अधिक्रमण पर टिप्पणी करने से इंकार कर दिया और कहा कि एक अनुशासित सैनिक की तरह उन्होंने सरकार के निर्णय को स्वीकार कर लिया है। पत्रकारों ने उनसे पूछा कि क्या उनको लगता है कि सेना में नियुक्तियां राजनीतिक आधार पर होती हैं और क्या उनके परिवार की जयप्रकाश नारायण के साथ नजदीकी के कारण उनका अधिक्रमण किया गया। सिन्हा ने खुद को किसी भी विवाद में खींचे जाने से इंकार कर दिया और मीडिया से निवेदन किया कि सेना को राजनीति से दूर रखें। अगली सुबह सिन्हा का बयान सभी अखबारों में प्रमुखता से छापा गया। उनका यह दावा कि सरकार द्वारा उनके अधिक्रमण के निर्णय को स्वीकार करने के बाद उन्होंने सेना से सेवा निवृत्त होना पसंद किया और अरुण वैद्या को एक प्रिय मित्र व सुयोग्य जनरल कहकर संबोधित करने से उन्हें काफी प्रशंसा मिली। इससे सेना के साथ-साथ आम जनों में भी उनके प्रति हमदर्दी की लहर उत्पन्न हो गई और अधिकांश लोगों को लगा कि उनके साथ अन्याय हुआ था। उन्हें सेवा निवृत्त सैन्य अधिकारियों से बड़ी संख्या में पत्र मिले, जिनमें उनके पक्ष की प्रशंसा की गई थी। इन पत्रों में दो पूर्व सेना प्रमुखों करियप्पा और कुमारमंगलम के पत्र भी शामिल थे। सिन्हा को हैरानी हुई कि उनके साथ काम करने वाले अधिकारियों के अलावा उनके पास ऐसे सैनिकों और आम नागरिकों के भी पत्र आए, जिन्होंने अखबार में पढ़ने के बाद उन्हें जाना था।

कुछ दिनों बाद, मीडिया में छह प्रमुख सांसदों का संयुक्त बयान आया, जिनमें चरण सिंह, जगजीवन राम, लाल कृष्ण अडवाणी, एच.एन. बहुगुणा, जॉर्ज फर्नांडीज और धर्म वीर सिन्हा शामिल थे। उन्होंने सरकार द्वारा अल्पकालिक राजनीतिक लाभ के लिए सेना के मामलों हस्तक्षेप करने की तीखी आलोचना की और अपने अधिक्रमण पर सिन्हा की गरिमामयी प्रतिक्रिया की प्रशंसा की। सांसदों ने आगामी संसद सत्र में इस विषय पर बहस की मांग की। तथापि, लोक सभा स्पीकर ने सुरक्षा के आधार पर बहस की इजाजत नहीं दी। राज्य सभा में भी अध्यक्ष ने बहस को मंजूरी नहीं दी, जिससे सत्ता पक्ष और विपक्ष में

आक्रामक बयानबाजी हुई, कुछ लोगों ने थिमैय्या के इस्तीफे का मुद्दा उठाया और उसके बाद संसद में हुई बहस का हवाला दिया।

हालांकि सरकार द्वारा सिन्हा के अधिक्रमण के पीछे जो आधिकारिक कारण बताया गया वह था तुलनात्मक रूप से युद्ध अनुभव की कमी, लेकिन वास्तविक कारण कई हो सकते हैं। कुछ लोगों को लगता था कि जयप्रकाश नारायण के साथ उनकी नजदीकी के कारण उनके साथ ऐसा किया गया, क्योंकि जेपी का नाम ही इंदिरा गांधी के लिये अभिशाप था। जबकि कुछ लोगों का मानना था कि उच्च रक्षा संस्थानों में नौकरशाहों की भूमिका और चीफ ऑफ डिफेंस स्टाफ को लेकर सिन्हा के विचार नौकरशाहों को पसंद नहीं थे, जिन्होंने सिन्हा को रास्ते से हटाने के लिए लॉबी तैयार की। सरकार से अनुदान प्राप्त करने की प्रवृत्ति भी एक कारण हो सकती है, जिसके चलते वे सैनिकों में बेहद लोकप्रिय हो गये थे। एक वरिष्ठ पत्रकार कुलदीप नैयर ने लिखाः 'सिन्हा की प्रतिभा ही उनकी बर्बादी का कारण थी।'

सिन्हा द्वारा किया गया समयपूर्व सेवा निवृत्ति का निवेदन सरकार ने स्वीकार कर लिया। दिल्ली छोड़ने से पहले वे नौसेना और वायुसेना प्रमुखों से मिलने गये, जिन्होंने गर्मजोशी से उनका अभिनंदन किया। हालांकि, जब वे रक्षा मंत्री वेंकटरमण से मिलने पहुंचे, तो उन्हें अनेदखा किया गया और एक कप चाय के लिए भी नहीं पूछा गया। बल्कि उन्हें सलाह दी गई कि वे अपनी भलाई के लिए राजनीति से दूर रहें। अंत में सिन्हा राष्ट्रपति ज्ञानी जैल सिंह से मिलने पहुंचे, जो सशस्त्र बलों के सर्वोच्च कमांडर भी थे। ज्ञानी जैल सिंह काफी मिलनसार थे और उन्होंने सिन्हा को उनके अधिक्रमण के पीछे की कहानी बताई, जिसमें उन्होंने दावा किया कि वह प्रधानमंत्री के कहने पर किया गया था।

हालांकि, भारतीय वायु सेना ने सिन्हा को पटना तक ले जाने की पेशकश की थी, लेकिन उन्होंने इंकार कर दिया और उन्होंने निर्धारित इंडियन एयरलाइन्स की फ्लाइट से ही जाने का निर्णय लिया। उन्होंने चुपचाप जाने की योजना बनाई थी, लेकिन जब वे हवाई अड्डे पहुंचे, तो वे वहां पर अधिकारियों और जवानों की भारी भीड़ देखकर हैरान रह गये, जिनमें से कुछ उनकी अपनी बटालियन के थे, जो मेरठ से आए थे। वहां बड़ी संख्या में प्रेस संवाददाता भी पहुंचे थे, जो यह देखकर हैरान थे कि सिन्हा के कई वरिष्ठ साथी वर्दी पहनकर उन्हें विदाई देने पहुंचे थे। जब उनका विमान पटना में उतरा, तो वहां उनकी अगवानी करने आई भीड़ और भी ज्यादा थी। उस भीड़ में कर्पूरी ठाकुर और राज नारायण जैसे कई प्रमुख राजनीतिज्ञ भी शामिल थे। सब एरिया कमांडर भी वहां पहुंचे थे, जिन्होंने सिन्हा को वाइस चीफ के सम्मान के साथ उनके घर तक एस्कॉर्ट किया, जिसमें अनुरक्षक और पायलट जीप भी शामिल थी। सिन्हा की सेवा निवृत्ति अगले दिन से लागू होनी थी और वे इस शिष्टाचार के हकदार थे, हालांकि उन्होंने इसकी अपेक्षा नहीं की थी।

अन्य सेवा निवृत्त जनरलों के विपरीत सिन्हा विलुप्त नहीं हुये। तमाम विश्वविद्यालयों द्वारा विभिन्न विषयों पर व्याख्यान देने के लिए उन्हें आमंत्रित किया जाता था। उन्होंने सभी प्रमुख अखबारों और पत्रिकाओं में लिखना जारी रखा। प्रमुख विपक्षी नेताओं, जैसे डीएमकेपी के चरण सिंह, जनता पार्टी के चंद्र शेखर और भाजपा के अटल बिहारी वाजपेयी ने सिन्हा को अपनी पार्टी से जुड़ने के लिए आमंत्रित किया, लेकिन सिन्हा ने इंकार कर दिया। उन्होंने छुट्टियां बिताने का निर्णय लिया और अपनी पत्नी के साथ स्पेन चले गये, जहां उनकी एक बेटी अपने पति के साथ रह रही थी। अमेरिका में रह रहीं उनकी अन्य दो बेटियां भी पारिवारिक मिलन के लिए वहां पहुंच गईं। सिन्हा और उनकी पत्नी ने स्पेन में अपने बच्चों और नाती पोतों के साथ एक महीने तक सुहाना समय बिताया।

1984 के आम चुनाव में सिन्हा एक निर्दलीय उम्मीदवार के तौर पर पटना से खड़े हुये। उनको तीन विपक्षी पार्टियों का समर्थन प्राप्त था और ऐसी उम्मीद की जा रही थी कि वे जीत जाएंगे। मतदान के बाद मतपेटियों को एक स्ट्रांगरूम में रखवा दिया गया था। अगली सुबह यह पता चला कि उस कमरे को रात में जिलाधिकारी ने खुलवाया था और सिंन्हा के नाम वाले तमाम मतपत्र वहां बिखरे हुए पाए गये। वहीं, कांग्रेस (आई) के उम्मीदवार के नाम वाले मतपत्र पेटियों में ठुंसे हुए पाये गये। जब वोटों की गिनती हुई, तो सिन्हा को 117,000 वोट मिले, जबकि सत्ताधारी पार्टी के उम्मीदवार को 200,000 मत पड़े थे। सिन्हा ने चुनाव आयोग से शिकायत की और बाद में उच्च न्यायालय में याचिका भी दायर की, लेकिन कोई फायदा नहीं हुआ। और इस प्रकार राजनीति में उनके प्रथम प्रयास का अंत हो गया, हालांकि जब 1988 में वी.पी. सिंह ने इलाहाबाद से उपचुनाव लड़ा तो सिन्हा ने उनके लिए प्रचार किया। वी.पी. सिंह शानदार बहुमत के साथ विजयी हुये थे। 1989 के आम चुनाव में सिन्हा ने सक्रिय रूप से वी.पी. सिंह के नेतृत्व वाली जनता दल के लिए प्रचार किया। जनता दल ने कांग्रेस को पराजित किया और सत्ता प्राप्त की।

प्रधानमंत्री बनने के बाद वी.पी. सिंह ने सिन्हा को नेपाल में भारत का राजदूत बनने की पेशकश की। राजीव गांधी के कार्यकाल के दौरान नेपाल के साथ संबंध कमजोर पड़ गये थे। व्यापार और पारगमन की संधि मार्च 1989 में समाप्त हो गई थी, जिससे नेपाल की अर्थव्यवस्था बुरी तरह प्रभावित हुई थी। अधिकांश लोगों ने भारत पर यह आरोप लगाया कि वह अपने छोटे पड़ोसी की विकास में बाधक बन रहा था। बंदरगाह विहीन और संसाधनों की कमी वाला नेपाल आर्थिक रूप से लगभग हर चीज के लिए भारत पर निर्भर था। अंततः नेपाल में भारत के विरुद्ध काफी नाराज़गी थी, जो उसकी राजनीतिक पार्टियों के लिए सुविधाजनक विरोध प्रदर्शन का कारण बन गया।

जब 20 फरवरी को सिन्हा काठमांडु पहुंचे, तो नेपाल नरेश पोखरा में थे और एक माह तक उनको वापस नहीं आना था। मगर सिन्हा को उस वक्त हैरानी हुई जब उन्हें दो दिनों

के भीतर ही अपने प्रत्यय पत्र नरेश के समक्ष प्रस्तुत करने के लिए पोखरा आमंत्रित किया गया। सिन्हा ने 30 सालों तक गोरखों के साथ काम किया था, जो नेपाली नागरिक थे, और धाराप्रवाह गुरखाली बोल सकते थे। जल्द ही नरेश के अलावा काठमांडु की जनता के साथ सिन्हा के अच्छे संबंध हो गये। परिणामस्वरूप, भारत-नेपाल संबंधों में जल्द सुधार आने लगा और कुछ ही महीनों बाद दोनों देशों के प्रधानमंत्रियों के बीच दिल्ली में एक समझौते पर हस्ताक्षर किये गये। सीमा पर जिन 20 व्यापार और परागमन (ट्रांज़िट) बिंदुओं को बंद कर दिया गया था, उन्हें पूरे धूमधाम के साथ खोल दिया गया और भारत ने नेपाल को कई रियायतें प्रदान कीं।

1990 में वी.पी. सिंह की सरकार गिर गई और चंद्र शेखर देश के प्रधानमंत्री बने। क्योंकि सिन्हा की राजनीतिक नियुक्ति थी और वे एक राजनयिक नहीं थे, इसलिए उन्होंने इस्तीफा दे दिया। नेपाल के प्रधानमंत्री ने उनके थोड़े समय के लिए और पद पर बने रहने का निवेदन किया, बल्कि इस बारे में भारतीय प्रधानमंत्री से भी बात की। दुर्भाग्य से, नई सरकार ने उनके निवेदन को स्वीकार नहीं किया और सिन्हा महज 11 महीनों तक राजदूत के रूप में सेवाएं प्रदान करके वापस भारत लौट आये। तथापि नेपाल में उनका लघु कार्यकाल काफी प्रभावशाली रहा। जब उन्होंने काठमांडु छोड़ा, तब भारत-नेपाल संबंधों में सौहार्द के एक नये स्तर तक सुधार आ चुका था और हिमालयी राज्य में लोकतंत्र स्थापित हो चुका था। नेपाल के प्रधानमंत्री ने लिखाः 'जनरल सिन्हा नेपाल के सच्चे मित्र थे। वे नेपाल में भारत के राजदूत से ज्यादा भारत में नेपाल के राजदूत थे।' सिन्हा वापस पटना आ गये, जहां निरंतर सक्रिय बने रहे और उनका नाम प्रमुख अखबारों के स्तंभों में नियमित छपता रहा। उनको विश्वविद्यालयों और संस्थानों में वयाख्यान देने के लिए भी आमंत्रित किया जाता था, जिसमें यूनाइटेड सर्विस इंस्टीट्यूशन और नेशनल डिफेंस कॉलेज भी शामिल थे।

जुलाई 1997 में, सिन्हा को असम का राज्यपाल बनाया गया। असम में परिस्थितियां काफी खराब हो चुकी थीं, क्योंकि यूनाइटेड लिबरेशन फ्रंट ऑफ़ असम (उल्फा) समानांतर सरकार चला रही थी। चाय बागान और ऑयल इंडिया कॉर्पोरेशन के वरिष्ठ अधिकारियों को अक्सर अगवा कर लिया जाता था, जिसके परिणामस्वरूप फिरौती में बड़ी रकम अदा करनी पड़ती थी। सूबे का राजनीतिक नेतृत्व स्थिति का सामना नहीं कर पा रहा था और परिस्थिति को नियंत्रित करने के लिए केन्द्र सरकार को बड़ी संख्या में अर्धसैनिक बलों के साथ-साथ नियमित सैन्य बलों को तैनात करना पड़ा। सिन्हा एक जाने-माने और सम्मानित शख्सियत थे, जिनकी निष्पक्षता पर संदेह नहीं किया जा सकता था। उन्होंने नेपाल में भारतीय उच्चायुक्त के तौर पर भी शानदार कार्य किया था। उनकी नियुक्ति का वृहद स्तर पर सभी ने स्वागत किया, जिनमें अधिकांश राजनीतिक दल शामिल थे। उनकी लोकप्रियता का अंदाजा इस तथ्य से लगाया जा सकता है कि जब मार्च 1998 में दिल्ली में भाजपा ने

सत्ता हासिल की, तब जिन चंद राज्यपालों को बदलने की कोई चर्चा नहीं थी, उनमें सिन्हा का नाम भी शामिल था।

एस.के. सिन्हा अपने सैन्य जीवन में सर्वोच्च पद पर नहीं पहुंचे, लेकिन शायद उन ज्यादातर लोगों से बेहतर जाने जाते हैं, जो उस पद तक पहुंचे। वे एक अलग किस्म के सेना नायक थे- एक 'सोचने' वाला जनरल। करिश्मे और तड़क-भड़क में जो उनकी कमी थी, उसकी उन्होंने अपनी विद्वता और सत्यनिष्ठा से भरपाई कर दी। उनका सैन्य करियर घटनाओं से भरा था, भले ही उन्होंने 1962, 1965 और 1971 में लड़े गये तीन प्रमुख युद्धों में सक्रिय भूमिका नहीं निभाई, जो सेना प्रमुख का पद न दिये जाने का तथाकथित कारण बना। हालांकि, जवानों की सेवा परिस्थितियों को बेहतर बनाने के मामले में उनका योगदान अपरिमित था। नेपाल में भारत के राजदूत के रूप में अपने एकमात्र राजनयिक कार्यकाल में भी उनकी उपलब्धि कम नहीं थी। अंतिम विश्लेषण में, वे एक ऐसे सेना नायक के रूप में उभरकर आते हैं, जिसने भारतीय सेना की सर्वोच्च परंपरा के अनुसार जीवन व्यतीत किया है और उससे भी अधिक महत्वपूर्ण वे एक चरित्रवान पुरुष रहे, जो एक ऐसा अनुमोदन है, जिसका दावा कम ही लोग कर सकते हैं।

12 लेफ्टिनेंट जनरल हनूत सिंह, पीवीएसएम, एमवीसी

एक उत्कृष्ट रणनीतिज्ञ

अगर किसी से कहा जाए कि हनूत सिंह को एक शब्द में बयां करें, तो सबसे सटीक शब्द होगा 'सैनिक'। वे नैतिक व शारीरिक साहस, निष्पक्ष मानसिकता, नैतिकता के उच्च मानदंडों, अनुशासन और पेशेवर दक्षता के प्रतिमान हैं। भले ही वे सर्वोच्च रैंक तक नहीं पहुंचे और लेफ्टिनेंट जनरल के तौर पर सेवानिवृत्त हो गये, लेकिन जब वे भारतीय सेना की सबसे प्रतिष्ठित कैवेलरी रेजिमेंट 17 हॉर्स की कमांड संभाल रहे थे, तब लेफ्टिनेंट कर्नल के तौर पर ही एक किंवदंती हो गए थे। पूना हॉर्स के नाम से भी प्रचलित इस यूनिट के नाम चार विक्टोरिया क्रॉस और दो परमवीर चक्र जीतने का अनोखा कीर्तिमान है। 1971 में जब रेजिमेंट की कमांड हनूत के हाथ में थी, तब स्वयं उनको भी महावीर चक्र से अलंकृत किया गया। बाद में आर्मर्ड डिविजन और स्ट्राइक कोर की कमांड के दौरान उनके कार्यकाल ने उनके इस दावे को और बल दिया कि वे भारत के सर्वश्रेष्ठ आर्मर कमांडर थे, जिससे पाकिस्तानी सेना डरती थी और सम्मान करती थी।

हनूत को समझने के लिए उनकी पृष्ठभूमि और शुरुआती जीवन को जानना जरूरी है, जिसने उनके अंदर अनोखे चरित्र और मूल्यों को प्रतिपादित किया। हनूत राजस्थान के बाड़मेर में जसोल ठिकाने के गौरवशाली राठौर राजपूत वंशज हैं। जसोल के राजपूत अपने पराक्रम, देशभक्ति, साहस और अत्यधिक व्यक्तिपरक जीवन के लिए जाने जाते हैं। ये विशेषताएं उनमें सदियों के स्वतंत्र जीवन से आयी हैं। कन्नौज हारने के बाद, राजा जयचंद के पुत्र राव सियाजी के नेतृत्व में राठौरों की एक शाखा ने जसोल के पास खेड़ में एक राज्य स्थापित किया। यहीं से राठौरों की विभिन्न प्रशाखाएं निकलीं और उन्होंने जोधपुर, बीकानेर और इडर के राज्य स्थापित किये। इसी कारण से जसोल के राठौर स्वयं को राठौरों में वरिष्ठ मानते हैं। तब से लेकर उन्होंने हर परिस्थिति में अपनी स्वतंत्रता का रुतबा बनाकर रखा है। हनूत के पिता लेफ्टिनेंट कर्नल अर्जुन सिंह, स्वयं एक महान सैनिक थे, जिन्होंने जोधपुर लान्सर्स में सेवाएं प्रदान कीं और बाद में प्रख्यात कछावा हॉर्स की कमांड संभाली।

हनूत का जन्म 6 जुलाई 1933 को जसोल में हुआ। शुरुआती शिक्षा के लिए उन्हें देहरादून के कर्नल ब्राउन्स स्कूल भेजा गया, जहां उनका परिचय पश्चिमी मापदंडों से हुआ, जिनमें से कुछ सदियों से चले आ रहे राजपूती मापदंडों के विपरीत थे। हनूत ने इस विरोधाभास को दूर करने के लिए दोनों परंपराओं से श्रेष्ठ चीजों को ग्रहण किया। एक बुद्धिमान छात्र होने के कारण हनूत को दोहरी तरक्की देते हुए कक्षा सात से सीधे नौ में भेज दिया गया। उन्हे पढ़ने का शौक था और उन्होंने राजपूत इतिहास और परंपराओं का विस्तृत अध्ययन किया, जिसमें उन्हें बहुत गौरव का अनुभव होता था। उनके द्वारा सैनिक जीवन का चुनाव स्वभाविक था, जैसा कि उनका कैवेलरी के प्रति झुकाव, जिसके साथ वे बाद में जुड़े।

1 जनवरी 1949 को, देहरादून के क्लेमेंट टाउन में आईएमए की ज्वाइंट सर्विसेज विंग (जेएसडब्ल्यू) की स्थापना की गई। इसे बाद में पूना के खड़कवासला में स्थानांतरित कर दिया गया और नाम बदलकर राष्ट्रीय रक्षा अकादमी कर दिया गया। हनूत ने जेएसडब्ल्यू के प्रथम कोर्स में दाखिला लिया और उनके साथ प्रवेश लेने वालों में थे, एस.एफ. रोड्रिग्ज, जो बाद में सीओएएस बने; राम दास, जो नौसेनाध्यक्ष बने; और एन.सी. सूरी, जो वायु सेनाध्यक्ष के पद से सेवा निवृत्त हुये। अकादमी में उनको एकाकी के तौर पर देखा जाता था। उनके साथ वाले कैडेट्स उनके सख्त आत्मानुशासन, नैतिक मूल्यों और चारित्रिक बल को देखकर हैरान होते थे और उनका बहुत सम्मान करते थे। दुर्भाग्य से, बाद के वर्षों में उनके प्रति यह सम्मान उस समय जलन की भावना में तब्दील हो गया, जब उनके कुछ साथियों ने उनके इन्हीं गुणों के चलते उन्हें मग़रूर और ज़िद्दी करार देते हुए, उन्हें दरकिनार कर दिया।

28 दिसंबर 1952 को हनूत ने 17 हॉर्स जो पूना हॉर्स के नाम से भी जानी जाती है, में कमीशन प्राप्त किया, जो भारतीय सेना की एक विशिष्ट कैवेलरी रेजिमेंट थी। उनकी पृष्ठभूमि और झुकाव को देखते हुए यह स्वाभाविक था। सन् 1900 की शुरुआत में, जोधपुर के प्रख्यात सर 'पी', महाराजा सर प्रताप सिंह, ने पूना हॉर्स में दो राठौर राजपूत स्क्वाड्रन स्थापित करने के लिए अनुदान दिया था। सर 'पी' को रेजिमेंट का मानद कर्नल नियुक्त किया गया और तब से जोधपुर के महाराजाओं के पास यह पद नियुक्ति निरंतर बनी हुई है। हनूत के पिता और चाचा, जो जोधपुर लांसर्स में थे, ने भी पूना हॉर्स के साथ अटैचमेंट किया था। इसलिए यह स्वभाविक था कि हनूत भी पूना हॉर्स में जाएं।

भारतीयकरण के क्रम में पूना हॉर्स अंतिम रेजिमेंट थी। परिणामस्वरूप, स्वतंत्रता के समय उसमें बहुत कम भारतीय अधिकारी थे। अंग्रेजों के जाने के बाद हुई कमी को भरने के लिए, दूसरी रेजिमेंटों से कई अधिकारियों को पूना हॉर्स में स्थानांतरित कर दिया गया। विजातीय अधिकारियों का यह समूह, जिनमें से अधिकांश औसत क्षमता के थे, रेजिमेंट

की प्रतिष्ठा बढ़ाने के लिए बहुत ज्यादा नहीं कर पाए। किन्हीं कारणवश, स्वतंत्रता प्राप्ति के बाद आईएमए के अधिकांश अधिकारी सामंतवादी पृष्ठभूमि से थे और पूना हॉर्स को 'कंवर साहिब की रेजिमेंट' के नाम से जाना जाने लगा, जिसमें दक्षता के बजाय उच्च जीवनशैली पर जोर रहता था। (राजस्थान में कुलीन राजपूतों के नाम के आगे 'ठाकुर' लगाया जाता है, उनके बेटे के नाम के आगे 'कंवर' और उनके पोते के नाम के आगे 'भंवर' लगाया जाता है।) 1950 के दशक में जाकर, जब अधिकारियों की नई नस्ल को पूना हॉर्स में कमीशन मिलना शुरू हुआ, तब बदलाव आया, और रेजिमेंट को भारतीय कैवेलरी में फिर से अपनी खोई हुई प्रतिष्ठा और सम्मान मिलना शुरू हुआ।

हनूत को अपनी रेजिमेंट पर बहुत गर्व था, जिसे वे भारतीय सेना में सर्वश्रेष्ठ मानते थे। हालांकि उन दिनों रेजिमेंट को उस सम्मान की नजर से नहीं देखा जाता था, जिस की वह हकदार थी, और कुछ अधिकारियों द्वारा रेजिमेंट के बारे में अपमानजनक टिप्पणी सुनकर हनूत काफी आहत थे। उन्होंने निर्णय लिया कि अपने रेजिमेंट को सर्वश्रेष्ठ मानने भर से काम नहीं चलेगा - रेजिमेंट के हर अच्छे अधिकारी को ऐसा महसूस होता है। जब पूना हॉर्स को दूसरों के द्वारा भी सर्वश्रेष्ठ माना जायेगा, तभी उसे उसका सच्चा सम्मान मिल सकेगा। और इसलिए यह उनका व्यक्तिगत लक्ष्य बन गया कि पूना हॉर्स को सर्वत्र रूप से भारतीय सेना की सर्वश्रेष्ठ कैवेलरी रेजिमेंट के तौर पर स्वीकार किया जाए। इस लक्ष्य को प्राप्त करने के लिए वे पूरे भक्ति भाव से जुट गये और रेजिमेंट के अन्य अधिकारियों को भी ऐसा करने के लिए प्रेरित किया। उनके इन प्रयासों की सफलता को इस तथ्य से मापा जा सकता है कि 1965 और 1971 के भारत-पाक युद्ध में पूना हॉर्स के पराक्रम के किस्से किवंदती बन गये। दोनों युद्धों में एक-एक परमवीर चक्र जीतकर यह सबसे अलंकृत रेजिमेंट बनकर उभरी। 1965 के युद्ध में कमांडेंट, लेफ्टिनेंट कर्नल ए.बी. तारापोर को परमवीर चक्र से सम्मानित किया गया; और 1971 में, यूनिट के सबसे युवा अधिकारी, सेकंड लेफ्टिनेंट अरुण खेत्रपाल ने यह प्रतिष्ठित सम्मान प्राप्त किया। यह एक अनोखी उत्कृष्टता है, जो भारतीय सेना की किसी भी यूनिट को प्राप्त नहीं। इस सबसे ऊपर पाकिस्तानी सेना ने भी रेजिमेंट द्वारा युद्ध के मैदान में दिखाये गये पराक्रम को स्वीकार करते हुए उसे *फ़ख्र-ए-हिंद* के खिताब से नवाज़ा। रेजिमेंट के प्रति हनूत का गौरव और उनकी श्रद्धा सही साबित हुई।

एक युवा अधिकारी के तौर पर हनूत के मन में जर्मन जनरल स्टाफ के प्रति गहरा सम्मान था, खासतौर से उनका सैन्य पेशे के प्रति पूर्ण समर्पण और युद्ध कला में उनकी अतुलनीय दक्षता। उन्होंने स्वयं इन गुणों का अनुसरण करने का निर्णय लिया और रेजिमेंट के अन्य अधिकारियों को भी ऐसा ही करने के लिए प्रोत्साहित किया। परिणामस्वरूप, पेशेवरता, व्यक्तिगत ईमानदारी और रेजिमेंट व सेना के प्रति संपूर्ण समर्पण जैसे गुण पूना हॉर्स की पहचान बन गये और आज तक कायम हैं। वास्तव में, अधिकारियों का एक समूह मजाक में

खुद को 'पीएच जनरल स्टाफ' कहकर पुकारता है, और अन्य तमाम अधिकारी इस समूह में प्रवेश पाने का सम्मान पाना चाहते हैं। पूना हॉर्स के अधिकारियों की एक पूरी पीढ़ी हनूत सिंह की राय और विचारों से सीधे तौर पर प्रभावित थी, और यहां पर यह बताना रोचक रहेगा कि उनमें से लगभग सभी जनरल बने। रेजिमेंट द्वारा अर्जित विशिष्टताओं में एक यह भी है। उनमें से कई अधिकारी, जैसे अजय सिंह, सुरिन्दर सिंह, अमरीक विर्क, नेविल फ़ोले और मोती दार, जो हनूत सिंह के बाद रेजिमेंट में आये, उनके संरक्षण में बिताये दिनों को याद करते हैं।

बाद में राज्यपाल बने लेफ्टिनेंट जनरल अजय सिंह, जुलाई 1956 में हनूत के साथ अपनी पहली मुलाकात के बारे में पुस्तक *'फ़ख्र-ए-हिंद: दि स्टोरी ऑफ दि पूना हॉर्स'* में लिखते हैं:

> रेजिमेंट में दो से तीन दिन बिताने के बाद मेरी उनसे मुलाकात हुई। मैं मेंटिनेंस परेड के बाद सी स्क्वाड्रन ऑफिस में बैठा हुआ था, तभी ऑफिस में एक लंबे, दुबले और स्मार्ट अधिकारी ने प्रवेश किया। उनकी जिस चीज ने मुझे सबसे ज्यादा प्रभावित किया, वह थी उनकी अंकुशाकार नाक और उनकी आंखों में गौरवपूर्ण व तेज चमक। वे मेरे पास आए और पूरे जोश, गर्माहट व स्नेह के साथ ऐसे मिले मानो हम एक-दूसरे को सदियों से जानते थे... इसके बाद, वे बिना देर किये मुझे स्क्वाड्रन ले गये और अपने ट्रूप के सभी सदस्यों से परिचय कराया, जिसकी कमांड मुझे संभालनी थी। गैरेज में ही यह सब निपटाने के बाद, उन्होंने मेरे प्रशिक्षण के लिए एक कार्यक्रम दिया, जिसे मुझे अगले दिन से शुरू करना था; उन्होंने मुझे किताबों और सार संक्षेप का एक बड़ा पुलिंदा भी दिया, जिसे मुझे अपने खाली समय में पढ़ना था। मैं हैरान होकर इस पूरी व्यवहारिक गतिविधि से गुजरा क्योंकि, तब तक, पेशेवर मामलों के प्रति इतना गंभीर दृष्टिकोण कभी नहीं देखा या सुना था, जितना रेजिमेंट में बिताए चंद दिनों में मैंने पाया।
>
> ये हनूत थे—आत्मसंयमी, व्यवहारिक और ईमानदार। वरिष्ठ सबआल्टर्न होने के नाते उन्हें अपने युवा अधिकारियों (वाईओस) पर पूरा अधिकार था, जिसका वे निर्मम निष्पक्षता के साथ इस्तेमाल करते थे, चाहे वह ऑफिसर्स मेस हो या फिर खेल का मैदान। कुछ वरिष्ठ वाईओ, निश्चित रूप से इस व्यवहार से खुश नहीं थे, लेकिन हनूत ने कभी समझौता नहीं किया। इस असाधारण व्यक्ति के बारे में उनके कनिष्ठ और वरिष्ठ क्या सोचते थे, इस पर विचार किये बिना, एक बात सर्वत्र सत्य थी कि जवान उन्हें प्यार करते थे और सभी अधिकारी उनकी प्रशंसा व सम्मान करते थे। तब एक युवा अधिकारी के तौर पर भी मैं यह देख सकता था कि पूना हॉर्स को एक नए युग में ले जाने के लिए वह सबसे सही व्यक्ति थे—रेजिमेंट भावना के पुनःउत्थान, दक्षता और जिंदादिली का युग। जैसे-जैसे समय बीता मेरा अनुमान सही से भी अधिक साबित हुआ। उनका अनुपालन करने वाले अधिकारियों में उनका प्रभाव इतना संपूर्ण था कि उनमें से कुछ बातचीत, भाव-भंगिमा और व्यवहार में

भी हनूत का अनुकरण करते थे। इसी से पता चलता है कि समय के साथ उन्हें 'गुरुदेव' के उपनाम से क्यों पुकारा जाने लगा।

पूना हॉर्स के साथ 1958 में जुड़ने वाले लेफ्टिनेंट जनरल सुरिंदर सिंह, इसी पुस्तक में इसी तर्ज़ पर याद करते हुए लिखते हैं:

> इन सबमें, जिस अधिकारी का सबसे गहरा प्रभाव था, वे थे हनूत सिंह, जो जनवरी 1953 में रेजिमेंट के साथ जुड़े थे। एक लंबे, दुबले, संयमित व्यक्ति, अपने विश्वास और धारणाओं से समझौता न करने वाले, फिर भी अपने कनिष्ठों और अधीनस्थों के प्रति सौम्य व ख्याल रखने वाले, विनोदपूर्णता से भरपूर और दिलचस्प हाज़िर जवाबी के साथ, वह एक समर्पित व सेवानिष्ठ पेशेवर थे। उनकी विशिष्टता उनके निर्देश थे, जो दमदार आवाज में दिये जाते थे और उनमें दृढ़ विश्वास और समझ होती थी। एक शक्तिशाली व्यक्तित्व के साथ खरे व्यक्तित्व वाले इस आदमी के पास मूर्खों के लिए कोई समय नहीं था—एक ऐसा तथ्य जो इस श्रेणी के लोगों को जल्द स्पष्ट हो जाता था।

उनसे जुड़ा एक मनोरंजक पक्ष यह भी था कि हनूत को लगता था कि विवाहित अधिकारी पूरी तन्मयता के साथ अपने पेशे के प्रति समर्पित नहीं रह सकता, क्योंकि उसका परिवार कुछ समय और ध्यान चाहेगा। वे स्वयं अविवाहित थे और दूसरों को भी अपने पथ पर चलने को प्रेरित करते थे। परिणामस्वरूप, पूना हॉर्स में बड़ी संख्या में वरिष्ठ अविवाहित पाए जाते थे। इससे मेस में उत्साह ज्यादा नजर आता था, लेकिन अन्य अधिकारियों के अभिभावकों में काफी चिंता और घबराहट रहती थी, जो अपने बेटों द्वारा शादी से इंकार के लिए स्वभाविक तौर पर हनूत को जिम्मेदार ठहराते थे।

हनूत अपना खाली समय आध्यात्मिक कार्यों और पढ़ने की अपनी प्रिय अभिरुचि में लगाते थे। किताबों के प्रति उनमें चिर स्थायी प्रेम था और वृहद विषयों पर काफी गहनता से पढ़ते थे। लेकिन सबसे अधिक उन्हें आध्यात्मिक साहित्य और महापुरुषों की जीवनियां पढ़ना अच्छा लगता था, खासतौर से महान 'युद्ध नायकों' की जीवनियां। उन्हें अनावश्यक रूप से मिलना-जुलना और उसके साथ जुड़ी अनर्गल बातें बेहद उबाऊ लगती थीं। उन्हें एक अच्छी किताब के साथ अकेले समय बिताने से अच्छा कुछ नहीं लगता था। सेना के बहिर्मुखी वातावरण में इसे अजीब माना जाता था और जल्द ही उन्हें असामाजिक कहा जाने लगा। तथापि हनूत पर इसका बहुत असर नहीं हुआ, और वे इसी में बहुत प्रसन्न थे कि उन्हें उनकी पुस्तकों के साथ छोड़ दिया जाए।

1950 दशक के मध्य में पूना हॉर्स को सेंचुरियन टैंक प्रदान किये गये। 1958 में, युवा कैप्टन हनूत का चयन यूनाइटेड किंगडम में सेंचुरियन टैंक गनरी कोर्स करने के लिए हुआ, जिसमें उन्हें 'डिस्टिंक्शन' प्राप्त हुआ। वापस लौटने पर, मई 1959 में उन्हें अहमदनगर स्थित

आर्मर्ड कोर सेंटर एवं स्कूल में गनरी इंस्ट्रकटर नियुक्त किया गया। वहां उन्होंने 'आर्मर्ड लड़ाकू वाहनों से शूटिंग की तकनीक' (टेक्नीक ऑफ़ शूटिंग फ्रॉम आर्मर्ड फाइटिंग व्हीकल्स) पर जनरल स्टाफ पुस्तिका को फिर से लिखा। उन्होंने संशोधित शूटिंग तकनीक व नवीन टैंक गनरी प्रशिक्षण प्रणाली भी लागू की और इन विषयों पर निर्देशों को प्रसारित करने के लिए सार संक्षेप तैयार की। जब तक आर्मर्ड कोर में सेंचुरियन टैंक सेवा में रहे ये तकनीकें गनरी प्रशिक्षण का मूल सिद्धांत बनी रहीं, जिसके कारण 1965 व 1971 के भारत-पाक युद्ध में भारतीय टैंकों ने पाकिस्तानी पैटन टैंकों को परास्त करते हुए अपना आधिपत्य स्थापित कर दिया।

जब हनूत आर्मर्ड कोर में शामिल हुए, तब आर्मर के बारे में कोई रणनीतिक सिद्धांत उपलब्ध नहीं था, और न ही यूनिट स्तर पर आर्मर रणनीति पर कोई प्रकाशन था। आर्मर्ड कोर सेंटर और स्कूल में जो रणनीति पढ़ाई जाती थी, वह इंफैन्ट्री-उन्मुख थी, जो महू स्थित इंफैन्ट्री स्कूल द्वारा जारी सार-संक्षेप पर आधारित थी। हनूत को लगा कि आर्मर के पास अपने रणनीतिक सिद्धांत होने चाहिए, जो चलित युद्ध के सिद्धांत पर आधारित हों। इसलिए उन्होंने ऐसा सिद्धांत विकसित करने का निर्णय लिया, और उसके आधार पर आर्मर्ड ट्रूप, स्क्वाड्रन और रेजिमेंट के लिए यूनिट स्तरीय रणनीति तैयार करने का फैसला लिया। क्योंकि, उनको लगता था कि केवल जर्मनी के पास चलित युद्ध की गहरी समझ थी, इसलिए उन्होंने द्वितीय विश्वयुद्ध के दौरान पैंजर फार्मेशन और यूनिटों द्वारा चलाए गये अभियानों और लड़े गये युद्धों का विस्तार से अध्ययन किया। इन सिद्धांतों के आधार पर उन्होंने यूनिट स्तरीय रणनीति तैयार की, जिसका उन्होंने प्रशिक्षण के दौरान अपने ट्रूप और स्क्वाड्रन के साथ परीक्षण किया। उपयुक्त संशोधन करने के बाद उन्होंने उसे रेजिमेंट के बाकी अधिकारियों के बीच वितरित कर दिया। उन्होंने पूरी प्रक्रिया के विस्तृत नोट रख लिये, और उन्हें अगले वर्षों में अद्यतन करते रहे।

दिसंबर 1960 में हनूत रेजिमेंट वापस आ गये। 1961 में इंफैन्ट्री स्कूल से जूनियर कमांड कोर्स करने के बाद उन्होंने स्टाफ कालेज की प्रवेश परीक्षा की तैयारी प्रारंभ कर दी। वे उत्तीर्ण हुए और 1963 में कोर्स करने के लिए वेलिंगटन चले गये। वेलिंगटन में उनके साथी उन्हें एक बेहद समर्पित पेशेवर के तौर पर याद करते हैं, जिसके पास ऊटी में होने वाली रेस या जिमखाना क्लब में साप्ताहिक नृत्य जैसे निरर्थक गतिविधियों के लिए बहुत कम समय था। छात्र के तौर पर ही उनके नेतृत्व के गुण उनके प्रशिक्षकों और साथियों के सामने जाहिर हो गये थे।

वेलिंगटन से जुड़ा एक रोचक किस्सा है, जिससे हनूत के चरित्र और शैली का पता चलता है। टेलीफोन युद्धाभ्यास के दौरान उन्हें डिविजनल कमांडर नियुक्त किया गया था। परंपरानुसार, उन्होंने मेजर जनरल के बैज धारण कर रखे थे, जबकि असल में वे

एक मेजर ही थे। यह अभ्यास को अधिक वास्तविक बनाने के लिये किया गया था। उन्होंने अपने आदेश दिये, और इसके बाद 'युद्ध' प्रारंभ हुआ। रात को लगभग 9:00 बजे जब 'दुश्मन' ने अपने शुरुआती कदम उठा लिये, तब हनूत ने अपने स्टाफ से कहा कि वे रात्रि विश्राम के लिए जा रहे हैं, और उन्हें तब तक न परेशान किया जाए, जब तक कि कोई ऐसी परिस्थिति न हो, जिसमें उनके निर्णय या व्यक्तिगत हस्तक्षेप की आवश्यकता हो। इससे वहां थोड़ी हैरानी हुई, क्योंकि यह आमतौर से हर समय दबाव में रहने वाले एक जीओसी की तनावपूर्ण छवि के विपरीत था, जो अपने स्टाफ व अधीनस्थों को अपने काम पर अकेला छोड़ने के बजाय, हर समय सतर्क रहता है और उन्हें प्रताड़ित करता रहता है। परिणामस्वरूप जब उस को वास्तव में कुछ करने की आवश्यकता पड़ती, तब उसकी आंखें अधखुली रहती और नींद की इच्छा के कारण दिमाग पूरी तरह से काम नहीं करता था।

अपने निर्देश देने के बाद हनूत अपने लिए आवंटित कार्यालय में चले गये और कैंप कौट पर सो गए, जो उन्होंने वहां रखा हुआ था। उन्होंने गहरी नींद ली और अगली सुबह चिड़ियों की चहचहाहट के साथ जागे। बाहर आश्चर्यजनक शांति लग रही थी, इसलिए ये जानने के लिए बाहर निकले कि क्या चल रहा था। उन्होंने सभी कमरों पर ताला लगा पाया और आसपास कोई छात्र अधिकारी या निर्देशक स्टाफ नजर नहीं आ रहे थे। बाद में उनको पता चला कि 'दुश्मन' आगे बढ़ पाने में नाकाम रहा, इसलिए अभ्यास को समयपूर्व रात्रि 1 बजे बंद कर दिया गया। वरिष्ठ प्रशिक्षकों ने बाकी लोगों से हनूत को जगाए बिना घर चले जाने को कहा, जैसा कि हनूत ने अपने स्टाफ को निर्देशित किया था! उपसंहार के समय यह घटना बेहद मनोरंजक टिप्पणी का विषय बन गई और कई वर्षों तक याद रखी गई।

हनूत ने कोर्स के दौरान असाधारण रूप से बेहतर प्रदर्शन किया, और जब पाठ्यक्रम पूर्ण हो गया, तब उन्हें ब्रिगेड मेजर के तौर पर 66 इंफैन्ट्री ब्रिगेड में तैनात किया गया। 1965 के युद्ध के दौरान, जब पूना हॉर्स ने अपने केवल नौ टैंक खोकर दुश्मन के 60 टैंकों को बर्बाद करके इतिहास में अपना नाम दर्ज किया और लेफ्टिनेंट कर्नल तारापोर ने मर्णोपरांत परमवीर चक्र जीता, तब हनूत रेजिमेंट में नहीं थे। 66 इंफैन्ट्री ब्रिगेड में दो वर्ष से कुछ अधिक का समय बिताने के बाद अक्टूबर 1966 में उन्हें वापस अपनी रेजिमेंट भेज दिया गया। उन्होंने यहां केवल दो ही वर्ष बिताए थे कि उन्हें सैन्य मुख्यालय के एमओ निदेशालय में जीएसओ 2 की प्रतिष्ठित नियुक्ति प्रदान की गई। एमओ में बिताए गये उनके विभिन्न कार्यकालों में यह प्रथम था, जहां बाद में उन्होंने ब्रिगेडियर और फिर मेजर जनरल की रैंक में सेवाएं प्रदान कीं।

अगस्त 1970 में, हनूत की लेफ्टिनेंट कर्नल रैंक पर पदोन्नति कर दी गई और उन्हें आर्मर्ड कोर सेंटर एवं स्कूल में बतौर ऑफिसर कमांडिंग टैक्टिकल विंग तैनात किया गया। हनूत ने स्कूल में अपने पूर्व कार्यकाल में बनाए नोट्स को संभाल कर रखा हुआ था, जिन्हें उन्होंने रेजिमेंट और स्टाफ में तैनाती के दौरान समय-समय पर अपडेट भी किया था।

उन्होंने उन नोट्स का प्रयोग आर्मर्ड यूनिटों और सब यूनिटों को रणनीतिक रूप से संभालने के बारे में पुस्तकें तैयार करने में किया। ये आज भी आर्मर रणनीति की बुनियादी किताबों में हैं और आर्मर्ड कोर सेंटर एवं स्कूल द्वारा अभी भी प्रयोग की जाती हैं। अप्रैल 1971 में उन्हें कॉलेज ऑफ कॉम्बैट (अब आर्मी वॉर कालेज) में सीनियर कमांड कोर्स के लिए नामित किया गया, जो हाल में महू में स्थापित हुआ था। सितंबर 1971 में हनूत को 17हॉर्स में बतौर कमांडेंट तैनात किया गया। (कमांडिंग अफसर या सीओ को कैवेलरी रेजिमेंटों में 'कमांडेंट' कहा जाता है।) रेजिमेंट संगरूर में थी और 16 इंडिपेंडेंट आर्मर्ड ब्रिगेड का हिस्सा थी। उसकी कमांड उस वक्त ब्रिगेडियर ए.एस. वैद्या, एमवीसी के पास थी, जो बाद में सी.ओ.ए.एस. बने।

तब तक, युद्ध के बादल मंडराने लगे थे और कमांड संभालने के कुछ दिन के भीतर ही हनूत को अपनी रेजिमेंट युद्ध ठिकानों पर ले जानी पड़ी। 8 अक्टूबर 1965 को, 17हॉर्स नारायणगढ़ रेंज में अपनी वार्षिक फील्ड फायरिंग कर रही थी, तभी उसे अपने स्थायी ठिकाने पर वापस लौटने का संदेश मिला। संगरूर वापस लौटते वक्त, हनूत ने 16 इंडिपेंडेंट आर्मर्ड ब्रिगेड के मुख्यालय में रिपोर्ट किया, जहां उन्हें ब्रिगेड कमांडर ने कुछ जानकारियां दीं। वैद्या ने उनको बताया कि 17हॉर्स को दीनानगर स्थित 323 इंफैन्ट्री ब्रिगेड की कमांड में रख दिया गया और हनूत को तुरंत अपनी रेजिमेंट ब्रिगेड के संकेंद्रण क्षेत्र पर ले जानी चाहिए। रेजिमेंट ने 10 अक्टूबर को सड़क व रेल मार्ग से चलना शुरू किया और चार दिन के भीतर वह माधोपुर के निकट एक छोटे से गांव सुजानपुर में एकत्रित हुई। अपने नए ठिकाने पर पहुंचने के बाद, हनूत को 39 इंफैन्ट्री डिविजन के मुख्यालय बुलाया गया और उनका कार्य समझाया गया।

हनूत को पता चला कि उनकी रेजिमेंट को रक्षात्मक कार्य के लिए अस्थायी तौर पर 323 इंफैन्ट्री ब्रिगेड की कमांड में रखा गया है। गुरदासपुर-दीनानगर के सामान्य क्षेत्र में पाकिस्तान की तरफ से होने वाले हमले की रिपोर्ट मिली थीं, और 323 इंफैन्ट्री ब्रिगेड को 17हॉर्स की सहायता से इस हमले का मुकाबला करने के लिए तैनात किया जाना था। इसके बाद हनूत को 323 इंफैन्ट्री ब्रिगेड के कमांडर ब्रिगेडियर जी.एस. ग्रेवाल ने ब्रीफ किया, जिन्होंने उनसे दीनानगर में बेस बनाने और अपनी रेजिमेंट के लिए उपयुक्त फैलाव क्षेत्र चुनने को कहा। जब तक हनूत अपना मुख्यालय बनाने के लिए चयनित दीनानगर में रेस्ट हाउस पहुंचे, तब तक रात के 10 बज चुके थे। जब वे रेस्ट हाउस में प्रवेश कर रहे थे, उनको लगा कि उनका पीछा किया जा रहा था। वे ठहरे और जोरदार आवाज में पूछा—कौन है। पता चला कि उनका पीछा कर रहे सैनिक एक टोह लगाने वाले दस्ते का हिस्सा थे, जिनका नेतृत्व 36 इंफैन्ट्री डिविजन का एक अधिकारी कर रहा था। इलाके में 17हॉर्स के टैंकों की आवाज़ सुनने पर उनको लगा कि वह पाकिस्तानी आक्रमण का अगुआ दल था। हनूत की अंकुशाकार नाक

और मोटी मूंछ देखकर वे उन्हें पठान समझ बैठे। जब उनको पता चला कि वे पाकिस्तानी अधिकारी के बजाय पूना हॉर्स के कमांडेंट का पीछा कर रहे थे, तो उन्होंने बहुत क्षमा मांगी।

अगली सुबह, आदेश प्राप्त हुए कि अभी-अभी पहुंची सिंध हॉर्स को पूना हॉर्स की जगह लेनी है, क्योंकि पूना हॉर्स को वापस 39 इंफैन्ट्री डिविजन की कमांड में मालीचक जाना था। वहां लगभग एक माह बिताने के बाद रेजिमेंट पठानकोट-जम्मू मार्ग पर सांबा से कुछ दूरी पर दिनाई के पास एक अग्रिम संकेंद्रण क्षेत्र (फॉर्वर्ड कंसंट्रेशन एरिया) पर चली गई। अब तक, छुट्टी, पाठ्यक्रम और अन्य रेजिमेंट कार्यों के लिए गये सैनिक वापस जुड़ चुके थे और रेजिमेंट के पास अपना पूरा संख्या बल था। मालीचक बिताये गए समय का प्रशिक्षण और सैन्य सर्वेक्षण में अच्छा उपयोग किया गया।

1971 में, भारतीय सेना का मुख्य कार्य बांग्लादेश को आजाद कराना था, जिसे उस समय पूर्वी पाकिस्तान कहा जाता था। पूर्व में सैनिकों की प्रतिबद्धता के मद्देनजर पश्चिमी मोर्चे पर आक्रामक-रक्षा मुद्रा अख्तियार करने का निर्णय लिया गया, क्योंकि पूर्व में चीनी हस्तक्षेप की आशंका थी। हालांकि, ऐसी उम्मीद थी कि पाकिस्तान या तो पंजाब, जम्मू-कश्मीर या राजस्थान में बड़ा हमला करेगा। अपनी समग्र रणनीति के तहत पश्चिमी कमांड के जीओसी-इन-सी लेफ्टिनेंट जनरल के.पी. कैन्डेथ ने कुछ आक्रामक कार्रवाइयों की योजना बनाई थी, ताकि पाकिस्तानी रिजर्व को बाहर निकाला जा सके और वह भारत के खिलाफ कोई बड़ा आक्रमण न कर पाए। शकरगढ़ उभार में 1 कोर द्वारा अग्रसरण इसी योजना का हिस्सा था।

1 कोर के जीओसी लेफ्टिनेंट जनरल के.के. सिंह, अक्टूबर 1971 में उसकी कमांड संभालने से पहले सेना मुख्यालय में डीएमओ रहे थे। इसलिए वे कार्रवाई की समग्र रणनीति और योजना से वाक़िफ़ थे। उनके पास तीन इंफैन्ट्री डिविजनें (36, 39 और 54), दो स्वतंत्र आर्मर्ड ब्रिगेड (2 और 16), दो स्वतंत्र तोपखाना ब्रिगेड और दो इंजीनियर ब्रिगेड थीं। उनके पास दो लोकेटिंग बैटरी और एक एयर ऑब्जरवेशन पोस्ट स्क्वाड्रन भी था। मेजर जनरल बी.एस. अहलुवालिया के अधीन 36 इंफैन्ट्री डिविजन, को शुरुआत में ठाकुरपुर-गुरदासपुर-दीनानगर क्षेत्र में रावी नदी के दक्षिण पूर्व में तैनात किया गया था; मेजर जनरल बी.आर. प्रभु के अधीन 39 इंफैन्ट्री डिविजन को माधोपुर-बामियाल-दयालचक क्षेत्र में रावी नदी के उत्तर में लगाया गया; और मेजर जनरल डब्ल्यू.ए.जी. पिंटो के अधीन 54 इंफैन्ट्री डिविजन को सांबा के आसपास बेन नदी और देग नदी के बीच तैनात किया गया था।

'केके' नाम से प्रसिद्ध लेफ्टिनेंट जनरल के.के. सिंह ने 1965 के युद्ध में 1 आर्मर्ड ब्रिगेड की कमांड संभाली थी और उस समय पूना हॉर्स उन्हीं की कमांड में थी। 1971 में उन्हें दुश्मन के हमले को नाकाम करने और उनकी संचार लाइनों के विरुद्ध जवाबी प्रहार करते हुए वापस धकेलने का कार्य सौंपा गया था। दुश्मन द्वारा हमला न करने की स्थिति में, केके

द्वारा देग नदी के पूर्व में शकरगढ़ उभार में अग्रसरण करते हुए ज़फरवाल, धमताल और नारोवालपर कब्जा किया जाना था। इसके बाद उन्हें मराला-रावी लिंक नहर-देग नदी पंक्ति को सुरक्षित करते हुए बाद में पसरूर हथियाना था। केके ने अनुमान लगाया कि आवंटित कार्य को पूरा करने का सबसे अच्छा तरीका यही था कि आक्रामक रुख अपनाया जाए। उन्होंने बगल के हिस्सों में मजबूत रक्षात्मक मुद्रा बनाए रखते हुए कोर ज़ोन के केंद्रीय सेक्टर में आक्रामक रुख अपनाने की योजना बनाई। योजना के मुताबिक, 54 इंफैन्ट्री डिविजन को देग नदी और करीर नदी के बीच अग्रसरण करना था, जिनका नेतृत्व 16 इंडिपेंडेंट आर्मर्ड ब्रिगेड (16 कैवेलरी रहित) को करना था। 2 इंडिपेंडेंट आर्मर्ड ब्रिगेड के नेतृत्व में 39 इंफैन्ट्री डिविजन को बेन नदी और करीर नदी के बीच अग्रसरण करते हुए पश्चिमी बगल की सुरक्षा करनी थी। पूर्वी हिस्से की सुरक्षा 16 कैवेलरी से समर्थित दो ब्रिगेडों (26 और 39 इंफैन्ट्री डिविजनों में से एक-एक) द्वारा की जानी थी। सिंध हॉर्स से समर्थित 36 इंफैन्ट्री डिविजन को रावी नदी के सहारे रक्षात्मक स्थिति बनाए रखनी थी।

उपलब्ध जानकारी के आधार पर, यह अनुमान लगाया गया कि दुश्मन ने अंतर्राष्ट्रीय सीमा से शुरू करते हुए तीन या चार स्तरीय बारूदी सुरंग क्षेत्र बिछा रखे होंगे। 54 इंफैन्ट्री डिविजन सेक्टर में, पहली बारूदी सुरंग सीमा पर होने की कल्पना की गई थी; दूसरी भोई ब्रह्मा-ठाकुरद्वारा-नगवाल की सामान्य रेखा के साथ; तीसरी घमरौला-बरकानियां की सामान्य रेखा के साथ; और चौथी बसंतर नाला के साथ बिछी होने का अंदाज था। बसंतर नाला पर दुश्मन का अग्रिम ठिकाना होने की भी संभावना थी, जिनके आगे उन्हें कवर करने के लिए सैनिक हो सकते थे, ताकि भारतीय सैनिकों के अग्रसरण को रोका जा सके और वे बारूदी सुरंगों को पार न कर पाएं।

दुश्मन के अनुमानित परिनियोजन के आधार पर, यह योजना बनाई गई कि 54 इंफैन्ट्री डिविजन की दो इंफैन्ट्री ब्रिगेड, जिनके साथ 17हॉर्स की एक एक स्क्वाड्रन होगी, दनड़ौत-गोला-मावा-मुखवाल क्षेत्र में पहली बारूदीसुरंग के पार ब्रिज हेड बनाएगी और डिविजन के अग्रसरण के लिए फर्म बेस तैयार करेगी। 54 इंफैन्ट्री डिविजन की तीसरी ब्रिगेड और 4हॉर्स को फिर बसंतर नदी और करीर नदी के बीच इस दृष्टि से अग्रसरण करना था कि ठाकुरद्वारा में दूसरे सुरंग क्षेत्र को सुरक्षित किया जा सके। इसके बाद 4हॉर्स को एक ब्रिगेड के साथ बरखानियां में तीसरे सुरंग क्षेत्र पर ब्रिज हेड बनाना था । एक बार जब तीसरा सुरंगक्षेत्र भेद दिया जाता, तब 17हॉर्स और 18 राजपुताना, जिसमें दो कंपनी कम थीं, के एक कॉम्बैट ग्रुप को ब्रेक आउट करके बसंतर नाला पर पिन्जोरी क्षेत्र में एक एनकाउंटर क्रासिंग करना था ताकि बाद में अग्रसरण करके ज़फरवाल-धमताल परिसर पर कब्ज़ा किया जा सके।

जहां विभिन्न संभाव्यताओं पर कार्य किया जा रहा था, वहीं हनूत को यह जानकर दुख हुआ कि प्रत्येक योजना में उनकी रेजिमेंट को रिजर्व में रखा गया था और उन्हें सामरिक

कार्य नहीं आवंटित किया गया था। जब यह लगातार तीसरी बार हुआ, तब हनूत ने ब्रिगेड कमांडर से मुलाकात की और उनसे पूछा कि उनकी रेजिमेंट को कोई कार्य क्यों नहीं दिया गया। हनूत ने कहा, 'इससे यही निष्कर्ष निकलता है कि आपको मुझमें या मेरी रेजिमेंट में या फिर दोनों में विश्वास नहीं है।' अपने एक कमांडिंग अफसर द्वारा इस प्रकार सवाल करने पर पहले तो वैद्या अचंभित रह गये, लेकिन उन्हें सहमत होना पड़ा कि हनूत सही थे। वैद्या ने समझाया कि उन्होंने हाल ही में ब्रिगेड की कमांड संभाली थी और यूनिटों से अपरिचित होने के कारण, वे अपने पूर्ववर्ती ब्रिगेडियर के.के. कौल द्वारा दी गई जानकारी के अनुसार चल रहे थे। हनूत ने बताया कि 17हॉर्स के पूर्व कमांडेंट लेफ्टिनेंट कर्नल शिवराज सिंह और ब्रिगेड कमांडर के बीच व्यक्तित्व संघर्ष के कारण, कौल की राय पक्षपातपूर्ण थी। इसलिए उन्होंने वैद्या से निवेदन किया कि उनकी राय को बहुत महत्व न दें। वैद्या मान गये और हनूत को आश्वासन दिया कि भविष्य में वे यह सुनिश्चित करेंगे कि उनकी रेजिमेंट को उसका सही हक मिले।

3 दिसंबर 1971 की शाम को भारतीय हवाई अड्डों पर हवाई हमले के बाद, पाकिस्तान ने उसी रात छम्ब में भारतीय ठिकानों पर हमला कर दिया, जिससे पहले सीमा की बाहरी चौकियों पर तोपों से गोलाबारी की गई। अगले दिन 4 दिसंबर 1971 को याह्या खान ने औपचारिक तौर पर युद्ध घोषित कर दिया। पूर्वी और पश्चिमी सेक्टरों में भारत की तरफ से जवाबी-कार्रवाई की योजना तुरंत सक्रिय हो गई। 4 दिसंबर को शाम के वक्त 17हॉर्स को 54 इंफैन्ट्री डिविजन के फर्म बेस की सुरक्षा के लिए तैनाती के आदेश मिले। इससे रेजिमेंट का सांबा टी-जंक्शन के पार पूर्व से पश्चिम की तरफ जाना अपरिहार्य हो गया। इसी के साथ, 7 कैवेलरी को उसी चोक पॉइंट से पश्चिम से पूर्व की ओर जाकर सांबा के पश्चिम में अपने अग्रिम जमाव क्षेत्र पहुंचने के लिए कहा गया। दोनों टुकड़ियां एक ही समय पर चोक पॉइंट पर पहुंचीं और ट्रैफिक जाम में फंस गईं। सौभाग्य से, दुश्मन के तोपखाने और वायुसेना इस अनर्थ का लाभ नहीं उठा पाये, और अव्यवस्था तभी सुलझ पाई जब दोनों कमांडिंग अफसरों ने व्यक्तिगत तौर पर हस्तक्षेप किया। यह मुख्य रूप से दोनों रेजिमेंटों के कनिष्ठ नेतृत्व की पहल थी, जिन्होंने अपने-अपने टैंकों को अलग करने के लिए ओवरटाइम कार्य किया, जिससे पहली किरण फूटते ही दोनों रेजिमेंट अपने-अपने अग्रिम जमाव क्षेत्र पर पहुंच गईं।

गालर टांडा की सीमा चौकी पर 30 फुट ऊंचा निगरानी टावर था, जिससे पाकिस्तानी भारतीय क्षेत्र पर नज़र रखते थे और उससे हमारे सैनिकों के संकेंद्रण क्षेत्र पर तोपखाने से गोलाबारी कराई जा सकती थी। बी स्क्वाड्रन टावर के ठीक सामने गाला में स्थित थी और हनूत ने उन्हें टावर को नष्ट करने का आदेश दे दिया। बी स्क्वाड्रन के टैंक से लगाए गये सटीक निशाने से टावर धराशायी हो गया, जिससे 54 इंफैन्ट्री डिविजन सेक्टर में युद्ध की

शुरुआत का संकेत हो गया। गोले की आवाज सुनकर लंबी घास के पीछे छिपा पाकिस्तानी टैंकों का ट्रूप बाहर आ गया और फिर घबराकर वापस लौट गया। हनूत ने अनुमान लगाया कि क्योंकि दुश्मन के टैंक सीमा पर खुले घूम रहे थे, इसलिए उस क्षेत्र में बारूदी सुरंगें नहीं होंगी। उन्होंने यह जानकारी 16 आर्मर्ड ब्रिगेड के कमांडर को दी, लेकिन वैद्या ने कोई प्रतिक्रिया नहीं दी। आगे योजना के अनुसार पूरे पैमाने पर हमले जारी रहे।

5 दिसंबर को 2000 बजे 91 और 71 इंफैन्ट्री ब्रिगेड ने दनड़ौत-चमन, खुर्द-छहल और मुखवाल पर कब्ज़ा करने के लिए अपने हमले किये। इंफैन्ट्री की किसी दुश्मन से मुठभेड़ नहीं हुई और जब वे अनुमानित सुरंगक्षेत्र से गुजरे तो छानबीन में कोई सुरंगें भी नहीं मिलीं। दोनों ब्रिगेडों ने अपने-अपने ब्रिज हेड को सुरक्षित कर लिया और 17हॉर्स की दो स्क्वाड्रन उनकी फ्लेंक की सुरक्षा के लिए चली गईं। मध्यरात्रि के थोड़ी देर बाद, 4हॉर्स को ब्रिज हेड में शामिल कर लिया गया, लेकिन उसने अपनी शुरुआत प्रथम किरण के बाद ही की। 0800 बजे तक, 4हॉर्स के अग्रणी तत्वों का ठाकुरद्वारे के दोनों तरफ सुरंगक्षेत्र से संपर्क हो गया। हैरानी की बात है कि अग्रणी स्क्वाड्रन द्वारा सुरंगक्षेत्र का विच्छेदन करने से पहले रेजिमेंट ने दिन छिपने तक इंतजार किया। एक बार फिर, किसी दुश्मन से मुकाबला नहीं हुआ, और सुरंगक्षेत्र के पार फर्म बेस बना दिया गया। 17हॉर्स के एक स्क्वाड्रन को फर्म बेस संभालने के लिए आगे भेज दिया गया। 4हॉर्स ने कार्यमुक्त होकर आगे अग्रसरण किया।

भारतीय सैन्य दल इस बात से अनभिज्ञ था कि पाकिस्तानी आर्मर क्षेत्र में मौजूद था। 5–6 दिसंबर की रात को पाक 20 लांसर्स का बी स्क्वाड्रन ठाकुरद्वारा में पहले रक्षात्मक सुरंगक्षेत्र से हटकर उसके पीछे चला गया था और अगले दिन, जब 4हॉर्स अग्रसरण कर रही थी, तब इस स्क्वाड्रन पर भारतीय वायुसेना द्वारा बमबारी कर दी गई और वह 6 दिसंबर को दिन छिपने तक और पीछे हटकर बरखानियां में अगली सुरंगक्षेत्र के नजदीक चला गया। उसके साथ 33 कैवेलरी (पैटन) का एक स्क्वाड्रन आकर जुड़ा और उसके थोड़ी देर बाद बाकी की 20 लांसर्स भी आकर दूसरे सुरंगक्षेत्र के पीछे एकत्रित हो गई। 7 दिसंबर की सुबह को, 17हॉर्स भोई ब्रह्मना से हटकर पश्चिमी फ्लेंक में आ गई। पूर्व की तरफ, 7 कैवेलरी समर्थित 39 इंफैन्ट्री डिविजन की कार्रवाई में ज्यादा प्रगति नहीं हुई थी और पहला सुरंगक्षेत्र पार करना बाकी था। दुश्मन ने देह्ला और चक्रा को एक मजबूत रक्षात्मक ठिकाने के तौर पर विकसित कर लिया था और पूना हॉर्स के एक स्क्वाड्रन को ददवां कलां भेज दिया गया, ताकि वह चक्रा को आच्छादित करके बारी को सुरक्षित करे, जबकि 4हॉर्स को दरमान और घमरौला को अधिकृत करने के आदेश दिये गये। अपना कार्य पूर्ण करने के बाद 4हॉर्स आगे बढ़कर बरखानियां पहुंच गई और दो स्क्वाड्रन रहित पूना हॉर्स को राइयां से गाला भेज दिया गया, जबकि अन्य दो स्क्वाड्रन भोई ब्रह्मना और सदवाल-ददवां कलां में थे।

8 दिसंबर की दोपहर को मुखवाल पर दुश्मन के संभावित जवाबी हमले की जानकारी मिली। दो स्क्वाड्रन रहित 17हॉर्स को, अपनी कमांड में 18 राजपुताना राइफल्स की एक कंपनी के साथ, मुखवाल को सुरक्षित करने का आदेश दिया गया। जब टुकड़ी एक ऊंचे बांध के साथ-साथ चल रही थी, तभी वह एक हवाई हमले की चपेट में आ गई। केवल अग्रणी टैंक ही सड़क छोड़ सके, बाकी के दो किलोमीटर लंबे कॉलम ने संकरी सड़क पर एकल पंक्ति में चलना जारी रखा। हनूत अग्रणी टैंक में थे और वे सड़क से उतरकर ऊंची घास में घुसने में कामयाब रहे। हालांकि, उन्होंने सामरिक उड़ान भरते दुश्मन के एक के बाद एक कई हवाई जहाज देखे, जो बम और रॉकेटों से कॉलम पर हमला करने आ रहे थे। अपने अधिकांश टैंकों के बर्बाद होने का अंदाजा लगाते हुए, हनूत ने अपने सभी स्टेशनों से हमला पूर्ण हो जाने के बाद हताहतों की संख्या बताने के लिए कहा। बाद में यह जानकर सब हैरान हुए और राहत की सांस ली कि कोई भी हताहत नहीं हुआ था। पाकिस्तानी वायु सेना की ख़राब निशानेबाजी देख लेने के बाद पूना हॉर्स ने बाकी युद्ध में उसकी अवमानना की।

मुखवाल पहुंचने के बाद, हनूत ने गांव से बाहर एक ऊंचे स्थान पर 18 राजपुताना रायफल्स की एक कंपनी को तैनात कर दिया, और उनके आर्म्ड पर्सनल कैरियर (एपीसी) को उनकी सहायता के लिए लगा दिया। आर्मर को रिजर्व में गांव से छिपा कर रखा गया था। योजना यह थी कि जब दुश्मन अपना हमला करेगा, तब इंफैन्ट्री अपने एपीसी पर सवार होकर अपनी मशीन गनों से गोली चलाते हुए मुखवाल की तरफ पीछे हट जाएगी। एक बार जब दुश्मन यह मान लेगा कि उसने क्षेत्र पर कब्जा कर लिया है और पुनर्गठित होना शुरू करेगा, तब टैंक और एपीसी एक संयुक्त हमला बोलेंगी। परिनियोजन के थोड़े समय बाद ही दुश्मन ने क्षेत्र पर गोलाबारी शुरू कर दी और हनूत को लगा कि वे हमला करने से पहले लक्ष्यों को आंक रहे थे। हालांकि, इंफैन्ट्री और आर्मर ने व्यर्थ में इंतजार किया। दुश्मन ने हमला नहीं किया, जिससे सबको निराशा हुई।

जहां 54 इंफैन्ट्री डिविजन की कार्रवाई अच्छी तरह आगे बढ़ी, वहीं 39 इंफैन्ट्री डिविजन देह्ला पर कब्जा नहीं कर पाई थी। 54 इंफैन्ट्री डिविजन के जीओसी मेजर जनरल डब्ल्यू.ए.जी. पिंटो, को लगा कि जब तक डेह्ला- चक्रा परिसर पर कब्ज़ा नहीं होता, तब तक उनकी अपनी कार्रवाई आगे नहीं बढ़ पाएगी। इसलिए उन्होंने निर्णय लिया कि वे अपने सैनिकों से क्षेत्र को अधिकृत करेंगे और यह कार्य उन्होंने 74 इंफैन्ट्री ब्रिगेड के कमांडर ब्रिगेडियर उजागर सिंह को सौंपा, जिन्हें इस उद्देश्य की पूर्ति के लिए 4हॉर्स की एक स्क्वाड्रन प्रदान की गई। यह कार्य 11 दिसंबर की पहली किरण तक पूरा कर लिया गया। पिंटो ने अब 91 इंफैन्ट्री ब्रिगेड के कमांडर ब्रिगेडियर ए. हांडू को आदेश दिया कि वे बरखानियां सुरंगक्षेत्र के पार मोर्चा स्थापित करें। इस ऑपरेशन के लिए 17हॉर्स को 91 इंफैन्ट्री ब्रिगेड की कमांड में रख दिया गया। इसके अतिरिक्त उन्हें अगला कार्य सौंपा गया कि वे ब्रिज हेड

से निकल कर बसंतर नाला के निकट दुश्मन के ठिकानों के संपर्क में आएं और अगर मौका मिले तो बसंतर के पार एक एन्काउंटर क्रॉसिंग स्थापित करें। रेजिमेंट मुखवाल से आगे बढ़ी और 12 दिसंबर को 1400 बजे तक तरकवाल में एकत्रित हुई। एपीसी पर सवार, दो कंपनी रहित 18 राजपुताना रायफल्स को एन्काउंटर क्रॉसिंग के लिए 17हॉर्स के अधीन कर दिया गया था, इसके अतिरिक्त, ट्रॉल और ब्रिज लेयर टैंक के साथ इंजीनियर टास्क फोर्स भी उनके अधीन थी।

हनूत ने योजना बनाई कि जैसे ही 91 इंफैन्ट्री ब्रिगेड सुरंगक्षेत्र के पार ब्रिज हेड स्थापित कर लेता है, वह रात के अंधेरे में एन्काउंटर क्रॉसिंग करेंगे। परन्तु 91 इंफैन्ट्री ब्रिगेड के कमांडर ने इसकी अनुमति नहीं दी, क्योंकि उन्हें अपनी खुद की सुरक्षा की चिंता थी। हनूत को पता था कि बसंतर पर भारी सुरक्षा होगी, और दिन में एन्काउंटर क्रॉसिंग सफल न हो सकेगी। अंततः यह सहमति बनी कि 4हॉर्स की एक स्क्वाड्रन ब्रिज हेड की सुरक्षा संभालते हुए, 17 हॉर्स को उसी रात ब्रेक आउट करने का अवसर देगी। 13 दिसंबर की रात को कार्रवाई शुरू हुई और 91 इंफैन्ट्री ब्रिगेड ने सुरंगक्षेत्र के पार ब्रिज हेड बना लिया। इंजीनियर्स ने सुरंगक्षेत्र की ट्रॉलिंग शुरू कर दी और 2330 बजे तक टैंकों के लिए एक सुरक्षित लेन तैयार कर ली गई। 0230 बजे कॉम्बैट ग्रुप ने ब्रेक आउट शुरू कर दिया।

कुछ दूरी पर जाने के बाद कॉम्बैट ग्रुप को कुछ टैंकों के ट्रैक नजर आए। उन्होंने अनुमान लगाया कि ट्रैक दुश्मन के उन टैंकों के थे, जो बरखानियां सुरंगक्षेत्र से पीछे हट गये थे और वे बसंतर पर उपयुक्त पार जाने की जगह तक ले जाएंगे। रेजिमेंट ने कम्पास बेयरिंग और रात्रि चार्ट के साथ एक व्यापक नेविगेशन योजना बनाई थी, जिसमें बिंदु से बिंदु तक का मार्ग प्रदर्शित था, लेकिन ऐसा महसूस किया गया कि ट्रैक का पीछा करने से उनके परिचालन में गति आ जाएगी और समय की बचत होगी। यह एक भूल साबित हुई, क्योंकि दुश्मन के टैंक, बसंतर को पार करने के बजाय पूर्व की तरफ घूम गये थे और बसंतर की एक सहायक नदी को पार कर गये थे। 14 दिसंबर की भोर में जब कॉम्बैट ग्रुप नाले पर पहुंचा तो क्रॉसिंग को बिना सुरंगों और बिना सुरक्षा के पाया। तब जाकर दोनों सीओस की समझ में आया कि वे मुख्य बसंतर नाला के बजाय सहायक नदी पर पहुंच गये थे। कॉम्बैट ग्रुप अपने मूल अक्ष पर लौटने के लिए वापस घूमा, लेकिन जल्द ही दिन निकल आया, और पता चला कि क्षेत्र दलदली था। उन्होंने प्रयास स्थगित करने का निर्णय लिया और टैंकों को फैलने के लिए कह दिया गया। जैसा कि बाद में पता चला, बसंतर पर भारी सुरक्षा तैनात थी और एन्काउंटर क्रॉसिंग से उसे भेद पाना असंभव साबित होता, इसलिए सही जगह पहुंच पाने में विफल रहना एक तरह से अप्रत्यक्ष कृपादान रहा। हालांकि दिन में हुए हवाई हमलों के कारण रेजिमेंट के कई सैनिक हताहत हुए, लेकिन ये उस नुकसान के सामने कुछ नहीं था, जो एन्काउंटर क्रॉसिंग के प्रयास में उन्हें उठाना पड़ता।

अगले दो दिनों में, नाले पर अपनी तरफ के दुश्मन के प्रतिरोध का व्यवस्थित ढंग से सफाया कर दिया गया और 15 दिसंबर को बसंतर नाला के पार एक सुनियोजित ऑपरेशन शुरू हुआ। ब्रिगेडियर ए.पी. भारद्वाज के अधीन 47 इंफैन्ट्री ब्रिगेड को ब्रिज हेड बनाने का जिम्मा सौंपा गया। ब्रिगेड में तीन बटालियनें थीं, 13 ग्रेनेडियर्स, 6 मद्रास और 16 मद्रास; इसके अलावा 17हॉर्स और दो कंपनी रहित 18 राजपुताना रायफल्स भी थीं। योजना के अनुसार प्रथम चरण में 16 मद्रास को गाज़ीपुर संरक्षित वन में 2आर क्षेत्र पर कब्ज़ा करना था; उसके बाद दूसरे चरण में 13 ग्रेनेडियर्स, को जरपाल और लोहाल पर कब्ज़ा करना था। 17हॉर्स और दो कंपनी रहित 18 राजपुताना रायफल्स को दुश्मन के जवाबी हमले से ब्रिज हेड की सुरक्षा करनी थी। अगले दिन, 17हॉर्स के एक स्क्वाड्रन की सहायता से, 13 ग्रेनेडियर्स को बारापिंड पर कब्ज़ा करना था, जबकि रेजिमेंट की एक अन्य स्क्वाड्रन की सहायता से 16 मद्रास को गाज़ीपुर पर कब्ज़ा करना था।

इंफैन्ट्री का हमला योजना के मुताबिक हुआ और 16 मद्रास द्वारा 2030 बजे तक ब्रिज हेड को सुरक्षित कर लिया गया। सुरंगक्षेत्र का विच्छेदन प्रारंभ किया गया और आर्मर सुरक्षित लेन तैयार होने का इंतजार कर रही थी। ब्रिगेड के दूसरे चरण के हमले का भी प्रक्षेपण हुआ और 2330 बजे 13 ग्रेनेडियर्स ने जानकारी दी कि उसने जरपाल को जीत लिया है। इस बीच 16 मद्रास के कमांडिंग अफसर लेफ्टिनेंट कर्नल वी. घई से व्यग्र संकेत मिले कि उन पर दुश्मन की आर्मर का खतरा मंडरा रहा था, जो जवाबी हमले की तैयारी कर रहे थे। लगभग 0230 बजे घई की ओर से एक और हताश अपील आई, जिसमें संकेत मिले की परिस्थिति नाज़ुक थी, और अगर उन्हें आर्मर नहीं उपलब्ध हुई तो वे ठहर नहीं पाएंगे। हनूत को लगा कि सुरक्षित लेन का इंतजार करने का अर्थ इंफैन्ट्री की बर्बादी और ब्रिज हेड का नुकसान हो सकता था। बिना सुरक्षित लेन के सुरंगक्षेत्र को पार करने पर उनके कई टैंक खत्म हो सकते थे।

हनूत ने जोखिम उठाने का निर्णय लेते हुए घिरी हुई इंफैन्ट्री को राहत देने के लिए कम से कम एक स्क्वाड्रन को पार भेजने का निश्चय किया। उन्होंने सी स्क्वाड्रन को यह कार्य सौंपा, जिसका नेतृत्व सेकंड इन कमांड मेजर अजय सिंह के पास थी। टैंक पर हुए सीधे प्रहार से स्क्वाड्रन कमांडर मेजर मोती दार के जख्मी हो जाने के बाद अजय ने कमांड संभाली थी। कैप्टन रवि देओल को बी स्क्वाड्रन से सी स्क्वाड्रन में स्थानांतरित किया गया था, क्योंकि दिन में क्षेत्र को देख लेने के कारण वे इलाके से परिचित थे। स्क्वाड्रन ने सुरंगक्षेत्र का परक्रामण शुरू किया, जिसमें देओल नेविगेटिंग अफसर थे और अजय उनके पीछे के टैंक में थे। चमत्कारिक रूप से, स्क्वाड्रन ने सुरंगक्षेत्र को बिना किसी नुकसान के पार कर लिया और सफलतापूर्वक ब्रिज हेड को बचाया। अगले दिन, एक जीप और एक एपीसी ने टैंकों के ट्रैक पर चलने का प्रयास किया तो वे दुश्मन की सुरंग की चपेट में आकर उड़ गये। बिना

सुरक्षित लेन के 600 मीटर लंबे सुरंगक्षेत्र को बिना एक भी टैंक खोये पार करने पर हनूत स्क्वाड्रन के नसीब का श्रेय 'अल्लाह के हाथ' को देते हैं। (पूना हॉर्स के स्टैंडर्ड के शिखर पर एक चांदी का हाथ है, जिसे रेजिमेंट ने 1857 के फ़ारसी युद्ध में प्रथम खुसगाई रेजिमेंट ऑफ़ फ़ार्स से जीता था। चांदी के हाथ पर 1066 ईसवी तिथि का उत्कीर्णन है, 'याद उल्लाल फौक इदेहीम', जिसका अर्थ है 'ईश्वर का हाथ हर चीज से ऊँचा है।')

16 दिसंबर को एक भयानक टैंक युद्ध हुआ, उसके बाद अगले दिन एक और युद्ध हुआ, जब पूना हॉर्स का सामना करने के लिए पाकिस्तान की 8आर्मर्ड ब्रिगेड की पूरी ताकत झोंक दी गई। हनूत के नेतृत्व से प्रेरित रेजिमेंट शेरों की तरह लड़ी और एक ही दिन के युद्ध में दुश्मन के 50 टैंक ध्वस्त कर दिये, जबकि स्वयं 13 का नुकसान उठाया। बसंतर के युद्ध में, पाकिस्तान की एक सबसे पुरानी और गौरवशाली कैवेलरी रेजिमेंट-13 लांसर्स-तबाह हो गई, जबकि एक अन्य, 31 कैवेलरी को पंगु बना दिया गया। इसी कार्रवाई के दौरान एक युवा अधिकारी सेकंड लेफ्टिनेंट अरुण खेत्रपाल, जिसको सेवा में आए छह माह ही बीते थे, ने अपने प्राणों का सर्वोच्च बलिदान दे दिया और उन्हें बाद में परमवीर चक्र से अलंकृत किया गया। यह घटना अब एक किंवदंती बन चुकी है और बयान करने योग्य है।

युद्ध के दौरान, मेजर अमरजीत बाल, ऑफिसर कमांडिंग (ओसी) बी स्क्वाड्रन, जिनके पास केवल अपने दो ट्रूप थे, ने अतिरिक्त सैन्य बल की मांग की। हनूत ने रेडियो पर ए स्क्वाड्रन के ओसी मेजर मान सिंह से बात की, लेकिन वे एक हताहत के साथ रेजिमेंटल एड पोस्ट (आरएपी) गये थे। उन्होंने स्क्वाड्रन के सेकंड इन कमांड, कैप्टन वी. मल्होत्रा को आदेश दिये कि वे बी स्क्वाड्रन को दो ट्रूप की सहायता भेजें। मल्होत्रा अवतार अहलावत के अधीन नंबर 3 ट्रूप और अरुण खेत्रपाल के अधीन 4 ट्रूप के साथ तुरंत रवाना हो गए। छह टैंक आग उगलते हुए दुश्मन की तरफ दौड़ पड़े। उसके कई टैंक ध्वस्त कर दिये और कई सैनिक बंधक बना लिये गये, जिन्हें इंफैन्ट्री को सौंपे जाने तक टैंकों के ऊपर बिठा कर ले जाया गया। वास्तव में, ए स्क्वाड्रन के टैंक बी स्क्वाड्रन के ठिकानों से आगे निकल गये और हनूत को उन्हें रेडियो पर संपर्क करके पीछे बुलाना पड़ा। उन्होंने अभी फायरिंग करने की स्थिति संभाली ही थी कि दुश्मन का प्रमुख हमला हो गया, और वे उसके बीच फंस गये। जबकि तीन टैंकों ने किसी प्रकार आड़ ढूँढ ली, मल्होत्रा, अहलावत और खेत्रपाल की कमांड वाले तीनों टैंक बाहर खुले में थे।

बहुत जल्द, मल्होत्रा का टैंक यांत्रिक खराबी के कारण निष्क्रिय हो गया और अहलावत का टैंक उड़ा दिया गया। अब मैदान में केवल अरुण खेत्रपाल का टैंक बचा था। हनूत ने कुछ समय पहले ही रेडियो पर एक नेट काल में आदेश दिया था 'जो टैंक जहां है, वहीं से लड़ेगा; कोई भी टैंक एक इंच पीछे नहीं हटेगा।' अरुण के टैंक पर प्रहार हुआ था, लेकिन

वह टकराकर उछल गया। अब उस पर दूसरा प्रहार हुआ और टैंक में आग लग गई। मल्होत्रा ने उसे अपना टैंक छोड़ने का आदेश दिया, लेकिन अरुण को लगा कि दुश्मन को रोकने के लिए अकेले उनका ही टैंक बचा था, इसलिए उन्होंने यह कहते हुए इंकार कर दियाः 'मेरी तोप अभी भी काम कर रही है। मैं उसका पूरा लाभ उठाऊंगा।' जब मल्होत्रा ने टैंक छोड़ने या पीछे हटने पर ज्यादा जोर दिया, तो अरुण ने अपना रेडियो सेट बंद कर दिया। चालक प्रयाग सिंह ने यह कहते हुए अरुण का प्रतिवाद किया कि उन्हें पीछे हटकर आग बुझाने, और फिर युद्ध में वापसी करने में चंद मिनट ही लगेंगे। अरुण ने जवाब दियाः 'क्या तुमने सीओ का ट्रांसमिशन नहीं सुना? कोई टैंक एक इंच भी पीछे नहीं हटेगा।'

इस समय तक मेजर निसार की कमांड में दुश्मन के स्क्वाड्रन के अधिकांश टैंक धराशायी हो चुके थे, लेकिन चार-पांच टैंक अब भी बचे थे। अरुण ने उन्हें क्रमानुसार निशाना बनाना शुरू किया, आखिर में महज 75 मीटर की दूरी से उन्होंने जिस टैंक को धराशायी किया, वह खुद मेजर निसार का था। अब तक अरुण का खुद का टैंक चौथा प्रहार झेल चुका था, जिसमें रेडियो ऑपरेटर की मृत्यु हो गई, और अरुण व गनर बुरी तरह घायल हो गये। चालक प्रयाग सिंह ने समझदारी दिखाते हुए अपने टैंक को पीछे आड़ में लिया और गनर को निकालकर दूसरे टैंक में कर दिया। हालांकि, वह खुद भी घायल था, फिर भी उसने दूसरे टैंक के सैनिकों की मदद से अरुण को बाहर खींचने का प्रयास किया। इस प्रक्रिया के दौरान ही उस वीर अधिकारी ने दम तोड़ दिया।

अरुण खेत्रपाल का बलिदान व्यक्तिगत शौर्य और पराक्रम से कहीं ज्यादा था। यह उस 'पीएच भावना' की अभिव्यक्ति थी, जो हनूत ने अपने अधिकारियों के बीच पैदा की थी। बीस साल बाद जब हनूत ने *फ़ख्र-ए-हिंद* पुस्तक लिखी, तो उसे 'पीएच भावना' को समर्पित किया, जो उनके अनुसार 'कई गुणों का अमूर्त सारांश और व्याख्या से परे है, लेकिन प्रत्येक पूना हॉर्समैन का मार्ग दर्शन करती है और प्रेरणा देती है, युद्ध व शांति दोनों काल में।' सरल शब्दों में यह सैन्य पेशे के प्रति मैत्री, वफादारी और संपूर्ण समर्पण का दुर्लभ संयोजन है। अरुण द्वारा भयानक व्यक्तिगत जोखिम उठाते हुए अपने टैंक को छोड़ने से इस आधार पर इंकार करना कि सीओ ने मना किया था, वफादारी की उस तीव्र भावना की अभिव्यक्ति है, जिसकी हनूत अपने अधीनस्थों से मांग करते थे। यही वह आपसी विश्वास और वफादारी होती है, जो युद्ध में विजयश्री दिलवाती है और इसे प्रेरित करना एक सच्चे नायक की पहचान है, जो हनूत निर्विवाद रूप से थे।

हनूत की प्रतिदिन ध्यान लगाने की आदत के बारे में बसंतर युद्ध से जुड़ी एक अन्य कहानी अक्सर दुहराई जाती है। कहा जाता है कि युद्ध के दौरान जब ब्रिगेड कमांडर ब्रिगेडियर ए.एस. वैद्या ने रेडियो पर बात करने का प्रयास किया तो हनूत ने जवाब नहीं दिया। बताया जाता है कि जब बाद में वैद्या ने उनसे इस बारे में सवाल किया, तो हनूत ने कहा कि

वे 'पूजा' कर रहे थे। यह कहानी पूरी तरह सच नहीं है। हनूत ने 16 इंडिपेंडेंट आर्मर्ड ब्रिगेड मुख्यालय के साथ अपना रेडियो जरूर बंद कर लिया था, लेकिन यह इसलिए था क्योंकि उनकी यूनिट को ब्रिज हेड की लड़ाई के लिए 47 इंफैन्ट्री ब्रिगेड की कमांड में रख दिया गया था। साथ ही वे टैंक युद्ध के दौरान कोई विकर्षण या हस्तक्षेप नहीं चाहते थे, क्योंकि युद्ध में प्रतिपल बदलती परिस्थिति पर उनका एकाग्र ध्यान जरूरी था। हनूत के मुताबिक, वैद्या ने उन्हें युद्ध के दौरान कभी काल नहीं किया था और उन्हें आफ्टर एक्शन रिपोर्ट से इस युद्ध के बारे में काफी देर बाद पता चला था।

युद्ध शुरू होने से पहले ही, हनूत को अंदाजा लग गया था कि उनकी रेजिमेंट को बसंतर नदी पार करते ही पाकिस्तानी आर्मर के साथ बड़ा युद्ध लड़ना पड़ेगा। तदनुसार, उन्होंने अपनी यूनिट को नक्शों और रेत के मॉडलों पर अभ्यास करा लिया था। एक पहलू जिस पर उन्होंने बार-बार बल दिया कि एक बार जब वे अपरिहार्य जवाबी हमले का मुंहतोड़ जवाब देकर दुश्मन को पीछे धकेल देंगे, तो वह पूरी तरह अव्यवस्थित हो जाएगा। इस निर्णायक क्षण में, उन्हें आगे बढ़कर दुश्मन के बचे हुए आर्मर को समाप्त करना होगा। जैसा कि उन्होंने पूर्वानुमान लगाया था, 16 दिसंबर को 1100 बजे यह अवसर उपलब्ध हुआ, जब पाकिस्तानी 8 आर्मर्ड ब्रिगेड के जवाबी हमले को निर्णायक रूप से परास्त कर दिया गया। कुछ अधिक उत्साही पूना हॉर्स के अधिकारियों ने हनूत से रेडियो पर पूछा कि योजना के मुताबिक उन्हें लड़ाई में कब भेजा जाएगा। लेकिन दुश्मन की प्रतिक्रिया हनूत के अनुमान से कहीं शक्तिशाली थी, और वे ब्रिज हेड को बिना सुरक्षा के छोड़ने का जोखिम नहीं उठा सकते थे। ब्रिगेड और डिविजनल कमांडर रेडियो में वार्तालाप सुन रहे थे, लेकिन उन्होंने प्रतिक्रिया नहीं दी। हनूत ने अपने एडजुटेंट से कहा कि यह संदेश ब्रिगेड नेट पर ब्रिगेड कमांडर को पहुंचाते हुए उनसे निवेदन करें कि 'सहयोगी यूनिट को जल्दी तैनात करें'। क्योंकि दुश्मन नेट की मॉनिटरिंग कर रहा था, इसलिए संदेश को और स्पष्ट नहीं किया जा सकता था। लेकिन वैद्या संदेश के महत्व को समझने में नाकाम रहे और कुछ नहीं किया। कोर कमांडर के निर्देश पर, दूसरी आर्मर्ड रेजिमेंट-4हॉर्स-को 16 दिसंबर का दिन ढलने के बाद ही ब्रिज हेड में पहुंचाया जा सका। इस प्रकार, एक शानदार अवसर हाथ से निकल गया, और युद्ध विराम ने उन्हें ब्रिज हेड तक ही सीमित रखा।

16 दिसंबर को ब्रिज हेड में छह प्रमुख यूनिटें थीं, तीन 47 इंफैन्ट्री ब्रिगेड से और तीन 16 आर्मर्ड ब्रिगेड से। परन्तु कोई भी ब्रिगेड कमांडर आदेश जारी करने के लिए वहां नहीं थे। हनूत वरिष्ठ कमांडिंग अफसर थे, और दूसरों के साथ विचार-विमर्श करने के बाद पुनर्नियोजन और पुनर्व्यवस्थापन पर उनके आदेश उनकी अपनी पहल पर जारी किये गये। हनूत याद करते हैं, कि वास्तव में बसंतर युद्ध के दौरान 17 दिसंबर को

युद्ध विराम से कुछ घंटों पूर्व, पहली बार उन्होंने किसी वरिष्ठ अधिकारी को देखा, जब कोर कमांडर, लेफ्टिनेंट जनरल के.के. सिंह रेजिमेंट को बधाई देने पहुंचे, जिनके साथ डिविजनल कमांडर मेजर जनरल डब्ल्यू.ए.जी. पिंटो और 47 इंफैन्ट्री ब्रिगेड के कमांडर ब्रिगेडियर ए.पी. भारद्वाज भी थे।

युद्ध के बाद हुए विभिन्न विश्लेषण सम्मेलनों और आफ्टर एक्शन रिपोर्टों में, सभी स्तरों पर कमांडरों ने अपनी चूक और कमजोरियों को ढक लिया। जीत के उन्माद में सब आपसी प्रशंसा और बधाइयों में लिप्त हो गये। हनूत ने चर्चाओं और बहस के दौरान इन कमजोरियों को उठाया और उनका जिक्र अपनी आफ्टर एक्शन रिपोर्ट में भी किया। इससे कई वरिष्ठ अधिकारियों के बीच नाराज़गी उत्पन्न हो गई, जिनको लगा कि हनूत अनावश्यक रूप से आलोचनात्मक हो रहे थे। लेकिन युद्ध में कमांड और उसके साथ जुड़ी जिम्मेदारी को लेकर हनूत के मन में बहुत निश्चित विचार थे। आर्मर युद्ध में कमांड 'अप-फ्रंट' (आगे से) से संचालित होना चाहिए और उन्होंने हमेशा यह सुनिश्चित किया कि उनका अपना टैंक संपर्क बिंदु पर रहे। यह उनको कार्रवाई देखने, उसका मूल्यांकन करने और अत्यावश्यक परिस्थितियों के अनुसार आदेश जारी करने में सक्षम बनाता था। उन्हें अनावश्यक विकर्षण पसंद नहीं था और वरिष्ठों द्वारा पीछे से संचालित करने के प्रयास को जोरदार ढंग से अस्वीकार कर देते थे। उच्च मुख्यालय के स्टाफ अधिकारियों के बेमतलब सवालों का जवाब देना उनका ध्यान भंग करता था और वे अक्सर अपना पीछे की ओर का रेडियो बंद कर देते थे, जिसके कारण सेकंड इन कमांड या एडजुटेंट उन सवालों से निपटते थे। इससे उन्हें अपनी कमांड पर ध्यान केंद्रित करने और युद्ध को बिना किसी हस्तक्षेप के चलाने का मौका मिलता।

पूना हॉर्स के कमांडेंट के पद पर दो वर्ष बिताने के बाद, सितंबर 1973 में हनूत को 31 आर्मर्ड डिविजन मुख्यालय में जीएसओ 1 के तौर पर तैनात किया गया। इस महत्वपूर्ण नियुक्ति में दो वर्ष के बाद उनकी ब्रिगेडियर रैंक पर पदोन्नति हो गई और 14 (इंडिपेंडेंट) आर्मर्ड ब्रिगेड का कमांडर नियुक्त किया गया। इस नियुक्ति में भी उनका प्रदर्शन उत्कृष्ट था । कमांड संभालने के कुछ समय बाद ही कोर मुख्यालय में एक चर्चा रखी गई, जिसमें आर्मर्ड डिविजन द्वारा जलीय बाधाओं को पार करने और फिर ब्रेक आउट की संकल्पना का मूल्यांकन किया जाना था। इस संकल्पना को आर्मर्ड डिविजन ने तैयार किया था, और कमांड व कोर मुख्यालय के अनुमोदन के बाद इसे सेना मुख्यालय की मंजूरी के लिए अग्रेषित किया गया था। सैन्य प्रशिक्षण निदेशालय ने एक प्रारूप प्रशिक्षण नोट तैयार किया था, जिसे जारी करने से पहले कोर मुख्यालय की टिप्पणियों और मंजूरी के लिए भेजा गया था। इस समय, लेफ्टिनेंट जनरल ज़ेड. सी. 'ज़ोरू' बख्शी कोर कमांडर थे और लेफ्टिनेंट

जनरल आई.एस. गिल आर्मी कमांडर थे। निर्णय लेने से पहले बख्शी इस संकल्पना पर चर्चा और मूल्यांकन करना चाहते थे। यह एक उच्च स्तरीय चर्चा थी, जिसमें पश्चिमी कमांड के लगभग सभी फार्मेशन कमांडरों ने भाग लिया या पर्यवेक्षक के तौर पर शिरकत की। आर्मी कमांडर भी उपस्थित थे।

जब हनूत ने पेपर पढ़ा तो उन्होंने पाया कि संकल्पना पूरी तरह अव्यवहारिक थी। उनको लगा कि यह संकल्पना किसी कुर्सी पर बैठे रणनीतिज्ञ ने बनाई थी और उन्हें हैरानी हुई कि उसकी बुनियादी धारणा पर बिना कोई प्रश्न उठाए उसे सेना मुख्यालय तक सबने स्वीकार कर लिया। जब उन्होंने अपने सिंडिकेट के अंदर इस मुद्दे को उठाने का प्रयास किया, तो उनके सिंडिकेट लीडर ने इस आधार पर उन्हें खारिज कर दिया कि संकल्पना को पहले ही मंजूरी मिल चुकी थी। जब चर्चा शुरू हुई तो सभी ने संकल्पना को शानदार बताते हुए उसकी भूरि-भूरि प्रशंसा की। चाय अंतराल के दौरान, हनूत ने मुख्यालय 2 कोर के चीफ ऑफ स्टाफ से बात की, जो चर्चा का संचालन कर रहे थे और उन्हें बताया कि वे इस मुद्दे पर अपना व्यक्तिगत मत रखना चाहते हैं, क्योंकि उनका सिंडिकेट उनके विचारों से सहमत नहीं था। जब चर्चा दोबारा शुरू हुई, तो हनूत को अपनी टिप्पणी देने के लिए आमंत्रित किया गया। उन्होंने यह कहते हुए अपनी बात शुरू कीः 'यद्यपि मैं स्वयं को पूरे सदन के विरुद्ध अकेला खड़ा पा रहा हूं, फिर भी प्रस्तावित संकल्पना के बारे में मेरे कुछ प्रमुख और गंभीर संदेह हैं।' वे अपनी आपत्तियों का सारांश बताने लगे और इस घोषणा के साथ समाप्त किया कि युद्ध तो दूर की बात है, इस संकल्पना को संपूर्ण 'सैन्य अभ्यास' में भी निष्पादित नहीं किया जा सकता।

वहां एक निस्तब्ध सन्नाटा छा गया और सब आर्मी कमांडर लेफ्टिनेंट जनरल गिल की तरफ देखने लगे, जिन्होंने यह कहते हुए हस्तक्षेप कियाः 'हनूत, सदन के विरुद्ध आप अकेले व्यक्ति नहीं हो। मैं भी इस संकल्पना से सहमत नहीं हूं।' फिर उन्होंने हनूत से पूछा कि क्या वे कोई विकल्प सुझाना चाहेंगे। हनूत को जो व्यवहारिक समाधान लगा उन्होंने वहां उसे प्रस्तुत किया। उसके बाद हुए समापन अभिवचन में आर्मी और कोर कमांडर दोनों ने हनूत के विचारों से सहमति जताई और प्रस्तावित संकल्पना को खारिज कर दिया गया।

कुछ महीनों बाद, सैन्य दस्तों के साथ एक युद्धाभ्यास आयोजित किया गया, जिसमें हनूत की ब्रिगेड को एक ब्रेक आउट करना था। योजना बनाने के समय पर ही उन्होंने ब्रिज हेड स्थापित कर रहे इंफैन्ट्री डिविजन के कमांडर को संकेत दे दिया था कि उन्होंने गलत जगह का चुनाव किया था। दो तरफ झील होने के कारण, आर्मर को एक संकुचित मार्ग से ब्रेक आउट करना पड़ता, जिसे दुश्मन द्वारा बड़ी आसानी से बाधित किया जा सकता था। हनूत की बात को खारिज कर दिया गया और उन्हें आश्वासन दिया गया कि उनके टैंकों को

सुरक्षित रास्ता प्रदान किया जाएगा। जब अभ्यास शुरू हुआ, परिस्थिति बिल्कुल वैसी ही बन गई, जैसा हनूत ने अनुमान लगाया था। हनूत ने तुरंत ब्रेक आउट रद्द कर दिया और अपने टैंकों को रक्षात्मक पोजीशन में जाने का आदेश दिया। अगली सुबह जब आर्मी और कोर कमांडर ने हनूत से पूछा कि उन्होंने युद्धाभ्यास क्यों रद्द कर दिया, तो उन्होंने उत्तर दियाः 'मैं अपनी अग्रणी रेजिमेंट को ऐसे मिशन पर जाने का आदेश देने के लिए तैयार नहीं था, जिसके बारे में मुझे पता है कि वह आत्मघाती होगा।' आर्मी और कोर कमांडर दोनों बिना कुछ कहे वहां से चले गये। बाद में हनूत को संकरे मार्ग से साफ रास्ता दिया गया और आर्मर्ड ब्रिगेड ने योजना के मुताबिक ब्रेक आउट किया।

जनवरी 1978 में, हनूत को नेशनल डिफेंस कालेज में कोर्स करने के लिए नामित किया गया, जिसके बाद उन्हें एमओ निदेशालय में तैनात कर दिया गया, जहां उन्होंने अभूतपूर्व साढ़े तीन साल बिताए। मई 1982 में, उन्हें मेजर जनरल रैंक पर पदोन्नत किया गया और उन्हें सिक्किम में 17 माउंटेन डिविजन की कमांड सौंपी गई। हनूत की पहली भिड़ंत राज्यपाल तलयारखान के साथ हुई, जो अत्यंत अहंकारी थे। वे हर मिलने वाले व्यक्ति को यह बताते थकते नहीं थे कि नेहरू परिवार के साथ उनके कितने गहरे संबंधे थे, विशेषकर श्रीमती इंदिरा गांधी के साथ, जिन्होंने सिक्किम के एक स्वतंत्र राज्य से भारतीय संघ के राज्य के रूप में परिवर्तन की देखरेख के लिए उन्हें खासतौर से चुना था। हनूत को लगा कि तलयारखान का रवैया सरकार के एक संवैधानिक प्रमुख की बजाय एक औपनिवेशिक श।सक की तरह था। वे अपने अधिकार से परे जाकर अनुलाभ और विशेषाधिकार मांगते थे। इनमें से एक थी कि जब भी वे राज्य के किसी हिस्से का दौरा करने जाएं, तो उनकी अगवानी डिविजनल कमांडर या कम से कम कोई ब्रिगेड कमांडर करे। हनूत के पूर्ववर्ती, मेजर जनरल 'टिच' शर्मा ने राज्यपाल को यह शिष्टाचार प्रदान कर दिया था, लेकिन हनूत ने इस पर विराम लगाने का निर्णय लिया। हनूत के कार्यभार संभालने के कुछ समय बाद, राज्यपाल ने उत्तरी सिक्किम के दौरे पर जाने का निर्णय लिया, और ब्रिगेड कमांडर ने उनकी अगवानी करने के लिए हनूत से अनुमति मांगी। हनूत ने उनको बताया कि उन्हें ऐसा करने की कोई आवश्यकता नहीं है, क्योंकि राज्यपाल का दौरा सिविल प्रशासन के आदेश से हो रहा था, और उसमें सेना की कोई भूमिका नहीं थी। तथापि, अगर वे किसी ऐसे स्थान का दौरा करते हैं, जहां, सैन्य यूनिट हो, तो स्थानीय यूनिट कमांडर उनके आगमन और प्रस्थान के वक्त उपस्थित रह सकता था।

जब तलयार खान हेलिपैड पर उतरे तो नाराज़ हो गये, क्योंकि उनके मुताबिक 'सिर्फ एक लेफ्टिनेंट कर्नल' उनकी अगवानी के लिए उपस्थित था। गंगटोक लौटकर उन्होंने तुरंत हनूत को फोन मिलाया, लेकिन हनूत उस समय पूजा में थे और उनसे बात नहीं हो सकी। इससे राज्यपाल और ज्यादा भड़क गये और थलसेना अध्यक्ष को शिकायत करने की धमकी दे

डाली। उन्होंने डाक तार विभाग की लाइन पर सेना प्रमुख से बात करने का प्रयास किया, लेकिन लाइनें खराब होने के कारण बात नहीं हो सकी। जब हनूत को पता चला तो उन्होंने निर्देश दिये कि राज्यपाल की बात आर्मी लाइन पर करवा दी जाए, जो करवा दी गई। अंत में, कुछ हासिल नहीं हुआ। जब हनूत से इस घटना के बारे में पूछा गया, तो उन्होंने बताया कि ऐसा कोई प्रोटोकाल नहीं था कि राज्यपाल की अगवानी के लिए सेना का प्रतिनिधि उपस्थित रहे, जब तक कि वे किसी सैन्य यूनिट में न आ रहे हों। वास्तव में, उन्होंने यह स्पष्ट किया कि इस बार एक बटालियन कमांडर को उनकी अगवानी के लिए भेजा गया था, क्योंकि यह एक पूर्व उदाहरण बन गया था, और वे आकस्मिक बदलाव नहीं करना चाहते थे। भविष्य में, कोई सैन्य अधिकारी उपस्थित नहीं रहेगा। जब तलयारखान को पता लगा कि हनूत पर धौंस नहीं जमाई जा सकती, तो उनका व्यवहार बदल गया और इसके बाद उनके संबंध सौहार्दपूर्ण हो गये, भले ही वे औपचारिक थे।

तथापि, कोर कमांडर लेफ्टिनेंट जनरल सुरजीत सिंह ब्रार के साथ हनूत के संबंध उतने सौहार्दपूर्ण नहीं थे। लगभग हर विषय पर उनके बीच मतभेद था, जिसमें युद्ध-संबंधी और प्रशासनिक पहलू भी शामिल थे। हनूत को लगा कि युद्ध-संबंधी योजनाएं बहुत निष्क्रिय थीं और वे अधिक आक्रामक प्रकार की रक्षा नीति लागू करना चाहते थे। इसके लिए हर स्तर पर पर्याप्त रिज़र्व की जरूरत थी, और इसे तैयार करने का एकमात्र तरीका था परिनियोजन का पुनर्गठन। जैसा कि उनकी आदत थी, हनूत ने रेत के मॉडल पर अभ्यास चलाया, जिसका उन्होंने खुद संचालन किया, ताकि डिविजन के अधिकारियों को संकल्पना के बारे में बताया जा सके। चर्चा में भाग ले रहे ब्रार ने खुलेआम आलोचना की। कनिष्ठ अधिकारियों के सामने अशोभनीय बहस से बचने के लिए हनूत ने चर्चा को यह कहते हुए समाप्त कर दियाः 'जब तक मैं जीओसी हूं, मैं इसी प्रकार रक्षात्मक युद्ध लड़ूंगा।' और इसी के साथ चर्चा समाप्त हो गई।

अग्रिम सुरक्षा ठिकानों के दौरों पर गये हनूत ने अधिकारियों और जवानों को काफी ख़राब परिस्थितियों में पाया। सैनिक ऐसे शेड में रह रहे थे, जिनमें ठंड से बचने के उपाय नहीं थे और वे बुखारियों के आसपास बैठ जाते थे, क्योंकि शेड में कभी गर्माहट नहीं होती थी। बुखारी बंद हो जाने पर अंदर असहनीय ठंड हो जाती थी। शेड पर लगी टिन की छतों में छेद थे, जिनसे बारिश और बर्फ पिघलकर अंदर गिरती रहती थी, जिससे वहां स्थायी कीचड़ जमा हो जाती। वहां कोई शौचालय या स्नानागार नहीं था, केवल टाट का एक घेरा था, जो हवा में फड़फड़ाता रहता था। रोशनी की भी व्यवस्था नहीं थी, इसलिए सूरज ढलते ही दिन समाप्त हो जाता था। हनूत को लगा कि एक ही स्थान पर 20 साल बिता देने के बाद भी सैनिकों को इस प्रकार कष्ट भुगतना पड़ रहा था। संकोचवश इस प्रकार की चीजों को स्वीकारने के लिए उन्होंने अधिकारियों को फटकार लगाई और उनसे कहा कि जब तक वे

सैनिकों के लिए सुविधाओं के मामले में कुछ न्यूनतम मानकों पर जोर नहीं देंगे, तब तक कोई कुछ नहीं करेगा।

हनूत ने अगली ऑपरेशनल वर्क्स कान्फ्रेंस में इस मुद्दे को उठाया। उन्होंने कहा कि लगभग सभी रक्षित इलाकों में उनके पास पहले से ही अत्यधिक रक्षा वर्क्स हैं, और सुझाव दिया कि अगले कुछ वर्षों तक ऑपरेशनल वर्क्स के लिए मिली निधि को जवानों के लिए बेहतर जीवन सुविधाएं प्रदान करने में खर्च किया जाए। उनको तब हैरानी हुई, जब ब्रार ने उत्तर दिया कि उन्होंने भी अग्रिम सुरक्षा ठिकानों का दौरा किया था, और पाया था रहन-सहन की स्थिति संतोषजनक थीं। जाहिर था, या तो कोर कमांडर द्वारा प्रयुक्त मानक काफी निम्न थे या फिर वे जानबूझकर हनूत को नीचा दिखाना चाहते थे।

जब हनूत को एहसास हो गया कि उन्हें कोर मुख्यालय से धन के रूप में कोई मदद नहीं मिलेगी, तो उन्होंने इंजीनियर्स द्वारा कुछ सहायता का निवेदन किया। तथापि, इसके लिए भी मना कर दिया गया। हनूत ने फिर डिविजन की निधि और इंजीनियर संसाधनों से आवश्यक सामग्री खरीदने का निर्णय लिया। स्थानीय स्तर पर लकड़ी काफी सस्ती दरों पर उपलब्ध थी और इसका प्रयोग रहने के शेड में ठंड रोधक के तौर पर किया गया। जब कोर मुख्यालय ने आपत्ति जताई कि इससे आग लगने का खतरा पैदा हो जाएगा, तो हनूत ने कहा कि वे स्वयं उसके जिम्मेदार होंगे। खोखले सीमेंट ब्लॉक्स की मदद से बाथरूम बनाये गये और हर चौकी पर रोशनी के लिए जेनरेटर लगाए गये और साथ ही एक रेडियो भी दिया गया, ताकि सूरज छिपने के बाद उनका दिन समाप्त न हुआ करे। स्वभाविक था, जवानों में हर्ष की लहर थी और जब एक साल बाद हनूत वहां से गये, तो 'वॉटर शेड ब्रिगेड' ने उन्हें एक स्मृति चिन्ह देते हुए अपनी प्रशंसा और आभार व्यक्त किया, जिस पर लिखा था: '20 वर्षों में आए अन्य अधिकारियों की तुलना में आपने एक वर्ष में हमारी ऑपरेशनल तैयारी, प्रशासनिक सुविधाएं और जीवन परिस्थितियों को बेहतर बनाने में कहीं ज्यादा योगदान दिया।' हनूत को उपहार बहुत पसंद आया, क्योंकि वह दिल से दिया गया था।

सिक्किम में हनूत के कार्यकाल के दौरान अतिविशिष्ट लोगों का कभी कोई भव्य सत्कार नहीं किया गया, जिसके लिए डिविजन को एक संदिग्ध ख्याति प्राप्त थी। गर्मियों में पर्यटकों की बड़ी संख्या आती थी, जिनकी अपेक्षा रहती कि उनको व उनके परिवार और रिश्तेदारों का ख्याल रखा जाए। जब उनको पता लगा कि सत्कार के लिए उन्हें खर्च करना पड़ेगा, तो उनकी संख्या घटने लगी। जल्द ही, आगंतुकों का आगमन ठहर गया, और गंगटोक में यह बात फैल गई कि नए जीओसी के आने के बाद सामाजिक जीवन फीका हो गया है। हनूत ने इसको प्रशंसा के तौर पर लिया, क्योंकि यह उनके प्रताड़ित स्टाफ के लिए इच्छित राहत थी, जिन्हें रहने, परिवहन और सैर सपाटे से जुड़ी

सारी व्यवस्थाएं करनी पड़ती थीं। हैरानी की बात नहीं, इससे हनूत और कोर कमांडर के बीच संबंध और अधिक खराब हो गये। एक वर्ष बाद, सेनाध्यक्ष जनरल के.वी. कृष्णा राव ने उन्हें प्रतिष्ठित आर्मर्ड डिविजन की कमांड संभालने के लिए चयनित किया, एक ऐसी नियुक्ति जिसका सपना प्रत्येक कैवेलरी अधिकारी देखता है। व्यक्तिगत और पेशेवर दोनों की कारणों से हनूत को जाने में प्रसन्नता हुई। आर्मर्ड युद्ध के क्षेत्र में अब उन्हें अपने विचारों को लागू करने का मौका मिलने वाला था।

मई 1983 में 1 आर्मर्ड डिविजन में बतौर जीओसी कार्यभार संभालने के कुछ समय उपरांत ही हनूत ने पाया कि प्रशिक्षण और उपकरण में कई खामियां थीं। उन्होंने अगले कुछ महीनों के लिए सभी कार्यों पर रोक लगा दी, और पूरी डिविजन को उपकरणों के रखरखाव में लगा दिया। फिर एक दिन उन्होंने घोषणा कर दी कि वे सब प्रशिक्षण के लिए रेगिस्तान में जा रहे हैं। उनको भेजने से पहले, उन्होंने सबको वे संचालन संकल्पनाएं और रणनीतियां पढ़ाईं, जिनका वे उनसे अभ्यास कराना चाहते थे, ताकि उनको पता रहे कि उनसे क्या अपेक्षाएं थीं। पहले, सभी रेजिमेंटों को उनके कमांडिंग अफसरों के अधीन भेजा जायेगा। ब्रिगेड कमांडरों को एक महीने तक उनके पास जाने पर रोक थी। वे स्वयं उनके पास छह सप्ताह बाद जायेंगे और एक सप्ताह तक उनकी समीक्षा करेंगे। संतुष्ट होने पर ही वे उन्हें वापस लौटने का आदेश देंगे। अगर संतुष्ट नहीं हुए तो वे लोग रेगिस्तान में प्रशिक्षण जारी रखेंगे।

जब भी हनूत प्रशिक्षण क्षेत्र में आते, तो वे अपना खुद का कारवां और एक छोटा मेस डिटैचमेंट साथ लाते। वे जिस यूनिट या फार्मेशन का दौरा करते उसके नजदीक अपना कारवां खड़ा कर देते, और सिर्फ एक टेलीफोन लाइन मांगते थे। हर तरह से वे स्वतंत्र रहते थे। उन्होंने मेस सुविधाओं, आवास, अमले आदि के लिए यूनिटों पर कभी दबाव नहीं डाला, ताकि वे प्रशिक्षण पर ध्यान केन्द्रित करने के लिए स्वतंत्र रहें। उन्होंने सुनिश्चित किया कि उनके ब्रिगेड कमांडरों द्वारा भी इस प्रक्रिया का अनुसरण किया जाए। सहजतः कोई पार्टियां नहीं होती थीं, और अगर वे अभ्यास क्षेत्र में सोफा सेट, कालीन और पर्दे ले जाते हुए देख लेते तो भड़क जाते थे, क्योंकि हनूत के कमांड संभालने से पहले आर्मर्ड डिविजन में यही परंपरा थी।

उनके कार्यकाल के दौरान कोर मुख्यालय में एक ऑपरेशनल चर्चा आयोजित की गई। अधिकांश वरिष्ठ कमांडरों के साथ पश्चिमी कमांड के जीओसी-इन-सी जनरल के. सुंदरजी भी उसमें शामिल हो रहे थे। सैन्यबलों के साथ एक बड़े स्तर का युद्धाभ्यास 'चेतक', हाल ही में समाप्त हुआ था और आर्मर्ड डिविजन की भूमिका को लेकर तमाम संकल्पनाएं सामने आई थीं। हनूत इन संकल्पनाओं से सहमत नहीं थे। हालांकि चर्चा का मुख्य विषय थोड़ा

अलग था, हनूत ने सभा का लाभ उठाने का निर्णय किया और उन मुद्दों को उठाया, जो उन्हें परेशान कर रहे थे।

जब हनूत ने अपने संदेह व्यक्त किये, तो सुंदरजी ने अन्य डिविजनल कमांडरों से भी उनके विचार जानने चाहे। हालांकि, उनमें से अधिकांश ने व्यक्तिगत चर्चा के दौरान हनूत से सहमति जताई थी, लेकिन कोई भी खुलेआम बोलने की हिम्मत नहीं जुटा पाया, क्योंकि ज्यादातर उठाए गये मुद्दों की सुंदरजी ने वकालत की थी या उनका समर्थन प्राप्त था। इससे सुंदरजी और हनूत के बीच मौखिक वादविवाद हो गया। अंततः हनूत ने यह स्पष्ट करते हुए बहस को समाप्त कर दिया कि जब तक वे आर्मर्ड डिविजन की कमांड में हैं, वे युद्ध उसी प्रकार लड़ेंगे, जैसा उन्हें श्रेष्ठ लगता है।

ऐसा कहकर हनूत बैठ गये। वहां सन्नाटा छा गया। सुंदरजी आर्मी कमांडर थे और उनकी पदोन्नति और सेना प्रमुख के तौर पर नियुक्ति लगभग तय थी। उनके साथ उलझने का मतलब पेशेवर आत्महत्या के समान था और ऐसा लगा कि हनूत ने वही कर दिया था। कुछ समय बाद, किसी ने टिप्पणी कीः 'इसके बाद हनूत को अपनी सेवानिवृत्ति की योजना बना लेनी चाहिए और गुलाब की बागवानी शुरू कर देनी चाहिए।'

हमेशा की तरह क़यामत के भविष्यवक्ता गलत साबित हुए। सुंदरजी सेना के उन चंद वरिष्ठ अधिकारियों में से थे, जो न केवल पेशेवर मतभेदों को सहन करते थे, बल्कि उनकी सराहना भी करते थे, बशर्ते उनके पीछे उचित तर्क हों। दिसंबर 1984 में हनूत को सैन्य मुख्यालय में एमओ निदेशालय में नियुक्त किया गया। एमओ में यह उनका तीसरा कार्यकाल था, और ऐसा अनुमान था कि जल्द ही उन्हें लेफ्टिनेंट जनरल रैंक पर पदोन्नत करके किसी कोर की कमांड सौंपी जाएगी। इस समय जनरल ए.एस. वैद्या थलसेनाध्यक्ष थे। हालांकि, वे भी आर्मर्ड कोर से थे और हनूत उनके अधीन कार्य कर चुके थे, लेकिन कई मसलों में दोनों एक-दूसरे को एक आंख नहीं देख सकते थे। सौभाग्य से, सुंदरजी अब तक थलसेना उपाध्यक्ष के तौर पर कार्यभार संभाल चुके थे और उन्होंने दोनों के बीच बफर का कार्य किया। एमओ में एक वर्ष बिताने के बाद, 1985 में हनूत को लेफ्टिनेंट जनरल रैंक पर पदोन्नत कर के आर्मर्ड कोर के महानिदेशक के पद पर नियुक्त कर दिया गया। उनकी पदोन्नति भी बिना रुकावट के नहीं हुई थी। हालांकि चयन बोर्ड ने स्वीकृति दे दी थी, लेकिन वैद्या का अनुकूल झुकाव नहीं था और उन्होंने हनूत की पदोन्नति को रोकने का प्रयास किया था।

लेकिन, रक्षा राज्य मंत्री अरुण सिंह ने वैद्या की असम्मति को खारिज कर दिया, बताया जाता है कि उसके पीछे सुंदरजी का हाथ था, जो वैद्या के बाद सेनाध्यक्ष बनने वाले थे। जब 1 फरवरी 1986 को सुंदरजी ने सेनाध्यक्ष के तौर पर कार्य संभाला, तो

उन्होंने हनूत को बुलाया और बताया कि वे चाहते हैं कि हनूत 'ब्रास टैक्स' युद्धाभयास में स्ट्राइक कोर की कमांड संभालें। यह भारतीय सेना द्वारा तब तक चलाए गये युद्धाभ्यासों में सबसे बड़ी और महत्वाकांक्षी श्रृंखला थी। सुंदरजी कुछ नई संकल्पनाओं को आजमाना चाहते थे, जिनमें एयर असॉल्ट डिविजन और रिऑर्गनाइज्ड असॉल्ट प्लेन्स इंफैन्ट्री डिविजन (आर.ए.पी.आई.डी) भी शामिल थीं, ये दोनों सुझाव पहली बार उनके द्वारा प्रस्तुत किये गये थे।

29 अप्रैल 1986 को, हनूत ने 2 कोर में बतौर जीओसी कार्यभार ग्रहण किया। स्वभाविक तौर पर प्रतिष्ठित स्ट्राइक कोर की कमांड संभालने का मौका मिलने पर वे बेहद प्रसन्न थे। उनके द्वारा अध्ययन करके विकसित की गई चलित युद्ध की संकल्पना को व्यवहार में लाने का यही मौका था, क्योंकि अवसर के अभाव में उनकी संकल्पना अभी सिद्धांत के स्तर पर ही थी। हनूत अपने सैनिकों को सिखाने और मनोगत करने में पूरी ईमानदारी के साथ जुट गये, और उससे भी अधिक फार्मेशन कमांडर जिन्हें संकल्पनाओं को लागू करना था। उन्होंने चर्चाओं का पूरा दौर रखा, जिसके बाद मानचित्र और रेत के मॉडलों पर अभ्यास, फिर बिना सैनिकों के प्रशिक्षण अभ्यास और अंत में सैनिकों के साथ पूर्ण अभ्यास। जब तक 'ब्रास टैक्स-4' युद्धाभ्यास प्रारंभ हुआ, तब तक उनकी कोर प्रशिक्षण की उस ऊंचाई तक पहुंच गई थी, जो कभी-कभार प्राप्त होती है।

यह तो अब सर्वविदित है कि 'ब्रास टैक्स' युद्धाभ्यास के दौरान भारत और पाकिस्तान तकरीबन युद्ध की कगार पर पहुंच गये थे। विभिन्न कारणों की वजह से, संकट को टाल दिया गया और सैनिकों को सीमा से वापस बुला लिया गया। हनूत के अपने अनुमान के मुताबिक, अगर उन्हें आगे बढ़ने दिया जाता, तो उनकी कोर ऐसी आक्रामक कार्रवाई करती जो चलित युद्ध में मिसाल बन जाती। उनके अधिकारी और सैनिक लड़ाई के लिए मचल रहे थे और पिछले कुछ महीनों से जो वे सीख रहे थे और अभ्यास कर रहे थे, उसको इस्तेमाल करने का मौका चाहते थे। जब पूरी योजना विफल हो गई, तो उनमें से अधिकांश को बुरी तरह निराशा हुई। अगर हनूत को 'आगे बढ़ने' को कह दिया जाता, तो साहसिक व शानदार आर्मर संचालन के उनके पिछले रिकार्ड को देखते हुए, इसमें संदेह नहीं कि उन्होंने नक्शा बदल दिया होता।

हनूत मानते हैं कि युद्ध में अपनी रेजिमेंट की कमांड संभालने का दुर्लभ सौभाग्य मिलने के बाद, 2 कोर की कमांड ने उन्हें सबसे बड़ी पेशेवर संतुष्टि प्रदान की। सैनिकों के साथ एक पूर्ण युद्धाभ्यास के दौरान उन्हें व्यक्तिगत तौर पर प्रशिक्षण देने और कोर को संभालने का अनूठा अवसर मिला, जहाँ विरोध में खड़ा रक्षात्मक बल भी हर तरह से संपूर्ण था। यह पहला अवसर था कि इतने बड़े पैमाने पर युद्धाभ्यास किया गया था, और शायद यह

आखिरी बार भी था। क्योंकि न केवल ऐसे युद्धाभ्यास को करने की लागत निषेधात्मक थी, बल्कि सुंदरजी समान सेनाध्यक्ष मिलना दुर्लभ है, जिसके पास ऐसे युद्धाभ्यास की कल्पना करने की दृष्टि और अनुभूति हो

हनूत 2 कोर की कमांड में दो वर्ष से अधिक तक रहे। कुछ वर्ष पूर्व जिन सुंदरजी के साथ उनकी तनातनी हो गई थी, उनके द्वारा इस नियुक्ति के लिए हनूत का चयन किये जाने से उनके कई समकालीनों को हैरानी हुई थी। असल में हनूत का करियर भारतीय सेना के बारे में प्रतिपादित किये जाने वाले 'जीरो एरर सिंड्रोम' और 'वन मिस्टेक' आर्मी के सिद्धांतों को खारिज करता है। हनूत की लगभग हर रैंक और नियुक्ति में अपने तत्काल वरिष्ठ अधिकारी के साथ तकरार हुई। फिर भी कभी उनकी पदोन्नति में रुकावट नहीं आई। व्यक्तिगत मतभेदों के बावजूद, उनका कोई भी वरिष्ठ अधिकारी उनकी पेशेवर दक्षता, समर्पण और संगठन के प्रति वफादारी में कमी नहीं निकाल सका।

सेवा के दौरान हनूत ने एक संयमित जीवन जिया। वे पार्टियों से दूर रहते थे, और अगर कहीं जाना भी पड़ता तो थोड़ी देर बाद ही वापस चले जाते थे। वे अत्यधिक धार्मिक थे और अपना नियमित ध्यान कभी नहीं छोड़ते थे। अपने गंभीर स्वभाव के कारण वे पृथक और उदासीन नज़र आते थे और सख्त अनुशासनप्रिय थे। फिर भी जवानों के कल्याण के प्रति उनकी चिंता प्रसिद्ध थी। उन्होंने रविवार और छुट्टियों में और शाम के वक्त जवानों को सफाई और बागवानी में लगाने के लिए चली आ रही परंपरा को रोक दिया था। जवानों और उनकी समस्याओं के प्रति वे हमेशा सहानुभूति रखते थे और उनकी जीवन परिस्थितियों को बेहतर बनाने की लिए कोई कसर नहीं छोड़ते थे। वे उच्च मानदंडों की अपेक्षा रखते थे, लेकिन निर्णय की त्रुटियों को माफ कर देते थे। जब भी वे कोई गलती होते देखते तो बिना गुस्सा किये उसमें सुधार करा देते थे। वास्तव में वे न केवल अधिकारियों को बल्कि जेसीओस और जवानों को भी व्यक्तिगत तौर पर सिखाते थे। लेकिन अगर पेशेवर लेक्चर या चर्चा के दौरान किसी को सोते हुए देखते तो जरूर गुस्सा करते थे।

हनूत के व्यक्तित्व के कई पहलू थे, जिनमें से कुछ उनके सबसे करीबी सहयोगियों द्वारा देखे गये थे। वे बहुत दयालु और शांत व्यक्ति थे, जो संकट में पड़े लोगों की मदद के लिए किसी भी हद तक चले जाते थे। महिलाओं के बीच वे बेहद सौम्य थे, लेकिन उनका व्यवहार हमेशा सम्मानजनक और सही होता था। प्रचलित धारणा के विपरीत महिलाओं में उनकी कई प्रशंसक थीं। बातचीत और लेखन में उनकी विनोदपूर्णता अद्वितीय थी। हालांकि कई अन्य मामलों में उनका व्यवहार और स्टाइल भारतीय सेना में आमतौर पर स्वीकार किये गये मानदंडों के अनुरूप नहीं थे। अपने वरिष्ठों से बात करते वक्त हर वाक्य से पहले 'सर' लगाने का व्यापक प्रचलन उनको परेशान करता था। उन्होंने यह आदत छोड़ दी

और अपने अधीनस्थों को भी ऐसा करने के लिए प्रेरित किया। वे ईमानदार, सत्यप्रिय और जानकार थे। वे अपने विचार व्यक्त करने में हिचकिचाते नहीं थे, भले ही उनको पता होता था कि उन्हें स्वीकार नहीं किया जाएगा। मगर वे कभी विवादपूर्ण नहीं बने या अपने विचारों को कभी अपने अधीनस्थों पर नहीं थोपा। उनके इस व्यक्तित्व को बाद में उनके आलोचकों द्वारा उन्हें प्रतिष्ठान विरोधी प्रदर्शित करने में प्रयोग किया गया।

हनूत के धार्मिक विचारों के बारे में काफी कुछ कहा जा चुका है। धर्म और सैन्य पेशा आपस में विरोधाभासी जान पड़ते हैं, लेकिन हनूत इसे इस प्रकार नहीं देखते थे। धर्म हमेशा से राजपूत संस्कृति और लोकाचार का अभिन्न अंग रहा है। हनूत मानते थे कि धर्म सैनिकों को लौकिक से ऊपर उठने और आत्म ज्ञान प्राप्त करने के लिए आंतरिक बल प्रदान करता है। वास्तव में हनूत को धर्म एक प्रमुख प्रेरणादायी कारक लगता था। उन्होंने अनुष्ठान और उपवास के परंपरागत तौर पर धर्म का अनुसरण नहीं किया, बल्कि एक बुद्धिजीवी की तरह धर्म का पालन किया, जिसने उसके नए आयामों को खोजा हो। वृहद विषयों को पढ़ने की आदत के चलते उन्होंने धर्म के सच्चे अर्थ को समझा था और वे भगवद्गीता के उस सिद्धांत को मानते थे जो धर्म को कर्म या पवित्र जीवन के समान मानता है। हनूत को महसूस हुआ कि एक सैनिक के लिए धर्म और कर्म समानार्थी हैं और यह उनके जीवन का मूल सिद्धांत बन गया।

अपने पेशे के प्रति हनूत का रवैया गहन बहस का विषय था। सैन्य पेशे के प्रति उनका समर्पण इतना संपूर्ण था कि उन्होंने विवाह नहीं किया, क्योंकि उनको लगता था कि यह पेशे के साथ समझौता होगा। परिपूर्ण बनने के लिए उन्होंने इसे गहरे अध्ययन, शोध और प्रयोग का विषय बना दिया। इस प्रक्रिया में उन्होंने सैन्य मामलों में बेजोड़ प्रतिभा की पेशेवर कुशाग्रता विकसित की। जब वे बोलते थे, तो वर्षों के अध्ययन और अनुभव से मिले अधिकार के साथ बात रखते थे। उनकी आंतरिक शक्ति और दृढ़ता पारदर्शी थी और उनके अधीनस्थों पर सम्मोहक असर करती थी, जो परिणाम के बारे में सोचे बिना उनका अनुसरण करने के लिए तैयार हो जाते। सीखने की चाह रखने वाले किसी भी व्यक्ति को वे अपना पूरा ज्ञान सिखाने की गहरी इच्छा रखते थे। इस प्रक्रिया में वे इतने ज्यादा तल्लीन हो जाते कि जब तक वे संतुष्ट न हो जाएं कि सीखने की प्रक्रिया पूर्ण हो गई है, तब तक खुद या छात्र को छोड़ते नहीं थे।

हनूत के कई समकालीनों को लगता था कि वे सनकी थे और अपने वरिष्ठों के साथ निरंतर टकराव की स्थिति में रहते थे। हनूत यह जानते थे, लेकिन उनको लगता था कि उन्होंने हमेशा सेना और अपनी कमांड के सैनिकों के हित के लिए कार्य किया, इसलिए वे सही थे। उनके कुछ वरिष्ठ यह समझते थे और उनकी सनक को बर्दाश्त करते थे, और कुछ तो इसकी सराहना करते थे। हालांकि, अधिकांश लोग इसे पचा नहीं सकते थे और प्रतिकूल

प्रतिक्रिया देते। इस प्रतिक्रिया ने शायद ही कभी हनूत को परेशान किया, क्योंकि वे उस कारण को जानते थे, जिससे वह प्रतिक्रिया निकलती थी और कभी भी संबंधित अधिकारी के खिलाफ उसे मन में नहीं रखा।

हनूत का अंतिम कार्यभार अहमदनगर में आर्मर्ड कोर सेंटर एवं स्कूल के कमांडेंट के तौर पर था, जहां वे जुलाई 1988 में गये। ऐसी उम्मीद थी कि उन्हें आर्मी कमांडर बनाया जाएगा, लेकिन यह होना नहीं था। अब तक जनरल सुंदरजी सेवानिवृत्त हो चुके थे और आर्मर्ड कोर के ही जनरल वी.एन. शर्मा ने थलसेनाध्यक्ष का कार्यभार संभाला। एक निर्दोष सेवा रिकार्ड के साथ, हनूत को फील्ड आर्मी की कमांड संभालने के लिए अनुपयुक्त पाए जाने की कोई वजह नहीं थी। फिर भी वे अनुपयुक्त पाए गये। इसके पीछे दो कारण बताए गये। पहला कारण था, कि वे अविवाहित थे और उन्होंने सामाजिक जीवन से किनारा कर लिया था, लेकिन दूसरा कारण, जो उनकी धार्मिक मान्यताओं से जुड़ा था, बिल्कुल जायज़ नहीं था। उन्हें एक 'धार्मिक कट्टरपंथी' के तौर पर पेश किया गया, एक ऐसा आरोप जो बिलकुल झूठा और अनुचित था। यद्यपि वे अत्यंत धार्मिक व्यक्ति थे, लेकिन हनूत को किसी भी दृष्टि से कट्टरपंथी नहीं कहा जा सकता था। वे बेहद खुले दिमाग के व्यक्ति थे और अन्य धर्मों को मानने वालों के जीवन में कभी हस्तक्षेप नहीं किया। उन्हीं के 'अपनों' में से एक व्यक्ति द्वारा लगाए गए इस आक्षेप को झूठा साबित करने के लिए यह तथ्य पर्याप्त है कि सभी धार्मिक सम्प्रदायों से आने वाले सैनिक सचमुच उनको पूजते थे।

जब उनके एक अधीनस्थ ने खेद व्यक्त करते हुए हनूत को बताया कि पदोन्नति में उनको छोड़ दिया गया है, तो उनका जवाब अनूठा था। 'आप क्यों खेद व्यक्त करते हो? खेद तो सेना को व्यक्त करना चाहिए। अगर वे मुझे नहीं चाहते, तो नुकसान उनका है।' ऐसे वर्दीधारी अधिकारी बहुत नहीं, जो अपने अधिक्रमण को इतने दार्शनिक ढंग से ले पाएं। हनूत जानते थे, कि यह उनकी पेशेवर दक्षता पर प्रतिबिंब नहीं है, और इसके विरुद्ध अभिवेदन देने की जरूरत नहीं समझी। 31 जुलाई 1991 को सेवानिवृत्त होने तक उन्होंने उसी समर्पण और वफादारी के साथ अपना काम जारी रखा।

अंतिम विश्लेषण में, हनूत खुद को एक 'सैनिक के जनरल' के तौर पर याद रखवाना चाहेंगे। उनको हमेशा लगता था और वे अन्य अधिकारियों से भी कहते: 'हम अधिकारी के तौर पर उन जवानों के लायक नहीं, जिनको हम कमांड करते हैं। हम उनके लिए कितना कम करते हैं, और बदले में वे हमें कितना कुछ देते हैं।' वे जहां भी जाते वहां आम सैनिक की कामकाजी और रहने की परिस्थितियों को उन्नत व बेहतर बनाने का प्रयास करते। अक्सर कोई जेसीओ, एनसीओ या सैनिक उनके पास जाता और अपना परिचय कराते हुए कहता: 'आप मुझे भूल गये होंगे, लेकिन मैं आपकी कमांड में अमुक यूनिट में सेवारत था। मुझे पता चला कि आप आए हैं, तो मैं दर्शन करने चला आया।' वास्तव में, हनूत की सबसे

बहुमूल्य यादगार उस सैनिक की है, जो उनके चालक के पास आया और उससे पूछाः 'ये वही जनरल साहिब हैं जो कि जवानों का इतना ख्याल रखा करते थे? मैंने दर्शन तो नहीं किये, पर नाम बड़ा सुना है।'

आज हनूत देहरादून में रहते हैं। वर्दी में भी एक संन्यासी का जीवन बिताने वाले हनूत ने सेवानिवृत्त जीवन के बदलाव को आराम से अपना लिया है, जबकि ज्यादातर लोगों को यह बदलाव सदमा देने वाला लगता है। वे अपना अधिकांश समय ध्यान और पढ़ने में लगाते हैं। पूरा जीवनकाल कठोर अनुशासन और संयम से बिताने के कारण वे अब भी बहुत स्वस्थ हैं और उनके सामने अभी कई सक्रिय वर्ष हैं। हालांकि, सैन्य दायरे के बाहर पर वे कम जाने जाते हैं, लेकिन हनूत को भारतीय सेना के सबसे बेहतरीन आर्मर कमांडर के तौर पर याद किया जाएगा। उनकी सादगी, साहस, दृढ़ता, उच्च नैतिक मूल्य और पेशेवर दक्षता आने वाली पीढ़ी के अधिकारियों के लिए हमेशा प्रेरणा का स्रोत रहेगी।

चुनिंदा ग्रंथसूची

Ahmad, Lieutenant Colonel Mustasad. 1994. 'Cariappa: A Legend', *The Regimental Journal of the Rajput Regiment*, 1 January.

Bhagat, Lieutenant General P.S. 1967. *The Shield and the Sword.* Calcutta: The Statesman.

Brett-James, Antony. 1951. *Ball of Fire: The Fifth Indian Division in the Second World War.* Aldershot: Gale and Polden.

Chatterjee, Raj. 'Sam Bahadur'. *The Times of India.*

Chaudhuri, J.N. 1969. *Arms, Aims and Aspects.* Bombay: Manaktalas.

Cohen, Stephen P. 1971. *The Indian Army: Its Contribution to the Development of a Nation.* Berkeley: University of California Press.

Cohen, Stephen P. and Richard L. Park. 1978. *India: Emergent Power.* New York: Crave Russak.

Dalvi, Brigadier John. 1969. *Himalayan Blunder.* Bombay: Thacker and Co.

Dhiman, Kuldip. 2000. 'Field Marshal S.H.F.J. Manekshaw', *The Tribune* (Chandigarh), 9 April.

Dixon, Norman. 1976. *On the Psychology of Military Incompetence.* London: Jonathan Cape.

Evans, Humphrey. 1988. *Thimayya of India.* Dehradun: Nataraj Publishers.

Gaylor, John. 1993. *Sons of John Company—The Indian and Pakistani Armies, 1903–1991.* New Delhi: Lancer Publishers and Distributors.

Jacob, Lieutenant General J.F.R. 1997. *Surrender at Dacca—Birth of a Nation.* New Delhi: Manohar.

Kadiyan, Rajesh. 1990. *India and its Army.* New Delhi: Vision Books.

Kapur, Brigadier T.B. 'Timmy, The Beloved Kumaoni General of the Indian Army', *The Kumaoni*, Journal of the Kumaon Regiment.

Kar, Lieutenant Colonel H.C. 1980. *Military History of India.* Calcutta: Firma KLB.

Kaul, Lieutenant General B.M. 1967. *The Untold Story.* New Delhi: Allied Publishers.

Khan, Field Marshal Ayub. 1967. *Friends, Not Masters.* London: Oxford University Press.

Khanduri. Brigadier C.B. 1995. *Field Marshal K.M. Cariappa—His Life and Times.* New Delhi: Lancer Publishers and Distributors.

Khera, P.N. 1974. *Operation Vijay.* New Delhi: Historical Division, Ministry of Defence, Government of India.

Lal, Air Marshal P.C. 1986. *My Years with the IAF.* New Delhi: Lancer Publishers and Distributors.

Longer, V. 1974. *Red Coats to Olive Green.* Bombay: Allied Publishers.

Malik, Harjit. 1993. 'The General Danced', *The Times of India* (New Delhi), 3 June.

Mason, Philip. 1985. *The Men Who Ruled India.* New York: Norton.

Maxwell, Neville. 1971. *India's China War.* Bombay: Jaico Publishing House.
Muthanna, I.M. 1964. *General Cariappa.* Mysore: Usha Press.
———. 1972. *General Thimayya.* Bangalore: Orient Press.
Nath, Major General Rajendra. 1990. *Military Leadership In India: Vedic Period to Indo–Pakistani War.* New Delhi: Lancer Publishers and Distributors.
Niazi, Lieutenant General A.A.K. 1998. *The Betrayal of East Pakistan.* New Delhi: Manohar.
Palit, Major General D.K. 1972. *The Lightning Campaign.* New Delhi: Thompson.
———. 1991. *War in High Himalaya—The Indian Army in Crisis, 1962.* London: Hurst and Co.
Palsokar, Colonel R.D. 1980. *The Grenadiers—A Tradition of Valour.* Jabalpur: Grenadiers Regimental Centre.
———. 1987. *Defence Services Staff College, Wellington (India), 1947–1987.* Wellington: The Commandant, Defence Services Staff College.
———. 1991. *History of the 5th Gorkha Rifles (Frontier Force) Volume III: 1858–1991.* Shillong: The Commandant, 58 Gorkha Training Centre.
Pannikar, K.M. *Problems of Indian Defence.* Bombay: Asia Publishing House.
Prasad, Sri Nandan. 1976. *The Military History of India.* Calcutta: K.P. Bagchi.
Prasad, S.N. and Dharampal. *History of the Operations in Jammu and Kashmir (1947–48).* New Delhi: Historical Division, Ministry of Defence, Government of India.
Praval, Major K.C. 1987. *Indian Army after Independence.* New Delhi: Lancer Publishers and Distributors.
———. 1973. *India's Paratroopers: A History of the Parachute Regiment of India.* New Delhi: Thomson Press.
Proudfoot, Colonel C.L. 1984. *Flash of the Khukri—History of the 3rd Gorkha Rifles (1947–1980).* New Delhi: Vision Books.
Puryear, Edgar F. 1971. *Nineteen Stars.* Orange, USA: Green Publishers.
Rikhye, Ravi. 1981. *The Fourth Round.* New Delhi: ABC Publishing House.
Sen, Lieutenant General L.P. 1973. *Slender was the Thread.* New Delhi: Sangam.
Sharma, Lieutenant Colonel Gautam. 1996. *Nationalisation of the Indian Army.* New Delhi: Allied Publishers.
Singh, Major General Lachhman. 1979. *Indian Sword Strikes in East Pakistan.* New Delhi: Vikas Publishing House.
———. 1981. *Victory in Bangladesh.* Dehradun: Nataraj Publishers.
———. 1997. *Missed Opportunities—Indo–Pak War 1965.* Dehradun: Nataraj Publishers.
Singh, Lieutenant General Depinder. 2002. *Field Marshal Sam Manekshaw, MC—Soldiering with Dignity.* Dehradun: Nataraj Publishers.
Singh, Lieutenant General Hanut. 1993. *Fakhr-e-Hind—The Story of the Poona Horse.* Dehradun: Agrim Publishers.
Singh, Major General Sukhwant. 1980. *The Liberation of Bangladesh.* New Delhi: Vikas Publishing House.

Sinha, S.K. 1977. *Operation Rescue.* New Delhi: Vision Books.

———. 1987. *Of Matters Military.* New Delhi: Vision Books.

———. 1992. *A Soldier Recalls.* New Delhi: Lancer Publishers and Distributors.

Thomas, Lieutenant General Mathew and Jasjit Mansingh. 1994. *Lt Gen P.S. Bhagat, PVSM, VC.* New Delhi: Lancer Publishers and Distributors.

Thorat, Lieutenant General S.P.P. 1986. *From Reveille to Retreat.* New Delhi: Allied Publishers.

Verma, Major General Ashok Kalyan. 1998. *Rivers of Silence.* New Delhi: Lancer Publishers and Distributors.

Woodruff, Philip. 1965. *The Men Who Rule India, Volume II: The Guardians.* London: Jonathan Cape.

अन्य स्रोत

Film on Manekshaw by Jessica Gupta: *In War and Peace—The Life of Field Marshal Sam Manekshaw. MC*, UNESCO Parzor Project, New Delhi, March 2002.

Private papers of R.N. Batra, held by the Corps of Signals History Cell, New Delhi.

Private papers of Nathu Singh, held by Thakur Amarjeet Singh, Jaipur.

Souvenir on Bhagat: *Prem Bhagat—Commemorative Issue*, The Bombay Sappers, Poona, 23 May 1976.

Souvenir on Manekshaw: *In War and Peace—The Life of Field Marshal Sam Manekshaw. MC*, UNESCO Parzor Project, New Delhi, March 2002.

लेखक परिचय

मेजर जनरल वी.के. सिंह जून 1964 में राष्ट्रीय रक्षा अकादमी, खड़कवासला से उत्तीर्ण हुए। वर्ष 1965 में राष्ट्रीय सैन्य अकादमी, देहरादून से उत्तीर्ण होने के उपरांत उन्होंने सिग्नल कोर में कमीशन प्राप्त किया। सेना में 37 साल लंबे विस्तृत करियर के दौरान, उन्होंने कई महत्वपूर्ण पदों पर दायित्व निभाया, जिसमें पश्चिमी कमान के प्रमुख सिग्नल अधिकारी का पद भी शामिल रहा। उन्होंने भारतीय सेना की प्रथम यांत्रित डिविजन की सिग्नल रेजिमेंट का भी निर्माण किया (1982)।

जनरल सिंह, स्टाफ कॉलेज, वेलिंगटन; रक्षा प्रबंधन महाविद्यालय, सिकंदराबाद; और राष्ट्रीय रक्षा महाविद्यालय, नई दिल्ली के छात्र रहे हैं। उन्होंने दूरसंचार इंजीनियरिंग सैन्य कॉलेज, आर्मी वॉर कॉलेज और स्टाफ कॉलेज में अनुदेशक के तौर पर सेवाएं प्रदान कीं। जून 2002 में उन्होंने सक्रिय सेवा से अवकाश प्राप्त किया।

उनकी विभिन्न अभिरुचियों में एडवेंचर स्पोर्ट्स, सैन्य इतिहास और पत्रकारिता शामिल हैं। कार रैली के प्रति गहरा लगाव रखने वाले जनरल सिंह तीन हिमालयन कार रैलियों (1982–84) में भाग ले चुके हैं। पत्रिकाओं, समाचारपत्रों और जर्नलों के लिए नियमित लेखन करने के साथ-साथ उनकी कई पुस्तकें प्रकशित हो चुकी हैं, जैसे *Through – Saga of the Corps of Signals* (2001); *History of the Corps of Signals,* Volume II (2006); *India's External Intelligence–Secrets of the Research and Analysis Wing* (RAW) (2007); *Contribution of the Armed Forces to the Freedom Movement in India* (2009); *History of the Corps of Signals,* Volume III (2014).